周蓓 主編

『民國專題史』叢書

文公直 著

河南人民出版社

最近三十年中國軍事史

（上册）

敘述中國軍隊向近代化的轉變及其組織與作用。自初練新軍敘起，論述中國陸海軍歷史，重點爲民國建立後的軍事沿革

圖書在版編目(CIP)數據

最近三十年中國軍事史 ：全2册 / 文公直著. —
鄭州 ：河南人民出版社, 2016. 4
(民國專題史叢書 / 周蓓主編)
ISBN 978 - 7 - 215 - 10097 - 8

Ⅰ. ①最… Ⅱ. ①文… Ⅲ. ①軍事史 - 中國 -
清後期②軍事史 - 中國 - 民國 Ⅳ. ①E295

中國版本圖書館 CIP 數據核字(2016)第 080572 號

河南人民出版社出版發行
(地址:鄭州市經五路66號　郵政編碼:450002　電話:65788063)
新華書店經銷　　河南新華印刷集團有限公司印刷
開本 710 毫米×1000 毫米　1/16　印張 67.25
字數 970 千字
2016 年 4 月第 1 版　　2016 年 6 月第 2 次印刷

定價 ：400.00 圓(上、下册)

出版前言

中國現代學術體系是在晚清西學東漸的大潮中逐步形成的。至民國初建，中央政治權威進一步分散和削弱，加之新文化運動帶給國人思想上的空前解放，新學的啓蒙，新知識分子的産生，民國學術如草長鶯飛，進入一個自由而蓬勃的時代。中國傳統學科乃中國學術之根基與菁華所在，民國學人采用『取今復古，別立新宗』之方法，引入西方的學術觀念，積極改造，使史學、文學等學科向現代學術方向轉型。此外，大力推介西方社會科學的新學科和自然科學，在學習、借鑒乃至移植西方現代學術話語和研究範式的過程中，逐漸建立中國現代學科，使中國的學科門類迅速擴展。一時間，新舊更迭，中西交流，百花齊放，萬壑争流，開創了中國現代學術的源頭。

伴隨知識轉型和研究範式轉换而來的，還有學術著作撰寫方式的創新。中國古代的著作向來以單篇流傳，經後人整理匯編後，方以成册成集的面目出現并持續傳播。直到十九世紀末，東西方的歷史編撰體裁不外乎多卷本的編年體、紀傳體和紀事本末體等，章節體的出現標志着近代西方學術規範的産生和新史學的興起。章節體具有依時間順序，按章節編排；因事立題，分篇綜論；既分門别類，又綜合通貫的特點。以章、節搭建起論述之框架，結構分明，邏輯清晰，較傳統的撰寫體裁容量大、系統性强。它的傳入，使中國現代學術體系從内容到形式被納入了全球化的軌道。民國時期專題史的研究、譯介、編纂、出版恰恰是在這樣的背景下欣欣而發，是學術的實驗場，也是歷史的記録儀。編選『民國專題史』叢書的初衷正是爲了從一個側面展示中國學術從傳統向現代過渡的歷史進程。

專題史是對一個學科歷史的總結，是學科入門的必備和學科研究的基礎，也是對一個時代艱深新鋭問題的解答，是學術研究的高點。民國專題史著作中，既包含通論某一學科全部或一時代（區域、國别）的變化過程的，又囊括對一時代或一問題作特殊研究的，還有少部分是對某一專題的史料進行收集的。原創與翻譯并重，翻譯的底本大多選擇該學科的代表著作或歐美大學普及教本，兼顧權威性和流行性，其中日本學者的論著占據了相當比重。日本與中國同屬東亞儒家文化圈，他們在接納西方學術思想和研究模式時，已作了某種消化與調適，從思維轉換的角度看，更便于中國借鑒和利用，他們的著作因而被時人廣泛引進。

與當代學術研究日趨專業化、專門化、專家化的『窄化』道路迥乎不同的是，中國傳統學術崇尚『學問主通不主專，貴通人不尚專家』的通識型治學門徑，處于過渡轉型期的民國學術在不同程度上保留了這種特徵。民國學術大師諸學科貫通一脉、上千年縱横捭闔之功力自不待冗言，外交家著倫理政治史、文學家著哲學史、化學家著戰争史等亦不乏其人，民國專題史研究呈現出開放、融通、跨界撰述的特點。與此同時必須看到，自晚清以來，中國的命運就在外侮屢犯、內亂頻仍的窘境中跌宕彷徨，民族存亡仿若命懸一綫。這股以創建學科、總結經驗、解决問題爲指歸的專題史出版風潮背後，包裹着民國學人企望以西學爲工具拯民族于衰微的探索精神，及以學術救亡的愛國之心。梁任公曾言：『史學者，學問之最博大而最切要者也，國民之明鏡也，愛國心之源泉也。』這種位卑未敢忘憂國的歷史使命感和國民意識是今人無法漠視和遺忘的。

『民國專題史』叢書收録的範圍包括現代各個學科，不僅限于人文社會科學，學科分類以《民國總書目》的分科爲標準，計有哲學、宗教、社會、政治、法律、軍事、經濟、文化、藝術、教育、語言文字、中國文學、外國文學、中國歷史、西方史、自然科學、醫學、工業、交通共19個學科門類。本叢書分輯整理出版，內不分科，單本發行，方便讀者按需索驥。既可作爲大專院校圖書館、學術研究機構館藏之必備資源，也可滿足個人研讀或興趣之收藏。

與目前市場已有的一些專題史叢書相比，『民國專題史』叢書具有規模大、學科全、選本精、原版影印的特點。本叢書選目首重作者的首創、權威和著作影響力，尤其注重選本的稀見性。所謂稀見，即建國後没有再版，且多數圖書館没有收藏，或即便有收藏，也是歸于非公開的珍本之列予以保存，普通讀者難以借閲。部分圖書雖有電子版，但作爲學術研究的經典原著讀本，紙質版本更利于記憶和研究之用。本叢書精揀版本最早、品相最佳的原版圖書作爲底本，因而還具有很高的版本收藏價值。

『民國專題史』的著作是民國學者對于那個時代諸問題之探究，往往有獨到之處，無論其資料、觀點短長得失如何，要之在中國現代學術史的構建與發展進程中，自有其開宗立論之地位。

最近三十年中國軍事史

自序

我今年〔中華民國十八年〕纔三十一歲零一個月，卻拏起筆來編『最近三十年中國軍事史』這不是太不自量嗎？但是我幸喜得是個軍人，十五歲就『立正』『托槍；』到十七歲就『前進！』『殺！』一直過了十多年的這樣的生活。平時在軍隊裏，沒事時，又愛打聽些軍隊的故事。還有一個癖嗜就是每逢聽得某一地方的軍事或是軍隊有了變化，就很留心的把他記下來。因此，從許多老『營混子』嘴裏得到許多軍史的材料，日記簿上也留得不少的戰史的材料。

自從離開軍隊，自己想到這可愛的青年光陰，竟完全斷送在替人家打飯碗的戰爭歷程中。結果，我依舊是『一事無成滿心抱愧』，賺得的是臉上一臉的皺紋，身上幾處的彈痕，除此以外，我有甚麽獲得咧？陞官發財的老爺們，如今是用不着我了，我自己總該尋些事做纔好呀。由此想起，把這些軍中得來的材料整理一下，弄成一本書兒，留給後來人作個小小的『取材』之處，不也算是一件事嗎？

心裏是這樣想，可是手裏沒有敢就動手。因爲我所有的材料，雖然不十分少，可是要把他整理起來，做成一部有系統的書，卻是還不彀，——差的多。自從民國十三年，我跳出監獄門，一直在上海過着『書傭』的生活；同時還是看不過那時候的所謂政府，還要和幾個同志鬧鬧革命的把戲；就更沒功夫弄到這個上頭來了。

我從四歲發蒙讀書，就愛讀那些敍事的，而極不愛讀那些板起聖人面孔講道理的書。五歲讀孟子，讀到『齊人有一妻一妾……』一段，覺得非常有趣，這纔感到讀書的興味。不是和以前一樣，祇以爲讀書是爲先生要賺學俸，所以每日逼着我，直着嗓子喊到晚。再過一年，讀春秋左氏傳，我眞高興極了。連書桌抽屜裏的蟈蟈兒蟋蟀兒乃至癩蝦蟆，彆得全數壽終正寢在抽屜裏，都沒功夫去看顧他們。一心一意，祇抱着書讀。直到抽屜裏起了化學作用，放射亞摩尼亞氣，先生飽嗅之餘，連隔夜飯也『出而哇之』，纔實施檢查，發現化石似的，揭破了我的秘密。我從此解散了那『抽屜動物園』，不再做『蟲兒俱樂部』的公役，騰出那大好地位的抽屜來裝小說書，拏那黑旋風李逵，黑妖狐智化，來代替了蟈蟈兒蟋蟀兒乃至癩蝦蟆。下半年，先生教我唸易經，我上了『緊箍兒』了，可憐！『乾三連，坤六斷』『元亨利貞』和那些『婆羅揭諦』有甚麼兩樣？我也和小和尚一般，莫名其妙的在先生的戒尺高壓之下，晨昏虔誦。可是人的理智，不是高壓所能消滅的。我想出來的法子，是：『桌其書而屜其小說，』〔這是先生後來宣布我的罪狀時的用辭〕大看而特看，看得手指頭擱在嘴裏齩爛了，涎流了一胸脯，也不曾覺着。似這般過了半年，雖然因爲易經不熟也很受過先生的幾頓『下飯菜；』卻是我自得其樂，覺得這個發明不錯。不料『樂極生悲』這個『天演公例，』竟逃不過。有一天，不知道怎樣看紅樓夢看入了神，忘了形，把嘴裏咕嚕着的書也換上『一朝春盡紅顏老，花落人亡兩不知，』高唱了出來。先生聽看，敢是這樣的東西，他那臘肉皮似的老乾耳朵裏容納不下去，好像拒絕移民登美洲大陸，馬上發覺這是格格不入的東西。踱了過來，福爾摩斯瞧玻璃片一般，從我背後伸長着他那鴨兒樣的頸子，向抽屜裏一瞅。不好！我覺得後頭有了螳螂要來捕我這隻蟬了。連忙『呼』的一聲，猛然推關抽屜。—說時遲，那時快；—他〔先生〕那裏肯放鬆？就這一刹那間，祇見他圓睜黃眼，輕舒乾臂，一把把我擒到他那桌子跟前。不好了！要破例打我了！〔我家先生經過我父母叮嚀不能打我們的〕我沒個『林妹妹』可叫喚，祇得大聲哭喊。這一來，驚動了後堂老太君，馬上差人查問根由。調查回報，連我押解到後堂。我母親問明情由，就說：『這孩子可以教他讀史。』好得我母親原來是研究史學的。從此，我這死了老子的孤兒，就跟着唯一愛我的慈母讀史。這纔知道『史，』也有許多缺點，並不是完全無缺的東西；不能死讀，而必須加以研究。

我爲甚麼說上這九百來字的廢話呢？因爲是要說明我從小時就是讀史而知道中國的史是有缺點的。到長大成人吸收了些新空氣，更知道我們中國的『史』雖說有四千多年的系統記載，可是大部分是『帝王家譜』『起居注』『陞官圖』，竟忽略了許多必須記載而沒記載的史實。尤其是那些甚麼『筆伐』咧，『嚴謹』咧，『褒』咧，『貶』咧，橫亙在史家的胃中，糟遢了不少的好材料，（這個病歐陽修最重）使我們今日有許多找不到的要用的東西。

以前的史，既然被那些『直筆先生』們弄到『後人欲整理而無從』的地步，那麼，今日的史料，就不可使他再散佚了，讓後人和我們抱同樣的憾恨。我們所能知道的，就應當竭力存留給後人，這纔是我們的『當前應盡之責』。

我雖沒能力幹這保存今日史料留給後人的重大工作，可是我時常想着，無論甚麼事，凡是我所認爲應當做的，馬上就應當幹起來，切不可說是留待比我能幹的人去幹，或是希望有人去做。這就是責任心，也就是革命者必具的態度。我雖不能負擔全部，那麼，就應當儘我所知道所能幹的一部分先幹起來。幹得好，不必說；就是幹得不好，至少也把我所知道的供獻給後人了。我因爲性之所近，在我母親誠懇的指導下學史，既不能充分整理舊史，完我母親未竟之志，不能說是就是如此算了；至少也要保存些兒當代史料給後人，纔對得起我那對我慈愛而熱望的母親吶！——這就是我近年努力於這一點的原因。

我近年來很編了幾部關於當代史事的書。可是材料很龐雜，而且系統上欠整齊，兀自不滿意。民國十六年的冬天，——那天是十二月九日吧？——我正在家裏，坐在火罏旁邊剝烘栗子喫，一面和家裏人閒磕牙兒解悶。眼望着牕外一片白的雪光，心裏就連想到那些在雪地裏拼命的軍人；覺得我這時眞暇逸極了！雖然罈子有米沒有，還是一箇問題，總覺我比那些挈着冰冷的鐵桿兒在大北風雪海裏亂滾着的犧牲者，要好上千百倍。由此連想到我決不應該就這樣閒坐着，一事不做，是『廢人』，『無用的東西』，何况我盌裏的顆顆兒要靠我的氣力去換來咧？

便和家裏人商量做些甚麼事是好咧？黃臉兒的娘兒們說：『做小說吧。您一做小說就樂了。』我問他：『怎見得？』他說：『常時瞧見您寫到罵人的地方，臉上酒窩就露出來了，這不是樂嗎？尋事的，總得尋些樂事呀。』我覺得沒法駁回他的話，可是不願意多做小說，因爲是最怕人家拏我當個『上海小說家，』那可比罵我『渾蛋』還要難受。

正沒做理會處，扶梯響，張秉文先生來了。他撣了撣身上的雪花兒，脫了大衣，呵了一口白氣，向火爐邊坐下劈頭說了一句：『公直我來找您做一樁事。』我說『我正愁沒事做，您且說是怎樣一樁事？』他說『這樁事是您歡喜幹的；——而且非您幹不好。』他向衣袋裏掏出一張字紙兒遞給我。我一瞅，是一張『編印最近三十年中國史預算表。』那『軍事』一項的下面注着『文公直』三個字。再細看『政治』是李劍農先生，『外交』是劉彥先生，……『他們都是專門學者，而且曾有偉大的成績的；夾上我這個『丘八哥』不是雞裏插一隻鴨嗎？』秉文說：『不行！您非答應不可。旁人沒您那麼記得材料也是您最多，事實也是您最熟，非您幹不可。』我被他一連兩個『非……不可』一逼，更想到從前的志願，姑且答應下來。可是附帶了一句聲明是：『且幹幹看。』他一點不放鬆，馬上和我講定了，——我們是不講稿費數目的，祇講定交稿期是半年。他問我：『大概多少字？』我說：『多不過二十萬吧？』這是因為他要快些出版且要預計資本的緣故。

我從此埋頭幹起來。可是一拏起，就感着困難。就是上面說的：我不過三十來歲的人，要做這最近三十年的史，不能連我喫奶奶時代的事也全記得呀。祇得暫時『仁兄大人，』〔閣下〕決定先從調查，搜集入手。立時發了許多許多的信，託朋友攷舊案，查現事；又整理自己的材料，再把腦神經裏留存着的這一類的印象，全錄下來，手忙脚亂了四個月，纔略具眉目。

等到預備好了，提筆一寫，祇第一編就幹了個二十多萬字。往後越寫越多越加費時間。竟足足幹了兩年，寫了不知其數的紙，纔算勉強幹完了，可是還有不少的缺點，——此時沒法彌補的缺點，祇好希望出版後讀者先生們不客氣的糾導，不嫌煩的補正，使這部書得完全他『最近三十年中國軍事史』的整個使命。那麼，我個人感激不盡，固不必說，就是今之世後之人，能彀有一部完全的這個時代的軍事史讀編史的有一部完全而且實全可供參探的新中國初期軍事史料，豈不是贊助本書的先生們的無量功德？

我習史以及做這部書的動機和目的都說過了；其他的事，也都寫在『例言』裏了。關於這部書好像沒有旁的話要說了，就此完結吧！

末了，謹向供給我材料指正我錯誤的各位好朋友，及促成我工作而且使得迅速出版的張秉文先生和擔任校讎而仔仔細細使這部書減少錯誤的李蘊平張繼良兩位老友致最敬禮！

中華民國十八年十二月十二日。

文公直(砥)

最近三十年中國軍事史

例言

一　本書原擬詳盡團艦以上之歷史演變，因個人囿於聞見，未克償願。但在今日『軍史』教材極感缺乏之時，似尙可作爲軍校教官學生之參攷書，以應急切之需要。他日當再整理，使成完善之『軍史教科書』也。

一　本書雖標名『最近三十年中國軍事史』，但爲明瞭歷史的演變及系統之淵源起見，實自初練新軍敍起，且迴溯至我國有軍之始，略述梗概，庶讀者朗然於胸，無茫然不知所自之感。故本書實卽『中國陸海軍史』，讀者幸勿拘於三十年之成數爲冀。

一　本書編輯時，公直以一人之力，記三十年間全國最繁複之軍事，挂一漏萬，自知不免。謹望讀者發現錯誤，立卽函告；見有缺漏，惠予補充。（函件由上海太平洋書店轉）謹當於每版付印時儘量修改。

一　經理醫藥等史，當專書詳之。

一　本書所列人名及軍隊番號等，難免無誤，幸當事者予以指正。

一　自建國以來，無日不在軍事之中，民國軍事史實不啻建國初期之民國史，其繁難不言可知。茲編中僅就知者記之，疑似者寧缺毋濫。

一　文中有觸及時人之處，則或事實如此，或則有所根據。公直敢自矢絕無容心；不阿諛，不私貶，固公直歷來編史時所自儆。敢本斯旨，打破史家所謂『褒』『貶』之成例，純記史事，絕不舞文掉筆。

一　諱名本極可笑之封建思想。書中無論何人，皆直書姓名。古代且謂教學臨文不諱，諒今日新時代之讀者，當不致因稱名而責公直。

一　公直撰成中華民國建國史，泰西經濟思想史，國民革命北伐成功史等書出版後，本書方發售預約時，接浦東中學陳君來書，勉勵有加，且囑用白話寫述，以應時代之需要，而利通俗。公直謹受教。但本書因係軍事史，篇中不能不用多數『軍語』，不宜於白話；且用白話，則卷帙更繁，於購讀者之經濟力將發生影響，而減少閱讀之機會。此後著書，於可能範圍內當極力改用白話。〔公直曾撰白話小說數種，頗覺白話較易，但因時間及卷帙關係，每不能應用白話，深以爲悵，當願世學者就此二點一討論之〕　本書自序用白話，即所以表示接受陳君善意的策勉也。

一　本書敍事尤其是各省軍史詳略各殊，則或因事實原本不多，或因材料搜集未備，爲愼重計，暫時從略。而有時因篇幅關係，亦不得從簡。（如蜀滇等省軍史之類）維讀者鑒原！公直固極望本書務能詳盡也。

一　各部名稱間有重見者，則因敍事之便利及求讀者易於明瞭計，於必要時並錄之。

一　蒙藏兩地，因民國建國以來，多在自治期間，其軍史查訪難詳，容俟有機會時補纂。

一　本書始編即抱定記事而不評論之宗旨。其關於三十年間軍事之總評論，近方起草，當另成專著，出版問世。

一　關於陸海軍科學及學校等一切系統，各軍校暨留外陸海軍學生之卒業人數等，方在調查，一俟集得，即當編成中國軍學史，作爲本書之補編。

一　本書因卷帙浩繁，刊校需時，特先將陸軍一部（共三編）趕印出版。其餘兵器海軍二編，准於二月內續出。至空軍總論等則尚在編撰中。蓋以我國空軍離業務航空而獨立，尚無多時，且各地空軍之情形，多在秘守中，一切材料統計等項，均非短時間所能徵集。公直既不願敷衍草率以欺讀者，乃不得不展緩撰著期間，俾求詳盡確實之載述。甚望本書再版時能完此工作以謝讀者也。

一　本書兵器一編係兵器學專家衡陽李待琛先生所撰。李先生於我國兵器之沿革及各廠之歷史，狀況，莫不瞭若指掌，故敍述極其翔實。所附表格，統計，均爲外間素未經見者，其名貴可以想見。公直於兵器雖曾研學，僅知皮毛，得李先生此編，爲本書增色不少；自非膚淺如公直者所能及其萬一。續刊發行有日矣，讀者其注意焉。

一　敬望空軍將領及熟於我國空軍史事，或知有此類出版者，惠函見告，庶本書得完成其『軍事史』三字之使命；將來出版後除敬列台銜並致贈本書外，仍以相當酬報上答雅意。

一　本書材料之搜集已久，且各處調查，問詢，參證時人著作，皆不及注明出處，非敢掠美，實事實上不及一一考核，謹此佈臆。

一　本書原定十八年出版，敍事皆止於是時。後因篇幅繁重，出版愆期，謹向垂詢者道歉。至最近軍事，當於再版時隨時增修，或另著專書出版，自當盡力以求其完整。

一　本書告成，公直方從政於南都，未及躬自校讐。代任斯責者爲李張二君。二君皆有十年以上之校勘經驗，且同爲公直之老友，必能細掃落葉，盡除舛誤，俾無缺漏。出版後公直再當親校一過，以正稿誤而圖補救。

一　讀者如對於本書有所討論，謹當竭誠歡迎，詳細致答。

文公直　十九年二月三日於上海

總目

第一編　軍制

第一章　中國陸軍軍制之沿革……一
第二章　清代新式陸軍之創建……一四
第三章　北洋新軍之編練……三九
第四章　民國之陸軍軍制……六〇
第五章　國民革命軍軍制……七四
第六章　編遣後之陸軍軍制……八四

第二編　軍史

第一章　北洋軍之歷史……一
第二章　東三省軍史……四九
第三章　陝隴青夏疆軍史……九六
第四章　晉燕察綏熱軍史……一二三
第五章　魯豫軍史……一五一
第六章　浙蘇軍史……一八九
第七章　閩皖贛軍史……二一三
第八章　鄂湘軍史……二八〇
第九章　桂粵軍史……三三四
第十章　滇黔蜀康軍史……三七〇
第十一章　國民革命軍軍史……四四五

第三編　戰史

第一章　中日戰爭……一
第二章　辛亥革命戰爭……一二
第三章　二次革命戰爭……二三
第四章　帝制戰爭……三二
第五章　復辟之役……七四
第六章　護法之役……八三
第七章　直皖之戰……九五
第八章　兩粤之役……九九
第九章　湘鄂戰爭……一〇四
第十章　奉直第一次戰爭……一一五
第十一章　北伐討賊之役……一三二
第十二章　江浙戰爭……一六〇
第十三章　奉直第二次戰爭……一八〇

第十四章　徐州之戰……一九九
第十五章　郭松齡反奉之役……二〇六
第十六章　國奉之戰……二一六
第十七章　國民軍西退……二二三
第十八章　革命軍之北伐準備……二二九
第十九章　北伐之出師……二五二
第二十章　北伐初期之戰事……二五六
第二十一章　東南戰爭之關係及開始……二六八
第二十二章　東南贛閩之戰……二七四
第二十三章　東南浙滬蘇皖之戰……二八七
第二十四章　國民聯軍之奮戰……三〇二
第二十五章　第三期北伐……三〇八
第二十六章　中原會師……三一六

第二十七章　徐州會議後之北進……三二五
第二十八章　寧漢關係改變中之北軍南侵……三三一
第二十九章　再度北伐……三四一
第三十章　北方革命軍軍之戰績……三五〇
第三十一章　完成北伐之準備……三五八
第三十二章　完成北伐……三七六

第一編　軍制　目次

第一章　中國陸軍軍制之沿革……一
第一節　歷代軍制……一
第二節　清代之旗兵制……三
第三節　清代之舊式陸軍——綠營……八
第四節　清代之舊式陸軍——勇營……一二
第五節　清代半新式之陸軍……一三
第二章　清代新式陸軍之創建……一四

第一節　清代陸軍建制之始……一四
第二節　武衛軍之興廢……三七
第三章　北洋新軍之編練……三九
第一節　新軍軍制……三九
第二節　練兵時之軍事設施……四八
第四章　民國之陸軍軍制……六〇
第一節　陸軍之編制……六〇
第二節　陸軍服制……六九
第五章　國民革命軍軍制……七四
第一節　革命軍擬定之軍制……七四

第二節　黨軍之編制……七六
第三節　黨軍之特殊制度……八〇
第六章　編遣後之陸軍軍制……八四
第一節　軍事之善後整理……八四
第二節　編遣之方法及最新軍制……八九

第一編 軍制

第一章 中國陸軍軍制之沿革

第一節 歷代軍制

一 陸軍軍制之始原 中國軍制，自周官以上，已無可考。而周官所載，以當時兵民未分，其制每與田地相連。其車戰制度，係以井田爲根據，分八家爲井，四井（三十二家）爲邑，四邑爲丘（一百二十八家）四丘爲甸。（五百十二家）每丘戎馬一匹，牛三頭；每甸兵車一乘，戎馬四匹，牛一十二頭，甲兵三人，步兵七十二人，人夫二十五人。（合計一百人）於有事時徵集王畿萬甸，因每甸兵車一乘，故天子稱『萬乘君』。及春秋時，諸侯互爭雄長，齊桓公小白曾用管仲之謀，而改軍制爲里連，厥後七雄竝興，戰爭紛起，乃各致力於軍隊之訓練與編制，為適應當時需要，利於速戰，乃轉為騎兵。自趙武靈王效法胡騎，車戰制度遂為之破壞；且戰爭規模擴大，兵員增多，徵兵不敷應用，於是而募兵〔傭兵〕之制興。

二　**軍隊與地方制度之分離**　秦始皇〔政〕併六國而一中國，其所恃全在武力，故側重軍攻，軍隊乃與地方制度分離而獨立。至漢代高祖〔劉邦〕不學，政事多因襲秦制，以尊大諸王侯之兵柄亦不易解除，兵農遂完全分離，而有永久營伍之軍隊。且以當時重武，軍制宏大，將軍之權，直可干政，營伍之編制，則猶略如古代。兩晉時，胡騎南侵，舉國騷然，帝王之興滅無常，軍制亦各自為政，雖戰事極夥，完全為軍事時代，而營制紊亂多變，迄今已不可攷。

三　**軍閥之始興**　唐興，崇周之制，欲復古代寓兵於農之舊，而藩鎮跋扈，竟擁兵自衞，威脅朝廷，併呑鄰弱，於是乃開軍閥之端。皇室立府兵以自保。宋代承五代大亂之後，採崇文鄙武政策，以安寰宇，統兵者多文人，兵律極嚴，逃亡者衆，以為軍制不適用，遂多所更張，更因伏莽叢興，蒙族覬覦中原，防營之制，於是而起。當時軍制中有一特別法規，即因兵之逃亡過多，凡入伍者，皆刺墨於面以為記。且拘獲之逃兵及刑犯，亦黥面而遣戍邊遠。元代以蒙古入主中國，其兵制為游牧之舊，跌鐵長戈，以人計，故編制不整。

四　軍民分治原則之肇立　明太祖〔朱元璋〕起家草澤，定鼎後，師唐代府兵之遺意，立京師諸衞〔二十六衞〕及五軍都督府。兵數都九十九萬餘人，立軍民分治之原則。諸衞為天子之親軍，五軍都督府，則都司地方警備；中央地方之分劃，較唐代之府兵藩鎮更為清晰。其制各省設都指揮使，衞則率指揮使，轄五千六百人；其下設所百十二人為百戶所，以百戶長統率之；十百戶所為千戶所〔一千一百二十人〕以千戶長統率之；百戶所以下設總旗二人，小旗十人，分轄兵卒；其軍官則衞指揮使以下之官多功臣世襲，兵卒亦父子相繼，蓋『兵役』之舊制也。平時衞所之兵從事屯田，有事則調遣戍戰。其後成祖〔朱棣〕北遷，軍制未變。及承平日久，將帥因世襲而多紈袴不學，兵卒亦失訓練，營制屢更，僅存空名；以致流賊蠭起，明社遂屋。

第二節　清代之旗兵制

一　旗兵之原始　清代自多爾袞輔愛新覺羅福臨，乘吳三桂之請，侵入中國，其兵制在入關以前為蒙古旗制，其初祇四旗，以旗之顏色劃分故名『旗』。——分黃旗，白旗，紅旗，藍旗，嗣復增編四旗：為鑲黃旗，鑲白旗，鑲紅旗，鑲藍旗，稱為『右翼』，而改固有之四旗為正黃旗，正白旗，正紅旗，正藍旗，編爲『左翼』。此卽所謂『兩翼八旗』也。其後因蒙古之歸附，戶口增加，復以蒙人編成『蒙古八旗』，而稱舊有之兩翼八旗爲『滿洲八旗』。旋因明軍之投降者及仕清之漢人族戚，不見容於鄉里，奔投滿洲者合併編之成軍稱爲『漢軍八旗』。總計已爲二十四旗其兵數統爲二十八萬人。編制制度，則爲：

每兵三百人爲一『牛彔』，設牛彔額眞一人統率之。

五『牛彔』爲『甲喇』設甲喇額眞一人統率之。〔兵卒一千五百人〕

五『甲喇』爲『固山』，設固山額眞一人統率之并置左右梅勒額眞一人。〔兵卒七千五百人〕

其後，除固山額眞外，其他額眞，俱改稱『章京』。因有『梅勒章京』，『甲喇章京』，『牛彔章京』等名稱。入關後受漢族文化之貫輸軍官階稱皆改從漢文：固山額眞改爲『都統』，梅勒章京改爲『副都統』，甲喇章京改爲『參領』，〔分印務參領 驍騎參領 副驍騎參領等三級 其階級 畧如今制之上中少校〕牛彔章京改爲『佐領』。其兵額，則仍如其舊。但後因鎭懾漢族，鞏固京都，及旗丁繁殖之故，禁旅兵額，增加約半數，每一佐領轄兵至四百數十人。實力甚厚。當清室在長白山下崛起稱雄時之子弟兵，入關後卽編爲『禁旗，』負燕京警衞及國防之責蓋卽中央軍也。其餘滿蒙漢等二十四旗之兵，約二十萬人，則分別駐防於各省及重要城鎮，以爲鎮伏漢族之武力，謂之『駐防八旗，』形成一種特殊的守土軍隊。

二　八旗之變化　清代旗兵制，原始時分『左』『右』兩翼，已如上述。及吞倂中國後，卽以左右兩翼分任京師內城東西兩部之拱衞。更以鑲黃，正黃，鑲白三旗爲『上三旗，』以之充親軍營。設領侍衞內大臣，內大臣，散秩大臣等職官統率之，而任侍衞處一切事務。鑲紅，正紅，鑲藍，正藍，正白五旗，則稱爲『下五旗。』

三　旗兵之駐防　除寢陵守衞兵外，滿蒙漢二十四旗均分防各地。其最初之分防，爲『畿輔駐防，』以滿洲八旗分駐獨石口張家口一帶。其後漸增駐防地二十五處：卽北京附近之『小九處』〔寶坻采育固安東安雄縣滄州霸州良鄉保定等九處謂之『小九處』〕設小九處稽察大臣管轄之；京以北之密雲，昌平，順義，三河，玉田，古北口等六處，設密雲副都統管轄之；近京要塞之山海關，冷口，永平，羅文峪，喜峯口五處，設山海關副都統管轄之；北口三鎮之張家口，〔現設萬全縣治爲察哈爾省會〕千家店，獨石口三處，設張家口都統管轄之；漠北之熱河，哈喇河屯二處，設熱河都統管轄之。各處駐防兵數，則據嘉慶會典所載，最少者五十餘人，最多者達二千餘人。以密雲，熱河，哈喇河屯，為最多，各駐二千餘人。張家口次之，駐一千餘人。總計九千餘人國防軍，則內蒙古，賀蘭山，額濟納，及青海之額魯特番部，均駐有重兵，以資鎮懾。直隸（現改稱河北）山西，甘肅，綏遠，西寧，（現為青海省會）寧夏，（現為寧夏省會在寧城）等處為鎮懾漢商保護蒙人之交通運輸，亦駐有相當之旗兵。奉天，（現改遼寧省）吉林，龍江，各地，則除入關時留守滿洲之旗營外，復增設都統，副都統，率重兵駐防，備對俄對韓之國防。外蒙古之喀爾喀，科布多，新疆之伊犂，及金山，額魯特蒙古等，均與東三省聯防，設有防禦工事，實力頗充；當時國防頗為嚴謹。愛新覺羅福臨入主中國，即慮漢族之反抗，除設種種鉗制壓迫之方法，及厲行愚民政策外，復定駐防制：令八旗官兵，帶挈眷屬，分駐中國本部各行省。其後，防區迭有增加。茲將當時旗兵駐防區域列下。

山東——青州，德州；

山西——綏遠城，（現為綏遠省會歸綏縣）古玉縣，太原城；（山西省會）

河南——開封城；（河南省會）

江蘇——江寧府，京口；（鎮江）

福建——福州；〔福建省會〕

浙江，——杭州，〔浙江省會〕乍浦；

湖北——荆州府；

陝西——西安府；〔陝西省會〕

甘肅——涼州府，莊浪城，寧夏府；

四川——成都府；〔四川省會〕

廣東——廣州府。〔廣東省會〕

以上計防區十八處。其中綏遠，江寧，福州，杭州，荆州，西安，寧夏，成都，廣州，等九處，設駐防將軍統率鎮守。青州，京口，涼州，乍浦等四處則各設副都統，隸屬於該省之將軍。德州，古玉，太原，開封，莊浪等五處，則各設城守尉，歸將軍指揮。福州，廣州二處，更因沿海關係，且設有水師營，擔任海上防務。〔乍浦初亦設水師繼改為陸營〕各處防兵額數多者六千七百餘人，少者四五百人。〔以西安寧夏荆州江寧廣州九處為南北重鎮駐兵最多〕內地各省防軍總額，則據八旗官書所載，總數為四萬四千六百九十四人。益以兵卒之眷屬親丁，為數在十萬以上。嘉慶後兵額曾有激烈之增加。光緒時曾經裁減一次。但旗營因其官兵皆世襲制度，生而食糧，數傳而後，頹廢不堪。甚有列名行伍，而不識弓弩爲何物者。光緒末年，外侮日亟，漢族革命運動日益激烈，滿族王公大臣乃有整頓旗營之議，選八旗子弟出洋留學。〔蔭昌良弼等皆當時選派者〕同時，積極整理各省駐防旗兵。挑選精壯，編成『八旗練營』。有『洋槍隊兵』『洋槍馬隊』『備練馬隊』『洋槍步隊』等項編制，聘任教官，爲新式的訓練。但八旗子弟嬌養已慣，滿族矯健之風久已不存，故其結果絕無成效；於是乃有『新建陸軍』〔見後〕之編組。至旗兵最後擴充之數額，則除滿蒙漢二十四旗及京師等處拱衛陵寢之旗營外，計有東三省八旗，內蒙古四十九旗，外蒙古八十六旗，青海二十九旗。其他異族之兵則有西藏之番兵，寧夏西寧等地之回營等，兵額編制，略如『綠營』，其詳不可攷。

第三節　清代之舊式陸軍(一)——綠營

一　**綠營之原起**　清代之陸軍，除其立國基本之八旗兵外，即以『綠營』爲有最長之歷史，且與旗兵同稱爲『經制兵』。蓋同爲國家軍隊也。綠營之由來甚古，其地位亦甚重要；制度悉依明代之舊，官兵以純招募之漢人編成。因其所用之旗色『綠』，〔所以別於旗營所用之四色〕故稱爲『綠營』。

最初編制時，多明代之降軍及各省收編之隊伍，迭經整頓，頗有聲威。清廷因其熟於內地之地理人情，頗利用之為鎮壓漢族之工具。自綠營興而重文輕武之風益甚，市井之民常以一勇之微應武科，而為綠營之官長，遂致為當時所謂士大夫者所不齒。

二　綠營之編制　綠營由六部中之兵部管轄。全國兵營，概分之有「在京」「在外」二種。在京綠營由「步軍統領」俗稱「九門提督」統轄；其下分「左」「右」兩翼，各設「總兵」一員。再次則為各城防營，有「副將」「參將」「游擊」「都司」「守備」等官。尚有一部分在京綠營，分屬於「漕運總督」者，專任護漕之責，其職務略等於護路護運之警察，非戰鬥部隊也。在外綠營分屬各省，由各省之總督或巡撫節制調遣。故督撫之官銜中，有「節制軍務兼理糧餉」一項，即指綠營也。（旗營屬將軍都統管轄指揮地方官無權過問）　屬於總督者曰「督標」，屬於巡撫者曰「撫標」，為一省綠營之最高統率機關。設「督標中軍」或「撫標中軍」，為督撫之承啟官。統兵之軍官，則有「提督」（提鎮—軍門）「總兵」（總鎮—鎮臺）「副將」（協臺）「參將」（統領）「游擊」（游府）「都司」（管帶）「守備」「千總」「百總」（把總）及「外委」（額外軍官）等。軍佐則完全由統兵官聘用幕僚，戰時則調文官隨軍服務，無定制。軍隊編制：以「營」為單位，設管帶一員，營分「中」

『前』『左』『右』『後』五哨，各設正哨官一員，副哨官一員；每哨分十棚，各設頭目一人。故每營之兵額爲五百人。營數隨各地情形而有多寡之分。必要時以若干營編列，設統領一員指揮之。除各省外，尚有二特例：即四川成都將軍所轄之『軍標』，河東及江南河道總督所轄之『河標』，爲不屬省額之綠營。編制同於各省。全國綠營之總數爲五十萬人。

三　綠營之變遷

清代承平既久，武備逐漸廢弛。且以餉給過薄，各省綠營乃多虛額，官長以曠餉入私囊。臨檢閱查驗之際，則臨時傭僱市井無賴，給著號衣，聊以充數。降及清代中葉以後，綠營之腐化益甚：武官可由捐納出身，於是不識字之紈袴少年，銅臭商賈，皆以貲買官，濫竽行伍，而誇耀鄉里；魚肉平民，甚且任意侵吞餉銀糧秣。軍隊之缺額在半數以上，即列伍者亦皆老弱無所倚靠或無職業之流氓。訓練操演，可謂絕無。其後竟以防守地方保衞百姓之軍隊，僅足以供接官辦差之裝飾品。其腐敗已達極點。太平天國軍興，勢如破竹，即綠營旗營皆無戰鬥力之所致。曾國藩以鄉勇敗太平軍後，清廷知綠營之無用，徒耗餉需，乃詔令淘汰，挑選精銳，改編『巡防營』，完全成爲一種警備隊式之地方防軍。間有邊省綠營，至民國始盡者。〔分見後各省軍隊之沿革一章〕

第四節　清代之舊式陸軍（二）——勇營

一　**勇營之原始**　清初經制之兵，僅有上述之旗營綠營二種。及嘉慶時，教匪肇亂，乃有鄉勇助戰。及太平天國軍興，曾國藩以侍郎守制在籍〔湖南〕聯合鄉紳，招募土著，仿綠營之編制，編練勇營。其始僅爲團防性質，以保衛鄉里爲職志。繼則曾國藩等與太平天國爲敵，而效忠滿廷，乘太平軍直下長江之際，擴大鄉勇之組織，編成軍隊，揭『勤王』之幟，而與太平軍爲敵。時滿淸專制方盛，國人昧於種族觀念，以曾國藩號稱學者，尙絕不知民族存亡之義，更毋怪鄉民之震於利祿富貴，荷戈以從。及後清廷利用曾國藩所募之鄉勇爲之効死，破例予官，以虛榮籠絡其衆，江淮士紳，聞而羨之，乃有同樣之組織。於是遂分稱爲『湘軍』，『淮軍』。

二　**勇營之嬗化**　湘淮兩軍因與太平軍屢戰數省，大受清廷之激賞，無形中竟取得國軍之地位。時値旗營久皦，綠營僅存形勢，清廷之恃以威內禦外者，惟勇營而已。太平天國因內訌而召滅亡時，勇營之氣燄正熾。惟勇營雖勢盛，其部勒方法，仍爲明代戚繼光之遺規，恃弓矢刀矛爲利器，僅以鳥槍火銃爲補助。淮軍李鴻章駐軍上海，亟思所以擴大實力，丕振聲威之方法，因召致英吉利軍官戈登，購辦歐西武器，編練『洋槍隊』。此為中國採用新式軍械，編練新軍之嚆矢。

三　勇營之沒落　湘淮兩軍勢盛時，各省間亦有效之者，然究不及湘淮兩軍之聲勢地位。惟湘淮兩軍之軍紀極壞，擄掠姦殺，視為慣常——曾國藩之胞弟曾國荃〔曾老九〕所統之兵為尤甚，惟左宗棠彭玉麟部勒較嚴——戰勝太平軍入南京城時，竟至全城為墟。微末之卒，且有擾財以萬計者。益以清廷欲買其歡心，爵賞太濫，販夫走卒之列名軍籍以及領兵者之親戚故舊，身未列伍者，皆因攀附而得軍職。故戰事結束後，勇營之腐敗，乃至不堪言狀。毋怪甲午一役〔見第二篇〕為國大辱也。湘淮軍統兵長官既恃功而驕，馴至惰懈，營伍多缺，訓練全無。清廷數次對外戰敗，知勇營已無可救藥，其不足恃無殊於旗營綠營，而外侮日亟，非建新式之陸海軍不足以禦外立國，於是乃有『新建陸軍』之編練。勇營之精銳則改編為巡防營，弱則歸諸淘汰。其各次戰敗之潰卒，則不再成軍，軍官任其投閒歸里，化作土豪。

第五節　清代半新式之陸軍

一　巡防營之原始　清代駐防各省之旗營，原專為鎮壓漢族之反抗而設。年代既久，旗營已成一種特殊之居民，其原始用意，毫不存在。抑且道咸而後，中經太平天國一次變亂，雖有曾國藩等之効忠滿族，而漢族之覺悟日甚，同時各省伏莽潛滋，非重新佈置地方防務不可。於是於編練新式陸軍之際，同時有巡防營之組織。蓋陸軍所以防外，具國軍之雛形；巡防營所以保衛地方，如警保軍隊之設置。惟巡防營兼有清鄉守土及鎮制政治反抗之作用耳。至於巡防營之編成，或於舊綠營挑選精壯，或就練勇——即勇營——揀擇銳良，而加入招募土著民丁補充編組而成。

二　巡防營之編制　巡防營（亦作「巡防隊」）之試辦章程，於丁未年（民國紀元前五年清光緒三十三年西曆一九〇七）經陸軍部建議奏請准行，分飭各省照辦。查該項章程中所載巡防營之編制，計分爲「馬隊」「步隊」二項：——

步隊——全營額設官，弁，兵，夫，共三百零一名。

馬隊——全營額設官，弁，兵，夫，共一百八十九名，馬一百三十五匹。（水師章程另行排列）

步隊——每營分爲「中」「左」「右」三哨，每哨分爲八棚，每棚正官九名。

馬隊——每營分爲「中」「左」「右」三哨，每哨分爲四棚，每棚正兵九名。

各省巡防營，因地方之需要，畫分之爲若干路。以「中」「前」「左」「右」「後」，或「東」

『西』『南』『北』區別之。每路各設統領一員，步，馬各營則設管帶哨官等統率之。惟因訓練新式槍操，亦有設『教習』一職者。餉章則各省互異，蓋試辦章程規定，暫由各原因有餉數酌量改訂也。

三　巡防營之變化　巡防營之章制，雖不盡合於戰術之原則，但確爲新式訓練使用新式武器之軍隊。惟因其分子之來源不良，而各路統領又多爲舊武官或『萬能』之後補道，於軍事一無所知，遑論訓育，故巡防營之有名無實，一如既往之勇營。厥後，江南等處有改編爲新式陸軍者。其餘各省，則多因光復時，分別改編師旅，或遣散，間有少數，改爲警備隊，或保安隊；惟新疆一省，因邊遠閉塞，軍事當局楊增新之頑固守舊，獨留巡防營，迄未改編。

第二章　清代新式陸軍之創建

第一節　清代陸軍建制之始

一　改練新軍之原因　清代之舊式軍隊既日趨於腐化，軍伍之事，馴至爲所謂士大夫者所恥言，武官營弁亦受極端之輕視。在海禁未開以前，國內民族受清廷之高壓已久，尚能粉飾太平，無庸積極謀及軍備。及至甲午中日之戰，（見第二篇）盛軍統帥衞汝貴全軍覆沒，舊軍之劣點，完全暴露；益以當日國外帝國主義之侵略壓迫日甚一日，國內漢族之民族思想因之而日趨覺悟，況值太平天國滅亡未久，革命之秘密結合，瀰漫全國；於是清廷爲圖延長其帝業之生命計，遂決計創建新式陸軍。袁世凱利用時會，得拜練兵之命；乃擇舊日淮軍支裔之盛軍（周盛昆周盛渤兄弟所統）屯駐地—小站—爲練兵場合。小站在天津之南，有周盛昆等盛字全軍所建之營房及兵墾之稻田。甲午盛軍覆沒於中日之役，小站遂空無一卒。袁世凱利用其地，招募壯丁，調天津講武堂學生爲官佐，就原有之定武軍十營，益以增募七千人，創爲新建陸軍。

二 **新建陸軍之變化**。 清代陸軍採用新式槍械，始於李鴻章聘用英人戈登練洋槍隊以擊太平天國，已具見前章。厥後淮軍平定捻匪，得力於洋槍隊之處尤夥。及李鴻章任直隸總督，（紀元前十八年甲申清光緒十年西曆一八八四）乃銳意摹倣西法練兵，從戈登之言，購置新式槍械，設立講武堂於天津，延聘德意志軍官爲教授。時王士珍馮國璋段祺瑞俱肄業其中。但有新教育而無新編制之軍隊，故學生卒業後，僅分派在淮軍各軍爲教習，教練新操，指揮軍隊之權，仍操諸舊統帥之手。惟槍械鮮明，形式上已頓改舊觀，北洋練兵之名已聳動一時矣。甲午敗績於日，次年和議告成，始謀澈底改革。江督張之洞首練自強軍於吳淞，聘用德意志教官，一切悉倣德制。而胡燏棻亦奉命練兵，成立定武軍十營於天津。及袁世凱就定武軍擴充為新建陸軍，軍制亦盡效德制。是為北洋軍隊之始，亦即後日北洋系之所由來也。世人每謂北洋軍閥為『小站系』，又曰『淮軍餘孽』，即以其始於小站而又承淮軍之系統以成軍故也。

三　新建陸軍之章制及餉需

新建陸軍，係慰草創。當時章制，多不合於戰略與戰術。茲錄袁世凱創建新建陸軍時上督辦軍務處之原稟全文於下，以見當時之創制。於此亦足見我國最初之新式陸軍制及其肇始之情形也。

袁世凱為練新建陸軍上督辦稟

竊查：比次軍興，往往易為敵乘，迭見挫敗者，雖由調度之無方，實亦軍制之未善。若不權時度勢，掃除更張，參用西法，認真訓練，則前車之鑒，殊足寒心！誠如憲台原奏『不得不為易轍之圖，作補牢之計』也。按泰西操法，每營分為四隊，每隊分為三大排，每大排分為二小排，均有弁目，層層節制。又節節策應，故戰每制勝，即敗亦不潰。向來湘淮營制，以五哨為一營，若照西人操法，分為四隊，遞分大小排，官弁頭目，各失其伍平時僅可飾觀，臨陣最易潰亂，似必須參用泰西軍制，始可照西法操練。然全用西制，以步隊一萬二千人爲一分軍，礮隊馬隊工程隊均在外，恐人數過多，需餉太鉅，勢亦有所難行。茲謹參酌時宜，幷遵鈞諭，簡練一萬二千人爲一分軍之數，擬分練：步隊八營，計八千人；礮隊兩營，計兩千人；馬隊兩營，每營五百人，計一千人；工程隊一營，計一千人：共計一萬二千人。步隊爲主，礮隊輔之，馬隊巡護，工程隊供雜役，似部署可期周密，臨敵亦鮮貽誤。又擬將一軍分爲兩翼，設統領二人管轄；每步隊兩千，礮隊兩千，馬隊一千，更各設分統一人，分領訓練。每步礮工程隊一千——馬隊五百——各設統帶一人專轄約束。統領以各分統兼充，分統以各營統帶兼充，冀可省官節費，俟訓練有成，再加總統一人，以資督率。晚近將才甚少，簡練綦難，總統統領之任，倍宜慎選，未得其人，無妨暫缺其額。至所擬餉數，例之湘淮餉章，未免嫌優；但餉薄則衆各懷私，叢生弊竇，餉厚則人無紛念，悉力從公；且威著於知恩，罰行於信賞，每屆關餉，幷簡派委員，核實點發，營員不得經手：則上無侵蝕，下免紛紜，積習頹風，可冀力挽。惟現値庫帑支絀，似難驟擴規模，擬先就定武軍步隊三千，礮隊一千，馬隊二百五十，工程隊五百，照新軍章制，歸併編伍，幷加募步隊二千，馬隊二百五十，合爲步隊五千，礮隊一千，馬隊五百，工程兵五百，先行試練。俟訓練就緒，簡拔多材，再隨時添募擴充，增足一萬二千之數。務期練一兵必得一兵之用，庶足仰副憲台委任之至意。

新建陸軍步隊營制餉章

統帶官一員，管轄全營，計兵一千零八名，護勇九十六名，號兵二十四名：共計一千一百二十八名。

幫統官一員。

管帶領官四員，每員管轄三哨，計兵二百五十二名。

哨官十二員，每員管轄六棚，計兵八十四名。遇行軍時，每哨須設管理軍火輜重伙食差弁三名。

哨長二十四員，每哨二員：一領排頭，一押排尾。

督排哨長四員。

正副頭目共一百四十四名，正兵八百六十四名。

統帶，幫統共用文案二員管查軍械糧餉委員二員正副醫生各一員，護勇十六名，號兵八名長夫二十名。〔光緒二十二年七月奉裁委員一員〕

領官用文案委員各一員四隊共八員護勇各八名共三十二名；號兵各四名共十六名長夫各十名、共四十名。〔光緒二十二年七月奉裁委員二員〕

哨官，哨長共用書識一名十二哨共十二名；護勇各四名共四十八名；長夫各四名，共四十八名。

委員，醫生，共用搬運子藥米糧各項雜用長夫三十名。

每棚伙夫一名，七十二棚共七十二名；長夫二名，共一百四十四名。

以上官弁四十六員，頭目兵丁一千零八名，文案委員各六員，正副醫生各一員，書識十二名，號兵二十四名，護勇九十六名，伙夫七十二名，長夫二百八十二名。

統帶官一員，月支薪水銀一百兩，公費銀三百兩；幫統官一員，月支薪公銀一百兩；領官四員，每員月支薪水銀五十兩，公費銀一百兩；哨官十二員，每員月支薪水銀二十兩，公費銀十兩；哨長二十八員，每員月支薪水銀十五兩；正頭目七十二名，每名月支工食銀五兩五錢；副頭目七十二名，每名月支工食銀五兩；兵丁八百六十四名，每名月支工食銀四兩五錢；文案委員十二員，每員月支薪水銀二十二兩；正醫生一員，月支薪水銀四十兩；副醫生一員，月支薪水銀二十兩；書識十二名，每名月支薪水銀七兩；號兵二十四名，每名月支工食銀五兩五錢；護勇九十六名，每名月支工食銀五兩五錢；伙夫二十二名，每名月支工食銀三兩五錢；長夫二百八十二名，每名月支工食銀三兩。

每一營共月支銀八千六百九十兩整。

新建陸軍礮隊營制餉章

統帶官一員，管轄全營，計兵九百六十六名，護勇九十四名，號兵二十四名，共計一千零八十四名。

幫統兼左翼領官一員，管轄三哨，計兵三百七十八名。礮隊分佈較遠，故領哨各官均加『幫統』『副領』名目，以便督率。

副領官兼哨官三員，每員管轄九棚，計兵一百二十六名。

哨長九員，每哨三員各管重礮二尊，每哨六尊；三哨計十八尊。

管查礮馬哨長一員，每礮用馬七匹，共一百二十六匹。

幫統兼右翼領官一員，管轄三哨；計兵三百三十六名。

副領官兼哨官三員，每員管轄八棚，計兵一百十二名。

哨長十二員，每哨四員各管快礮二尊，每哨八尊，三哨計二十四尊。

管查礮馬哨長一員，每礮用馬七匹，共一百六十八匹。

幫統兼接應馬礮隊領官一員，管轄三哨：計兵二百五十二名。

副領官兼哨官三員，每員管轄六棚，計兵八十四名。

哨長九員，每哨三員各管接應馬礮二尊，每哨六尊，三哨共十八尊。

管查礮馬哨長一員，每礮用馬五匹，騎馬五匹，共一百八十四匹：行軍時酌加。

三項正副頭目共一百三十八名；正兵八百二十八名。分三成一成用礮，一成備補，一成持槍護礮。

統帶官用文案二員，管查軍械糧餉委員二員，正副醫生，馬醫生，各一員，護勇十六名，

號兵六名，長夫二十名。〔光緖二十二年七月奉裁委員一員〕

領官各用文案一員，委員一員，三隊共六員；護勇八名，共二十四名；號兵六名，共十八名；長夫十名，共三十名。〔光緖二十二年七月奉裁委員二員〕

哨官哨長共用書識一名，九哨共九名；護勇六名，共五十四名；長夫六名，共五十四名。

委員醫生共用搬運子藥米糧各項雜用長夫三十名。

每棚伙夫一名，六十九棚共六十九名；長夫二名，共一百三十八名。

以上官弁四十六員，頭目兵丁九百六十六名；文案委員各五員，正副醫生馬醫生各一員，書識九名，號兵二十四名，護勇九十四名，伙夫六十九名，長夫二百七十二名。

一

統帶官一員，月支薪水銀一百五十兩，公費銀三百兩；領官三員，每員月支薪水銀一百兩，公費銀一百兩，兩翼哨官六員，每員月支薪水銀二十兩，公費銀二十兩；兩翼哨長二十三員，每員月支薪水銀二十兩；接應隊哨官三員，每員月支薪水銀二十兩，公費馬乾銀二十六兩；接應隊哨長十員，每員月支薪水馬乾銀二十六兩；正頭目六十九名，每名月支工食銀六兩五錢；副頭目六十九名，每名月支工食銀六兩；兵丁八百二十八名，每名月支工食銀四兩八錢；文案委員共十員，每員月支薪水銀二十二兩；正醫生一員，月支薪水銀四十兩；副醫生一員，月支薪水銀二十兩；馬醫生一員，月支薪水銀三十兩；書識九名，每名月支薪水銀七兩；號兵二十四名，每名月支工食銀五兩五錢；護勇九十四名，每名月支工食銀五兩五錢；伙夫六十九名，每名月支工食銀三兩五錢；長夫二百七十二名，每名月支工食銀三兩。（礮隊官弁頭目事繁責重，又須兵學精熟者充選，故薪食加優。）

每一營共月支銀九千零六十四兩四錢。

每一營共用馬四百七十四匹，每匹月支餧養銀四兩五錢；每馬三匹，用夫一名，共一百五十八名，每名月支工食銀三兩三錢；每礮約需月支擦礮油胰洋漆紙布等費銀五兩；三項共月支銀二千九百五十四兩四錢。合一營月餉，共須月支銀一萬二千零一十八兩八錢。

新建陸軍馬隊營制餉章

統帶官一員，管轄全營，計兵四百八十名，護勇二十六名，號兵十二名，共五百十八名。

幫統官一員。

領官兼一哨官四員，每員管轄三哨：計馬兵一百二十名。

哨官八員，每員管轄四棚：每棚十名，計馬兵四十名。

哨長十二員，每哨一員。

正副頭目九十六名，馬兵三百八十四名。

統帶幫統共用文案二員，管查軍械糧餉草料委員三員，醫生馬醫生各一員，護勇六名，號兵四名，長夫十六名。（光緒二十二年七月奉裁委員一員）

領官用文案各一員，四隊共四員，護勇號兵各二名，共十六名，長夫各五名，共二十名。

哨官哨長共用書識一名，十二哨，共十二名；護勇各一名，共十二名；長夫各四名，共四十八名。（光緒二十二年七月奉裁委員二員）

委員醫生共用搬運子藥米糧各項雜用長夫十四名。

每棚伙夫一名，四十八棚，共四十八名；長夫二名，共九十六名。

以上官弁二十六員，頭目兵丁四百八十名，文案委員九員，醫生二員，書識十二名，護勇二十六名，號兵十二名，伙夫四十八名，長夫一百九十四名，馬五百五十六匹。

統帶官一員，月支薪水銀一百兩，公費銀二百兩；幫統官一員，月支薪水銀六十兩；領官四員，各月支薪水銀二十兩，公費馬乾銀十兩；哨長十二員，各月支薪水銀十五兩，馬乾銀五兩；正頭目四十八名，每名月支工食馬乾銀十一兩；副頭目四十八名，每名月支食乾銀十兩；馬兵三百八十四名，每名月支食乾銀九兩；文案委員共九員，每員月支薪水銀二十兩；醫生一員，月支薪水馬乾銀四十兩；馬醫生一員，月支薪乾銀三十兩；書識十二名，每名月支薪乾銀十二兩；護勇二十六名，每名月支食乾銀十一兩；號兵十二名，每名月支食乾銀十一兩；伙夫四十八名，每名月支工食銀三兩五錢；長夫一百九十四名，每名月支工食銀三兩。

每一營共月支銀七千三百零六兩。

新建陸軍工程營制餉章

管帶官一員，月支薪公銀三百兩；幫帶官一員，月支薪水銀六十兩，公費銀八十兩；文案一員，月支薪水銀二十二兩；委員一員，月支薪水銀二十二兩，護勇八名，每名月支工食銀五兩五錢；號兵六名，每名月支工食銀五兩五錢；長夫十名，每名月支工食銀三兩。

以上官員勇夫共二十八員名，月支薪食銀五百九十一兩。

管理橋梁司隊官一員，月支薪水銀四十兩，公費銀二十兩；隊長二員，每員月支薪水銀二十兩；書識一名，月支薪水銀八兩；護勇四名，每名月支工食銀五兩五錢；長夫四名，每名月支工食銀三兩。

木工四隊正頭目四名，每名月支工食銀八兩；副頭目四名，每名月支工食銀六兩五錢；木工兵三十二名，每名月支工食銀六兩；伙夫四名，每名月支工食銀三兩三錢。

鐵工一隊正頭目一名，月支工食銀八兩；鐵工兵九名，每名月支工食銀六兩；伙夫一名月支工食銀三兩三錢。

繩工二隊：正頭目二名，每名月支工食銀六兩五錢；繩工兵十八名，每名月支工食銀五兩五錢；伙夫二名，每名月支工食銀三兩三錢。

水工二隊：正頭目二名，每名月支工食銀七兩；副頭目二名，每名月支工食銀六兩；水工兵十六名，每名月支工食銀五兩；伙夫二名，每名月支工食銀三兩三錢。

以上官弁兵夫共一百一十一員名，月支薪食銀七百零一兩七錢。

管理地壘司隊官一員，月支薪水銀四十兩，公費銀二十兩；隊長二員，每員月支薪水銀二十兩；書識一名，月支薪水銀八兩；護勇四名，每名月支工食銀五兩五錢；長夫四名，每名月支工食銀三兩。

築工四隊：正頭目四名，每名月支工食銀八兩；副頭目四名，每名月支工食銀六兩五錢；築工兵三十二名，每名月支工食銀六兩；伙夫四名，每名月支工食銀三兩三錢。

石工一隊：正頭目一名，月支工食銀八兩；石工兵九名，每名月支工食銀六兩；伙夫一名，月支工食銀三兩三錢。

筐工二隊：正頭目二名，每名月支工食銀六兩五錢；筐工兵十八名，每名月支工食銀；五兩五錢伙夫二名，每名月支工食銀三兩三錢。

士工二隊正頭目二名，每名月支工食銀五兩五錢；士工兵十八名，每名月支工食銀四兩五錢；伙夫二名每名月支工食銀三兩三錢；士夫八十二名，每名月支工食銀三兩。

以上：官弁兵夫共一百九十三員名，月支薪食銀九百三十三兩七錢。

管理電雷司隊官一員，月支薪水銀四十兩，公費銀二十兩；隊長二員，每員月支薪水銀二十四兩；管雷司事六名，每名月支薪水銀十六兩；學兵十名，每名月支工食銀四兩；書識一名，月支薪水銀八兩；護勇二名，每名月支工食銀五兩五錢；長夫四名，每名月支工食銀三兩；伙夫一名，月支工食銀三兩三錢。

雷兵三：隊正頭目三名，每名月支工食銀九兩；副頭目三名，每名月支工食銀七兩；雷兵二十四名，每名月支工食銀六兩；伙夫三名，每名月支工食銀三兩三錢。

：以上官弁兵夫共六十員名，月支薪食銀四百八十兩二錢。

管理修械司隊官一員，月支薪水銀四十兩，公費銀二十兩；隊長一員，月支薪水銀三十兩；機器司事四名，每名月支薪水銀二十六兩；學兵十名，每名月支工食銀四兩；書識一名，月支薪水銀八兩；護勇二名，每名月支工食銀五兩五錢；長夫四名，每名月支工食銀三兩。

修礮鐵工一隊：正頭目一名，月支工食銀十二兩；副頭目一名，月支工食銀十兩；鐵工兵八名，每名月支工食銀八兩；伙夫二名，月支工食銀三兩三錢；

修槍鐵匠二隊：正頭目二名，每名月支工食銀十二兩；副頭目二名，每名月支工食銀十兩；鐵工兵十六名，每名月支工食銀八兩；伙夫一名，月支工食銀三兩三錢。

修械木工一隊：正頭目一名，月支工食銀十二兩；副頭目一名，月支工食銀十兩；木工兵八名，每名月支工食銀八兩；伙夫一名，月支工食銀三兩三錢。

以上官弁兵夫共六十六員名，月支薪食銀六百一十八兩九錢。

管理測繪司隊官一員，月支薪水銀三十兩，公費銀二十兩；測繪司事六名，給馬六匹，每名月支薪水銀二十二兩，馬乾銀五兩；印化司事四名，每名月支薪水銀二十二兩；學兵四名，每名月支工食銀四兩；護勇二名，每名月支工食銀五兩五錢；長夫四名，每名月支工食銀三兩；

測繪兵一隊：正頭目一名，月支工食銀七兩；副頭目一名，月支工食銀六兩；正兵八名，每名月支工食銀五兩；伙夫一名，月支工食銀三兩三錢。

印化兵一隊：正頭目一名，月支工食銀七兩，副頭目一名；月支工食銀六兩，正兵八名，每名月支工食銀五兩；伙夫一名，月支工食銀三兩三錢。

以上官弁兵夫共四十三員名，馬六匹，月支薪食馬乾銀四百五十一兩六錢。

管理電報司隊官一員，月支薪水銀三十兩，公費銀二十兩；發報司事六名，每名月支薪水銀二十二兩；護勇二名，每名月支工食銀五兩五錢；長夫二名，每名月支工食銀三兩。

工匠一隊：正頭目一名，月支工食銀七兩；電工兵九名，每名月支工食銀六兩；伙夫一名，月支工食銀三兩三錢。

以上官弁兵夫共二十員名，月支薪食銀二百一十九兩三錢。

總共官弁，司事，兵夫，五百二十一員名，馬六匹，每月計支餉銀三千九百九十六兩四錢。

每兵一千名，須月支柴價銀三百二十兩；各營計兵一萬二千名，共須月支銀三千八百四十兩。

以上各營通共月支銀十二萬九兩六錢。

各營遇有徵調，每步礮工程隊一營，須置隨軍糧械官車四十輛，馬隊減半。如征途較遠，所有後路轉運車輛，仍須另支添僱。

步隊分統四員，礮隊馬隊分統各一員，共六員，以各營統帶兼任，各月加薪水銀五十兩，公費銀五十兩；本營幫統月加薪公銀四十兩；文案委員各一員，每員月支薪水銀二十二兩；護勇四名，每名月支工食五兩五錢；馬弁四名，每名月支食乾銀十二兩；長夫十名，每名月支工食銀三兩。各項共月支銀二百八十四兩；六員總支銀一千七百零四兩。

左右兩翼統領二員，以各分統兼任，除已有分統加添薪公員弁勇夫外，各再加薪公銀一百兩；長夫十名，每名月支工食銀三兩，共支銀一百三十兩；二員統支銀二百六十兩。

總統一員，現可緩設，以督練官兼攝。

新建陸軍督練處

督練官一員；

稽查全軍參謀軍務營務處一員；

執法營務處一員；

督操營務處一員

督隊稽查先鋒官十四員，文案四員，委員四員，書識八名，督練稽查弁勇一百名，調隊旗號弁勇二十名，調隊稽查馬弁二十名。

營務處共用文案三員，營務處共用護勇二十名。

督練處各員，差弁勇共用長夫一百名。

督練官月支薪水銀　　兩（兩字上原文空三字當係待上峯批定也）公費銀一千兩；營務處三員，各月支薪水銀八十兩，公費銀八十兩；先鋒官十四員，各月支薪水銀四十兩；文案四員，各月支薪水銀五十兩；委員四名，各月支薪水銀四十兩；書識八名，各月支薪水銀十二兩；兩項弁勇一百二十名，各月支工食銀六兩；馬弁二十名，各月支工食馬乾銀十二兩；營務處文案三員，各月支薪水銀二十兩；護勇二十名，各月支工食銀五兩五錢；長夫一百名，各月支工食銀三兩。

以上共計月支銀二千九百二十六兩。

教習處：

洋員十三名，照現擬合同每月薪水房租各項約需銀四千兩。〔俟聘來隨時詳報〕

繙譯通詞十三員，俟募選分別優劣等次酌定薪水大約共需銀一千兩。〔俟選定隨時詳報〕

以上共計月支銀五千兩整。

糧餉局：

總辦委員一員，各營管查糧餉委員，均歸調遣；

管理採買製造委員二員；

管理收發軍米委員一員；

管理出入餉銀核記帳目委員二員；

文案二員，書識六名，護勇十名，長夫二十名。

總辦委員月支薪水銀五十兩，公費銀一百兩；委員五員，各月支薪水銀三十兩；文案二員，各月支薪水銀二十兩；書識六名，各月支薪水銀七兩；護勇十名，各月支工食銀五兩五錢；長夫二十名，各月支工食銀三兩。

以上共計月支銀四百八十七兩。

軍械局：

總辦委員一員，各營管帶軍械委員，均歸調遣；

收發軍械委員二員；

文案一員，書識三名，護勇六名，長夫十五名。

總辦委員月支薪水銀四十兩，公費銀八十兩；委員二員，各月支薪水銀三十兩；文案一員，月支薪水銀二十兩；書識三名，各月支薪水銀七兩；護勇六名，各月支工食銀五兩五錢；長夫十五名，各月支工食銀三兩。

以上共計月支銀二百九十九兩。

軍醫局：

正醫官一員，須諳西法治傷諸科，各營醫生均歸調遣；

副醫官一員；

文案一員，書識二名，長夫十名。

正醫官月支薪水銀八十兩，公費銀八十兩；副醫官月支薪水銀四十兩；文案月支薪水銀二十兩；書識二員，各月支薪水銀七兩；長夫十名，各月支工食銀三兩。

以上共計月支銀二百六十四兩。（藥資須另支報，各員夫遇有戰事酌量增添）

轉運局：（行營時另設，仿泰西輜重營）

偵探局：（對敵時另設）

糧餉，軍械，軍醫，各局員司等共計月支薪水，公費，工食銀一千零六十兩。

附開雜支活款：

一、每千人約須帳房二百架，一萬二千人共須二千四百架；擬用外國帆布製造，冀可持久。

一、馬隊礮隊，應需馬匹，均擇強大口輕者備用；購買價值，不能拘照舊例；每馬至少約需銀三十兩上下；應用鞍套鞦轡及馬兵所需行軍皮袋等件，均分別購製。

一、每兵周年須另發冬夏號衣，皮衣各一件，單衣袷衣棉衣各一套，號帽二頂，戰靴二雙，手套二副。

一、每兵須備洋製雨衣雨帽一套，洋毯一件。

一、每兵須備皮背包一箇，水壺擦槍油壺各一把，拆槍器具，退子殼鉤各一副，洋式短鍬一把，腳鈀一副，纏傷布條，止痛藥棉花各二副。

一、每棚須備銅吹哨，孔明燈各一箇，大鍬四把，斧鋸钁頭各二把。

一、每哨須備時表，雙筒千里鏡，指南鍼各一箇。

一、每營須備洋號十四隻，洋鼓四面，更鼓，鑼號各二具，號燈四箇，德律風一具，大千里鏡一箇，鋼鈀八面，修理槍礮小機器一副。〔工匠由工程營調用〕

一、每二營，須備行軍電機箱一副。（學生工頭由工程營調用）

一、每官長均備督隊腰刀一把手槍一隻。

一、每營病傷兵丁，須由醫局購製藥料備發，并備舁傷布牀。

一、全軍官長，聚聽訓令公所分軍公所行營教習學堂各營兵房，雷械庫修械廠，均須估值建造。

以上各項應備物械，房舍均須隨時製造，或購諸外洋；至需款若干，姑難預定，俟奉准造辦後，核實另支造報。至工程營應用機器材料，種類繁多，并俟擇要估值，請示購辦。

謹查參用西法酌定簡要營制，事係創始，難期盡善，祇可暫行試辦。按泰西營制，亦逐年損益擬俟開辦後，隨時體查商酌增删，彙輯詳册另行稟報。合附聲明。

至於其餘章則如『陸軍禮節』，等與今制彷彿因篇幅關繫皆從略。

第三節　武衛軍之興廢

一　武衛全軍之編成　紀元前十四年，〔戊戌清光緒二十四年西曆一八九八年〕新建陸軍規模麤具。時，榮祿當國，知握兵柄之足以左右政治也，遂盡握北洋諸軍節制之權。次年，創立『武衛軍』分爲中軍，前軍，左軍，右軍，後軍等五個軍；自兼統中軍，而以馬玉崑統前軍，聶士成統左軍，袁世凱統右軍，董福祥統後軍。每軍各約一萬人。其中前，後，左三軍，皆以燕，隴，舊軍改編；中軍，則完全新募，且多旗丁；右軍，則由新建陸軍改編而成。自此，『新建陸軍』之名告終，而武衛右軍之聲威，震傳南北。

二　武衛軍之編制　武衛軍之軍制與餉章等，多因新建陸軍之舊，惟因力倣德制，故於編制，略有更張。計每一軍都爲八營：步隊五營，礮隊一營，馬隊一營，工程隊一營。另附一學兵營。每營設統帶一員，其下分設領官四員，分領四隊。每隊二百五十人，全營計一千人。但當時惟袁世凱所部之右軍，遵章編就。中軍係新募，亦如制成立。其餘前，左，後三軍，則多仍其原來之舊軍制，——略如勇營——未及整編完全，而庚子拳亂突起矣。

三　武衛軍之消亡　榮祿既因與當時攬政之清太后那拉氏〔慈禧西太后〕有特殊關繫，而得開清代未有之先例，——以軍機大臣而兼握兵柄，——復於紀元前十三年〔己亥清光緒二十五年西曆一八九九〕任直隸總督而統武衛全軍，兼轄中軍，氣燄之高，不可一世。時袁世凱以戊戌告變，得破清帝載湉變政之謀，大爲那拉氏及榮祿所激賞；乃以之爲山東巡撫，率所部武衛右軍移駐山東，俾與榮祿互相呼應，聯燕隴爲一氣，而屏藩京都。乃次年庚子拳氏之亂作〔見第三編〕宋慶〔繼馬玉崑任〕之武衛前軍，敗潰後之殘餘，蛻化而成姜桂題所統之毅軍。董福祥之武衛後軍〔卽甘軍〕首與義和團合，隨拳滅亡。惟聶士成統武衛左軍，力勦義和團，爲招致拳氏倡亂之領袖端郡王載漪及剛毅所惡；通令凡習洋操者，一律毀棄槍械，恢復舊式刀矛；聶士成猶力抗，遂及於難。武衛左軍遂被消滅。武衛中軍，亦於斯役沒落。僅袁世凱之武衛右軍，因遠戍山東，不在近畿，得免捲入漩渦，而得保全實力。及拳亂既平，袁世凱以守土之功，擢直隸總督兼北洋大臣，所部仍調駐小站，勢力日增，乃造成北洋系之局勢。

第三章　北洋新軍之編練

第一節　新軍軍制

一　**常備軍之設置**　武衛軍既先後沒落，惟袁世凱所統之武衛右軍碩果僅存，隨袁重返小站。時，袁世凱方得寵信，卽一意編制軍隊，以期擴充一己之勢力。說者謂袁之野心於小站練兵時已蓄深謀，殆非虛語。蓋袁世凱既至北洋，即藉清政府雷霆萬鈞之力，吸全國之財，以供北洋一區練兵之用。且極力培植人材，務使徧植於全國新軍之內，其遠謀深計，實為其野心異志之表現。紀元前十一年，〔辛丑清光緒二十七年西曆一九零一〕直隸省之南宮威縣廣宗等處有民變，袁世凱派兵往擊平之。其後即改革軍制，以軍權集中於參謀，教練，兵備，三處，每處設一總辦，以段祺瑞〔原武衛右軍礮隊營統帶〕為參謀處總辦，馮國璋〔原武衛右軍步兵營統帶〕為教練處總辦，王士珍〔原武衛右軍工程營統帶〕為兵備處總辦，而以王英楷任總參議；袁世凱自任全軍總統。改稱『常備軍』。壬寅九月，編成常備新軍左鎮，蓋原定先編成『左』『右』兩鎮也。自此，中國乃有完全之正式陸軍。

二　常備軍之軍制　常備軍平時編制，以兩鎮為一『軍』。每鎮，轄步隊二協，馬隊一標，礮隊一標，工程隊一營，輜重隊一營。協以下之編制如下：

步隊每協兩標，〔第一第二〕每標三營，〔第一第二第三〕每營四隊，〔前左右後〕每隊三排，〔第一第二第三〕每排三棚。〔第一第二第三〕

馬隊每標三營，〔第一第二第三〕每營四隊，〔前左右後〕每隊三排，〔第一第二第三〕每排二棚。〔第一第二〕

礮隊：每標三營，〔第一第二第三〕每營三隊，〔中前後〕每隊三排，〔第一第二第三〕每排三棚。〔第一第二第三〕

工程隊：每營四隊，〔前左右後〕每隊三排，〔第一第二第三〕每排三棚。〔第一第二第三〕

輜重隊：每營四隊，〔前左右後〕每隊二排，〔第一第二〕每排三棚。〔第一第二第三〕

各種隊伍每棚均額設正兵四名，副兵八名，正目一名，副目一名，共十四名。計全鎭步隊二協，馬隊一標，礮隊一標，工程隊一營，輜重隊一營。統計官佐及司書等七百四十八員，弁目兵卒一萬另四百三十六名，夫役一千三百二十八名，共一萬二千五百一十二員名。此爲平時編制。惟南北洋各鎭成立時，間有出入：如馬隊設二營，每營二隊；工程、輜重，每營三隊等。但係臨時編定，留待補足，非法制也。至於戰時，則或以三鎭爲一軍，或合數軍爲一大軍，或祇派一鎭，或分一路，不受軍之節制；皆因事制宜，無庸拘泥。徵調之際，各鎭兵丁器械，皆可酌量增加，其率如下：步隊，每排增三棚，其兵丁由續備軍調充，其正副目由常備軍選拔；礮隊，每隊仍備礮六尊，兵數無增，惟運送彈藥等物應需人員，須額外加增，亦由續備軍調用，不敷則由後備軍添補。

平時一鎭編制圖

——以第四鎮舉例以明番號之編次——

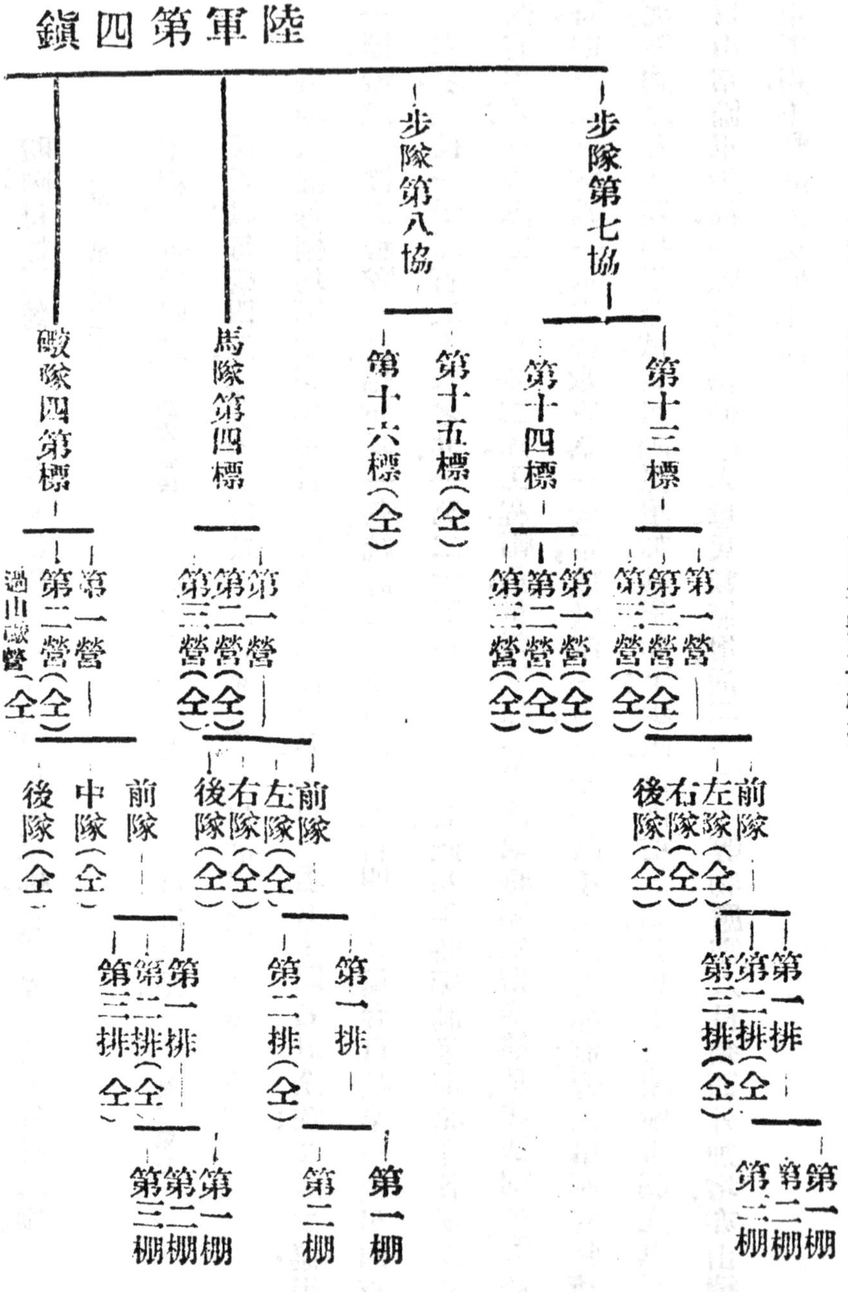

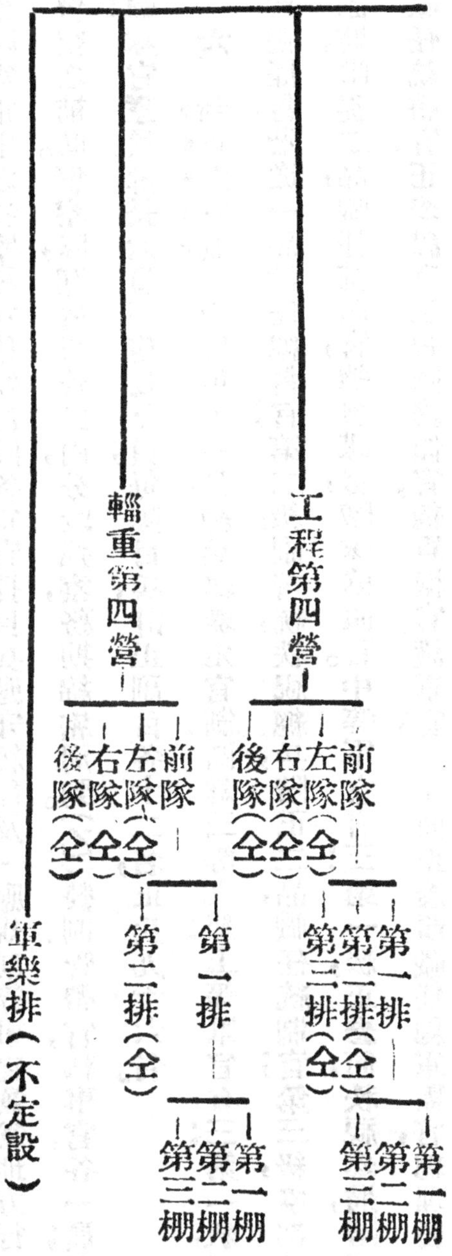

三　**續備軍**　清代新軍軍制，常備軍訓練三年爲滿，發給憑照，資遣回籍，列爲「續備軍」，月給減餉銀一兩。每州縣有續備兵百名以外，即派一弁，常駐管轄。兵多則弁增，弁多酌設官以領之。其不及百名之處，即兩處派一弁兼管，每月會同牧令發餉一次。並兼司常備兵家書留餉及新募兵各事。續備兵仍令自謀生活。每年十月，由該軍統將遴員前往，督率操練。操期以一月爲度，調操之月，發給全餉，如常備兵之數，按正兵每名餉銀四兩五錢，頭目照加。平時如緝捕，彈壓，要差，准各牧令會同該駐弁酌量調用，予以津貼，事竣即遣。

四　**後備軍**　續備軍回籍三年，改給憑照，列爲『後備軍』月餉照續備減半發給。每州縣有後備兵二百名左右，則派一弁管轄之。如不及一百五十名，則隸附於續備駐弁，列後備之第二年及第四年，均須會操。第一年及第三年，則免調操。四年期滿，退作平民，停止月餉，不與徵調。仍改給執照，嗣後遇有戰事，其年在四十五以內，願應募者，准特照投營錄用。

〔按續備後備軍辦法其後率未照章實行蓋徵兵既未實行卽不能不變通辦理也〕

五　**警察隊**（憲兵）　陸軍警察隊試辦章程，經陸軍部於戊申年四月通行。其規定，約爲：（甲）規則：警察隊，爲軍事之警察，專司稽察海陸各軍官長目兵應守紀律，及一應規則等事宜。兼爲地方行政，司法警察之補助。警察隊，應於所管區內，分段巡察，務期綿密周到。（乙）營制：管帶官，執事官，各一員；營分三隊；隊官三員，排長六員，司務長三員，每隊目兵，計正副目各十二名，正兵九十六名。

六　**新軍之官制**　甲辰年十一月，練兵處奏定官制，區爲三等九級。上等軍官有三：第一級正都統，秩視提督，階從一品，職任總督官；第二級副督統，秩視總兵，階正二品，職任統制官；第三級協都統，秩視副將，階從二品，職任統領官，總參謀官，礮隊協領官。中等軍官有三：第一級正參領，秩視參將，階正三品，職任統帶官，正參謀官，工程隊參領官，總軍械官，護軍官；——同正參領，職任總軍需官，總理醫官，總執法官；第二級，副參領，秩視游擊，階從三品，職任教練官，一等參謀官，正軍械官，中軍官；——同副參領，職任正軍需官，正軍醫官，正執法官，總馬醫官，一等書記官；第三級，協參領，秩視都司，階正四品，職任管帶官，二等參謀官，副軍械官，參事官；——同協參領，職任副軍需官，副軍醫官，副軍正，馬醫官，二等書記官。下等軍官有三：第一級，正軍校，秩視守備，階正五品，職任督隊官，三等參謀官，查馬長，軍械長，執事官；——同正軍校，職任軍需長，軍醫長，稽察官，軍樂隊官，副馬醫官，三等書記官；第二級，副軍校，秩視千總，階正六品，職任排長，掌旗官；——同副軍校，職任司事生，醫生，司號官，軍樂排長，馬醫長，書記長；第三級，協軍校，秩視把總，階正七品，職任司務長；——同協軍校，職任司號長，醫生，司書生。

乙酉年九月二十九日，軍諮處奏定陸軍人員補官暫行章程，其原奏大意如下：『增正一品一階，遇有正都統之積有勞勣者，賜以「大將軍」或「將軍」名稱，並賜以封號，作為正一品。』至於補官等差，則規定：中等第二級以上各官佐，均歸簡放；中等三級及次等一二三等官佐，均歸軍諮處會同陸軍部奏補；額外軍官軍佐，均歸諮補。軍官軍佐標各隊名稱，自正參領以下，均就所習之科目『步』『馬』『砲』『工』『輜』標以各隊之名稱。原奏軍佐，均於官名上加一『同』字，亦嫌界限不清，亦仿照軍官標以專門名稱。額外軍官及軍士亦分別階級，釐定職名，附於軍官之次。各項軍官軍佐，一

佐			軍			官		
						軍　將		
		統都副械製		統都副醫軍	統都副需軍			
		統都協械製		統部協醫軍	統都協需軍			
	領參正繪測	領參正械製	領參正醫馬	領參正醫軍 領參正樂司	領參正需軍	領參正隊重輜	領參正隊程工	領
	領參副繪測	領參副械製	領參副醫馬	領參副醫軍 領參副樂司	領參副需軍	領參副隊重輜	領參副隊程工	領
	領參協繪測	領參協械製	領參協醫馬	領參協醫軍 領參協樂司	領參協需軍	領參協隊重輜	領參協隊程工	領
	校軍正繪測	校軍正械製	校軍正醫馬	校軍正醫軍 校軍正樂司	校軍正需軍	校軍正隊重輜	校軍正隊程工	校
	校軍副繪測	校軍副械製	校軍副醫馬	校軍副醫軍 校軍副樂司	校軍副需軍	校軍副隊重輜	校軍副隊程工	校
校軍協樂軍	校軍協繪測	校軍協械製	校軍協醫馬	校軍協醫軍 校軍協樂司	校軍協需軍	校軍協隊重輜	校軍協隊程工	校
長務司樂軍	長務司繪測					長務司隊重輜	長務司隊程工 長士技隊程工	長 長
士上樂軍	士上繪測			士上護調	士上計會 士上技縫 士上技靴	士上隊重輜 士上鐵路隊重輜	士上隊程工	士 士 士 士 士 士
士中樂軍	士中繪測			士中護調	士中計會 士中技縫 士中技靴	士中隊重輜 士中鐵路隊重輜	士中隊程工	士 士 士 士 士 士
士下樂軍	士下繪測			士下護調	士下計會 士下技縫 士下技靴	士下隊重輜 士下鐵路隊重輜 士下技縫隊重輜 士技靴隊重靴	士下隊程工 士技縫隊程工 士技靴隊程工	士 士 士 士 士 士 士

陸軍軍官軍佐官職品目比照文官等差表

	等級	品級	文官	軍			
簡放		正一品	大學士	大將軍			
	上等第一級	從一品	總督兼都察院右都御史	正都統			
	上等第二級	正二品	總督巡撫兼陸軍部侍郎銜	副都統			
	上等第三級	從二品	巡撫 布政使	協都統			
	中等第一級	正三品	按察使	警察隊正參領	步隊正參領	馬隊正參領	砲隊正參領
	中等第二級	從三品	鹽運使	警察隊副參領	步隊副參領	馬隊副參領	砲隊副參領
	中等第三級	正四品	道員	警察隊協參領	步隊協參領	馬隊協參領	砲隊協參領
奏補	次等第一級	正五品	直隸州	警察隊正軍校	步隊正軍校	馬隊正軍校	砲隊正軍校
	次等第二級	正六品	通判	警察隊副軍校	步隊副軍校	馬隊副軍校	砲隊副軍校
	次等第三級	正七品	知縣	警察隊協軍校	步隊協軍校	馬隊協軍校	砲隊協軍校
咨補	額外軍官	正八品	縣丞	警察隊司務長	步隊司務長	馬隊司務長	砲隊司務長 砲隊技士長
	軍士	從八品	訓導	警察隊上士	步隊上士	馬隊上士 馬隊蹄鐵上士	砲隊上士 砲隊鞍技上士 砲隊槍技上士 砲隊木技上士 砲隊鍛冶上士 砲隊蹄鐵上士
		正九品	縣主簿	警察隊中士	步隊中士	馬隊中士 馬隊蹄鐵中士	砲隊中士 砲隊鞍技中士 砲隊槍技中士 砲隊木技中士 砲隊鍛冶中士 砲隊蹄鐵中士
		從九品	巡檢	警察隊下士	步隊下士 步隊縫技士 步隊靴技士	馬隊下士 馬隊蹄鐵下士 馬隊縫技士 馬隊靴技士	砲隊下士 砲隊鞍技下士 砲隊槍技下士 砲隊木技下士 砲隊鍛冶下士 砲隊蹄鐵下士 砲隊縫技士 砲隊靴技士

切體制及待遇恩賞卹廕各規則，一律比照文官。（附表於後）

七 ……新軍之募兵制 募兵制，由各督撫察度該省各州縣民戶之多寡，幅員之廣狹，道路之遠近，往來之通塞，酌訂開招日期，並先設選驗處所，預期示諭，附列募名格式，屆期派員，會同各府——直隸州——督同各州縣，按格選募。所謂格式者：

一 年紀：限二十歲至二十五歲。

二 身體：限官裁尺四尺八寸以上；——南方人軀幹較小，酌減二寸，其五官不全，體質軟弱，及有目疾，暗疾者，不收。

三 膂力：限平舉一百斤以上。

四 來歷：必須土著，均有家屬，應募時報明三代，家口，住址，箕斗數目。

五 品行：曾吸食洋煙，及素不安分，犯有事案者，不收。

招募之方法，由各該村莊莊長，首事，地保等，各舉合格鄉民，開具名冊，偕赴該選驗處所，聽候點驗；毋許濫保遊民潰勇，亦不得將應募合格之人，瞻徇隱匿，並嚴禁吏胥，莊長，地保等，藉端勒索攤派，違者重懲。督撫所派委員，如期分往該處，按格驗收，分別去取。其合格者，註冊編伍，并照鈔一冊，移交地方官存案，即由該委員，按名每日發給小口糧，開差赴防之時，按名酌加津貼，足敷食度爲度。並各給該家屬執據一紙，蓋用兵備處關防。成營三個月後，頭目兵丁，分別餉銀多寡，每月酌扣存餉，由餉局按六個月一次，派員會同原籍地方官，牌示定期，飭該家屬持據親領，該委員當面發給，於執照註明「某年某月某次領訖」字樣。倘將執照遺失，必於發餉前一、二日，由莊長人等，向地方官及發餉委員，報明緣由，查明實係遺失，再補發餉銀，並補給執照。如承發委員，有尅扣短少情弊，准該家屬函知各兵，在營呈訴。其到營逾三個月，查明端謹操練者，即行文該州縣，照綠營馬兵例，每名准免差徭三十畝。倘該兵丁代人包攬，查出重懲。其無差徭省分，准照生監例，具報優免，兵丁家屬，由原籍地方官，妥爲愛護。該家屬遇有涉訟案件，准其援照生監一律。遣抱離營後，仍以平民論。其請長假，或被革退者，由該管帶按月呈報兵備處，行知該管地方官註册。如有「永革」字樣者，以後不准回營再補，即續有招募，莊長人等亦不得再行舉送。凡永革及請假兵丁，差徭仍照舊征派，優免即予扣除，領餉執照由地方官追繳。其有在營拔陞官長者，由兵備處知會原籍地方官，塡註原册，以便稽考。

以上制度，自練兵處頒佈，因徵兵未及實行，而國體已變，故此制亦未能完全實施。

陸軍官佐士兵等級表

等級	高等官 將官		中等官 校官			初等官 尉官			額外軍官	士 軍士			兵 兵卒		
（通）	陸軍上將														
憲兵	陸軍中將	陸軍少將	憲兵上校	憲兵中校	憲兵少校	憲兵上尉	憲兵中尉	憲兵少尉	憲兵准尉	憲兵上士	憲兵中士	憲兵下士	憲兵		
步兵			步兵上校	步兵中校	步兵少校	步兵上尉	步兵中尉	步兵少尉	步兵准尉	步兵上士	步兵中士	步兵下士	步兵上等兵	步兵一等兵	步兵二等兵
騎兵			騎兵上校	騎兵中校	騎兵少校	騎兵上尉	騎兵中尉	騎兵少尉	騎兵准尉	騎兵上士	騎兵中士	騎兵下士	騎兵上等兵	騎兵一等兵	騎兵二等兵
									騎兵工長	騎兵鞍工上士	騎兵鞍工中士	騎兵鞍工下士			
										騎兵掌工上士	騎兵掌工中士	騎兵掌工下士			
砲兵			砲兵上校	砲兵中校	砲兵少校	砲兵上尉	砲兵中尉	砲兵少尉	砲兵准尉	砲兵上士	砲兵中士	砲兵下士	砲兵上等兵	砲兵一等兵	砲兵二等兵
									砲兵工長	砲兵鞍工上士	砲兵鞍工中士	砲兵鞍工下士			
										砲兵掌工上士	砲兵掌工中士	砲兵掌工下士			
										砲兵槍工上士	砲兵槍工中士	砲兵槍工下士			
										砲兵鍛工上士	砲兵鍛工中士	砲兵鍛工下士			
										砲兵木工上士	砲兵木工中士	砲兵木工下士			
工兵			工兵上校	工兵中校	工兵少校	工兵上尉	工兵中尉	工兵少尉	工兵准尉	工兵上士	工兵中士	工兵下士	工兵上等兵	工兵一等兵	工兵二等兵
									工兵工長						
輜重兵			輜重兵上校	輜重兵中校	輜重兵少校	輜重兵上尉	輜重兵中尉	輜重兵少尉	輜重兵准尉	輜重兵上士	輜重兵中士	輜重兵下士	輜重兵上等兵	輜重兵一等兵	輜重兵二等兵
	將官同等官		校官同等官			尉官同等官			准尉同等官	軍士同等士			非戰兵		
軍需	軍需總監	軍需監	一等軍需正	二等軍需正	三等軍需正	一等軍需	二等軍需	三等軍需	軍需工長	軍需上士	軍需中士	軍需下士	上等經理兵	一等經理兵	二等經理兵
										韡工上士	韡工中士	韡工下士	上等韡工	一等韡工	二等韡工
										縫工上士	縫工中士	縫工下士	上等縫工	一等縫工	二等縫工
										木工上士	木工中士	木工下士	上等木工	一等木工	二等木工
軍醫	軍醫總監	軍醫監	一等軍醫正	二等軍醫正	三等軍醫正	一等軍醫	二等軍醫	三等軍醫	衛生軍士長	看護上士	看護中士	看護下士	上等看護	一等看護	二等看護
			一等獸醫正	二等獸醫正	三等獸醫正	一等獸醫	二等獸醫	三等獸醫							
			一等司藥正	二等司藥正	三等司藥正	一等司藥	二等司藥	三等司藥		司藥上士	司藥中士	司藥下士			
軍法	軍法總監	軍法監	一等軍法正	二等軍法正	三等軍法正	一等軍法	二等軍法	三等軍法	軍法軍士長	軍法上士	軍法中士	軍法下士			
			一等司獄正	二等司獄正	三等司獄正	一等司獄	二等司獄	三等司獄	看守長	看守上士	看守中士	看守下士	上等看守	一等看守	二等看守
測量	測量總監	測量監	一等測量正	二等測量正	三等測量正	一等測量長	二等測量長	三等測量長	測量長	測量上士	測量中士	測量下士	上等測量兵	一等測量兵	二等測量兵
軍樂								軍樂長	軍樂副長	軍樂上士	軍樂中士	軍樂下士	軍樂兵		

（一）本表據最後修正案編製，與北京陸軍部制定之表微有不同。（部表無測量軍法等項，因各該項官級後定故也。）

（二）本表所列，有未及實施者。（各級司獄，方制定未實施[illegible]。）

第二節　練兵時之軍事設施

一　餉需之籌集

自癸卯以來國防上已無軍事之可言。若平內亂，則惟廣西土匪之役，用兵較久。此外除革命軍起義各役外，如東三省之勦匪等，尤不足述。至武漢起義，乃有南北軍之交綏。此當專篇記載，不在本篇範圍以內。茲惟就清末新軍軍政上所計畫之事實，述其經過大概而已。當時唯一要務，卽籌餉。癸卯以後清廷注意練兵，全仿西制。凡兵弁餉俸，以及行軍種種器械，力求完備。其所需經費，遂遠踰從前勇營綠營餉需。時旗綠各營，旣難驟裁，而淮、練、各軍，分駐各地，擔任地方治安，又不能全數改編。於是，欲練新軍，不能不另籌鉅餉。清廷迭下嚴諭，命各省裁革陋規，剔除中飽。又命鐵良南下，搜括練兵費，並以煙酒捐及土膏加稅，銅元盈餘等，全撥練兵之用。乃其結果：不過僅供北洋近畿六鎭之用。計六鎭之餉，已需九百零四萬二千餘兩。至此外各省，仍聽其省自爲政，於是財政稍裕及督撫尙知注重練兵之省分，新軍之成鎭較速。此外則任其延宕，蓋至清亡，而所謂全國練兵三十六鎭，尙不足三分之二，且餉章編制，有違定制者，則財政爲之梗也。茲將甲辰年練兵處派定各省籌款清單錄後，可見當時籌款艱難之情形。然在各省，已覺力不能勝矣。此又財政不從根本上改革之故也。

練兵處籌款清單

直隸派定之款，煙酒稅八十萬，中飽稅契等項三十萬。認籌之款，煙酒稅同上，中飽稅契兩項同上；人計稅契十五萬，糧租折徵盈餘二萬，優缺州廳滚提五萬，共三十萬；汰併冗員局所十萬。〔嗣因祇准截霸昌一道此款無著〕

奉天省派定之款，煙酒稅八十萬。認籌之款，俟地方平靜，查看情形辦理。

江蘇省派定之款，煙酒稅五十萬，中飽三十五萬。認籌之款，丁漕二十一萬，蘇局銅元餘利六十萬，寧局銅元餘利八十萬。

廣東省派定之款，煙酒稅五十萬，中飽三十五萬。認籌之款，共十五萬。〔俟東軍概撤盡力加解〕

四川省派定之款三十萬，認籌之款三十萬。

山西省派定之款，煙酒稅四十萬，中飽十萬。認籌之款，巡撫報效三千，藩司四千，臬司三千，冀寧道三千，河東道三千，雁平道八百，歸化關解撫署公費一千八百，共一萬七千六百兩，撤查煙酒稅濫匿并裁減用費四萬兩，荒地等項一萬八千兩，萬商稅一萬兩，畜税一萬五千兩。

山東省派定之款，煙酒税三十萬中飽二十五萬。認籌之款，加酒税十五萬，加烟税一萬，商運票課錢價盈餘一萬，東海關道節省一萬，糧道又一萬，運司又二千，另官捐十萬，祇能一次。

江西省派定之款，煙酒税三十萬中飽二十萬。認籌之款，煙酒加税四萬兩，州縣優缺盈餘八萬兩，丁漕錢價六萬八千兩，漕米脚耗一萬二千兩，司道府州縣報效八萬兩。

湖北省派定之款，煙酒税三十萬中飽二十萬。認籌之款，銅元盈餘五十萬，提陋規省糜費裁冗員，三共三萬兩。

浙江省派定之款，煙酒税三十萬中飽二十萬。認籌之款，提各署辦公津貼共一萬四千四百兩：計撫署三千六百兩，藩署三千兩，運司糧道各二千四百兩，杭寧溫關道各一千兩；各廳州縣丁漕節省三成，食役、各局盈餘、二十萬，整頓煙酒税四五萬，裁官省費一萬兩，裁併局所並税契等二三萬兩，以上湊集三十萬，加銅元餘利六十萬：通共九十萬。

福建省派定之款，煙酒稅三十萬，中飽十萬。認籌之款，閩海關常稅平餘等銀一萬六千八百兩，節省養廉三千二百兩：共二萬兩。

河南省派定之款，煙酒稅二十萬，中飽二十萬。認籌之款，州縣平餘五萬兩，鹽斤、貨釐、差規二萬餘兩，煙酒等稅八萬兩，設法籌集五萬兩：共二十萬兩。

安徽省派定之款，煙酒稅二十萬兩，中飽稅十五萬兩。認籌之款，撫署公費五千兩，藩司報效一萬兩，臬司二千兩，蕪道四千兩，鳳道三千兩，安道各府四千三百兩，懷寧等五十三州縣五萬一千九百兩：以上共八萬零二百餘兩，稅契倍收湊補一萬數千兩：通共十萬兩。

湖南省派定之款，煙酒稅二十萬兩，中飽二十萬兩。認籌之款，釐局二釐經費二萬六七千兩，鑛局節省一萬兩，官運局査捐一萬兩，歸併各局一萬兩，整頓煙酒稅六萬兩，稅契四萬兩，辰州、寶慶兩關浮費火耗三千兩，官捐四萬兩，銅元餘利二十萬兩，通共四十萬兩。

陝西派定之款，煙酒稅二十萬兩，中飽十萬兩。認籌之款，裁缺六萬兩，提優缺三萬兩，提加價六萬兩共十五萬兩。旗屯四萬兩。（二三年後並可裁撤）

吉林省派定之款，煙酒稅二十萬兩。認籌之款未報。

甘肅省派定之款，煙酒稅十萬兩。認籌之款，煙酒加稅三萬五千餘兩，裁減各局卡薪水四五千兩，各款撙節六萬兩：通共十萬兩。

新疆省派定之款，煙酒稅一萬兩。認籌之款未報。

廣西省派定之款，煙酒稅十萬兩，中飽十萬兩。認籌之款未報。

雲南省派定之款，煙酒稅十萬兩，中飽十萬兩。認籌之款，煙酒加稅一萬兩餘，土藥加稅六七萬兩，錫課加收四五萬兩；粵鹽加釐數千兩：共十二萬兩。

貴州省派定之款，煙酒稅六萬兩。認籌之款，土藥貨釐勻提一萬兩共一千六百五十三萬兩。

二　**軍隊之編練及分配**　癸卯年，京師設練兵處，爲編練新軍之總機關。又命各省凡新軍業經練成協以上者，均於省城設立「督練公所」，分「兵備」「參謀」「教練」三處，而領之以督撫，爲一省編練之機關。除近畿本已設立外，自乙巳年以後，各省均紛紛奏報設立，並開辦徵兵。丙午年，清廷京師改官制，以兵部、練兵處併設『陸軍部』。其職掌爲統轄京外陸軍及旗、綠各營軍人軍事，並關涉軍事之各項學堂及軍械製造局廠。并附設軍諮處。於是全國兵權，集於中央，袁世凱首先請以第三第五第六各鎮歸陸軍部直轄，清廷允之。既又派第一鎮統制鳳山專司訓練第一第三第五第六等四鎮；浸浸乎有以全國軍隊集權中央之勢。宣統紀元，又編『禁衛軍』，爲監國攝政王所親統，雖未成鎮，而當辛亥年南北未統一以前，亦頗爲軍界所注意。又設軍諮府，爲獨立機關，以親貴掌之。茲將清廷所籌劃編練三十六鎮之分配及次序錄後。

陸軍部擬訂陸軍三十六鎮按省分配限年編練章程

近畿四鎮。查畿輔現在已成四鎮，內一鎮移駐山東，又經東三省奏准調往一鎮，並混成一協，除俟各該省自編成鎮，或自籌的餉，再照原撥鎮數分別調回，及添練補足，以符定額。

直隸兩鎮，山東一鎮。查現在直隸兩鎮，業經編定；山東一鎮，係以近畿第五鎮移駐，應令該軍另籌的餉，自編一鎮，將原鎮調回；或騰出第五鎮現餉由陸軍部另編一鎮，卽以原鎭改屬該省；均由該撫詳細參酌，咨商度支部陸軍部辦理，仍以二年爲限。

江蘇兩鎭。查現在江寧已成一鎭，應令按照章制，認眞編練，以待考驗。江蘇已編步隊一協，馬礮隊各二隊，工程一隊，並擬編輜重一隊，應限三年編成一鎭。

江北一鎭。查江北專設提督，屯駐清江，現已編成步隊一協，礮隊二營；應由南洋大臣會同江蘇山東河南安徽四省巡撫，江北提督，協籌的餉，限四年編成一鎭。

安徽一鎭，江西一鎭，河南一鎭，湖南一鎭。查四省皆居腹地，各編一鎭。現在安徽已改編步隊一協，馬隊一營，礮隊二隊，工輜各一隊，軍樂半隊；江西已編步隊一協，馬隊二隊；河南已編步隊一協，馬礮各二營，軍樂隊一隊；湖南已編步隊一協；應統限四年一律編練足額。

湖北兩鎭。查該省現已編成一鎭，又混成一協；應限三年，編練足額。

浙江一鎭，福建一鎭。查現在浙江已編一協，據奏擬編一鎭。福建已編成步隊一協，礮隊一營，工程二隊；應均限二年，各編足一鎭。

廣東二鎭，廣西一鎭。查現在廣東已編混成一協；廣西已編步隊三營，礮隊一營，均應限以五年，一律編練足額。

雲南兩鎮。查現在已編步隊一協，礮隊一營，應限五年，籌餉添練，於限內編練足額。

貴州一鎮。查該省編設一鎮，足資分佈。現在已編步隊一標，應限五年編練足額。

四川三鎮。查該省現在已編成步隊一協，應限三年編足兩鎮；其餘一鎮，另由度支陸軍兩部商籌協撥，統於限內編練足額。

山西一鎮，陝西一鎮。查該兩省各編一鎮，可以扼要分駐。現在山西擬編混成一協，已成步隊一協；陝西已編步隊一協，礮隊一隊，均應限以三年，一律編練足額。

甘肅兩鎮，新疆一鎮。查現在甘肅已編成步隊一協，馬隊二營，礮隊一營；應限五年編足兩鎮。新疆已編步隊一標，馬隊二營，礮隊一營，應限三年編足一鎮。

熱河一鎮。查該處須專設一鎮，惟創始非易，應令該都統妥爲策劃，限四年編練足額。

奉天一鎮，吉林一鎮，黑龍江一鎮。查現在該省除調近畿一鎮及混成二協外，其自行編練者，惟吉林已編步隊一協。其餘均未編設，應責成該督撫等速行籌畫，統限二年，一律編練足額。

以上應編練陸軍，自近畿以至各省，共設三十六鎮。所有應需餉項，除由部籌設之鎮，另行辦理外，其餘均責成該省將軍督撫就地籌款，悉心經畫。

三　編隸三十六鎮之次序番號

陸軍部編練三十六鎮新軍次序於定議時，即分別番號編訂訓練全國新軍三十六鎮番號，畫定各省應練新軍數目及成鎮時期。惟各新軍次序：原定自近畿第一鎮起，以次悉照各地方遠近省分大小挨次編列。嗣因各省多未將該項新軍一律籌備款項，實行練辦，而成鎮成協又先後遲早不一；因又改定須依照成鎮先後及開編先後，分定各鎮協次第。茲將所定現練各鎮新軍分別先後列具如下：

各鎮名目，仍由近畿各鎮起，其餘遞推於各處。第一鎮近畿，全軍已成。第二鎮直隸，全軍已成。第三鎮直隸，調赴奉天長春，全軍已成。第四鎮直隸，調赴奉天馬廠，全軍已成。第五鎮山東，全軍已成。第六鎮近畿，南苑，全軍已成。第十鎮福建，未成，正在編練中。第十一鎮湖北，正在編練中。第十二鎮兩江、蘇州，第十三鎮湖南，正在編練中。第十四鎮江西，第十五鎮河南，第十六鎮兩江安徽，第十七鎮四川，第十八鎮直隸，第十九鎮浙江，第二十鎮陝西，第二十一鎮至第三十六鎮，內分廣東二，雲南二，廣西一，貴州一，福建一，浙江一，山東、山西各一，陝西、甘肅各一，四川一，河南一，直隸二；均按將來成鎮先後，即照分數目次第。又令全國七十二協，亦由第一鎮第一、第二兩協起，以至第二十鎮之第三十九、第四十等協。又由第二十一鎮之第四十一、第四十二兩協起，以至第三十六鎮之第七十一、第七十二兩協，務由各省先將計畫成鎮成協定期，以及預籌新餉的款，悉行詳列，開報確定，按期編成，當即照定名目次序大小額缺分別實行，各按新官制設辦。

四　新軍之校閱考核　當時，所有旗綠各營，定期校閱，久成具文。甲辰以來，規定新軍每成一鎮，即特派大臣校閱。此後，又迭辦秋操。茲將其見之奏報者，摘錄於下：甲辰七月，派鐵良往江蘇等省查視武備，嗣於乙巳正月奏稱：『陸軍，以湖北之常備軍爲最優。河南之常備軍步隊六營，江南之常備軍步隊四營，江西之常備軍步隊四營，粗有可觀。蘇州、安徽之統備各軍，江南之護軍四旗，新湘五旗，廢弛最甚。其餘各營操法，亦多平常。水師則湖口差強，餘均較遜。』當奉旨嘉獎張之洞，而革降其他各統領有差。乙巳九月，北洋新軍會操於直隸之河間，派袁世凱、鐵良爲閱操大臣，計陸軍各鎮分編爲『南』、『北』二軍：南軍以第四鎮全鎮合之第二鎮內暫爲編第四混成協，及新成山東一鎮內暫編爲第九混成協者爲一軍，統制王英楷充總統官；北軍以第三鎮全鎮合之京旗陸軍內暫編爲第一混成協，南苑一鎮內暫編爲第十一混成協者爲一軍，統制段祺瑞充總統官。預於河間建設閱兵處，派馮國璋爲總參議。其下分設『評判』、『綜理』、『遞運』、『傳宣』、『執法』、『接待』、『信號』七處，於藏家橋、沙河橋、適中地方暫設軍糧分所。南軍於九月二十三日，齊集交河一帶；北軍亦於同日齊集高陽一帶。南軍假定以江北爲後路，越徐淮，踰濟東，迤邐而入直隸，其主力萃於交河及富莊驛，前鋒馬隊進抵獻縣。北軍假定以直隸北邊及山西之後備隊爲後路，主力萃於高陽，前鋒馬隊進至邊渡口，南攻北禦，同以河間爲兩軍會戰之區。二十五日，兩軍馬隊進至太平莊，彼此衝突，交綏爲接仗之始。二十六日，大隊相遇於河間城西南十餘里。南軍步隊先據八里舖一帶，北軍分踞田家莊、大曲地、各村內，交換礮戰。二十七日，接戰尤酣。至兩軍主力已漸接近，幾於兵刃相交，始下令停息。綜計南北兩軍戰兵三萬三千二百餘名，備補兵二千三百餘名，官佐二千七百餘員，工匠、夫役七千七百餘名，戰馬五千四百餘匹，協濟馬四百匹，輜車一千二百餘輛，雇用車三百餘輛；陣局之遠約三百餘里，戰綫之長約二十餘里。此一役也，仿列邦之成規，創中國所未有，雖未極燦然大備，要使在伍之將士，人人得知戰鬥狀況及己身擔負之責任，平日所授之課，一一均見諸實施，作戰之計劃，種種皆求其賅備，亦足以導國民以尚武，練萬衆爲一心矣。

丙午九月，陸軍會操於河南之彰德府，派鐵良、袁世凱爲閱操大臣。此次編制，係在山東之第五鎮內抽調步隊一協，馬礮隊各一標，工程隊一營，駐紮南苑之第六鎮內抽撥步隊一協，駐紮直隸之第四鎮內抽撥礮隊一標，編作混成第一協，合成爲『北軍』一軍；以段祺瑞爲總統官，復調駐紮湖北之第八鎮全鎮，駐紮河南之第二十九混成協全協，合成爲『南軍』一軍；以第八鎮統制張彪爲總統官。共計兩軍官佐兵弁夫役三萬三千九百餘員名。此外兩軍之大小接濟、架橋、衞生、軍樂、電信、等隊，均配置相等。其礮械、車輛、馬匹、服裝、等項，均由各省督練公所籌備。南軍第八鎮於八月十五日由湖北開拔，由鐵路至河南衞輝府，旋分隊赴新鄉以北，淇縣以南。第二十九混成協先期自開封開拔至鄭州西南一帶，十七日至新鄉，與第八鎮會合。三十日，在衞輝府附近合操一次。九月初三日，齊集於淇縣北關一帶。北軍於二十日抵廣平府，三十日，會集於邯鄲縣之碼頭鎮。初三日，齊集於彰德府北界之劉家辛莊及豐樂鎮一帶。初五日，兩軍馬隊交錯，爲交鋒之始。初六日，南軍由湯陰北進渡湯河，以右翼戰揚莊東北，以左翼進攻十里舖。北軍以開礮相應，兩軍步隊逐漸進攻。卒之，南軍動作遲緩，右翼受北軍攻擊，頗蹈危機。初七日，北軍因地爲守，誘敵致師。南軍勢在逼攻，旋北軍亦反守爲攻，戰況極爲激烈。操畢後，審判官依據戰理秉公評斷。南軍稍涉張皇，北軍過於持重。至偵探搜索，兩軍皆未能十分得力。綜觀三日戰況，雖各有短長，皆未能臻美善。丁未陸軍部奏暫停秋操一年。戊申十月陸軍會操於安徽之太湖縣。

其編制以湖北陸軍爲『南軍』，兩江陸軍爲『北軍』。南軍以第二十一協爲主力，以第八鎮各隊併入編爲『混成第十一鎮』。北軍以第九鎮各隊爲主力，以駐蘇步隊第四十五標，駐江北步隊第二十五標併入編爲『混成第九鎮』。派廕昌、端方爲閱操大臣。此役因安慶熊成基乘機起義，忽促竣事。不及前二次之鋪張揚厲，故成績毫無。辛亥，將舉秋操於北方，適武漢兵起乃止。

五　陸軍服制　陸軍軍常服，以帽及肩章分三等九級。帽正以龍（清末定制以龍爲國徽）蟠珠，珠之色，則按文官頂之色分品。帽牆綴金辮以寬窄金辮之多寡，如階級高下之分。肩章則以金辮一、二、三、條，金星一、二、三、顆表示三等九級。（上等一級金辮三道金星三顆中等三級金辮二道金星一顆餘類推）領章則以顏色分兵種。後雖迭有更易，大體無甚改移。

第四章　民國之陸軍章制

第一節　陸軍之編制

一　軍隊之編成　民國陸軍編制，其大體仍滿清之舊，有新式軍及舊式軍。新式軍即依光緒三十年練兵處所定之營制，而略變其編制，改易其名稱，分為師、旅、團、營、連、排、班，人數無變動，餉章則改折銀兩為銀圓而已。舊式軍現存者為各省之巡防營等，即滿清之所謂練軍也。茲將現行新軍編制列舉於左：

陸軍一師編成系統表

師
- 步兵二旅—一旅二團—一團三營—一營四連—一連三排
  - 又每團機關槍連一連—一連三排
- 騎兵一團—一團四連—一連四排
- 砲兵一團—一團三營—一營三連—一連三排
- 工兵一營—一營三連—一連三排
- 輜重兵一營—一營三連—一連三排

至於幕僚及各級軍官之配置，兵隊之編成，為——

師司令部

師長（中將）一

參謀長（上校）一　參謀（中少校）二　參謀（上尉）一

副官長（中少校）三　副官（中少尉）二

軍法官二　軍需官六　軍醫官五　獸醫官三

軍士一七　一二等兵一五

總計五六　騎馬二〇

步兵旅司令部

旅長（少將）一

副官（少校）一　副官（上中尉）一

軍士三　兵三

總計九　騎馬四

團本部

階級	步兵	騎兵	野砲	山砲

團長（上中校）	團副（中少校）	副官（上中尉）	旗官（中少尉）	軍士	軍官相當官	軍士相當員	總計	騎馬
一	各一	一	一	六	一〇	一八	三九	七
一	各一	一	一	五	七	九	二六	三六
一	各一	一	一	六	一三	一三	四六	二二
一	各一	一	一	六	一三	一三	四六	二二

【附記】北洋各師僅設中校團副一人

營本部

階級	步	騎	野砲	山砲	工	輕重	憲兵

營長	營副	副官	軍士	軍官相當官	軍士相當員	總計	騎馬
一		一	三			五	三
一		一	三			五	六
一		一	三			五	六
一	二	一	六	五	六	三	五
一	一	一	三	六	七	一九	一〇
一		一	三	二	四	一一	五

【附記】營副亦有稱『營附』者如浙軍等是

一連之編成

兵種	連長
步	一
騎	一
野砲	一
山砲	一
工	一
輜重	一
憲兵	一
機關槍	一

中(少)尉	司務長	上士	中士	下士	上等兵	一等兵	二等兵	軍官相當官	軍士相當員	總計
三	一	一	四	八	一三	四二	八四			一五七
四	一	一	四	八	一二	四〇	八一			一五二
三	一	一	四	八	一四	四三	六三			一三八
三	一	一	五	八	一四	五四	九八			一八三
三	一	一	六	一〇	二四	四八	九六			一九〇
三	一	一	四	五	一五	二五	五〇	一四四		二四九
二	三	二	一〇			四八			二	六八
三	一	一	五	八	一二	二五	四七			一〇三

騎馬		一五七	四二	三〇	四	六八	六四	六
馱馬			八六	七八	五四			三〇

一團或一營之編成

	團長	團附	副官	旗官	營長	營副	營副官
步兵團	一	二	一	一	三		三
騎團	一	二	一	一			
野砲團	一	二	一		三		三
山砲團	一	二	一		三		三
工兵營					一	二	一
輜重營					一	一	一
憲兵營四連					一		一

連長	三	四	九	九	三	三	四
中少尉	三六	一六	二七	二七	九	九	八
司務長（准尉）	一三	四	九	九	三	三	四
上士	一七	六	一四	一四	五	四	九
中士	五三	一七	四〇	三一	二〇	一三	四二
下士	一〇三	三四	廿八	廿八	三三	一六	
上等兵	一五六	四八	一二六	一二六	七二	三九	
一等兵	五〇四	一六〇	三八七	四八六	一四四	七五	一九二
二等兵	一〇〇八	三二四	五五八	八八二	二二八	一五〇	
校官相當官	二	二	二	二		（輸卒）四三	
尉官相當官	八	六	一三	二	五	六	二

軍士相當員	一八	八	三三	三三	六	七	三
總計	一九三八	六三四	一三九六	一七〇八	三九一	七六〇	二七五
	一六	六五九	四一八	三二〇	一七	二二四	
						一六二	

二　軍官佐之等級　民國軍官仍採用三等九級制，而於尉官之下，另設『准尉』改排長〔後南方各省改稱『連附』〕爲中尉、少尉二級。上等官改稱『將』官，中等官改稱『校』官，初等官改稱『尉』官；每等分『上』、『中』、『少』三級。軍佐不設上等第一級，故與將官同等者祇二級。軍士及兵卒以勤務爲標準，分爲『上士』、『中士』、『下士』，兵卒分爲『上等兵』、『一等兵』、『二等兵』。茲將陸軍官制表列下。〔表見下頁〕其後因測量人員及軍法官補官發生困難，乃於軍佐中添設『測量』、『軍法』兩科，亦分三等八級，〔上等祇二級〕惟測量官之初等稱『一等測量長』、『二等測量長』、『三等測量長』，略有不同耳。

第二節 陸軍服制

一 陸軍常服章制 陸軍軍帽，冬夏均用灰黄色斜紋布或呢製。帽頂周圍，緣紅絲細辮一道。帽牆中央軍官各綴平金辮一道，〔約寬一生的〕軍佐各綴平銀辮一道。〔各師多未實行概綴金辮〕帽絆官用金，佐用銀，兩端綴小圓金鈕。自軍士以下，帽頂與官佐同，帽牆上不綴辮。前面遮陽及帽絆，均用黑漆皮；帽絆兩端，用銅鍍小圓金鈕，以定帽絆。民國初元，帽章用銅製陸軍軍旗徽章，均著金色；但中央圓形及星，均成凸形。後改用五角形，角凸分紅、黄、藍、白、黑五色，紅色角向上。冬服，官佐士兵軍服衣袴，初用黄色，民國三年後，改用地綠色呢，〔保護色〕夏服用斜紋布製。官、佐，於離袖口十二生的處，綴紅辮線一道；外側袴縫，綴紅辮線一條；對襟七鈕，鈕平圓式，徑二生的。軍官鍍金，軍佐鍍銀，均不用鈕絆，明鑿襟上。衣背後中央下部均開叉，約長十五生的。凡官佐衣，上下各做明口袋二個，共四個；軍士以下，僅上方做二明口袋，下則於衣襟內做二斜口袋，徒步各軍士以下，并於左脅下，綴同色呢布製長約十二生的寬二生的板帶，以便支持刺刀。除騎、砲、憲兵用長靴外，皆用革鞋。領章長方形，外端作內圓形〔半徑約一生的〕長約七生的，寬同領高。除上等官佐用金外，其餘均用色分科，并綴團號。〔獨立營用營號〕步兵紅色，騎兵黄色，砲兵藍色，工兵白色，輜重黑色，軍需絳色，軍醫、獸醫、司藥，均暗綠色，測量灰色，軍法暗紅色，憲兵淡紅色，軍樂鵝黃色，均用呢製。軍士領章上之號碼，所以表明軍士之所屬者也。惟此種號碼，或用羅馬字，或用中國字及阿拉伯字，甚爲紛亂。北方軍隊，則趨於一致。其某團號碼，由左邊領章上銅製之阿拉伯字表明之。營名在同處，用羅馬字表明。而兵士之個人號數，則用中國碼子誌明於左邊領口上。如欲知某兵屬於第幾師，則必須預悉某團屬何師，而後由其團數而推得之。步兵之旅與團之號數，乃照師之分法依次編定。例如每師由四團組成，則第十六師之第一團，爲第六十一團。至騎兵、砲兵，每師祇有一團，則某師某團之號數，必相一致。工兵、輜重兵，每師祇一營，其營號亦必與師一致也。茲用數例說明如下：

陸軍第一師，步兵第一團，第二營，第三百六十四號之兵士，其領章號碼爲

『〣〦〤—II I』〔紅色〕

陸軍第二十師，騎兵第七十八團，第一營，第六百三十五號之兵士，其領章號碼爲

『〦〣〥—I 78』

陸軍第二十師，騎兵第二十團，第二營，第二百六十三號之兵士，其領章號碼，爲

『〢〦〣—II 20』

陸軍第十二師，砲兵第十二團，第三營，第七百六十五號之兵，其領章號碼為

『12 III-765』

官佐以肩章一律直綴肩上，分別等級：官佐用金銀區分之。肩章為寬三生的，長九生的之長方形。上等軍官全用平金辮，中級軍官用兩金辮夾中央一銀辮，金三分之二，銀三分之一；下級官用兩銀星，夾中央一金，星銀三分之二，金三分之一。其上、中、少三級則以五角星章分之。各等第一級，綴星三顆，第二級，綴星二顆；第三級綴星一顆。額外官佐章肩，與初等同，惟不綴星。茲將各等級軍官肩章之區別表列如左：

等別	級別	稱呼	辮	星	備考
上等官	一	上將	全平金辮。	三	陸軍總長
	二	中將	同右。	二	師長
	三	少將	同右。	一	旅長
中	一	上校	金辮二道、中間銀辮一道。	三	團長

等官		初等官			
二	三	一	二	三	額外
中校	少校	上尉	中尉	少尉	准尉
同右。	同右。	銀辮二道、中間金辮一道。	同右。	同右。	同右。
二	一	三	二	一	無
團附	營長	連長	連長或排長	排長	司務長

至於軍士肩章，則以紅色呢底，綴細金綫一道，亦以金星三、二、一顆，區分上、中、下士三級。兵卒則但綴星而無細金綫。官佐平時一律佩刀（額外官同）刀鍔鏤菊花，鞘銀色，雙環，刀總按兵科顏色，騎兵、憲兵、砲兵、軍士，兵卒得佩戰刀。官佐刀帶平時束衣內，戰時用戰刀，帶束衣外，柄均向後。

二 陸軍禮服章制 陸軍禮服，藍色帽章用金菊花嵌五角色星，帽中前方，豎白羽纓柱。以寬窄金辮分等級，上等一級，寬金辮三道，窄金辮三道，餘類推。肩章用護肩式，周圍之綫，正面之星，其分等級法，亦如常服，惟上等官用全金底，其餘用各兵科顏色區別。（如常服領章也）領章及袖章之袖口處，上等金底金花，中等金底銀花，初等銀底銀花。袖章上金辮，上級三道，中級二道，初級一道。腰帶之區別金銀色，如常服之肩章。鈕七顆平圓金面。衣袋四，袴外方按上、中、初三等分綴紅條三、二、一道。靴用無鈕短統皮靴。官佐佩刀，上等鞘口、環、尾鏤金花三；中等鞘口、環鏤金花二；初等鞘環縷金花一。刀縷用金，刀帶亦用金銀分等，繫腰帶上。

三　陸軍禮節，陸軍禮節自小站練兵時，即採用各國通用之『舉手』『舉槍』『撇刀』等禮節。民國元年陸軍部就清代練兵頒佈之陸軍禮節，修正條文，由大總統教令公布，其制大致爲：下級對上級行『立正注目舉手』或『舉槍』禮，上級以『舉手』答之。室內陳事，則『立正注目脫帽』。同收相遇，互行『舉手』『撇刀』則於校閱或教練時行之；但騎兵兵卒僅祇『舉刀』舉槍之動作，原爲三動，近已改爲二動。至禮節之變更，則北洋舊章衞兵對中等以上官佐『舉槍』，其餘『立正』民國三年後，變爲凡屬官長經過皆『舉槍』。近已復舊。國民革命軍之禮節亦無大變更，至校閱大典等，另有專書不具錄。

第五章　國民革命軍軍制

第一節　革命軍擬定之軍制

一　同盟會革命方略中之軍制　革命軍之軍制，最初見於規定者爲中華革命同盟會革命方略中之『軍隊之編制』一章。其定制爲：

步兵：

一　八人爲一『排，』於八人中設『排長』一人，『副排長』一人，共八人。

二　以三排爲一『列，』外設『列長』一人，共二十五人。

三　以四列爲一『隊』外設『隊長』一人，『副隊長』二人，『號旗手』二人，『號筒手』二人，共一百零七人。

四　以四隊爲一『營，』外設『營長』一人，『副營長』二人，『鼓樂手』八人，『旗手』三人，『主計』一人，『書記』二人，共四百四十四人。挑夫伙夫別計。

五　以四營爲一『標』，外設『標統』一人，『副標統』二人，『參謀』六人，『傳令』十二人，『主計』一人，『書記』二人，共一千八百人。

砲隊一，工隊一，醫隊一，輜重隊一。

騎砲、砲兵、輜重隊、醫隊之編制，軍政府未定制以前，標統定之。『旅團長』以上，將來軍政府定之。

〔餉章未列數額〕

將官之等級

第一級	都督
第二級	副都督
第三級	參督
第四級	都尉
第五級	副尉
第六級	參尉
第七級	都校
第八級	副校
第九級	參校

其餘，軍旗，〔青天白日〕軍餉，恤賞，懲罰，攻取方略，軍律等，均有極精密之規定。但辛亥革命時，因起義者派別之複雜，各自爲政，此制竟未實行，僅爲革命史上一陳跡而已。

二　**孫中山改定之軍制**　孫中山在粵創建黨軍時，曾欲打破陸軍學生之故習而特創擬一規模宏大之軍制。以戰略衡之，該制頗爲適用。但當時蔣中正等皆不贊同，以爲編制人數太大，不易指揮，致又不克實施。茲將孫中山與蔣中正書中所列步兵編制表全文錄下，以備革命軍制史之一格。

革命軍步兵編制表（其餘騎兵飛兵（代騎）工兵輜重車砲隊槍甲砲車未定）

六人爲一「伍」	兵數	六	官	〇
六伍爲一「列」	兵數	三六	官	一
三列爲一「連」	兵數	一〇八	官	四
六連爲一「營」	兵數	六四四	官（附二人）	二一
六營爲一「團」	兵數	三、八八八	官（附二人）	一二九
三團爲一「旅」	兵數	一一、六六四	官	三八八
三旅爲一「師」	兵數	三八、九九二	官	一、一六二

此表人數定實，官數可酌量再加。

第二節　黨軍之軍制

一　黨軍最初之編制　十三年黨軍軍官學校初成立於黃埔之時，雖有『教導團』之組織，但其編制餉章皆係一種臨時制度且涵有學兵性質未能視爲革命軍之定制也。惟其編制上，確有不少改革處，——如廢除『旅』制等，以視在粵之湘、滇、桂、粵各軍，因襲北洋舊制，精神超勝多矣。按當時教導團所採用者爲一種『三三制』，以自『班』至『團』，皆以三進。（如三排爲一連三連爲一營）軍官則於連、排各增一副長，（副連長副排長）餉章仍無大更動。

二　黨軍編制之確定　及肅清東江，奠定南路以後，在粵各軍一律改編爲『國民革命軍』，於是黨軍軍制乃確定而實施於全軍。當時計編五軍，（後增編第六軍第七軍惟第七軍仍保持桂軍系統的旅制）每軍轄三師，或增一『教導師』，而爲四師。惟師之番號與軍之番號，不盡相屬系——即第一軍所轄，不一定爲第一至第三師，軍、師各從其序，而以任何三師編成一軍。其編制表爲：

步兵編制表：

二人	爲一『伍』	兵數	二	官	〇
六伍	爲一『班』	兵數	一二	官（正副班長）	二
三班	爲一『排』	兵數	三六	官	二

三排	爲一『連』，	兵數	一〇八	官	八
三連	爲一『營』	兵數	三二四	官	二六
三營	爲一『團』	兵數	九七二	官	八四
三團	爲一『師』	兵數	二九一六	官	二五五
三師	爲一『軍』	兵數	八七四八	官	七六八

【註】右表僅列統兵官特種兵除外

三　黨軍之俸給　黨軍餉需俸給，雖仍按三等九級及官兵差別而分別多寡，但與北洋舊章，已迥不相侔。茲將黨軍成立時之俸給表及奠定南京以後改定之俸給表，對照於後，以見其概。惟在粵及出師時，係發給毫洋，定長江後，乃改給大洋，此爲不可不知者。

國民革命軍薪餉表（初定與改定兩表對照）（單位元）

階級	初定	改定
上將	六〇〇	四六〇
中將	五〇〇	三八〇

少將	二六〇	三八〇
上校	二四〇	二三〇
中校	一八〇	一七〇
少校	一四〇	一三五
上尉	八〇——九〇	七五
中尉	六〇——七〇	六〇
少尉	四五——五〇	四二
准尉	二五——四〇	三三
上士	二〇	二〇
中士	一六	一六
下士	一四	一四
上等兵	一二	一二
一等兵	一〇	一〇·五

二等兵	一〇	一〇
炊事兵	一〇	一〇
飼養兵	一〇	一〇

第三節　黨軍之特殊制度

一　**黨軍之特別黨部制**　黨軍之特殊制度，所以鍛鍊及指導軍隊為黨的軍隊也。故軍中之組織，當有黨的組織之精神。各級部隊均有黨部之組織，接受黨的指導與使命，而服黨的工作，為黨奮鬥。此項制度，實為使軍隊黨化，成為黨的武力之必不可少者。按黨軍初編練時，曾勵行『黨代表』制，『政治部』制『特別黨部』制。國民革命軍之得以保持精神上之特點，於此項特殊制度，實有甚深之關繫。特別黨部之系統，為中國國民黨所直轄。凡屬國民革命軍之官兵皆為黨員，全軍皆不能離開黨的組織及紀律。軍隊之系統，是上而下；而黨之組織則由下而上。在軍隊一方面，固有階級但在黨一方面，則同為黨員，而無所軒輊。是以，軍紀風紀之外，更有黨紀，使成為『鐵』的組織『鋼』的紀律；團全軍為整個，完全接受黨的訓練，指導，管轄，裁制。同時，在軍隊方面，有特別黨部，可以以黨的紀律，來洎相監督。此種部勒方法，雖仿自蘇俄，而訓練之主義，則完全爲孫中山三民主義。至特別黨部之組織，略同於地方黨部及其他特別黨部。〔見後圖〕

二　**黨代表制**　國民革命軍中之黨代表，即所以代表黨而行使黨的職權者。於必要時，得直接指揮軍隊。同時，因擔任軍事工事之軍人，非必盡爲深切了解及服膺黨義者；是以，國民革命軍之軍官，祇有治軍之『能』，而管軍之『權』，則屬之於黨代表，而黨代表既係『代表黨』，則軍權皆集中於黨矣。換言之，黨代表者，代表中國國民黨執行其集中之軍權者也。有此制度，權與能之界限既清，而軍隊亦得以永爲黨的軍隊，而不致爲私人之工具。一矯前此軍閥之積弊。與特別黨部制合而行之，軍人乃得以認識己身之地位，與黨之使命。至黨代表之設置，自最高之軍事機關以至營連皆有之。軍隊凡有所呈請及露佈指揮等事，均須黨代表副署。蓋所以表示爲行黨的行動也。此制自清黨後，即就消滅。論者惜之。茲將中國國民黨軍隊特別黨部及黨代表組織系統表列後。〔表見下頁〕

三　**政治部制**　政治奮鬥，爲中國國民黨軍事奮鬥之目的。國民革命軍揭櫫三民主義，爲現代政治組織之不良而奮鬥；是以對於士兵及民衆，皆需有周密正確之政治訓練，使士兵及民衆之痛苦，得以深切明瞭，而彼此了解，認清其本身之地位，爲黨的使命羣衆之利益而努力。國民革命軍中之

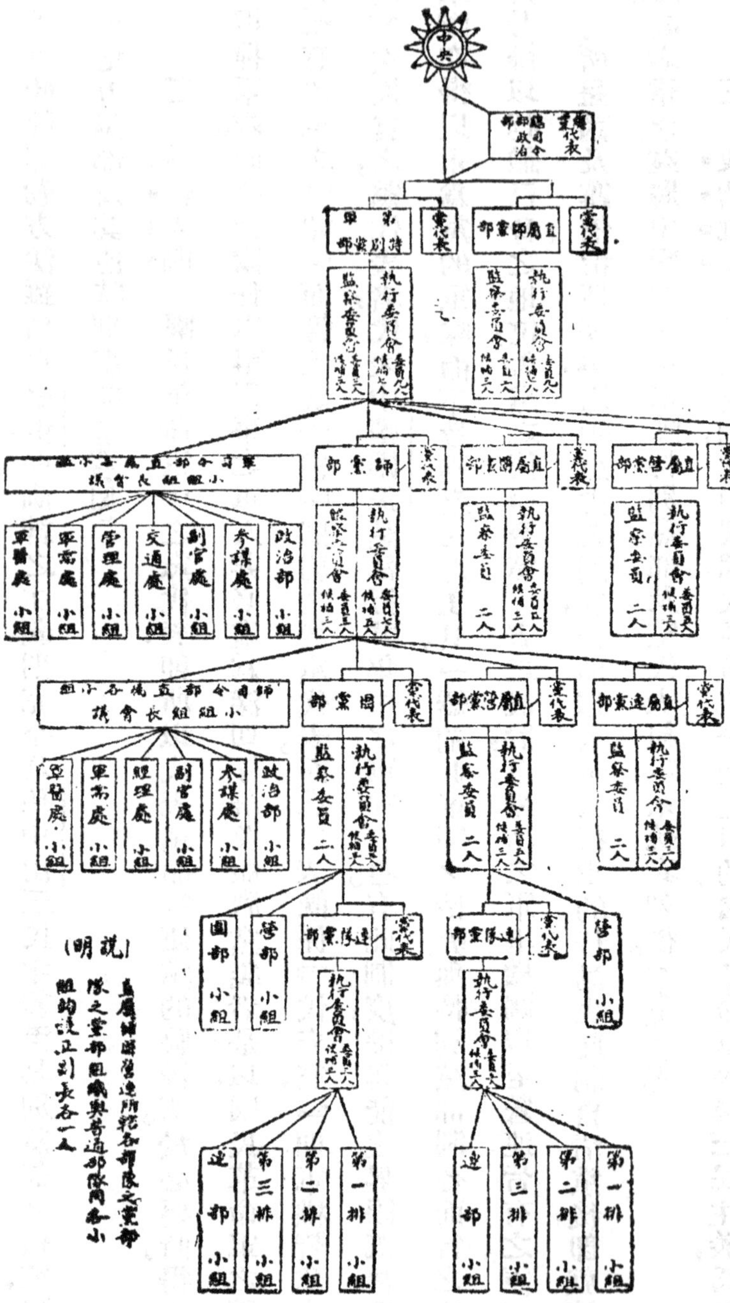
中央
總司令部政治部
黨代表
第 軍 特別黨部
黨代表
直屬師黨部
黨代表
執行委員會
監察委員會
軍司令部直屬各小組小組組長會議
軍醫處 小組
軍需處 小組
管理處 小組
交通處 小組
副官處 小組
參謀處 小組
政治部 小組
師黨部
黨代表
直屬團黨部
黨代表
直屬營黨部
黨代表
直屬連黨部
黨代表
執行委員會
監察委員 二人
師司令部直屬各小組小組組長會議
軍醫處 小組
軍需處 小組
經理處 小組
副官處 小組
參謀處 小組
政治部 小組
團黨部
黨代表
直屬營黨部
黨代表
直屬連黨部
黨代表
執行委員會
監察委員 二人
團部 小組
營部 小組
連隊黨部
黨代表
執行委員會
連部 小組
第三排 小組
第二排 小組
第一排 小組
（說明）
直屬師團營連所轄各部隊之黨部
隊之黨部組織與普通部隊同各小
組均設正副長各一人

政治部，即担負此項責任者。故政治部受黨的指導——黨代表的指導，以黨的主義，政府的策略，及世界文化社會潮流等貫輸於士兵及民衆為其不二之職責。其組織：於中國國民黨中央執行委員會軍人部及宣傳部之下，設『總政治部』，負全軍政治工作之全責。設『正主任』一人，『副主任』一人。其下分設宣傳組織訓練黨務等科，及各項特種委員會。團以下，則僅設『政治指導員』。職員之俸給等項，皆與軍官之同級者相等。凡戰地及克復地之臨時政治措置民衆運動黨務組織，皆由達到該地之最高之政治部任之。而對陣地及敵方民衆之宣傳，以及秘密工作，亦為政治部之要務。北伐出師時，政治部之功用，收效甚宏。黨務方面尤有顯著之成績。及至寧漢分裂時，因總政治部主任鄧演達態度激烈，而所屬各軍師等政治部有多數共產黨羼混，以致龐雜衝突，釀成禍患。國民政府定都江寧後，即將政治部改為『政治訓練部』，各師軍則改為『政治訓練處』。同時，抑制其權限，置諸總司令部之下；完全成為一種軍隊之訓練機關。燕遼底定後，國民政府改革官制，置『訓練總監部』，而以政治訓練部屬之，則又成為訓練總監之僚佐機關矣。

四　連坐法　連坐法，雖為國民革命軍之一種法令，而與軍隊制度大有關繫，且為致勝之重要原因。其效用足以懲戒貪生避死不服命令之不良分子；亦良好制度之一，兵法部勒，當以此為最嚴屬。其辦法：班長同全班退者，殺班長；排長同全排退者，殺排長；連長同全連退者，殺連長；以至營、團、師、長、皆如之。軍長不退，而全軍官兵齊退，以致軍長陣亡者，殺軍長所屬之師長；師長不退，而全師官兵齊退，以致師長陣亡者，殺師長所屬之團長；………班長不退而全班兵卒齊退，以致班長陣亡者，殺全班兵卒。

第六章　編遣後之陸軍軍制

第一節　軍事之善後整理

一、戰後之整理提案　自國民革命軍底定河北，總司令蔣中正即倡議整理全國軍事。第二、第三、第四各集團軍總司令馮玉祥閻錫山李宗仁及海軍總司令楊樹莊等亦均有裁兵之主張。結束軍事之聲甚囂塵上。及十七年六月二十六日，蔣中正李宗仁相偕至北平，馮玉祥閻錫山及楊樹莊之代表陳紹寬等於七月十一日會於湯山。討論整理軍事方案及意見書。越日共同簽字，呈於國民政府執行。其方案爲：

甲、關於整理者：

一、由各集團總司令會同中央委員組織『國民革命軍編遣委員會』，各軍均聽其調遣。

二、先就各軍精良部隊編成六十個師，再加精選。全國軍額，由國防會議定之。

三、國軍平時以『師』爲最大單位，編制、訓練、經理、及槍械，以及節制調遣，均直接依編遣委員會之命令行之。

四、各級下級幹部須加以統一補習教育。

五、曾著戰功及資深學富之將領，由編遣委員會審定，補官、給俸、或資送出洋。

六、各師團須易兵而教。

乙、編遣部隊之裁遣方法：

一　編遣委員會，除必要之組織外，特設五部：

㈠國軍編遣部，

㈡警保設計部，

㊂兵工設計部，
㊃憲兵編練部，
㊄屯墾設計部。

二、精選編餘官兵及各地警察，改編憲兵二十萬人，直隸於中央。
三、國軍與憲兵編餘之部隊，再挑選若干，編爲警察與保安隊，直隸於省政府。
四、兵工設計部，研究兵工技術及管理方法，與兵工政策實行之步驟。
五、以冗兵開墾邊荒，而實國防。

此項提案簽定後，未幾中國國民黨第二屆中央執行委員監察委員開第四次全體會議，即提出核議，因而有整理全國軍事之決議案。

二　軍事整理之決議　中國國民黨第二屆中央委員第四次全體會議，接受國民政府軍事委員會暨蔣中正馮玉祥閻錫山李宗仁楊樹莊等連署之兩項提案，對於整理全國軍事認爲最切要之圖，於十七年八月十四日午後八時，經衆參加修正，予以議決通過。其原文云：

決議：關於軍事整理問題，本大會認爲根本原則必須確守者，有下列數項：

一　軍政、軍令、必須絕對統一，軍隊之組織，更必須十分完備，方能使全國軍隊成爲眞正之國軍，逐漸實行徵兵制，以收內安外攘之效；破除一切舊有以地方爲依據以個人爲中心之制度及習慣。中央軍事系統如圖：

中央軍事系統圖

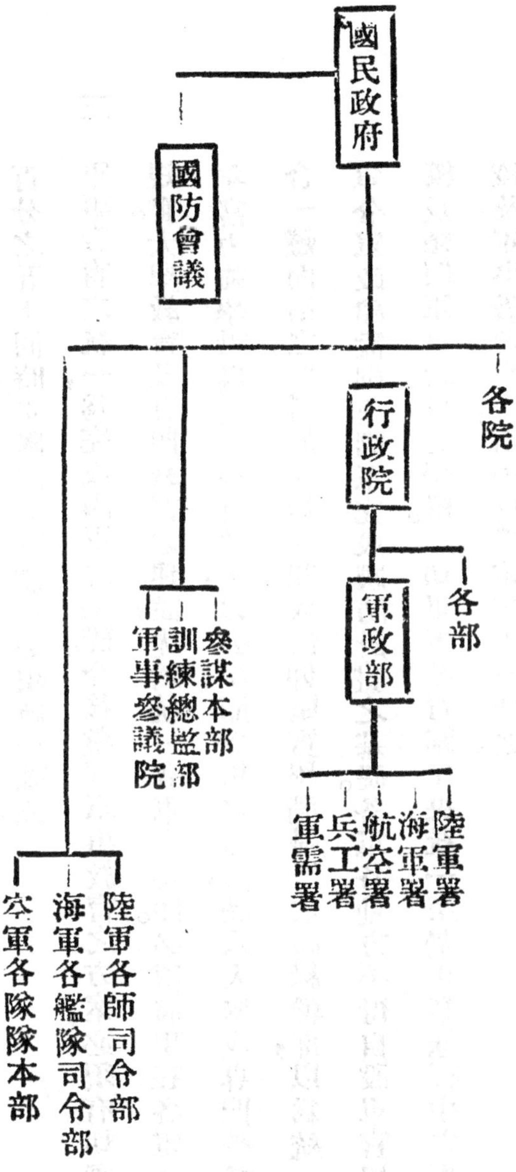

【註】十八年六月撤海軍署另置海軍部隸行政院

二　全國軍隊數量，必須於最短期間，切實收縮，軍費在整個預算上，至多不得超過百分之五十。同時，軍隊之經理制度，必須統一確立。

三　軍事教育之統一，爲完成國軍之基礎。今後整理軍事教育之方案，必須有切實規畫大學教育及專門教育之建設，尤爲統一各軍之要件。必須將現在各軍中年富力強學識俱優之精壯將士，以公平而嚴格之方法，調入大學或專門學校，合一鑪而冶之，俾得於最短期間成信仰堅實學淵識博之高級幹部，以爲統一軍令軍政建設健全國軍完成國防計畫之基礎。各軍各地方不得自設軍官學校及類似軍事教育之學校。一切軍事教育歸中央統一。至於正在進行中之學校及軍事教習教育，由中央妥定辦法處理之。

四　裁軍，爲整軍理財之第一要務；化兵爲工，爲總理多年之主張；移兵墾殖，亦爲中國向來之良政。第一次代表大會亦已有殊遇革命軍人之議決案。以後裁兵計畫，必須與此原則相合，亦必須與國家及人民之能力相應。務須本此旨切實施行。

五　在國防上，海軍空軍軍港要塞之建築，均爲重要。總理之實業計畫，一方面卽建設於國防計畫之上。吾國海岸既長版圖又大現在海軍實力微弱，空軍尙無基礎；今後之國防計畫中，必須實事求是，發展海軍，建設空軍，俾國防計畫底於完成。

此項決議，由四中全會連同蔣中正等之提案，一併仍交蔣中正馮玉祥閻錫山李宗仁李濟琛楊樹莊等六人，本此主旨，切實規畫，由國民政府核定施行。

第二節　編遣之方法及最新軍制

一　編遣之時期　國民革命軍之編遣詳情，當於後文『軍史』中詳記之。茲將編遣會議時議定之編制及編遣之時期記之於此。當編遣會議開幕後，卽依照四中全會之決議案，規定全國陸軍額定六十個師。而以『軍』爲戰時編制，平時則廢止之。同時，恢復旅制。故平時國軍之最大單位爲『師』。所有各集團所轄之各軍及獨立師，一律限期併編爲新制之師，分爲三期縮編。（『縮編』一名辭實始於此時因各軍多縮爲師故當時謂之『縮編』）在國軍編遣委員會未成立以前，各軍自行縮編者，爲第一期；在國軍編遣委員會開會之際，施行編遣者，爲第二期；此後，爲第三期。務使軍額逐期遞縮，限止於五十萬人，以期適合國家財政收入之比例。計其時日，若無大阻隔，爲時半載，即可辦竣一期。

二 **最新制定之軍制** 編遣全國軍隊時所定之軍制，其最顯著之更張，即爲廢『軍』而以『師』爲最大之部隊，且於『師』之下，增置『旅』，每旅轄二團，略如民國初元陸軍部之舊制。但每師所轄，有二個旅者，則又不同於舊制之點也。至師旅團營等級之『副長』仍如革命軍制。幕僚佐屬，亦皆未有鉅大之增減。惟師之編成，在編遣之目的，擬最後縮至每師轄二個旅。縮編時，爲環境及事實所限，因致有『甲種師』與『乙種師』之區分。乙種師轄步兵二旅，甲種師則較多一步兵旅，其餘皆同。第一期縮編竣事時，全國軍隊大多編成甲種師，乙種師僅居最少數。玆將甲種師一師編成之部隊系統表列於後，以備參考。

一師編成系統表（以第四師舉例庶番號系屬較易明瞭）

- 步兵第十旅司令部
  - 第十九團團本部
    - 第一營營本部
      - 第一連
        - 第一排
          - 第一班
          - 第二班
          - 第三班
        - 第二排（仝）
        - 第三排（仝）
      - 第二連（仝）
      - 第三連（仝）
      - 機關槍連（槍六挺）（仝）
    - 第二營（仝）
    - 第三營（仝）
  - 第二十團（仝）

陸軍第四師司令部

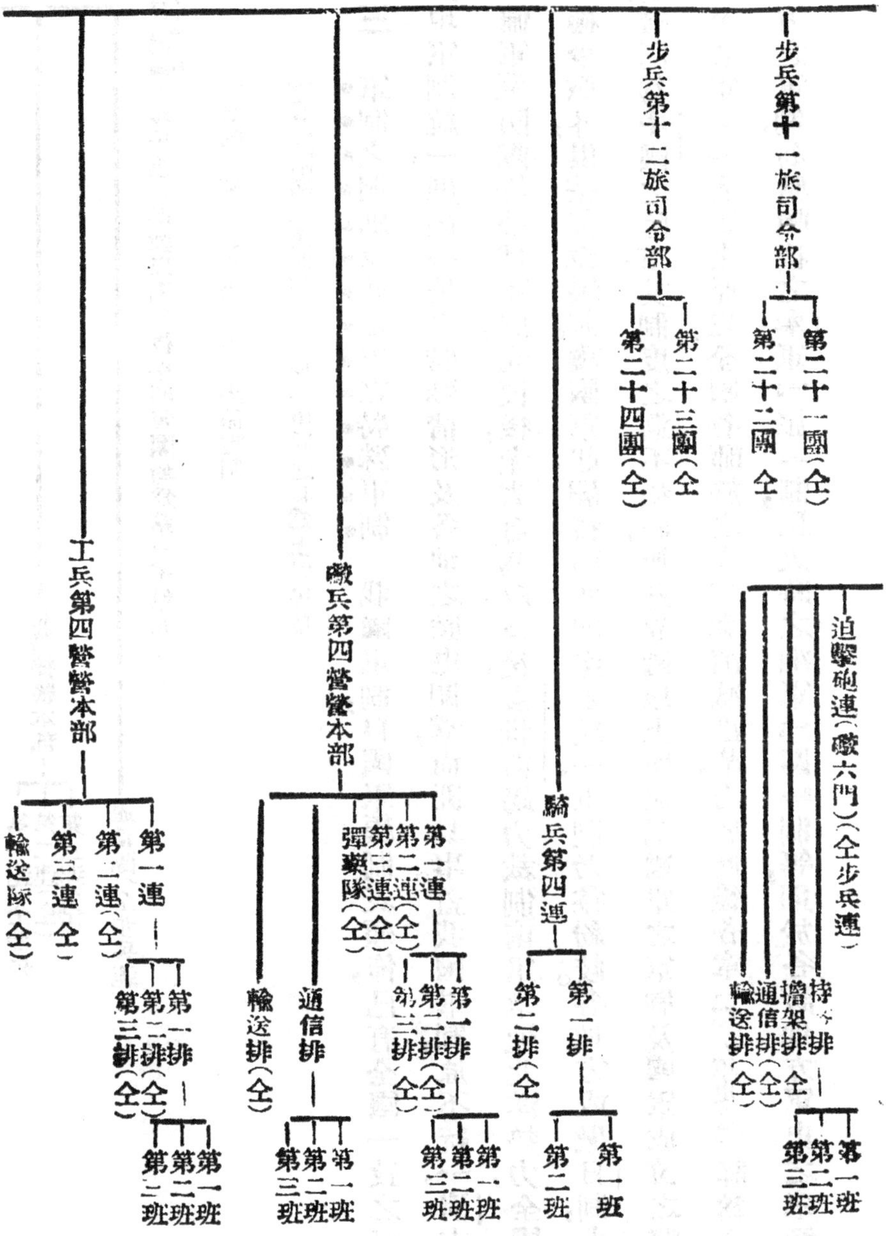
步兵第十一旅司令部
第二十一團(仝)
第二十二團 仝
步兵第十二旅司令部
第二十三團(仝)
第二十四團(仝)
騎兵第四連
第一排
第二排(仝
第一班
第二班
礮兵第四營營本部
第一連
第二連(仝)
第三連(仝)
彈藥隊(仝)
通信排
輸送排(仝)
第一排
第二排(仝)
第三排(仝)
第一班
第二班
第三班
第一班
第二班
第三班
工兵第四營營本部
第一連
第二連(仝)
第三連 仝
輸送隊(仝)
第一排
第二排(仝)
第三排(仝)
第一班
第二班
第三班
迫擊砲連(礮六門)(仝步兵連)
持令排
擔架排 仝
通信排(仝)
輸送排(仝)
第一班
第二班
第三班

特務營營本部——第一連（仝步兵）
　　　　　　　——第二連（仝）
　　　　　　　——第三連（仝）
通信隊（仝步兵連）

【附記】一步兵連之番號以團為標準即每團均為第一至第九連也
一各師之編成雖有出入但此表係定制
一官佐階級與舊制同即師長為中將連長為上尉等是

三　**軍制之迴顧及各地方之特殊軍制**　我國軍制，自國軍編制表頒佈，已有全國一致之可能，但實現軍制統一，則因各地之特殊情形及各地之歷史關繫，尙匪易事。蓋我國軍制，原不統一，清末，已有常備軍巡防隊等種種不同，光復後，尤省自為政。及後，袁世凱竭力裁制南軍，培植北洋勢力，全國軍制除極少數外，俱按部章編制。護國軍起嗣後，南北卽迄未統一，軍制乃益紛歧。各地方或倣日制，或倣俄制，雖同為中國之陸軍，其制度之迴不相同，無殊異國。以上所記為國軍之軍制，及國軍成立之演變事略。至各軍隊，各省軍之歷史，全國各師旅之成立與消滅沿革，均於此後各章（關於軍史者）詳為論列。一地方之軍制，如整頓後之奉軍『旅』制，民九時之湘軍『區』制等，則於各該地方軍史之章節中詳之。

國民革命軍師司令部編制表

職別	階級	員額	備考
師長	中將	一	
參謀長	少將（上校）	一	
參謀處　處長	上（中）校	一	管理處務並主管動員作戰事宜
參謀處　參謀	中校	二	一掌人事　一掌教育通信後方勤務
	少校	二	一掌動員作戰　一掌調查諜報
	上尉	四	二掌人事　一掌教育後方務勤　一其他
參謀處　秘書	少校	一	辦理師長文件
參謀處　書記	上尉	二	上尉一辦人事案卷餘二辦其他案卷
	中尉	一	
參謀處　電務員	上尉	一	
	中尉	一	
參謀處　司書	准尉	五	二人事文件　三其他繕寫及油印
處長	中校	一	

國民革命軍一師編製表

部別			人員數目 官佐	人員數目 士兵	人員數目 總計	馬匹數目 乘馬	馬匹數目 馱馬	馬匹數目 挽馬	馬匹數目 預備馬	馬匹數目 總計	軍械數目 步馬槍	軍械數目 手槍 勃郎寧	軍械數目 手槍 自來得	軍械數目 機關槍	軍械數目 迫擊砲	軍械數目 山野砲	軍械數目 馬刀	備考
師司令部			八三	一四〇	二二三					三五	六七	九	一五					
特務營	營本部		四	一五	一九					三	九	一	二					
特務營	第一連		五	一四〇	一四五						一三一		五					
特務營	第二連		五	一四〇	一四五						一三一		五					
特務營	第三連		五	一四〇	一四五						一三一		五					
第一旅	旅司令部		一三	二八	四一					九	一九	四	三					
第一旅	特務排		一	四八	四九						四四		一					
第一旅	第一團	團本部	二六	四九	七五					八	二四	一三	二六					步兵團擔架十八副每營六副每副以二人爲一組
第一旅	第一團 第一營	營本部	四	一五	一九					三	九	一	二					
第一旅	第一團 第一營	第一連	五	一四〇	一四五						一三一		五					
第一旅	第一團 第一營	第二連	五	一四〇	一四五						一三一		五					
第一旅	第一團 第一營	第三連	五	一四〇	一四五						一三一		五					
第一旅	第一團 第一營	機關槍連	五	一一五	一二〇					三八	二六		一五	六				機關槍連每連分三排每排分二組另附一彈藥班每班九名
第一旅	第一團	第二營			五七四					四一	四〇八	一	三二	六				
第一旅	第一團	第三營			五七四					四一				六				
第一旅	第一團	迫擊砲連	五	一三四	一三九					六五	四五		五		六			迫擊砲連每連分三排每排分二班另附彈藥班臨時編成
第一旅	第一團	通信排	一	三四	三五						六		一					
第一旅	第一團	擔架排	一	四三	四四								一					
第一旅	第一團	特務排	一	四八	四九						四四		一					
第一旅	第一團	輸送排	二	八九	九一						二七		二					
第一旅	第二團				二〇六四					一九六	一四〇八	六	七九	一八	六			
旅司令部																		

第二旅 旅司令部 特務排 第三團 第四團			四三八					四〇一	三六九九	一六	一六三	三六	三			
第三旅 旅司令部 特務排 第五團 第六團			四三八					四〇一	三六九九	一六	一六三	三六	三			
騎兵連	九	一六〇	一六九	一六九	二			一七一	一四七	一	五				一五三	官長馬刀六柄士兵馬刀一四七柄
砲兵營 營本部	八	二五	三三					一六	一〇	一	三					係以管退山砲架退
砲兵營 第一連	五	一五九	一六四					一〇五	三五		五			四		野砲為準
砲兵營 第二連	五	一五九	一六四					一〇五	三五		五			四		每連二排每排二班
砲兵營 第三連	五	一五九	一六四					一〇五	三五		五			四		砲四門附馬槍二十
砲兵營 通信班		二四	二四						二							五枝
砲兵營 彈藥隊	五	七三	七八		二	五四	(三)	(六)	六五	二		五				彈藥隊分三排以每
砲兵營 輸送排	一	四三	四四						三		一					砲配彈五十發計每
工兵營 營本部	七	三〇	三七					二〇	三三	六	一					連三排每排三班
工兵營 第一連	六	一四三	一四九						六〇		六					
工兵營 第二連	六	一四三	一四九						六〇		六					
工兵營 第三連	六	一四三	一四九						六〇		六					
工兵營 輸送排	一	三〇	三一						三四		一					
師通信隊	一六	一二二	一三八					七	三九	二	三					
師軍醫院	一七	七〇	八七						一二							以收容三百人為準
修械所	二	一二	一四						二							
統計	九九二	一四四六八	一五四六〇					一八二五	九六〇一	六四	五六九	一〇八	三六	一二	一五三	

附記

一 步兵每連分三排每排分三班
一 騎兵採四排制每一士兵附一長矛
一 彈藥隊預備馬挽馬均包含於馱馬之內
一 全師官長佩帶手槍中級官佩物郎寧初級佩自來得
一 輜重車數目未制定
一 第二第三第四各集團軍師之編成微有出入

副官處

職別	階級	人數	備考
副官	少校 上尉 中尉	一 三 三	一主管庶務一掌收發一隨從一庶務一監印二庶務
書記	上（中）尉	一	
司書	准尉	四	二收發二其他
査馬長	少尉	一	
司號長	少尉	一	
傳達班 班長	上士	一	
傳達班 傳達軍士	中下士	四	
傳達班 傳達兵	上等兵	一六	
勤務軍士	上中下士	一二五	
勤務兵	上等兵 一等兵	八 三〇	

	炊事兵	上等兵 一等兵 二等兵	一 四 八	
	飼養兵	上等兵 一等兵 二等兵	一 三 六	
軍械處	處長	中校	一	
	軍械員	少校 上尉 中尉	一 一 一	
	書記	中尉	一	
	司書	准尉	一	
	管庫軍士	中（下）士	一	
	管庫兵	上等兵	三	
軍	處長	上（中）校	一	
	總課長	少校	一	

需　處

處課	職別	階級	員數	備考
務課	課員	上中尉	一二	
	司事	准尉	二	
會計課	課長	少校	一	
	課員	上中尉	二二	
	司事	准尉	二	
糧服課	課長	少校	一	
	課員	上中尉	一二	
	司事	准尉	二	
	司書	准尉	三	
	軍需軍士	上中下士	一二二	
處	長	中(上)校	一	管理處務並爲師醫院長

處別	職別	階級	員數	備考
軍醫處	軍醫	少校　上中(少)尉	一二一	辦理軍醫行政軍醫教育軍醫人事及醫務衛生事宜
	司藥	上少尉	一一	
	獸醫	少校　中尉	一一	整委會訓令併馬匹撥到改設上尉獸醫一員各團加設中尉獸醫一員
	書記	中尉	一	
	司書	准尉	二	
	看護軍士	上　中(下)士	一二	
	看護兵	上等兵	二	
	担架排　排長	少尉	一	
	担架排　班長	中下士	二	
	担架排　担架兵	一等兵	二四	
軍	處長	中(少)校	一	

法處	軍法官	少校 上尉	一 一
	書記	中尉	一
	司書	准尉	一
乘馬			二五
總計		官佐 士兵	八三 一四〇 共二二三

附記

一、勤務兵之分配於左（餘表同）

中將上下士各一名　少將中下士各一名　上校中士一名　中校下士一名　少校上等兵一名　尉官二員共一等兵一名

准尉三員共一等兵一名但各級主任長官及含獨立性之職務者其勤務兵得按下列之標準增加之

中將加中士一名　少將加下士一名　上校加上等兵一名　中校加一等兵一名　少校加二等兵一名　尉官得每員專用一等兵一名　准尉二員得專用一等兵一名

二、表列各處司書司事階級係准尉如資格淺淺者應按次級試用

國民革命軍步兵旅司令部編制表

職別	階級	員額	備考
旅長	少將	一	
參謀	中校 少校 上尉	一 一 一	
副官	少校 上尉 中尉	一 一 一	
書記	上尉 中尉	一 一	
司書	准尉	三	
司號長	准尉	一	
傳達軍士	中士 下士	一 一	
傳達兵	上等兵	九	
勤務軍士	中士 下士	一 二	

勤務兵	上等兵 一等兵	二 四	
炊事兵	上等兵 一等兵	一 四	
飼養兵	一等兵 二等兵	一 二	
乘馬		九	
總計	官佐 士兵 馬匹	一三 二八 九	共四一 共乘馬九
附記	一 副旅長於必要時增設之出缺不補 二 旅部勤務兵分配準師部編制表附記所規定 三 旅部槍十九枝		

國民革命軍步兵團編制表

職別	階級	員額	備考
團 團長	上校	一	
團附	中校 少校	一 一	

團

職別	階級	人數
副官	上校、中校	一、一
旗官	中尉	一
司號長	准尉	一
團軍需主任	少校	一
軍需	上尉、中尉、少尉	三、一、一
團軍醫主任	少校	一
軍醫	上尉、中尉	三、三
司藥	中尉	一
書記	上尉、中尉	一、一
司書	准尉	三
軍需軍士	上士、中士、下士	一、一、二

部

區分	階級	數目	備考
軍械軍士	上（中）士	二	
傳達軍士	中士	一	
傳達兵	上等兵	八	
看護軍士	下、士	一	
看護兵	上等兵	八	
勤務軍士	中 下士	一 一	
勤務兵	上 一等兵	四 九	
炊事兵	上 一 二等兵	一 二 三	
飼養兵	一 二等兵	一 三	
乘馬		八	團長乘馬二匹各校官各一匹傳騎二匹預備兵二匹
共計	官佐 士兵	二六 四九	共七五

	官佐	士兵	
第一營	二四	五五〇	共五七四
第二營	二四	五五〇	共五七四
第三營	二四	五五〇	共五七四
迫擊砲連	五	一三四	共一三九
通信排	一	三四	共三五
擔架排	一	四三	共四四
特務排	一	四八	共四九
輸送排	二	八九	共九一
總計	一〇八	二〇四七	共二一五五

附記

1. 團本部勤務兵分配準師部編制表附記規定
2. 團部携槍者二十四名

國民革命軍步兵營營本部編制表

	職別	階級	員額	備考
營本	營長	少校	一	攜帶手槍一枝
	副官	上尉	一	各攜帶自來得手槍一枝
		中（少）尉	一	
	書記	中（少）尉	一	
	文書軍士	上士	二	
	軍需軍士	上士	一	
	司號軍士	中（下）士	一	
	傳達軍士	中（下）士	一	
	傳達兵	上等兵	四	
	勤務兵	上等兵	一	
		一等兵	一	
		二等兵	一	

部 炊事兵	一二等兵	一一	
飼養兵	二等兵	一	
馬匹		三	營長上尉副官各乘馬一匹 預備馬一匹
合計	官佐	四	共一九
	士兵	一五	
第一連	官佐	五	共一四五
	士兵	一四〇	
第二連	官佐	五	共一四五
	士兵	一四〇	
第三連	官佐	五	共一四五
	士兵	一四〇	
機關槍連	官佐	五	共一二〇
	士兵	一一五	
總計	官佐	二四	共五七四
	士兵	五五〇	

附記

一　各連經理衛生事項直接團部但一切呈報由營長核轉

二　營部勤務兵分配按師部編制附記所規定

國民革命軍步兵連編制表

職別	階級	員額	備考
連長	上尉	一	
排長	中尉 少尉	一 二	
特務長	准尉	一	
文書軍士	上士	一	
班長	中士 下士	三 六	
列兵	上等兵 一等兵 二等兵	九 五四 五四	
號兵	上等兵	二	均携槍枝
勤務兵	一等兵	三	均携槍枝
炊事兵	上等兵 一等兵 二等兵	一 三 四	

總計	
官佐	五
士兵	一四〇

附勤

一　全連分三排每排分三班每班十四名

二　全連步槍一百三十一枝

三　連內列兵中含槍工二名

四　勤務兵分配準師部編制表附記規定

五　全連官佐士兵共計一四五員名

國民革命軍步兵機關槍連編制表

職別	階級	員額	備考
連長	上尉	一	
排長	中尉	一	
	少尉	二	
特務長	准尉	一	
文書軍士	上士	一	

軍械軍士	上士	一	
班長	中士	六	
副排長	下士	六	
列兵	上等兵 一等兵 二等兵	一二 三六 三六	每排附一彈藥班每班九名（班長一搬運手四馭手四）
看護兵	上等兵	一	
號兵	上等兵	二	
勤務兵	一等兵	三	
炊事兵	上等兵 一等兵 二等兵	一 三 四	
飼養兵	一等兵 二等兵	一 二	
馬四		三八	彈藥馬二四乘馬五 預備馬三挽馬六
統計	官佐 士兵	五 一一五	共一二〇

附記

1 全連分三排每排二班另附一彈藥班並附馬(步)槍二四枝又勤務兵號兵二枝共二六枝列兵內含槍工兵一名

2. 勤務兵分配準師部編制表附記所規定

國民革命軍步兵團迫擊礮連編制表

職別	階級	員額	備考
連長	上尉	一	
排長	中尉	一	
	少尉	二	
特務長	准尉	一	
文書軍士	上士	一	
班長	中士	六	
副班長	下士	六	
列兵	上等兵	一二	每排附彈藥班每班十四名(班長一搬運手七馭手六)
	一等兵	三六	
	二等兵	五六	

區分	等級	人數	備考
看護兵	上等兵	一	
號兵	上等兵	二	
勤務兵	一等兵	三	
炊事兵	上等兵	一	
	一等兵	三	
	二等兵	五	
飼養兵	一等兵	一	
	二等兵	一	
馬四		六五	戰砲隊三六彈藥排一八乘馬五預備馬三
總計	官佐	五	共一三九
	士兵	一三四	

附記

一 全連三排每排三班另附一彈藥班臨時編成並附步槍四十枝又號兵勤務兵五枝共計四十五枝又連列兵內含槍工兵二名

二 勤務兵分配準師部編制表附記所規定

國民革命軍步兵團通信排編制表

職別	階級	員額	備考
排長	少尉	一	
特務軍士	上士	一	
班長	上士	二	
副班長	中士	二	
通信兵	上等兵	一二	携槍四枝
	一等兵	一二	
勤務兵	一等兵	二	
炊事兵	二等兵	三	
總計	官佐	一	共三五
	士兵	三四	

附記

一 全排應備騎槍四枝通信兵携帶之又勤務兵二枝共計六枝

二 器材另表規定之

國民革命軍步兵團輸送排編制表

職別	階級	員額	備考
排長	少尉	一	攜帶自來得手槍一枝
特務長	准尉	一	仝右
文書軍士	中士	一	
班長	下士	四	攜帶槍枝
輸送兵	一等兵	四〇	按照戰時三分之一計算
	二等兵	四〇	
號兵	一等兵	一	攜帶槍枝
炊事兵	一等兵	一	
	二等兵	二	
總計	官佐	二	共九一
	士兵	九八	

附記

一 備用車輛編制時如左列
排長一 班長四 車輛八 駕車兵八 搬運手一六 輓馬二四

二 備用馱馬編成時如左列
排長一 中士一 班長四 馱馬四〇 馱手四〇 搬運手三 炊事兵二

國民革命軍步兵團担架排編制表

職別	階級	員額	備考
排長	少（中）尉	一	
文書軍士	上士	一	
班長	中士	三	
担架兵	上等兵	六	每營担架六副 每副以二名為一組
	一等兵	一五	
	二等兵	一五	
炊事兵	一等兵	一	
	二等兵	二	
總計	官佐	一	共四四
	士兵	四三	

國民革命軍騎兵連編制表

職別	階級	員額	備考
連長	少校	一	
排長	上尉 中(少)尉	一 三	
特務長	准(少)尉	一	
獸醫	中(上)尉	一	
查馬長	少(中)尉	一	
司書	准尉	一	
軍需軍士	上士	一	
掌工軍士	中士	一	
班長	上士	八	

副班長	中士	四	
	下士	四	
列兵	上等兵	四八	
	一等兵	七二	
司號軍士	下士	一	
司號兵	上等兵	四	
勤務兵	上等兵	一	
	一等兵	二	
	二等兵	三	
炊事兵	上等兵	一	
	一等兵	三	
	二等兵	五	
飼養兵	一等兵	一	
	二等兵	一	
馬匹		一七三	
總計	官佐	九	共一六九
	士兵	一六〇	
附記	一　全連區分四排每排三班附騎槍一四七枝內含司號軍士號兵勤務兵十一枝		
	二　勤務兵分配準師部編制表附記所規定		

國民革命軍砲兵營編制表

職別	階級	員額	備考
營長	中(少)校	一	
營附	少校上尉	一	
副官	上尉	一	
軍械官	上(中)尉	一	
軍需	上尉	一	
軍醫	上尉	一	
獸醫	上尉	一	
書記	少尉	一	
文書軍士	上士	二	

軍需軍士	上士	一	
看護軍士	中士	一	
司號軍士	中士	一	
傳達軍士	下士	一	
傳達兵	上等兵	三	
掌工	下士	一	
鍛工	上等兵	二	
鞍工	上等兵	一	
勤務兵	上等兵 一等兵 二等兵	一 三 一	
炊事兵	一等兵 二等兵	一 三	
馬四		一六	

	官佐	士兵	馬匹	人數合計	馬匹合計
合計	八	二五		共三三	
第一連	五	一五九	一〇五	共一六四	共一〇五
第二連	五	一五九	一〇五	共一六四	共一〇五
第三連	五	一五九	一〇五	共一六四	共一〇五
彈藥隊	五	七三	六五	共七八	共六五
通信班		二四		共二四	
輸送排	一	四二		共四三	
總計	二九	六四一	三九六	共六七〇	共三九六

附記

一 礮兵營係以四門制之三連編成其砲數如超出四門以上者增編一連不足八門者不得編營

二 礮種以管退山野礮及架退野礮為準如舊式礮概不得編入

三 勤務兵分配準師部編制表附記所規定

四 每連馬槍二五枝又營部一〇枝

國民革命軍砲兵連編制表

職別	階級	員額	備考
連長	上尉	一	
連附	中尉	一	
排長	中（少）尉	二	
特務長	准尉	一	
文書軍士	上士	一	
軍械軍士	上士	一	

班長	上士	四	
副班長	中（下）士	八	
列兵	上一二等兵	一六 三二 六四	
看護兵	上等兵	二	
號兵	上等兵	二	
勤務兵	一等兵	三	
炊事兵	上一二等兵	一 四 五	
飼養兵	上一二等兵	一 五 一〇	
馬四		一〇五	
總計	官佐 士兵	五 一五九	共一六四

國民革命軍砲兵營彈藥隊編制表

職別	階級	員額	備考
隊長	上尉	一	
排長	中尉 少尉	一 二	
特務長	准尉	一	
班長	中士 下士	三 三	攜帶槍枝
馭卒	上等兵 一等兵	六 四八	
號兵	上等兵	二	攜帶槍枝

附記

一 全連區分二排每排二班以砲四門編成之並附馬槍二十枝又勤務號兵五枝共計二十五枝

二 傳達及通信勤務由列兵臨時派遣之

三 勤務兵分配準師部編制表附記所規定

勤務兵	一等兵	三	攜帶槍枝
炊事兵	上等兵 一等兵 二等兵	一 二 三	
飼養兵	一等兵	二	
馬匹		六五	內含乘馬十一匹馱馬五十四匹（內預備馬六匹挽馬三匹）
總計	官佐 士兵 馬匹	五 七三 六五	共七八 共六五
附記	一　馱馬五十四匹分為三排每排一八匹 二　此項編制對每砲携彈五〇發計算 三　士兵挽槍者十一名		

國民革命軍砲兵營輸送排編制表

職別	階級	員額	備考
排長	少尉	一	手槍一支

文書軍士	中士	一	
班長	下士	三	攜帶槍枝
輸送兵	一等兵	一八	按戰時輸卒二分之一計算
	二等兵	一八	
炊事兵	二等兵	二	
總計	官佐	一	共四三
	士兵	四二	

附誌

一　倘用車輛編成時如左列
大車四　駕車兵四　搬運手八　班長二　排長一　馬一二

二　倘用馱馬編成時如左列
馱馬一八　馭手一八　搬運手一八　班長三　排長一

國民革命軍砲兵營通信班編制表

職別	階級	員額	備考
班長	上士	一	

副班長	中士	一	
通信兵	上(一)等兵	二〇	携槍二枝
炊事兵	一等兵	二	
總計	士兵	二四	共二四
附記	一 材料另表規定之 二 應備騎槍二枝由通信兵携帶之		

國民革命軍工兵營編制表

職別	階級	員額	備考
營長	中(上)校	一	
營附	少校	一	
副官	上(中)尉	一	

軍需	上尉	一	
軍醫	上尉	一	
器材管理員	上尉	一	
書記	上(中)尉	一	
文書軍士	上士	二	
軍需軍士	上士	一	
	中士	一	
看護軍士	中(下)士	一	
看護兵	上等兵	二	
司號軍士	上(中)士	一	
傳達軍士	中(下)士	一	
傳達兵	上等兵	四	

勤務軍士	下士	一	
炊事兵	一二等兵	一二	
勤務兵	上一二等兵	一二三	
飼養兵	一二等兵	一六	
馬匹		二〇	營長營附副官乘馬各一匹預備馬二匹每連五匹共二十四匹
合計	官佐 士兵	七 三〇	共三七
第一連	官佐 士兵	六 一四三	共一四九
第二連	官佐 士兵	六 一四三	共一四九
第三連	官佐 士兵	六 一四三	共一四九
輸送排	官佐 士兵	一 三〇	共三一
總計	官佐 士兵	二六 四八九	共五一五

附記

一 工兵營以三連編成之
二 戰時得酌量情形另編器材輸送隊
三 勤務兵分配準師部編制表附記所規定
四 每連携槍六十枝又營部十三枝共計一百九十三枝

國民革命軍工兵連編制表

職別	階級	員額	備考
連長	上尉	一	
連附	中尉	一	
排長	少（中）尉	三	
特務長	准尉	一	
文書軍士	上士	一	
班長	上士 中士	三 六	

職別	階級	員額	備考
副班長	下士	九	
列兵	上等兵	一八	每班携槍六枝
	一等兵	三六	
	二等兵	五四	
號兵	上等兵	二	
勤務兵	一等兵	一	
	二等兵	三	
炊事兵	上等兵	一	
	一等兵	四	
	二等兵	五	
總計	官佐	六	共一四九
	士兵	一四三	

附記

一　全連區分三排每排三班附步槍五十四枝每班六枝又勤務兵號兵六枝共計六十枝

二　勤務兵分配準師部編制表附記所規定

三　傳達兵由列兵臨時派遣之

四　乘馬列在營部表內

國民革命軍工兵營輸送排編制表

職別	階級	員額	備考

職別	階級	員額	備考
排長	少尉	一	携自來得手槍一支
文書軍士	中士	一	
班長	下士	三	携槍
輸送兵	一等兵 二等兵	三 三	照戰時輸卒二分之一弱
炊事兵	二等兵	二	
總計	官佐 士兵	一 三〇	共三一

國民革命軍師特務營編制表

職別		階級	員額	備考
營	營長	少校	一	
	營附	上尉	一	
	副官	中（少）尉	一	

本部	官佐士兵		
書記	中（少）尉	一	
文書軍士	上士	二	
軍需軍士	上士	一	
司號軍士	中（下）士	一	
傳達軍士	中（下）士	一	
傳令兵	上等兵	三	
勤務兵	上一二等兵	一一一	
炊事兵	一二等兵	一二	
飼養兵	二等兵	一	
馬	匹	三	營長營附各乘馬一匹預備馬一匹
合計	官佐 士兵	四 一五	共一九

	官佐	士兵	
第一連	五	一四〇	共一四五
第二連	五	一四〇	共一四五
第三連	五	一四〇	共一四五
總計	一九	四三五	共四五四

附記
一 各連經理衛生事項直接師部一切呈報由營長核轉
二 營部勤務兵分配按師部編制表附記所規定

國民革命軍步兵旅特務排編制表

職別	階級	員額	備考
排長	中尉	一	
文書軍士	上士	一	
班長	中士	一	
	下士	二	

職別	階級	員額	備考
列兵	上等兵	三	
	一等兵	一八	
	二等兵	一八	
號兵	上等兵	一	
勤務兵	一等兵	一	
炊事兵	一等兵	一	
	二等兵	一	
總計	官佐	一	共四九
	士兵	四八	
附記	一　全排分爲三班每班十四名 二　全排步槍共四十四枝（每班十四枝又勤務兵號兵計兩枝） 三　傳達兵由列兵臨時派遣之		

國民革命軍師軍醫院編制表

職別	階級	員額	備考
院長	中（上）校	一	由師軍醫處長兼

醫務主任	中（少）校	一	醫務主任職掌全院診療事項擬另設專員以重職守
軍醫	上尉	三	師部僅設上中尉軍醫三員處理衛生行政恐不敷分配擬另設四員
	中尉	一	
藥局主任	少校	一	
司藥	上尉	一	
	少尉	一	
軍需	中尉	一	處理全院會計事宜
書記	中尉	一	處理全院文牘及表簿等事宜
司書	准尉	二	繕寫表册等擬另設
特務長	少尉	二	辦理全院軍紀風紀管理被服給養等事宜
看護長	准尉	一	督率指揮看護士兵服務
看護軍士	上士	一	
	中（下）士	二	
看護兵	上等兵	一六	

	職別	階級	人數
擔架排	排長	少尉	一
	班長	中（下）士	二
	擔架兵	上等兵	六
		一等兵	一八
	傳達軍士	中（下）士	一
	傳達兵	上等兵	三
勤務軍士		下士	一
勤務兵		上等兵	一
		一等兵	五
炊事兵		上等兵	二
		一等兵	四
		二等兵	八
合計		職員	一七
		士兵	七〇
			共八七

附記

一　師醫院收容量爲三百人

二　戰時卽改爲野戰醫院

三　勤務士兵携槍者十一名

國民革命軍師通信隊編制表

職別	階級	員額	職掌	備考
隊長	少校	一	承師長之命負本隊教育管理及通信一切事宜之責	
隊附	上尉 中尉	一 一	負教育管理及通信指揮之責	
技士	中尉	一	任機件之修理器材之保管	
特務長	少尉	一	任本隊粮服餉項之經理及給養等事項	
司書	准尉	一	任繕寫及文件之保管事項	
班長	上士	六	携帶槍枝	
副班長	中士	六	仝右	
通信兵	上(一)等兵	六〇	携槍者六分之一(十枝)	
號兵	上等兵	二	携帶槍枝	

	勤務兵	一等兵	四	携帶槍枝
	炊事兵	二等兵	六	
電報通信所	所長	上尉	一	承長官之命督率全所員兵負全部電報通信完全責任
	通信員	中（少）尉	三	分任電信收發及繙譯事項
	技士	准尉	一	任機件修理綫路檢查及修繕等事項
	傳令兵	上等兵	二	携帶槍枝
	勤務兵	上等兵	二	仝右
	炊事兵	一等兵	二	
	輸送伕			
無	分隊長	上（少校）尉	一	承長官之命督率全分隊員兵負全師無線電信完全責任
	通信員	上尉 中尉	一 二	分任無綫電信收發及繙譯事項

部別	職別	官階	人數	備考
線電分隊	機務員	中（少）尉	一	任機器之調度及修理等事
	通信輸送兵	上等兵	一二	携槍者六分之一（兩枝）
	班長	中士	一	携帶槍枝
		下士	一	
	勤務兵	上等兵	三	仝右
	炊事兵	一等兵	三	
	輸送伕			
飼養兵		一等兵	一	
		二等兵	一	
馬四			七	
總計		官佐	一六	共一二八
		士兵	一一二	

附

一　電話兵區分六班每班正副班長上中士各一名上等兵各十名

記
無線電分隊係於必要時由交通兵團配屬之 二　全隊應備二十門十門總機各一架電話機二十架被覆五十起羅十六號鉛綫一千磅莫爾斯電報機一部及其必要材料若干 三　無線電分隊係用十五瓦特短波機一架及必要之預備品附屬品 五　電報通信所輸送伕下士一名一等兵十名總計十一名無線電分隊輸送伕二十二名平時不設總計內亦未列入

國民革命軍師屬修機所暫行編制表

職別	階級	員額	備考
所長	中（上）尉	一	由師部軍械員調充
技師	少（中）尉	一	
工匠	上士	一	
	上等兵	二	
	一等兵	二	
	二等兵	二	

勤務兵	一等兵	一	
	二等兵	一	
炊事兵	二等兵	二	
總計	官佐	三	共一四
	上兵	一一	

附記

一 技師技士工匠其有特長者得酌給津貼以示優異規定如下

尉官每月不得過十五圓　士每月不得過十圓　兵每月不得過八圓　但須由各該主官查明呈候核准

一 勤務兵携槍計二枝

第二編　軍史　目次

第一章　北洋軍之歷史……一

第一節　北洋軍之始成……一

第二節　北洋勢力之擴展……四

第三節　北洋系之分裂……八

第四節　十三年戰前之直系軍隊……一三

第五節　直系之沒落與國民軍之興起……二九

第二章　東三省軍史（奉軍軍史）……四九

第一節　奉軍之胚胎時代……四九
第二節　奉軍之發展……五二
第三節　奉軍之變化……八七
第三章　陝隴青夏疆軍史……九六
第一節　陝西軍史……九六
第二節　隴青夏軍史……一一〇
第三節　新疆軍史……一一七
第四章　晉燕察綏熱軍史……一二三
第一節　山西軍史……一二三
第二節　河北軍史……一三三
第三節　察綏熱軍史……一四四

第五章　魯豫軍史……一五一
第一節　山東軍史……一五一
第二節　河南軍史……一六五
第六章　浙蘇軍史……一八九
第一節　浙江軍史……一八九
第二節　江蘇軍史……二〇七
第七章　閩皖贛軍史……二三三
第一節　福建軍史……二三三
第二節　安徽軍史……二五五
第三節　江西軍史……二六八

第八章　鄂湘軍史……二八〇
第一節　湖北軍史……二八〇
第二節　湖南軍史……二九六
第九章　桂粤軍史……三三四
第一節　廣西軍史……三三四
第二節　廣東軍史……三四六
第十章　滇黔蜀康軍史……三七〇
第一節　雲南軍史……三七〇
第二節　貴州軍史……三九四
第三節　四川軍史……四〇七

第四節　西康軍史……………………………………四二八

第十一章　國民革命軍軍史……………………四四五

第一節　國民革命軍之編成……………………………四四五
第二節　各集團軍……………………………………四五五
第三節　國軍之縮編…………………………………四七三

第二編 軍史

第一章 北洋軍之歷史

第一節 北洋軍之始成

一 軍史與北洋系 我國軍隊，自練新軍以後，省自爲政，形成不統一之陸軍，以致派別紛歧，欲完全明瞭其歷史，殊不易得。並且就各軍成立以及最近之沿革變化，一一詳記，以備他日修史之參考。我國軍隊最大之派別，可分之爲南北二派：北卽清末小站練兵後所成之北洋系，南則爲南洋各鎭所演化，而成無數之小派系。是以談軍史者，雖以北洋系歷史之龐雜，猶有系統可尋；而於南方軍隊，則因辛亥革命軍隊之驟增，數次獨立之影響，益以其初始原非同根，迺不能得一貫之歷史。茲編所記，亦因事實關繫，而首列北洋系之始末，而以該系所駐各省〔燕魯豫熱綏察〕之軍隊〔皆北洋支派〕附入，其次乃就各省軍隊歷史之繁簡而次序詳記其始末，倘亦閱者所許乎。

二　北洋軍之成立與擴充

我國新軍之原始，已於前編第二第三兩章中敍述之。北洋軍之原始，即我國陸軍之原始，故不重敘。蓋清末編練正式陸軍，始於小站，北洋系〔亦曰小站系〕之名於是乎產生。自李鴻章從英將戈登之言，設武備學堂於天津，以至胡燏棻奉命募練定武軍，袁世凱就此擴充之，而成新建陸軍，再改武衞右軍，復改爲常備新軍：皆爲北洋軍之醞釀胚胎時期。滿清光緒二十七年，袁世凱被任爲直隸總督兼北洋大臣，小站之新軍始大。次年，奏定北洋營制餉章，〔見第一編第三章〕先練常備軍左右二鎭。是年九月，『北洋常備左鎭』先成。〔後爲北洋第二鎭〕二十九年冬，京師設練兵處，以清廷宗室慶親王奕劻總之，而袁世凱實董其事；選旗丁爲『京旗常備軍』。〔後爲北洋第一鎭〕三十年，日俄戰事起於我國東北，北洋防務緊急，乃成『北洋常備右鎭』〔後爲北洋第四鎭〕並武衞自強軍改編爲北洋第三鎭。三十一年，以第二鎭之一部，及武衞右軍之先鋒隊，合併擴充編制爲北洋第五鎭，而以第三鎭之一部，及武衞自強軍編餘部隊，擴編爲北洋第六鎭。舉行秋操於直隸之河間。北洋六鎭於是完成，而北洋陸軍之聲譽，遂佈滿全國。時有知袁世凱久蓄異謀者，建議併練兵處於陸軍部，以鐵良爲尙書，劃北洋之第一第三第五第六等四鎭歸陸軍部、任鳳山爲督練大臣。此光緒三十二年事也。是年，徐世昌爲東三省總督，奏調新成立之第一混成協〔由第三鎭之第五協改編〕赴奉。三十三年，復由第二第四兩鎭抽撥六營爲第二混成協，調駐奉天。同時第三鎭亦分防吉林。宣統元年，以第一混成協及獨立兩標合編爲第二十師。於是北洋派之勢力遂自西而東，延及滿洲，而胚胎爲後來之奉軍。

三 六鎭之駐地及長官 時隨袁世凱任各鎭軍官者，有武衛右軍之舊將校，如王英楷王士珍，段祺瑞馮國璋〔學生〕及張懷芝曹錕馬龍標〔行伍〕等。當時新舊傾軋已成大問題。袁世凱一面設學校，以養成將校標榜訓練新軍，一面重用馬弁奴僕，以期順己。北洋馬弁式之軍人，袁實養成之。如第二鎭統制吳鳳陵，卽袁家乳媼家人也。茲將當時各鎭改編之情形及駐地長官姓名等列表如下：

番號	原來部隊	駐地	統制
第一鎭	原京畿第一鎭 卽京旗常備軍	北京	鐵良
第二鎭	原北洋常備軍第一鎭	遷安永安一帶	王英楷
第三鎭	原北洋常備軍第三鎭	保定	段祺瑞（後易曹錕）
第四鎭	原北洋常備軍第二鎭	小站馬廠	吳鳳陵

第五鎮　原駐魯北洋常備軍第五鎮　山東濰縣一帶　吳長純
第六鎮　原北洋常備軍第四鎮　南苑　段祺瑞

各鎮之編制皆如額，惟夫役則皆不設，夫役餉銀，盡為官長所侵吞；此則馬弁式的軍人習於舊式軍隊之腐化，而開後來軍隊浮報軍額侵吞缺餉之端，為北洋軍之一大污點。幸段祺瑞王士珍等皆學自德人，故管軍綦嚴，督練尤毫不假借，乃得紀律嚴肅，軍容威整，蜚聲於當時。

第二節　北洋勢力之擴展

一　**北洋勢力之漸張**　當光緒三十二年清廷設陸軍部，為中央軍事最高機關。當定全國軍額為三十六個鎮，分飭責成各省督撫限期成立。光緒三十三年，除北洋六鎮外，湖北南京各成一鎮。宣統元年計成九個鎮，六個混成協。二年成十二個鎮，十九個混成協。三年，成十六個鎮，十六個混成協。在燕魯豫東三省者，共八個鎮，又二個混成協。除禁衛軍，吉林之第二十三鎮，及龍江之混成協外，皆為袁世凱之舊部所擴成，北洋系之潛勢力日益瀰漫，駸駸乎有掌握全國陸軍之勢。

二　**袁世凱之再起**　袁世凱於光緒三十三年與張之洞同入軍機，雖不直接管軍，仍暗中操縱。及醇親王監國，罷袁世凱，以載濤督練陸軍倡練『禁衛軍』。宣統二年，罷鐵良，以蔭昌代爲陸軍部尚書，另設軍諮府，以載濤爲大臣。於是中央軍權，握於親貴，而外省督撫，多延日本留學生，任督練公所事，或就本省原有之陸軍學生，俾以練兵之權；北洋將帥益鬱鬱不得志。全國軍隊之派別紛歧，卽孕育於斯時。及武昌起義，除北洋軍及禁衛軍外，新軍皆離中央而獨立。蔭昌率第二第四兩鎭南下，徘徊於孝感信陽之間。第二第四兩鎭，原爲袁世凱舊部北洋常備軍左右兩鎭，在北洋六鎭中與袁最爲親近。袁雖蟄居彰德，而與其舊部聲息常通。蔭昌知袁世凱不出，則將士必不肯用命，乃奏請起用袁世凱督師，以馮國璋將第一軍，段祺瑞將第二軍，遂克漢口。及袁任內閣總理，與民軍議和，卒賴段祺瑞等前敵將領之電而迫清帝退位，且藉北洋軍之勢力，而得任大總統。

三　**北洋軍之侵入長江**　辛亥年，第六鎭統制吳祿貞獨立於石家莊，第二十鎭統制張紹曾擁兵於灤州，第二協協統藍天蔚謀起義於奉天。未幾，藍天蔚失敗去奉，吳祿貞被袁世凱遣馬某刺死，張紹曾亦解兵柄，北洋派軍權，遂復統一於袁世凱。張吳藍均畢業於日本仕官學校，故自是袁世凱不復用留學生，惟就北洋舊部及其奴僕中選拔將校，增練陸軍。民國二年二次革命時，北軍爲袁世凱用者，禁衛軍及北洋六鎭二十師，直隸第一混成旅，中央第二混成旅之外，尚有拱衛軍五路。（拱衛軍成立於宣統三年九月初駐河南旋調駐京師守衛公府）及新成立之第七師。（師長雷震春）於是以何宗蓮率第一師駐察哈爾，以王占元率第二師及褚恩榮之第二混成旅鎮武漢，曹錕之第三師及范國璋之二十師駐岳陽，靳雲鵬之第五師及新成立之第四十七旅駐山東，以李純率第六師及第二師之一部駐江西，以馮國璋率禁衛軍，雷震春之第七師，劉詢之直隸第一混成旅（後改稱中央第五混成旅）及第五師之第十旅與第二十師之步兵第七十九團攻南京，以第四師之一部守上海，旋派第四師之十四團赴福建；於是上自湖北，下至浙閩，均爲北洋各軍——亦即袁世凱之軍隊——之征服駐防地，北洋勢力遂侵入長江。

四　二次革命後北洋軍之大擴充　當第二次革命事急時，軍隊多南下，乃增募補充旅，駐山東，補第五師步兵第十旅之缺，另募第一路備補營駐北苑，第二路備補營駐保定。旋即以補充旅爲第十旅，改原第十旅爲中央第一混成旅，以施從濱爲旅長駐鎮江。另成第三混成旅，以張敬堯爲旅長駐河南；第九混成旅，以丁效蘭爲旅長駐江西。三年冬，改編第七師爲第十五第十六兩混成旅，以賈德耀馮玉祥爲旅長，駐陝西。另擴充第三混成旅爲第七師，以張敬堯爲師長。改拱衛軍前路爲第八師，以李長泰爲師長，分駐馬廠北京。改河南第一師爲第九師，以張錫元爲師長（旋改爲河南第一第二兩旅）第三師之第五旅擴爲第十師，以盧永祥爲師長，駐上海。第二十師之第三十九旅擴爲第四混成旅，以伍祥禎爲旅長。改備補營第一路爲第七混成旅，以唐天熹爲旅長。改備補營第二路爲第八混成旅，以徐占鳳爲旅長。而駐福建之第十四團駐湖北之第二師補充旅亦先後改編爲第十第六混成旅。是爲北洋軍隊大擴充之第一次。

五　袁世凱謀叛時之北洋軍勢　時，袁世凱陰謀稱帝，慮北洋將校之不爲己用，乃藉口北洋軍隊暮氣太深，另組織模範團於北京，選各師旅將校之優秀者爲心腹。四年冬，擴成第十一第十二兩師，以張永成陳光遠爲師長。另添募第三混成旅，駐江西，而裁減山西之第十三第十四混成旅爲團，以削閻錫山之勢力。另募兵任李炳之爲第十三混成旅長。五年帝制事起，以第七師及第十六混成旅入四川，繼之以第三師。分第十師之第十九旅赴福建，一團沈於海，一團至閩，擴編爲第十四混成旅。復添募近畿第一第二兩旅，及第一第二兩混成團。終袁世凱之世，中央有拱衛禁衛二軍，十三個師（一至十二及二十）十七個混成旅（一至第十六混成旅及山東之第四十七旅）除駐鄂西黎天才之第九師王麒之第十一混成旅，黃國梁之第十二混成旅外，皆北洋系所擴張而成之勢力。其餘如姜桂題之毅軍，倪嗣沖之安武軍，張勳之定武軍，非新軍編制之舊軍殘餘而依附北洋系者，尚不在其列。北洋系之勢盛極一時。

第三節　北洋系之分裂

一　南北之分裂　洪憲皇帝失敗，黎元洪依法繼任爲中華民國大總統，以北洋老將段祺瑞爲國務總理兼陸軍總長。五年八月，改拱衞軍爲第十三師，以李進才爲師長。六年春，段祺瑞主張對德宣戰，黎元洪不可，府院起衝突。六月，各省督軍集天津宣告獨立。組織督軍團倡亂，威迫大總統。黎元洪被張勳歷勸解散國會。七月一日，康有爲張勳擁清廢帝溥儀復辟，段率第八師第十六混成旅誓師馬廠，傳檄討之。七月十二日，段入京師。副總統馮國璋代黎爲大總統。擴充第五混成旅爲第十五師，以劉詢爲師長。改近畿第二旅爲第四混成旅，以張錫元爲旅長。九月，改禁衞軍爲第十六師，以王廷楨爲師長。先是國務總理伍廷芳，海軍總長程璧光，率艦隊南下至粵護法討賊。雲南督軍唐繼堯繼之。於八月十一日通電護法。段祺瑞主對南用兵。九月，以傅良佐爲湖南督軍，勾結湖南陸軍第二師師長陳復初〔改爲第十七師〕並率第八第二十兩師入湘。吳光新率第十三混成旅入川。是月十八日，湖南零陵鎮守使劉建藩及湖南第一師第二旅旅長林修梅宣布獨立。三十一日，程璧光率海軍至粵。南北正式成爲交戰團體，大局益紛亂。時北洋系分二派：馮國璋主和，直隸督軍曹錕，湖北督軍王占元，江蘇督軍李純江西督軍陳光遠等附之，李純首發通電，要求停戰；段祺瑞主戰，安徽督軍倪嗣冲浙江督軍楊善德淞滬護軍使盧永祥福建督軍李厚基附之。山東督軍張懷之河南督軍趙倜則騎牆觀變。十月，北軍攻湘失利，傅良佐敗走，第八師師長王汝賢二十師師長范國璋通電言和，曹錕王占元李純陳光遠響應之，段祺瑞辭職。然第九師黎天才，湖北第一師石星川等獨立於荊襄，粵桂湘聯軍再攻岳陽。北洋派軍人乃復合作，於十二月三日會議於天津，一致主戰。是月十六日，以曹錕爲第一軍司令，張懷芝爲第二軍司令，率師由鄂贛入湘。十二月，以段祺瑞督辦參戰事務，改駐湖北之第九師爲第十七第十八混成旅，以張聯陞趙榮華爲旅長，另以模範團爲第九師，以魏宗瀚爲師長。（魏亦段之親信）

二　各省北洋軍隊之擴充

七年一月，以曹錕爲兩湖宣撫使，張敬堯爲攻岳前敵司令，張懷芝爲湘贛檢閱使，率兵南下。二月，徐樹錚說奉督張作霖截留自日本所購軍械於秦皇島。張自爲奉軍總司令，以徐樹錚爲副司令，派兵入關。馮國璋不得已，復任段祺瑞爲國務總理，大舉南征。時各省督軍，紛紛增兵。六年，直隸已有五混成旅（旅長王承斌閻相文蕭耀南曹鍈商德全）是年七月，復添募三補充旅，一衞隊旅，以葛樹屏董政國彭壽莘孫岳分任旅長。山東已有陸軍一師，及各路巡防改編之第五旅，（成立於六年十月）是年復添募二補充旅。河南已有民元時第九旅改編之第一第二兩旅，復以備補兵六營改爲宏威軍第一路。湖北原有第三（三年七月成立）第四（六年十二月成立）兩混成旅，是年九月，復添募第一第二兩混成旅。福建原有一旅，是年五月，擴編爲第一師，九月擴充中央第十四混成旅爲第二師，復增募一混成旅，又四團。其屬於中央者：第六混成旅擴編爲第十八師，以王懋賞爲師長，仍駐湖北（七年六月）；近畿第一旅改編爲第二十混成旅，以吳長植爲旅長，駐山東（七年六月）；改湖北省防軍爲第二十一混成旅，以孫傳芳爲旅長；奉軍補充旅爲第二十四混成旅，以王永泉爲旅長（七年十二月）移駐福建；復由第四師分一部編成第六混成旅，以何豐林爲旅長，駐上海。軍隊既多，內容複雜，派別益多，非復民國五年以前之整齊團結矣。

三　皖系之由來

徐樹錚患北洋將校之不用命，且與段系將校曲同豐等不和，故藉奉天之力以練新軍，初成步兵三旅，礮兵一旅。及參戰處成立，即劃爲參戰軍。其後，第一旅改編爲第二十四混成旅，赴福建，而日本借款陸續交付，段用曲同豐等練兵三師。徐部乃改稱西北邊防軍，合計四旅：以第一第四兩旅駐洛陽，第三旅駐宣化，第二旅駐廊房。參戰軍亦於八年改稱邊防軍：第一師師長曲同豐，第三師師長陳文運，駐近畿；第二師師長馬良，駐山東。以上三師四旅軍械，均因中日軍事協定而來，自日本；西北邊防軍羅致青年軍官，訓練尤精。段祺瑞因是益遭北洋將校之忌，而『皖系』之名稱，於是乎始，蓋段爲皖人，附段者，乃被呼爲皖系。

四 直皖之衝突 民國七年春北軍之攻湖南，吳佩孚率第三師於三月敗桂軍而克岳陽。段祺瑞乃任張敬堯爲湘督。四月，北軍克衡山，而未幾第二軍大潰於萍鄉，幾不成軍，戰事遂停頓。五月，曹錕回天津，六月張懷芝回濟南，山東第一師被解散。八月，吳佩孚率第三師旅長張學龍張福來及直隸混成旅旅長王承斌閻相文蕭耀南等通電主和。十月，徐世昌非法繼馮國璋爲大總統〔?〕以王士珍代段祺瑞爲國務總理，令前敵將領停戰。八年春，南北代表議和於上海，後雖破裂，而南征之議遂罷。是年六月，以徐樹錚爲西北邊防軍總司令。十一月，徐率西北軍第三旅褚其祥部赴庫倫。八月，浙江督軍楊善德卒，以盧永祥代之，仍兼淞滬護軍使。九年五月，吳佩孚率第三師及直隸第三混成旅北歸。六月，南軍乘勢進攻長沙，張敬堯逃。段祺瑞憤甚，曹錕吳佩孚亦進兵近郊。七月六日，段下動員令，組織『定國軍』：以邊防軍第一師第三師中央第十五師，出蘆溝橋；以西北軍第二旅攻天津，邊防軍第二師由山東攻德州。七月十日開戰，即所謂『直皖』之戰是也。〔見戰史〕戰三日，西路第十五師先潰，降邊防軍第一師繼之，曲同豐被俘。東路則直隸第四混成旅曹錕爲西北軍所敗，第五混成旅商德全爲馬良所敗，賴奉軍來援，且西路皖軍潰敗，天津得全。七月十九日，徐世昌下令停戰，段祺瑞辭邊防督辦職，徐樹錚走日本使館，戰事於是告終。

五　直系軍隊之大擴充　九年八月，曹錕得任直魯豫巡閱使，吳佩孚爲巡閱副使。時邊防軍第一第三兩師潰散，第二師裁併爲山東第七混成旅；西北軍第一第二第四各旅遣散，第三旅則遠戍庫倫，次年敗潰。李奎元之第十一師，劉詢之第十五師，李炳之之第十三混成旅〔屬吳光新〕先後裁撤。改任陸錦爲第九師，閻相文爲第二十師師長。擴充直隸第一混成旅爲第二十三師，以王承斌爲師長；直隸第二混成旅爲第二十五師，以蕭耀南爲師長；直隸第四混成旅爲第二十六師，以曹鍈爲師長；中央第十六混成旅爲第十一師，以馮玉祥爲師長；補充第一旅爲第十二混成旅，以葛樹屏爲旅長；補充第二旅爲第十三混成旅，以董政國爲旅長；補充第三旅爲第十四混成旅，以彭壽莘爲旅長；衞隊旅爲第十五混成旅，以孫岳爲旅長。合之吳佩孚之第三師，共爲七個師又五個混成旅，皆曹錕吳佩孚之部屬，即所謂直軍之嫡系，亦即爲世詬病之『直系』也。

六　直系之控制兩湖　時北洋將領資格與曹錕相埒者，有王占元李純田中玉趙倜陳光遠盧永祥李厚基等。趙田李皆無大志，盧李則蟄居江浙一隅。李純於九月十日被齊燮元謀殺，而以自殺訃聞。齊燮元自代督蘇，資望太淺，乃謹附曹吳以圖自存，而抗反對者。惟王占元居中國中心之武漢，擁有重兵，與曹錕相頡頏。十年八月，湖北兵變，湘軍總司令趙恒惕以「援鄂自治」為名，出兵攻鄂，先收復岳陽。川軍亦攻取宜昌。王占元棄城出走。北政府乃以吳佩孚為兩湖巡閱使，蕭耀南為湖北督軍，率第二十四第二十五兩師援鄂，吳佩孚決隄以淹湘軍，復擊退四川援鄂之兵；於是吳佩孚坐鎮洛陽，派閻相文馮玉祥吳新田率第二十第十一第七等三師入陝西，以絕後顧之憂。計自民國五年至十年，六年之間，曹錕以師長崛起中原，戰勝攻取，擁衆十萬，吳佩孚之力為多，而中國之大軍閥，亦於是而養成。所謂北洋系，則已裂為「直」「皖」二大系及無數小派別。

第四節　十三年戰爭前之直系軍隊

一　**直軍最盛時代**　十一年奉直戰事（見戰史編）告終，以王承斌為直隸督軍，改編第十四旅為第十五師，而別以時全勝為第十四混成旅旅長，改曹錕之衛隊為第十六混成旅，以曹士傑為旅長，自是在直隸之兵，遂又增一師二旅。河南則因趙倜發難失敗，寶德全為馮玉祥所殺，原有之河南第二師及步兵第一第二兩旅，均遭遣散。馮玉祥繼趙為豫督，陸續擴充其第十一師為一師又三旅，胡景翼之陝軍，改編為陝軍第一師又二旅，並將靳雲鶚之第八混成旅改編為第十四師。其後北政府因曹吳之意恐馮玉祥勢大，調之至北京，改任爲『陸軍檢閱使』，所部亦移駐京師，而以直系嫡派之張福來部第二十四師代之駐豫；河南舊有各軍，亦改編爲三個混成旅又三個混成團。豫匪老洋人叛亂，又將鎮嵩軍第二路張治公改編爲陝軍第二師，移駐豫西。至是河南駐軍，較之十一年蓋增兩倍。至於熱河綏遠察哈爾三處，則馬鴻逵部改編爲第五混成旅，鄭金聲改編爲綏遠第一混成旅，第四混成旅張錫元移駐察哈爾，第十三師王懷慶移駐朝陽凌源，原在熱河之第四路巡防營遊擊隊，亦均有增加。惟山東雖係北洋系而非直系嫡派，軍隊變動較稀，然亦擴加一個混成團，以梁世昌爲團長。綜計直魯豫熱綏察在十一年春，除駐有奉軍四萬餘人外，駐兵不過十五萬人；至十三年夏間，竟驟增至二十五萬餘人；直系之窮兵亦可驚矣。茲將當時北洋系全部軍隊列下，並分別注明直皖系派以供參攷：

番號	長官	防地	備考
中央第一師	蔡成勳	江西全省	直系
中央第二師	孫傳芳	由鄂調閩	直系後另成一系
中央第三師	吳佩孚	河南洛陽	直系
中央第四師	陳樂山	浙江杭州	皖系

中央第五師	鄭士琦	山東全省	與皖系較近
中央第六師	宮邦鐸	江蘇南京	直系李純舊部
中央第七師	吳新田	四川綏定	皖系張敬堯舊部
中央第八師	王汝勤	四川夔萬	直系兼援川綏司令
中央第九師	陸錦改董政國	北京北苑	直系
中央第十師	盧永祥	浙江	皖系
中央第十一師	馮玉祥	由豫調京	直系後另成一系
中央第十二師	周蔭人	由贛調閩	直系陳光遠舊部後歸孫傳芳系
中央第十三師	王懷慶	由熱調京	直系北京衛戍部隊
中央第十四師	靳雲鶚	河南	直系
中央第十五師	彭壽莘	直隸灤州	直系
中央第十六師	王廷楨	長江	直系已散
中央第十七師	陳復初	湖南	皖系湘軍非北洋系早被擊散

中央第十八師	盧金山	湖北	直系原鄂軍
中央第十九師	楊春普	江蘇	直系原蘇軍
中央第二十師	閻治堂	陝西潼關	直系
中央第二十一師	田頌堯	四川綿陽	川軍聯直
中央第二十二師	唐廷牧	四川川北	川軍聯直
中央第二十三師	王承斌改任王維城	直隸天津	直系
中央第二十四師	張福來	河南開封	直系
中央第二十五師	蕭耀南	湖北武昌	直系
中央第二十六師	曹鍈	直隸馬廠	直系
中央第一混成旅	潘鴻鈞	山東	非直系嫡派
中央第二混成旅	伍郁慶	湖北漢口	直系
中央第三混成旅	張之傑	江西信豐	直系
中央第四混成旅	張錫元	陝西潼關	直系

中央第五混成旅	宋大霈	湖北	直系
中央第六混成旅	何豐林	上海	皖系（兼淞滬護軍使）
中央第九混成旅	陳光遠	江西南康	直系
中央第十混成旅	臧致平	福建	與皖系較近
中央第十一混成旅	王麒	福建	騎牆派
中央第十二混成旅	葛樹屏	直隸保定	直系
中央第十三混成旅	董政國（改任馮玉榮）	直隸盧臺	直系
中央第十四混成旅	時全勝	直隸涿縣	直系
中央第十五混成旅	孫岳	直隸大名	直系
中央第十六混成旅	曹士傑	直隸保定	直系（曹錕衛隊實力過一師）
中央第十七混成旅	張聯陞	湖北襄陽	直系
中央第十八混成旅	趙榮華	四川	直系（兼援川副司令）
中央第二十混成旅	王裕經	山東	與皖系較近

中央第二十一混成旅	王都慶	長江上游	直系
中央第二十四混成旅	王永泉後改楊化昭	福建	皖系
中央第二十五混成旅		察哈爾	直系
中央第二十六混成旅	田維勤	河南	直系
中央第四十七混成旅	施從濱	山東	與皖系較近
中央第七十六混成旅	張中立	江蘇南通	直系

〔附記〕其餘北方各省部隊，曹吳新編成各軍、及毅軍二十三營尚不在內〔見後各省軍史中〕

二　直系之排除異己　十三年初吳佩孚欲師袁世凱之故智武力統一中國，乃先謀排斥異己者。直督王承斌，雖出身直系，而籍隸奉天，且不盡盲從吳氏；陸軍總長陸錦，亦非吳所能制；故吳即倡爲督軍閣員不得兼師長之議。二月二十九日以王維城爲第二十三師師長代王承斌之任；三月十一日，以董政國陞任第九師師長代陸錦之任；該兩師逼近北京，吳佩孚必先收歸掌握，乃能挾制中央指揮如意，故先着手於此兩師。收得後，乃逐漸及於各省。時惟浙江爲皖系盧永祥所有，且兼有淞滬地盤，鞏固勢力雄厚，急切未可驅除，乃轉而注意及於其次，乃以貫徹其督軍閣員不兼師長之主張爲名而奪與皖系較接近之山東督軍鄭士琦所兼任之第五師師長一職。且於事先——三月二十一日——以楊清臣代豫督張福來爲第二十四師師長（張爲吳之嫡系）以佯示無私，而杜鄭士琦之口。於五月九日使北政府下令任命親直之孫宗先爲第五師師長，除孫原有之第五師師長一職，其任命仍出於鄭士琦之薦任外，新任全師各官長，皆漸易吳佩孚之親信。久藏天津之義大利國軍械，亦於十三年春以三百餘萬圓售於直軍。計步槍四萬枝，槍彈五千萬顆，七生的五礮三十六尊，礮彈五萬發，機關槍六挺，然其中之槍枝子彈有朽壞有不堪用者，故數目雖多，而實力無幾。吳佩孚得之，以擴充己部，其直轄之實力乃激增。

三　**戰前之直系軍隊大集合**　十三年直皖戰爭，直系軍隊，全來自直魯豫熱綏察等省。茲將開戰以前調集各軍之分佈，列表如左：

直隸

軍隊	長官	防地	備考
中央第十一師	馮玉祥	北京	
中央第七混成旅	張之江	北京	屬馮玉祥

中央第八混成旅	李鳴鐘	北京	屬馮玉祥
中央第二十五混成旅	宋哲元	北京	屬馮玉祥 以上四部共約三萬五千人
中央第九師	董政國	北京	六千人
中央第二十三師	王維城	廊房滄州	一萬人
中央第二十六師	曹鍈	馬廠德州	八千人
中央第十五師	彭壽莘	灤州	一萬人
中央第十二混成旅	葛樹屏	保定	四千人
中央第十三混成旅	馮玉榮	蘆臺	四千人
中央第十四混成旅	時全勝	涿州	三千人
中央第十五混成旅	孫岳	大名	四千人
中央第十六混成旅	曹士傑	保定	原爲衛隊旅 三千人
陝軍暫編第一師	胡景翼	順德彰州	一部分在豫 一萬餘人
中央第一混成團	程希聖	灤州	共三千人
中央第二混成團	張維良	北京	

河南

中央第三師	吳佩孚	洛陽	一萬餘人
中央第二十四師	楊清臣	新鄉衛輝鄭州	一萬餘人
中央第十四師	靳雲鶚	鄭州	一萬人
中央第二十師	閻治堂	潼關	八千人
陝軍暫編第二師	張治公	豫西	原屬鎮嵩軍第二路 八千人
陝軍第二混成旅	曹士英	禹縣	屬胡景翼 四千人
中央第二十六混成旅	田維勤	汝州	原屬胡景翼 四千人
河南第一混成旅	李治雲	泌陽	豫北鎮守使舊爲奉軍先鋒隊一部 駐唐縣桐伯二千五百人 曾與湘岳之戰
河南第二混成旅	林起鵬	豫南	三千人
河南第三混成旅	馬燦林	開封至歸德	二千餘人
河南第一混成團	丁香玲	陝州	豫西鎮守使（毅軍改編） 一千餘人
河南第二混成團	馬志敏	南陽	豫南鎮守使（毅軍改編） 一千餘人

河南第三混成團	郭振才	歸德	援蘇一千餘人
河南第四混成團	李鳴盛	開封尉氏	一千餘人
山東			
中央第五師	孫宗先	濟南辛莊	七千人
中央第一混成旅	潘鴻鈞	濟寧	二千餘人
中央第二十四混成旅	吳長植	濟寧	新編二千餘人
山東第二混成旅	張懷斌	烟台	二千二百人
山東第三混成旅	徐鴻賓	曹州	二千餘人
山東第四混成旅	張建功	東昌	二千餘人
山東第五混成旅	李森	臨沂	二千餘人
山東第六混成旅	張培榮	兗州	三千人
山東第七混成旅	胡翌儒	津浦北段	四千人
中央第四十七混成旅	施從濱	濟南膠東	三千餘人

山東第一混成團	梁世昌	曲　阜	一千二百人
山東步兵第一團	任居建	高密坊子	一千二百人
熱河			
中央第十三師	王懷慶	朝陽凌源	八千餘人
直隸第四路巡防隊	龔漢治	朝　陽	約二千餘人兼朝陽鎮守使
毅軍翼長兼統領	米振標	承德圍場	共約[illegible]千人
毅軍翼長	張殿如	赤峯林西	
熱河第一混成旅	張　林	朝　陽	約二千人
熱河遊緝隊	張連同	開魯綏東	約二千人
熱河巡防營	唐統領部 李統領部	平　泉 豐　寧	共約千餘人
察哈爾			
中央第四混成旅	張金標	張家口	約四千人
察哈爾第一混成旅	魏福陞	張家口	三千人

騎兵第一旅	喬建才	豐鎮	千餘人
騎兵第二旅	丁長發	多倫	千餘人
綏遠			
中央第五混成旅	馬鴻逵	綏遠	三千人
綏遠第一混成旅	鄭金聲	包頭	三千人
綏遠第一混成團	倪蔭福		千餘人
綏遠第二混成團	劉子誠		千餘人
綏遠暫編步兵營	李西峯		六百人
綏遠補充營第一營	蘇玉生		西路匪改編共千餘人
綏遠補充營第二營	趙有祿		同上

以上共計約二十五萬人

此外尚有直魯豫三省之遊擊隊，巡防營至少有二萬人；因多分防各縣，且編制不同，未經戰陣，故不在統計之列。

四　開戰時之直軍　戰事初開時，直軍共組三軍；第一軍自灤州向山海關，第二軍分兩路，一由冷口經凌源向朝陽，一由承德平泉向凌源，亦以朝陽為目的，第三軍分由喜峰古北兩口向赤峰開魯。其後又增編第四軍，一部分加入山海關，一獨立騎兵隊由察哈爾援赤峰。茲就當日情形列表如左：

第一軍

總司令彭壽莘兼第一路司令	第十五師師長
馮玉榮兼第一路副司令	第十三混成旅旅長
副司令王維城兼第二路司令	第二十三師師長
葛樹屏兼第二路副司令	第十二混成旅旅長
副司令董政國兼第三路司令	第九師師長
時全勝兼第三路副司令	第十四混成旅旅長

此外，暫編第一混成旅程希聖，及第二混成旅張維良部，後亦撥屬此軍，共計約四萬餘人。

第二軍

總司令王維慶　第十三師師長

副司令米振標　毅軍統領

前敵總指揮劉富有　第十三師第二十六旅旅長

　副指揮龔漢治　朝陽鎮守使兼四路巡防營統領

以上共約二萬二三千人。旋朝陽失守，劉富有龔漢治逃潰，乃以陶經武張林為總指揮。陶為第二十五旅旅長，原駐凌源，張林為熱河混成旅旅長，原駐朝陽。

第三軍

總司令馮玉祥　第十一師師長

第一路司令張之江　第七混成旅旅長

第二路司令李鳴鐘　第九混成旅旅長

以上除第十一師及第七第九兩混成旅外，尚有宋哲元之第二十五混成旅亦屬此軍，共約二萬五千人。

第四軍

總司令曹鍈　第二十六師師長

副司令殷本浩　薊榆鎮守使

副司令曹士傑　第十六混成旅旅長

曹鍈爲曹錕之弟，曹士傑爲曹錕之姪，所隸軍隊共約萬人，此爲曹氏子弟兵。

獨立騎兵隊

總司令張殿如　開赤護軍使兼毅軍翼長

前敵總指揮譚慶林　口北鎮守使

副指揮丁長發　察東鎮守使兼察哈爾第二騎兵旅旅長

副指揮馬鴻逵　第五混成旅旅長

張殿如原爲林西鎮守使，戰事起後，始任爲開赤護軍使，以收其心，所屬有張連同之游擊隊二千餘人，及開魯赤峯之毅軍，計共約一萬餘人。

以上四軍，一獨立騎兵隊，共約十萬人。此外，尙有孫岳之第十五混成旅，由保定調戍北京，不在上列各軍之內。

援軍

總司令 張福來 督理河南軍務
第一路司令 曹鍈 第二十六師師長
第二路司令 胡景翼 陝軍第一師師長
第三路司令 張席珍 第三師第六旅旅長
副司令 曹士英 陝軍第二混成旅旅長
第四路司令 楊清臣 第二十四師師長
副司令 林起鵬 河南第二混成旅旅長
第五路司令 靳雲鶚 第十四師師長
副司令 田維勤 第二十六混成旅旅長
第六路司令 閻治堂 第二十師師長
第七路司令 張治公 陝軍第二師師長
第八路司令 李治雲 豫北鎮守使兼河南第一混成旅旅長

第九路司令　潘鴻鈞　第一混成旅旅長
副司令　吳長植　第二十混成旅旅長
第十路司令　譚慶林　口北鎮守使
副司令　張金標　第四混成旅旅長

以上十路，除第一第十兩路已改任爲第四軍及獨立騎兵外，皆原在河南山東兩省，計六師六混成旅，共約七萬餘人。

第五節　直系之沒落與國民軍之興起

一　直系之大打擊　當戰爭最烈之時，擁有雄厚實力之馮玉祥，因吳佩孚數奪其地盤，積不能平，而與國民黨通聲氣，益以陝軍第一師師長胡景翼，原係黨人，且爲于右任三原獨立之舊部，因勢蹙而暫忍辱圖存於吳佩孚之麾下者，至是乃與馮玉祥密相勾結。（居中聯絡者皆國民黨之主張首都革命者）更商同大名鎮守使第十五混成旅旅長孫岳（孫昔亦曾列名國民黨者）密謀驅吳倒曹，實行改造政治。國民黨人之受孫中山之命北上謀首都革命者，從而助之。於是乃起掀然大波，釀北洋空前未有之大變化。十月二十二夜，馮玉祥露夜兼程返北京，與留守北京之第十五混成旅孫岳及陝軍第一師師長胡景翼聯名通電迫賄選之僞大總統曹錕退位宣佈組織『國民軍』：馮玉祥任總司令，兼第一軍軍長，胡景翼任副司令兼第二軍軍長，孫岳任副司令兼第三軍軍長。（毅軍米振標曾受第四軍之命及時未能動作且未加入組織）吳佩孚經此打擊，乃一敗塗地，全軍覆沒，隻身遁走。

二　直系軍隊之消亡及國民軍之擴張　吳佩孚敗走，直系軍隊全部消滅。前綫各師，除被奉軍擊散收編外，所有殘餘部隊，概投託國民軍各軍以求自存。因此國民軍之實力激增，第一第二第三各軍均擴張至十餘師旅，人數各達數萬，所有北洋系之軍隊，除奉軍晉軍及在長江閩浙一帶者外，已盡統一於國民軍之旗下，在軍史上言之，國民軍固代興之北洋正統也。勢力既張，各方之來歸者日夥。北京革命後，安徽皖北鎮守使李傳業在皖北獨立，稱『國民第四軍』，馮玉祥又以收編之實力，增編爲第五第六兩軍，以張之江李鳴鐘任軍長。後李傳業失敗，張之江李鳴鐘相繼任察哈爾綏遠都統，國民軍名義，亦由馮玉祥胡景翼孫岳通電撤銷，但以歷史關繫，馮胡孫三部世仍以國民軍稱之。

三　國民軍第一軍之擴張　馮玉祥於十三年十月二十三日回師入京時，馮玉祥直轄之軍隊有本部第十一師及第七混成旅張之江，第八混成旅李鳴鐘，第二十五混成旅宋哲元各部。戰爭期中極力補充擴張至率軍入京革命之時，一師三旅之外增有補充第一旅孫良臣〔原第十一師步兵第四十一團〕補充第二旅蔣鴻遇〔原第十一師編餘部隊〕衞隊旅孫連仲〔原第十一師礮兵第十一團〕未幾復增有補充三旅過之綱〔原第十一師步兵第四十四團〕騎兵旅張樹聲〔原第十一師騎兵第十一團〕楊村之役，張之江收降潘鴻鈞之第一混成旅及第二十六師與暫編第一混成旅之殘部，共四五千人。抵津之後，直系敗軍之歸降者萬餘人。於是張之江李鳴鐘及第十一師之旅長鹿鍾麟劉郁芬均擴編成師，綏遠第一混成旅鄭金聲亦隸第一軍改稱第五師，而原有之第十一師第七第八第二十五旅尚存。十二月十九日，鹿鍾麟被任為中央暫編第一師師長，劉郁芬被任為中央暫編第二師師長。十三年十二月，張家口兵變，十五日，張之江代張錫元為察哈爾都統，率所部赴察，遂改編察哈爾之第一混成旅騎兵第一第二旅入國民一軍。至是國民一軍之勢力已激增數倍。十四年一月四日，李鳴鐘被任為綏遠都統，馮玉祥為西北邊防督辦。馮遂奄有察綏兩區，以張家口為本部，留鹿鍾麟駐京，任京師警備司令，擴編劉汝明門致中為警備第一第二兩旅。以宋哲元任第十一師師長，葛金章為第七混成旅旅長，石友三為第八混成旅旅長，另任石敬亭劉郁山為暫編第四第五兩混成旅旅長，馮治安之衞隊旅孫連仲之礮兵旅亦均補充實力。十四年九月，馮玉祥被任爲甘肅督辦，乃令劉郁芬赴蘭州代行職務，馮則仍駐張家口，其軍隊則分佈於京師察綏。茲就十四年九月初旬，該軍最盛時之情狀，列表如左：

軍隊	長官	駐防地	備考
第一師師長	鹿鍾麟	京師	
第一旅長	韓復榘	南苑	
第二旅長	過之綱	宣化	
警備一旅旅長	劉汝明	帥府園	
警備二旅旅長	門致中	南苑教團	
第二師師長	劉郁芬	蘭州	
第三旅長	孫良臣	包頭	
第四旅長	張維璽	歸化	
第三師師長	鄭金聲	西苑	
第五旅長	宋慶林	西苑	

第六旅長　李西峰　長辛店

第十一師師長　宋哲元　南苑　將改稱國民一軍第四師

第二十一旅長　佟凌閣　平地泉

第二十二旅長　陳毓耀　西苑

察哈爾都統　張之江（兼）　將改稱國民一軍第五師

暫編第五混成旅長　劉玉山　張家口

中央第七混成旅長　葛金章　張家口

綏遠都統　李鳴鐘　將改稱國民一軍第六師

暫編第四混成旅長　石敬亭　歸化

中央第八混成旅長　石友三　五原

衛隊旅旅長　馮治安　張家口

礮兵旅旅長　孫連仲　平地泉

騎兵第一旅旅長　張之江（兼）張家口

騎兵第二旅旅長　王鎮淮　豐鎮
鎮守使　張樹聲
察哈爾第一混成旅　魏福陞　張家口
軍官教導團　南苑
機礮團　徐廷瓊　平地泉
礮兵教導團　王鎮淮　豐鎮

以上合計約九萬人

國民一軍人數雖多，然自無兵工廠，又無海口可以購械，其運經天津者，又多被扣留，故不得已因黨人之運動，而求械於蘇俄。據調查自十四年四月起，至八月止，自庫倫所運之械，共爲步槍一萬五千枝，子彈一千五百萬發，新式輕機關槍二十七挺，子彈七十五萬發，手槍九千支，子彈七百七十五萬發，手溜彈三萬。合之馮玉祥原有之械，步槍當不下八萬支，槍彈當不下五千五百萬發。此外尙有汽車四百餘輛，專供軍用運輸。惟山野礮因交通不便，未聞另有接濟。以礮兵一旅計，則不過七十二尊，以各旅零星合計，亦不過百尊。此則國民一軍之弱點也。

四　國民軍第二軍之擴允　自民國十一年胡景翼隨馮玉祥由陝西駐河南時，共有實力一師又二旅，計陝軍第一師，胡自任師長，岳維峻田玉潔爲旅長；又陝軍第一混成旅田維勤爲旅長；陝軍第二混成旅曹士英爲旅長。馮毓東部則仍留陝西，田玉潔旋亦回陝。田維勤雖與胡景翼爲至戚，而實不相能，後爲吳佩孚改編爲中央第二十六混成旅；直奉之戰，加入山海關戰爭。故開戰之初，胡景翼之實力爲陝軍第一師及第二混成旅，旋增編兩補充旅，以李紀才李雲龍（卽李虎臣）爲旅長。十月，馮玉祥入京。胡景翼在喜峰口通州之間收容潰軍，並圍繳第十三師一團之械。南下攻津，又在武淸收降第二十六師之一團。抵津以後，胡赴塘沽楊柳青招集散軍，亦有所獲。於是以岳維峻部改編爲國民軍第二軍第二師，在陝之田玉潔亦改稱第三師。但曹士英原與胡不甚相睦；事變之前雖曾與聞，而借日者言，謂吳佩孚氣運未衰，故意存觀望。張宗昌攻灤州，遂俘曹及其全部；其後曹雖回河南謀恢復，因其團長王祥生居禹縣，爲胡景翼所槍斃，陝軍第二混成旅遂不復存。及胡景翼抵開封，收編河南降卒，改第十四師爲第四師，第二十四師爲第五師，以陳文釗王爲蔚爲師長，馬吉第田維勤李鴻翥等則改編爲河南第一第二第三混成旅旅長。並招毅軍米振標爲河南軍務幫辦，率所部毅軍自熱河入豫。適建國豫軍樊鍾秀自廣東經江西間道回豫，胡任之爲第六師師長，樊雖未就職，然自是亦歸國民第二軍指揮。

及擊敗憨玉崑，憨部匪軍留豫者大半降國民三軍，然劉鎮華部之趙樹勛則降於國民二軍。四月，胡景翼病歿，岳維峻代理豫督，就舊有軍隊擴充改編為五個師十二個混成旅二個騎兵旅，十個補充團而米振標樊鍾秀田維勤馬吉第李鴻翥馬志敏郭振才等部尚不在其列。是年夏復擴充為十一個師十八個混成旅二個騎兵旅，又一個騎兵團，三個礮兵團，六個步兵團十二個補充團，於是河南駐軍除第三軍毅軍及建國豫軍外名義上均稱國民二軍。茲就胡景翼逝後，該軍之情狀，列表如下：

軍隊	長官	防地	備考
第一師	胡景銓代	開封	
第一旅	胡景銓	開封	
第二旅	李培芬	開封	
第二師	岳維峻	開封	
第三旅	史宗法	新鄉	
第四旅	田生春	許昌	
第三師	田玉潔	陝西	新移洛陽

第五旅	王文秀		
第六旅	黨廷佑		
第四師	陳文釗	鄭州	原中央第十四師
第七旅	徐壽椿	渭河	
第八旅	閻曰仁	駐馬店	
補充旅	高汝桐	郾城	
第五師	王爲蔚	周家口	原中央第二十四師
第九旅	孫耀齊	周家口	
第十旅	張志遠	鄭州	
第六師	缺		原任樊鍾秀未就職
第七師	鄧瑜〔即鄧寶珊〕	陝州	頃入保定
第十三旅	鄭思成		
第十四旅	劉繼邦		

第八師	馮毓東	陝西	原第五混成旅近移洛陽
第九師	李紀才	開封	
第十七旅	李凌霄		
第十八旅	張迺威		
第十師	李雲龍	西安	新由陝入豫
第十九旅	丁增華		
第二十旅	潘占魁		
第十一師	蔣世傑	信陽	
第一混成旅	馬華瑜	陝州	
第二混成旅	缺		原曹士英部已解散
第三混成旅	赤亞武	潼關	屬李雲龍
第四混成旅	劉鵾	華縣	
第六混成旅	弓富魁	衛輝	

第七混成旅	康振邦	陝西華縣	頃移駐河南
第八混成旅	王相賢	中牟	
第九混成旅	趙樹勛	臨汝	原劉鎮華部
第十混成旅	楊世昌		
第十一混成旅	麻振武	潼關	原劉鎮華部
第十二混成旅	衞定一	陝西	
第十三混成旅	馬志敏	南陽	豫南鎮守使
第十四混成旅	田維勤	汝南	
第十五混成旅	袁家聲	永城夏邑	安徽柏文蔚等組織之民軍
第十六混成旅	郭振才	歸德	豫東鎮守使
第十七混成旅	馬吉第	開封	
第十八混成旅	李鴻翥	開封	
騎兵第一旅	鄭庠	衞輝	

騎兵第二旅　周肇岐　衞輝
騎兵第一團　馬文元　開封
礮兵第一團　熊占標　開封
礮兵廿四團　羅傳齡　開封
礮兵廿六團　胡佩鎔　鄭州
步兵一團　魏天福　南陽
步兵二團　唐在田　南陽
步兵三團　劉致棟　新鄭
步兵一團　趙起秀
步兵二團　邵逢甲　商邱
步兵三團　張占鰲　睢縣
補充第一團　張德樞　信陽
補充第二團　王丕經

補充第三團　原張廼威

補充第四團　姚震乾

補充第五團　崔峻峰　懷慶

補充第六團　姚林翼

補充第七團　王成章　新鄭

補充第八團　魏倘友　鄭州

補充第九團　袁夢蛟　彰德

補充第十團　高棟滋

補充十一團　閻博雲

補充十二團　張　嶼

以上爲國民第二軍，直轄岳維峻。

毅軍總司令　米振標　開封　兼河南軍務幫辦

第一混成旅　張繼武

第二混成旅	劉正芳	禹州	
第三混成旅	于金武	開封	
第四混成旅	張錦標	尉氏	以上步兵四團騎兵四團
獨立團	米國賢		
建國豫軍總司令	樊鍾秀	寶豐	
第一路司令	李山林	汝州	
第二路司令	顏芝蘭	偃師	
第三路司令	趙振江	魯山	
第四路司令	趙天清	寶豐	
第一旅	任應岐	潢川光山	
第二旅	李萬	上蔡	
第三旅	李興亞	正陽羅山	
衛隊司令	樊鍾華	臨潁	

警衛司令　王達山　湯陰琪縣

計師旅名目之多，派別之雜，除川廣兩省外，無論何省，莫若河南。如照北洋編制計算，則直轄之二軍，十一師，十八混成旅，二騎兵旅，十二補充團，六步兵團，三礮兵團，應有兵額二十餘萬人。然胡景翼初入豫，人數不足四萬，礮不過三十餘門，雖屢次改編擴充，人數不患不多，而鎗支大抵來自民軍土匪，新式者實鮮，子彈亦決不能多，礮兵機關鎗兵則更無論矣。且就其派別言之：一，郭振才馬志敏馬吉第李鴻翥原河南舊軍，總數不過一萬五六千人；二，田維勤陳文釗王爲蔚則爲吳佩孚系，總數約二萬人〔陳八千王田各六千〕軍械頗足；三，趙樹勛龐振武原劉鎮華舊部，合計新鎗不過五千；衛定一原郭堅舊部，遠任西安鳳翔之間，鎗亦僅二千；四，袁家聲部爲安徽之民團散軍，鎗僅千餘，人數約三千。以上四部，共四萬餘人，皆與二軍無歷史之關係。其餘之二軍，可分爲兩部：甲爲岳維峻之親信，第二第七第十一三師，第十混成旅及補充團之一部屬之，槍數約四萬餘；乙原爲胡景翼之腹心，第一第三第八第九第十各師，第六第七第八各混成旅及騎兵旅屬之，鎗數約五萬餘。其中以李雲龍李紀才爲最精，蓋二李舊爲第一師之旅長，器械較備：李雲龍由洛入陝，收編甚多；李紀才以善治軍名，紀律爲國民二軍之冠。至於毅軍，入豫時不過萬人，近亦稍有增加；樊鍾秀自贛回豫，有鎗纔千餘，近且過萬。茲更就其派別，分列略表如左：

一、岳維峻嫡系	四萬餘
二、胡景翼嫡系（與國民黨較近）	五萬餘
三、河南舊軍	一萬五六千
四、吳佩孚系	二萬
五、劉鎮華舊部及衛定一部	七千
六、毅軍	一萬二千
七、建國豫軍	一萬二千

以上共計有鎗十七萬餘，人數則在二十五萬以上。

五　國民軍第三軍之擴充　孫岳原爲中央第十五混成旅旅長，十三年奉直之戰，衛戍京師。馮玉祥入京，孫與之合，擴充所部爲國民軍第三軍，孫岳自任軍長，以滇軍舊將葉荃爲副軍長。及由京漢路南下，攻保定，收降曹錕衛隊實力最充之曹士傑部第十六混成旅，又將步軍統領衙門之游擊隊改編爲第三混成旅，復盡收保定大名警察巡防之鎗枝。於是有中央暫編第四師及第一第二第三混成旅，中央第十五混成旅，及葉荃之第二師，人數不過三萬。十四年一月十五日，孫岳被任爲豫陝甘剿匪總司令。旋讓保大於奉軍，移所部入豫，分駐鄭州新鄉。憨玉琨之亂，葉荃部加入戰爭，在洛陽西南爲張治公所敗，幾不成軍，及劉憨敗潰，憨所招土匪紛紛降孫，以圖自存，而名義上均屬葉荃。十四年夏，孫岳入陝攻吳新田（另詳陝西軍史章）葉部獨留。旅長孫魁元遂逐葉去，代爲第二師師長，雖經孫岳否認，然葉無實力，其直轄各旅均不聽命，孫岳亦不復視之爲己有矣。茲將該軍擴編之師旅列表於下：

隨孫岳入陝者（另詳陝西章）

軍隊	長官	防地	備考
中央暫編第四師	何遂		
第七旅	顧占鰲		
第八旅	門炳岳		
中央暫編第一混成旅	徐永昌		入陝後改編爲第一師
中央暫編第二混成旅	龐炳勳		
中央暫編第三混成旅	劉廷森		

補充第一旅	耿金錫		

留河南者

軍隊	長官	防地	備考
中央第十五混成旅	袁廷傑	洛陽	
補充第二旅	胡德夫	洛陽	

以上為孫岳嫡系，約三萬餘人。

葉荃部

軍隊	長官	防地	備考
第二師	孫魁元		
直轄一旅	萬選才		
直轄二旅	蔣天章		
直轄三旅			
直轄四旅	林茂修		

直轄五旅　樊青山

補充旅　王　振　永寧盧氏

以上共二萬餘人。

斯時除國民軍與奉軍兩大系之外，尚有吳光新部之三旅，即所謂京衛軍是，雖屬皖系，亦北洋系之支派也；其政治彩色在兩軍之間。茲附列於此：

訓練總監	吳光新		
副監	陳文運		
第一旅	宋玉珍	北京黃寺	段之衛隊原爲田書年
第二旅	戴廣勝	南苑	
第三旅	秦　毅	通州	上二旅爲二十師改編

以上共萬餘人。

六　國民軍之變化　以上爲國民軍成立之沿革。其後，吳佩孚再起，聯奉攻馮，國民一軍不敵，敗退南口，國民二軍亦失河南，國民三軍孤立無援，亦形渙散，餘部分投一軍及山西。其碩果僅存之馮玉祥部，則堅守南口之後經內蒙間道走五原入甘肅，轉徙流離，狼狽萬狀。馮玉祥於失敗之先，卽託辭下野，去國適俄，與南方國民政府積極聯絡。復得蘇俄之援助，乃回國重整部隊，改編全軍爲『國民聯軍』分途取隴，再入陝西，擊敗劉鎭華，而解西安之圍，救困守西安之國民三軍殘部李雲龍楊虎臣等再出潼關，北伐中原。此際國民軍已歸國民革命軍，其軍史當歸納之於國民革命軍章中。

七　直系之最後滅亡

吳佩孚再起聯奉之後，其所發布之委任令，雖有總司令十餘人軍籍幾徧全國，其實則所恃以爲實力者僅舊部第三師劉玉春與劉佐龍寇英傑部又鄂西各軍所部，及收編國民二三兩軍之田維勤靳雲鶚等部。及南口戰後，湘中風雲緊急，吳佩孚親督宋大霈李倬章高汝桐劉玉春各師，及湖北之陳嘉謨部第二十五師赴岳陽應戰，而留田維勤於北方。不旋踵而全軍再失敗，僅田維勤靳雲鶚均據河南吳佩孚猶作困獸負隅之計。及國民政府遷武漢令第四集團軍總司令唐生智與馮玉祥會師入豫北伐。吳佩孚敗走入川，所有殘部盡爲馮玉祥所收編。田維勤軍敗身戮，靳雲鶚降而復叛，皆不克保其實力。惟于學忠一部由鄂而豫輾轉入奉，投張學良移駐燕遼得以保全但已改爲東北軍矣。吳佩孚之直系，至是已不復存在而『直系』二字亦成爲歷史上之名辭矣。此後北方軍隊代之而興者：爲馮玉祥之第二集團軍，閻錫山之第三集團軍，及方振武部之第一集團軍第四軍團，各擁有鉅大之軍力。惟此三部皆已統一於青天白日之旗下，爲中華民國之國軍，非復前此北洋各軍閥之私人軍隊矣。

第二章　東三省軍史（奉軍軍史）

第一節　奉軍之胚胎時代

一　奉軍之崛起　光緒三十二年，徐世昌爲東三省總督，奉天始有新軍；然終清之世，吉林有第二十三鎮，龍江有混成一協，而在奉天之新軍，則爲第二十鎮及第二混成協，皆北洋六鎮所分，直屬中央，爲國軍，初無所謂奉軍也。奉省舊軍，原有中前左右後副左副右副後八路，計步兵四十餘營。至光緒三十四年，始改爲中前左右後五路，歸巡防營務處節制。當辛亥革命時，張作霖爲中前兩路統領，馮德麟爲左路統領，吳俊陞爲後路統領，馬龍潭爲右路統領。其軍多招撫而成。張作霖所部，且爲日俄戰時，日本利用之爲別動隊，戰後移交東督改編成軍者。時，奉督趙爾巽患第二混成協不可恃，調張作霖入省、賴其力以制新軍，張始與聞省政。民國元年九月，改巡防中前兩路爲第二十四鎮，十月，改稱第二十七師，以張作霖爲師長；同時右路巡防亦改編爲第二十八師，以馮德麟爲師長；吳俊陞被任爲騎兵第二旅旅長，分防奉黑。袁世凱以張錫鑾爲奉天督軍，兼節制吉黑軍隊。張錫鑾於張作霖馮德麟均有舊恩，張馮竭力効命，故終其任，奉天得無事。時吉黑兩省新軍，亦有增加。吉林原有第二十三鎮，元年十月，改稱第二十三師。二年一月，改編巡防營爲吉林混成旅。四年七月，改第二十三師爲第二第三兩混成旅，添設吉林鎮守使，以第一旅旅長裴其勳兼任。九月，添設延琿寧阿兩鎮守使，以第二旅旅長高士儐第三旅旅長徐世揚兼任。龍江原有一混成協，元年改稱爲旅。三年七月，就原有軍隊巡防營改編爲黑龍江暫編第一師，以許蘭洲爲師長，又騎兵第四旅（時中央已有騎兵三旅）以英順爲旅長。是爲袁世凱時代東三省之新軍。

二　張作霖之得勢

民國四年，袁世凱謀稱帝，乃以段芝貴爲鎮安上將軍督理奉天軍務，代張錫鑾。五年春，袁世凱逆謀暴露，西南護國軍興，張作霖遂逐段芝貴。袁世凱不得已任張作霖繼段任，以馮德麟幫辦軍務。五年八月，吉林暫編第四混成旅，十月，設扶農鎮守使，以第四旅旅長兼任。時孟恩遠爲吉林督軍，畢桂芳爲龍江督軍，三省實各自爲政。六年六月，龍江第一師師長許蘭洲迫督軍畢桂芳離任旅長巴英額英順通電攻許。七月，中央以鮑貴卿爲龍江督軍，許旋去黑。鮑貴卿改編軍隊爲第一第二兩混成旅，以李慶祿張明九爲旅長；第一第二兩騎兵旅以袁慶恩張奎武爲旅長。同時，以騎兵第二旅與奉天後路巡防合編爲第二十九師，以吳俊陞爲師長。十月，田中玉爲吉林督軍，代孟恩遠，而吉林軍官電留孟，中央不得已許之。十一月，以汲金純代馮德麟爲第二十八師師長。張作霖亦讓第二十七師師長於其黨孫烈臣。鮑汲吳孫均與張作霖親，孟恩遠以抗命故，亦聯奉以自保，張作霖之勢力乃漸及於吉黑兩省。

三　**奉軍入關之始**　七年二月，張作霖從徐樹錚言，截留自日本所購軍械於秦皇島，派兵入關，始積極招募，增編第一第二第三三個混成旅，而以親信將校梁朝棟鄭殿陞蔡平本分任旅長。旋又添募新兵，加編第四第五兩個混成旅，而以奉軍舊將王學臣劉香九分任旅長，另成奉天暫編第一師，以張景惠爲師長。初，段祺瑞銳意攻湖南，奉軍助段，以暫編第一師沿津浦路南下，深入湖南，爲湘人所病。然卒以吳佩孚等通電停戰班師，未加入戰事，而被湘軍壓迫出境，輾轉歸奉。

四　**張作霖之統一東三省**　七年五月，中日陸軍共同防敵軍事協定簽字於東京，擬出兵西北利亞。吉黑兩省遂乘機增兵。七年四月，吉林新成第五混成旅；十月，復增暫編第一師，以高士儐爲師；長是年三月，龍江添設中央第十九混成旅，鮑貴卿自兼旅長〔後改張煥相〕保護中東鐵路。九月，張作霖爲東三省巡閱使。八年夏，中日兵衝突於吉林之二道溝。北政府從張作霖請以鮑貴卿代孟恩遠爲吉林督軍而以孫烈臣督黑。吉林暫編第一師師長高士儐抗命，鮑貴卿賴奉天之援逐高去，乃截併吉林暫編第一師爲第六混成旅，以郭瀛洲爲旅長。於是三省軍政權盡入於張手；吉黑長官，均其腹心；凡官吏之任免，軍隊之調遣，非張同意，北政府不敢過問。

第二節　奉軍之發展

一　**奉軍勢力之大擴展**　民國九年夏，直皖之戰，直隸第四混成旅曹鍈敗於西北軍，第五混成旅商德全敗於馬良，賴入關之奉軍來援，得轉敗爲勝。戰事告終，奉軍復增設第六第七兩混成旅，以鮑德山李景林爲旅長。初，徐樹錚結奉天以擁段祺瑞，楊宇霆實爲之介紹。旋徐樹錚跋扈專擅，爲張作霖所惡，楊宇霆亦辭職去位。至是張復起用楊爲總參議，爲籌畫練兵事。十年五月，北政府任張作霖爲蒙疆經略使，謀征蒙。東三省乃復藉此增兵：計奉天添設第八第九第十三等三個混成旅，以郭松齡牛永輔趙恩臻爲旅長；復改右路巡防爲第十一混成旅，以湯玉麟爲旅長。吉林增設第七混成旅，以李桂林爲旅長。龍江增設第三第四兩個混成旅，以巴英額張擧鵬爲旅長。自九年九月，張景惠被任爲察哈爾都統，即率奉天第一師駐南苑，同時以奉人鄒芬代王廷楨爲第十六師師長駐西苑，陳錫武爲察哈爾騎兵旅旅長，駐多倫，第五混成旅齊恩銘駐北京，第六混成旅鮑德山駐廊房，第七混成旅李景林駐天津附近，設奉天司令部於北京。至十年九月，以汲金純爲熱河都統，率第二十八師赴承德。於是奉軍地盤奄有東三省兩特別區，擁衆五個師（第二十七第二十八第二十九第十六及奉天第一）又二十三個混成旅，（奉天第一至第十一中央第十九吉林第一至第七龍江第一至第四）三個騎兵旅（龍江二察哈爾一）在北方與北洋軍隊成對峙之兩大勢力。

二　奉軍之大改革　十一年奉直之戰，奉天原出兵三個師，九個混成旅，吉林出兵八個混成旅，龍江出兵一個師，四個混成旅，二個騎兵旅，此外尙有在熱河之第二十八師，察哈爾之騎兵旅：共計爲五個師又二十四個旅，兵力在十萬人以上。戰敗之後，第一師與第十六師被直軍繳械，在熱河之第二十八師，僅有一旅回奉（後改編爲第四旅）第六第九兩混成旅因戰敗遣散（第六混成旅旅長鮑德山被槍斃）於是張作霖知烏合不敎之兵不堪作戰，而無學識之將校尤不足任指揮，乃銳意澈底革新，重用新派將領，改編東三省各軍爲二十五個混成旅，五個騎兵旅，旋增爲二十七個混成旅。舊有各師，惟張作相之第二十七師，吳俊陞之第二十九師尚存。又以李景林有功，陞之爲第一師師長。然各師所屬各旅，即在二十七個混成旅五個騎兵旅之中。時，張作霖抱臥薪嘗膽之志，矢圖雪戰敗之恥，一意練兵，屏絕外事，對於東三省以外概不過問。嚴厲整飭舊將校，概令入學校操習學術，懈者立革，且信任新派將領楊宇霆郭松齡姜登選等極堅決訓練之事，悉以委之。規定改革軍制，以旅爲單位，旅之編制，以三團爲標準，（未克完全實行故各旅之內容不同實力亦異）如張學良之第二旅，有步兵三團，騎炮兵各一團；名雖旅而實力則不下一師。十三年春，吉督孫烈臣卒，張作相繼之，張學良改任爲第二十七師師長，吉黑各旅，亦多易人。奉天原有之兵工廠，僅能造步槍槍彈，產額爲數亦微，戰後，乃大加擴充，預定計劃，每年出炮二百尊，砲彈二十萬發，槍彈六千萬，無煙藥百餘噸。又延英人石屯專造迫擊砲，分配各旅。購新式布利凱飛機四十餘架，成立空軍。至十三年開戰時止，兵工廠雖尚未完工，而製造槍彈能力已與直軍相埒，飛機實力則遠在直軍之上。且軍隊之精良冠絕一時。茲就十三年戰前各軍之分佈，列表如左：

奉天

軍隊	長官	防地	備考

第二十七師	張學良	錦州	
第五混成旅	于芷山	錦州	屬二十七師　步兵兩團
第十九混成旅	高維嶽	錦州	屬二十七師　步兵兩團　騎礮各一團
暫編第一師	李景林	北鎮	
第二十三混成旅	李爽塏	北鎮	步兵二團　屬第一師　外騎礮各一團
第二十四混成旅	邢士廉	北鎮	步兵二團
第一混成旅	闞朝璽	鄭家屯	洮遼鎮守使　步兵三團
第二混成旅	郭松齡	瀋陽	步兵三團　騎礮各一團
第三混成旅	張宗昌	海龍	步兵三團　炸彈隊一隊
第四混成旅	裴春生	興城	步兵兩團
第六混成旅	宋九齡	開原遼陽	步兵四團
第七混成旅	湯玉麟	鳳凰	東邊鎮守使　步兵三團
第十二混成旅	趙恩臻	新民	步兵三團

第十四混成旅	楊德生	彰武	步兵兩團 騎兵一團
第十六混成旅	齊恩銘	綏中	步兵二團
第二十五混成旅	蔡平本	梨樹	步兵二團 騎兵一團
第二十七混成旅	溫玉瓚	瀋陽營口	步兵二團
騎兵第一旅	穆春	通遼	
騎兵第三旅	蘇錫麟	瀋陽	
第一遊擊隊統領	張海鵬		
第二遊擊隊統領	程瀚峰		

吉林

第八混成旅	丁超	長春	吉長鎮守使 步兵二團 騎兵一團
第九混成旅	陳玉崑	依蘭	依蘭鎮守使 步兵二團 騎兵一團
第十混成旅	于琛澂	吉林	步兵二團
第十三混成旅	吉興	局子街	延吉鎮守使 步兵三團

第十八混成旅	張煥相	哈爾濱	濱江鎮守使　步兵二團
第二十混成旅	楊遇春	農安伊通	步兵一團　騎兵一團
第二十一混成旅	李振聲	寧古塔	步兵二團　騎兵一團
第二十六混成旅	李桂林	雙城	步兵二團　騎兵一團

黑龍江

第二十九師	吳俊陞	龍江	
第十五混成旅	萬福麟	滿洲里	屬二十九師　步兵二團　外礮兵一團
騎兵第五旅	梁忠甲	海倫	屬二十九師　三團
第十一混成旅	巴英額	黑河	黑河鎮守使　步兵一團　騎兵一團
第十七混成旅	張明九	海拉爾	呼倫貝爾鎮守使　步兵二團　騎兵一團
第二十二混成旅	石青山	綏芬河	綏海鎮守使　步兵二團　騎兵一團
騎兵第四旅	李冠英	安達	安泰鎮守使
騎兵第二旅	彭金山	泰來	

以上計步兵六十團，團之番號，與旅並不連屬。（即第一旅所轄不一定爲第一第二第三團）每團有迫擊礮一連，機關槍一連，共十二萬餘人；步兵二十四團，二萬餘人；礮兵四團，五千餘人；各旅之騎礮輜重炸彈隊等，合計約二萬五千餘人；外騎兵遊擊隊二隊，合計約十七萬餘人。其實力之雄厚，指揮之統一，在國內可稱首屈一指。

三　十三年戰前奉軍之編制

十三年奉直開戰之始，奉軍共組織爲六軍，第一第三兩軍在山海關，第二軍由錦州攻朝陽，第六軍由開魯攻赤峯，第四第五兩軍原爲援軍。其組織之初，各師旅之分配，如下表：

第一軍

軍長	姜登選	與綏駐軍統監
副軍長	韓麟春	前任兵工廠督辦
第四旅	裴春生	原駐興城
第十二旅	趙恩臻	原駐新民
第十六旅	齊恩銘	原駐綏中

第十九旅　高維嶽　原駐錦州（第五旅之第七團暫歸其節制）

以上共計三萬人。

第二軍

軍　長李景林　第一師師長

副軍長張宗昌　第三混成旅

第三旅　張宗昌　原駐海龍

第二十三旅　李爽塏　原駐北鎮

第二十四旅　邢士廉　原駐北鎮　屬第一師

第二十五旅　蔡平本　原駐梨樹

以上原不過二萬餘人，而張宗昌另組有別動督戰敢死各隊，其中有白俄兵數千，日本高麗浪人數百，連第三旅約萬五千人。蔡平本旅臨時亦有增加。故二軍共計約三萬餘人。

第三軍

軍　長張學良　第二十七師師長

副軍長郭松齡　　第二十混成旅旅長

第二旅　　郭松齡　　原駐瀋陽

第六旅　　宋九齡　　原駐開原遼陽

第二十七旅　　温玉瓚　　原駐瀋陽營口

共約二萬七八千人。

第一第三兩軍，皆在山海關，故合稱爲『一三聯合軍』，臨時略變更編制，以第二十七師及第二旅之兩個砲兵團合編爲騎兵旅，以原任第五旅旅長于芷山爲旅長，歸一三聯合軍指揮。第二十七旅之五十七團留營口海防，而以第四十一團歸齊恩銘節制。温玉瓚代宋九齡爲第六旅旅長，宋九齡又代郭松齡爲第二旅旅長，郭則專任副軍長。故一三軍合計約六萬人。

第四軍

軍　長張作相　　吉林督軍

副軍長汲金純　　前熱河都統第二十八師師長

第八旅　　丁　超　　原駐長春

第十旅　于琛澂　原駐吉林

第二十六旅　李桂林　原駐雙城

第十四旅　楊德生　原駐彰武

第二十七團　崔鳴山　原屬第五旅張作相督吉時攜之赴吉林

以上約一萬數千人。〔除楊旅崔團爲奉天軍隊外餘皆來自吉林各旅人數較少且有缺額〕

第五軍

軍　長吳俊陞　黑龍江督軍兼第二十九師師長

第十七旅　張明九　原駐海拉爾騎兵一團改屬六軍

第一旅　闞朝璽　原駐鄭家屯

此外尙有獨立騎兵礮兵各一營，補充隊三隊，合計約一萬餘人。

第六軍

軍　長許蘭洲

副軍長吳光新

騎兵第一旅　穆春　原駐通遼
騎兵第二旅　蘇錫麟　原駐瀋陽
騎兵第五旅　梁忠甲　原駐龍江
吉林騎兵游擊隊　趙　原駐吉林農安
第十七旅之騎兵團

以上約九千人。

此外尚有第二十七旅之五十七團駐營口，湯玉麟之第七旅駐安東一帶，擔任海防。奉天騎兵兩游擊隊駐洮遼一帶。

四　戰後奉軍之擴充

奉軍在十三年戰後之擴充，可分爲五部：一爲李景林部：李爲第二軍軍長，原僅有李爽塏邢士廉之第二十三第二十四兩旅，自下朝陽入冷口，沿途增兵，已一變而爲六個梯隊；及十四年一月十七日，李景林被任爲直隸督軍，遂以六個梯隊改編爲六個旅，以三個旅屬原有之第一師，其他三個旅爲直隸爲第一第二第三混成旅。其後邢士廉部調蘇，李乃另增二旅，至十四年九月，改編爲第十九師，以李爽塏爲師長，旋復增五旅，故李景林共有兵十二個旅；二爲張宗昌部：張爲第二軍副軍長，所部原僅有第三旅，因其編制與其他奉軍微異，各團之外有所謂炸彈總隊等名目，故名雖一旅，而兵在萬人以上，且召致日俄朝鮮亡命參雜其間（尤以白俄軍爲多）自下淩源，即改編爲第二師，及入冷口，占灤州，浪收直軍，較他軍爲多，故南下攻蘇，已增編爲五個旅，又二個梯隊，蘇軍敗潰，復添募補充衛隊各一旅，備補一梯團，兵數最多時，殆達九萬；其後以餉無着，漸減爲七萬；而張自蘇皖剿匪司令，移督山東，復收魯軍全部爲己有，故其兵額獨多；三爲張學良郭松齡部，舊爲一三合聯軍，下秦皇島時，降直軍數萬，熱河降軍亦歸其改編，故各旅皆增補充團，一旅不啻一師，人數且較普通步兵師爲多；十四年春奉軍擴編改師時，時設京榆駐軍司令部，以張學良郭松齡分任正副軍長，共有六個步兵旅，一個騎兵師，軍隊分佈，東至錦州，北至廊房，而本部則在天津；四爲在江蘇之奉軍：張宗昌去蘇，其部屬均隨之入魯，惟第三十一旅王棟留守蘇常鎮江一帶；蔡平本邢士廉之兩旅，原爲張宗昌後援，江浙議和時，蔡旅在宜興，邢旅在徐州浦口，遂留蘇未去；及姜登選爲蘇皖剿匪司令，第三十一旅同時撥歸姜指揮；十四年春，蔡旅擴編爲第八師，六月，邢旅進駐上海，九月，亦改編爲第二十師；五爲其他在東三省熱河之兵：前者亦略有增加，後者多改編降卒。綜計全軍共步兵四十餘旅，騎兵十餘旅，統稱『東北陸軍。』

五　奉軍之特殊編制

奉軍之編制訓練服裝與北洋軍制稍異，其編制自十一年以後，即時加改良，茲就其定制，略述梗概如左：

東北陸軍編制表

師旅團之定制：

一、甲種師

步兵二旅〔每旅三團每團步兵三營並附機關槍迫擊砲各一連通信班一班〕騎兵一連，輜重兵一營。

二、乙種步兵師

步兵二旅〔每旅二團每團步兵三營並附機關槍迫擊砲各一連通信班一班〕騎兵一連，山砲兵一營，工兵一連，輜重兵一營。

三、乙種騎兵師

騎兵二旅〔每旅二團每團騎兵四連並附機關槍迫擊砲各一連通信班一班〕騎砲兵一連。〔用山砲〕

四、騎兵獨立旅

騎兵二團、〔每團騎兵四連並附機關槍迫擊砲各一連通信班一班〕騎砲兵一連。〔山砲〕

五砲兵旅

砲兵三團，每團三營，每營三連，每連砲四門。（後設砲兵集團司令旋改砲兵軍由鄒作華任司令及軍長）

六、工兵團

工兵團，營數無定額，每營三連，每連三排，每排三班。

各單位之人數：

（一）步兵連：每連三排，每排三班，每班士兵十四名，每連士兵共一百二十六人。（與北洋舊制同）

（二）迫擊砲連（六門制）：全連三排，每排二班，每班士兵十八名，每連士兵共一百零八人。

（三）通信班：全班分四組，每組士兵八名，士兵共三十二人。

（四）輜重營：每營三連，每連三排，每排三班，每班士兵十八名，每營士兵共三百八十六人。

（五）騎兵連：每連四排，每排四班，每班士兵八名，每連士兵共一百二十八人。

（六）野砲營：全營分三連，每連二排，每排二班，每班士兵二十三名，但第四班二十二名，全營士兵共二百七十五人。

（七）山礮營：全營分三連，每連二排，每排二班，每班士兵三十一名，但第四班三十名，全營士兵共三百七十二人。

（八）工兵全營分三連，每連三排，每排三班，每班士兵二十名，全營士兵共五百四十八人。

茲以東北軍編制與北洋編制比較列表如左：

單位	北洋	東北
步兵連	一二六	一二六
輜重營	五〇四	三八六
迫擊礮連	無	一〇八
通信班	無	三二
騎兵連	五六	一二八
野礮營	三七八	二七五
山礮營	三七八	三七二

師	東北 甲種	東北 乙種	北洋
步兵	六團　九〇七二	四團　六〇四八	四團　六〇四八
機關槍	六連　六〇六	四連　五〇四	四連　五〇四
迫擊礮	六連　六四八	四連　四三二	
通信班	六班　一九六	四班　一二八	
騎兵	一連　一二八	一連　一二八	三營　六七二
輜重	一營　三九六	一營　三九六	三連　三七八

工兵營	五〇四	五四〇

工兵		一連　一八〇	四連　五〇四
野礮兵			
山礮兵		一營　三七二	三營一一三四
共計	一一〇四六	八一八八	九二四〇

備考

東北甲種師之礮兵騎兵另組成旅，工兵另組成團。若合應有之礮騎工計算，尚應加一千六百餘人。

北洋舊制，連憲兵衛生軍醫軍樂各隊計算，共應有兵士一〇四三六人。上表未全列入。

東北陸軍之混成旅，則原無定數，視其附屬之特種兵而異。北洋舊制：混成旅普通不足四千，東北陸軍則三團制者約六千人，兩團制者約四千三百人。騎兵旅則北洋舊制，不連特種兵為一千三百四十四人，東北陸軍為一千零二十四人，但東北之騎兵旅特種兵有定制（共為六百十五餘人）故人數與普通北洋之騎兵旅略同，此東北與北洋新舊軍制異同之大略也。

六　東北陸軍最盛時之實力及地盤　東北陸軍自戰勝後，曾經積極擴充，量雖激增，而質乃大遜。故新得之地盤，不克據有；而轉瞬即以分裂失敗聞。茲就其最盛時，概述其勢力及地盤如下：

一、李景林部

軍隊	長官	駐防地	備考
東北陸軍第一師	李景林	天津	有騎兵團　砲兵團
第一旅	竇聯芳	石家莊	
第二旅	王賓	順德	
東北陸軍第十九師	李爽塏	大名	
第四十三旅	榮臻	保定	
第四十一旅	朱同勛	天津	
直隸第一混成旅	王不煥	天津	
直隸第二混成旅	馬瑞雲	西陵（易州）	
直隸第三混成旅	張憲	邯鄲	
直隸第四混成旅	胡毓坤	大名	

直隸第五混成旅	朱益清	天津
直隸第一補充旅	呂正朝	保定
直隸第二補充旅	赫文衡	保定
直隸第三補充旅	尹立泰	天津

以上二師五混成旅三補充旅，共約六萬餘人。

二、張宗昌部

軍隊	長官	駐防地	備考
東北陸軍第二師	張宗昌	濟南	
第三旅	褚玉璞	曹州	
第六十二團	辛錫祿		
第五十六團	黃鳳岐		
第二十八旅	程國瑞	濟南武定	
第七十三團	朱至賢		

第七十四團

第七十九團

第二十九旅　許琨　濟南

第四十四團　杜鳳舉

第六十三團　張繼善

第六十八團　郭潔

補充團　祁文才

東北陸軍第三十二旅　畢庶澄　鄒縣滕縣臨城

第六十七團　賀文良

第七十五團　段麟祥

第七十二團　祝祥本

衛隊旅　方永昌　滕縣兗州

補充旅　姚霽　徐州

第一梯隊	聶嘉夫	泰安濟南	白俄兵
第二梯隊	方振武	濟南和津	
備補第一梯團	滕殿英	徐州	

以上約六萬五千人。

附山東原有軍隊

第五師	孫宗先	濟南	
第九旅	張培勳	濟南辛莊	
第十旅	王西園	青島	
中央第二十混成旅	吳長植	曹州	兼曹州鎮守使
中央第四十七混成旅	施從濱	膠東	
山東第二混成旅	張懷斌	烟台	烟台鎮守使
山東第四混成旅	張建功	東昌	
東北陸軍第五十五旅	徐源泉	臨沂	原爲山東第五旅

山東第六混成旅	張培榮	兗州	兗州鎮守使
混成團	梁世昌	曲阜	
獨立團	任小英	高密	

以上共約二萬八千人。

三、熱河都統部

軍隊	長官	駐防地	備考
東北陸軍第二師	闞朝璽	承德	
第四十二旅	袁永朔	承德	二團
第四十三旅	劉山榜	平泉	二團
附熱河原有軍隊(改編)			
第一騎兵旅	張聯同	開魯	
第二騎兵旅	常萬里	林西	
第一遊擊隊	姜向春	建平	

第二游擊隊　邱宗嶽　隆化　兼朝陽鎮守使

以上共約一萬三千人。

四、京榆駐軍司令部（即一三聯合軍張學良郭松齡部）

軍隊	長官	駐防地	備考
東北陸軍第四師	張學良		
第十九旅	欒雲奎	軍糧城	
第十七團	劉輔廷	新河	
第三十團	張江清	軍糧城	
第四十團	白銘鎮	唐山	
第二十七旅	宋九齡	廊房	
第十八團	楊煥彩	廊房	
第二十五團	齊鵬大	廊房	
第四十八團	劉文清	廊房	

東北陸軍第五師	趙恩臻	灤縣
第十二旅	孫旭昌	灤縣
第五十團	馬忠誠	
第五十九團	金恩奎	
第六十四團	富雙英	秦皇島
第二十三旅	范浦江	唐山
第九十三團	孫慶延	唐山
第四十一團	蘇錫祚	唐山
第五十七團	王春基	北塘
東北陸軍第六師	郭松齡	天津
第二旅	劉　偉	蚌埠
第一團	王德印	蚌埠
第三團	邱宗濬	蚌埠

第三十九團	楊會文	蚌埠
第三十四旅	陶經武	馬廠
第七十七團	郭桂林	
第八十一團	劉鳳池	
第八十九團	蔡景良	
東北陸軍第七師	高維嶽	錦縣
第五旅	劉維勇	錦縣
第七十六團	楊　祥	
第八十四團	吳奎麟	
第九十一團	張廷樞	
第六旅	劉振東	北鎮
第七十八團	何中立	
第八十五團	周書銘	

第八十團	焦漢武	溝幇子
東北陸軍第十師	齊恩銘	秦皇島
第十六旅	溫玉瓚	山海關
第二十二團	閻宗周	山海關
第十團	高玉海	
第三十七旅	劉連瑞	昌黎
第八十二團	董鳳祥	昌黎
第九十團	孫良才	
東北陸軍第十二師	裴春生	綏中
第四旅	霽　雲	綏中
第四十五團	張鳳起	
第五十三團	孫凡印	
第三十九旅	朱繼先	興城

第八十六團　范純福

第八十八團　陳在新　新民

東北陸軍第十三師　張九卿　開平　代薊榆鎮守使

騎兵第三旅　蕭國慶　開平

第十五團

第六團　張　復　開平

騎兵第六旅　武漢卿　新民西豐　東流剿匪司令

第十四團　張樹森　東豐

第二十四團　馬德潤　西安

礮兵第一旅　鄒作華　北鎮

礮四團　喬　方

礮七團　金鏡清

礮九團　朱力罕

礮兵第二旅	魏益三	錦縣	
礮五團	李戎林		
礮八團	齊繩武		
礮三團	安玉珍		
工兵團	柏桂林		五營

以上共約七萬五千八。

五、在江蘇省者（歸姜登選指揮）

軍隊	長官	駐防地	備考
東北陸軍第八師	丁喜春	南京	原爲蔡平本　蔡沒後丁代
第二十五旅	錢忠山		
第八團			
第五十四團			
第三十五旅	田德勝		

第六十團			
第七十一團			
東北陸軍第二十師	邢士廉	上海	
第二十四旅			
第四十二旅	趙鳴皋		
東北陸軍第三十一旅	朱棟臣	鎮江常州	
第六十九團	張殿臣		
第七十一團	王韜		
第七十團			
徐海鎮守使	孫鉢傳	徐州	步兵三團

以上共約三萬三千人。

六、在奉天省者

軍隊	長官	駐防地	備考

東北陸軍第九師	汲金純	黑山縣	
第十四旅	楊德生	彰　武	
第二十一團			
第三十三團	劉繼文	彰武	
第三十六旅	李夢庚	新里屯（黑山）	
第八十七團	趙冠儒		
第七十九團	王鐵錚		
東北陸軍第十一師	湯玉麟	鳳本縣	東邊鎮守使
第七旅	張龍文		
第三十五團	邵連勝	撫松	
第三十七團	于		
第三十八旅	孟昭山		
第五十八團	董福亭	通化	

第八十三團

東北陸軍第十四師 穆春 通遼 騎兵

騎兵第一旅 徐永和 通遼

第五團 于鳳林

第二十二團 王德棟

騎兵第七旅 王永清 義縣清河門

第二十五團 程海峰

第三團 高

獨立第三十旅 齊占九 瀋陽 衛隊旅改

第六十四團 俞恩桂

第六十六團 李文炳

東北陸軍獨立騎兵第八旅于芷山 梨樹

第二團 郭希鵬

第二十三團	董懷清		
第一騎兵游擊隊	張海鵬		
第二騎兵游擊隊	劉國勳		

以上共約二萬八千人。

七、在吉林省者

軍隊	長官	駐防地	備考
東北陸軍第十五師	張作相	省城	
第二十六旅	李桂林	哈爾濱	
第十六團	孟文清	鐵嶺河	
第三十六團	祝大同	哈爾濱	
第十二團	李毓九	一面坡	
第十旅	熙洽	省城	
第三十一團	宋文俊	省城	

第二十七團　王全勝　長春南嶺

第九十三團　李　杜　省城

騎兵第十一團　陳明安　老少溝

礮兵團　穆春昌　長春

工兵第六營　省城

輜重第六營　長春

第三十四團　崔鳴山　省城　衛隊

東北陸軍第十六師　于琛澂　農安

騎兵第十旅　趙芷香　長嶺

第二十八團　管永勝　長嶺

第三十三團　劉寶麟　農安

騎兵第十四旅　楊遇春　扶餘

第十三團　張廷璧　扶餘

第十八團	常堯臣	長嶺	
東北陸軍第八旅	丁　超	長春	吉長鎮守使
第十四團	楊登擧	伊通	
第五十六團	趙繼恒	長春	
第十三團	任永和	樺甸	
東北陸軍第九旅	陳玉崑	伊蘭	伊蘭鎮守使
第二十四團	張佐忱	富錦	
第四十二團	劉玉書	同江	
第九十六團	陳東山	伊蘭	
東北陸軍第十三旅	吉　興	延吉	延吉鎮守使
第七團		敦化	
第九團	朱　榕	延吉	
第二十九團	楊金聲	琿春	

東北陸軍第十八旅　張煥相　哈爾濱　濱江鎮守使。

第十九團　劉介臣　哈爾濱

第五十二團　王煥庭　五常

第九十七團　横道河子

東北陸軍第二十一旅　李振聲　寧安

第四團　靳恒藻　五站

第二十六團　蘇偶臣　八站

騎兵第七團　李勝常　寧安

山林禁備隊統領　孫興武　同賓

帮統　楊世源

步兵三營　方正

帮統　王家忱

騎兵三營　石頭河子

以上共約四萬四千人。

八、在龍江省者：

軍隊	長官	駐防地	備考
東北陸軍第十八師	吳俊陞		
第十五旅	梁忠甲	省城	二團
第二十二旅	王樹棠	綏芬	二團
東北陸軍第十七師	萬福麟		騎兵
騎兵第四旅	張殿九		二團
騎兵第五旅	馬秀芳		二團
東北陸軍第十一旅	巴英額	黑河	
東北陸軍第十七旅	張明九	呼倫貝爾	呼倫貝爾鎮守使 騎兵三團
騎兵第二旅	彭今山	泰來	東蒙勦匪司令
步步補充旅	王	省城	

衞隊團　裘

山林勦匪司令　李冠英

以上共約二萬四千人。

總計上列八部，共爲三十五萬人（山東熱河之舊軍在外），較之十三年大戰以前，增加一倍有奇。至於分佈人數，均以十四年九月初爲標準。自孫傳芳襲取江蘇後，在江南之東北軍隊，損失約不下二萬餘人，其後除張宗昌外，皆無增加。

東北陸軍之軍械，亦有足述者，如上述之迫擊礮，爲中國舊日所無者，尚有新式輕機關鎗，其數目大約與機關鎗相等，新式飛機約二百六十四架，分編十餘隊，成績絕佳，爲中國最大之空軍實力。奉天兵工廠每日夜能造步鎗子彈三十萬，且能擴充至四十萬；迫礮年二百餘，礮彈三十萬，炸彈毒氣亦均可自造，爲當時全國最大之兵工廠。至海防亦有海防江防兩艦隊，軍艦十餘艘，後又收編粤艦，實力亦甚雄厚。以此全國最大之武力，乃造成全國最大之奉系軍閥。

第三節　奉軍之變化

一　奉軍之分裂　奉軍之名，自國民軍興起以後，即成爲歷史上及口頭稱謂之名辭；蓋張作霖本部，已改稱『東北軍』，而李景林張宗昌亦各漸離奉而獨立，就其本身之地盤，而稱直魯軍，已由奉系大軍閥而產生小軍閥，又由小軍閥而醞釀成僅亞於奉之大軍閥矣。張宗昌自以盧永祥爲名，入江蘇而後積極擴充其一己之實力，早蓄離奉稱雄之心；及孫傳芳由浙襲蘇，楊宇霆以蘇督而棄職北上，張宗昌全軍守魯，與李景林同組『直魯聯軍』（時李景林有新直系之稱）奉系已肇分裂之端。迨郭松齡以所部改稱『東北國民軍』，槍斃姜登選，迴戈討張，（作霖）則奉系乃大分裂。李景林張宗昌既各成一派，自作主張，而東北軍中新舊將領互相傾軋，分裂之暗潮，激盪殊甚。及郭松齡事敗身戮，李景林被張宗昌排擠而去直督之任，於是東北軍內則有新派將領——楊宇霆韓麟春張學良等——、與舊派——張作相湯玉麟等——之分，外則有直魯軍——張宗昌褚玉璞——之挺生，奉軍乃不復如前此之整齊統一矣。

二　東北軍之變化　吳佩孚再起，始則稱『討賊軍』，以奉爲『賊』而討之；繼則聯奉，而以國民軍爲『賊』，移而討之。東北軍亦竭全力以與國民軍戰。國民軍退出北京後，臨時執政段祺瑞走津。張作霖入關，與吳佩孚商大計，且會師追擊國民軍於南口，合力圍之數月不克。繼以東北礮兵全部之力量仰攻之，適國民軍糧盡退走，乃得南口。詎南口戰爭最急之際，國民革命軍已出師入湘，實行北伐，迭克湘鄂，底定江西。雄據東南之孫傳芳復由贛敗退，失閩浙，棄滬寧，而向奉系求成。張作霖乃利用之而組織『安國軍』，合併東三省東北軍全部，及山東張宗昌直隸褚玉璞與敗退至魯之孫傳芳部爲一大結合，張自任大元帥，且總攬北京之政務。於是所謂東北軍者又一變而爲複雜不純之安國軍，而與國民革命軍爲敵。時吳佩孚殘部勢窮力蹙，逼處豫北一隅，奉軍乃以『討赤』爲名，渡河南下，以張學良所部任主力，及擊敗河南雜軍，而西北軍馮玉祥及北伐軍唐生智已會同夾攻河南，以建瓴之勢，雙管齊下；張學良孤軍深入，殊難爲敵，乃復旋師，退守河北。

三　奉軍整頓後之實力

奉軍自河北退回後，十六年秋間，大加整頓，所有各軍（張宗昌孫傳芳褚玉璞三部除外）一律點驗，檢閱，積極訓練。蓋猶未醒武力統一全國之迷夢，欲重整軍威，與北伐軍一角雌雄，待機南下也。至十七年初，全軍節經整編，其虛有其名而無實力之部隊，均一律取銷或合併。總計自十三年戰勝後，郭松齡部已輾轉而加入國民革命軍，入蘇軍隊均已消滅或改編，張宗昌部已另成一系（其經過分見下文戰史中）所得以保存者，爲張學良韓麟春之『三四方面聯合軍團』及東三省留守各部。但張學良所部數經激戰，已非舊觀，留守各軍亦有變化，整頓後之三四聯合軍團，因韓麟春重病告假，另任楊宇霆爲第四軍團總司令，仍會同張學良統軍駐關內；換言之，即張學良與楊宇霆爲關內奉軍之總司令。茲將當時奉軍全部之番號駐地及長官姓名列下：

第三方面軍團總司令〔亦稱三四方面聯合軍團〕張學良——參謀長鮑文樾——駐保定

第一軍軍長萬福麟	京漢綫	
第二軍軍長于學忠	京漢綫	舊直軍
第九軍軍長高維嶽	京綏綫及大同	察哈爾都統兼京綏綫副總指揮
第十軍軍長王樹常	阜平	
第十五軍軍長汲金純	綏遠及曲陽	綏遠都統
東北礮兵司令鄒作華	保定	轄礮兵三旅
東北礮兵第一旅旅長金鏡清	京綏綫	
東北礮兵第二旅旅長馮秉權	濟甯	暫歸孫傳芳指揮助戰
東北礮兵第三旅旅長王致中	天鎮	
第四方面軍團總司令楊宇霆	北京	兼京正兩綫副總指揮

第十三軍軍長王瑞華	北京	
第十六軍軍長胡毓坤	靈壽平山間	
第十八軍軍長榮臻	正太綫	
第二十九軍軍長戢翼翹	順德沿綫	
鎮威軍模範軍總司令何豐林	北京	兼中央軍事部長
第五方面軍團總司令張作相	吉林	兼吉林督辦
第十一軍軍長富雙英	保定及蔚縣	
第十二軍軍長湯玉麟	雁門張家口及熱河	兼熱河都統
第三十軍軍長于芷山	平型關	
第三十一軍軍長鄭澤生	吉林	
護路司令張煥相	哈爾濱	
騎兵師	吉林	
警備一旅	吉林	

此外尚有守備一師　吉林

第六方面軍團總司令吳俊陞　奉天龍江　兼東三省保安總司令

留守後備軍軍長齊恩銘　龍江

黑龍江第一軍軍長吳希賢　龍江

第十八師長長吳泰來　龍江　吳俊陞之長子

第十三旅旅長張　興　龍江

第十五旅旅長梁忠甲　龍江

第十八旅旅長丁　超　奉天

【附記】奉天防務由第三四聯合方面軍團調遣師旅分防

四　奉軍出關及張作霖之死

東北軍經過入整頓之後，沿津浦京漢兩綫設防，頗爲嚴急。民國十七年，國民革命軍既敗張宗昌褚玉璞孫傳芳等，東北軍中之新派將領楊宇霆韓麟春張學良等知事不可爲，力主退出北京，回守奉天，徐圖再舉。張作霖始猶狐疑，繼亦知力不足以遏國民革命軍之分路並進，乃決計全師出關。瀕行，北京之所謂元老——王士珍等——要求留奉軍一旅於過渡時代負維持治安秩序之責，並由公使團擔保此一旅兵之安全。張作霖乃指定鮑毓麟一旅留駐北京。所有在關內之東北軍概由張學良統率全師而退，張作霖亦於最後出關。及東北軍退盡，慣於送舊迎新之元老熊希齡等乃以市民代表名義，歡迎國民革命軍入城。第二集團軍韓復渠部抵京，即將鮑旅繳械俘虜，元老大窘，竭力交涉無效，乃請公使團出面力為調停。第二集團軍重以市民之請求，乃釋鮑旅之官兵，並給還一部槍械，由公使團及元老護送出京。至張作霖之專車則行至奉天皇姑屯，被日本埋伏之炸彈將全車炸燬，張及來迎之吳俊陞等均死焉。東北軍事，乃因張作霖之死而成絕大之改革。

五　東三省之易幟與改編　張作霖吳俊陞既死，張學良以地位關繫，乃接統東三省全軍。而以萬福麟為龍江督辦，繼吳俊陞之任。同時，向國民政府乞和，但謂東省因外交上特殊關繫，未能易幟。代表往返，函電交馳者數月。迄至民國十七年十二月二十九日，東三省乃同時易幟。國民政府乃任命張學良為東北邊防司令長官，張作相萬福麟副之，翟文選為奉天（後改遼寧）省政府主席，張作相為吉林省政府主席，萬福麟為龍江省政府主席，湯玉麟為熱河省政府主席（察哈爾省早由第三集團軍收復）。張學良既受命，即以吳俊陞之子吳泰來為騎兵師長。除吉黑熱三省各軍暫不變更外，所有原來之第二四方面聯合軍團之部隊及遼寧駐軍，與何豐林孫傳芳之餘部，混合改編為十五個旅又二個騎兵旅，一個教導團，共編制法，則仍爲東北之特制。各旅之番號及長官如下：

第一旅旅長王以哲

第二旅旅長丁春喜

第三旅旅長何柱國

第四旅旅長劉翼廷

第五旅旅長黃英斌

第六旅旅長李振唐

第七旅旅長張廷樞

第八旅旅長徐永和

第九旅旅長應振復

第十旅旅長孫德基

第十一旅旅長富占魁

第十二旅旅長高廷福

第十三旅旅長于芷山

第十四旅旅長黃師岳

第十五旅旅長孫旭昌

騎兵第一旅旅長

騎兵第二旅旅長

教導團團長王以哲

此外尚有于學忠一部駐遼燕交界地域

同時，組織東北邊防司令長官公署，爲遼吉黑熱之最高軍事機關。署內組織爲：

參謀長臧式毅

秘書長王寶善

總務處長張濟新　副處長金永機

政務處長鄭　怡　副處長劉廷選

財政處長魯穆廷　副處長張振鷺

機要處長吳承象　副處長楊毓瓚

蒙旗處長林鶴恩　副處長許卓聲

自編遣會議開後，東北即經議及縮編問題。以東北陸路國防重要，有編成國軍十五個師及五個暫編師之議，方正核辦之中。至東北之海軍空軍，當於海軍空軍篇中詳之，茲不贅述。

第三章　陝隴青夏疆軍史

第一節　陝西軍史

一　陝西陸軍之始成　清光緒三十年，陝西始招新兵六營，初稱『常備軍』，旋設督練公所，改稱陸軍。至宣統元年，編成第三十九混成一協。辛亥革命，陝西響應，民軍紛起，驟增至百餘營。陝西都督張鳳翽（初稱爲與漢軍大都督）改編爲七個旅，又一個獨立團。民國元年以來，逐次裁併。至民國三年春，袁世凱命陸建章率北洋第七師入陝，代張鳳翽爲都督，陝西始爲北洋派所據有。但其時陝軍尚存三個旅，且張雲山爲陝北鎮守使，張鈁爲陝南鎮守使，二張皆爲辛亥革命起義分子。故民黨勢力，尚潛存

於陝西，

二　陝軍之變化　民國四年，陸建章承袁世凱之旨，一意圖謀剷除陝軍。先改所部第七師爲第十五第十六兩混成旅，而後裁併陝軍爲兩個混成旅，以陳樹藩代張鈁鎮陝南，陝北鎮裁而復設，以井岳秀（民黨先烈井勿幕之弟）爲鎮守使。五年春，第十六混成旅旅長馮玉祥率所部入川，陸建章添募第四旅。五月，陝西第二混成旅旅長陳樹藩響應護國軍，起兵入西安，逐陸建章而代之。時，陝西有兵不過三個旅又三個營，秩序未亂。六年，督軍團起禍，南北分裂，民黨復在陝活動。十二月，陝軍旅長郭堅起義鳳翔，自稱陝西護法軍西南路司令。七年一月，陝西第一混成旅之團長胡景翼獨立於三原，曹士英獨立於渭南，長安潼關間交通斷絕。督軍陳樹藩求援於豫，劉鎮華乃率所部鎮嵩軍入陝。三月二十三日，劉被任爲陝西省長，省軍稍舒。七年夏，盧占魁、樊鍾秀、高峻等紛紛聚集民軍起事。八月，于右任受孫中山之命入陝，各軍一致服從，推于爲『陝西靖國軍總司令』。旋孫中山任命于右任爲陝西督軍，與陳樹藩對峙。占領郃陽、澄城、韓城、白水等處，設總司令部於三原。葉荃復率川滇軍攻巴寧寶雞。樊鍾秀、盧占魁等豫籍將領復推張鈁爲副司令，分途攻取，聲勢大振。陳樹藩、劉鎮華僅守渭南數縣，與民軍相持。七年十一月，南北和議開會，八年三月三日，北京政府復有停戰劃防之命，陝亂稍和緩。未幾，和議決裂，戰爭復開。許蘭洲率奉軍援陝。然師久無功。九年五月，葉荃盧占魁郭堅佔栒邑麟游鳳翔岐山鳳縣，據陝南鎮守使第十五混成旅長管金聚，陝軍幾奄有全省。是年夏，直皖戰爭起，許蘭洲率奉軍離陝回援，及直軍戰勝，陳樹藩原爲皖系，頗不自安。且其能力薄弱，號令幾不出省城。十年春，北政府乃承吳佩孚之意旨派直系健將第二十師師長閻相文率第二十師及第十一師馮玉祥第七師吳新田等部入陝西。五月二十五日，北政府任閻相文爲陝西督軍，陳樹藩抗之。七月七日，閻相文敗陳樹藩軍，入省接任。八月二十三日閻相文被殺，馮玉祥代爲督軍。時陳樹藩之殘部敗走陝南，旋爲吳新田所擊散；郭堅則爲馮玉祥所槍斃；胡景翼曹士英等不得已取消獨立，且降直系，託足苟全。〔時于右任已離陝〕陳郭舊部多爲劉鎮華所收，陝省遂無復戰事。

三　直皖戰後之陝軍　民國十一年夏，馮玉祥率第十一師入豫，任河南督軍。從之行者，爲新收編之胡景翼部陝軍第一師，田維勤部陝軍之第一混成旅，曹士英部陝軍第二混成旅。劉鎮華乃繼馮爲陝西督軍，仍兼陝省長。然吳新田在陝南，郭堅舊部麻振武據岐山，李奪據鳳翔，前靖國軍高峻據郃陽白水，陳樹藩舊部馬淸苑據交口，胡景翼遺留之殘部田玉潔據三原，馬毓東據富平耀縣，岳維峻〔胡景翼部第一旅長〕殘部姚林翼據乾州，曹士英殘部石景義據高陵。而榆林一道，則在陝北鎮守使井岳秀及陝軍混成團長楊虎（即楊虎臣前爲靖國軍）之手。潼關二縣尚有閻治堂部第二十師，劉鎮華僅有中部及東南部之十數縣而已。

四　陝軍各部之消亡　民國十二年冬，曹士英回陝，欲携石景義部出關，石部不奉命，旋走降交口之馬清苑。馬則依田玉潔抗劉鎮華。而劉則結田以自固，並收編麻振武爲振嵩軍游擊支隊，自岐山移駐韓城。十三年二月，高峻與麻振武交惡，劉鎮華令憨玉琨部梅發魁旅助馬清苑攻澄城，緱保傑自蒲城攻白水。三月，高峻敗潰，走紅土坡。劉鎮華乃乘戰勝餘威，命李奪自鳳翔移駐扶風武功，而以親信柴雲陞部移鎮鳳翔。五月，令田玉潔逐馬清苑，收馬部甄壽山爲團長，馬清苑隻身出關，其殘部爲馮毓東所收，仍駐交口。八月，馬清苑回交口謀起事，爲田玉潔所敗逐。於是除胡景翼殘部外，渭河兩岸之地皆爲劉鎮華所囊括。

五　劉鎮華最盛時之鎮嵩軍　劉鎮華之出身，原爲河南鞏縣一秀才，於清季在開封辦中州公學；辛亥革命時，回豫西（鞏縣爲豫西）招嵩山土匪成軍。後又收編白狼殘部，勢力大充，入陝，與張鈁所部之豫籍軍合，與趙倜所部毅軍及周符麟所部陸軍轉戰潼關陝州間。統一後，歸豫改編爲『鎮嵩軍』，駐豫西剿匪。民國七年，應陳樹藩之招入陝，旋得任省長。時劉有衆不過三千餘，共分三路：柴雲陞爲第一路統領，張治公爲第二路統領，憨玉琨爲第三路統領。復收編豫籍靖國軍樊鍾秀部之馬河淸及郭金榜舊部，委賈濟生統郭部。馬爲鞏縣人，與劉同鄉，故命其編郭部爲鎭嵩軍第四路，以馬爲統領。民國九年，管金聚之第十五混成旅被葉荃戰敗於鳳縣，劉收管之殘部，嚴際明爲鎭嵩軍第五路。十年，閻相文入陝，逐陳樹藩，省城槍械散兵多爲劉鎭華收有。而陳部之漢武軍（陳樹藩曾被任爲漢武將軍，故所部稱漢武軍）劉世傑、緱深傑兩部，遂爲劉收編爲鎭嵩軍第六第七兩路。其後，郭堅爲馮玉祥所殺，其所部之麻振武亦降劉，編爲鎭嵩軍之游擊支隊。劉鎭華之兵力乃大充實。十一年，豫西匪患日盛，劉奉吳佩孚命，以憨玉琨出關助剿，遂改編爲鎭嵩軍第一師。旋復改爲中央陸軍第三十五師，仍以憨玉琨任師長。十二年，張治公部被吳佩孚調豫，剿匪於盧氏，亦編爲陝軍第二師。十三年一月，劉鎭華任柴雲陞爲鎭嵩軍第一師，以陝人韓鳳樓爲衞戍司令兼衞隊旅旅長。是年秋，直奉戰事復開，劉鎭華受吳佩孚任爲後防總司令，所部張治公師在榆關助吳攻奉，胡景翼亦調所部出關。於是劉鎭華乘機擴充鎭嵩軍各路爲七個混成旅，復以田玉潔部爲陝軍第三師，馮毓東爲陝軍第四混成旅旅長，李奪爲陝軍第五混成旅旅長。東下援吳，未出關而吳敗，劉毓東遂反戈攻劉。十一月十二日，圍華縣不克，十四日入華陰，擬進攻潼關。同時，李奪部團長衞定一黨玉崑逐李奪，進兵興平咸陽。衞定一未得逞，劉鎭華乃調馬河淸自渭南援華縣，而另檄憨玉琨自洛陽回師夾攻，遂敗馮毓東。馮軍退富平。計渡河時有兵十二營，回富平者不過三營餘部盡散降。十二日吳佩孚回河南，與胡景翼相持於彰德。劉部憨玉琨等攻洛陽，旋入鄭州，爲馮玉祥所敗。〔見戰史〕是爲劉鎮華全盛時代。是時劉之部屬分佈如左：

軍隊	長官	防地	備考
中央第三十五師	憨玉琨	洛陽	
第六十九旅	梅發魁	豫西	兩旅有槍九千
第七十旅	楊景榮	豫西	
陝軍第二師	張治公	豫西	
第三旅	楊子明	豫西	有槍四千
第四旅	張治公兼	豫西	回豫新招有槍二千
鎮嵩軍第一師	柴雲陞	鳳翔	共有槍七千
第一旅	張振甲	鳳翔	
第二旅	武紹周	鳳翔	

第一混成旅	馬河清	渭南二華	馬瑞姪樊鍾秀舊部有槍二千半係舊式
第二混成旅	嚴際明	咸陽醴泉	管金聚舊部有槍二千五百
第三混成旅	麻振武	郃陽韓城	郭堅舊部有槍三千
第四混成旅	賈濟川	同州	有槍三千
第六混成旅	緱保傑	蒲城	陳樹藩舊部有槍三千
第七混成旅	鄧全發	藍田	羅玉川舊部有槍二千五百
第八混成旅	趙樹勛	河南陝縣	有槍三千
陝西衛戍司令	韓鳳樓	省城	有槍四千

以上合計為五萬三千人。

六　**非劉系之在陝軍隊**　是時鎮嵩軍之勢力雖極擴張，且及於河南，但仍未能統一陝西。陝西境內之駐軍，仍有北洋軍舊陝軍等部。然系派各別，不相連屬，故不足為劉鎮華之患。在陝之非劉鎮華派，大別之可分為二部：一吳新田部，二前靖國軍，實力皆頗厚。茲分別列表如左：

軍隊	長官	防地	備考

軍隊	長官	防地	備考
中央第七師	吳新田	漢中	所部兩旅以外尚有騎礮補充等團工輜等營實力多於一個普通師
第十三旅	張繼樞	川陝交界	
第十四旅	顧琢塘	漢中	
中央第二十二旅	王鴻恩	川鄂交界	

以上屬於吳新田。

軍隊	長官	防地	備考
陝軍第三師	田玉潔	三原	屬胡景翼有衆五千
陝軍獨立旅	馮毓東（子明）	富平	在華陰爲劉擊敗餘衆不及二千
陝軍第五混成旅	衛定一	興平武功	
陝軍騎兵旅	井岳秀	榆林	兼陝北鎮守使
陝軍第一混成團	楊虓	洛川綏德	原有衆千餘招散兵民軍補充約一旅

右爲舊靖國軍系。以上兩大系派共計二萬六千人，其中吳新田部約一萬人，餘皆爲靖國軍系。吳部較統一，靖國軍系則極其複雜，各自爲謀。

七　國民軍之入陝西

民國十四年二月，劉部憨玉琨自豫西攻胡景翼，劉鎮華乃聯吳新田，請其自漢中移駐西安，西聯孔繁錦張兆鉀，請孔駐軍岐鳳，張駐長邠，而自率鎮嵩軍出關。然吳部兵少，不能完全塡防，故劉部柴雲陞賈濟川鄧全義等均留陝未發。及憨玉琨戰敗黑石關，柴雲陞部赴援，陝東空虛，胡景翼部之田玉潔馮毓東及前靖國軍楊彪等紛紛在渭北起兵響應。時吳新田僅顧琢塘之十四旅及張寶麟劉世傑之補充旅，力不足與抗，乃於三月十七日，允胡軍渡河，於是楊彪佔二華，馮毓東佔渭南，田玉潔部第五旅王文秀赴大荔，逼麻振武攻賈濟川。三月十九日，賈旅繳械。二十一日楊彪派留守之衞隊旅入潼關，劉鎮華殘部惟鄧全發尙在藍田，何夢庚在鄠縣，均勢蹙降於吳新田。五月一日，北京臨時執政段祺瑞任吳新田〔吳屬皖系〕督陝，並以劉治洲爲省長，蓋劉原隸籍國民黨，故段欲以和解國民二軍也。然吳新田之實力不足以自存，而國民三軍寄屯豫西，地瘠民貧，無所得食，國民二軍將領皆欲使孫岳督陝，俾國民三軍隨孫入潼關，而二軍得以統一河南。七月九日，國民第二軍第一混成旅旅長徐永昌以剿匪名義率兵入陝；李雲龍〔即李虎臣〕助之，雖段政府疊電詰責，二三兩軍將領皆不爲所動。時，臨潼以東，皆爲國民軍所占領。張耀樞旅遠在漢中，吳新田僅有衆萬餘，保西安西南數縣。初時，在興安之柴雲陞張治公，及長邠岐鳳之甘軍爲聲援，然國民二軍衞定一在武功興平，扼西安之左背在咸陽之第二十二混成旅王鴻恩在藍田之鄧全發鄠縣之何夢庚均不爲吳新田用。三月十五日戰於零口，吳新田敗走郿縣，顧琢塘旅退入漢中，吳新田退寶鷄，旋亦去漢中。十六日，徐永昌李雲龍入駐西安，李復率軍西進，鄧全發何夢庚何毓斌等均降於李。楊虎衞定一亦進攻甘軍，張兆鉀先讓長武邠縣，孔繁錦亦於七月二十五日去岐山鳳翔。國民二軍何遂師之門炳岳旅旋入鳳翔鳳縣。九月，李雲龍部新收編第三混成旅何夢庚自鄠縣移駐大荔，與麻振武同城。麻與何均舊屬劉鎮華之鎮嵩軍，憤楊虎奪麻振武之防地，遂同攻楊虎所占之韓城郃陽。未幾，麻奉國民二軍調移駐潼關，段政府亦任孫岳爲陝督，李雲龍爲幫辦，陝西遂暫時得告平靖。是時陝中駐軍之番號長官如下：

軍隊	長官	防地	備考
中央暫編第四師	何遂	西安	屬國民三軍
第七旅	顧占鰲	華縣	
第八旅	門炳岳	鳳翔	
國民第三軍第三師	楊虎	興平耀縣韓城郃陽一帶	原爲靖國軍劉鎮華時爲陝西混成團團長
國民第三軍第一師	徐永昌	西安	原中央暫編第一混成旅

中央暫編第二混成旅	龐炳勳	潼關	
中央暫編第三混成旅	劉廷森	渭南	
補充第一旅	耿金錫	潼關華陰	

以上約有槍三萬，屬國民第三軍孫岳。〔其留河南者另詳河南軍史〕

軍隊	長官	防地	備考
國民第二軍第三師	田玉潔	西安三原涇陽一帶	有槍八千
第五旅	王文秀	三原涇陽	
第六旅	黨廷佑	西安臨潼	
國民第二軍第五混成旅	馮毓東	富平西安	有槍三千近有改爲第八師說
國民第二軍第七混成旅	康振邦	華縣	有槍二千
國民第二軍第十二混成旅	衛定一	興平武功扶風	有槍二千餘枝
國民第二軍第十師	李雲龍	西安及陝省西南部	陝西軍務帮辦所部約有槍二萬餘
第十九旅	丁增華	西安	

第二十旅	潘占魁		
國民第二軍第二混成旅	赤亞武	鄜縣	
國民第二軍第十一混成旅	麻振武	潼關	
國民第二軍第十三混成旅	王鴻恩	鄜縣	原中央二十二混成旅
國民第二軍第十四混成旅	鄧全發	藍田	皆劉鎮華舊部
國民第二軍第十五混成旅	何夢庚	大荔	
國民第二軍第十六混成旅	何毓斌		皆吳新田舊部
國民第二軍第十七混成旅	張萬勝		

以上共有槍四萬餘，皆屬國民第二軍。

軍隊	長官	駐地	備考
陝北鎮守使	井岳秀	榆林一道	有槍三千餘兼陝西騎兵旅旅長
獨立混成旅	緱保傑	蒲城	有槍二千

以上有槍五千爲非國民軍之陝軍。

軍隊	長官	防地	備考
陝南護軍使	吳新田	漢中	
中央第七師	顧琢塘	漢中	有槍一萬
第十三旅	張耀樞	漢中	
第十四旅	顧琢塘兼	漢中興安	
鎮嵩軍第一師	柴雲陞	興安	
第一旅	張振甲		
第二旅	孫猛		
陝西第二師	張治公	興安	
第三旅	張宗汾		以上三師共有槍八千爲劉鎮華舊部
第四旅	武庭麟		旋與吳新田合
中央第三十五師	梅發魁（代）		憨玉琨舊部
第六十九旅	李清標		

第七十旅　　　　梅發魁

以上共有槍二萬餘，爲非國民軍之雜軍，但各不相連屬。

八　**國民軍在陝勢力之中落**　在江浙再戰以前，陝中軍隊已有移動。自十月以後，田玉潔馮毓東康振邦李雲龍各部，均離陝入豫。國民第三軍何遂部第四師第八旅門炳岳及第一師徐永昌部均至河南助戰。陝西駐軍情形，乃較爲簡單。及至十五年四月間，國民軍與吳佩孚及奉軍戰不利，退出北京，扼守南口。〔見戰史〕劉鎮華在先受吳佩孚之命爲『討賊軍豫軍總司令，』率所部捲土重來。國民第二第三兩軍迎戰不利，紛向甘肅退却。陝軍張維璽及吳新田始則表示拒劉，旣亦與劉聯絡。國民軍見在陝之非國民軍各部大聯合，四面圍攻，勢不能敵，乃皆分途退往隴邊，保存實力；或徑往晉投閻錫山〔徐永昌岳維峻均經陝邊赴晉〕劉鎮華乃一戰而克潼關，長驅直入，遽圍西安。時西安僅楊虓李雲龍率所部留駐，見劉鎮華所部至，閉城死守，晝夜登陴應戰不懈。劉鎮華竭全力攻之不克，乃圍城築土壘，作久困之計。城內糧盡，餓殍載途。兩虎臣〔楊虓李雲龍均字虎臣〕仍不肯降；直至國民軍再入陝西，楊虓喜謂李雲龍曰：「咱們死守到城破的那一天，我在這邊鐘樓，你在那邊鼓樓，一個一條繩子上吊。』亦足見其決心矣。

九　國民軍再入陝西　西安之守城，既成爲民國戰史上空前之舉，國民軍恰於斯時大敗，遠走蒙疆。劉鎮華圍攻一糧盡援絕之空城，數月不能下，其志已懈。會國民革命軍誓師北伐，敗吳佩孚於汀泗橋；劉軍益氣餒，楊李之守禦彌堅。十五年九月十五日，馮玉祥自俄羅斯歸國，誓師五原，易『青天白日』旗，故稱『國民聯軍，』全軍加入革命，在山西及內蒙之國民軍皆來歸，乃收復甘肅，遂任命孫良誠爲援陝總指揮，方振武副之，率兵六路，由方振武孫良誠馬鴻逵石友三韓復榘陳希聖〔一至七路中缺第　路〕分領之。十月二十三日克咸陽，陝軍聞風響應，遂直取西安。二十六日開始總攻擊，鎮嵩軍被包抄，全綫動搖。至二十七日午正十二時解西安之圍，復擊潰麻振武，驅劉鎮華出潼關，收復全陝。遂留北路總司令宋哲元率所部第七路全部，暫編第一第二兩部，第二十三師，騎兵第五師等，會同楊虎李雲龍井岳秀等留守陝西。旋，劉鎮華全部投降，李雲龍被解散，楊虎出關歸中央編制，井岳秀出走，緱保傑歸宋哲元收編，宋兼任陝西省政府主席。陝西自是爲國民革命軍第二集團軍之防區，軍政乃統一。〔見國民革命軍史〕

第三節　隴青夏軍史

一　甘肅陸軍之原始

甘肅省，幅員遼廣，於清時分八府六州；設有提督一員，（節固原提督）總兵七員，（節甘州西寧寧夏河州涼州肅州泰州七總鎮）駐防守兵因係邊省，故較他省特多。清末籌練新軍時，甘肅未及成軍，而清社已覆。及民國肇建，寗夏甘州各設護軍使，其餘六鎮，均改鎮守使，各據所治，與省政府抗。加以隴中歷來漢回雜處，軍隊之軍籍各異，故雖號稱光復以來未經大戰爭，爲和平省之一，但漢回兩籍軍之衝突時鬧，迭起變亂，亦受頗厲之兵禍。非新疆山西之所可同日語也。

二　回軍崛興之史略

甘肅漢回兩族，相仇也久。溯自清同治十一年，左宗棠率湘軍入甘平回，回族首領馬占鰲勢蹙請降，回亂始平。但亂事雖平，回民之勢力反日形強固。至光緒二十一年，復有西寧之亂。時，中日搆釁，馬占鰲之子馬安良率兵赴京勤王。亂平，回甘，旋鎮甘州。辛亥革命時，曾率師入陝，未幾返甘，駐軍省城；漢回之兵民，時有衝突。民國元年，狄道紳士李建庭被任爲甘肅都督，未就職，即爲人所刺。即爲馬良安所使也。回將之跋扈，可見一斑。民國三年春，張廣建被任爲甘肅都督，率兵抵甘肅省城。時，回軍人數雖衆，但器械皆舊式，不足與張廣建所部槍械犀利之新式陸軍抗。馬安良度不能敵，仍率所部回河州舊巢，以全實力。然猶以『甘州提督』名義統率回軍，跋扈如故。七年十月，北京政府令改甘州提督爲『甘州護軍使。』十一月，馬安良病歿，其子馬廷勷代領其衆。然馬安良之西寗精銳軍一部，爲西寧鎮守使馬麒所留。八年二月，北京政府復裁甘州護軍使，而以馬麟爲甘州鎮守使，馬廷勷爲涼州鎮守使，回兵之勢力遂分。三馬中以馬麒爲最強，曾獨力征服青海番部，所轄爲衆，據地益廣。十四年夏，以爭回教寺產，恃強與甘肅督辦陸洪濤抗，陸竟莫奈伊何。回軍之在寧夏者爲護軍使馬福祥。十年一月，馬福祥在甘爲同族所排擠，聯馮玉祥而圖立足於中原，得改任綏遠都統，馬鴻賓繼之任寧夏鎮守使。十四年，馬福祥去綏遠，仍以『西北邊防會辦』名義，統中央第五混成旅馬鴻逵〔福祥親支〕部駐寧夏；馬鴻賓馬鴻逵皆福祥之子侄也。馬氏根據原在河州，〔導河縣〕自馬安良獎勵當兵，回民以得列名軍籍者爲殊榮，故餉不必出諸省庫，兵多潛散於民間。惟甘省交通不便，購械甚難，人數雖多，不復如昔日之易於揭竿，且槍械朽窳，不若昔日之聲威遠被矣。

三　甘肅之漢籍軍　『新建軍』者，成立於民國五年，張廣建親軍所改編也。原分左右二軍：右軍分防各地，初不爲張廣建所重視；左軍則原駐省城，以吳松山爲統帶。旋，張吳失和，張廣連遂以左軍之一部畀孔繁錦，任之爲隴南鎮守使。七年，吳松山被排擠去職，孔繁錦代領新建左軍之全部，兵力遂爲甘省之魁。九年冬，張廣建去甘，隴東鎮守使陸洪濤繼任爲督軍，以張兆鉀代孔繁錦鎮守平涼，其實力亞於孔。其他漢人之爲鎮守使者：尚有肅州之吳相仁，河州之裴建準，實力均不如張孔之巨。且遠在西隅，四面皆回軍。故不克向外發展。是時，甘肅全省尚無正式編制之陸軍，皆屬舊制之巡防營。故兵力雖不亞於各省，於政治上並無若何之影響。迭次政變，亦僅隨波逐流，無顯著之主張。玆將是時漢回各軍兵方列左：

軍隊名稱	實力	防地備考
省垣巡防隊	步二營騎一營	皋蘭
隴東巡防隊	步十三營騎四營礮一營	永壽邠縣涇川
寧海巡防營	步六營騎四營	西寧大通
寧夏巡防營	步三營騎三營	寧夏鹽池
甘州巡防隊營	步二營騎一營又一哨	甘州涼州
肅州巡防營	步六營騎一營	肅州酒泉
天水巡防營	步三營騎一營又一哨	天水成縣
渠州巡防營	步二營騎一營礮一哨	
西軍巡防營	步六營騎三營	導河

寧夏新軍　步五營騎四營礮一營

隴東游擊營　步九營

隴南游擊營　步三營

新建左右軍　共步十三營騎二營

督署衛隊　步一營騎一營礮一營

張廣建本部

四　甘肅之新制陸軍　民國十三年冬，甘肅督軍陸洪濤欲樹立聲威，乃倡始改編新式陸軍。馬福祥為回將中之較有思想眼光較遠者，故亦和之。陸洪濤乃改編所部為甘肅陸軍第一師。按照陸軍部章編制步兵兩旅：以李長清為第一旅旅長，黃得桂為第二旅旅長，騎礮工輜皆經編配。陸自任師長，而命李長清代行。未幾，陸洪濤病，軍政由軍務廳把持，各鎮益不聽命。十四年九月段政府任命馮玉祥為甘肅督軍，馮派所部師長劉郁芬率部入甘，以蔣鴻遇為參謀長，甘省遂屬國民第一軍。其時全省軍力如下：

甲　回軍

軍隊	長官	防地	備考

西北邊防會辦	馬福祥	寧夏	原任綏遠都統
中央軍第五混成旅	馬鴻逵	寧夏	約三千人近將改稱國民軍第七師
寧夏鎮守使	馬鴻賓	寧夏	約二千餘人
涼州鎮守使	馬廷勷	武威	二千人
甘州鎮守使	馬麟	張掖	一千人
甘邊寧海鎮守使	馬麒	西寧	三千餘人

以上合計約一萬二千人。

乙　漢軍

軍隊	長官	防地	備考
甘肅第一師	李長清代	蘭州	共三千餘人近爲劉郁芬改編
第一旅	李長清	蘭州	
第二旅	黃得桂	同上	
隴南鎮守使	孔繁錦	天水	新建軍及秦州巡防共約五千人

隴東鎮守使	張兆鉀	平涼	陸洪濤舊部四千餘人
肅州鎮守使	吳桐仁	酒泉	約二千人
河州鎮守使	裴建準	導河	八百人

以上共計，一萬五千人，孔繁錦張兆鉀亦有改組爲師旅之說，其詳不可得知。

五　國民軍重來後之甘肅

國民軍在南口劇戰時，吳佩孚委甘軍孔繁錦張兆鉀爲軍長，令各率所部直取臯蘭（甘肅省會）逐劉郁芬。孔張卽興兵與劉郁芬部師長孫良誠，旅長梁冠英張維璽安樹德等戰於臯蘭郊外。甘軍不支，被國民軍擊破，孫良誠等乘勝追擊，逐孔張等出甘肅。國民軍乃統治全隴。孔張之殘部黃得桂韓有祿等據平涼。亦於十六年十月二十九日，由陝甘合攻，殺韓有祿，收降張九才，逐黃得桂。所在駐隴漢軍，乃盡屬國民軍。舊日甘軍，亦皆受改編。

六　國軍之沒落與再起

劉郁芬既剷除非國民軍之漢軍，乃開始對付跋扈飛揚之回軍。是時除馬福祥久已離甘，其子姪馬鴻賓馬鴻逵均任國民軍之師長。在甘者僅馬廷勷馬麟馬麒馬仲英等，分駐邊地，橫征暴斂，虐待漢族，馬福祥屢電勸之無效。劉郁芬乃秉奉中央命令，興兵討伐馬廷勷馬仲英先後失敗，馬麟馬麒兄弟輸誠釋兵柄，任省委。回軍大部歸農，其少數慓悍者竄往蒙疆。全甘既定，中央以全隴幅員太廣，且因行政邊防種種需要，以寧海護軍使轄境及青海全境，建青海省，任命第二集團軍第二方面軍總指揮爲青海省政府主席；復以寧夏護軍使轄境及阿拉額善旗全境建寧夏省，任命第二集團軍第三方面軍第八軍軍長門致中爲寧夏省政府主席。十八年春，馬廷勷使馬仲英收集回軍殘餘，攻陷寧夏，門致中敗退。馮玉祥調吉鴻昌討之，出入數次。馬廷勷間關走漢口，請命與馮玉祥戰。然甘肅兵力甚雄厚，寧夏青海兩省屯兵各達三師，回軍恐不易回復其舊勢也。

第二節　新疆軍史

一　**楊增新與新疆**　新疆僻處西陲，轄境之廣，爲全國冠。自左宗棠率湘軍平定全疆以後，即屯駐湘軍數萬人。但爲日既久，屯軍已悉變化爲居民，新疆當局乃另募成軍。惟以該地之窎遠，道途修阻，山河迢遞，交通不便；故一切情形，皆與中原隔閡，不易明瞭。楊增新治疆十七年，雖能外抗強隣，內綏回族，而其人思想蔽錮，極力反對新思潮，以致新疆消息極不靈通，交通無由開發，（楊氏集貲無數而絕未一理路政）文化極端閉塞。（楊增新督禁閱報其他可想）而其治軍之道，則據調查所得，楊增新一如袁世凱之手段，排除異己，厚植私人勢力，故能歷久不敗。民國初元曾有『東西兩梟雄』之目，即指袁與楊也。楊在新疆之財產，已不可數計，而軍糈餉項，歷次無報告。迭次政變，楊皆順風迎流，〔惟帝制復辟二役未懸龍旗〕故北京之當局者，亦維示羈縻之意，求其不變而已，整理開發，迄未道及。因此而楊增新得長保其祿位，以至於死。

二　**新疆新制陸軍之肇建**　自光緒三十三年，新疆巡府聯魁以續備步隊五營及左右兩翼馬隊六旗，改編爲第三十五混成協〔以原定新疆陸軍之番號爲第十八鎭故名〕新疆自是始有新軍。其時，僅有步隊三營，馬隊二營，礮隊一營，號稱一混成協，實不過二千二百人耳。是年，復將原有各標路防營練軍改編爲五路巡防：中路駐省城，計步隊七營，馬隊六營；前路駐喀什噶爾，計步隊六營，馬隊七營；左路駐阿克蘇，計步隊五營，馬隊六營；右路駐伊犂，計步隊四營，馬隊五營；後路駐巴里坤，計步隊三營，馬隊四營。共計馬步五十營，有兵八千。至清末，新疆全省新舊軍隊，共不過八萬人。民國以來，楊增新以雲南人督疆，綜攬軍民兩權，其久任與山西之閻錫山並稱，治績雖不如晉，然疆省未與大軍，秩序不亂，則楊之手段未可輕視也。

三　**民國以來之新疆軍事**　新疆自民國以來，僅有兩事足記者：其一爲添設阿山道事：阿爾泰原屬蒙古，設有副都統及辦事長官。八年四月，駐防阿爾泰之兵譁變，蒙古人宣告自主。六月，楊增新宣揚國威，派兵恢復阿爾泰全境，遂改阿爾泰爲『阿山道』屬新疆省，增編步馬隊數爲阿山道之防軍，至今安堵。其二爲楊增新剪除喀什噶提督馬福興事：喀什噶提標已於光緒三十三年改爲前路巡防，而提督之名尚存。民國以來，楊纘緒據喀什城，不復聽省城命令。三年，楊增新派馬福興率回軍二十餘營，由迪化馳往查辦，楊纘緒遂棄城逃走，馬福興乃繼任喀什噶提督，其抗命與楊纘緒相等。四年，楊增新以其弟楊石村爲喀什道尹，率兵十餘營赴任，藉以制馬。而楊石村懦弱，畏馬不敢有爲，不一年復爲馬排擠去。馬乃益驕恣，所部回兵原有三十餘營，楊增新欲去馬，乃屢議裁減，馬均不奉命。十三年初，馬知楊增新謀己甚急，迺託辭外兵窺喀什，下令於疏府疏勒兩縣徵募人民三千人爲兵，以擴充實力，爲防禦計。楊增新恐馬兵隊練成，非己所敵，乃派楊魔霖率兵二十餘營，自阿克蘇烏什分途急進，襲殺馬福興及其子繼武於喀什城外，裁減其軍隊爲十營，且裁廢喀什提督一缺，以防務責成喀什道尹，計每年節軍費百萬，新疆亦至此始告統一。

四　**新疆軍隊之實力**　以新疆轄境之廣，爲西北國防唯一重要省區，顧以楊增新之閉門自固，政府當局之漠視邊防，新疆之駐軍，乃轉不若腹地省區之衆。倘以面積及邊防衡之，以與內地各省較，其軍力之渺乎其小，誠有令人抱慮。茲將民國十一年時，新疆全省之兵力列下：

軍隊名稱	長官	駐地	備考
新疆暫編陸軍第一混成旅	蔣松林	迪化	常備軍改編而成
新疆暫編陸軍第二混成旅	楊得勝	迪化	楊增新之衛隊
伊犂步兵團第一團			
伊犂步兵團第二團			
伊犂騎兵團			
伊犂礮兵營			
督署衛隊營			共五營
巡防營			共存二十五營
巡防新軍			七營
警備隊			二營楊增新以省長名義統轄
喀什噶爾防軍			十營
阿爾泰防軍			三營

塔爾巴哈臺防軍　二營

民國十一年後，經楊增新極力整頓擴充，務求實力之充實，而縮減隊號階級，俾免尾大不掉之患，其用心亦深矣。茲將整編後之新疆新舊各軍列表如下：

（甲）新式軍隊

軍隊	長官	防地	備考
第三十五混成旅	蔣松林	省城	步騎砲各一團工兵一營約三千人
喀什混成團	楊得勝	喀什噶	步一營騎兩連砲一連約一千人

（乙）舊式軍隊

軍隊	長官	防地	備考
中路巡防		分駐吐魯番綏來馬納斯庫爾喀喇烏蘇	步三營馬五營共一千餘人
喀什巡防		駐喀什噶爾	馬編與前路巡防改編十營千餘人
左路巡防		分駐阿克蘇道及喀什噶	共十餘營一千餘人
右路巡防		駐塔城	七百人

新軍（巡防營改編）	分駐塔城巴里坤阿克蘇阿山古城布爾根河	共騎兵一團馬隊十六營步隊十二營共四千餘人
定邊軍		步隊四營馬隊十營共一千八百人
鎮東軍		步隊一營馬隊五營共八百人
鎮邊軍		馬隊二十五營步隊十二營共五千人
阿山駐軍		步馬各一營砲兵一連共四百餘人

其他迪化新招之兵，吐魯番游擊隊，西路防務混成支隊，塔城道屬馬隊，蒙古馬隊，督署衞兵，共十餘營，約三千人。以上計新式軍隊四千人，舊式軍隊二萬人，共計二萬六千人。

五　新疆與國防

俄羅斯第三國際之西行政策，未克償願，乃顧而之東方。其欲伸足於遠東，以得溝通印度之道路，固寢饋在念也。我新疆不幸，乃首當其衝。外蒙之前車，殷鑒不遠；則吾人對於新疆，其可忽視耶？自國民政府遷都至寧，楊增新被殺，金樹仁聲稱為楊復仇，而據有新疆，雖表面效順國民政府，而其對中央一味虛與委蛇，拒絕他人入境，一意閉關自雄，不事開發，坐令大好河山，長期廢置，則一師楊增新之故智，竟未變更。國內方苦兵多，以新疆之大——約當內地六七省——消納全國被裁之兵，尚不足以言充實；何況今日尚以之為一二人之私有地盤？其不為強鄰所垂涎攫取者，亦幾希矣。蓋方今新疆當局，有楊增新據地之心，而無楊增新禦侮之才；倘任其長此拒絕國軍入境設防，倘使一旦強鄰侵入，而又力量薄弱不足以制之；則藩籬盡撤，豈僅西北不復爲我有？東南又安能保全？是以處今日之世，當太平洋問題方正吃緊之時，欲不爲蘇俄所侵，且欲中華民國克保領土而挺立於世界，則新疆之國防實爲目前當務之急。其設防之道：不外一則移殖東南過賸之民（新疆氣候與長江相若，無北地奇寒不適南人移居之弊）一則移屯國防必需之兵。復次，則化疆省歷來中飽之私，歸之於公，如甘寧青之例，依地理而分建行省，以厚力量；則中國其庶幾有豸！是因述及新疆軍史，綴數言以促國人之注意。至疆之關繫整個的中國，其理夥繁，非本篇所能盡，曾當爲專書論之。

第四章 晉燕察綏熱軍史

第一節 山西軍史（晉軍軍史）

一 閻錫山與晉軍 山西居本部之西陲，不當軍事要衝，故其地受軍事之直接影響甚鮮。惟閻錫山自淸宣統間以日本士官學校畢業生旋晉練兵，任山西常備新軍標統（番號似爲四十一混成協步職第八十一軍得改〕以迄最近，已治軍山西二十年矣。其治績若何，非本書範圍，姑不具論；惟其應付各方，迭經政變，均能舉措裕如，得保全山右一隅，未蒙兵燹，爲十八年來之民國，留得一片乾凈土，其功誠有不可泯者。但閻之地位，亦以其有此『左右逢源』之應付政潮的手段，乃克歷經袁世凱以至皖系，直系之排除異己，而仍得爲其山西軍政長官，屹然未嘗動搖。軍制屢更，而職權不變，歷時最久者，民國以來首推閻氏。顧閻錫山雖得長保其山西之軍權，而『晉軍』之名，初不若滇軍直軍之曾左右政局，亦不若湘軍桂軍之曾名震一時；對於歷次政變——除參加革命北伐外——皆無若何之成績與影響。揆厥原因，則閻錫山與趙戴文之抱定自守主義有以致之。蓋閻趙皆晉人，自握權之始，卽抱定劃境自守，不與他人爭，尤不利鄰省之地盤，更無攫據中央之野心。每逢中原有故，閻輒以委蛇敷衍，易得轄境安寧。故晉軍在國民軍首都革命以前，初無嘖嘖名。惟晉軍之得以獨立系統，至今未消滅，亦未散亂者，亦賴此守境自足之長官。山西軍事中，尤有一事爲必須記載者：一則自清廷詔練新軍時起，以至今日，常喧諸人口之徵兵制度，迄未克實行，而山西獨能行之。其原因固屬軍事狀態安定，但此外猶有二重要原因：一則爲閻錫山極信任趙戴文，趙爲服膺孔孟者，故山西軍隊在受國民黨的洗禮以前，全受閻趙之孔教教育〔孔之究否是敎非本書討論範圍茲惟就當時設施現象且從其稱謂〕一如馮玉祥在受革命洗禮以前之以耶教治軍，同屬以宗教爲羣軍心之唯一方法，而利於指揮應用也。職此之故，寓兵於農之法在所必行。二則山西原非富省，倘養多量之兵則餉糈無所出，設不雄厚其實力則時時有被人征服侵擾之可能，且亦不爲人所重視，而喪失威望，有此情形，乃不得不以更番招練之法，以應需要。基此二因，於是山西乃於軍事狀態安定之下，倡行徵兵制度。按年向各縣徵募，同時按年編老兵入後備軍，械則與時俱增，儲之庫中。故山西之兵額不多，而十三軍後出戰之兵乃初不亞於擁兵以數十師旅計之國民軍，且較號稱數十萬之吳佩孚軍爲有系統有紀律，且指揮靈活也。綜此以觀，閻錫山確爲一深思熟慮明於自知之軍事家，而趙戴文以書生佐閻治軍，具特殊之績（保境十八年）成不世之功（參加革命戰）亦屬難能矣。說者謂閻錫山之於山西，等於楊增新之於新疆，則楊之自謀或勝於閻，而知機則不逮閻遠甚也。

二　民國初元之晉軍　山西在內蒙設治邊境劃歸綏遠以前，固一邊防省區也。清代於太原雁門等處，設有重兵。及光緒末年，籌練新軍，山西原列第一期，後因籌餉關係，改列第二期。然新軍之成立，究未後於其他邊省。其兵皆招募土著，將校則多北洋學生之晉籍者。民國紀元前一年，閻錫山方練兵於晉北，聞武昌革命，乃率部起義，斬清山西巡撫陸鍾琦（清亡疆吏死事者僅陸一人）占領省會，閻遂任山西都督。出兵大同，實行北伐。清軍張鎮芳乘吳祿貞被刺於石家莊，閻錫山聯結吳氏直搗北京之計畫失敗之際，長驅入太原。閻錫山乃率兵避往晉北。南北和議告成，閻復任，逐漸裁撤舊軍，成立陸軍一鎮。袁世凱當國（民國元年）編爲第九師，以商震爲師長。時，袁世凱力排異己，凡各省都督之非袁系或不受收買者，輒去之，於國民黨尤甚。閻錫山固列名國民黨籍者也，乃貌爲恭順，僅得保全。民國二年，以衛境防蒙爲名，添編一混成旅，以趙戴文爲旅長。袁世凱乃加以注意。民國三年，閻卽將第九師改編爲第一第二兩混成旅，俾免袁世凱之忌。袁雖稍懈其去閻之心，仍以金永爲山西巡按使，使率警備隊二十營，隱監閻氏，閻常爲金所制，忍受之而已。晉北鎮守使孔庚，鄂人，與閻積不相能，飛揚跋扈，不受部勒；袁世凱更利用之以掣閻之肘。民國四年，閻錫山知袁世凱之暗防陰監，乃毅然將第一第二兩混成旅裁減爲兩個混成團，以釋袁之念。帝制事起，閻集部將趙戴文孔繁霨商震等密議應付之策。結果：咸主虛與委蛇，嚴爲守備。一面從袁之要索上奏勸進；一面暗集兵於正太路線，並以重兵駐大同，以防他變。及袁世凱死，閻錫山乃漸擴充兵備。

三　晉軍第一次擴充　民國六年，駐大同之晉北鎮守使孔庚，因袁世凱已死，閻錫山抱去孔之決心，予以急切之壓迫。孔庚不耐，據大同宣告獨立，起兵逐閻。時閻錫山已有積極之準備，且晉軍爲閻一手練成，指揮統一，故一紙命令，四面合圍，未經戰鬥，而逐孔庚離晉，以趙戴文繼之，得保全山西永久和平之紀錄。孔庚既去，所部皆由閻錫山收編，汰去反對派及老弱，編成一混成旅，閻之實力，乃益雄厚。山西省長孫發緒，係繼金永之任者，至是亦被擠去位。於是軍政權統一於閻錫山。警備隊亦經編制爲陸軍步兵旅。但新舊各旅，軍械均陳舊不堪應用。閻錫山乃派督軍署軍械局局長張維清赴日本購得新槍二萬餘桿，子彈一千萬發，及礮與礮彈等。同時擴充機器所爲山西修械局，實則兵工廠也，蓋爲避免擴充軍備之名，而謂之『修械局』耳。於是山西軍實大充實。

四　**晉軍之出戰**　皖系侵湘時，商震統山西第一師赴湘南，與王汝賢范國璋等同軍。後被湘軍截斷，全師敗退，但紀律頗佳，較之皖系軍隊，不曾糟壞，湘人多稱之。是爲晉軍出省之最初一次。其後，直皖之役，晉軍出屯井陘，直軍攻陝，晉軍亦出兵助戰，但均未正式加入戰鬥。民國十一年，奉直之役告終，山西爲自衛計，擴充二個騎兵團，二個混成團，歲費倫達五百餘萬元。民國十三年，奉直戰釁再啟，閻錫山與馮玉祥通，派商震率兵二個混成旅出石家莊，截斷京漢鐵路，阻直系之豫鄂援軍北上。及國民第二軍胡景翼攻吳佩孚時，晉軍亦奉段祺瑞命出兵來援助，但始終未嘗與直軍交綏，僅爲聲勢上之鎮懾。

五　晉軍之大擴充與訓練　時山西軍隊已由五個混成旅擴編為十二個旅。蓋山西勵行鄉兵制，兵卒來自各縣村鄉役滿退伍有册，招集甚易。且舊有各旅，編制與陸軍部定章不同，其團數較多，——至少步兵三團，騎兵砲兵各一團或一營，如山西第四混成旅即有步兵四團——此外尚有砲兵獨立營三營學兵團一團機關鎗三連，人數原在四萬以上，而在鄉軍人尚不在其列。故一旦擴充，未嘗添招新兵而旅數驟增一倍有奇，兵數增至二倍。至於山西之修械局，原僅祇能修槍，至是乃正式擴充為『山西兵工廠』，製造山砲機關槍步槍子彈，並添機製造步槍，故軍隊擴充軍械尚不竭蹶。而軍士演習皆用實彈，年費子彈三百萬；故晉軍射擊術冠全國，亦吾國軍隊之所僅有。蓋閻錫山對於軍隊教育，素極注重。民國二年，設有『軍官教導團』，收担任之排長連長及差遣等初級軍職，教以軍事，畢業者五百餘人。又有『軍人法政講習所』，『軍政研究會』，『軍人講演會』，『軍人洗心社』，『自省堂』等，為特別訓練機關。且以孔教部勸軍隊，更使全軍學生化，所有士兵均須補習國民教育，以二年為期，畢業後再授以普通科學及軍事教育。旅團部概有完備之運動設備，官長不分階級一律煆煉體育。各營連均設教員教士兵習各種技術，一以強健身體，一以滌除惰性及不良積習。此皆晉軍之特色。國民革命北伐戰鬥，晉軍獨能與第一第二兩集團鼎足而三，非無因也。

六　大擴充後之晉軍實力　晉軍之編制，略仿奉軍，而連以下之人數較奉軍爲少——每連士兵仍爲一百二十六人，如部制——團以上之編制則擴大如奉軍，每旅以三個或四個步兵團編成，故全軍爲二個師十二個旅，而步兵將及四十團，騎礮兵各二團，又各十餘營，人數約達八萬員名，而在鄉軍人及後備軍官猶不在內。茲將第一次大擴充後晉軍全軍之番號及長官姓名表列於下：

軍隊	長官	防地	備考
山西陸軍第一師	商震	司令部駐省城精營北	轄步兵二旅補充一團騎礮各一團工輜各一營軍樂一連
山西陸軍第二師	孔繁霨	司令部駐省城精營北	較普通師多一團
山西陸軍第一旅	傅存懷	省城後小河	三團
山西陸軍第二旅	王嗣昌	介休	三團
山西陸軍第三旅	李維新	太原	
山西陸軍第四旅	謝濂	崗上	
山西陸軍第五旅	豐玉璽	大同	四團
山西陸軍第六旅	楊愛源	大同	

山西陸軍第七旅	張培梅兼	平陽	
山西陸軍第八旅	豐羽鵬	運城	
山西陸軍第九旅	榮鴻臚	省城	
山西陸軍第十旅	蔡榮壽	平定	
山西陸軍第十一旅	李德懋	省城	督署衛隊
山西陸軍第十二旅	路福保	太原	
山西陸軍騎兵第一團	張勵生[?]	邊關	
山西陸軍騎兵第二團		省城	
山西陸軍第一混成團	傅作義[?]	大同	
山西陸軍第二混成團		太原	
晉北鎮守使	趙戴文	大同	趙因參與機要常留太原
晉南鎮守使	張培梅	臨汾	
山西陸軍憲兵司令	張建	省城	

此外尚有各縣地方軍隊及緝私統領魏德新部（駐河東）

山西軍事向守秘密，故外間絕鮮詳悉其實況者，上表係幾經調查而得。其駐防地常時移動，表中所列係初編時之地點。又騎兵第一團及混成第一團之團長尚待調查，因係就傅作義張勵生之履歷而列入，當時是否另爲一人，未能確定。各旅所轄步兵團數亦未能查悉。

七　晉軍之變化　民國十三年國民軍首都革命，山西原有聯絡。及至吳佩孚再起，聯奉攻馮，閻錫山爲適應環境，與張作霖曾有一度之妥協。吳佩孚亦常有信使至太原。國民軍敗出北京之際，第一軍之譚慶林部騎兵及駐綏遠之部隊，均投託山西（譚慶林任山西騎兵軍長）約共三萬餘衆。馮玉祥出俄返國，至平地泉整編所部，閻錫山因國民軍第一軍舊部戀主之情極摯，知不可留，資以糧秣，除譚慶林外，皆遣使歸還建制。國民軍第二軍在豫失敗，除原來收編直軍舊部（王爲蔚等）及非胡景翼部之陝軍（田維勤等）仍被吳佩孚以高爵吸收外，其餘部隊亦多間關入晉，投閻錫山第二軍代總司令岳維峻被閻錫山留置於太原。至國民聯軍克復陝西出兵潼關，重與山西密約分途討吳時，始送岳出晉。國民軍第三軍在陝失敗，除被困之大部外，皆由徐永昌率之投晉，經閻錫山分別改編，仍令徐永昌統率。徐自是傾心於閻，不復歸還國民軍，故徐永昌部終屬第三集團軍也。此爲晉軍在革命大戰前之因時會而擴充之情況。自此以後，閻錫山一因張學良之壓迫，二因山西周圍皆國民革命軍，三爲革命潮流所激盪，知非改弦易轍不足以圖存，乃毅然組織『北方革命軍』，閻錫山自任總司令，召集在鄉軍人，儘量擴編，參加革命，對奉軍宣戰。將晉軍全部分編爲三個軍團，共轄十二個軍，十七個師，十二個騎兵師，七個獨立旅，共二十餘萬人。茲詳列於左：

北方革命軍總司令閻錫山

第一軍團總指揮商　震

第二軍團總指揮徐永昌

第三軍團總指揮楊愛源

第一軍軍長商　震〔兼〕

第二軍軍長楊愛源〔兼〕

第三軍軍長楊效歐〔代〕

第四軍軍長傅存懷〔後陞編第四軍團總指揮〕

第五軍軍長李生達〔代〕

第六軍軍長豐玉璽

第七軍軍長張蔭梧

第八軍軍長譚慶林〔即騎兵軍〕

第九軍〔編制中〕

第十軍軍長李維新

第十一軍軍長王懋公

第十二軍軍長徐永昌〔兼〕

直轄礮兵集團長周岱

直轄騎兵集團〔編制中〕

直轄第四師師長傅作義

上列爲出兵攻河北時之編制。第三第五兩軍軍長均出缺，第九軍騎兵集團當時編制尚未定也。

此後北方革命軍即於國民政府遷武漢時，受命改編爲『國民革命軍第三集團軍』，全軍歸入國民革命軍，故此後晉軍之軍史當歸入國民革命軍軍史中述之。蓋已非山西軍隊，自不屬本節範圍也。

第二節　河北軍史（直隸）

一　**河北軍史與北洋軍史之分別**。　河北舊名『直隸』蓋清都大興宛平（即現北平）遂以河北地帶爲直隸行省。國民政府克復北京後，始改今名。本節所述河北軍史，卽以前直隸省之軍史也。民國十七年以前，河北爲首都所在，且爲袁世凱編制北洋軍之場合，故其駐在軍隊，都爲國軍，——北洋軍——無所謂地方軍。及後軍閥滋長，爲擴張私人權利鞏固地盤計，競編地方軍隊以示爲私人所有，而非國家之陸軍，據有河北之軍閥乃相率效尤，於是河北乃有省軍。但究以駐紮國軍過多，省軍之威勢，迄未張大，且爲時甚暫，故軍史無多有之，則與河北有關繫各部隊之歷史也。吾人研究中國軍史者，最感繁複難記之困難，蓋民國以來，軍事變化萬端，軍隊之改編，幾較舉棋尤速，非若清末軍史之一貫不紊；欲於其中得一有系統之認識，殊屬不易。河北之駐軍既極多，欲分別其關繫，亦迥非易事。茲且就第一章北洋軍之歷史中所未記載之駐在河北軍隊及河北省軍隊軍實，於本節述之，俾與北洋軍史有所分別，庶讀者於其變化之跡，得以參照而有相當之了解。

二　**河北省與第三鎭之關係**。　滿清之新式軍事教育始於直隸總督所創設之『天津武備學堂。』該學堂爲直隸省設，非國家軍校也。北洋大軍閥段祺瑞馮國璋等皆以諸生投考出身於該堂。〔段祺瑞畢業最早馮國璋後一期〕其教官皆爲德意志人，故訓練多爲德式。畢業者共六期。其學生皆入北洋新軍任軍官。斯時之國軍——即北洋新軍，——皆駐河北〔直隸〕小站，而由北洋大臣〔直隸總督兼銜〕統轄。故國軍即直隸軍隊也。袁世凱爲直督後，旁採日本制度，改從日本操法。即北洋軍人所謂：『左肩槍換右肩槍。』光緒三十年，北洋第三鎮成立。該鎮駐燕最久，幾可視同省軍。後日直系即由該鎮造成勢力。第三鎮之統制，以雷震春最有望，而袁世凱極信任段祺瑞，故調段任統制。初成軍時之統兵長官爲：

陸軍第三鎮統制段祺瑞

步隊第五協統領雷震春

第九標統帶徐占鳳〔後改第八混成旅即靳雲鵬部〕

第十標統帶唐文喜

步隊第六協統領張允成

第十一標統帶王振畿

第十二標統帶張　某〔混號張二扁擔其名待查〕

其馬礮等標皆隨後增編。該鎮在北洋之歷史極長，第六鎮亦由該鎮分編而成。且因該鎮爲直系所由出之基本部隊，故與燕省關係甚切而吳佩孚馮玉祥等亦皆由該鎮步隊第十一標出身，直隸省軍之軍官乃多由該鎮之官兵陞用。

三　河北軍隊之變化

在清末時，河北所駐皆北洋新軍，其軍史已見北洋軍史，茲不再述。自民國成立，袁世凱以北洋軍力爲壓制民黨之用，各鎮改稱爲師後，即分調各省，伸張其勢力於長江，造成北洋軍閥荼毒全國之局勢。河北省當局，乃藉辭各鎮調出，省防空虛，召練警備隊並擴充一混成旅，以充實力。其番號雖係國軍編列，其實則一如各省軍隊之爲地方兵也。迨袁世凱死後，北洋派別遂分，各立門戶。直系軍閥應時醞釀而成，戴昏庸之曹錕〔曾任第三鎮統制〕爲領袖，吳佩孚自湘班師擊破皖系以後，即極力擴張自己之勢力。在吳佩孚赴湘時，除其所統率之第三師外，尚隨帶曹錕任燕督所擴充之四個混成旅，即：

第一混成旅旅長王承斌

第二混成旅旅長閻相文

第三混成旅旅長蕭耀南

第四混成旅旅長張福來

以上四個混成旅皆完全，雖番號曾更易，而始終爲河北省軍，直至擴編成師，乃歸入國軍範圍。

此外，留直部隊則爲：

第十四混成旅旅長彭壽莘

第十五混成旅旅長孫　岳

第十六混成旅旅長曹士傑（曹錕衛隊）

補充隊

其餘曹鍈曹銳等「曹家軍」則方在暗行擴充。

四　直系盛時之河北駐軍

及吳佩孚戰勝，收降敵軍極夥，直系勢力暴漲。所有各混成旅除孫岳所部第十五混成旅及曹錕之衛隊第十六混成旅外，皆擴編成師，且均列國軍番號。在直系最盛時，河北所駐之直軍如下：

第九師師長董政國〔代陸錦該師方被直系吸收〕

第十一師師長馮玉祥〔時馮始改師〕

第十六師師長彭壽莘

第二十師師長閻相文〔後入陝〕

第二十三師師長王承斌

第二十四師師長張福來〔後入豫〕

第二十五師師長蕭耀南〔後入鄂〕

第二十六師師長曹　鍈

第七混成旅旅長張之江

第八混成旅旅長李鳴鐘

第十二混成旅旅長葛樹屏

第十三混成旅旅長馮玉榮

第十四混成旅旅長時全勝

第十五混成旅旅長孫岳

第十六混成旅旅長曹士傑

第二十五混成旅旅長宋哲元

五　新直軍之興起　民國十三年奉直再戰以後，曹吳之直軍乃全部消滅（奉直第一次戰直隸軍隊無大變化）奉軍總司令張作霖因第一師師長李景林克敵功高，且係燕人，時方盛倡某省人治某省之說，乃以李督燕。時直系軍隊，除在豫鄂陝之部隊以外，在燕境者皆被奉軍擊散收編。河北之駐軍，乃盡爲奉軍。顧李景林既任燕督，雄心勃勃，見張宗昌據魯稱雄，漸脫奉軍範圍，乃亦思組織『新直系』。乃將部下部隊，大加擴充。自遼省帶來之部隊，原爲第一旅王賓部，第二旅胡毓坤部，第三旅寶聯芳部。合以收編之舊直軍，乃擴充爲師旅。其番號及長官姓名駐軍地點如下：

軍隊番號	長官	駐地
第一師師長	李景林（兼）	天津
第一旅旅長	王賓	天津
第二旅旅長	胡毓坤	天津

第三旅旅長	竇聯芳	天津
第一混成旅旅長	榮臻	天津
第二混成旅旅長	馬瑞雲	保定
第三混成旅旅長	張憲	順德

六　駐燕之奉軍　此時屯駐關內之奉軍，皆以燕省為尾閭。除李景林所部名雖仍稱東北陸軍，實際已另成系派外，燕境駐軍，——除國民軍另計，——尚有東北軍如下：

軍隊番號	長官	駐地
第四師師長	張學良	蘆臺
第十九旅旅長	霽[illegible]雲	蘆臺
第二十旅旅長	宋九齡	
第五師師長	趙恩臻	灤州
第十二旅旅長	孫旭昌	
第三十三旅旅長	范浦江	

第六師師長	郭松齡	馬廠
第二旅旅長	劉偉	
第三十四旅旅長	陶經武	
第十師師長	齊恩銘	秦皇島
第十六旅旅長	溫瓚玉	
第三十七旅旅長	張林	
第十二師師長	裴春生	軍糧城
第四旅旅長	李壬文	軍糧城
第三十旅旅長	齊占元	軍糧城
騎兵第十三師師長	張九卿	薊州
騎兵第三旅旅長	蘇錫麟	
騎兵第六旅旅長	武漢卿	

七　**褚玉璞占燕時之直軍**，旋國民軍第一軍與奉軍開戰。（國民軍駐直部隊見第一章，茲不再贅。）

以郭松齡倒戈攻逐李景林無法應付左右莫可，乃與張宗昌組『直魯聯軍』，擬於混戰之局勢中得全地位，乘機取利。詎各方對李集矢，張宗昌乃因勢去李，而以自己部下悍將褚玉璞繼任燕督。聯燕魯爲一氣，而自固。李景林所部被擊破，僅餘榮臻胡毓坤，投託張學良部下。褚玉璞既得河北，即竭力擴張其部隊，一律改編爲師，旋又改編爲軍。招納流亡土匪，並吸收吳佩孚在豫完全失敗時之殘部楊清臣等，計編成十個軍又二個師：

第六軍軍長徐源泉

第十四軍軍長孫殿英（即孫魁元兼大名鎭守使）

第十五軍軍長褚玉璞（兼）

第十六軍軍長袁振青

第十七軍軍長曲同豐（後歸張宗昌）

第二十軍軍長李藻麟

第二十一軍軍長王　振

第二十三軍軍長楊清臣

第二十八軍軍長紀元林

第三十一軍軍長武衍周

直隸陸軍第一師

直隸陸軍第二師

八　直魯軍之沒落　褚玉璞占燕時北平及京奉京漢兩線，皆爲東北軍張學良部隊所占駐，褚之地盤，不過天津一部分耳，故終褚任，不敢顯然與奉系分離，而所部雖與張宗昌合稱『直魯聯軍』，褚任副總司令，仍掛名東北軍籍，稱『東北陸軍第七方面軍團』。褚任總指揮及孫傳芳降奉時，東北軍改稱『鎮威軍』，(因張作霖曾任鎮威上將軍故名) 旋改『安國軍』，諸部亦與張宗昌部合稱『安國軍第二七方面聯合軍團』。究其實則駐軍河北，餉出燕民，自當認爲河北之軍隊，而非東北軍也。及革命軍北伐完成，褚玉璞全軍潰敗，遁走大連，其殘部由徐源泉率領輸誠，初由國民革命軍第三集團軍收編爲第十軍團，旋縮編爲第四十八軍，歸中央直轄，調離燕境，縮編成師。革命軍收復河北後，河北之駐軍，爲第三集團軍商震等部，第四集團軍白崇禧部 (後由唐生智接收歸中央直轄) 第一集團軍方振武等部，及孫傳芳殘部降軍李寶章，山海關之投奉舊直系軍于學忠等，當於革命軍軍史中詳之。

第三節　察綏熱軍史（北三省軍史）

一　由軍治入政治之建立特區時代　察哈爾熱河綏遠三省。雖古代爲中國領土，唐宋而後，淪入蒙疆，故有『內蒙』之稱。清代於該三地設都統，純爲一種駐防軍制。其地方制度，則含蒙古王公制以外，一無政治設備。民國初元，外蒙古被俄羅斯帝國脅誘，宣告自立。而宗社黨人又有據內蒙以圖死灰復燃之勢。政府當局爲保和平，且副內蒙民衆厭亂之期望，將察哈爾熱河綏遠三地，改設『特別區』。制度略同於省，而設都統治理之，蓋因免蒙人無識之誤會，乃仍其舊名，實際則已漸趨於行政組織，較之以前所謂都統之挾軍權而爲萬能之長官，固已迥異矣。此三省在特別區時代由軍治轉入政治之大略情形也。

二　北三省最初之駐軍　察哈爾原爲蒙旗牧地，設治時，置都統於舊直隸省之萬全縣，（卽張家口）因北洋第一師係舊第一鎮改編，而第一鎮又源於初練新兵時之左鎮，其士兵大多數隸旗籍，爲地擇人，乃以第一師駐察，而任師長何宗蓮爲察哈爾都統。熱河原爲舊直隸省之附庸，以熊希齡爲都統，以直隸巡防營乃熱境舊軍撥歸建制。繼而，由舊武衛軍嬗化而成之毅軍統領姜桂題受袁世凱之命，繼熊任熱河都統，毅軍乃常駐熱。〔至十年始被奉軍逐走〕綏遠係劃山西所轄之邊地及蒙境而成，初祇晉軍分駐，及地方巡防隊，後乃編練陸軍。三區建制後，爲開發計：一方籌建縣治，一方編練軍隊。察哈爾之第一師於北洋軍隊極力南侵之際，全師入贛，而毅軍姜桂題部久已調駐熱綏，駐軍亦多改制。在民國十一年，北方軍隊大變化以前，察熱綏三區之軍隊，計分中央地方兩種。茲據當時報告，列表於下：

甲　察哈爾

中央第四混成旅旅長	張金標	萬全
察哈爾第一混成旅旅長	魏福陞	萬全
察哈爾騎兵第一旅	喬建才	豐鎮
察哈爾騎兵第二旅	丁長發	多倫
察哈爾補充團團長	趙金聲	集寧
察哈爾騎兵獨立團	〔收編民軍長官未詳〕	
察哈爾警備隊		〔約千人〕

乙　綏遠

中央第五混成旅旅長	馬鴻逵	歸綏	
綏遠第一混成旅旅長	鄭金聲	包頭	
綏遠第一混成團團長	倪蔭福	歸綏	
綏遠第二混成團團長	劉子誠		
綏遠補充團團長	趙武	〔收編民軍駐地不定〕	
綏遠暫編步兵營	李西峯		
綏遠補充第一營	藍玉生		
綏遠補充第二營	趙有祿		
綏遠警備隊			〔約千人〕
綏遠巡緝隊			〔約千餘人〕

丙　熱河

直隸第四路巡防隊統領	龔漢治	朝陽陵源
熱河第一混成旅旅長	張林	朝陽

熱河騎兵團團長	張連同	朝陽	〔約二千人〕
熱河游緝隊	張連同（兼）	開魯	
熱河巡防隊		平地泉豐寧	〔約二千人〕
毅軍左翼翼長	米振標	承德	〔四千餘人〕
毅軍右翼翼長	張殿如	赤峯	〔三千餘人〕

三　十三年戰後之北三省軍隊

民國十三年奉直之役，其戰事初起，即在熱河之朝陽。王懷慶之中央陸軍第十三師方駐熱，所部步兵第二十六旅旅長劉富有與巡防統領龔漢治合力設防，被奉軍擊敗，全軍覆滅。毅軍亦離熱。於是奉軍乃任闞朝璽爲熱河都統，並將熱河原有部隊改編。當時該區軍隊如下：

東北陸軍第三師師長	闞朝璽	承德	〔轄竇永朝劉山於二旅〕
熱河騎兵第一旅旅長	張連同	開魯	
熱河騎兵第二旅旅長	常萬里	林西	
熱河第一游擊司令	姜向春	建平	

熱河第二游擊司令	邱宗嶽	隆化	兼朝陽鎮守使

察哈爾，則為國民軍所占領。以國民軍第一軍第五師師長張之江為察哈爾都統，率重兵赴察。〔赴察時第五師尚未編成〕時馮玉祥兼任西北邊防督辦，以萬全為大本營，故察哈爾斯時駐兵特多。惟原有察哈爾軍隊，則完全編入國民軍。是以察區駐軍，盡屬國民軍番號。張之江至察佈防時之部隊，計有：

國民軍第一軍第五師師長	張之江	萬全	
暫編第五混成旅旅長	劉玉山	萬全	
中央第七混成旅旅長	萬金章	萬全	
西北邊防督辦署衛隊旅旅長	馮治安	萬全	
中央第四混成旅旅長	宋玉珍	集寧	
騎兵第一旅旅長	張之江〔兼〕	萬全	
騎兵第二旅旅長	王鎮淮	豐鎮	
多倫鎮守使兼騎兵旅長	張樹聲	多倫	〔約二團〕
騎兵教導團團長	王鎮淮〔兼〕	豐鎮	

察哈爾第一混成旅旅長　魏福陞　萬全

綏遠是時亦屬國民軍第一軍統治。民國十四年一月四日，國民一軍健將李鳴鐘被任為綏遠都統，率國民軍第一軍第六師赴綏，並佐以其他部隊。原駐綏遠之部隊，則一律改編歸國民一軍，如馬鴻逵旅則編歸國民一軍，其餘綏軍則分別編成國民第一軍第三師，以鄭金聲為師長，李西峯宋慶林分任第五第六兩旅旅長，調駐西苑長辛店一帶。於是綏遠駐軍為：

國民第一軍第六師師長　李鳴鐘　歸綏

暫編第四混成旅旅長　石敬亭　歸綏

中央第八混成旅旅長　石友三（原田玉崑）　五原

第二師第三旅旅長　孫良臣　包頭　（劉郁芬部）

第二師第四旅旅長　張維璽　歸綏　（劉郁芬部）

此外，國民軍尚占有熱河一部分。其駐軍地點如下：

國民軍第一軍第四師第七旅旅長　佟麟閣　平地泉　（原第十一師二十一旅屬宋哲元部）

礮兵旅旅長　孫連仲　平地泉

機礮混成團團長　徐廷瑗　平地泉

後此國民軍南口退兵平地泉之道路得以無阻，卽預置重兵所受之益也。

四　北三省之建制受命　北三省在國民軍戰敗之後，皆歸奉軍占有。晉軍閻錫山因綏遠與山西爲唇齒之地，乃令第一軍長商震於國奉混戰之前後出兵略定綏遠，以商震任都統。閻錫山自任晉綏聯軍總司令及晉軍加入國民革命軍，逐奉軍第九軍長兼察哈爾都統高維岳而取察哈爾於奉軍之手。惟熱河則終爲奉軍所占有。截至國民革命軍底定全國，編遣會議開會之日——北三省均已正式建省——其駐軍爲：察哈爾第三集團第二三聯合軍團楊愛源部，熱河，東北邊防軍第十二軍軍長湯玉麟，綏遠爲第三集團軍第一軍團徐永昌部。楊湯徐分兼三省主席。惟察綏係晉受命，故省建制較早。熱河則隨東三省於民國十七年歲底易幟，始建省設治。至各該軍閥及軍隊之詳情，當歸納國民革命軍軍史中述之。

第五章 魯豫軍史

第一節 山東軍史

一 北洋第五師與山東新軍

北洋改練新軍後，光緒三十年增加第四第五兩鎮，第五鎮即因袁世凱撫魯而調駐山東，清季所謂『北洋六鎮』，惟第五鎮始終駐魯。其歷史雖與北洋各鎮同源於小站，而其性質則已成爲山東省之常備新軍，與當時各省所練之新軍略同，僅因源出小站之故，與袁世凱有相當之關繫耳。其統制初爲吳長純，率部入魯，即分布全鎮於濟南及膠東濰縣等處，此爲山東有陸軍之始。時新軍初練，頗具朝氣，訓練極爲認眞。第五鎮因獨離津站，惟恐後人，操課紀律尤爲嚴謹。其成績初不讓最著名之第六鎮。厥後，長官屢易，士卒疲懈，迄宣統年間，已呈衰態，遠不若前此之精銳。然該鎮長官頗多與民國歷史有關者，如周自齊張懷芝靳雲鵬皆出身於該鎮者也。入民國，北政府成立，即改稱爲陸軍第五師，直轄於中央陸軍部。

二 辛亥革命時之山東軍隊

辛亥武昌革命起義之時，山東駐軍，除第五鎮一全鎮外，尚有青州駐防之旗營，煙臺警衞隊鄭汝成所部三營，海軍練勇一營，海防一營，及全省巡防隊等。紀元前一年九月十五日〔陰曆〕濟南各界開會於諮議局，籌議獨立。蓋聞清廷有將山東全省土地向德意志押借鉅款之訊，黨人丁惟汾等乘機宣傳運動，學界多表同情，乃促成此會。當向清廷提出嚴厲要求，組織「山東保安會」。魯撫孫寶琦效忠清廷，媚結袁世凱，僞爲宣布獨立以緩和空氣。第五鎭步隊第十協統領賈某〔或謂卽賈德耀當待查證〕砲隊第五標統領張樹元，均受黨人運動，謀響應。袁世凱得訊，恐山東獨立，則南北交通隔斷，攻鄂之軍必致覆滅，於己大不利，密遣其黨徒吳炳湘張廣建至魯，以北洋軍之威力，協同孫寶琦取銷獨立，鎭壓新軍。黨人乃轉移其目標於煙臺。十月二十二日，海防營管帶董保泰，率所部響應黨人，逐走煙維道徐世光，海軍練營及警衞隊東西砲臺兵俱降，鄭汝成潛逃。適有海軍舞鳳軍艦自津駛來，黨人爲籠絡計，推該艦艦長王傳炯爲司令。乃王傳炯陰結孫寶琦，藉辭開會，欲盡殺黨人。鏖戰竟夜。値袁世凱派張廣建撫魯，率張樹元部砲兵攻煙〔以樹元爲膠東兵備道〕黨人益不支。丁惟汾等遂乞援於滬督陳其美，派滬軍三千，任劉炎基爲統領，並由政府任胡瑛爲山東都督，率艦赴煙，克之。此爲山東有客軍之始。厥後文登黃縣，相繼爲黨人所占領，乃攻破青州，散滅旗營。推王長慶爲司令。旋爲清兵所敗，王長慶僅以身免。但自是民軍崛起，稱號紛歧，爲數雖夥，無正式編制可考。及袁世凱任大總統，命周自齊爲山東都督，視各地民軍爲土匪，一律擊散。復命周另編中央第一混成旅。二年，贛寧革命時，第五師師長靳雲鵬擊破江蘇陸軍第二師冷遹所部於蘇魯交界，得繼任魯督。旋又添編第二十混成旅及山東第一第二第三各旅。

三　魯軍之補充　護法之役，張懷芝率所部第五師南下，大敗於湘，精銳盡失。北歸後，張樹元繼任師長，招募補充，已非昔日之舊。（張懷芝調任參謀總長田中玉督魯）八年十二月，張樹元去職，田中玉繼任。迄十二年十月，田去任，鄭士琦接任。數年間，魯軍略有增加，無大變更。及鄭士琦陞山東督軍後，乃將山東軍隊整頓擴充。蓋是時各省軍閥皆竭力增兵，以張一己之聲勢，山東歷任軍閥皆參與政變，其增編軍隊自不肯後人；而況第五師於直皖分系時，高標皖系，故於段祺瑞當國時，得其助力。經民國六年迄民國十一年之五年間之增編擴充，軍力幾擴張一倍。當時山東軍隊除中央軍第五師（孫宗先）第一混成旅（潘鴻鈞）第二十混成旅（吳長植），外尚有山東第一師（施從濱旋縮爲第四十七混成旅）山東第二（張懷斌）第三（曹州鎮守使徐鴻賓）第四（張建功）第五（李森）第六（兗州鎮守使張培榮）第七（胡翼儒）等六個混成旅及第一混成團（梁世昌）第一步兵團（任君建）兩團，總計實力約三萬五千餘人。其中除第五師一全師外，以第四十七旅及第七旅實力最稱雄厚。是爲魯軍全盛時代，蓋全省皆第五師一系，且除第五師南下受損外，直皖奉直兩次大戰皆未受若何影響也。

四　魯軍之變化

當十三年奉直二次大戰之時，吳佩孚檄調魯軍助戰。鄭士琦僅命第二十混成旅旅長吳長植率所部步兵第一團至山海關。十月二十七日吳佩孚自秦皇島抵天津，急電徵第五師及第一混成旅赴援。鄭士琦因屬皖系，受段祺瑞密令，命攻吳佩孚之後方。而畏吳之聲勢，未敢遽發。且因潘鴻鈞與孫宗先因前爭第五師師長，結怨甚深，積不相能，恐為己患，乃命潘率所部第一混成旅往援吳佩孚。復藉口山東防務重要，留第五師不遣。十一月一日，直軍敗耗至魯，鄭士琦遂挖斷津浦鐵路，阻直軍南下及徐州援軍北上。旋張宗昌率東北軍窺魯，進駐滄州，以重兵耀武於魯邊。鄭士琦恃段勢，命第七混成旅旅長胡翼儒及第五師之一旅，扼守德州。張作霖不欲繼續戰鬥，電張宗昌緩圖，得未釀戰事。但此際第一第二十兩旅已不復如前之壯勇，復因援吳之故，頗受影響。馮玉祥將組國民軍時，亟欲吸收山東各軍：一以斷直軍之歸路，一以打通南下之路綫，而握京漢津浦兩路之中樞。以鄭士琦態度摸稜，不足與謀，遂乘魯軍出發失敗之際，命潛與第五師有歷史關係之張樹元轉派第五師之卸職營長呂賓如說動其宗人呂秀文（第三旅參謀長同盟會員辛亥山東革命之一分子）於曹州舉事。將發而吳佩孚去津，事遂寢。旋吳由海道繞道返豫。胡景翼孫岳皆密使說呂秀文叛鄭士琦。呂從之，親結第二混成旅步兵第一團團長張輔堂，第二團團長馬士貴，會逼曹州鎮守使兼第三混成旅旅長徐鴻賓宣布獨立。徐不允，棄職走天津，呂秀文乃以國民軍第七路司令名義，據曹州獨立。即派隊將曹屬警備隊槍械繳收，廣募民軍，盡力擴充，號稱四個旅。鄭士琦乃利用新自山海關敗歸之中央第二十混成旅旅長吳長植，任之爲曹州鎮守使，自濟寧攻曹。並命兗州鎮守使張培榮統所部第六混成旅任之。第五混成旅李森亦奉命增援，蓋鄭實抱誓必滅呂之心，故全力對付之。但吳長植所部第一團已被奉軍郭松齡擊破俘編，不復歸建，新募補充，未遑訓練，實力頗弱，張培榮李森則震於國民軍之聲威，對呂抱觀望態度，故師久無功。鄭士琦乃不得不取銷其前時宣布之中立，而讓奉軍假道攻蘇，並派人說呂讓吳長植赴曹。呂要求擴編爲一師。往返磋商，迄未就緒。直至十四年四月二十日段祺瑞命馬良往曹，始商定以呂秀文繼任第三混成旅旅長，而改編馬士貴爲山東混成旅旅長。議初定，而山東易督，張宗昌率所部奉軍一軍【原隨蘇皖宣撫使盧永祥至蘇】由南京直入濟南。五月十日，呂秀文馬士貴兩部均被張宗昌派其第三路司令畢庶澄率隊繳械遣散，而命其部繼駐曹防。呂秀文之變爲山東軍界僅有之事，蓋截至張宗昌入魯以前，第五師一軍駐魯，迄無重大事故發生，即護國之役，亦僅黨人與駐軍衝突，初不若燕豫之迭經大戰也。

五　山東之留外軍隊　魯軍之留外者，皆張懷芝於民國七年率領南下攻湘之部隊。當時係抽調第五師精銳而加以擴編。及在湘失敗，擴編之第一師師長張宗昌大敗於平劉一帶，輾轉入贛。時贛督陳光遠不欲他人鼾睡於其臥榻之旁，使其弟陳光逵率第十二師及江西第三混成旅擊破張宗昌於吉安。張隻身遁走，其殘部留贛後由張克瑤率領編成一旅，迭經變化，迄張宗昌督魯後始北歸。但張克瑤旋即降革命軍為第三十三軍副軍長。

六　張宗昌與山東　張宗昌出身係兵夫，辛亥時，曾在滬軍中充初級官。後夤緣得識張懷芝，得薦陞上級官。及在湘贛失敗後，為魯軍軍官所嗤，不敢回魯，負氣走遼東。時適張作霖新敗（奉直第一次戰）收羅將校。張宗昌得楊宇霆一言，遂得任旅長，編募成軍，且收白俄人為一隊。奉直二次大戰時，宗昌抱雪恥之思，作戰頗力。入關後陞任東北陸軍第二師師長，即收編潰兵，恣意擴充，任其舊日嘗徒為上級軍官，不匝月而擴編至六個混成旅，以褚玉璞、許琨、畢庶澄、程國瑞、方永昌、姚籌分任旅長。其時尚守奉軍成規，編練尚有可觀。然張作霖以其恃功跋扈，不服羈勒，頗不滿意。故張宗昌雖心念山東，亟力圖謀，而張作霖泥之。會段祺瑞執政，欲為己系之盧永祥吐氣，任盧為蘇皖宣撫使，要求張作霖遣兵護之赴蘇。張作霖乃使張宗昌往，而佐以奉軍一師。盧乃任宗昌為第一軍軍長，率之至蘇。宗昌逕至滬，收編散兵〔方振武即於此時集潰卒一團投入姚霽補充旅〕擴張實力。蓋宗昌迄未忘情於山東，固無時不作取魯之準備也。迨奉軍支配地盤時，欲去皖系之鄭士琦，而打通南下之路。張宗昌認為良機，即告奮勇，率所部移防徐州，兼程赴魯。段祺瑞初則調鄭士琦督皖，而格於皖軍無法赴任，繼則坐視張宗昌逐鄭而代之，束手無策。先是鄭士琦知不見容於張作霖，向段祺瑞求救濟，段任以皖督，鄭欲率第五師及山東第七混成旅赴任。而第五師久駐山東，士卒皆不肯行。第七混成旅為魯軍各旅中實力最充者，亦戀地不欲遠行。鄭士琦乃入京謁段。而張宗昌之前衛已深入魯境，段被迫而任李督魯。張遂於五月七日，乘鄭入京之隙，突至濟南就職。鄭乃慫恿第七混成旅旅長胡翼儒先行赴皖。胡恐宗昌不利於己，於五月二十一日率所部分兩路出發。張宗昌聞訊，密令方永昌程國瑞率衛隊旅〔方部〕及東北第二十八混成旅〔程部〕分布於兗州平原等處，邀截胡翼儒部，包圍繳械。第七混成旅，原係徐樹錚所編練之邊防軍第二師，於直皖戰役失敗時，退至魯境所改編，故與皖系有歷史關係。該旅軍械裝具為魯軍之冠，雖非第五師嫡系，要亦同屬段祺瑞所卵翼，至是被解散，鄭士琦遂不能赴皖督任，而皖系舊將咸惴惴然，因鑒於鄭事，知段不足為保障也。

七　張宗昌時代之魯軍

張宗昌原係東北陸軍第三旅旅長，奉直二次大戰時，兼任第二軍副軍長。其編制原與東北各旅不一致。於所轄各步兵團之外，有所謂敢死隊炸彈總隊及白俄人編成之支隊等額外部隊。故名稱一旅，其實力實超過萬人。其逾額以俄人爲多，任白俄軍官聶嘉夫（或譯作業爾加夫）統率之，自戰勝後，張作霖論功行賞，陸續編張宗昌所部爲東北陸軍第二師，即以張爲師長。及至燕境，收編直軍潰卒獨多。南下攻蘇時已編成三個旅二個梯隊。其番號雖依東北各師次序，但編制上則以多爲貴，非復奉軍軍制矣。各旅團番號長官實力如下：

東北陸軍第三旅旅長	褚玉璞	八千餘人
第六十二團團長	辛錫祿	
第五十六團團長	黃鳳岐	
補充隊		
東北陸軍第二十八旅旅長	程國瑞	五千餘人
第七十四團		
第七十九團		
補充團		

東北陸軍第二十九旅旅長　許　琨　七千餘人

第四十四團團長　杜鳳舉

第六十三團團長　張繼善

第六十八團團長　郭　潔

補充團團長　祁文才

東北陸軍第三十二旅旅長　畢庶澄　六千餘人

第六十七團團長　賀文良

第七十二團團長　祝祥本

第七十五團團長　段麟祥

第一梯隊司令　聶嘉夫

第二梯隊

備補第一梯團　滕殿英

南下攻蘇而後，齊燮元所部蘇軍及駐上海之北籍鄂軍張允明部均敗散，張宗昌復收容潰卒，補充梯隊中，編成補充兩旅，以方永昌姚霽分任旅長。各旅亦爲無限制之擴增。其兵額達九萬餘人。迨餉糈不給，始核減二成。時盧永祥薦張宗昌爲任蘇皖勦匪司令，皖雖未得闌入，而蘇境江南一帶已飽受其搜括之苦矣。入山東後，更收編山東舊有各師旅，益以先時調駐山東之東北第五十五旅旅長徐源泉部，復加以增編，號稱二十萬人，勢力實膨脹。但兵愈多餉愈艱，山東雖屬富省，併中央地方各捐稅亦不足以供給養，遑論餉彈。於是竭澤而漁，田賦借徵，紙幣充斥，物無鉅細，莫不捐稅數重。魯人之膏血爲之罄盡。而張宗昌之增兵慾猶未稍戢。迨民國十四年底，孫傳芳入南京與張宗昌戰於蘇魯邊境，山東第一師師長施從濱身亡兵潰，舊魯軍遂盡爲張宗昌所消滅，分散擴入所部各將之轄部中。旋孫張議和，宗昌之地位又固，更以多兵爲唯一目標。十四年十一月，李景林去燕，張挾褚玉璞爲燕督，改稱『直魯聯軍，』其兵額竟多至不可究詰。說者謂朝編夕併，虛銜濫報，並張自己亦不知有若干兵若干械，洵非虛話。十五年，孫傳芳敗績於贛，與張宗昌棄嫌修好，遣使乞援於魯。張大喜，認爲伸足長江之絕好機會，遣其鎮守青島之寵將畢庶澄爲援蘇第一軍軍長兼總指揮，率海陸軍入蘇。〔張時在魯收得由粵北歸之溫樹德海軍編爲渤海艦隊旋去溫任畢爲艦隊司令〕乃渤海艦隊爲駐滬海軍總司令楊樹莊所反對，不得入淞，畢庶澄乃率陸軍四個旅〔或云五個旅〕布防蘇滬一帶。及革命軍迭克皖浙，畢庶澄乃使其參謀長馮志洵向革命軍輸誠，受委爲國民革命軍第四十二軍軍長。旋，白崇禧自浙攻入蘇境，畢未及易幟，即被上海黨人徒手猛攻，猝不及防，遂全軍覆滅。畢庶澄敗歸青島，被張宗昌誘至濟南，執行槍斃。及革命軍克南京後，孫傳芳所部之殘軍及素與革命軍爲敵之桂將馬濟、粵將劉志陸、與吳佩孚殘部等紛紛率其黨羽在魯成軍，而山東之軍隊益形紊亂，至不可名狀。欲調查其詳晰狀況，殊匪易事。茲就其復用東北軍第二七方面聯合軍團時呈報東北軍總部之編制及長官姓名列下，至槍械及人數則報告所無，無從調查矣。

義威上將軍東北第二七方面聯合軍團長兼魯聯軍總司令山東保安總司令張宗昌：

第一軍軍長張宗昌，（兼）駐濟南，轄暫編第三師師長齊玉珩，第十一師師長卞英傑，第十三師師長顧震，第十七師師長田公育，（田維勤之子）第二十二師師長董鴻逵，第六十四師師長宮梅峯，第六十九師師長祝祥泰，（祝祥本之弟）第七十師師長張學成，（張學良弟原奉軍暫歸指揮者）第七十一師師長杜廣乾，第七十二師師長郭敬臣，第七十四師師長陸裕光。（陸榮廷之子）

第二軍軍長張敬堯，〔因槍械不足改編一個將支隊二個少中將支隊調張任第二方蜀軍團副司令〕中將支隊長袁家驥，少將支隊長郭太勝陸錫廣。

第三軍軍長程國瑞，駐泰安，轄第二十六師師長齊鳳岐，第四十六師師長吳傑，第五十六師師長何長傑。〔以上三個師改編三個少將支隊〕

第四軍軍長方永昌，駐嶧縣。〔轄第二第八兩少將支隊未編成〕

第五軍軍長王棟，駐魯東南一帶，轄第二十師師長王寶慶，第三十一師師長朱玉賢。〔以上二個師改編爲中將支隊〕

第七軍軍長許琨，〔第六軍缺〕駐韓莊，轄第五師師長張繼善，第二十七師師長段麟祥，第四十七師師長姚鈺，第一百五十七旅旅長皮華清，第一百四十三旅旅長孫百萬。

第八軍軍長柴雲陞，駐壽張，轄第二十八師師長王振亞，第二十九師師長賈錫坤，第八十師師長朱光宗。

第十軍軍長吳奠卿〔第九軍缺〕駐臨城，轄第十三十四十五十六等四個上校支隊。

第十一軍軍長張宗輔，駐沂州，轄第一百一十四第一百一十七第一百六十三等三個旅。（旅長姓名未詳）

第十二軍軍長寇英傑。（自河南來降改編未就緒）

第十三軍軍長劉志陸（舊粵軍）駐濟寧，轄第六十一師師長謝文炳，第六十二師師長陳修爵。

第十五軍軍長陳文釗（舊直軍）轄少將支隊二，隊長劉培緒許寶祥。（許未編成）

第二十三軍軍長楊清臣，（舊直軍）駐鄆城。

第二十六軍軍長張萬信。

第二十七軍軍長李耀昌。

第二十八軍軍長紀元林。

第三十軍軍長毛思義。

第三十一軍軍長武衍周。

挺進軍總指揮王振。

（第二十七軍以下，皆未編成。）

山東憲兵司令田友望。

工兵總監宋保善。

航空司令尹日陞。

鐵甲車司令車合夫，（白俄人）

白俄軍司令聶嘉夫。（白俄人所部皆白俄流氓未悉確數）

工兵集團長張震寰。

騎兵集團長吳箕卿。（兼）

幼年兵團長張幼卿。（張宗昌之子所部約二千餘人皆童子）

義威軍衞隊旅旅長周鴻昌。

義威軍第一團團長鍾震國。（張宗昌之義子）

八　**停軍之消亡**　據以上所述張宗昌所部之軍師旅等，其兵員數及械彈數，究有若干，即張宗昌本人亦不能確知。在革命軍將至魯境時，宗昌準備大戰，派員點驗各部，其實力不足者，概按其槍械數量分編爲中將少將上校三種支隊，即師旅團之變像。其結果，竟有無一槍一卒之師旅長。但點驗員因受賂及礙於情面，以少報多，僞造報告，弊竇百出，終莫能得其確數也。抑且所部與褚玉璞調往燕境各部，糅雜混亂，不可辨別。故談民國軍史者，舍四川外，當以張宗昌時代之魯軍爲最複雜混亂。及十五年四月，革命軍入魯，張宗昌敗績，所部留魯者，如劉志陸等則迎降，但因其素來爲陳炯明一系，與國民黨爲敵，被解散。舊直軍之寇英傑楊清臣等則輾轉流亡。顧震鍾震國等則託庇日人據膠東爲亂，直至濟案解決，始分別撫勦。其餘各部多被遣散分編。而張宗昌直轄之部隊，與褚玉璞之殘部，則隨宗昌退至山海關，爲東北軍拒絕其入境，始由徐源泉統率，降第三集團，旋歸國民政府改編爲國民革命軍第四十八軍。張褚皆隻身走大連。日軍出境後，山東之雜牌軍隊，（張宗昌殘部乘外兵據境割地稱雄者，時降時叛糾紛經年）始告肅清。

第二節　河南軍史

一　**河南之新軍**，河南之有新軍，係袁世凱小站練兵後，清廷命各省籌練新軍時，即招募豫人，編練新軍一協。及宣統初元，袁世凱革職歸里，北洋將士隨來者頗夥。且河南當京漢鐵路之衝，地位重要。增編一協。辛亥光復時，河南黨人屢仆屢起，求援於滬。因佐陳其美攻上海製造局有殊功，得步馬槍各一百桿，編爲『河南北伐隊』，由皖至豫境光山，聯絡民軍王天縱及淮上軍〔安徽黨人在壽州所組織〕等，進占新蔡。時武漢革命軍中官兵多豫人，乃在中州會館組織『奮勇軍』，黎元洪派員點驗，得二千餘人，乃任馬雲卿爲該軍標統，使季雨霖〔荊襄招討使〕助之。連敗清軍，克南陽，斬總兵謝寶勝。與北伐隊等聯絡，三面包抄進攻，開封震動，影響及於攻鄂之清軍，爲之後退。河南陸軍協統應龍翔開訊，且與黎元洪有成說，謀獨立。巡撫寶芬〔滿人〕誘捕之。黨人乃聯民軍並乞陝軍援助。袁世凱命趙倜控之。旋，南北議和，河南軍事停止。袁世凱命其表兄張鎮芳於元年三月入豫任都督，革命軍摧殘殆盡，倖免者僅隨民軍入山之小部份耳。張鎮芳乃以全豫軍隊編爲一個師又一個混成旅，舊軍則有鎮嵩軍。

二　豫軍之初擴充　繼張鎮芳而督豫者，除段祺瑞短時期之代理外〔三年二月至四月〕，即爲田文烈以民政長，領將軍銜、兼督理軍務。時河南正式陸軍爲第一師，師長趙倜，第二師師長寶德全，及中央第八混成旅等。時以白狼橫行全豫，袁世凱調重兵，經年不能平，乃命第六師〔時駐江西〕第十一旅旅長張敬堯擴爲第七師，入豫負平白狼之責，數省會攻，僅得綏安。五年七年，田文烈因袁世凱死失勢去豫，趙倜繼任，以其弟趙傑爲混成旅長，並添編第二旅。歷數年，無大變化。惟民軍高鳳桂樊鍾秀二部受撫。後竄入江西攻粵投降廣州政府。高部改編一師，樊則爲豫軍總司令。但高旋復投北，樊則終孫文之世，皆樹革命建國之幟。

三　豫軍之演化　民國十一年，吳佩孚至洛陽，河南督軍趙倜於奉直之戰結束時發難，以致爲吳佩孚所逐，與弟趙傑偕逝。馮玉祥入開封，殺河南第二師師長寶德全，遣散第二師及第一第二兩旅。時馮部第十一師隨馮駐防河南，乃擴充增加三個混成旅。且增編在陝獨立數年失敗後而暫託吳佩孚旗幟下之陝軍第一師師長胡景翼部兩個混成旅，（卽陝軍第二混成旅旅長曹世英中央第三十六混成旅旅長田維勤）駐豫中央第八混成旅靳雲鶚則陞編爲第十四師。旋吳佩孚忌馮玉祥之得力增勢，調之任『陸軍檢閱使』，蓋以空銜羈縻之，而迫之離豫赴京也。馮玉祥爲人沉着能堅忍，逆來順受，抱待機復仇之志，而率部離河南往北京。吳佩孚乃命其嫡系第二十四師師長張福來統其全師至開封接馮任。張既至，乃承吳命，將豫軍全部及駐豫之毅軍改編爲三個混成旅，又三個獨立混成團，並增編一個混成團，而改鎭嵩軍第二路張治公爲陝軍第二師（胡景翼爲陝軍第一師），使移豫西，以減鎭嵩軍（劉鎭華）之勢。於是豫境駐軍乃較十一年以前驟增至二倍以上。茲將當時豫境各軍列表於下：

甲　豫軍

豫北鎮守使河南第一混成旅旅長　李治堂　沁陽
河南第二混成旅旅長　杜起鵬　豫南
河南第三混成旅旅長　馬燦林　開封
豫西鎮守使河南第一混成團團長　丁香玲　陝州
豫南鎮守使河南第二混成團團長　馬吉敏　南陽
河南第三混成團團長　郭振才　豫東
河南第四混成團團長　李鳴盛　尉氏開封

乙　中央軍

第三師師長　吳佩孚　洛陽
第十四師師長　靳雲鶚　鄭州
第二十師師長　閻治堂　豫陝交界
第二十四師師長　張福來　開封衛輝　師長旋易楊清臣
第二十六混成旅旅長　田維勤　汝州

丙　客軍

陝軍第一師師長　胡景翼　豫陝邊境

陝軍第二師師長　張治公　豫西

陝軍第二混成旅旅長　曹世英　禹縣

以上計六個師五個混成旅四個混成團，總計兵員數約八萬四千餘人。

四　**奉直戰時之河南駐軍**　當十三軍江浙盧齊之戰，吳佩孚接齊燮元求援之電，因盛傳張作霖將率大軍入關，履行三角同盟之約，爲浙聲援；同時，孫文發表聲助盧永祥之電，北伐軍厲兵秣馬，贛湘形勢嚴重；不能以重兵援齊，乃命豫軍第三混成旅旅長馬燦林率所部及第三混成團長郭振才第四混成團團長李鳴盛赴蘇，以張聲勢。李鳴盛至南京，即增入前綫，爲盧部猛將楊化昭所擊破，李陣亡。及江浙戰畢，第四混成團返豫，遂不成軍。旋奉直第二次大戰，吳佩孚盡調豫境各軍以行，僅留少數部隊留守。時豫中土匪蠭起，兵力驟減，秩序堪虞，吳乃命河南省長李濟臣（卽李倬章）募兵增防，除補充援蘇新回之各旅團外，並增編第五混成團及河南省防第一步兵團。當卽調第三師第五旅第十四師第二十八旅兩師之騎礮工輜各團營，第二十師全師，第二十四師全師，第二十六混成旅，河南第二第三兩混成旅，及陝軍各部；又抽調留守各部之團營，補充出發各軍，皆向河北出動。但斯時寇英傑已奉吳令率湖北第一師及湖北第一混成旅至彰德許州一帶增防，故差可維持。當時豫境駐軍如下：

甲　豫軍

豫北鎮守使河南第一混成旅旅長	李治雲	葉縣襄城	步兵三營
河南第三混成旅旅長	馬燦林	彰德	一旅
豫西鎮守使河南第一混成團團長	丁香玲	豫西	一團
豫南鎮守使河南第二混成團團長	馬志敏	南陽	一團
代豫東鎮守使河南第三混成團團長	郭振才	歸德	一團
河南第四混成團團長	李有才	黃河北岸	一團
河南第五混成團團長	吳文鎧	彰德	一團
河南省防步兵第一團團長	牛本林	開封	一團

乙　客軍

軍二十六混成旅騎兵團團長	紀元林	汝甯	一團

湖北第一師師長	寇英傑	彰德		原湖北第二混成旅所編
湖北第一混成旅旅長	孫建業	許州	二團	

丙　吳軍之留守部隊

第三師步兵第六旅旅長	張席珍	洛陽	二營
第十四師步兵第二十七旅旅長	陳文釗	鄭州	二營
第二十四師步兵第四十七旅旅長	王爲蔚	京漢北段	四營

五　國民軍入豫　民國十三年，吳佩孚因國民軍首都革命而大敗，全軍被東北軍擊破，狼狽走天津，急電調在豫各軍增援。乃山西閻錫山調精銳兩旅扼守石家莊，阻豫軍不得北進應援。十一月一日，第三師第六旅留守之二營，自洛陽經徐州，轉津浦路抵天津，爲吳佩孚之衛隊。第三十五師（鎮嵩軍）師長憨玉琨乃自陜西潼關乘虛直入，進據洛陽。十八日，吳佩孚由海道轉經漢口，再北溯京漢路而抵河南。是時，北京之所謂攝政內閣已任命胡景翼爲督理河南軍務善後事宜，孫岳爲河南省長。國民第二第三兩軍因乏地養兵，各欲其主將受任入豫，咸躍躍欲動。而胡孫則以索餉械，未赴任。國民第二軍（胡部）之入豫先頭部隊與豫軍相持於順德彰德之間。故吳佩孚得安然入豫，收拾殘軍，除原在

豫境各軍以外，尚有隨吳回豫之第三第二十四第十四等師及第十三混成旅旅長田玉琨之殘部，共約六千餘人。吳乃委陳文釗爲第十四師師長，王爲蔚爲第二十四師師長，馬燦林擴爲河南第二師師長，吳文鎧擴爲河南第二混成旅旅長，另以丁炳年爲河南補充旅旅長，率兵扼守彰河，拒胡景翼南下。時留在陝西之胡景翼部馮毓東部攻劉鎮華，憨玉琨自洛陽回師援陝，張治公部亦自馬廠步行來會，洛陽遂仍爲吳佩孚占有。至二十四日，胡景翼自順德進兵，同時孫岳派所部第一師師長何遂由大名攻開封，閻錫山則派駐潞澤之軍攻懷慶衞輝。吳軍扼守彰德道口清化，與國民第二軍相持。十二月，劉鎮華部中央第三十五師師長憨玉琨部及陝軍第二師師長張治公反戈攻洛陽，二日，吳佩孚敗走雞公山。三日張福來李濟臣至開封，北籍鄂軍寇英傑師，孫建業旅，退至駐馬店武勝關。在前敵之豫軍，無復鬥志。四日胡景翼占彰德，憨玉琨亦進據鄭州，收沒豫軍槍械，並拆毀黃河鐵橋之一部，拒國民第二軍渡河。旋，孫岳部國民第三軍前敵總指揮何遂於十二月九日自下游渡河，直入開封，北京政府復不直憨玉琨之所爲，憨乃於十二月十日率軍回洛陽，讓國民第二軍渡河。胡景翼乃入豫。至於河南原有各軍，除鄂軍之一個師又一個旅退駐武勝關外，王爲蔚部之第二十四師由歸德竄入蘇境，欲歸徐州陳調元，旋率軍南下，復回豫降胡景翼。馬燦林之河南第三混成旅，由彰德經鄭州開封至周家口，大掠而潰，一部分降於國民第二軍。鄭州陳文釗之第十四師，及汝州田維勤之第二十六旅殘部，與各鎮守使不在戰線之兵，均由胡景翼改編。其餘新招之兵，非降國民第二軍，即投歸湖北。豫局自此入於混沌時期。

六　**河南之混亂時期**　當憨玉琨之叛吳佩孚，自以爲功高應督豫，旋僅被任爲『陝甘豫三省剿匪副司令』，頗懷怨望，乃據豫西，廣招土匪，極力擴充所部軍隊：初以王振爲第一補充旅，李有才爲第二補充旅，張崇勳爲第三補充旅，繼復收委孫殿英（即孫魁元，起事於皖，曾屠掠亳州全城，皖人恨極，逐之入豫）袁英、馬文德、詹老末等爲旅長，分布河洛一帶。其中惟張從勳部爲吳佩孚之學兵改編，餘皆豫西南陽之舊軍與巨匪耳。時胡景翼實力驟增十數倍，兵將過多，苦無所得餉多就食於州縣。以憨割據豫西，且圖佔南陽，頗厭嫉之。十四年一月，國民第二軍曹士英旅之王祥生團爲禹縣民團所襲擊，憨部之王振旅即率兵屠禹縣縣城，殺戮甚慘。憨玉琨反以此爲口實，攻擊國民第二軍。胡景翼遂疑禹縣民團受憨玉琨所指使，雙方益加猜忌，積不相能，於斯已極。政府既無法調處，乃各逞意氣，自由作戰。十四年二月二十三日，胡景翼部與憨玉琨部開始衝突於禹縣登封間之白沙。時，鎮嵩軍之在河南者，爲憨玉琨部中央第三十五師，駐隴海路西段，張治功部陝軍第二師，駐臨汝、魯山、寶豐，趙樹勛部第八混成旅在鄭縣，馬河清部第一混成旅在鞏縣，憨部之王振在登封，李有才在偃師，張從勳在孟津，孫魁元在密縣，袁英在汝山，馬文德詹老未在南陽。胡景翼率第一師及楊瑞軒李鴻翥攻滎陽，以鄧瑜〔即鄧寶珊〕蔣世傑兩旅攻禹縣，李雲龍〔即李虎臣〕攻密縣，樊鍾秀攻郟縣，約會師偃師，斷憨玉琨之後路。陝軍第二師張治公與憨玉琨同源於鎮嵩軍，舊爲同列，不樂爲之，且以其部將與憨部仇殺，心不直憨。戰事起，軍隊多未集中，遂爲國民第二軍所乘。憨令李有才自偃師援登封，李中途叛變，王振與主軍遂被其隔絕；偃師危急，憨玉琨自滎陽汜水退鞏縣。故二十八日胡景翼部有攻克洛陽之宣傳，然是時憨玉琨部馬河清旅赴迴郭鎮，守偃師，張治公亦回師來援，洛陽乃轉危爲安，幸未失守，然損失頗鉅。二月二十五日，劉鎮華彼迫離西安，出潼關，以陝事付吳新田。初，劉與吳新田約，率鎮嵩軍全部出關，由吳部塡防。至是，吳以兵少不足以制胡景翼部之在渭北者，乃留劉鎮華部之第四混成旅旅長賈濟川守省北，第七混成旅旅長鄭全發守二華。劉鎮華自率第二混成旅旅長嚴際明部及衛隊二個團出關。令鎮嵩軍第一師師長柴雲陞爲後援。二十七日，胡憨兩部激戰於鞏縣，憨部團長李清標受重傷，憨欲棄洛陽西退，奈爲劉鎮華所阻，乃退守黑石關，劉鎮華令嚴際明助之。三月初，胡景翼入鞏縣，進迫黑石關。先是國民第三軍孫岳奉段政府命，於二月二十四日赴河南，擔任調停。迨孫岳至豫，約胡憨雙方各先退兵，然後會於偃師。胡憨皆不聽。孫岳部張馬兩團遂加入戰爭。三月四日，戰於黑石關，胡景翼被創，賴李鴻翥來援得免。時憨玉琨以嚴際明旅任左翼，袁英旅任右翼，自居中路。五日，嚴際明部叛變，毁後方鐵路，憨部大震。三月七日，胡景翼入偃師。八日國民第二軍岳維峻部入洛陽，劉憨敗走澠池。未幾，柴雲陞師之武紹周旅來援，劉鎮華令張治公自洛南來援澠池。張不奉命，而自動攻洛陽。與國民軍之樊鍾秀〔時樊雖與國民軍一致，但仍用孫文從前所任命之建國豫軍名義〕葉荃〔為滇軍個人投屬國民第三軍〕等部大戰於伊陽，獲勝。但劉鎮華已於十七日戰於澠池，袁英旅敗績，全軍西走。劉在陝州，聞槍聲，誤以為敵來襲，倉卒渡河走運城。鎮嵩軍無主將，遂大潰，散入洛南，與張治公部合，輾轉至商駒，奔入陝。三月十八日，國民第二軍入觀音堂，二十一日占陝州，豫事得以暫定。而國民第二軍入豫後，乃大事擴充，以致河南全省徧地皆兵，完全入於混亂時期。

七 國民軍在豫之擴張

是時駐豫部隊，以胡景翼部國民第二軍為之主，尚有國民三軍之一部，及毅軍與樊鍾秀等名目之複雜，除川軍外，鮮與倫比。胡景翼部之根源，即在陝西三原獨立之靖國軍。南政府任命之陝西督軍于右任離陝後，胡隨馮玉祥移豫〔馮胡關係之發始此〕，共有兵一萬餘人，編為一個師又二個混成旅。胡自任陝軍第一師師長，而以岳維峻、田玉潔分任部下第一第二兩混成旅旅長，田維勤爲陝軍第一混成旅旅長，曹士英爲陝軍第二混成旅旅長。其馮毓東一部則仍留陝。田玉潔旅亦回陝。田維勤雖與胡景翼爲至戚，但意見素不融洽，故田密託吳佩孚受編爲中央第二十六混成旅旅長。奉直之戰，奉吳佩孚令加入山海關作戰。胡景翼應吳佩孚之命而出兵時，尚祇有陝軍第一師及第二混成旅。旋卽增編二個補充旅，以李紀才爲第一補充旅旅長，李雲龍〔卽李虎臣〕爲第二補充旅旅長。十月，馮玉祥謀迴師討伐曹〔錕〕吳〔佩孚〕，遣陸篤弼就商於胡景翼。胡本國民黨舊黨員，出發時，卽受在京黨人之運動，及馮來商，欣然許之，並聯孫岳，迴師至北京，卽於喜峯口通縣之間儘量收容潰軍，並圍繳王懷慶部第十三師之械，在京之國民黨人復力助之收編，得直軍各軍師之營底及吳佩孚部之潰軍，揉雜編制，實力擴張至二倍有奇。旋因南下攻天津，於武淸收降曹錕所部第二十六師。該師爲曹錕所練之精銳，實力極充。抵津後，胡景翼卽親赴塘沽楊柳青等處招集散兵，委狀紛頒，潰卒四集。卽以收得之部隊，分別改編，擴充岳維峻所部爲國民軍第二軍第二師，〔曾一度改爲中央第二十六師抵曹銳之缺〕卽以收集之部隊，補充原有之第一師，任其弟胡景銓及李培芬爲旅長，以補充第一旅李紀才李雲龍兩部擴爲三團制。又調在秦之田玉潔部歸編爲第三師，及吳佩孚失敗，直軍之陳文釗王爲蔚等咸投降受編。田維勤部亦自山海關後退至津，仍受胡景翼節制。是時之胡景翼，一時祇在擴充勢力，增編部隊；一般失意軍人政客，紛紛乘機而起。如不得志於山西之弓富魁，不得志於河南之鄧瑜，〔節鄧寶珊〕咸爲胡効力。一時，國民軍第二軍兵額之激增，馴至無從調查，即胡景翼自身已驟難明其確數也。惟原隨胡之第二混成旅旅長曾士英，原與胡不睦，驊鏖之前，雖曾自開，而信星士之言，謂吳佩孚氣運未衰，意存觀望，未隨胡動作。張宗昌攻徐州，遂偕曹及其全部。北後，聯絡回河南謀恢復，因其所部團長王祥生駐禹縣，爲胡景翼繳械。陝軍第二混成旅遂不復存。及胡景翼抵開封，受編河南降卒及河南原有部隊，改第十四師爲第四師，第二十四師爲第五師，以陳文釗、王爲蔚爲師長，馬吉第、田維勤、李鴻翥爲河南第一第二第三混成旅旅長，招毅軍軍長米振標爲河南軍務幫辦，率所部毅軍自熱河入豫。適建國豫軍樊鍾秀自江西開道向豫，胡任之爲第六師師長。樊雖未就職，然自是亦歸國民第二軍指揮。及戰敗憨玉琨，憨部收編之軍留豫者，大半降第二軍。然劉鎮華部之趙樹勛則降於胡。四月，胡景翼患疔病死，岳維峻代理豫督，就舊有軍隊擴充改編爲五個師，又十二個混成旅，二個騎兵旅，十個補充團，而米振標、樊鍾秀、田維勤、馬吉第、李鴻翥、馬志敏、鄭振才等部尚不在其列焉。是年夏，復擴充爲十一個師，編田維勤等部爲十八個混成旅；於是河南駐軍除第三軍、毅軍、建國豫軍以外，名義上均稱國民軍第二軍。茲就其編制大定時之情狀，列表如下：

甲　國民軍第二軍直轄軍隊

國民軍第二軍軍長	岳維峻	開封	
第一師師長	胡景銓代	開封	
第一旅旅長	胡景銓	開封	
第二旅旅長	李培芬	開封	
第二師師長	岳維峻	開封	
第三旅旅長	史宗治	新鄉	
第四旅旅長	田春生	許昌	
第三師師長	田玉潔	陝西	新[illegible]洛陽
第五旅旅長	王文秀		
第六旅旅長	蔣廷佑		
第四師師長	陳文釗	鄭州	原中央軍第十四師
第七旅旅長	徐壽春	渭河	

第八旅旅長	閻曰仁	駐馬店	
補充旅旅長	高汝桐	郾城	
第五師師長	王爲蔚	周家口	原中央二十四師
第九旅旅長	孫耀齊	周家口	
第十旅旅長	張志遠	鄭州	
第六師師長	缺		原任樊鍾秀未就職
第七師師長	鄧瑜	陝州	頃入保定
第十三旅旅長	鄭思成		
第十四旅旅長	劉繼邦		
第八師師長	馮毓東	陝西	原第五混成旅移洛陽旅長姓名未詳
第九師師長	李紀才	開封	
第十七旅旅長	李凌霄		
第十八旅旅長	張迺威		

第十師師長　李雲龍　西安　由陝轉入豫
第十九旅旅長　丁增華
第二十旅旅長　潘占魁
第十一師師長　蔣世傑　信陽　蔣原爲岳維峻部第一旅長所轄旅長未詳
第一混成旅旅長　馬華瑜　陝州
第三混成旅旅長　朱照武　潼關　屬李雲龍
第四混成旅旅長　劉　鵬　華縣
第六混成旅旅長　弓富魁　衛耀
第七混成旅旅長　康振邦　陝西華縣　前移駐河南
第八混成旅旅長　王相賢　中牟
第九混成旅旅長　趙樹勛　臨汝　原劉鎮華部
第十混成旅旅長　楊世昌
第十一混成旅旅長　孫振武　潼關　原劉鎮華部

第十二混成旅旅長	衛定一	陝西	
第十三混成旅旅長	馬志敏	南陽	豫南鎮守使
第十四混成旅旅長	田維勤	汝南	
第十五混成旅旅長	袁家聲	永城夏邑	柏文蔚部民軍由皖成軍來投
第十六混成旅旅長	郭振才	歸德	豫東鎮守使
第十七混成旅旅長	馬吉第	開封	
第十八混成旅旅長	李鴻翥	開封	
騎兵第一旅旅長	鄭庠	衛輝	
騎兵第二旅旅長	周肇岐	衛輝	
騎兵第一團團長	馬文元	開封	
礮兵第一團團長	熊占標	開封	
礮兵第廿四團團長	羅傳齡	開封	
礮兵第廿六團團長	胡佩銘	鄭州	

步兵第一團團長	魏大福	南陽
步兵第二團團長	唐在田	南陽
步兵第三團團長	劉致棟	新鄭
步兵第四團團長	趙起秀	
步兵第五團團長	邵逢甲	商邱
步兵第六團團長	張古鰲	睢縣
補充第一團團長	張德樞	信陽
補充第二團團長	王丕經	
補充第三團團長	張迺威	
補充第四團團長	姚震乾	
補充第五團團長	崔峻峰	懷慶
補充第六團團長	姚林益	
補充第七團團長	王成章	新鄭

張隆第十八旅旅長後任待查

補充第八團團長	魏尙友	鄭州	
補充第九團團長	袁夢蛟	彰德	
補充第十團團長	高棟滋		
補充第十一團團長	閻博雲		
補充第十二團團長	張　嶼		

乙　毅軍

毅軍總司令	米振標	開封	兼河南軍務幫辦
第一混成旅旅長	張繼武		
第二混成旅旅長	劉正芳	禹州	
第三混成旅旅長	于金武	開封	
第四混成旅旅長	張錦標	尉氏	以上步兵四團 騎兵四團
獨立團團長	米國賢		

丙　建國豫軍

建國豫軍總司令	樊鍾秀	寶豐
第一路司令	李山林	汝州
第二路司令	顏芝蘭	偃師
第三路司令	趙振江	魯山
第四路司令	趙天清	寶慶
第一旅旅長	任應岐	潢州光山
第二旅旅長	李萬	上蔡
第三旅旅長	李興亞	正陽羅山
衛隊司令	樊鍾華	臨潁
警衛司令	王達山	湯陰琪縣

總計師旅名目之繁多，派別之複雜，除川廣兩省外，無論何省，莫若河南，如照北洋編制計算，則直轄之第二軍，有十一個師，十八個混成旅，二個騎兵旅，十二個補充團，六個獨立步兵團，一個獨立騎兵團，三個獨立砲兵團，應有兵額二十餘萬人。然胡景翼初入豫，人數不足四萬，砲不過三十餘尊，雖屢次改編

擴充，人數不患不多，而槍枝大抵來自民團土匪，新式者甚鮮，子彈亦極形缺乏，砲與機關槍更無論矣。且就其派別言之，約可分爲：一，郭振才馬志敏馬吉第李鴻翥，原河南舊軍，總數不過一萬五六千人；一，田維勤陳文釗王爲蔚則爲吳佩孚系，總數約二萬人，〔陳八千王田各六千〕軍械頗充；三，趙倜勛龐振武原劉鎭華舊部，合計新槍不過五千；衞定一原郭堅舊部，遠在西安翔鳳之間，槍亦僅二千；袁家聲係奉柏文蔚之命，於皖北潁壽一帶集民團民軍而成軍，槍約三千：以上三部分，共四萬餘人，皆與二軍無歷史之關係。其餘之二軍，可分爲陝軍與新編軍二系：陝軍爲隨胡景翼出關，及以後由陝境調來之軍隊，如第一師第二師與田維勤李雲龍李紀才田玉潔〔玉潔由陝新來〕等部皆是。新編之軍，則爲鄧瑜馮毓東蔣世傑弓富魁等皆屬之。至龐振武等及補充團則多由民軍編成。此爲國民第二軍入豫後之擴張情形。至國民第三軍，與河南已有一時間之關繫。因敍述之便利，一爲併述。國民第三軍其基本係第十五混成旅。該旅原駐京漢鐵路北段，担任沿線警備任務。旅長孫岳，兼任直隸大名鎭守使。原係同盟會會員，與國民黨頗接近。國民軍首都革命以前，在北京擔任運動之國民黨人與孫岳接洽多次。及馮玉祥胡景翼商定迴歸拘曹擊吳之際，即與孫岳通聲氣，約定并力同舉。先是吳佩孚決定對東北作戰時，在燕軍隊全數出發。即急調第十五混成旅入京任拱衞，並任孫岳爲京畿警備總司令，且許以擴充爲第三十六師。及吳佩孚赴津督戰，孫岳已與馮玉祥等聯絡就緒，即以京畿警備總司令名義，接收北京警備權，將所部軍隊悉數調至城內，分布要道，且以重兵扼守城門，準備迎馮玉祥等部隊入城。國民軍之得以不費一彈而占領北京，第十五混成旅之力爲多。事起之後，京中因事起倉卒，變生意外，莫所措手。曹錕之衛隊全部一個混成旅，直軍留守約一個混成旅，步軍統領衙門所轄之游擊隊（步軍統領衙門始於清初至此始消滅）均爲孫改編爲三混成旅，復盡收保定大名警察巡防之槍枝及散兵降軍，分別編成中央暫編第四師第一第二第三等三個混成旅，中央第十五混成旅，及葉荃之第二師，合爲國民軍第三軍，孫岳任總司令。人數約達四萬。十四年一月十五日，孫岳被任爲豫陝甘剿匪總司令。旋，張作霖索保定大名防地，經數度之交涉。段祺瑞（時任臨時執政）允以豫陝交境爲國民第三軍之給養地，孫岳乃被任爲河南省長，全部赴豫，讓保大於東北。移所部入豫，分駐鄭州新鄉一帶。憨玉琨之亂，葉荃部加入戰爭，在洛陽西南爲張治公所敗，幾不成軍。及劉憨敗潰，憨所招收之民團土匪，如孫魁元王振等均紛紛降孫，以圖自存，而名義上均屬葉荃。十四年夏，孫岳受段祺瑞命爲陝督，率國民第三軍入陝攻吳新田，（另詳陝西軍史）葉荃獨留河南。旅長孫魁元遂逐葉荃而代爲第二師師長，雖經孫岳否認，然葉荃係滇將，毫無實力，且不爲北籍軍人所擁戴，其直轄各旅，均不聽命。逐葉後之葉部各旅，孫岳亦不復視之爲己部。隨孫岳入陝者，另詳陝西軍史，茲僅就國民第三軍在豫時之部隊列表如下：

國民第三軍總司令	孫岳	
暫編第四師師長	何遂	
步兵第七旅旅長	顧占鰲	
步兵第八旅旅長	門炳岳	
暫編第一混成旅旅長	徐永昌	入陝後改編爲第一師
暫編第二混成旅旅長	龐炳勳	
暫編第三混成旅旅長	劉廷森	
補充第一旅旅長	耿金錫	
以上由河南隨孫岳入陝		
暫編第五混成旅旅長	徐卓增	
暫編第六混成旅旅長	張鴻逵	
第十五混成旅旅長	袁廷傑	

第二補充旅旅長　胡德夫

以上留豫

第二師師長　葉荃

直轄第一旅旅長　萬選才

直轄第二旅旅長　蔣大章

直轄第三旅旅長　孫魁元

直轄第四旅旅長　林茂修

直轄第五旅旅長　樊青山

補充旅旅長　王振

以上在豫收編者

國民第三軍除以上各部隊外，尙有曾經收編之馬文德李希鳳徐理五等各旅及楊紹周李文軒孫耀南王耀宸各團，均未知其番號。又另有第一第二第三等三個旅，宋玉珍戴廣勝秦毅分任旅長；〔二旅旅長原爲田書年〕曾一度經孫岳編制，後改爲京衞軍，歸訓練總監吳光新副監陳文運節制，以第一旅任執政府衛隊，第三旅駐通縣，第二旅駐南苑。該三旅原係舊第二十師閻治堂所部及散兵所編成，與孫岳無大關繫，故未隨孫而被段祺瑞收爲親軍。惟國民第二三兩軍，編制迄未完定，其番號師旅，時有更易，頗難詳悉。茲編僅記在豫時之情況而已。至國民軍在豫之失敗，及吳佩孚重起入豫，以至馮玉祥自秦再入中原，已非河南一省之軍事，俱詳第一章北洋軍史之第五節，茲不復贅。

第六章　浙蘇軍史

第一節　浙江軍史

一　浙軍之初始　浙江之有新軍，始於南洋練兵之時，其番號爲常備新軍第二十一鎮。其步隊第四十一協先成立，第二十二協則由第二十一協擴成。辛亥革命以前，該鎮所屬之馬隊第二十一標，礮隊第二十一標及工程營，輜重營，均已編成。武昌起義後，上海光復，浙江續起，標統周承菼率部獨立。旋朱瑞率兵入蘇，會師攻寧。留守者尚有義勇隊等部。抵蘇後改編爲陸軍第六師。元年一月，浙軍義勇隊，敢死隊及其他零星各部，混合編爲浙江第二鎮。旋奉政府令改稱爲第二十五師。南北和議告成，第六師師長朱瑞回浙接任浙江都督。裁汰第二十五師之老弱及窳朽槍枝，縮編爲獨立旅。二次革命時朱瑞雖爲國民黨黨員，而依附袁世凱，反對討袁軍，南京獨立之失敗，頗受其影響。但朱瑞因此博得袁世凱之信任，得安然任浙督。三年，且受袁命爲興武將軍督理浙江軍務。惟袁世凱雖信朱瑞効忠於己，而對於南方各軍則實所深忌，浙軍亦南軍也，自不能得其好感。爲防止浙軍之異動計，特調北洋第四師師長楊善德第十師師長盧永祥率所部南下，駐紮於松江上海等處，以扼浙江之咽喉。並以鄭汝成爲上海鎮守使，臨監浙軍北上之路。自是浙軍被嚴重監視，完全不能活動。

二　北軍之入浙及滬淞之爭

五年袁世凱稱帝，護國軍紛起討袁。四月，浙江獨立，巡按使屈映光不欲得罪袁世凱，以兼代總司令敷衍。鎮守使呂公望起而逐之。呂雖籍隸北平，而在浙已久，任浙江都督之始，即恢復獨立旅爲第二十五師，並添募新兵編成浙江第一混成旅。九月，改編第六師爲浙江第一師，第二十五師爲浙江第二師。六年一月，北京政府任第四師師長兼淞滬鎮守使楊善德爲浙江督軍（以鎮守副使盧永祥陞淞滬鎮守使）率第四師之一部入杭州，逐呂公望。是爲浙江駐有客籍軍隊之始。楊善德既接任，即減縮浙軍，裁撤第一混成旅。時第四師之一部份尙留駐松江。浙軍雖號稱二個師，實際兵員數僅一萬三千餘人。故是時浙省軍費之負擔，較任何一省爲輕。十一月，浙軍第二師步兵第三旅旅長葉煥華因北洋系之壓迫，在寧波獨立，與西南各省相呼應，楊善德命第十師師長童保暄率部往擊破之。七年四月，童保暄奉北政府命率全師援閩，其部下團長陳肇英率步兵一團入粵投降，受孫文編制爲浙軍混成旅旅長，旋改爲浙軍司令。浙軍在閩頗受影響。未幾童保暄病死，第一師回浙。八年八月，楊善德卒於任，淞滬護軍使第十師師長盧永祥兼任。盧爲北洋將領之老前輩，與段祺瑞極親近，時人目之爲段系健將。是時，任江蘇督軍者，爲李純。李係直系，與馮國璋極親近，馮以副總統入京繼黎元洪任大總統，乃調李純自江西督軍任轉蘇。故李與馮一致，對段祺瑞無好感。且上海松江皆屬蘇境，而盧永祥因第四第十兩師久駐滬淞之歷史及己身兼署浙督關繫，占據滬淞，以浙江督軍而兼管之，一若兩地劃歸浙屬者。李純深忌之，盧永祥以重兵駐守上海，對李戒備頗嚴。九年，直皖之戰，李純調兵至崑山，拆毀滬寧鐵路軌道，擬乘直系戰勝皖系之威，逐去盧永祥及何豐林。盧永祥知之，持重不肯發難。李是時方極口和平，不便自開戰釁，遂得勉強無事。是年七月二日，北京政府命令盧永祥專任浙江督軍，裁撤淞滬護軍使，而以何豐林（原任第六混成旅旅長）爲淞滬鎮守使，令下，第四第十兩師軍官聯銜通電，堅決反對，不肯受命。李純則挾中央命令以臨之。雙方相持不肯下。時適李純因私故被其部下第六師師長兼江寧鎮守使齊燮元所暗殺，而以祈求和平自殺警世訃告。齊燮元繼任蘇督，資望甚淺，遠出盧下，且因殺李故，恐部下有反側，（齊部蓋爲李之多年舊屬）不敢與盧較。乃復設淞滬護軍使，仍以何豐林兼任。何既係盧之親信部屬，第四師又仍駐松江；故松江上海依然屬於浙江督軍管轄。上海爲中國第一巨埠，收入甚豐，而軍官私運鴉片，其利之鉅，尤足驚人，駐蘇軍官多垂涎生羨，與駐浙軍官益形水火，是以浙蘇終不免於一戰。

三　江浙戰爭時之浙境軍隊　十一年，奉直之戰，浙蘇幾起衝突。奉軍敗，浙軍乃不果動。然盧永祥遂廢督軍，倡制省憲法，以『浙江總司令』名義任事，不復受北京政府之指揮。十二年，曹錕賄選大總統成，浙江通電反對斥責。浙蘇紳士懼釀戰禍，出而力任調停，訂定『江浙公約』，維持兩省和平。蓋雙方軍事預備均不甚充，盧永祥後援莫得，齊燮元羽毛未豐，皆利於乘風轉舵，留待他日，非士紳眞能制止雙方之鬥爭也。十三年春，駐閩之皖系臧致平楊化昭兩部軍隊爲孫傳芳周蔭人所敗，率所部自福建經江西之東部而入浙，盧永祥收容之，編爲『邊防軍』，以臧致平爲邊防訓練處處長，楊化昭爲混成旅旅長。吳佩孚電勸盧永祥解散之，盧不聽。齊燮元遂謂浙江收容客軍，爲破壞十二年和約，聯蘇皖贛閩四省軍，謀圍攻浙江。曹錕納陸錦之言，電齊燮元，許其用兵。八月十五日，齊燮元開軍事會議於南京，遂下動員令，調所部精銳，集中於滬寧鐵路綫。盧永祥知齊必出一戰，早積極準備，雖經兩省士紳再爲奔走調停，而箭在弦上，不得不發，和平之呼聲，不復有效。其時浙江全省軍隊，大概如左：

甲　盧永祥部北軍

中央第十師師長	盧永祥	杭州	騎礮工輜俱全
步兵十九旅旅長	王賓	嘉興	嘉湖鎮守使
步兵二十旅旅長	朱聲廣		
中央第四師師長	陳樂山	松江	騎礮工輜俱全
步兵第七旅旅長	夏兆麟		
步兵第八旅旅長	王鳴珂		
步兵補充團團長	范奪魁		
中央第六混成旅旅長	何豐林	上海吳淞	

乙　浙軍

浙江第一師師長	潘國綱	寧波紹興	轄步兵二個旅
步兵第一旅旅長	郝國璽	寧波	

步兵第二旅旅長	伍文淵		
浙江第二師師長	張載揚	金華衢州	張兼省長
步兵第三旅旅長	盛開第		
步兵第四旅旅長	汪鎬基		
礮兵團團長	張國威		
警備隊	夏超		分各路統領實力約四團
鎮海礮台司令	張伯岐	鎮海	約一團

丙　邊防軍

邊防訓練處處長	臧致平		
中央第二十四混成旅旅長	楊化昭	開化	
補充旅旅長	李俞慶		
衛隊團團長		杭州	
第一團團長	周錦成		

第二團團長　　　　　　金榜辰

憲兵司令　　　　馬鴻烈　　　杭州　　轄二個營

江浙戰事爆發時，浙軍及駐浙北軍與邊防軍概易戰時編制，稱爲『浙滬聯軍』，共編爲三個軍，其組織爲：

第一軍總司令　　　　何豐林

第一軍副司令　　　　臧致平

率第十師步兵第二十旅，第六混成旅，衛隊團及臧部邊防軍各團，進攻滬寧鐵路。

第二軍總司令　　　　陳樂山

第二軍副司令　　　　楊化昭

率第四師，第二十四混成旅，第十師步兵第十九旅，進攻宜興。

第三軍總司令　　　　張載揚

第三軍副司令　　　　潘國綱

率浙江第一師浙江第二師，守仙霞嶺，禦福建之孫傳芳。

四　孫傳芳之入浙　九月十六日，礮兵團長張國威（與湖南之張國威同姓名非一人）降閩浙邊防督孫傳芳，引北兵入浙，潘國綱大敗於江山。時前綫方作持久戰，後方遽然動搖，杭州大震。盧永祥張載揚乃以軍政交周鳳岐（浙江老軍官）民政交夏超（全省警務處長）走赴上海，令第二軍全軍退嘉興，集松江，孫傳芳遂長驅直入，逕至杭州。（孫入杭之時西湖著名古蹟雷峰塔適於其時傾倒人多奇之）旋，蘇軍陳調元率蘇皖軍占嘉興，潘國綱走寧波由海道離浙。浙境遂無戰事。盧何等仍守滬。九月十九日，在滬寧鐵路之蘇軍聯合援蘇之魯軍豫軍，積極進攻，且分兵襲南翔（距上海約四十華里之小鎮市）浙滬軍心極固，且較之齊燮元之蘇軍精勇遠甚。楊化昭作戰八十小時不移陣綫，尤有勇名。當時人士對楊之稱道，不亞於二軍贛戰時之林虎。是時，楊獨當前線，故蘇軍師久無功，得魯豫兩軍之援，始敢突進。次日（九月二十日）北京政府下令，任孫傳芳為浙江督軍，兼閩浙巡閱使（此職係為孫而設）夏超為浙江省長。計隨孫傳芳入浙者，為第二師（師長孫自兼後任盧香亭繼）第十混成旅（孟昭月）福建第一混成旅，（彭德銓）以第二十四混成旅（張俊峰與楊化昭部番號雷同）為後援。在贛北軍楊以來張慶昶兩旅為奇兵，自玉山攻浙。得杭州後，張俊峯旅及贛籍北軍均撤回。孫傳芳以方有事於前方，乃收編浙軍，以其同學陳儀〔浙人與孫接近〕爲浙江第一師師長，以周鳳岐爲浙江第二師師長。夏超亦乘機擴充其警備隊。孫傳芳既得周鳳岐夏超之助，復有陳儀爲之守後方，乃率所部逕趨楓涇，與陳調元合攻浙滬聯軍。十月九日王賓敗出松江。盧永祥改任何豐林爲第三軍總司令，扼守新橋。連戰不利。十三日，盧永祥何豐林臧致平相偕離滬赴日本。陳樂山楊化昭等擁居滬之徐樹錚爲蘇浙聯軍總司令，仍與齊燮元孫傳芳鏖戰。齊孫以楊化昭之勇，益以徐樹錚之智，殊不易敵，大懼。乃勾結外人，使公共租界工部局令巡捕房拘捕徐樹錚陳樂山，勒令具保出外，嚴厲監視。浙軍無主，援蘇鄂軍張允明旅始得據上海。楊化昭以所部交部將楊賡和維持，隻身去津。十七日，孫傳芳至滬，委白寶山爲上海防守司令，並設法收編浙軍。散兵多被收集。時浙江寧波忽告獨立。孫傳芳乃戢其乘勝併蘇之念，而還顧浙江。

五　寧波獨立之失敗

當浙江第一師師長潘國綱於孫傳芳入浙之際，貿然離仙霞嶺而去，直赴寧波，擬保此海濱一角富庶之地，再作良圖。初謀據占寧波紹興台州三舊府屬，組織省政府，以圖恢復全浙。寧波多富商，乏政治觀念，而富於私利心，對曹吳之賄選竊國，非所關心，惟求保其一角之苟安，故多方泥滯潘國綱計畫。潘雖有願，厄於地方之反對，終不果發。憤而走滬，就商於盧永祥。適浙江之前輩軍官蔣尊簋〔百器〕呂公望，政客屈映光褚輔成等，方謀浙人救浙。遂赴寧波，積極準備獨立。十月八日，寧波實行宣布自治公選蔣尊簋為浙江自治委員長，〔以委員制組織地方政府此為嚆矢〕呂公望任軍政，屈映光任民政，與潘國綱褚輔成等俱為委員。九日潘國綱忽通電辭去第一師師長職。自治政府乃任步兵第二旅旅長伍文淵繼潘任浙江陸軍第一師師長。詎伍文淵態度遽變，對自治政府取敵視行動。〔或謂伍文淵之變態係甬紳所運動冀免戰禍保平安者事雖不為無因但未能確證〕蔣尊簋呂公望等事先得訊，急赴上海，未遭毒手。十三日寧台鎮守使王桂林步兵第一旅旅長郝國璽，宣布伍文淵之罪狀，圍攻師司令部，捕伍文淵迫令辭職。復擁呂公望為「浙江自治軍總司令」郝國璽為第一師師長兼前敵總指揮，進兵向紹興突攻。及盧永祥失敗去滬，無復呼應之希望，呂公望郝國璽乃紛紛離軍他去。十八日孫傳芳所命攻甬之浙江第二師師長周鳳岐率所部入寧波，浙人之自治運動遂根本失敗。

六　江浙戰後之浙境軍隊　江浙之役，戰爭以滬寧鐵路綫之瀏河黃渡一帶為最激烈。齊燮元部下之蘇軍死亡枕藉，潰散甚夥，而浙滬聯軍則終未失敗。第十師步兵第十九旅，及第六混成旅，衛隊團，由莘莊退至龍華；第四師及臧致平部補充旅由南翔退至龍華；第十師步兵第二十旅，及補充旅之一部，將校義勇團〔何豐林新招閒散軍人所編方成一部分〕游擊隊，自黃渡退至閘北；第二十四混成旅〔楊化昭〕自嘉定瀏河退至羅店，共約五萬人，咸聚於上海。援蘇鄂軍第五混成旅旅長張允明入滬後，首先迫編械致平部爲二個混成旅，而自稱爲暫編第一師師長。孫傳芳則收編第四師，以夏兆麟爲師長調駐松江，何豐林部之第六混成旅步兵第二團則由閘北保衛團收編爲團丁；〔後率軍入蘇投入張宗昌部爲補充團方振武部〕其步兵第一團則歸孫傳芳，仍存第六混成旅之名，以劉永勝爲旅長駐浦東。其第十師、第二十四混成旅，將校義勇團，游擊隊，以及邊防軍之各步兵團，概由齊燮元收編。〔詳本章下節江蘇軍史〕浙江第一師，則由孫傳芳命陳儀赴寧波接收，頗多喪失，已非舊觀矣；第二師未經事故，完整如初，周鳳岐任師長，而礮兵團長張國威因於仙霞嶺獻要隘迎降孫傳芳之功，陞編所部爲獨立礮兵旅，以張爲旅長，任第十混成旅旅長孟昭月爲寧台鎮守使，代周鳳岐守寧波，僅留孫本部之北洋第二師步兵第三旅在滬，其餘部隊掃數還至浙江。回浙後，即擬解散浙江第一師，浙人爲保全浙軍計，多方向孫傳芳說項，始免繳械，命陳儀妥愼督率，並以福建第一混成旅旅長彭德銓部駐溫州，會同孟昭月嚴重監視浙江第一師。時盧香亭已陞北洋第二師師長，繼盧任北洋第二師步兵第三旅旅長者，爲所部團長楊鎮東。玆將當時浙境所有軍隊及上級長官姓名列表如下：

中央第二師師長	盧香亭	杭州	雖名爲中央實已成爲孫傳芳私人之地方軍—騎礮工輜全備
步兵第三旅旅長	楊鎮東	杭州	第五團李俊義留駐上海高昌廟兵工廠附近

步兵第四旅旅長	謝鴻勳	嘉興	
中央第十混成旅旅長	孟昭月	寧波	兼寧台鎮守使
暫編第一混成旅旅長	彭德銓	溫州	福建第一混成旅改編
中央第四師師長	夏兆麟	嘉善松江	收編陳樂山部騎礮工輜全備
步兵第七旅旅長	方先聰	松江	
步兵第八旅旅長	范奪魁	嘉善	
中央第六混成旅旅長	劉永勝	上海之浦東	收編何豐林部
督署衛隊團團長	李寶璋	杭州	

以上孫傳芳部之入浙及收編之盧何舊部，雖其中多名爲中央軍，不過因其歷史上之遺傳番號耳，初非中央之國軍，且非由北洋南下時之舊觀，更與北京政府不生關係。

浙江第一師師長	陳儀	紹興	轄步兵二個旅
步兵第一旅旅長	石鐸	餘姚	

步兵第二旅旅長	徐震方	寧波	以上兩旅長均新易人
浙江第二師師長	周鳳岐	杭州	轄步兵二個旅
步兵第三旅旅長	盛開第	蘭谿	
步兵第四旅旅長	汪鎬基	衢州	
礮兵獨立旅旅長	張國威	滬杭鐵路	
浙江保安隊統領	夏超	杭州	警備隊改編夏以省長兼統
第一隊統帶	吳殿揚	浙東	
第二隊統帶	劉炳樞	浙西	
浙江緝私統領	王茂桐	杭州	原第二師第六團團長

以上爲浙江舊有軍隊或改編者，保安隊之實力自此擴充，迄北伐夏超獨立時，約達萬人。

上表所列兵員總數在五萬人以上。以孫傳芳所部爲最充足，如孟昭月旅溢出編制甚多。浙軍則除保安隊外，精神物質兩方之實力均日形減退，頗呈頹頹狀態。而孫傳芳對於所部北軍，則整頓擴充不遺餘力。蓋孫雖占得浙江，而其野心實抱統一中原，雄據長江之大願，故日爲進取鄰省之謀。

七　第四師之變化

孫傳芳既有圖霸之心，皖系亦抱復仇之志，東南戰事遂致重開。其因雖由於齊燮元之免職，而首先發難者反爲浙江之孫傳芳。當盧永祥去滬之際，孫傳芳改編陳樂山之第四師，以夏兆麟爲師長，調駐松江嘉善。十二月，北京臨時執政段祺瑞密任陳樂山爲第四師師長，何豐林爲第十九師師長，〔時齊燮元任宮邦鐸爲第九師師長見下節江蘇軍使〕調宮邦鐸爲第六師師長。陳何遂相繼至滬。十二月二十四日，陳樂山徑赴松江，第四師官兵皆陳舊屬，不樂爲夏兆麟用，遂擁陳復職。二十六日，第四師步兵第八旅長范奪魁率所部退守楓涇，毁滬杭鐵路第三十六號橋防孫傳芳來攻。二十七日，孫傳芳命盧香亭率北洋第二師步兵第四旅及浙軍第二師步兵第四旅之第八團至嘉善，進攻第四軍。二十七日，孫軍第四旅長謝鴻勛入楓涇，第四師沿滬杭鐵路退守。二十九日，孫軍復進攻，並分兵由佘水廟沿浦江攻得勝港。十四年一月一日，陳樂山敗走上海。二日，盧香亭入松江。第四師步兵第八旅之第十五團由第三十一號橋潰走泗涇佘山。第十六團及閘北保衞團之一部〔何豐林舊部〕由松江退青浦。步兵第七旅守第三十四號橋，後路隔絕，亦潰走繞道至滬。各軍沿途潰散，陸續聚集徐家匯者五千餘人，均附屬於張允明。孫傳芳乃任北洋第二師之步兵第四旅長謝鴻勛繼任第四師長，招集殘卒改編，並加以補充。但第四師旅長方先聰范奪魁均不願屬孫，士卒亦均走散。謝鴻勳之所得，僅二三千人，餘均募補者。編成後仍駐松江，擔任滬杭鐵路防務，充護路隊。

八　孫傳芳據浙時之浙軍　張允明失敗〔見下節〕後，其殘部投孫傳芳，改編爲第二混成旅，以王金鈺任旅長。旋改以孫部親信將領楊鎮東任旅長，並改番號爲第七混成旅。駐杭州之筧橋。蘇浙和約成立，孫傳芳即調駐浦東之第六混成旅旅長劉永勝〔何豐林舊部〕所部移駐金山，至即令彭德銓旅圍繳其械，旋即以彭德銓部改稱爲第六混成旅。於是孫傳芳乃爲整頓所部番號之工作：以浙江第一師陳儀部改爲第一師，北洋第二師盧香亭部仍爲第二師，浙江第二師周鳳岐部〔與盧香亭部番號重複〕改爲第三師。收編在贛北軍張慶昶爲第四混成旅，初令移駐閩北，繼調駐浙江之江山。又改楊鎮東原任之第三旅爲第八混成旅，任顏景崇爲旅長。〔彭德銓楊鎮東所部之第六第七兩混成旅亦於斯時改定番號〕又調第二十四混成旅旅長張俊峯部〔原駐上海之閘北〕移駐浙江之衢州，擔任防務，且派員赴北方招募新兵，補充第二師及各混成旅，同時購買外械，分發各部。各師旅之中初級軍官亦多更易，北洋系，且以第二師出身者爲多。是時孫傳芳所部，全軍實力較之由閩入浙時，已增加至二倍以上，共計實力爲三個師〔第四師謝鴻勛部不完全〕七個混成旅，一個混成團及憲兵營等，共計五萬餘人。茲就當時浙江全省駐軍，列表於下：

第一師師長	陳儀	杭州	原浙軍第一師
第一旅旅長	石鐸	紹興	
第二旅旅長	徐震方	五夫	
第二師師長	盧香亭	杭州	原北洋第二師
第三旅旅長	王淼	嘉善	
第四旅旅長	李俊義	筧橋	
第三師師長	周鳳岐	杭州	原浙軍第二師
第五旅旅長	汪鎬基	長興	
第六旅旅長	繇開第	湖州	
第四師〔護路隊〕師長	謝鴻勛	淞江	原第四師陳樂山部 原屬中央第一師蔡成勳部蔡自贛出走後降孫
第四混成旅旅長	張慶祀	江山	原閩軍第一混成旅隨孫入浙
第六混成旅旅長	彭德銓	平湖	

第七混成旅旅長	楊鎭東	筧橋	張九明部暫編第一師之第二團及湖北第五混成旅第十團合編
第八混成旅旅長	顏景崇	杭州	
第十混成旅旅長	孟昭月	寧波	兼寧台鎭守使
第二十四混成旅旅長	張俊峯	衢州	兼閩北鎭守使
督署衞隊混成團團長	李寶璋	杭州	
憲兵營	汪其昌	杭州	
保安隊統領	夏超	杭州	
第一隊統帶	吳殿揚		
第二隊統帶	劉丙樞		
浙江緝私統領	王茂桐		

九　浙軍之變化

孫傳芳於浙江整頓軍隊之先，適盧永祥奉北京政府命任蘇皖宣撫使，率東北軍張宗昌部南下至南京，逐齊燮元，安徽省長王揖唐令皖軍李傳業助盧入蘇。湖北督軍蕭耀南乃助孫傳芳以械彈，聯絡浙滬鎭守使兼第六師師長第十九師師長宮邦鐸，海州護軍使白寶山，淮揚護軍使馬玉仁抗擊東北軍。一月九日陳樂山復聯代理蘇常鎮守使秦洸集兵崑山抗孫。孫傳芳乃與齊燮元馬聯甲周蔭人方本仁合組蘇浙皖閩贛五省聯防，並組『蘇浙聯軍』未幾齊燮元敗走，前記之蘇浙和約乃成。旋楊宇霆繼盧永祥督蘇。至十月十日皖贛蘇閩等省代表會於杭州，主張逐東北軍。組五省聯軍以孫傳芳爲『五省聯軍總司令』，假秋操爲名入蘇逐東北軍，孫傳芳乃率第二師入南京，（蘇軍之改編見下節江蘇軍史）自是據有五省稱霸東南。十五年國民革命軍出師北伐，奠定湘贛，孫傳芳不允接受黨軍條件，在贛作戰失敗，浙人運動和平，出發江西之浙軍周鳳岐部之留駐寧常一帶者，於十月一日自行回浙。二十日，省長夏超宣告就國民革命軍第十八軍軍長職，將保安隊編成第十八軍，出防嘉興，擬窺淞滬。但保安隊未經嚴厲訓練，夏超亦缺整個計畫，至二十二日，孫傳芳命盧香亭孟昭月等圍攻，夏超陣亡。孫乃命盧香亭任浙軍總司令。旋國民革命軍入浙。十二月十五日，周鳳岐由衢州退至嚴州，就國民革命軍第二十六軍軍長，即以所部之浙軍一個師擴充成軍。盧香亭離杭，孟昭月入據杭城稱浙軍總司令。第一師（浙軍）即退駐寧波，改爲國民革命軍第十九軍，擁師長陳儀爲軍長。周鳳岐乃進攻孟昭月，戰於蘭谿嚴州富陽桐廬等地。二月三日，周蔭人由閩敗來浙境之軍隊與孟昭月部自相衝突。十九日，革命軍東路前敵總指揮白崇禧入杭州，周蔭人殘部至滬。自是浙省入於青天白日旗下。但第十九第二十六兩個軍之結果，除第二十六軍歷史較長，另於國民革命軍史中敘述外，其第十九軍，則因軍長與部屬意見兩歧，且自浙至蘇損失較重，縮編爲一獨立師，終則併入第六軍楊杰部，旋卽隨第六軍分編入他部。至張國威之殘兵旅，被孫傳芳調赴揚州。革命軍渡江時，一度歸還第二十六軍編爲第三師，（張部本與第二十六軍同源於浙軍第二師，其時第二十六軍僅第一第二二個師與革命軍每軍三個師制不符，故擬以張部補充）旋復潰散。浙軍及浙省駐軍之略史具此。

第二節　江蘇軍史

一　蘇軍之初期變化　江蘇在滿清時，爲南洋大臣駐節地，例以兩江總督（或稱「三江總督」節制蘇皖贛三省）兼任大臣，其重要較之北洋大臣直隸總督有過之無不及。故南洋之練新軍幾與北洋同時。不過北洋經積極編練，成正式陸軍較早。南洋則於光緒末年始成立第九鎮，趙聲（伯先）卽此鎮之統制也。宣統初，蘇境已有之新軍爲第九鎮第十三協第二十三協等一個鎮又二個協。蓋清廷擬定全國三十六鎮之計畫，南洋分配三鎮：第九鎮已成立，第七鎮第十二鎮均各僅編成一個混成協，就預定鎮番號輪計，故以第十三協第二十三協稱，尚待擴補成鎮也。第九鎮駐南京，爲純粹考選之優秀士兵，統將亦頗有得人之譽軍譽甚盛。第十三協駐淸江浦，屬江北提督，爲江北之新軍，雖亦新編，聲譽平平。第二十三協駐蘇州，係江蘇巡防營改編。此卽當時所謂『江南兩鎭，江北一鎭，』亦卽南洋陸軍之始基也。時，第九鎭統制爲徐紹楨，雖非陸軍專門人才，而國學精邃，治軍有方。第十三協自段祺瑞任江北提督，銳意訓練，後復經蔣雁行等之陶育，頗富朝氣。第二十三協經數度之挑選考核，始克整飭軍容。然士兵多來自防營中初級長官則多陸軍學生，感情頗不融洽，故成績甚鮮。辛亥革命時，第九鎭因曾經趙聲訓練，革命知識早已深入官兵心腦，且値鎭寧將軍鐵良對新軍異常猜忌之時，乃首先發難。雖以補充不給，戰敗於秣陵關，而士氣銳旺，終會同鎭江上海等處軍兵克復南京。「統制徐紹楨任聯軍總司令」旋，南京爲臨時政府之都城，各省北伐援寧，各軍雲集，省軍之別十餘，號稱二十餘師，蘇滬各地亦擴充數師，江北亦經蔣雁行招募數十營。是時全蘇已達八個師，其所有新軍，咸經編化擴大。其他雜色部隊尙不知若干，軍隊之衆，盛極一時。

二　北軍入蘇之始　和議成立，外省援軍多撤調回防，寧滬各師旅亦多裁汰。「時將中正任第二十三師步兵第四十五旅第八十九團團長屬滬軍亦被裁」至民國二年，黃興設留守府時，正式陸軍尙有五個師又二個旅之衆。二次革命，黃興率第一師師長冷遹，第八師師長陳之驥，義勇軍司令張堯卿等據南京，爲袁世凱派遣之馮國璋張勳所敗，張勳所部旋移駐徐州，馮國璋爲蘇督，率所部禁衛軍及直隸混成旅（後改稱爲第五混成旅）駐防上海，亦爲北軍占領，滬軍全被解散。蘇省於是始有北洋軍。時蘇軍尚存第二第四第十九各師及四路要塞步兵第一旅。民國三年，裁減第二師人數爲二千餘人，改編第三師爲第七十四混成旅，第四師爲第七十五第七十六兩混成旅，時揚州軍長徐寶山被刺，所部原係鹽梟民軍組成，乃改爲揚州游擊隊，至是乃合併要塞步兵第一旅，編爲一個步兵團稱要塞步兵掩護隊。五年夏，就揚州游緝隊擴充爲江蘇第一混成旅，而第七十五混成旅在江陰獨立失敗，被解散，故終馮國璋之任，蘇軍共爲二師又三混成旅，而實數則不過一萬三千餘人。六年，李純代馮國璋爲江蘇督軍，率其親信舊部北洋第六師由贛來蘇，禁衛軍及第五混成旅相繼北去，軍額軍餉均有增加。民國九年十月，李純被江寧鎮守使兼第六師師長齊燮元私事懷恨而槍殺之。齊燮元繼爲督軍，以李純自殺計聞。北京政府不敢問。齊乃編補充旅爲第二第三第四等三個混成旅，復改第七十四旅爲第五混成旅，以厚實力。十三年春，齊燮元爲籠絡江蘇各鎮守使以鞏固位置計，任海州鎮守使白寶山爲江蘇第一師師長，淮揚鎮守使馬玉仁爲第三師師長（原蘇常鎮守使第二師師長朱熙駐蘇州）並補充各師旅之缺額，軍費激增至七百餘萬圓。白寶山爲張勳舊部，四年被任爲海州鎮守使，原係巡防營舊制，無師旅之名，馬玉仁則爲光復時駐揚軍長徐寶山之舊部，曾編爲江蘇第一混成旅者也。至十三年夏，江浙開戰之前，齊燮元有兵五個師又六個混成旅及警備隊游緝營等，列表於下：

中央第六師師長	齊燮元〔兼〕	南京	第十一旅旅長宮邦鐸兼江寧鎮守使
中央第十九師師長	楊春普	鎮江江陰	原第十九師
江蘇暫編第一師師長	白寶山	海州	張勳舊部兼海州鎮守使
江蘇第二師師長	朱　熙	蘇州	原第二師兼蘇常鎮守使
江蘇暫編第三師師長	馬玉仁	揚州	徐寶山舊部兼淮揚鎮守使
江蘇第二混成旅旅長	黃振魁	揚州	
江蘇第三混成旅旅長	李殿臣	南京	
江蘇第四混成旅旅長	吳恒瓚	南京	
江蘇第五混成旅旅長	陳調元	徐州	兼剿匪司令
第七十六混成旅旅長	張仁奎	南通	兼通海鎮守使
警備隊第一團統帶	傅祥泰	常州	

警備隊第二團統帶　張繼勳　窰灣

淮揚游緝水師統領　朱大鵬　揚州

以上共計約六萬餘人。

三　江浙戰爭時蘇軍之變化　十三年八月，江浙戰爭時，齊燮元以第六第二兩師及第二第三第五第七十六各混成旅攻黃渡嘉定青浦等處，以第十九師及暫編第一師守宜興溧陽，以暫編第三師及第四混成旅攻瀏河，齊燮元自駐崑山爲大本營。及戰，以第五混成旅旅長陳調元率全部增援宜興方面，第十九軍被浙滬聯軍擊破，潰散幾不成軍。時，湖北督軍蕭耀南派湖北第五混成旅旅長張允明率全旅來援，並佐以湖北第四混成旅〔劉佐龍〕之一部，河南督軍張福來派河南第三混成旅旅長林起鵬率所部及河南第二混成旅〔馬燦林〕之一部，又河南第四混成旅旅長李鳴盛全部來援，山東督軍鄭士琦派中央第一混成旅旅長潘鴻鈞率全旅來援，大部均增加滬寧鐵路線。計蘇方在前敵之兵員遠四五萬，多於浙方約一倍，而軍隊之派系複雜，指揮不靈，卒不能取勝，於此足徵『師克在和不在衆』之爲千古名言也。九月十日，安徽第三混成旅旅長王普率兵由廣德攻泗安，安徽第五混成旅旅長史俊玉加入宜興，分路援蘇。同時，孫傳芳自福建攻浙之後方，贛軍張慶昶楊以來會師助之，浙滬聯軍乃大敗。及盧永祥何豐林出走，除陳樂山部第四師及何豐林部第六混成旅之大部被孫傳芳收編外，張允明收得臧致平部補充旅及步兵團，並儘量收容旣投浙軍之蘇軍散兵潰卒。張以先入上海之故，據有上海吳淞，自行擴編稱暫編第一師及第五混成旅，自兼任師長旅長。齊燮元初擬解散聚集上海閘北之浙滬聯軍各部，各該部聞訊，咸不甘服，架礮實彈，準備爲最後之一戰。齊察己力不能勝，乃陽爲容納滬紳保全地方之請求，而變計以朱聲廣爲第十師師長，收編盧永祥部屬之第十師，移駐江灣；另派與臧楊兩部有歷史關係之王永泉（見第七章第一節福建軍史）赴羅店收編楊化昭部爲第一第二二個混成旅，以楊賡和李啟佑分任旅長。其餘之雜軍如將校義勇團游擊隊等殘部，則歸白寶山馬玉仁分別改編，皆令移駐江北。計劃甫就緒，而北京政變，各軍皆觀望，不肯移防。第十師尤跋扈不聽命，孫傳芳乃命馬玉仁進駐滬北，監視第十師；並改任鄭俊彥爲第十師師長以代朱聲廣，且給以餉需軍服。至十一月三日，楊化昭部去羅店，十一日，第十師去江灣，（旋赴南京）滬上始無浙滬聯軍。

四　江浙戰爭時來蘇之客軍　江浙戰爭時，齊燮元紛向直系各省求援，各省援蘇軍隊，豫軍首先抵蘇，魯軍繼之。及吳佩孚抵天津，通電求援各省戒嚴，魯軍豫軍相繼北歸；皖軍第五混成旅旅長史俊玉第三混成旅旅長王普相繼離蘇回浙。鄂軍第四旅之步兵第七團（劉佐龍部隨張允明來蘇者）亦回鄂。惟張允明盤據上海兵工廠及龍華護軍使署，不肯行，且自委官吏，收取稅款，與省政府爭權。齊燮元乃以陳調元部第五混成旅及江蘇第二混成旅合編爲江蘇第四師，以陳調元兼任師長，令與鄂軍張允明全部及駐浙之孟昭月部第十混成旅北上援吳佩孚。蓋藉此去異己，〔陳調元時亦甚揚張不受齊羈勒〕 又恐有他變故，以親信之孟昭月監視之。十一月一日，山東宣布獨立，於韓莊毀津浦鐵路軌。陳調元屯兵徐州，孟昭月至寧復回滬。張允明益驕恣，日向齊燮元索餉械，藉口不出發。又嗾暫編第二團蔡仲節在上海之天通庵拆毀滬寧鐵路軌，阻第十師移防。齊燮元乃歸併江蘇第三混成旅於第十九師，任宮邦鐸爲師長，使兼淞滬鎮守使，移全師駐上海，調先時所任之上海鎮守使白寶山爲海疆防禦使，回海州；又歸併江蘇第四混成旅於江蘇第二師，任吳恒瓚爲師長，〔原第二師潰散後師長朱熙遁走〕 監視張允明。時，張允明不欲離滬，而苦無所藉辭，忽接北京攝政內閣命，任之爲淞滬護軍使，乃大喜，欲即就職。但上海爲齊燮元之所欲得，亦孫傳芳之所歆羨；既攝於宮邦鐸之實力，且懼孫傳芳襲攻其後，更因齊孫方倡聯合，儻協力以謀，尤未能敵，故不敢冒昧就任，致召釁自禍，乃未敢動。

五　江浙戰爭後之蘇境駐軍　先是十月初，齊燮元聯絡鄂蘇閩浙贛五省開『聯防會議』於南京，閩豫湘川陝相繼加入，儼然以東南民主自居。吳佩孚回洛陽，尚擁兵數萬，孫齊雙方爲各全自己地位計利害相同，遂促成其聯合自衞。齊既聯孫，已釋防浙之心而有取滬之便；乃一意收拾戰燼，重整軍容。時，蘇省將領多已易人，編制亦有變更，茲就十三年十一月終編定之情形列表如下：

甲　齊燮元部〔江南江北等處〕

中央第六師師長	齊燮元	江寧	原任宮邦鐸調第九師師長齊而任兼領
步兵第十一旅	王凱慶	省城	原第二十一團長
步兵第十二旅	李鉞	上海	原第二十四團長
中央第十師師長	鄭俊彥	宿遷	
步兵第十九旅旅長	李彥清	宿遷	
步兵第二十旅旅長	楊吉林	宿遷	
淞滬鎮守使中央第十九師師長	宮邦鐸	上海	舊十九師與江蘇第三混成旅合編
步兵第三十七旅旅長	高葆恒	砲台灣	
步兵第三十八旅旅長	馬琛	高昌廟	
海疆防守總司令江蘇第一師師長	白寶山	海州	

步兵第一旅旅長	王馨蘭	海州	
步兵第二旅旅長	鄭紹虞	溧陽宿遷	
江蘇第二師師長	吳恒瓚	蘇州	舊第二師與第四混成旅合編
步兵第三旅旅長	陳孝思	蘇州	
步兵第四旅旅長	唐業樞	江陰	
江蘇第三師師長	馬玉仁	淸江	淮揚鎮守使
步兵第五旅旅長	袁得才	淸江	
步兵第六旅旅長	劉漢民	淸江	
江蘇第四師師長	陳調元	徐州	第二第五混成旅合編兼四省剿匪司令
步兵第七旅旅長	畢代東	徐州	
步兵第八旅旅長	劉鳳圖	碭山	
江寧鎮守使兼軍務幇辦	朱　熙	江寧	開第二師師長缺
蘇常鎮守使兼水警廳長	楊春普	蘇州	開十九師師長缺繼趙會鵬任

寧鎮澄淞要塞總司令	趙學濤	南京	
寧路要塞司令	戚居敬		
鎮路要塞司令	郭保楨		
澄路要塞司令	趙福海		
淞路要塞司令	王景儒		
暫編第一混成旅旅長	楊賡和	寶應高郵	第一第二兩旅爲楊化昭舊部每旅步兵二團每團二營騎砲工輜重一混成營
暫編第二混成旅旅長	李啟佑	泗陽宿遷	每旅計二千六百人
第七十六混成旅旅長	張仁奎	通州	兼通海鎮守使
礮兵旅旅長	魏朝彥	南京	
補充旅旅長	王健飛	南京	
憲兵司令	馮獻瑞	南京	
淮北緝私統領	盧鳳書		原六師第十一旅旅長
淮南緝私統領	李殿臣		原第三混成旅旅長

蘇屬緝私統領	黃振魁	蘇州	原第二混成旅旅長
省防警備第一團團長	馮夢麟	南京	戰時新招防守省城
步兵補充團團長	佘念慈	南京	仝上
警備隊第一團統帶	王振聲	常州	
警備隊第二團統帶	張繼勳	徐州	
淮揚游緝水師統帶	戴春城	揚州	

乙　張允明部〔上海吳淞〕

暫編第一師師長	張允明	龍華
第一旅旅長	李翰卿	老龍華
第二旅旅長	高守相	新龍華
湖北第五混成旅旅長	張允明〔兼〕	龍華
步兵第九團團長	張霈雨	護軍使署
步兵第十團團長	武銘	上海滬杭路車站

以上八個師六個混成旅四個步兵團合緝私營要塞兵憲兵統計約達十一萬餘人。除張允明部不計外，月費餉需約一百零三萬圓。戰時所募公債八百萬圓盡數用爲戰費；嘉興太倉青浦各城鄉焚掠極慘；上海無錫蘇州各商埠百業停頓，直接間接之損失，不可計數。實爲曾國藩荼毒江南以後之第一浩劫。而江北一帶因部隊調動之徵發及軍費之攤籌，民衆所受之痛苦，亦無殊於江南。但齊燮元之野心，初不因民生凋敝而稍戢，對於上海非法收入（以鴉片爲大宗）必欲攫得之慾較戰前爲尤烈。視張允明若眼中釘，非拔去不可，日亟亟於軍備之補充整理。

六　盧永祥之入蘇　是年十一月二十日，段祺瑞入北京，就臨時執政職，江蘇將領咸惴惴不自安，以爲段必將爲其健將盧永祥復仇。齊燮元乃首先取消獨立，宣言擁段，極力獻勤，以求和緩。張允明揣段必不樂齊，認爲絕好機會，乃於二十四日，就前攝政內閣所任命之淞滬護軍使職。益輕視齊燮元。齊怒，電調第六師之步兵第二十一第二十三第二十四等三個團赴上海，助宮邦鐸奪張之位置。宮邦鐸性素謹愿，不欲開釁，得暫時相安。十二月十一日，段祺瑞下令免齊燮元職，任江蘇省長韓國鈞兼代督辦江蘇軍務，並任盧永祥爲蘇皖宣撫使。齊燮元大憤，謀反抗。但其部下多惜其實力，不願爲齊個人問題再開戰端，咸諷齊去職。齊益怒，乃調委宮邦鐸爲第六師師長，調礮兵旅旅長魏朝彥繼宮代任第十九師師長陽於十二月通電下野，十五日移交，陰以東北軍南下，將盡散蘇軍恫各將領。蘇軍將領迺全體聯名通電服從韓國鈞，但嚴阻盧永祥帶兵南下。蓋謂齊去盧可不來，即來亦可不帶兵。陳調元通北最早，亦勸盧永祥僅調其舊部第十師為衛隊，不必帶奉軍同行，以塞蘇軍將領之口。齊燮元時尚留南京沉觀事變。旋盧永祥以東北軍張宗昌為宣撫使軍隊，稱第一軍，任張宗昌為軍長，率所部五個混成旅（奉軍編制每一個旅約等於一個師之實力）陸續南下，為先驅。蘇將領人人自危，齊燮元喜而利用之，急調吳恒瓚之第二師，宮邦鐸之第六師，鄭朝彥之第十九師集中南京。旋第六師之第十一旅赴寧而宮邦鐸託病請假。白寶山馬玉仁皆袖手觀望。陳調元則表示反對齊燮元，於十二月二十二日單身赴濟南與張宗昌會晤。二十四日，在蘇之第二師步兵第三旅第五團第一營營長彭啟鵬聯絡在蘇軍警，逐旅長陳孝思，囚團長趙光戩鄭連生，舉礮兵營營長秦洸為臨時總指揮，據蘇州獨立。秦洸遂迫走楊春普，攫取鎮守使印，自稱蘇常鎮守使，派兵至無錫籌餉；同時，隔絕滬寧交通。時，陳調元方自北方回徐州，諭所部對獨立軍勿阻禦。二十六日，東北軍過徐，直趨浦口。齊燮元知衆叛親離，大勢已去，於二十七日與吳恒瓚等乘輪赴滬。二十八日，東北軍第三旅旅長褚玉璞任前衛，抵浦口。二十九日，張宗昌抵徐州，駐宿遷之第十師亦自宿遷赴南京，為盧永祥衛隊。韓國鈞乃調第二師赴江陰，補充旅王健飛赴鎮江，第六師之步兵十一旅赴上海，並令馬玉仁駐兵揚州，張仁奎駐兵鎮江，以監視之。又擴充省防警備團爲省防第一旅，任張中立爲旅長，委杜文泳爲警備第一團團長，張鎭爲警備第二團團長，設水陸警備司令，起用久投閒散之前蘇軍第二師師長冷遹統領以上各軍。十四年一月五日張宗昌抵浦口，十日盧永祥入南京，南京之戰事幸而暫免。乃次日——一月十一日——即有上海之變。

七　滬蘇事件之解決　當齊燮元出走之時，吳恒瓚、王健飛、王凱慶等均主戰，徒以蘇軍驟變，江蘇第四師（陳調元）北上迎盧，東北軍重兵南下，挾戰勝之威，來臨猝不及防。齊燮元至滬，乃謀逐宮邦鐸，結孫傳芳以拒東北軍。因張允明順段，決先逐之。孫傳芳亦惡張，且懼其爲東北先驅以臨浙，乃與齊燮元合作。一月九日，第六師及第十九師軍官承齊燮元之意旨，迫宮邦鐸辭職，推齊燮元爲蘇浙聯軍第一路司令，孫傳芳爲第二路司令，調江灣之第六師步兵第十二旅回龍華。同時，孫軍第二師步兵第四旅及駐高昌廟閔行之浙軍，進兵攻張允明。十一日晨，張允明敗，避入上海法租界，齊燮元入龍華，張部之逃入法租界者，繳械於法租界工部局，約五千餘人。鄂軍第五混成旅，則多降孫傳芳，孫編爲第二混成旅，以王金鈺爲旅長。第四師之殘部向依張允明者，亦相率入法租界繳械（後與張部同運青島轉燕改編歸盧永祥部下）。上海遂爲孫齊兩軍所占據，散兵潰卒，因被收編，市面無大損失。一月十一日，在蘇州獨立之步兵第三旅所屬第六團受齊燮元吳恒瓚之暗囑，突然向第五團進攻，謀逐秦洸。以無礮不敵秦部〔秦原係礮兵營長〕敗退唯亭，次日第十九師至唯亭應援。蘇紳調停，命秦洸去蘇，彭啟鵬亦潛逃，第五團降齊軍。於是自上海至高資均為齊軍所有，齊乃以吳恒瓚為前敵總司令，王健飛為前敵總指揮，起用李廷玉為第二軍總司令〔李於三年任贛南鎮守使與齊為舊友〕以第二師及補充旅並第六師步兵第十一旅扼守高資下蜀，輸運第六師步兵第十二旅及第十九師為援隊。一月十六日，東北軍自南京向龍灣攻齊軍，別任方振武組織別動隊會同白俄軍自溧水趨丹陽，斷齊軍之後路。十七日，東北軍入鎮江，李廷玉遁走。十八日，東北軍第三混成旅旅長褚玉璞入丹陽，齊軍敗退無錫。十九日，東北軍抵武進。〔常州〕是日孫傳芳軍北洋第二師步兵第三旅及北洋第十混成旅步兵第一團赴無錫援齊。然齊軍已無鬥志，日以焚掠為事，北洋第二師師長盧香亭乃於二十二日率師離無錫，返嘉興，蓋已知齊軍之必敗，且東北軍褚玉璞旅及第二軍之蔡平本旅，已由常州趨宜興，孫軍懼為所乘，故迴軍防守湖州長興。一月二十四日，東北軍與齊軍戰於無錫西之梟橋，齊軍潰敗。二十五日，東北軍分三路進攻，齊軍大潰，齊燮元逃上海，不復成軍。二十六日，東北軍入無錫。計各軍在無錫大掠六日，雖因縣城有保衛團，閉城防守，不能入，而城外商場工廠損失以千萬計，受害之慘，不亞於第一次江浙戰爭之嘉定青浦太倉等縣。東北軍至秩序始恢復。當齊軍與東北軍相持於無錫時，齊軍第二師步兵第三旅旅長陳孝思復任，率第五團駐江陰。二十三日，東北軍第三十二旅旅長畢庶澄攻之。以白俄軍數百人先占澄路要塞礮台，陳旅入城堅守，卒以援絕，且兵士縱掠，乃降東北軍，繳械改編。二十九日，畢庶澄入江陰。東北軍前鋒已於先一日（二十八日）至上海，與孫傳芳部相持於滬南。適吳光新抵滬，力主休戰議和，旋與孫軍代表王金鈺約定：浙軍退松江，東北軍退崑山，移交兵工廠於上海總商會，以保衛團駐守上海，不駐兵。二月三日，孫傳芳來滬，江浙和約告成。蓋是時孫傳芳丁久戰之後，兵疲械缺，且實力未充，自料不敵東北軍，故齊敗後即藉此轉圜。調北洋第二師步兵第三旅第五團自上海赴松江，蘇滬戰事乃終。

八　戰事平後蘇境之東北軍　盧永祥之入蘇，全得於張宗昌部之東北軍。計張宗昌部之入蘇者，共計五個混成旅，又二個梯團。（長官銜名見第二章第二節實力係統奉軍軍制）攻無錫時，分第三十二混成旅畢庶澄部攻江陰，第三混成旅褚玉璞部赴宜興。既占無錫，留第三十一混成旅（王棟）守蘇，第三十二混成旅守錫，第二十八第二十九兩旅及兩梯團則隨張宗昌至上海。旋收編潰兵，及何豐林舊部之在閘北保衛團者，為補充旅，任姚壽為旅長，留守鎮江之澄鎮要塞司令畢青雲招募掩護隊三營，駐鎮江。其收繳齊燮元部槍械，合計約達三萬枝，悉以擴充各旅。故張宗昌所屬達六萬餘人。二月十四日，由上海退兵。第二十九旅許琨部改駐崑山，第二十八旅程國瑞部駐蘇州，第三十一旅王棟部駐常州，總司令部亦設於常州，補充旅則改名爲『清鄉軍』，留駐上海附近。東北軍在滬時有一趣劇發生，卽張宗昌部下紛紛運煙土圖利，北洋舊將曾任中央第十一師師長（非馮玉祥之第十一師）李奎元方受張委在滬任稽查處長，實則爲護煙土耳。第三十一旅旅長王棟與之爭於龍華署中會議席上，竟開槍互轟，李越牆墮死，王被張宗昌撤職，以李棟臣繼任。三月，張宗昌被任爲蘇魯皖豫四省剿匪司令，移駐徐州。四月調任督辦山東軍務，張部之在江蘇者乃陸續由蘇北上赴魯，僅留第三十一旅於常州鎮江，爲後方留守。先是，張宗昌部已入蘇境，張作霖復命廬台之東北第三十五旅蔡平本部，及駐馬廠之直隸第一混成旅邢士廉部，陸續南下，爲張宗昌後援。其後蔡旅赴宜興，與東北第三旅同守浙邊，邢旅則駐徐州南京間。未幾，蔡旅改編爲第八師，移駐南京。四月，姜登選繼張宗昌被任爲蘇魯皖豫四省剿匪司令，駐徐州。東北第八師及直隸第一混成旅，東北第三十一旅，與徐海鎮守使孫鉢傳部（轄兵步三四團），統撥屬姜登選指揮。六月，五卅慘案發生後，上海形勢緊張，邢士廉率所部進駐上海鎮攝。九月，改編邢部爲東北第二十師。同時，楊宇霆被任爲蘇督，代盧永祥，江南之東北軍二個師又一個旅，遂屬楊宇霆指揮節制。

九　盧永祥時代之蘇軍

盧永祥戰敗後，其親信舊部北洋第十師爲齊燮元改編後，移駐宿遷。及盧南下，第十師由宿遷赴徐州入南京，爲盧永祥之衛隊。盧入蘇後，派尹同愈爲江北清鄉督辦，統率臧致平楊化昭舊部之第一混成旅楊賡和部第二混成旅李啟佑部。此一個師二個混成旅及清鄉隊，實爲盧永祥之親信。此外則爲省防軍與陸軍。省防軍之來源，係當齊燮元離南京（時江蘇省會爲南京）之際，市面恐慌，省長韓國鈞乃任冷遹爲江蘇全省水陸警備總司令，將省防團與第二師之一部改爲省防第一旅，任張中立爲旅長，與在常州之警備第一團，在徐州之警備第二團及全省警務處長王桂林所部之保安團，統歸冷遹節制。實力共計約一萬人。至於江蘇境內原有之陸軍，則江浙戰事以前之江蘇原有之軍隊多已潰散。計第六師，第十九師，江蘇第二師，江蘇補充旅，礮兵旅，均因助齊燮元反抗敗潰。楊春普宮邦鐸雖曾受盧永祥之命及上海總商會之託，收編第六師第十九師之殘部，但軍械終被張宗昌所收去，遂相繼辭職；段祺瑞復令撤銷第六師番號，北洋軍最著之一師，至是乃告消滅。第十九師及蘇軍第二師亦同被令撤銷。惟白寶山部江蘇第一師，馬玉仁部江蘇第三師，陳調元部江蘇第四師，及張仁奎部第七十六旅，尚存在。當盧永祥南下時，陳調元率第四師先驅入南京，爲盧永祥前衛，戰事既開，得任江蘇軍務幫辦，所部遂駐南京。旋，白寶山被任爲海州護軍使，馬玉仁被任爲淮揚護軍使；（民國軍史上除甘肅因寧夏清海未改鎮守以前曾設寧夏西寧兩護軍使而外祗江蘇同時設護軍使於江北且護軍使之任命亦以此爲最遲）均仍駐江北海州清江原防。但第三師步兵第六旅，於開戰時移駐揚州，遂留揚不去。張仁奎之第七十六混成旅原有一團在江陰，一團在鎮江，開戰時均調回南通。總之：最後戰爭，淮海揚通軍隊，全未加入，且在第一次江浙戰時多有擴充，實力乃足。

一〇 楊宇霆督蘇時之蘇境軍隊 十四年八月，楊宇霆奉北京政府命督蘇，隻身南下。盧永祥事前去寧，督印交省長鄭謙（南京人原任張作霖之秘書長）兼代。蓋是時孫傳芳甚跋扈，故東北方面以姜登選督皖，楊宇霆督蘇，以監臨之。因江蘇原駐有東北軍，故楊宇霆未再帶兵南下。總計當時江蘇省駐有之軍隊如左：

甲 東北軍

徐海鎮守使	孫鉢傳	徐州	步兵三團
東北陸軍第八師師長	丁喜春	南京溧水	蔡平本死丁代爲師長
第二十五旅旅長	錢忠山	南京	
第三十五旅旅長	田德勝	南京溧水	

東北陸軍第二十師師長　邢士廉　上海

第二十四旅　上海

第四十二旅旅長　趙鳴皋　上海

東北陸軍第三十一旅旅長　朱棟臣　鎮江常州　轄第六十九第七十第七十一等三個步兵團原王棟任旅長

乙　盧永祥部之存者

第十師師長　鄭俊彥　南京

步兵第十九旅旅長　李彥清

步兵第二十旅長　楊杏林

江北清鄉督辦　尹同愈

暫編第一混成旅旅長　楊賡和　高郵寶應　以上二旅臧致平楊化昭部改編合計六千餘人實力爲蘇境原有各軍冠

暫編第二混成旅旅長　李啟佑　泗陽

丙　蘇軍

江蘇第一師師長兼海州護軍史　白寶山　海州

步兵第一旅旅長　王馨蘭
步兵第二旅旅長　鄭紹虔
江蘇第三師師長兼淮揚護軍使　馬玉仁　清江
步兵第五旅旅長　袁得才　清江
步兵第六旅旅長　劉漢民　揚州
江蘇第四師師長兼軍務幫辦　陳調元　南京
步兵第七旅旅長　馮獻瑞
步兵第八旅旅長　劉鳳圖
江蘇第七十六混成旅兼通海鎮守使　張仁奎　南通

丁　省防軍

江蘇全省水陸警備總司令　冷遹　南京
省防第一團團長　張中立　南京
警備第一團團長　杜文泳　常州

警備第二團團長　張鎮　徐州
江蘇保安隊　王桂林（號）　南京
淮北緝私統領　傅心田
淮南緝私統領　方更生
淮揚水師游緝統領　馬玉懷　揚州　馬玉仁之弟

二　孫傳芳之入蘇　是年秋間，孫傳芳勾結江西方本仁，福建周蔭人，及安徽省安武軍改編之各旅長，蘇軍陳調元等，開秘密會於杭州，卽席議決：浙閩蘇皖贛五省聯合抗拒東北軍伸足於長江，以圖自存。並推孫傳芳爲「浙閩蘇皖贛五省聯軍總司令。」由陳調元聯絡蘇軍對付駐蘇之東北軍，皖中各旅對付入皖之東北軍。時，適段祺瑞以臨時執政名義，從張作霖之要求，任東北總參議楊宇霆爲江蘇軍事善後督辦，東北驍將姜登選爲安徽軍事善後督辦。蘇皖軍人頗自危，謀抗東北軍爲急，與孫傳芳信使往返，不絕於途。九月中，盧永祥以蘇督印交省長鄭謙（原張作霖之秘書長，南京人）代理而去蘇。楊宇霆旋卽赴任，蒞署視事，知蘇軍將不利於己，故未携隨從。越日，傳令校閱蘇軍，實彈露刃，嚴陣以待。楊宇霆便乘汽車巡場一週，未舉行閱兵式，卽返署。時，雙十節將近，孫傳芳以秋操爲名，調重兵潛入蘇境。楊宇霆原不贊成東北軍南下，至是一意保全實力，急電姜登選〔時姜在皖〕會同北退。一晝夜間，已率師過濟南。孫傳芳遂不戰而得全蘇，以江南名士陳陶遺爲省長。先是孫起兵時，許陳調元爲蘇軍總司令。東北軍退時，陳調元乘機繳得械數千桿，並因冷遹隨鄭謙出走，而吸收得省防警備軍之一部，實力大充，儼然以蘇省軍長自居。孫傳芳始亦虛與委蛇，繼乃臨之以威。且值在贛北籍軍第一師師長鄧如琢入皖，段祺瑞卽任之爲皖督。孫傳芳乃使陳調元往皖，爲皖軍總司令，而自以五省聯軍總司令攝江蘇軍政。既得蘇後，卽擬定計畫，從統一五省各師旅番號着手。除第一第二第三第四等師係孫由浙統率入蘇之衆，以馬玉山陳調元爲第五第六兩師師長；收由贛來蘇之馮紹閔部爲第七師，白寶山部第八師〔未編就〕仍以鄭俊彥爲第十四師師長。計是時，蘇省除陳調元一師入皖外，計增馮紹閔師，及新編之馬登瀛旅顏景崇旅，與孫帶來之各師旅。贛閩兩省軍隊未及改編，而北伐軍已出動矣。

一二　孫傳芳軍之結果　國民革命軍出師北伐時，原有『聯絡孫傳芳』之口號，乃孫雄心勃勃，擬使北伐軍擊破吳佩孚軍，出洞庭之後，再襲北伐軍之背，由贛取湘，以擴勢力於長江上游。故北伐軍攻湘，吳佩孚電約孫傳芳出兵夾擊之時，孫僅令北籍贛軍唐福山進兵湘邊。及吳失武漢，孫始大張旗鼓，親自至潯督師作戰。蔣中正派何成濬張羣等數次晤孫，商携手，孫終抱其爲己主義。及謝鴻勛傷死，南昌血戰大敗，浙皖紛降，乃急投張作霖麾下。楊宇霆竟釋嫌容之，時人頗以爲奇。嗣後退出江南時，蘇軍陳調元降編爲第三十七軍，白寶山降與張中立（時已改獨立旅），合北伐軍東路先遣隊李明揚部編爲第三十一軍（非金漢鼎部第三十一軍）。調浙解散。馬玉仁部雖降亦散。鄭俊彥李寶章顏景崇及馮紹閔部等均隨孫渡江。旋被迫至山東，依張宗昌。奉張作霖爲大元帥，組安國軍。張作霖任孫爲第一方面軍總司令，鄭俊彥爲副司令。是時，孫部已受張宗昌接濟，整頓補充，全改舊觀，全軍番號及將領如下：

安國軍第一方面軍總司令	孫傳芳	
安國軍第一方面軍副司令	鄭俊彥	
安國軍第一方面軍參謀長	孟星魁	
安國軍第一方面軍總參議	劉宗紀	
第一軍軍長	孫傳芳	由原第二師及第十混成旅擴充盧香亭孟昭月均於離蘇前免職
第四師師長	郭華宗	
第八師師長	李松山	
第九師師長	段承澤	

第十三師師長　陸殿臣　周蔭人殘部
第十五混成旅旅長　王雅之
第十八混成旅旅長　唐慶珊
第二軍軍長　鄭俊彥　原第十師及第七師殘部
第七師師長　梁鴻恩
第十師師長　鄭俊彥
第十四師師長　劉士林
第十五師師長　李福荃
第六混成旅旅長　吳瓚周
第十三混成旅旅長　王東善
第三軍軍長　李寶章
第二師師長　李寶章
第十一師師長　馬寶珩

第十二師師長　蘇榮桂
第二十九混成旅旅長　張學鸞
第三十混成旅旅長　徐松林
直轄補充第四旅旅長　林山
直轄第一旅旅長　邵澤瀛

全軍駐魯，擔任兗寧魯西一帶防務。迨四箇集團聯合北伐，十七年五月一日，第一集團軍克濟南，孫傳芳率全部隨張宗昌退往燕榆一帶。孫部在魯作戰頗烈，頗有戰譽，退燕時，實力尚充。及張作霖出關，孫知已無能爲力，乃偕鄭俊彥等高級將領走日本。將所部殘餘三萬餘人交由李寶章段承澤梁鴻恩等，偕張宗昌殘部（徐源泉率領）投降第三集團軍，編爲第九軍團；旋收歸中央直轄，改爲第四十七軍。各方多反對李寶章守滬時以大刀隊巡街亂殺黨人及民衆之舊事，編遣開始時，縮編爲一箇師，以王金鈺任師長。

第七章　閩皖贛軍史

第一節　福建軍史

一　**閩軍之變化及北軍入閩**　清廷諭各省編練新軍時，福建練有常備軍第十鎮。當辛亥革命之際，孫道仁爲統領，許崇智亦任該鎮中當統帶。光復後，孫道仁任都督，改第十鎮爲第一師，許崇智爲師長。中華民國元年九月，奉南京政府命，改番號爲第十四師。此外尚有義勇軍（革命民軍等合編）巡防隊及防衛營警衛營等，除巡防營外，皆革命時所招募預備北伐者也。二年二次革命起，福建亦告獨立，旋即被迫取消。袁世凱派岑春煊爲福建宣撫使，又令海軍總長劉冠雄（閩人）率海軍至福州查辦。時，孫道仁許崇智均已離閩，新招之兵遂完全被裁撤，縮編第十四師爲第二十七混成旅，而以北洋第四師之步兵第七旅駐防於閩。旋又改第二十七混成旅爲中央第十一混成旅。三年十一月，改第四師步兵第七旅爲第十混成旅。時李厚基爲福建護軍使，（袁世凱時代福建未設將軍，僅加李將軍銜以護軍使督理福建軍務；袁死後黎元洪繼始任李爲建武將軍督理福建軍務）始添招三千人，編爲福建陸軍第一旅。旋，劉冠雄又率北洋第十師步兵第十九旅赴閩，改爲中央第十四混成旅。故終袁世凱之世，福建所有軍隊，爲中央第十第十一第十四等三個混成旅，福建第一，一個步兵旅，共計四個混成旅，約一萬二千餘人。

二　福建軍隊之擴展　五年，袁世凱死，福建於護國之役未積極參加，無大變化。七年，陳炯明率護法粵軍入閩。同時民軍起於閩南，旋粵軍克漳州。李厚基大起恐慌，爲圖保全其位置，計決大舉增軍，派員四出招集，遠募北方健男運閩，擴充陸編第十混成旅爲福建陸軍第一師，第十四混成旅爲福建第二師，擴充福建第一旅張汝清部爲福建第一混成旅，另添募步兵六千餘人，分編爲第一第二第三第四等四個獨立步兵團。徐樹錚復派中央第二十四混成旅旅長王永泉率所部全旅入閩協防。自是，福建之兵乃多。總計有二個師，又二個混成旅，四個步兵團。總共兵力達三萬餘人。蓋是時，段系所占地盤不多，且亟欲得閩制粵，於粵軍之入閩，固不能不嚴爲之備也。

三　北伐軍之入閩　王永泉之中央第二十四旅入閩，福建省垣及各要地之防務始固。李厚基以及重兵扼守泉州，粵軍軍紀嚴肅，頗得民心，閩南尙未致大糜爛，且因陳炯明之積極設施，道路市政皆有相當之成績。李厚基力不能驅陳炯明以取漳州，乃轉與之結納。卒於九年十一月助之逐桂軍於廣州而回粵，福建賴以苟安。十年十一月五日，孫文出師北伐，許崇智黃大偉李烈鈞等，分兵占閩贛南各州縣，聲勢甚張。六月，北洋第一師師長蔡成勳率所部至江西，代陳遠光，而陳炯明突然叛變，謀殺護法大總統孫文，以礮擊總統府，孫文事前得僚屬救出。乃於廣州討陳，在桂之陳軍回廣州助叛。七月九日，孫文避入軍艦，攻贛之北伐軍無復鬥志，乃相率退閩邊。九月，許崇智黃大偉李福林等援粵不利，孫文離粵，乃進兵攻閩，聲言討李厚基。時，徐樹錚潛入延平，說王永泉結許崇智攻李，李以兵拒之於水口。黃大偉李福林等遂乘虛攻入福州，李厚基逃，所部在閩北福州者，皆擊散，閩境駐軍全部變化。十月十六日，徐樹錚王永泉許崇智等入福州。

四　孫傳芳周蔭人之入閩　是年十月，北京政府任李厚基為討逆總司令，薩鎮冰為副司令，高全忠為福建第二師師長，自廈門反攻。並令調毅軍常德盛部入杉關為聲援。十一月七日，前十四旅旅長臧致平入廈門，聯合其舊部攻李，高逐走之，遂據有漳廈。常德盛旋為許崇智部徐競清陸崇文及王永泉部劉春台所敗，退守贛邊。時，李厚基舊部王獻臣在汀州，張汝清在泉州。北京乃使孫傳芳率所部第二師及周蔭人之第十二師，自杉關援閩。陳炯明亦勾結北洋系，派兵入閩為聲援。十二月，泉漳民軍聯臧致平攻張汝清，入泉州。十二年一月，陳炯明迫於桂滇聯軍，遁離廣州，孫文回粵復任，令在閩各軍回粵。北京政府召李厚基還，改任孫傳芳，劉冠雄薩鎮冰辦理善後。王永泉勢孤，遂於四月迎孫傳芳入福州，閩北肅清。然臧致平據厦門獨立，孫文任李烈鈞爲閩贛邊防督辦，許崇智部何成濬孫本戎占，泉漳莆田南安安溪永春詔安仙游均爲民軍宋淵源等奉南政府令所占領，聲勢甚大。北京政府乃任陳炯明部將洪兆麟爲汕頭防務督辦，結林虎以牽制南政府軍，並任周蔭人爲閩北護軍使。又任王永泉爲興泉永護軍使，令以延平讓周，促其南下。五月，林虎占潮安汕頭，許崇智敗退揭陽。七月初，泉漳民軍聯臧致平攻潮汕，不克。林虎洪兆麟反攻李烈鈞部賴世璜蘇世安降林，黃大偉復叛南政府，與林虎洪兆麟合作，粵軍遂占平和詔安，王永泉軍乘勢南下。七月二十四日，克莆田仙游，三十日克泉州。何成濬等敗走厦門。八月八月，林虎占漳州，與王永泉王獻臣黃大偉合海軍之楊樹莊楊砥中夾攻厦門。而各意見紛歧，號令不一，師久無功。時陳炯明被南政府軍圍攻於惠州，調洪兆麟林虎等回援。民軍殘部復擾興泉，於是王永泉退至泉州，王獻臣退至龍巖，海軍退馬江，厦門圍解。

五　王永泉之被逐　先是孫傳芳在福州，迫於王永泉，鬱鬱不得志，隻身北歸，周游於京洛武漢間。至是爲吳佩孚所慫恿，遄回福州，建議以王永泉兵攻閩南民軍，然後圖厦。十二年十月，王永泉乘黃大偉赴汕頭之隙，下令攻南安，以民軍高義爲前部。不十日，官僑溪尾洪瀨永春均爲王軍所克。自是王軍大部全駐興泉。極力收編民軍，擴張實力。迄至十三年春，孫傳芳部駐閩海道各屬，周蔭人駐延平，王永泉駐興化泉州，王獻臣部駐汀杭，黃大偉部駐漳州同安，賴世璜部駐龍巖，海軍駐沿海數縣。孫乃以王永泉部第二十四旅之傅席珍與王獻臣黃大偉賴世璜等所部爲聯軍，任王獻臣爲聯軍總指揮，與厦門之臧致平相持於海澄同安。二月中旬，黃大偉部師長張毅逐黃，黃走鼓浪嶼。黃部之葉屏藩團亦叛黃走降粵軍劉志陸。北京政府遂任張毅爲福建第一師師長兼厦門鎮守使。二月二十七日，孫傳芳赴延平，借王軍一個步兵團同行，佯言集兵上游，另有所圖。而以中央第二師盧香亭旅中央第十二師李生春旅留守福州。三月五日，孫周截留王永泉之軍械於延平，並解散其補充團於水口。六日，周蔭人宣布王永泉罪狀，以盧李兩旅攻之於福州。王部工兵教導團潰散，礮兵團爲海軍陸戰隊繳械。王乃與其弟永彝狼狽走福清，繼赴泉州，謀聯臧致平反攻。而民軍高義吳威及張毅等皆舉兵攻王。海軍乃占涵江。周蔭人長驅南下，昔日降王之民軍相率降周。王乃授其兵於楊化昭，於三月十三日隻身赴滬。於是在福清之第一旅與在莆田之第三旅均降於周，〔旋爲周所解散〕在泉州之第四第二兩旅，隨楊化昭走同安，與第二十四混成旅傅席珍合。泉州以北無復王軍蹤跡。

六　福建之紛亂時期。守同安者，爲張毅王獻臣兩部。楊化昭一擊破之，乘勝入同安。張退集美，王獻臣退灌口。三月十六日，臧致平由海澄渡海來攻。二十二日下漳州，王獻臣退上杭。賴世璜走南靖。張毅突圍走泉州。何成濬隨臧入漳，稱民軍總指揮。滇軍舊將閩人方聲濤及福建民黨張貞復入閩，聯絡民軍，聲勢頗振。而三月二十二日，周蔭人軍至莆田。四月一日入泉州。民軍高義楊漢烈迎降，民軍陳國輝退詩山。周蔭人遂任第十二師孔昭同旅及第二師盧香亭旅爲中路，高義張毅爲左右翼，同攻同安。四月十五日，楊化昭由同安退守灌口長泰。十七日，楊樹莊率海軍乘虛占厦門。同時，洪兆麟由平和詔安來攻。十八日，臧楊棄漳州。討賊軍何成濬蘇世安等走龍巖，爲王獻臣所敗，退走漳平，旋由寧洋入順昌永安，阻於沙縣之郭錦堂，乃改由間道入粵，展轉達東江。臧楊初退南靖，爲粵軍李雲復所攻，乃突圍赴龍巖，旋分擾武平連城，不得逞，卒由汀州入贛，轉入浙江，依盧永祥，爲江浙戰爭中之主要部隊。（見浙蘇軍史）方聲濤孫本戎等招集民軍赴大田，圖聯在尤溪之民軍盧興邦，乃爲盧所攻，全軍繳械。方孫等走鼓浪嶼，僅以身免。閩南民軍紛紛通款於孫傳芳周蔭人，閩事大定。十三年五月十四日，北京政府改任孫傳芳爲閩粵邊防督辦，以周蔭人督閩，以酬其功。八月，孫傳芳入浙，中央第二師，第十混成旅，及福建第一旅彭德銓部皆隨之行。僅留張俊峰之第二十四混成旅（收王永泉殘部襲其番號）守閩北。福建軍政權遂全歸周蔭人，以改編之第二十九第三十兩旅及第十二師任勦擊民軍之責。然閩南北尚有民軍，閩邊有粵軍，厦門及沿海各縣有海軍，漳州有張毅，汀州龍巖有第三師李鳳翔，爲友爲仇，反覆

無定，表面統一，內容猶極混沌，

七　閩南民軍之緣起

福建民軍之紛亂，爲各省所少有。查閩境初有民軍，始於民國七年。時，陳炯明率粵軍入閩，占有漳州龍巖汀州各屬。於是盧興邦據尤溪，郭錫堂據沙縣，高義陳國輝楊漢烈陳國華吳威葉定國等紛紛起兵於泉州南安安溪永春仙游同安等處，號稱民軍，實則皆收集土匪也。時，閩人方聲濤張貞宋淵源爭爲民黨首領，有「護憲」「靖國」等軍號之分，各招攬民軍以自重。內部不和，軍無遠志，惟盤據城邑村落，以爭食而已。及陳軍回粵，李厚基進兵泉漳，高義降，張汝清方聲濤張貞宋淵源等去閩，所謂民軍，仍盤據山中各縣，與李厚基相抗。土人熟於地勢，北軍不敢深入，故不能肅清，然民軍無統一之首領，粵軍又去，失其屏障，遂不能大有爲。十一年，許崇智黃大偉等入閩，稱東路討賊軍，民軍復紛起投之。許崇智亦假以名義，使爲己用。張貞宋淵源等復來，宋淵源往來於德化安溪；張貞則聯絡南安興泉及沿海各縣，舊怨未泯，各不相能。十二年春，許崇智回粵，孫傳芳入福州，盧興邦降，薩鎮冰編爲警備第一師，師長郭錦堂，降孫傳芳，爲福建第一旅旅長，閩西北漸得無事。然是時孫文任李烈鈞爲閩贛邊防督辦，許崇智部何成濬孫本戎與黃大偉分據泉漳，皆籍莆田南安安溪永春德化仙游詔安雲霄各路民軍爲聲援，勢甚張。是年七月，林虎洪兆麟攻臧致平，李烈鈞部賴世璜降林虎，黃大偉叛孫文，與林洪合作，王永泉乃乘勢南下，破何成濬等，駐兵泉州。

八　閩南民軍之紛爭

台灣人高義者，原爲甘師部屬。甲午中日之戰，甘在台與日本人戰，兵敗，與高同走泉州。日本人索甘急，泉州知府李某捕甘殺之，以謝日人。高義遂在安溪反清，初名『高大扁』，後降水師提督洪某，始易名『義』。辛亥革命，高在泉州起事。癸丑北軍入閩，高乃復爲流軍。七年粵軍入閩，高義降宋淵源，及陳炯明回粵，乃改降李厚基部旅長張汝清，駐泉南。十一年秋，張汝清在泉州與民軍及臧致平戰，高義暗通臧致平；張敗後，稱泉南保安司令，改編張之殘部；以通北軍嫌疑，爲民軍所攻，隻身逃鼓浪嶼。至王永泉占泉時，召之來，任之爲第四旅旅長，命召集舊部成軍爲鄉導。高義遂集舊部走莆田仙游。時民軍吳威降王永泉爲第五旅旅長。但安溪之楊漢烈，永春之陳國輝，詔安之黃庭經，張泰之葉定國，德化之陳國華，及分占南安永春德化之莊文泉秦望山王振南蘇萬邦尤賜福林懷瑜李金棣等，擁戴黃大偉，仍稱民軍。十二年十月，王永泉乘黃大偉赴汕之隙，攻南安，以高義爲前部，高與楊漢烈約，以安溪爲楊防地，使勿助民軍。莊文泉秦望山等敗走同安，林懷泉尤賜福陳瑜華葉定國等相率通款於王永泉。卒以陳國輝善戰，擊敗高義軍，不能肅清。十二年三月，孫傳芳周蔭人攻王永泉，高義吳威等舉兵攻王永泉部之在泉州者。四月一日，周蔭人入泉州，高義楊漢烈吳威均降於周蔭入。陳國輝退守詩山，周蔭人乃陞高義為第二師師長，任葉定國為第七旅旅長，陳國輝為第八旅旅長，楊漢烈為第九旅旅長，惟陳不受命，且結合陳春光等攻尤賜福林懷瑜，遂奄有永春南安德化三縣地，以民軍首領自居。八月，周蔭人派孔昭同旅赴泉州，任高義為剿匪總司令，吳威為副司令，使之剿除民軍。蓋欲以毒攻毒，坐觀虎鬥也。高義原以泉州為根本，至是頗失據，乃與安溪之楊漢烈仙游之吳威相結合以自固。時，孫文再倡北伐，任方聲濤為福建建國軍總司令，方乃任吳大洪為福建建國軍第一師師長，陳國輝為第二師師長，吳威為第三師師長，楊漢烈為第四師師長，葉定國為第五師師長，楊學良為第六師師長。宋淵源亦赴永溪永春，說楊漢烈陳國輝等，謀以高義部洪英民為前驅，攻泉州。楊學良本楊漢烈部，因楊漢烈持兩端，率部赴漳平，與何其朗林玉如等聯合，自稱聯防總指揮。未幾，與楊漢烈部陳錚會同宋淵源盧興邦陳國輝葉定國通電驅周，結集部隊突然出戰。周蔭人頗為之不安。及十一月十三日，孔昭同部全數入泉州，高義部移駐南安。十八日，陳國輝部由洪瀨攻石龍，高義部吳大洪退南安。同日，陳部攻溪尾，為高義部陳衍祺所敗，退南廳。十九日高義進攻，戰於糞箕嶺。二十一日，陳敗走於千金廟。二十三日，退南安之英都，高義入詩山。陳國輝頗窮蹙，乃繼楊學良攻安溪。楊漢烈部林桂清退官橋，陳國輝於二十八日入安溪。高義命陳慶雲及吳大洪之殲團援楊漢烈。十二月一日，陳國輝攻永春南安均不利。六日，退守安溪。十日，高義率陳清祺旅由蓬壺攻安溪。同時，吳威吳大洪自溪尾進兵，楊學良先赴漳平，陳國輝退走赤嶺。十二日，高義入安溪，宋淵源逃鼓浪嶼。於是南安永春德化盡為高義吳威所占。分城據地，各行其是，勢益驕橫。陳國輝既不得志於安永，乃赴漳平，與楊學良合兵攻漳州，約雲霄之黃庭經漳浦之保衛團，長泰之葉定國，同時舉兵。二十七日，楊學良占天寶墟，漳州大震。張毅調石碼駐軍來援，擊退陳楊軍。三十日，陳楊再進攻不克，而葉定國自長泰入同安，態度忽變，後為周蔭人部第十二師步兵第二十四旅第四十七團所擊，狼狽回長泰。張毅部張順亦於十八日入漳浦，黃庭經幾被擒。（雖為保衛團反攻復敗走，然三月二日漳浦復為張毅所占，遂克平和，雲霄黃庭經走詔安）陳國輝楊學良孤立無援，乃退寧洋漳平之邊，漳屬得暫時告安寧。二月，陳國輝部陳鼎觀王慶忠攻永春，敗吳威尤賜福賴高義來援，永春未失。十日，王慶忠降吳威部之王榮欽陳鼎觀降高義。旋為高繳械遣散，陳國輝退漳平。三月，又來攻永春，王慶忠為內應，吳威尤賜福等無門志。三日，陳入永春，適高義自詩山來援，陳國輝棄永春不守，退走蓬壺。沿途為楊漢烈及鄉團所截，狼狽回華崶。高義返安溪，於楊漢烈，但頗排吳威，據永春不讓。吳威之根據本在仙游，自攻陳國輝，已為省軍所占。至是復失永春，乃退居仙游永春之間，因是漸惡高義。二人之感情，至是乃至極惡之境地。高義既克陳國輝，日益驕橫，且因孔昭同奪其泉州防地，頗不協於省軍。先是高義部第三旅旅長吳大洪者，本王永泉部下之工兵團團長，王敗，降於高，以北人，故與其士兵不和。一月十日，高部第四旅洪英民襲洪瀨，攻吳大洪，吳退南安，高進兵攻之。以孔昭同袒吳，不能克，乃懟之於周蔭人。一月二十九日，周調吳大洪移駐莆田。旋因陳輝國未敗，欲利用高義，乃撤吳大洪任，調之赴省。但未幾又改任之爲第五旅旅長，故高益怨望。四月，孔昭同部第四十五團入漳，第三獨立團陸殿臣及駐惠安之吳大洪旅，均入同安，泉州空虛。高義乃派陳清祺王連明兩團來泉。十七日，與第四十七團團長蔣啟鳳爭稅衝突，遂與孔昭同戰。孔初因兵少，守泉州不攻，高義遂圍惠安，迫泉城。然士兵不忍戰，圍攻均不利。五月，周蔭人派第四十八團劉俊赴泉州。孔昭同乃改守爲攻。七日，劉俊占洪瀨，蔣啟鳳占溪尾。九日，占詩山。十九日，歐陽進壽團占永春。高部王連明蔡持降，高義敗走安溪，與楊漢烈合。二十二日，陳國輝乘勢來攻，二十五日，陳入安溪，高義楊漢烈逃鼓浪嶼。當省軍進攻永春之時，吳威助省軍。及高義敗，周蔭人乃任吳威爲永德大防務司令，以酬其功，且欲使其進兵大田，攻盧興邦之背。但吳威懦弱不足以服衆，在大田之陳國華，及在德化之林清龍、徐飛龍等，皆不滿於吳。九月十一日，林徐等入德化，吳威尤賜福屢戶攻不能克。時楊漢烈殘部在漳平，爲張毅所敗，同攻永溪。九月二十日，楊學良陳鋒入安溪，陳國輝退英都。十月六日，陳國輝得孔昭同助，攻入永溪，繼復爲楊學良所敗，再退八部。十八日，陳國輝襲入永春，吳威尤賜福敗走。三十日，省軍歐陽延壽匯自仙游來助吳攻陳。十一月三日入永春。陳國輝退九都，旋取道詩山攻安溪，十日入城。楊學良等退上杭，周蔭人委為安溪永春勦匪總司令兼第八旅旅長孔昭同派兵一營入安溪監視之。故陳國輝雖暫得安溪，且引在德化之林清龍徐飛龍為助，其勢力已非一年以前所可比。此閩南民軍混戰之大略也。

九　閩北閩西之民軍　除上述之閩南民軍外，閩北閩西民軍之著者，為尤溪之盧興邦，沙縣之郭錦堂。郭降省軍，為福建第一旅旅長，與民黨不接近。盧則原一負販小民，自民國五年以來，揭竿尤溪，延政客黨人為之設計，聲氣頗通。又自以為閩軍，不肯附北軍，故降薩鎮冰，為警備第一師師長。盧欺郭之弱小，常攻之，郭屢為所敗。十三年十月，郭錦堂死，其弟郭鳳鳴代領其衆。盧遂出兵攻郭鳳鳴。時，郭旅第一團楊廷英在永安，初無備，為盧所襲，棄城出走。十月十九日，盧兵入永安。周蔭人命第三師杜起雲旅及第二十四混成旅張俊峰部分道援郭，並調第十二師步兵第十三旅第四十六團赴水口為備。兵未至而沙縣已於二十七日為盧興邦所占。郭鳳鳴退保青州。郭鳳鳴得杜起雲旅來援，乃令其第一團楊廷英與駐順昌第十二師之石營反攻，自率軍繞其背。二十九日，郭復入沙縣。三十日，杜起雲亦下永安。十二月，盧復攻永安，郭旅石營自沙來援，中伏敗走，杜起雲亦退。二十七日，盧復占永安。時閩南方用兵，北方政局復變，周蔭人不欲勤衆，乃姑聽之。盧自是甚輕省軍。十四年五月，盧派兵刼省軍所運軍械於延平。周蔭人震怒，調第十二師步兵第二十三旅第四十五團及莆田之董旅赴省，命第三十混成旅蘇埏進兵尤溪口，謀大舉剿之。盧與邦懼，復求降，先讓永安於郭。旋，張毅峰旅奉孫傳芳調赴浙，周蔭人兵單，乃受盧之降。七月初，蘇旅退出尤溪口。郭鳳鳴接防永安，盧反乘勢攻郭軍，據永安不去。周蔭人知盧與邦之終不爲己用，乃決意出兵，以第三十混成旅蘇埏爲西路剿匪司令，自尤溪口進攻第二旅董勝標爲北路剿匪司令，出永泰，會同第二十九混成旅陸殿臣團（原第三獨立團）攻十七都；另以一營由仙游與陳國華吳威攻大田，以張慶昶旅助郭鳳鳴攻永安，宣布盧與邦罪狀，褫職通緝。旋以永春仙游之土匪洪永春作亂，董旅陸團進兵過緩，改以延平之劉登庸英獨立團陳榮標攻十七都。七月二十九日，克之。二十五日，陳國華入大田。二十六日，張慶昶郭鳳鳴克永安。二十八日，蘇旅馬瑞雲團由雍口攻虎鼻山。盧進九都十二都，馬團由十一都攻尤溪。第十二師之第四十六團李天雲則由虎鼻山攻九都。八月二日，劉登庸克十五都；陸殿臣亦由永泰會師。盧與邦大敗，棄尤溪，走百丈際六都。四日，馬團入尤溪。於是蘇埏以郭鳳鳴爲先鋒，馬團爲中路，李天雲爲左翼，張慶昶爲右翼，攻六都。董勝標同時命陸殿臣劉登庸陳榮標攻十九都。八月，省軍入六都，盧與邦退大雪山。盧之殘部朱俊卿黃金彩等分竄古田屏南。並自永泰襲近省之西鄉。省軍剿撫並施，而民軍已成流軍，雖屢敗而不能滅。九月三十日，省軍撤軍退守尤溪，蓋江浙戰事將起，孫傳芳謝閩軍赴浙，故周蔭人改攻爲守。十月，盧興邦反攻。七日，復占尤溪。十八日，省軍李寶珩劉登庸復攻尤溪，盧興邦敗走。二十日，省軍入尤溪。未幾，江浙戰事起，蘇擬派入浙，上游空虛，省軍棄尤溪不守。十一月十八日，盧興邦復回尤溪。

一〇　民軍之總數　茲將磁時之閩南閩西閩北民軍列表於後。

甲　始終降周蔭人之民軍

福建第一旅	郭鳳鳴		一千餘人
福建第三旅	尤賜福	永春屬	與吳威近黃其瀾許振光蘇萬邦等屬之有衆一千
福建第四旅	陳國華	德化大田	德化之林淸龍徐飛龍屬之有衆千餘
福建第六旅	吳威	永春	近有讓旅長於其團長鄭世美說方擬潛曾委爲建國軍第三師有千衆餘
第一獨立團	陳榮標	永泰	盧興邦舊部共千餘人
第二獨立團	周兆瑞		

以上共七千餘人

乙　降周蔭人而反覆之民軍

福建第七旅	葉定國	長泰	同時爲建國軍第五師有衆千人
福建第八旅	陳國輝	安溪附近	同時爲建國軍第二師有衆二千人

以上共四千餘人

丙　與周蔭人作戰之民軍

建國第一軍長	高義		系福建第二師殘部千餘人
第三旅	張銘	漳平	
第四旅	洪英民	漳平	
建國第二軍長	盧興邦	尤溪	殘部約二千人原福建警備第一師
第一旅	盧興明		
第二旅	盧興榮		
建國軍第四師	楊漢烈	漳平安溪	原爲福建第九旅旅長殘部二千人
支隊	林桂清		

支隊	陳錚		同時爲建國軍第六師曾離
支隊	楊學良		楊漢烈獨立
雲霄警備司令	黃庭經	詔安	數百人

以上共八千餘人

總計上表所列，閩南閩西閩北三方面之民軍首領十人，約共二萬有奇，游擾福建數年之久。最後除互相殘殺及被戰滅者外，盧興邦陳國輝等，至國民革命軍入閩後，始受編爲新編第一軍，由總司令蔣中正調陸第三師師長譚曙卿爲軍長，兼福建省政府主席。但民軍疏放成性，究難就範。新編第一軍終不能整理就緒，陳國輝皆因復竄而剿滅。其碩果僅存者，僅最後改編爲新編第二師盧興邦一部耳。

二　海軍陸戰隊之原始　閩省除正式陸軍之外，尚有海軍陸戰隊。十一年，海軍陸戰隊長楊砥中率所部一營來閩。不半年，擴充陸戰隊爲一箇混成旅，楊爲旅長。十三年四月，臧致平攻漳，楊襲取厦門，遂以爲根據地。分兵駐思明金門東山平海福清連江長樂沿海各地。十四年四月十一日，楊砥中在滬被暗殺於龔輿舟中，北京政府下令取消陸戰隊名義，時團長林志棠代理旅長，林爲楊之死黨，楊死，林辭職，林忠代爲旅長，不奉北京政府命令。十月，經人調解，改編爲一箇大隊，以楊樹莊爲大隊長，所屬分二大支隊，仍駐原防。長官及實力如下：

大隊長	楊樹莊（兼）		約二千人
第一支隊	林忠	廈門	
第二支隊	林知淵	沿海各縣	

嗣楊樹莊漸陞至海軍總司令，陸戰隊遂仍由林忠統率，仍編成一箇旅，林忠任旅長。迨國民革命軍入閩，陸戰隊據廈門，林知淵任警備，遂擴為兩箇混成旅。自是閩中軍事稍稍就範，陸戰隊實力已大擴充，隱然為福建一部份不可侮之勢力，雄據海隅，與陸軍爭長。廈門一隅，省政府及省軍皆視為陸戰隊之采邑矣。

二二　周蔭人部之失敗　十一年冬，周蔭人由贛入閩時，僅有第十二師一箇師。十三年春敗王永泉，始擴充第一第二兩旅，以彭德銓董勝標分任旅長。其軍隊半出於招募，半由於王永泉舊部之改編。及十三年冬，孫傳芳入浙，彭德銓隨之，周蔭人乃增募第三旅，以第十二師之團長蘇埏為旅長。十四年春，蔡成勳部旅長張慶昶為方本仁部所敗，逃入閩境，降周，編為第四旅旅長。十四年春改蘇埏部為中央第三十混成旅，調第十二師步兵二十四旅旅長孔昭同為中央第二十九混成旅，就獨立團陸殿英部擴充成之。同時，改編高義部叛將吳大洪爲第五旅旅長，合李厚基舊部鹽緝隊曹家彥團成軍。及張俊峰張慶昶部相繼入浙，又添募一補充旅，以第十二師之第四十七團團長蔣啟鳳爲旅長。此外，尙有盧興邦降將陳榮標一團及周兆瑞之獨立第二團，衞隊二團，而原屬省長之閩北警備隊何麓崑亦改編爲陸軍警備隊。故除張慶昶張俊峰兩部已入浙外，周蔭人親信軍隊爲第十二師一箇師，第二十九第三十兩箇混成旅，第二第五兩箇旅，衞隊二團，而張毅之第一師，李鳳翔之第三師，尙不在其列。至各師旅長官，以福建第一師師長張毅出身較速。張本燕人，爲李厚基時代張汝清部下之營長。原駐軍泉南。十一年秋，許崇智入閩，張汝清爲民衆所驅，張毅乃收拾其殘部，降許崇智爲團長。及許部回粵，黃大偉叛南政府，張毅降黃爲旅長。未幾，陳炯明以黃大偉爲閩粵邊防督辦，張部改稱閩粵邊防軍第一師，駐粵邊。十二年夏，臧致平攻潮汕不克，粵軍復入漳，張遂入居同安，就地籌餉，軍額始漸擴充。實力旣富，自以爲北人，不願居黃大偉下，乃通款於孫傳芳周蔭人。十三年春，逐黃大偉，降北軍，受任爲福建第一師師長。後因攻臧致平楊化昭時，爲周蔭人所信用，遂奄有漳屬八縣，籌餉添兵，儼然爲閩南之重鎮。至第三師師長李鳳翔，則爲王獻臣部下之旅長。王爲李厚基舊部，久駐汀州，其軍隊不能戰，攻廈攻漳，始終無功。十三年，臧楊敗走汀杭，王不能禦，旋又自殺其旅長劉祥輿。是年八月，赴省謁周蔭人，爲周所拘，李鳳翔遂受周命代領其衆。初僅有汀州上杭。十四年，賴世璜部回贛，李接防龍巖永定，勢力稍張。及陳炯明部退兵入閩乃復與粵軍雜處。是時閩省軍隊長官如下：

中央第十二師師長	周蔭人	省城	
步兵第二十三旅旅長	李生春	省城	兼省防司令
第四十五團團長	王成芳	延平	
第四十六團團長	李天雲	上海	
步兵第二十四旅旅長	劉俊	泉州	原四十八團團長
第四十七團團長	李寶珩	上游省城	
第四十八團團長		南安	
中央第二十九混成旅旅長	孔昭同	泉州	兼興泉鎮守使
步兵第一團團長	陸殿英	同安	
步兵第二團團長		泉州	
中央第三十混成旅旅長	蘇埏	延平	已奉調入浙

步兵第一團團長　楊恩榮

步兵第二團團長　馬瑞雲

福建第一旅旅長　董勝標　莆田

第一團團長　馬光常

第二團團長　歐陽延壽　仙游

福建第五旅旅長　吳大洪　莆田

第一團團長　曾家彥

第二團團長　殷本義

補充旅旅長　蔣啟鳳　惠安省城

直轄衛隊第一團團長　周從新

直轄衛隊第二團團長　陳猷　省城

以上爲周之親信，共約二萬六千餘人。

福建第一師　張毅　漳州　兼漳廈鎮守使約五千人

第一旅	李芳池	平和雲霄	
第二旅	田寶琴	漳州	
福建第三師	李鳳翔	汀州	約三千人
第五旅	曹萬順	龍岩	
第六旅	杜起雲	永定	
中央第十一混成旅	王麒	福寧	約二千人福建之舊第十鎮老兵改編
閩北警備隊統領	何麓崑	建甌	約二營

三　周蔭人之失敗

自國民革命軍北伐出師，即令何應欽率第一軍第三師及張貞部獨立團軍官學校教導隊等駐防潮汕，以制福建。孫傳芳於革命軍占領湘鄂後，突然出兵至潯，即電令周蔭人由閩攻粵，圖動搖國民黨之根據地。但周蔭人自顧實力不足，未敢輕動，僅爲相當的防禦。及贛戰既開，國民政府決定取閩，夾攻浙江，以期盪平東南，乃以何應欽所部編爲『東路軍』，任何爲總指揮，並聯絡閩南閩北之民軍，〔民軍組參謀團爲總機關〕及福建第三師師長李鳳翔約爲內應。周蔭人爲固位計，調兵防禦，〔閩戰情形見第三編國民革命軍戰史中〕李鳳翔懦怯寡斷，狐疑不決，首鼠兩端。其部下步兵第三旅旅長曹萬順，步兵第四旅旅長杜起雲，毅然降國民革命軍，以所部改編為『國民革命第十七軍』，曹任軍長，杜任副軍長。收編林虎殘部第十五團〔黃部〕一個步兵團，及洪兆麟殘部李某一旅〔以上二部皆係閩邊之旅軍李部為洪之精銳槍械甚精〕合為該軍第一師，任林虎殘部之統將余仲麒為師長，以曹部編餘之一個步兵團與杜起雲原部一個步兵旅合編為第二師，仍由杜兼第二師師長，以礮兵營改獨立團並工兵營直轄於軍部，尚缺第三師。國民黨特派孫祚夫為軍黨代表，並聯絡周蔭人部之李生春旅，畀以第十七軍第三師師長之委任狀。及周軍大敗，李生春雖降而抗令，乃被解散。張毅被俘斬，旅長李芳池等逃，所部福建第一師潰散改編，〔投民軍者甚多〕其餘各部除潰散改編外，第十二師之一部及零星部隊，均隨周蔭人經浙入蘇隨孫傳芳。國民革命軍克閩後，即以第一軍第三師長譚曙卿為新編第一軍軍長，〔譚係閩人〕將民軍參謀團所屬之民軍盧興邦陳國輝等各部全數改編為新編第一軍，擴張貞部為獨立第一師，〔張係閩人所部皆閩籍〕留守福建；何應欽率第十七軍及東路軍各部入浙，追周〔蔭人〕攻孫。〔傳芳〕周蔭人狼狽至浙，適國民革命出征部隊之第一軍第一第二兩師〔薛岳嚴重所部〕由東路前敵總指揮白崇禧統率攻浙，再戰，大敗，遁往松江，復至上海，旋即退往江北。時周部經孫傳芳編為第十二第十三兩師，第十二師師長由周蔭人兼，第十三師則有旅長陳殿臣王雲岳資皆相當，而王尤爲衆望所歸。周因陸與己較接近，遂任陸爲第十三師師長。王雲岳則早有降國民革命軍之心，派其參議鄒壽（湘人曾充陳嘉祐部少校副官）駐滬接洽，因鄉人文砥之介紹，曾由招撫使張璧薦王任國民革命軍第五十一軍軍長，任命狀未頒，而孫軍退，將周部盡隨去。王雲岳軍前未得滬訊，不及待，密受第二集團軍總司令馮玉祥委任爲第三十七軍軍長，遂於山東宣布獨立，毀膠濟路，攻擊孫軍。戰二日，因孫軍衆來，王部援絕，勢漸不支。王雲岳被陸殿臣誘捕槍斃，所部被陸改編，從此孫傳芳將周軍全部置於己之直轄部隊中，混合他部改編師旅，周蔭人部之北籍閩軍遂全部消滅。（福建省內已降之北籍閩軍即第十七軍之始末見本編國民革命軍軍史一章中）

第二節　安徽軍史

一　安徽新軍之始及其變化

安徽新軍，於南洋各省練常備軍時，先徵兵成立一個混成協，番號爲第三十一混成協。（原定計劃安徽練兵一個鎮）官兵多爲優秀分子。紀元前五年，徐錫麟謀起義於安慶，刺殺安徽巡撫恩銘（見文公直等編中華民國革命建國史第三十四章——光明書店出版）事先曾與新軍相聯絡。自是，新軍遂爲當局所注意。次年（戊申）十月二十六日夜間，常備新軍礮隊營初級軍官熊成基運動全營革命已成熟，而事漸洩，遂於城外駐地發動，先取陸軍小學堂之槍械，攻破火藥局，劫取子彈。馬隊繼至，撲攻城垣。原約開城之同盟會會員忽失約不至。巡撫朱家寶立命閉城拒守。新軍之步隊不動，起義軍據城外小阜猛攻不克。時，適南洋各省新軍會合秋操於安徽之蕪湖，清帝愛新覺羅載湉及稱政之太后那拉氏數日之中相繼亡故，人心動搖，設得省垣，長江必爲震動。會操之兵尤多革命思想，一有[illegible]，鮮不應者。朱家寶乃電蘇調張勳所部之江防營來援。會合蕪湖大通之防營乘船至安慶城外江面，（會操軍隊接告急電而未來援）熊成基乃率兵退走至廬州，姜桂題率所部毅軍追至，乃痛哭而散。皖民對義軍感情極佳，多致賻者。散後，多隨王鏡江入秦，遂爲辛亥陝西革命之幹力。但皖省清吏自是深嫉新軍，大批更易軍官，並招換士兵甚夥。

二　皖軍之失敗及安武軍入皖

辛亥革命，安徽黨人張孟介袁家聲等先起義於淮上，擁王慶雲（即王鬮亭）爲總司令，袁家聲岳相如等各起民軍響應。淮上軍之聲名大震，皖北光復。朱家寶迫於民衆之催逼而獨立，卒爲黨人逐去，孫毓筠繼任都督。令段志超管鵬率馬步七營北伐，柏文蔚原率所部第一軍自南京護孫至皖，旋接任都督。時，淮上軍已戰勝袁世凱派遣攻皖北之倪嗣冲軍。柏文蔚乃以省垣及常備軍等部改編爲安徽陸軍第一師，以胡萬泰爲師長，淮上軍則改編爲第二師。第二師及蕪湖合肥等處之獨立軍高語罕之學生隊與出發之北伐軍，皆待整編尚未竟事，而二次革命事起。〔安徽光復時軍事見第三編爲第一章辛亥革命戰史〕胡萬泰受袁世凱運動，反對柏文蔚之討袁計劃，且率所部逐柏。柏與淮上軍遠隔呼應不靈，孤身不能敵，乃赴南京。袁世凱卽命倪嗣冲爲安徽都督，自皖北入安慶，首先解決胡萬泰部；淮上軍亦被消滅，但槍械多密藏。〔後爲柏文蔚收用編成袁家聲部一個旅爲國民革命軍第三十三軍之基礎〕自是倪嗣冲部舊式巡防軍八路皆入皖，以全皖爲其殖兵地。

三　倪張兩部軍隊及其內容

倪嗣冲接任皖督，未幾，袁世凱卽改各省都督爲督理軍務之冠字將軍，任倪嗣冲爲『安武將軍督理安徽軍務。』同時，任張勳爲『定武上將軍長江巡閱使。』倪部乃改稱爲『安武軍，』張部亦廢『江防營』之名稱，而稱爲『定武軍。』張雖駐江蘇之徐州〔卽銅山縣〕而所部十路之中有駐皖北者。自是安徽一省，遂成爲安武軍定武軍之私產。而所謂安武軍定武軍，則爲彰明揭櫫之私人軍隊。〔袁氏當國及軍閥時代中央及各省軍隊雖皆爲私人軍隊但皆託名國軍或省軍惟倪張兩部則明標個人軍隊於其名稱可以窺見亦民國怪現狀之一也〕其編制皆任意爲之，與定制既不符，復非巡防綠營之舊章。各營隊人數之多寡亦至不齊，官佐之階級及其陞調統率皆自由定易，陸軍部不得過問。至全部官兵人數究竟若干，槍械若干，則不僅外人鮮有知者，卽身在其中之人亦莫明眞像。蓋編制既參差，而各級軍官之濫報冒名空缺吞餉，已成爲各該軍公開之秘密；即倪嗣冲張勳本人亦無從查得實數也。軍中嗜鴉片者極多，時人呼該兩軍爲『雙槍隊』〔因其軍人有作戰之槍一吸煙之槍一合而成雙槍也〕張部更因其主將倡言忠清，全軍皆保留辮髮，人又呼之爲『辮子兵』。兩部主將竟以姦淫擄掠，爲對部下戰勝之獎勵品，見之命令，習成軍性，軍紀風紀更談不到。其惡劣窳敗，不僅爲全國冠，恐全球亦不多覯。

四　定武軍全部入皖後之安徽軍　民國初間，安徽雖經兩次革命，而軍費負擔不重，元氣未傷。安武軍入皖，若以其概數計之，則皖省負擔亦較他省爲輕。但倪嗣冲誅求無厭，橫徵暴斂，益以各路軍官之訛詐勒索，皖民遂不堪命。五年四月，張勳受袁世凱命督理安徽軍務，倪嗣冲爲巡按使。定武軍全部入皖，張倪協力搜括朋分，駐兵額既增多，而徵發供應尤繁，甚至駐軍給養亦責之地方。合皖教育停頓，農工疲窮，商業凋零，民衆窮蹙，稍有身家者皆避地遠去，壯者亦散之四方，安徽遂陷入極慘之悲境。袁世凱亡斃後，督軍團倡亂，張勳倪嗣冲實爲之倡。事前召集徐州會議，定復辟之陰謀，各省出席代表脅於張之武力脅威，皆唯唯，張以爲皆從己，即依所定計劃，由倪嗣冲首先倡合北洋系各軍政長官電迫大總統黎元洪解散國會，稱兵獨立。〔詳見第三編之護法戰史〕及復辟失敗，張勳逃匿，所率入京之定武軍全數擊潰繳械。倪嗣冲繼任安徽督軍留皖之定武軍張文生部，駐在皖北蚌埠潁壽一帶，尙有兵四十營，號稱萬餘人。乃託庇於倪嗣冲，改編爲新安武軍。時段祺瑞因倪效忠於己，皖直兩系之裂痕漸顯；段結納倪嗣冲，厚己勢力，故對於叛逆罪魁（張勳）雖加討伐（段之討張，或謂其純爲一己復出之地步）對其殘餘之腐朽部隊，竟聽其附託安武軍而存在，絕不過問。卽對於安武軍亦不加整頓改編，一聽其自然，畸異爲國內之特殊軍隊。

五　安武軍之變化　十年九月七日，倪嗣冲因皖系戰敗，不安於位而去職，張文生繼任。是時，安武軍兩度援湘，（五年奉倪令入湘七年隨張敬堯吳佩孚等入湘由倪嗣冲之姪倪毓棻統率）雖無大損，而略有變更。全軍號稱八路，實力已遠不如前。張文生接任後，恐安武軍之不爲己用，且慮有變故，亟思改易其舊制，以便節制。安武軍全部已改爲安徽第一第二第三第四第五等五個混成旅。新安武軍則仍舊制計自倪嗣冲入皖，張勳繼至，數年間兩次易督，雖皆與中央政府有關，而實未裁一兵。張文生終以非安武軍嫡系，大權旁落，無法統馭。任職年餘，卒被安徽第一混成旅旅長馬聯甲排擠去職。十一年十月七日，馬聯甲得蘇督齊燮元之援助，以旅長而陞任督理安徽軍務善後事宜（督軍裁撤此卽變相之督軍）爲民國以來所僅有。恃其奧援，毅然下令將新安武軍（卽舊武定軍）四十營裁撤，選精銳補充各部，餘者遣散。

每年減少軍費數百萬圓。于是辮兵始告絕跡，而特殊的私人軍隊，亦遂泯滅。當時人士謂爲『割去軍制之疣』〔見軍事雜誌〕詢屬切要之言。馬聯甲在皖，亦以此事爲其所舉之善政。

六　馬聯甲督皖時之皖軍　馬聯甲籍隸江蘇，在安武軍之資格，與其他各旅旅長相埒，初無顯著之功與過人之點，皖中將領多不服。其參謀長田錦章〔燕人〕爲齊燮元所派薦，因齊之勢及囑付，頗有威權。齊并命馬招募一個補充旅，任田爲旅長。時，安武軍之軍官爲——

安徽第一旅成成旅長	倪朝榮	
安徽第二混成旅旅長	李傳業	兼皖北鎮守使
安徽第三混成旅旅長	王普	改皖南鎮守使
安徽第四混成旅旅長	高世讀	
安徽第五混成旅旅長	史俊玉	
安徽補充旅旅長	田錦章	
安徽憲兵司令	程文沅	

倪朝榮爲馬聯甲之舊部，史俊玉非皖人〔其他各旅除田外皆皖人〕與馬聯甲感情素洽，故第一第五兩旅

皆能爲馬用。李傳業爲淮軍〔安武軍係淮軍餘部所編成〕舊將，心高志傲，好大喜功；高世讀亦倪氏門下之紅人，頗工心計，不甘人下，皆與馬聯甲不睦，尤嫉其驟得督軍，故第二第四兩旅皆於馬不利。王普係陸軍學生出身，爲安武軍中僅有之新式軍人，且與齊燮元曾同學，是以與田錦章相得甚歡〔或謂田亦係齊之同學待考〕。對馬等之互嫉，抱中立態度，不爲左右袒。是時，凡督署一令頒出，李傳業高世讀必故意阻滯延岩，馬聯甲亦無如之何。

七　皖軍之援齊

馬聯甲因齊燮元之援而得督皖，故對齊承應維謹，有所需求罔不竭力以應。對田錦章之補充旅，尤盡力扶植，唯恐不及。餉械裝具輒儘先發給，田有所請，亦無不批准者。安武軍各旅以其歷史之深長，駐皖之久且固，對此優異待遇之新編軍隊，自不能無嫉妬之念。且馬聯甲因承應齊燮元及其他種種關繫，支配軍餉不能公開。第二混成旅旅長李傳業自恃資格出諸將之上，所部實力亦較充足，駐地〔皖北〕亦甚優越，遂益跋扈，不服馬聯甲支配。十三年六月，李傳業藉索餉事，與馬聯甲衝突。馬下令免李傳業之皖北鎮守使及安徽第二混成旅旅長本兼職，以史俊玉代皖北鎮守使，而自兼安徽第二混成旅旅長。旋又改補充旅爲中央第二十九混成旅，仍以田錦章爲旅長。皖系諸將，懾於齊燮元之威，不敢發動，然惡感自此益深。十三年秋，江浙戰事起，馬聯甲將繳存新安武軍之槍礮彈藥，及安徽存儲之軍火，悉數運蘇助齊，并調第三第四第五等三個混成旅，加入戰事。十月，馮玉祥率師入京，馬聯甲奉齊燮元命，召集各旅旅長於蕪湖開會議，擬出兵援吳佩孚。時倪朝榮高世讀等意存觀望，不欲開釁。惟田錦章主張出師，乃以田旅北上。田未行，而有十一月五日蚌埠獨立之事。

八　蚌埠獨立之經過　時第一混成旅駐蚌埠及津浦路沿綫，第二混成旅之步兵第一團團長鹿懷忠部駐六安，步兵第二團團長王尙林部駐合肥，第三混成旅之步兵第一團團長吳大鶴部駐蕪湖，步兵第二團團長張洪德部駐當塗，第四混成旅之步兵第一團團長李榮標部駐阜陽，步兵第二團團長李錫麟部駐蚌埠，第五混成旅之步兵第一團團長賈永清部在江蘇，步兵第二團團長華錦章部駐蚌埠，第二十九混成旅之步兵第一團團長舒龍甲部駐蚌埠，步兵第二團團長陳嘉猷新率第一營由蕪湖赴蚌埠，第二營營長李維敬部，第三營營長蔣三洪部駐安慶；全皖重兵，悉在皖北。十一月初，安徽憲兵司令程文沅，旅長高世讀倪朝榮等，受倪嗣沖之姪倪道烺使命，聯絡在皖北諸團長，於十一月五日，通電宣告獨立，並拆毀津浦路，阻蘇軍陳調元部北上。馬聯甲聞變，急遣員求援於駐皖南之第三混成旅旅長王普，調在蘇之賈永清團回省。王普態度摸稜，駐安慶之第二十九混成旅所屬李蔣兩營及衞隊營張會元部，均不用命。賈永清團新自戰線回，兵無鬥志。前第二混成旅旅長李傳業崛起於壽州，稱國民軍第五軍，與北方國民軍相呼應。鳳台縣之岳相如，廖子英，舒城之劉文明，壽州六安之袁家聲，孫品驂，石野犁，合肥之闞芷香等，紛紛以國民軍名義號召民團散兵起事響應。田錫章聞風逃匿，馬聯甲乃於十六日去安慶。先期電王普，以皖省軍政交王。王於十七日抵安慶，以皖軍總司令名義任事。在蚌埠各軍，雖不直王普，然亦不敢開釁，新起之國民軍退豫，皖亂得少緩。

九　皖軍之縮編　蚌埠諸將原擬擁戴倪道烺爲省長，臨時執政段祺瑞不允。十一月，北京政府特任王揖唐爲安徽省長兼督辦安徽軍務善後事宜。諸將初謀反抗，繼以無援，乃變計迎王揖唐。十二月八日，王揖唐抵蚌埠，就職任事。十四年一月七日，下令免史俊玉職，以高世讀兼皖北鎮守使，華毓章陞繼第五混成旅旅長，李傳業復任第二混成旅旅長，兼蘇皖魯豫四省剿匪司令，各縣之國民軍除被解散，外省入豫依袁家聲投歸國民軍第二軍。皖省表面稍定。然王揖唐銳意統一財政，主張裁兵，爲諸將所忌。當倪嗣沖督皖時，五箇混成旅兵額僅八成，外憲兵一連，每月需費二十一萬五千圓。及馬聯甲繼任，添設補充旅，軍費始增。驪馬以務，各旅招足十成，第五旅更增補充一營，又獨立三連，憲兵司令稈文沅亦補充爲三個大隊，不連國民軍，月需餉已達四十五萬餘圓。王揖唐既解散國民軍，提議恢復八成原制，並裁第五旅之補充營獨立連及憲兵三個大隊，兵餉以每月二十一萬五千圓爲率。但王揖唐手無兵餉，計劃未得實行。十四年二月，王入都訴於段祺瑞，段即下令免李傳業職，以唐啟堯為淮泗道尹接收第二混成旅，移倪道烺教唆殺人案於京，以困倪。時，李倪均在京，故皖將不敢公然反抗。四月二日，華鐘章程文沅電段祺瑞，請廢督軍，藉以阻王揖唐回任，王乃先赴甯求援於盧永祥。盧不之助。適東北亦欲得山東，段祺瑞乃為一舉兩得計，調魯督鄭士琦為皖督，以王揖唐專任省長。鄭士琦未赴任，而所調之山東第七混成旅又先為張宗昌所繳械，鄭王遂相繼辭職。時，東北軍驍將姜登選以四省勦匪司令駐徐州，識者均知東北欲以姜繼鄭。然段祺瑞憤於張宗昌之跋扈，堅持不可。六月十八日特任吳炳湘為安徽省長兼任督辦，倪道烺揣東北意旨，於七月十一日在蚌埠獨立稱『皖軍總司令』以拒吳炳湘，然東北不欲為已甚，反以第六師劉偉旅駐蚌埠助吳炳湘蒞任。吳乃於七月二十日就職。倪道烺出走，吳於是裁廢補充旅，以其第一團編屬第一混成旅，第二團編屬第三混成旅。又陞馬祥斌為第二旅長駐蚌埠，去程文沅而以謝邦慶為憲兵司令，部署始定，而北京執政府任姜登選為安徽軍務督辦。皖將皆不安，紛紛派人說浙江湖北攻奉。故江浙孫奉之戰，安徽問題實亦其導火線之一。

一〇　姜登選督皖時之皖軍　十四年八月，吳炳湘離皖，姜登選就任時，皖軍情形略如下表：

第一混成旅旅長　倪朝榮　泗縣

第一團團長		泗縣	
第二團團長	張子俊	宿縣	
補充旅一團團長	吳大鵬	蚌埠	原三旅一團團長調任
第二混成旅旅長	馬祥斌	蚌埠	補充旅第一團團長陞任
第一團團長	張敬芝	蚌埠	
第二團團長	何振揚	蚌埠	馬旋改任秦慶齡爲團長
第三混成旅旅長	王普	蕪湖	兼皖南鎮守使
第一團團長	楊恩熙	安慶	
第二團團長	徐嶽雲	蕪湖當塗大通	
第三團團長	甯占魁	安慶蕪湖	原補充旅第二團
憲兵司令	謝邦慶	蚌埠	

以上共約一萬八千人，其系統皆爲安武軍之遺傳。

二　安武軍之消滅　姜登選隨楊宇霆出走北上，所部東北軍原駐津浦路沿綫，未遭若何損失。時，江紹杰任省長，適贛督方本仁命北籍贛軍第一師師長兼贛北鎮守使鄧如琢爲前敵總指揮，率所部贛軍第一師東來援助孫傳芳，合師攻東北軍。鄧既至皖，即聯絡皖將，欲攫安徽。段祺瑞亦下令任鄧如琢爲安徽軍務督辦。孫傳芳殊不直鄧，適蘇軍師長陳調元於迎孫（傳芳）逐楊（宇霆）之時，原約由陳任江蘇總司令，孫既得蘇，不欲畀陳，乃以安徽總司令位置陳，力促陳攻鄧。鄧既得罪方本仁，而皖將又不欲其居上，乃聯陳調元以迫鄧。十一月，陳調元至皖，旋即就孫傳芳所委之皖軍總司令職，王普亦受任省長。鄧如琢退走回贛。十五年四月，王普不安於位，高世讀繼任省長。旋高部第四混成旅被迫改編。時陳調元擴充一己之勢力而抑安武軍各旅，其本部擴編一個旅，委親信劉鳳圖爲旅長，並吸收第一混成旅，任己系將領畢化東爲旅長。第五混成旅華鏴章亦因抗陳而被解散。至是皖軍僅餘第二混成旅馬祥斌、第三混成旅王普兩部得保原狀。及國民革命軍出師東南，孫傳芳徵發皖軍入贛作戰，陳調元王普等皆虛與委蛇。孫在贛敗績，王普已暗通國民革命軍，受編爲第二十七軍軍長；陳調元繼之，受任爲第三十七軍軍長；馬祥斌最後受任獨立師師長。國民革命軍入皖，以皖軍各部編爲『北路軍』，任陳調元爲總指揮，隨軍北伐。克寧之後，各軍北上，安徽曾一度爲武漢軍第四集團軍第三十六軍何鍵占領，旋即退出。北路軍北上之後，以馬祥斌部作戰最力，擢編爲暫編第五軍，馬擢軍長。嗣因竄漢作戰，馬部被陷，馬祥斌被張宗昌捕殺，其餘部多投第三十三軍。王普部第二十七軍則被解散。安武軍全部至是遂告消滅。陳調元部旋即移師入魯。綜計該軍自改編旅團制後，雖將領多軍閥思想，而於軍隊之整飭，則較高出多多。各旅精神尙不失爲陸軍，惜其內部自殘，多引外援，後且皖南皖北顯分派別，暗行鬬鬥，遂終致消亡。

二　第三十三軍之歷史

在國民軍首都革命後，至國民革命縮編前，有異軍突起之皖軍一部，即柏文蔚艱苦組成之第三十三軍是也。當民國初元，淮上軍失敗，安徽民黨即預備捲土重來，槍械多藏之民間，黨人走避滬上，隱然團結爲一大勢力。談滬上黨人革命運動史者，固無不知有安徽人者。在革命歷史中，粵人湘人而外，要當以皖人爲衆，且團結堅強。其爲之首領者，爲二次革命之主要分子國民黨中央委員柏文蔚。數年中，雖因黨人意見不一，迄無成功，而在皖之實力，終未渙散。當國民軍首都革命時，滬上皖籍黨人柏文蔚常恒芳王慶雲袁家聲岳相如洪鼎柏幼臣等集議，共推袁岳返皖，組織國民軍，同時黨人爲大團結，消泯向來之意見，一致對外。袁家聲等回壽縣，得黨人之助，集槍械三千餘，礮數尊，人五千餘，以國民軍名義與安武軍奮鬥。（時皖人稱安武軍系統之軍隊爲「倪家軍」。）卒因衆寡不敵，退入河南，駐軍夏邑。因柏文蔚與于右任胡景翼之接洽，編入國民軍第二軍，全部編爲一箇混成旅。〔見本編第一章第五節附表〕袁家聲任旅長，岳相如柏幼臣分任團長。國民第二軍失敗時，袁部被吳佩孚包圍，不得已暫受吳制。國民革命軍東出長江，即任柏文蔚爲第三十三軍軍長，常恆芳爲黨代表，袁家聲部聞訊，間關越險，奮鬥出豫，歸柏建制，編爲第三十三軍第一師，袁家聲任師長兼副軍長。旋因作戰勝利，自贛返皖之舊皖軍張克瑤部迎降，即以張部爲第二師，擴編岳相如部爲第三師，另以戰勝繳獲之械及收編之卒編爲教導師，任潘善齋爲師長。第三十三軍之勢力大充，聲威亦盛。及二期北伐，柏文蔚因任職中央，且張克瑤勇於作戰，乃以軍長讓張。旋各軍縮編，岳相如部縮爲一箇步兵旅，編入他師，袁家聲部編爲一箇獨立旅，張克瑤部及其餘部隊亦縮爲一箇旅，編入他師。袁家聲旅旋復改獨立師，終被編散。岳相如張克瑤等皆先後去職。其部隊皆混編各師之中，不可分析源敍矣。

第三節　江西軍史

一　贛軍之始　江西初練新軍，原定爲常備新軍第十四鎮，先行徵兵成立第二十七協一箇協。係按混成協編制，以吳介璋爲協統。辛亥革命之際，步隊第五十三標統帶官馬毓寶在九江獨立，南昌響應，舉吳介璋爲都督。旋易彭程萬。是時軍隊之擴充漫無稽考，名目紛歧。及李烈鈞入贛，接任都督，蔡森〔即蔡子雄原係新軍馬隊排長因越城入南昌之功任爲協統招兵三千赴贛州遂占有贛南〕所部編爲步兵第四旅，屬之第二師。趙復祥所部編爲步兵第二旅，屬之第一師。其赴寧北伐之贛軍，則爲黃興所解散。未幾袁世凱任戈克安爲九江鎮守使，〔是爲有鎮守使之始〕扼全贛之門戶，以制李烈鈞。李烈鈞毅然去戈，而以南京留守府衛隊改編之混成團林虎部駐守九江。任陳廷訓爲湖口要塞司令，守護馬當湖口一帶之要塞，管理各礮台。

二　北軍入贛後之江西軍

當宋案發生之時，孫文主張即時舉兵討袁，以收先發制人之效。黃興尼之以待法律公判，李烈鈞雖性情激烈，而深韙黃言。及四督免職之令下，李烈鈞陽爲交卸都督於護軍使歐陽武〔時袁世凱任黎元洪遙領贛督而以歐陽武爲江西護軍使〕隻身赴寧滬商妥討袁後，返贛興師。〔見第三編戰史二次革命之戰〕時袁世凱已令第六師師長李純，率所部隨段芝貴經鄂至贛進攻。及陳廷訓降北軍，獻要塞，討袁軍敗，混成團林虎所部及第七團兩部勁旅皆被迫擊衝散。其餘各部，被李純儘量裁編爲七箇步兵團，名稱爲江西第一第二第三等三箇旅，實則不設旅部，且無旅長；第七團並團長亦無之。〔駐贛南之蔡森部第四旅改爲第三旅〕是年冬，李純由護軍使改任都督，以李廷玉襄辦江西軍務。招募北兵，編成第五補充旅第六混成旅兩個旅。三年春，以李廷玉爲贛南鎮守使，（時江西設贛北（吳金彪）贛西（洪某）贛南三鎮洪某旋卒於任）率第五旅一團赴贛州，卽解蔡森職，調任將軍府參軍，由李廷玉兼江西步兵第二旅旅長。裁其第四團，選精銳併入第三團，仍任周維綱爲團長，（第四團團長余某隨蔡森離贛）而以李廷玉帶來之第五旅王團改爲第二旅步兵第四團。且盡易第三團之初級軍官，除文砥一人爲南人外，餘皆保定軍官學校鬧風潮開缺之北籍學生。兩團皆分駐贛州大庾等處，每連任防分駐極散。旋更以第四團第二營之第七第八兩連，與第三團第一營之第一第二兩連對調。同時，改第六混成旅爲中央第九混成旅，任丁效蘭爲旅長。（丁爲李純部下之湾人）並裁江西步兵第三旅及第七團而另募新兵合以第五補充旅之一團，改編爲江西第三混成旅，原有之江西步兵第一團則附屬於贛西鎮守使，移駐萍鄉，以贛西鎮守使兼江西步兵第一旅旅長之空銜而裁去第二團，另招北軍成立第二團駐贛北。三年冬，李廷玉去職，吳鴻昌繼，以新募燕晉豫兵編成之補充團改爲第三團，移駐贛南，解散舊第三團周維綱部，調周爲鎮署參謀長。自是江西雖有『江西陸軍第某旅』之名，而無江西土著兵矣。三年第六師之步兵第十二旅隨張敬堯赴湩剿擊白狼，改爲第七師，遂以第三混成旅（卽原第五補充旅改番號尚未完竣）編入第六師補充爲步兵第十二旅，以齊燮元任旅長，兼省會戒嚴司令，旋改衛戍司令。（張敬堯原爲第六師步兵第十二旅第二十四團團長入贛後李純以師長兼第十二旅旅長馬繼增陞任張遂陞旅長）旋，即另募北兵成立第三混成旅，以黃振魁爲旅長。四年冬，李純乘袁世凱圖謀稱帝之際，第六師奉調入湘西攻黔（師長馬繼增死原因不明第六師兵敗湘軍遂將第六師調回齊燮元繼師長任）請准增兵，派員北上，招兵六千餘人至贛，編爲省防第一第二第三第四等四個獨立步兵團。以江西將校講習所全體學生及第六師之軍士初級官充省防四個團之中初級軍官，駐南昌大校場積極訓練。此外，則有巡按使戚揚所募之警備隊五營（每營三百人）以張敬湯（敬堯之弟）爲統領。（戚離贛後併入陸軍）

三　陳光遠入贛後之江西軍

六年八月，李純繼馮國璋任江蘇督軍，因第六師爲其親信，且爲北洋六鎮中之勁旅隨帶赴蘇。時新成之中央陸軍第十二師已由師長陳光遠統率南下至贛，陳遂繼任贛督。陳即以其弟陳光逵繼任第三混成旅旅長。七年，段祺瑞攻湘，以張懷芝爲第二軍總司令由贛入湘東，並命贛南鎮守使吳鴻昌攻南雄。江西遂復用兵。其後，江西雖無戰事，而山東第一師師長張宗昌被張敬堯排擠後，遁占贛西。九年夏，張敬堯在湘被湘軍驅逐，其所部之第七師步兵第十三旅敗退至贛境，陳光遠將其解散。十年二月，陳光遠因張宗昌自由籌餉，不服制止，乃命第三第九兩混成旅會同贛南之第二旅夾擊張宗昌於吉安，張部敗潰，隻身遁往奉天。

四　北伐軍入贛之影響　自擊散張宗昌後，挪用軍費作戰，江西軍隊已欠餉兩月。（以前江西軍餉未嘗愆期）十一年春，大總統孫文命各軍北伐，粵軍第二軍總司令許崇智，第一師師長梁鴻楷度大庾嶺，連克龍南定南虔南，攻入南豐南康。李烈鈞復率滇軍及在粵贛軍第一梯團李明揚，第二梯團賴世璜，第三梯團伍毓瑞等部過大庾（即舊西安府）揮軍直撲，猛攻贛縣。黃大偉部亦攻入崇義，橫略上猶。全贛大震。北京政府乃急調北洋第一師師長蔡成勳自內蒙盡拔所部南下援贛，並佐以綏遠第一混成旅，河南暫編第一師常德盛（原毅軍改編）各部，又聯絡失敗之桂將沈鴻英自湘移軍入江西助戰。六月，陳光遠大敗，偕其弟陳光逵遁走。蔡成勳繼任贛督，陞第十二師之旅長周蔭人為第十二師師長，任張林為第三混成旅旅長，免贛南鎮守使張之傑職，代以方本仁；並出兵贛南，謀響應陳炯明攻粵。時，適入贛之北伐軍回師靖難，蔡部乃得泰和萬安遂川等失地。八月，北伐軍入粵轉閩，盡棄贛地。蔡成勳乃使方本仁收贛南諸縣。沈鴻英部後入湘轉粵，軍事結束，江西稍定。

五　江西北軍之擴充　十一年十月，北伐軍入福州，李厚基逃，北京政府初命常德盛部援閩，入延平，旋敗退贛邊，乃改任孫傳芳周蔭人攻福建，以贛南鎮守使方本仁兼援粵總司令，率第三第九兩個混成旅，及由魯調贛之山東第一混成旅，張克瑤部河南暫編第一師守粵邊。十二年間，方本仁三次圖粵，均退敗。由豫調贛援粵之旅長高鳳桂樊鍾秀〔均民軍改編者〕相繼降歸廣東，樊受大元帥任爲豫軍總司令，高受大元帥任爲直軍總司令。十三年二月，贛西鎮守使蕭安國病故，以贛東鎮守使岳兆麟〔贛東鎮係陳光遠增設〕，移駐贛西而以北洋第一師步兵第一旅旅長楊以來代岳鎮贛東。時綏遠第一旅旅長王麟慶已收編爲中央第二十三混成旅，蔡成勳復委鄧如琢爲第九混成旅旅長並增編江西第三混成旅以張慶昶爲旅長〔前第三混成旅被北伐軍擊散〕另募北人編成補充第一第二兩團，任王成錦劉長瀛爲團長分駐省城及贛東。方本仁亦增編蔣鎮臣部爲江西第一混成旅旅長。滇將楊池生楊如軒自粵降贛，駐贛西，任滇軍第一第二兩師師長。此外，尚有步兵第二團胡恩煜屬贛北鎮守使吳金彪，駐九江；江西第二混成旅李鴻程屬岳兆麟，省防四團已改正式陸軍。總計全省有一督軍，四鎮守使，四師長，七混成旅長，三團長，一憲兵營長，養兵五萬餘人，歲費餉七百餘萬元。蔡成勳責方本仁以無功，方本仁責蔡成勳以扣餉，雙方交惡，江西遂多事矣。

六　方本仁之攻走蔡成勳　十三年秋，江浙戰事起，蔡成勳以楊以來王麟慶張慶昶部，由玉山助孫傳芳攻衢州。事畢，仍回駐贛東。十月，大元帥孫文統各軍復行北伐。豫軍總司令樊鍾秀由安仁入贛，北京政府以方本仁爲『粵贛邊防督辦』，從蔡成勳請，以北洋第一師步兵第二旅旅長馮紹閔爲贛南鎮守使，方部旅長之希冀繼方任者，頗懷怨望，嗾方本仁勿交代。馮紹閔遂駐軍吉安。十月六日，樊鍾秀克遂川，旋克蓮花萬安泰和，後爲馮紹閔王麟慶所敗。二十八日，樊鍾秀反攻，復入遂川，以孤軍深入，爲馮紹閔所乘，由蓮花南走達平江，越湖南之湘西；渡江入湖北之鄂西，孤軍轉戰數千里，經過數省，戰衝防地要隘數十百處，所向無前，卒歸河南。爲民國以來出征部隊奮鬥回籍者所僅有之壯舉。當馮紹閔攻樊鍾秀時，方本仁按兵不爲助，蔡成勳疑方本仁有異志，調楊以來部入省，令馮紹閔進攻萬安泰和。十一月初，奉直二次大戰，吳佩孚去天津，直軍大潰，方本仁無復顧忌，乃於二十二日，聯合贛南諸將，通電攻討蔡成勳，以雷長祿守大庾，常德盛楊池生分守贛州信封，楊如軒守三南，自率鄧如琢唐福山蔣鎮臣等攻蔡軍，敗馮紹閔王麟慶及補充團一團。於二十七日攻入吉安，江西第三混成旅張慶昶部大敗於吉水，馮紹閔等退守峽江，蔡成勳派楊以來率北洋第一師及補充二團進兵樟樹鎮。十二月三日，方軍克峽江。四日，入樟樹鎮。南昌大震。時，幫辦江西軍務贛北鎮守使吳金彪，贛西鎮守使岳兆麟，均不助蔡。六日蔡成勳走九江，方軍長驅入南昌，俘楊以來。馮紹閔走湖口，張慶昶走安仁。十四日，北京政府任方本仁督辦江西軍務，方以鄧如琢爲中央第一師師長兼省城警備司令，唐福山爲江西第一師師長。蔣鎮臣爲江西第二師師長，改編李鴻程爲第九混成旅旅長，贛北大定。

七　湘軍之攻贛　當方本仁密謀攻蔡成勳時，慮北伐軍襲其後路，乃通好於譚延闓，相約互助。方得南昌，不復欲湘軍入贛，竟食前言，對湘軍爲敵視行動。十二月四日，湘軍總司令譚延闓命湘贛滇聯軍攻贛。七日，魯滌平入大庾，朱培德入新城。八日，湘軍克南康。九日入贛州。十六日，抵吉安。楊池生走南昌，常德盛雷長祿退雩都，且通電降北伐討賊軍。十二月二十五日，方本仁出師攻湘軍，以鄧如琢爲右翼，楊池生爲左翼，唐福山任中路，李鴻程自蓮花向安福爲支隊，蔣鎮臣爲後援，與湘軍戰於三曲灘。二十六日，湘軍因地理不熟而敗，失槍五千餘枝。適東江陳炯明猖獗，湘軍亟須廻師廣州護救，紛紛退回廣東，鄧如琢蹤入吉安，收湘軍棄地，贛南復定。十四年一月九日，蔡成勳舊部張慶昶自進賢攻南昌，蔡部舊旅長楊以來先期自南昌逃往贛東。留守吳金彪，令岳思寅闌禦之。十一日，方本仁回省，並調駐樟樹鎮諸將赴援，張慶昶遂東走萬年，復爲蔣鎮臣馮紹閔所攻，由皖之婺源入閩，降孫傳芳。（後入浙江）

八　常德盛部之消滅　當方本仁譚延闓相持於贛南之時，常德盛率所部轉駐贛東，謀窺南昌，適桂軍殘部林虎部自閩邊應方本仁之請來援。常德盛懼，撤銷討賊北伐軍豫軍之幟，而復投降北軍，率軍占南城南豐黎川廣昌資溪等縣。隨譚延闓入贛南賴世璜已受方本仁命駐南城，與常部衝突，後經人調解，賴部改駐石城瑞金。常旋攻寧都，爲賴所敗。三月初，常部旅長常錫侯常錫榮等與廣州北伐討賊軍海軍警備司令參謀長許斯馨聯絡，謀起義攻南昌。其第一旅參謀長齊審銓及團長尤效先慈立元等電省告密，方本仁乃命尤效先等及常之補充團曹國芳等與駐金谿之岳思寅團合攻南城。同時，令楊如軒爲總指揮，會合賴世璜蔣鎮臣部包圍夾攻。三月二十一日，常德盛走黎川。二十七日，楊如軒入黎川，常軍殘部三千餘人由金沙走皖省婺源，後爲皖南鎮守使王普繳械遣散，贛省始無豫軍。

九　江浙戰時之江西軍　當江浙戰爭時，江西全省軍隊略如下表：

中央第一師師長	鄧如琢	九江	兼贛北鎮守使中央第九混成旅改編約八千人另有一補充旅駐吉安
步兵第一旅旅長	劉寶題		
步兵第二旅旅長	秦虎宸	九江	
江西第一師師長	唐福山	贛州大庾信豐雩都	原第三混成旅約七千人
第一旅			
第二旅	王麟慶		原中央第二十十三混成旅改編
江西第二師師長	蔣鎮臣	省城	原江西第二旅約七千人

步兵第三旅旅長	朱恩銘	上饒德興	常德盛部尤曹慈三團改編
步兵第四旅旅長			
江西第三師師長	馮紹閔	饒州府屬	蔡成勳之第一師改編約七千人
步兵第五旅旅長			
步兵第六旅旅長			
江西第四師師長	賴世璜	石城瑞金	贛軍自福建移駐約三千四百人
步兵第七旅旅長			
步兵第八旅旅長			
中央第九混成旅旅長	張鳳岐		原步兵第一團改編
滇軍第一師師長	楊池生	贛縣	贛南鎮守使僅一旅實祇一千五百人
第一旅旅長	呂維周	南康	
中央暫編第六師師長	楊如軒		原滇軍第二師約五千人
贛西鎮守使	李鴻程		由第九混成旅旅長陞任

贛東鎮守使　吳金彪　由贛北移鎮

山東第一混成旅旅長　張克瑤　撫州　三千餘人

桂軍總司令　林虎　虔南定南龍南　五千餘人旋即離贛潰散

以上各部共約五萬餘人。其中以原在江西成軍之部隊訓練最久，未經鉅創。而李純離贛前一年所募之四個省防步兵團之槍械軍官爲最齊整。是時，該四個團已成爲中央步兵第一旅，江西步兵第一旅，步兵第三旅，中央第九混成旅等部之基幹。倘能善用之，未始不足有爲，惜其陸編太速，意見太深，遂終致消滅。

一〇　北籍贛軍之消滅

江浙二次戰後，孫傳芳假秋操入蘇，贛亦爲參與杭州會議省分之一，孫既得江蘇，任方本仁爲江西總司令。時，馮紹閔因係蔡成勳舊部，不容於方本仁，乃假援孫爲名，東赴江蘇，受孫傳芳編爲第七師師長，脫離江西。鄧如琢則爭皖不得，仍回九江。方本仁復窺破孫傳芳將不利於己，乃遣使廣東，與國民政府通聲氣。孫傳芳乃使鄧如琢逐方本仁，任鄧爲江西總司令。方本仁卽遜投廣東。國民革命軍北伐時，方本仁告奮勇請收編贛籍北軍。蔣中正任方爲國民革命軍第十一軍軍長，兼江西宣慰使。方本仁卽隨軍至長沙。孫傳芳於是時，突令唐福山由贛西出湘東，以助趙恒惕。

旋，唐生智克長沙，唐福山敗退至萍鄉。方本仁使人以第十一軍副軍長兼第一師師長之委任畀唐福山，並以蔣鎮臣爲第二師師長。唐福山因不得軍長，頗不懌，嘗來使面焚委狀。方本仁之計劃遂完全失敗，辭去第十一軍軍長及江西宣慰使職。及東南戰起，鄧如琢任劉寶題爲第三師師長；改編未竟，而贛戰大起。孫傳芳率所部各方面軍入贛。劇戰（見第二編戰史國民革命軍江西戰事中）之後，北籍贛軍全部消滅。唐福山蔣鎮臣周鳳岐岳思寅（時已陞旅長）及孫軍將領楊賡和李彥清王良田侯全本（鄧如琢之軍需處長）均被俘槍決，民國以來戰爭結果，槍殺上級之多，以此爲最。處決時，曾經軍隊與民衆，黨部等合組特別法庭，審實其擾民罪狀而執行死刑。贛民久受北軍之蹂躪，無不稱快。惟楊賡和爲楊化昭之舊部，素稱勇將，至贛未久，其死也，人多惜之。至鄧如琢秦虎宸王麟慶朱恩銘李鴻程吳金彪等則於戰事前後先後去贛。（鄧至敗潰後始逃）劉寶題率殘部輾轉入皖，曾依陳調元，投國民革命軍，旋被解散。北籍之贛軍在贛恣意占吸十餘年，至是乃告消滅。其兵士器械多爲國民革命軍各軍收編補充。賴世璜則於國民革命軍攻鄂後，就蔣中正委任之獨立第一師師長職，會師夾攻福建，旋陞編爲第十四軍軍長。（見本編國民革命軍軍史）楊池生楊如軒因滇軍關繫，由國民革命軍第三軍軍長朱培德收編，分任師長。（朱與兩楊同爲一系之滇軍）張克瑤則間關回魯，至津浦路南段而投入柏文蔚之第三十三軍，任師長。

江西全省由朱培德負善後責任，並調駐湘黔邊境之金漢鼎滇軍至贛，編為第九軍，〔旋因番號重複改為第三十一軍〕以第三軍及楊池生楊如軒並金部，又收編之王天培部黔軍混合分編為第三第三十一兩軍，以王均〔第三軍師長〕金漢鼎分任軍長，韋杵朱世貴〔均第三軍舊師長〕楊池生楊如軒周渾元分任師長。贛南則有第十四軍賴世璜留守之劉士毅第三師擔任防務。〔賴部出發者為黨代表副軍長熊式輝所隸領之第一師謝傑之二師〕

第八章　鄂湘軍史

第一節　湖北軍史

一　**鄂軍之始及新軍之革命思潮**　湖北為清季維新之策源地，且居全國之中，扼長江上游四通八達之樞紐，自來為軍事家所重視。唐才常謀舉義，即着眼武昌，民黨亦嘗計劃以取武漢為第一步基本工作之完成點。當清德宗景皇帝〔愛新覺羅載湉〕被西太后那拉氏—因維新失敗—幽禁宮內之瀛臺後，張之洞恃資格老練，人望所歸，於那拉氏倡義和團殺外人焚使館之際，獨與兩江總督聯絡，保全長江，尤爲時論所推重。故當全國官吏畏懾那拉氏莫敢談新政之候，張之洞獨能倡辦兵工及實業廠，建議立學校練新軍。初始就吳忠凱所部『凱字營』改習槍操。繼即嚴格招募優秀新兵，編成第八鎮，及第二十一混成旅。〔原議湖北成立三個鎮第八鎮已成第十一鎮成一半尚有一鎮未着手〕以張彪〔張之洞之嬖弁〕任第八鎮統制，黎元洪〔海軍學生出身〕任第二十一混成協統領。立陸軍小學校於武昌及湖南長沙，並設陸軍中學堂，收兩湖二陸軍小學畢業陸學之學生。張之洞去鄂後，凱字營勢稍戢，〔凱營之跋扈及其軍紀之壞爲當時各省所無兵官皆日以械鬥詐強壓民衆爲能事實流氓地痞之大集合而吳忠凱實有以養成之〕新軍勢漸盛。張彪之思想極頑固，且知識極陋；黎元洪懦弱平庸，雖有學識，且性直，而無果敢應變之才。時，陸軍學生皆飽吸新空氣，多加入同盟會。新軍中初級官佐，自經同盟會領袖孫文遣黨員偕法蘭西軍官回國，至漢口法租界天主堂開大會，極力宣傳，喚起民族精魂以後，爲革命潮流所激盪，咸思爲民族爭光榮，爲國家求生存；雖因時代關繫，對社會民衆福利之觀念未能深厚正確，而傾向共和之精神則確爲當時新軍中級官以下所一貫同具。厥後，法軍官之事因張彪化裝士兵入會場得知內幕，張之洞遣江漢關西員蹤刺革命之謀因而失敗，但『驅除韃虜，恢復中華』之宗旨，則已深入軍心，牢不可拔矣。鄂省當局雖時加防護，捕殺黨人，時有所聞，而究因革命思想太普偏，對新軍終無辦法。張彪曾以革除富有新思想之官兵爲事，乃愈革愈使軍心攜貳，愈益趨向革命，不僅不能遏止絲毫，且徒爲淵驅魚。

二　辛亥革命時之鄂軍　四川鐵路風潮起，蜀督趙爾豐恣意屠殺請願民衆，事變益急，清廷乃命端方爲查辦大臣，入蜀平亂。端方至鄂，調第八鎮步隊第十六協第三十二標爲扈從，而新募編成之第三十一標亦繼往。時，黨人已有準備，鄂督瑞澂操之過激，捕殺民黨無虛日。新兵因機關破獲名册被搜，大恐，紀元前一年十月十日（卽清宣統三年辛亥歲八月十九日）新軍中黨人蔡濟民、吳醒漢等就第八鎮之工程營起義。瑞澂、張彪皆逃遁，收復武漢三鎮，舉黎元洪爲『中華民國軍政府鄂軍大都督』。（詳見第三編第一章辛亥革命戰史）當卽請都督下令成立八個混成協，任協統者必須同盟會會員，而又在第八鎮出身者乃可。黎元洪乃委蔡濟民、吳醒漢（皆第八鎮工程營初級軍官）、姜明經、杜錫鈞（皆第八鎮之管帶）吳兆麟（亦工程營隊官）方維、鄧玉麟、高尙志等爲協統。任黨人杜武庫、熊秉坤等爲標統。以吳兆麟一協爲最強，蓋該協係由第八鎮工程營擴充而成，原爲首義部隊，銳氣方盛，戰鬥力自較堅強也。但當時偏重軍事，黨人多不諳戰術者，爲事擇人，乃不得不用降將，故任楊開甲（第八鎮所屬標統）爲參謀長，張景良（亦第八鎮所屬標統）爲總指揮。起義時，第八鎮及第二十一混成協兩部在武昌之官佐士兵夫合計不足萬人。而起義之時，又多傷亡逃散，存在之老兵僅七千餘人，盡數委充初級軍官軍士，尙感不敷，故臨時召募能『托槍』『預備放』者卽可充軍士，是以當武漢鏖戰時，鄂軍之戰鬥主力，幾盡由軍官軍士負責，兵卒則僅爲無目標之射擊，且時有妨害陣綫之虞。惟維時之革命朝氣蓬勃，入伍之分子多抱有犧牲決心者，頗能拼命對敵，故戰鬥力尙能具相當之程度，而與北洋久練之兵鏖戰進退數十日也。旋張景良屢謀挾黎元洪降清，且於劉家廟之役焚輜重棄要隘，戰勝時無故引退，爲其部下縛送江漢關斃之。礮隊協統領姜明經繼任臨時總指揮。九月七日黃興至鄂，督戰數日，因指揮不統一而敗失漢口。各軍遂議決公舉統帥請都督委任以專責成。十三日拂曉，舉行拜將式。黎元洪登臺（拜將臺設閱馬廠）拜黃興爲『戰時總司令官』。旋卽改編鄂軍全部，以前時由漢陽製造局（卽今之漢陽兵工廠）運至武昌之槍礮，擴編爲八個鎭，又二個混成協。而湖南援鄂之王隆中第一混成協及江蘇援鄂第一師，克復荆州之湘軍王正雅部，尙不與焉。和議成後，援軍皆凱旋。民國元年四月，黎元洪首倡裁兵，縮編全部爲五個師。二年二月，復併編爲三個師又二個混成旅。與革命有歷史之師旅長如蔡濟民吳醒漢詹大悲等皆被裁撤投閒置散。十二月，段祺瑞代鄂督。三年二月，段芝貴督鄂，再編爲一箇師又一箇混成旅，（卽石星川部湖北第一師，與駐施宜之第一混成旅旅長或謂係李書城尙待查證）旋又將獨立之混成旅，調爲施宜警備隊，至十二月，遣散之。於是鄂軍之碩果僅存者祇第一師石星川部，較之辛亥革命前之兵額尤少，實為各省之特例。但黎元洪雖竭力裁兵，無如袁世凱野心勃勃，增兵無已，黎之勇於裁撤，適足為袁厄己之助耳。

三　北軍入鄂後之湖北駐軍　黎元洪北上後，段祺瑞段芝貴張錫鑾相繼督鄂，無不藉黎副總統主張裁兵而對鄂軍盡力摧殘。同時，紛調北洋軍至鄂填防。第二師全部南下，復陸續另募北籍兵，編成湖北第三混成旅，以盧金山為旅長；湖北第六混成旅，以王懋賞為旅長，中央第二混成旅，以劉躍龍為旅長，中央第二十一混成旅以孫傳芳為旅長。〔孫原係第二師之團長〕時王占元督鄂，以自任之中央第二師師長讓畀王金鏡。又以餘兵另編第二混成團一團。而鄂境是時之原駐軍隊則僅有湖北第一師師長石星川，中央第九師師長黎天才〔原稱『江蘇留鄂陸軍第一師』經陸軍改定中央番號〕兩部，均被迫而退處鄂地貧瘠之區，仰承鼻息，苟延殘喘而已。五年，袁世凱叛逆稱帝，用兵川湘，王占元乘機大擴軍備：以湖北第六混成旅及第二混成團合併新兵編為中央第十八師，以王懋賞為師長；並發漢陽兵工廠槍礮，充實第二師。盧金山劉躍龍孫傳芳各部皆增兵益械，添編營連。此外，長江上游警備總司令吳光新部之中央第十三混成旅旅長李炳之所屬二箇步兵團，亦皆北人。總計鄂境主客各軍人數在六萬以上，約當全國十分之一。〔是時全國兵額約六十餘萬不足七十萬人〕迴憶黎元洪銳意裁兵，任令北洋軍南下，已則隻身北上，形同幽囚，致令袁世凱陰謀盜國，無所顧忌，其為計亦甚左矣！儻令鄂軍不裁，不過等於六年時鄂境駐兵數，財力尚可應付。則陳師武漢，扼守南疆，袁氏雖頑，當不敢遽謀叛國僭號也。多兵之當裁，固無待論；惟以當時黎元洪之地位及職責，（首義統將現任副總統）不為深謀，而遽圖好譽，適足以啓賊徒僥倖之心，而成奸宄橫恣之局；旋以知雖善政亦必環回審慎，絕無禍害始可進行，否則難免如黎元洪之裁兵，徒使己身被陷，鄂省為袁世凱殖兵地，因致禍亂害及鄂人，而鄂人終未獲裁兵之利也。

四　護法鄂軍之奮起　石星川黎天才所部，雖抑處北洋軍之壓迫下，餉給無時，而責難倍切，所處之境極其艱困；而該兩師究係革命部隊之僅存者，其奮鬥精神與民國觀念，實較北洋軍高明多許。當護國軍興，討袁之軍分由川湘攻鄂，黎天才即有會同石星川響應之謀。黎本滇人，擬迎由川將出長江之蔡鍔所部護國滇軍第一軍，會師取武漢。蔡鍔病重，滇軍止於蜀，而袁世凱殞滅，和議告成，黎天才乃未能動作。王占元深疑之，頗欲解散黎部，但以己身為袁黨，（王占元係袁世凱之馬弁出身）尚須亟圖固位，無暇及此；亦且不敢貿然對付此有革命歷史之部隊，致惹他人對己為帝制餘孽之攻擊，故暫隱忍不發。六年督軍團肇亂，王占元舉湖北附之，石星川大怒，謂「鄂人不死，何物家奴敢辱吾鄂！」護法軍興，石乃與川滇黔靖國軍聯絡，在荊州獨立。第九師師長襄陽鎮守使黎天才響應。兩部合組爲「湖北靖國軍」，黎天才任總司令，石星川副之。時北洋第二師師長王金鏡與粵桂湘聯軍譚浩明部相持於岳陽，連戰皆敗，武漢危急。北京政府命曹錕率北洋第三師援鄂，吳光新亦自重慶回兵攻石星川。七年一月，北軍攻至荊襄，石部師長李書城（原任旅長獨立陞編）率部走投湖南之粵桂湘聯軍。石星川黎天才因援絕出亡。（詳見第三編護法戰史一章）湖北第一師石星川之殘部改編爲湖北第四混成旅，以劉佐龍爲旅長。中央第九師黎天才部則改編爲中央第十七第十八兩混成旅，以張聯陞趙榮華爲旅長。時王金鏡自岳陽退臨湘。北京政府以王占元兼代第二師師長。命張敬堯攻岳陽。曹錕率直軍宣撫兩湖。三月，北軍入湘，直至九年春，吳佩孚自湘撤防以前，湖南無戰事，湖北亦得以苟安。但第八師師長王汝勤（李長泰舊部平復辟之主力戰後調湖北）率全師入鄂，省軍亦增編第一第二第五等三個混成旅。中央財政日窘，餉不以時發，而王占元又以扣尅自私爲能，鄂省遂多事矣。

五　王占元之敗及吳佩孚得鄂　九年，張敬堯敗走，其弟湖南第一混成旅旅長張敬湯敗逃至鄂，王占元捕殺之，一以平湘人之憤，（詳見本章湖南軍史）一以踐與吳佩孚撤兵過鄂時之約也。夏間直皖軍戰於北京，王占元捕吳光新於漢口，湖北得以無事。至九月，湖北暫編第一旅變於武穴。十一月，中央第十三混成旅〔收降之吳光新部〕變於宜昌。十年二月，中央第八師變於沙市。六月，中央第二十一旅變於宜昌，中央第二師變於武昌，湖北暫編第三旅變於富池，各地皆被劫殺一空，鄂民怨聲匝地。自來兵變無如此之連續而慘酷，人咸謂係王占元吞餉致激兵變。王占元無復統馭之能力。七月，湖南總司令趙恒惕納蔣作賓之言以『援鄂自治』爲口號，出兵攻鄂，命石星川所部投湘之夏斗寅步兵團爲前鋒進攻鄂境，八月，占蒲圻通城。王占元辭職，北京政府任吳佩孚爲兩湖巡閱使，蕭耀南爲湖北督軍，孫傳芳爲長江上游總司令，率第三師第二十四師第二十五師與靳雲鶚之第八混成旅攻湘軍。八月，北軍占岳陽。九月，吳佩孚決隄淹湘軍，軍民死亡以萬計。湘軍乃言和，趙恒惕於岳陽城外軍艦中與吳爲城下之盟，割岳陽與吳。時，川軍攻宜昌，吳佩孚往援，川軍敗退。其後，孫傳芳與川軍和，鄂省自是爲吳佩孚之外府。計是時之湖北境內軍隊如下：

中央第二師師長	孫傳芳	上游川鄂邊境	兼長江上游警備總司令
中央第三師師長	吳佩孚	漢口	
中央第八師師長	王汝勤	荊襄	王汝賢之弟原該師步兵第十五旅旅長
中央第十八師師長	盧金山	宜昌	

中央第二十四師師長	張福來	武勝關	原直隸第二混成旅直皖戰後陞編
中央第二十五師師長	蕭耀南	武昌	原直隸第三混成旅直皖戰後陞編
中央第二混成旅旅長	胡念先	通城	原旅長兼崇通鎮守使劉躍龍去職
中央第八混成旅旅長	靳雲鶚	鄂豫邊地	
中央第十八混成旅旅長	張聯陞	鄂西	
中央第十九混成旅旅長	趙榮華	施鶴一帶	
中央第二十一混成旅	王都慶	上游	
湖北第一混成旅旅長	孫建業		
湖北第二混成旅旅長	寇英傑		
湖北第三混成旅旅長	宋大霈		
湖北第四混成旅旅長	劉佐龍		
湖北第五混成旅旅長	張允明		
灄口鎮守使	杜錫鈞	所部二營	

以上各部共計六個師十個混成旅，總數約十一萬人。王占元時代之兵，僅消滅吳光新舊部之中央第十三混成旅，而增加之兵則達三個師一個混成旅之衆。且吳佩孚從茲據有全鄂，財械皆取給於鄂，以圖武力統一。是年冬，分第二十五師之一部扼守岳陽，以制湘軍之出動。趙恒惕雖甘之，而湘人則視爲大辱，對北洋之仇恨益深。

六　鄂境軍隊之大擴充　十一年，奉直戰爭，張福來率第二十四師去鄂入豫北上。十二年一月，孫傳芳率第二師入閩。十一年八月，川軍楊森自重慶敗退鄂邊，降吳佩孚，改編爲中央第十六師，供以餉械。十二年初，吳佩孚令湖北各軍大舉援川。駐鄂西之第十八師第十八混成旅第二十一混成旅湖北第三混成旅湖北第五混成旅均加入戰爭，久而無功。十三年秋，江浙戰爭起，湖北第四混成旅劉佐龍及第五混成旅張允明奉調援蘇。事後，劉旅回駐武昌，張至滬，卽占有上海，要求得淞滬護軍使，旋爲孫傳芳齊燮元擊潰。（詳浙蘇軍史章）奉直開戰時，湖北第二混成旅寇英傑（旋陞編爲湖北陸軍第一師）第一混成旅孫建業及駐岳陽之第二十五師，陸續開赴豫邊。十二月，吳佩孚回河南，與胡景翼部戰於彰德。蕭耀南迫於環境，命寇英傑等退駐武勝關，與孫建業旅同守鄂邊。第二十五師則調守武昌蒲圻通城，另以投歸吳部之桂將馬濟所練武衛軍部守岳陽，侵駐湖南常德之中央第二混成旅胡念先部，及在川東之中央第十八師中央第十八混成旅，湖北第三混成旅，中央第二十一混成旅，亦陸續回鄂。十四年春陸續陞編湖北第四混成旅為湖北陸軍第二師，任劉佐龍為師長，中央第十七混成旅為中央暫編第五師任張聯陞為師長，合併中央第二混成旅及第二十一混成旅為中央暫編第七師，任王都慶為師長。又任陳嘉謨實任第二十五師師長，〔蕭耀南任鄂督兼省長師長由陳代理〕該師原有補充團二團，亦擴充兵額為二萬餘人。但除第八第二十五兩師之外，騎礮工輜等特種兵均不足，礮更缺乏所擴充者實僅步兵。

七　王汝勤之去職　此時期中軍事之足記者，則有王汝勤被逐，第八師易長之一事。王汝勤初繼孫傳芳為長江上游警備總司令兼第八師師長。十三年，四川有戰事，宜昌開烟禁，王汝勤設濟川公司，專收烟稅，所得綦豐，而其部下反苦饑號寒，將校多不平。十四年一月，王汝勤撤所部步兵第十六旅旅長劉玉春任第十六旅所屬之第三十二團團長張輔臣。遂通電攻王。王亟諉過於參謀長范士鴻及參軍門鎮欽，免二人職以謝所部；並令第十六旅旅長劉玉春回原任，事乃和緩。四月，王汝勤又免所部騎兵第八團團長孫某職。第十六旅將士復聯合驅王。上游各師旅長多不直王之所為，王不得已乃電北京辭第八師師長職。臨時執政段祺瑞命張樹元孫樹林至鄂查辦，均為第八師將校所拒。五月，段祺瑞改編第十八師師長盧金山爲長江上游警備總司令。六月，又任第八師之步兵第十五旅旅長劉建章陞第八師師長。蕭復委劉玉春爲步兵第十五旅旅長，張輔臣爲步兵第十六旅旅長。蓋王汝勤與段祺瑞接近，屢有王某督鄂之說，故蕭耀南亦利其去職，暗助第八師將校逐之。

八　**夏斗寅部歸鄂建制**　夏斗寅部原爲石星川湖北第一師中之一箇步兵團。夏原任營長。民國七年，石星川獨立，夏斗寅頗爲盡力。石星川敗後，團長容景芳率之入湘，李書城爲之先容於譚浩明，後又爲之向譚延闓說項，求保此碩果僅存之鄂軍燼餘。容景芳去，譚延闓任夏爲『鄂軍步兵團長，』湘軍驅張之役亦在戰員中，故得駐在長沙。趙恆惕殺李仲麟時，鄂軍實保護之，故頗爲趙所重視。屢議改旅未成。十年在湘編成縱隊，攻王占元，卒爲吳佩孚所敗，仍寄居湘省。十四年春，由方本仁（鄂人）函蕭耀南，准其回鄂。五月，經省議會議決照准。蓋夏爲黃崗人，與方蕭同縣，蕭時正擴充鄂軍以圖自固，故有此舉。夏時方駐長沙，已改編鄂軍混成旅，則因隨趙恆惕護憲之功，故得陞編。至是改稱爲湖北第二混成旅，令將移駐湖北。但終因與鄂中軍隊落落難合，而未動。國民革命出師時，夏部復編入第八軍唐生智部，爲一箇師。

九　**江浙戰前之湖北軍隊**　江浙戰爭以前湖北全境駐在之軍隊略如下表：

中央第八師師長	劉建章	宜昌	騎礮工輜俱足額
步兵第十五旅旅長	劉玉春	宜昌	
步兵第十六旅旅長	張輔臣	秭歸	
中央第十八師師長	盧金山	宜昌	兼長江上游警備總司令
步兵第三十五旅旅長	楊蔭棠	宜昌	
步兵第三十六旅旅長	劉宗儀	沙市	
中央第二十五師師長	陳嘉謨	武昌	兼蒲通鎮守使升第二十五師實有二萬人
步兵第四十九旅旅長	陳德麟	左旗	
步兵第五十旅旅長	余蔭森	蒲圻	
中央暫編第五師師長	張聯陞	襄陽	兼襄陽鎮守使
步兵第九旅旅長	王宗荃	老河口	
步兵第十旅旅長	劉文瑞	鄖縣	
中央暫編第七師師長	王都慶	沙市	原中央第二十一旅旅長

步兵第十三旅旅長	劉占標	公安石首	
步兵第十四旅旅長	閻得勝	荊州沙洋	
湖北第一師師長	寇英傑	孝感	原湖北第二混成旅旅長
步兵第一旅旅長	賀國光	仙桃鎮	
步兵第二旅旅長	賈萬興	廣水	
湖北第二師師長	劉佐龍	漢口查家墩	原湖北第四混成旅旅長
步兵第三旅旅長	王桂榮	黃州	
步兵第四旅旅長	陳光鑑	漢口	
中央第十八混成旅旅長	于學忠	施南	
湖北第一混成旅旅長	孫建業	德安	
湖北第二混成旅旅長	夏斗寅	湖南長沙	
湖北第三混成旅旅長	宋大霈	巴東	兼荊宜鎮守使
武昌警衛司令	陸澐	武昌	曹士英之補充旅改編

以上共計七箇師，五箇混成旅，總計約十一萬餘人。〔第二十五師二萬餘人〕

一〇　鄂境北軍之失敗

吳佩孚再起討奉，蕭耀南於十五年二月身死，〔或謂係毒斃〕吳佩孚令陳嘉謨繼任。繼而吳又聯奉討馮，大擴軍隊。除寇英傑赴豫外，又以宋大霈部編爲湖北陸軍第三師。又陞劉玉春爲中央第三師師長。陸澐部爲第四混成旅，令陸兼蒲通鎮守使。時久居漢口之光桿鎮守使杜錫鈞已被排去職，吳佩孚置漢口於掌握中。命一部分少數軍隊留守，已則北上與國民軍作戰。及國民革命軍出發至湘邊，唐生智起兵逐趙恆惕，吳得報，乃急命李濟臣〔即李倬章〕爲『援湘總司令，』除李部湘鄂邊防軍〔豫軍改編〕三千餘人，及抽調董政國爲援湘副司令，率所部〔唐之道舊部非駐燕中央第九師之舊〕爲援湘第四路軍，並約孫傳芳令在贛北籍軍唐福山師爲援湘第三路軍，又令桂軍降將馬濟粵軍劉志陸謝文炳等二箇師參加外，電調在鄂軍隊中央第二十五師步兵第四十九旅〔旅長已易李炳煦〕及陸澐旅加入援湘第四路軍，中央暫編第七師王都慶部爲援湘第二路軍，湖北第三師宋大霈及中央第二十五師步兵第五十旅余蔭森湖北第一混成旅孫建業等部爲援湘第一路軍，隨李濟臣入湘援趙恆惕。唐生智失利退衡陽。宋大霈部方在編制擴充中，亟圖占地以展勢力，與余蔭森旅皆兼程入湘。湘人素惡北軍，十五年五月，唐生智導國民革命軍離粵北伐部隊猛撲長沙，民衆咸起援應，攻擊北軍，援湘軍大敗。〔見第三編之國民革命軍戰史中〕吳佩孚急親率劉玉春部南下應援，並調靳雲鶚部高汝桐閻曰仁等各部繼進。吳至前綫，連戰皆敗。陸澐被國民革命軍第七軍擒殺，所部繳械。援湘各路盡敗散於粵漢鐵路湘鄂段之岳陽至武昌路綫上。湖北第二師師長劉佐龍在漢陽響應國民革命軍，就蔣中正委任之獨立第二師師長職。〔旋改編爲第十五軍〕吳佩孚靳雲鶚皆遁出武勝關往豫。陳嘉謨劉玉春率所部殘卒及豫軍一混成旅死守武昌，至十月十日始破城繳械。陳劉均爲俘虜，〔武昌圍攻慘狀詳見第三編國民革命軍湖北戰事〕所部除豫軍先降予以改編〔編入唐生智部後爲第三十六軍之門炳岳師〕外，餘皆繳械，〔陳嘉謨於寗漢作戰時釋放劉玉春亦於是時降唐生智曾一度爲司令〕至於鄂西各部，則王都慶退回後，即與楊森等聯結自保。九月底，國民革命軍前敵總指揮唐生智令委川將呂超指揮新附之湘西軍隊賀龍彭漢章等進攻。王都慶于學忠敗走，北入河南。楊森投降，編爲第二十軍。盧金山張聯陞等初皆表示願降，繼則退往豫境依吳佩孚。至吳佩孚在豫敗亡時，各部皆散，惟于學忠部隨吳輾轉豫境，最後乃棄吳投入東北軍，遂爲東北軍之一部。至是，鄂境之客籍軍皆消滅或離鄂。惟賸第十五軍劉佐龍部，及第八軍所屬之夏斗寅師兩部，爲舊鄂軍之系統。官兵中雖有舊人，已與石星川統率時湖北第一師相去愈遠，不過賸餘歷史上之遞嬗痕跡而已。

第二節　湖南軍史

一　湖南初練常備新軍時之軍隊　清末改軍制，各省練新軍，湖南原定編練陸軍第十三鎮一箇鎮。當卽按照步驟先行徵兵成立第一標第二標兩標步兵旋卽按照番號改爲第四十九標，第五十標；益編馬隊礮隊工程輜重各營合稱爲第二十五混成旅，蓋預備照預定計劃擴爲第十三鎮也。此辛亥革命以前，湖南全省新舊軍隊，共分三箇系統，較之他省防營綠營及以統將爲基準之軍隊更夾雜新軍之繁複難稽者，實勝一籌。茲將三箇系統之軍隊及其長官列表如下：

甲　湖南常備新軍（辛亥革命前之情形）

第二十五混成協統領	蕭良臣	長沙
步隊第四十九標統帶	黃鸞鳴	長沙
教練官	王隆中	長沙
第一營管帶	梅焯敏	鄂境蒲圻
第二營管帶	卿衡	鄂境蒲圻

第三營管帶　王正宇　寶慶

步隊第五十標統帶　余欽翼　長沙　原第五十標一營管帶陞充

教練官　李致粱　長沙

第一營管帶　蔣國經　長沙

第二營管帶　梅馨　益陽

第三營管帶　陳書田　常德

馬隊獨立營管帶　張翼鵬　長沙

礮隊獨立營管帶　向瑞琮　長沙

工程獨立營管帶　袁宗潮　長沙

輜重獨立營管帶　齊琳　長沙

軍樂隊隊官　長沙　〔後增編〕

乙　巡防營〔每營約三百人每路少至五營多至十餘營〕

全軍總統提督軍門　黃忠浩　長沙

中路巡防統領　黃忠浩（兼）　長沙
前路巡防統領　吳耀金　岳州
左路巡防統領　謝澍泉　湘潭醴陵一帶
右路巡防統領　陳斌生　常德辰沅一帶
後路巡防統領　張其鍠　衡州郴永一帶

丙　綠營：（俗稱鎮筸兵原為防苗而設官長多不可考）

辰沅永靖兵備道　朱益藩　練勇　一千名
馬兵　一百三十六名
鎮筸鎮總兵官　周瑞龍　戰兵　一千八百二十一名
守兵　二千一百零四名
馬兵　三十一名
綏靖鎮總兵官　戰兵　六百一十名
守兵　六百名

馬兵　二十名

永綏協副將

戰兵　三百九十三名

守兵　四百四十四名

馬兵　十五名

乾州協副將

戰兵　二百九十六名

守兵　二百九十二名

馬兵　十七名

保靖營參將

戰兵　三百九十四名

守兵　三百八十九名

馬兵　十二名

鎮溪營游擊

戰兵　一百七十三名

守兵　一百六十九名

馬兵　四名

古文坪營都司　戰兵　一百五十五名
守兵　一百五十三名
馬兵　十一名

河溪營都司　戰兵　一百九十四名
守兵　一百零六名
馬兵　六名

以上三箇系統之軍隊，常備新軍銳氣方盛，且湘人樂從軍，故軍中多優秀分子，教練多一時之彥。巡防營械甚精，而軍官則多腐舊。鎮篁鎮兵則純粹綠營，凡舊軍所有之弊無不有之，且有壓詐苗民之事，常激苗變。除此三部外，尚有水師五路，則曾國藩媚清攻太平天國時所贓之舊式水兵，調入洞庭湖而成為湖南水師。在辛亥革命時水師之名稱及其長官實力駐地如下：

選鋒水師統領	楊玉堂	五營	省河澧州至湘潭一帶
飛翰水師統領	易棠齡〔後改委田鎮藩〕	五營	省河湘陰及湘西一帶
長勝水師統帶	何國英	二營	辰谿晃州

澄湘水師統帶　林益簡　二營　衡永一帶

岳沅水師統帶　柳若喬　二營　岳沅臨壽一帶

水師之主力爲舢舨銅礮，計當時全省有舢舨約五百艘，兵丁之槍械多係後膛槍，最新亦不過九響之類。人數雖多，而實力無可觀。惟湘河多匪，水師雖需索商船，偷運包私，究能保得一部分航路之安寧也。辛亥革命後，水師一部分被陸軍吸收，其餘之官兵與舢舨坐船等則改組爲湖南全省水上警察廳，已屬民政範圍，〔至張敬堯督湘時散撤，後復恢未成，近始組水警隊任水上防務〕後不復記及。

二　辛亥革命時湘軍之編組

辛亥光復之際，湘軍頗著聲名。當武昌既克，湖南黨人紛謀響應。巡撫余誠格委黃忠浩統巡防全軍，嚴爲之備。卒因湘省民黨衆多，新軍革命思想極富，經焦達峯陳作新運動，躍躍欲試。適余誠格疑新軍不穩，下調防之令，協統蕭良臣〔北人〕自知與官兵無感情，早託故北去。第四十九標統黃鸞鳴，偕馬隊營管帶張翼鵬，礮隊營管帶向瑞琮及新任第四十九標第二營管帶陳強北上參觀秋操。王隆中代理標統，遂與黨人合謀，攻小吳門，斬黃忠浩，逐余誠格，擒殺反抗之清吏沈瀛〔長沙知縣〕等數人。奉焦達峯爲大都督，陳作新爲副都督，並推諮議局局長譚延闓爲民政部長，倣武昌之制也。焦達峯原保會黨出身，手下萬餘人多市井；焦既就職，其黨徒輒大呼曰：『焦大哥作大都督，我們都作官去。』三日之間，自由招兵達六萬餘人。軍官皆包頭密鈕，如劇中武生裝，自以爲漢官威儀也。陳作新國學甚有根底，且曾充常備軍初級軍官，故力謀擴充新軍。焦陳皆急鄂難，適黎元洪從譚人鳳之請，令鄂軍都督府護衛營營長劉佐龍自漢陽製造局押運快槍三千數若干萬到湘。焦達峯即混合新軍第四十九標及各獨立營與巡防營之精銳，混合編成二箇協。以獨立第一協統領王隆中率所部（第四十九標及中路巡防之幹部主力編成）出發援鄂。另委劉玉堂（中路巡防第一營管帶，曾以素著猛勇威名）爲獨立第二協，跟蹤北上。是時，焦陳二督實無擁兵自衞之心，且用人行政，一秉大公，博采民意，廣納人才，且力除苛稅，（曾下令豁免釐金）實具爲民衆謀幸福之血心。如斯倉卒之際，一無章制可循，而能日廢秕政以數十計，接見民衆無間晨昏，不僅表現平民革命精神，抑且坦率無猜。不圖乃因此而召殺身之禍也。初，第五十標統帶梅馨如密約率部由常德開省，至長沙，焦達峯親迎之於郊，慰勞有加。梅入見，即向焦及陳作新索餉械。蓋焦陳廣收起義之民衆，梅馨見軍官衆多，頗懷怨嫉，更因不願援鄂，恐焦強之行，乃與省城之某一派相聯絡。九月初十日，焦達峯陳作新召各軍中級以上官長及各界人士至諮議局會話。梅馨擬乘此殺之，商於余欽翼（時余受任第一鎮統制，方待第二協編成，督赴鄂戰，故在省）余不置可否，惟云：『這事關繫太大，不好辦。』諮議局議事畢，焦達峯先回都督府，（即舊撫署）梅馨令所部隊官吳家銓領一隊至府，藉詞索餉，焦達峯親出訓話，〔時軍政務有爭執，焦或陳必親出調處，無巨細皆然，絕無官僚深居簡習，故梅馨卽利用此點誘之〕語未發，吳家銓突前揮刀斜砍。焦以手格之，指斷。吳部兵士擁上，焦遂被害。吳家銓梟其首，以刃洞顋，貫以繩，〔因無辮故〕提至梅馨處報功。陳作新自諮議局出，聞北門外和豐火柴公司擠兌，〔和豐發行鈔票最多，徧及全湘，信用素著，倘被擠倒，則全湘金融市面皆受重大影響，此舉亦某派用以死焦陳之一法也〕乃不遑寧處，〔時已午後三時，陳尚未午餐〕單騎馳馬赴和豐，將謀彈壓勸導兌票民團。見副都督負責保證和豐不倒，皆散去。陳乃入城，方至弔橋關廟前，〔該地爲關羽黃忠會戰之古蹟，故有關廟〕適梅馨所派隊官袁富榮率本隊士兵銜至，高呼：『奉梅管帶令，請副都督下馬！』陳作新方踟躕，袁已揮刀直前。陳躍下馬，問何事，袁不答。陳乃入街旁成衣店。袁趕至，執之於店前，就門閾上殺之，刀數下，首乃斷。袁返報，梅馨欲自爲都督，慮他軍及民衆不服，乃擁譚延闓繼任。譚就任，改章制，命王隆中部仍稱獨立第一協，繼續赴鄂戰，毋庸回省。並委梅馨爲獨立第二協統領，以余欽翼領第一鎭統制，劉玉堂部爲第一鎭第二協，擴中路巡防營之甘興典營爲第二鎭第三協，新募軍劉耀武部爲獨立第九標，〔預備成第二鎭第四協〕悉令赴鄂會攻淸軍。設岳州鎭守府，命譚人鳳爲鎭守守岳州，〔旋譚人鳳因鄂事急赴武昌，代以唐蟒——唐才常之子〕省城焦陳所募之兵，悉編入各協標而汰其老弱。旋復任徐鴻賓爲敢死隊管帶，〔徐爲中路巡防哨官手及黃忠浩者〕蔣寶三爲學生軍管帶，張其鍠爲南武軍軍統，〔所部爲防營制以聶磊（聶緝槼之子張之威）任定元分統之兵爲桂省之舊兵〕釋清吏監禁之黨人張堯卿任爲義勇軍軍統，〔張爲興中會初組時之分子〕更有廣西都督沈秉堃令調北伐援鄂之趙恆惕部一混成旅至湘，待與湘軍組聯軍出發。〔趙係湘人〕旋，程潛自四川至任參謀部長，向瑞琮回湘任軍務部長，章制乃齊，向程之銳意整頓，較以前之部長剛毅遠甚，軍紀爲之一肅。向瑞琮竟以此遭譖，憤辭軍務部長，告奮勇組織『北伐第一軍』，以第一鎭之第四標〔盧明亮〕獨立第十一標〔李金山〕獨立第十二標〔吳適斌〕獨立礮隊標〔成桂南〕等組成。譚延闓任向爲軍統。出發時，盧部因向瑞琮給予軍中常備軍舊兵起義勳章，援例要求舊兵以新兵無起義功績，不得妄索，遂起衝突。向親率礮標出城，手刃首亂者二人，風潮乃息。旋南北議和，向部前衛已進抵沙市，本部待械未發，乃改稱爲『討虜軍』。統一後始令各標歸還各鎭建制。此起義時湘軍編組經過之大略也。其時分爲援鄂與北伐二部，玆列表於下，俾易明瞭：

甲　援鄂軍

獨立第一協統領　王隆中　五營

第一鎭統制　余欽翼　轄第二協

第一鎮第二協統領	劉玉堂	四營
第二鎮統制	缺	擬黃鸞鳴未發表
第二鎮第三協統領	甘興典	四營
獨立第九標統帶	劉耀武	三營
敢死隊管帶	徐鴻賓	一營

乙　北伐軍

獨立第二協統領	梅馨	六營
北伐第一軍軍統	向瑞琮	四標
義勇軍軍統	張堯卿	三十營　後改撥寧
南武軍軍統	張其鍠	十六營
桂軍混成協統領	趙恒惕	十營
學生軍管帶	蔣寶三	一營

以上各部皆爲都督府組織之出征部隊，後防留守之軍，則尙在組織中。其他各地——如湘西湘南——及

攻荊州之兵，尚不與焉。（皆見下文）

三　鄂戰時之湘省軍事

當湖南光復之際，不僅長沙附近招兵無數，卽湘西湘南已紛起招兵。其中有為省城派往者，有自行組織民軍者，亦有會黨乘機而起者。名目繁多，不可究詰。譚延闓接任時，赴西路之招撫使楊任等七人已為清辰沅永靖道朱益藩（時朱倡勤王忠清）使黃忠浩舊部右路巡防統領陳斌生勾結駐常德新軍管帶陳書田捕殺。鳳凰廳人唐世鈞，黔張子衡等起義兵攻鎮筸鎮，斃清兵二百餘人。陳斌生等圍攻之，並殺張子衡。譚延闓因急於援鄂，無暇討陳，乃使周果一往說陳，反攻朱益藩及道標中軍楊讓黎，並派黨人龍璋為西路巡按使，領兵一標，平定西路。鎮筸鎮總兵周瑞龍懼而迎降。龍璋乃逐朱益藩，斬楊讓黎。並給常降順各軍之餉需（時已數月無餉，駐軍尚不知向地方勒索，徒為劫掠耳）西路始平。南路方面則召還焦達峯所委之南路標統周召南，解散軍紀最壞之部隊，而擇其較佳者，一律編入義勇軍，由張堯卿統率編制。同時令王正雅（舊軍官）率巡防營三營，並募舊部成二營，取道湘西入公安，攻湖北之荊州。荊為旗營將軍駐防地，攻之所以免武昌後顧之憂也。黎元洪亦命統制季雨霖、唐犧芝等率師來會。王正雅率部親冒矢石，自北門低窪處仰攻。部下管帶何玉林、哨官劉煥文奪險深入，流彈中王正雅足。王裹傷大呼而進，手斬旗營中軍一員。何劉繼進，士氣大振，疊入梯拊城。滿將軍連魁副都統松鶴遂開城迎降。相約不殺旗丁，編入民籍。當時戰役，以荆州一戰爲最有聲勢。〔孫大總統就任後曾特電獎王正雅之勇〕湘軍駐荆半年，終以客軍被摒王正雅遂回駐湘西。當鄂戰正亟時，廣西都督沈秉堃遣協統趙恒惕率新軍一個混成協援鄂，〔時廣西全爲陸榮廷舊軍勢力所包圍新軍被逼出走援鄂〕副都督王芝祥率邊防軍六大隊繼之，〔邊防軍多綠林降伏剛勇善戰〕皆至長沙。王芝祥旋卽受黎元洪命爲第三軍司令官北下，趙恒惕本湘人，遂暫留湘。貴州都督楊藎誠亦因不安於位，自率北伐軍假道湖南，餉缺糧絕，譚延闓降之。唐繼堯劉顯世等在黔斥楊部爲土匪，遏不許歸，並電湘請遣散，派兵至邊境銅仁堵截。互訌至中央不能決。數經調和未解決。譚延闓乃命第四師送黔軍回黔。適楊部席正銘邉爾攻銅仁失敗，乃散其軍。

四　湘軍之改編　湖南援鄂軍，敗於漢陽。甘興典因勾結敗將宋錫全率衆挾械走長沙，將謀亂，黎元洪電湘，譚延闓乃擒斬宋甘。劉玉堂則陣亡於漢陽。王隆中部獨立第二協，徐鴻賓部敢死隊皆多傷亡。但王徐所部之回湘者，以爲援鄂有功，驕肆特甚。湘軍整肅之軍譽破壞殆盡。民國元年，湘軍已大擴編，〔惟學生軍等雜軍皆遣散〕以備北伐。改編師旅團，皆同常備軍制，惟每排僅二十四兵，各師皆無騎礮工輜等團營。余欽翼部擴爲第一師，原駐湘贛邊境之霆字營舊防軍趙春霆部〔時譚延闓調該部鎮湘南〕改為第二師，駐守岳州之曾繼梧部擴為第三師，王隆中部獨立第二協殘部合以回湘招募之第四十九標等常備軍舊卒及新兵，編為第四師，梅馨部獨立第二協，原與趙恒惕部編為湘桂聯軍，〔桂督沈秉堃被逐任聯軍總司令於湘即率軍至漢〕赴鄂作戰，議和時回湘擴為第五師。黃鸞鳴回湘所招之兵，合以程潛部編為第六師。更將巡防營之存者，編為各區守備隊。都督府則設衞兵二營。鎮草鎮兵仍舊制。茲將湘軍編定時之部隊長官駐地列下：

湖南陸軍第一師師長	余欽翼	長沙寶慶等處
步兵第一旅旅長	陶忠洵	長沙
步兵第二旅旅長	李培芝	寶慶
湖南陸軍第二師師長	趙春霆	衡永郴桂一帶
步兵第三旅旅長	李生盛	衡陽
步兵第四旅旅長	彭道成	永州
湖南陸軍第三師師長	曾繼梧	岳州
步兵第五旅旅長	程子楷	岳州

步兵第六旅旅長	袁宗翰	岳州	
湖南陸軍第四師師長	王隆中	辰沅永靖武岡一帶	
步兵第七旅旅長	卿衡	辰州	
步兵第八旅旅長	陳強	武岡	
湖南陸軍第五師師長	梅馨	長沙	
步兵第九旅旅長	姚宏陶	長沙	
步兵第十旅旅長	田鎮藩	長沙	
湖南陸軍第六師師長	程潛	醴陵常德及株州	第六師編成爲第十一第十二兩獨立旅
步兵第十一旅旅長	黃鸞鳴	株州	
步兵第十二旅旅長	程潛兼	常德	
湘西鎮守十營	王正雅	常德	
礮兵團團長	陳嘉祐	長沙	
騎兵團團長	馬驤後易劉文錦	長沙	

教導團團長 第二十五混成協之老兵集成	黃鸞鳴兼	長沙
工程營營長	彭　湘	長沙
輜重營營長	曾　佟	長沙
都督府近衛營營長	張松本	長沙
護兵營營長	陳光遠	長沙
中央陸軍第八師步兵第十六旅旅長	趙恆惕 該部歸南京陸軍部轄	長沙
飛翰水師統領	易棠齡	省河
選鋒水師統領	楊玉生	省河及澧河

五　湘軍之退伍　辛亥革命時，各省皆苦兵多，然未有如湘省之複雜紊亂者。援鄂各部隊回湘後，尤形驕恣；兵士自以爲功高，視官長如無物；各營皆自選代表，直接都督軍中事，故皆由代表議決，交師旅長執行。中初級官皆仰士兵之鼻息以苟全。第四師之兵號曰『四十九標弟兄』，包烟包賭，無所不爲。自鄂歸時，人因王隆中不救黃興而致敗，多主舊標統黃鸞鳴回任。王隆中乃利用士兵於營地張筵演劇，以酬士兵之功。結果士兵擁王爲師長，而軍紀益不堪問矣。有兵某，於省城小吳門姦民女，且

掠其家，民不敢抗；適遇都督府護兵營巡查，遇而捕之回府。稽查長常治，奉都督令，持大令押之出府，將按軍法解赴刑場處死。第四師士兵聞之，突蠭百數十人，蜂擁而至，劫犯兵去，並叢毆常治，致重傷垂斃，又譚延闓委余道南任第二師步兵第三旅旅長，至營就職，竟為士兵所縛，將刑之；師長趙春霆趕至，力救乃免。第三師師長曾繼梧因不欲招補充隊，與所部步兵第六旅旅長袁宗潮意相左。袁竟率兵擣師司令部，囚師長。結果，袁赴常德，曾辭職，竟不問。民衆聞兵字即色變，聞四十九標之名，則相駭卻走。較之初復湘城時軍民相親如家人者，相去誠不可以道里計矣。軍害至此，乃不得不議裁減，又恐激變，乃以功成身退無上光榮之言，使士兵樂聞，並特別優給退伍金，使兵士羨多金而願退伍。是時，軍餉已減一次。〔曾因兵士反對減餉軍務部科長萬夫雄及軍官童傑等謀叛擒斬之乃由出征者十元留守者七兩核減出征者仍十圓留守者四兩〕乃再定「折扣」減成之法，以定退伍之餉。茲將當時退伍休金表列下：

湖南陸軍退伍休金減成表

級別	原定	折扣	減成 單位「分」
	百十兩錢分		
師長	二〇〇〇〇	一四〇〇〇	八四〇〇
旅長	一四〇〇〇	九八〇〇	六三〇〇

團長參謀長同	一〇〇〇〇	七〇〇〇	四二〇〇
團附營長	七〇〇〇	五六〇〇	三三六〇
營副連長	四〇〇〇	二八〇〇	一八二〇
排長	三〇〇〇	一八〇〇	一一七〇
司務長	二〇〇〇	一四〇〇	九一〇
一二等書記	五六〇〇	三三六〇	二五二〇
三等書記	一八〇〇	一四〇〇	九〇〇
司書	一四〇〇	九六〇	七〇〇
傳令兵長	一四〇〇	九八〇	六八八
中士	一二〇〇	八四〇	五八八
下士	一一〇〇	七七〇	五三九
兵士	一〇〇〇	七〇〇	四九〇
檢工軍士			四六二

靴工軍士

附註

一二等參謀副官長軍械長等於團附

一二等副官三等參謀等於營副

一二等軍需長一二等軍醫長軍法長等於一二等書記

三等副官一等軍醫司號長等於三等書記

傳令兵護兵長等於中士

護兵號兵等於下士

兵士不分等

看護兵火夫等於靴工軍士

至於休金年期，則軍官照減成定休金爲三期，每期三年，第一期全餉，第二期三分之二，第三期三分之一。軍佐照減成發慰勞金三個月。教導團兵士〔皆常備新第二十五混成協之士兵〕月餉八兩，照軍官例。兵士退伍，給恩餉三個月，休養金分三期，每期一年，第一期每月三兩，第二期每月二兩，第三期每月一兩；有勳章者，月加一兩。〔時有獨立勳章援鄂勳章等之頒給，皆按月給金者〕議既定，初級軍官多言恐激變，而士兵則皆甚願，蓋是時之生活程度低，〔斗米纔三四百文〕士兵多窶人子，聞有十數兩銀可得，且有退休金，自無不樂者。譚延闓終慮無可恃之兵，恐一旦有事，無所措手足，乃令黃本璞至京〔南京〕請陸軍部撥械關槍兵一營礮兵一團來湘鎮攝。〔時湘軍機關槍絕無僅有砲更少桂軍趙部卽以此二種精械自豪稱雄而立足於湘軍極端排外之時得未遭遣散〕陸軍總長黃興恐調兵轉資兵疑而釀變，爲顧桑梓〔黃長沙人〕十分安全計，令張其鍠〔統南武軍在寧戰息兵散〕密商於王芝祥趙恒惕。時趙部已至寧歸陸軍第八師建制。卽令趙部聲言假道反桂，至湘留視退伍。張其鍠爲湖南軍事廳長，譚延闓及危道豐迎趙部至湘，乃下退伍令。時張其鍠部南武軍尚有六大隊在湘。第五師步兵第九旅第十七團兵士實彈反抗。〔梅馨方被刺炸傷肢〕趙恒惕嚴裝挾梅馨褁創臨之，始解散。各師依次退伍畢，乃編守備隊爲省防軍。舊巡防營除中路各營已編入援鄂軍，各路亦間有抽調入師旅者外，前路存三箇隊駐岳州，右路十箇隊駐湘西，左路五箇隊駐醴陵等處，〔歸第二師師長趙春霆兼統〕後路十二個隊駐湘南。〔歸張其鍠兼統〕每一箇隊，原舊制巡防之一。箇營至是乃抽調混合，益以王正雅部及編餘部隊編爲六區共四十九箇營，另以南武軍餘存之六大隊編爲六營稱省防守備隊，共七箇守備隊。茲將各區之官長實力駐地列下：

湖南省防守備隊司令	任定元	六營	長沙省會
湖南第一區守備隊司令	黃本璞	八營	湘潭醴陵
湖南第二區守備隊司令	趙春霆	六營	舊衡州府屬及寶慶府屬

湖南第三區守備隊司令　陶忠洵　五營　巴平臨華南

湖南第四區守備隊司令　王正雅　五營　舊常德府屬及澧州屬

湖南第五區守備隊司令　陳復初　九營　辰沅永靖城步武岡

湖南第六區守備隊司令　蔣　炤　十營　永郴桂一帶

〔附註旋陳復初陶忠洵對調第六區司令易任定元〕

此外，則都督府之二箇營及鎮筸鎮綠營，〔仍稱總兵是時似係田應詔充任尙待查證〕仍舊譚二實〔譚嗣同之子〕等所招之湘粵鐵路巡警隊等雜軍及騎礮各團均已解散。水師亦裁去數營。留趙部桂軍爲衛戍部隊。自是，湖南無陸軍。各省皆巡防營被裁，新軍擴充，惟湖南此時適成反比例，新軍盡散，巡防營獨存。故二次革命時，北軍如入無人之境，湯薌銘以一箇混成旅之衆，據湘三年，殺人萬千，莫之敢侮也。兩湖素稱姊妹省，其裁兵後之被北兵侵據命運亦正同。惟湘軍之驕勢非裁不可，鄂軍未至此境，且地位情勢亦與湘殊甚也。

六　北軍初入湘　民國二年，宋案既起，湘省黨人大爲憤激，湖南黨人最多，派別亦雜，以龍〔龍璋〕鳳〔譚人鳳〕麟〔周震鱗〕魚〔宋漁父〕四系爲最強，蟒〔唐蟒〕鰲〔仇鰲〕等系則實力未充。對討袁之舉，主張紛歧，久而不決。及贛寧獨立，譚延闓亦忽起響應，顧無可用之兵，無可籌之餉。一時，黨人紛起請纓，組織軍隊，形勢愈亂。初，袁世凱初下免國民黨籍之都督——李烈鈞柏文蔚胡漢民等職，贛粵皖三省都督之代表皆絡繹至湘。都督府之主張頗持穩健，事亟乃動，則事已不可爲矣。袁世凱初派郭人漳爲湖南查辦使，而以海軍次長湯薌銘副之。郭人漳驕恣舖張，湯薌銘知湘軍全散，黨人新成之軍不堪任戰，乃率北軍南下，乘軍艦逕入長沙。二年七月杪，趙恆惕方駐軍岳州，聞省垣獨立，謂非譚延闓本意，密啟譚，率兵回省平亂。黨人多被迫逃散，取銷獨立。八月初，省防守備隊奮然起事。趙恆惕卽圍繳其精銳兩營之械，復親率桂軍，扼守街市，盡行迫散省防守備之兵，僅餘都督府之近衞護兵兩營，擔任都督府之衞哨。旋，湯薌銘至，受袁世凱命爲湖南都督，譚延闓去職遠避。湯乃將近衞營護兵營及趙恆惕所部之中央第十八旅，皆一律繳械遣散。調北軍一旅入湘，旅長車震駐長沙，任警備，並設零陵常德等鎭守使，遣散六區守備隊，使各營歸鎭守使節制。（惟王正雅部因地勢優越得保存）三年，湯薌銘以靖武將軍督理湖南軍務，承袁世凱之意旨，大肆屠殺，設『調查』之名，集聚市井無賴，使爲綫索，若輩乃假以報私仇。瀏陽門外（卽長沙之東門非瀏陽縣）識字嶺之刑場，伏屍枕藉，無日無之。眞黨之被殺者，如焦光亞等固以千百計；而無辜之民，被挾嫌拖累，經軍法處慘刑（軍法處所用之刑有爲自古酷刑所未有者其野蠻殘酷較倖傳九幽十八獄尤甚百十倍〕迫供屈服者，更不知凡幾。據民國五年湘省撫恤機關之報告，〔湯遁後所調查〕湯薌銘在湘三年〔二年八月至五年七月〕除斬其部兵外，實因黨案槍斃而有卷可查者，達五千餘人。或疑言之過甚，而細繹當時情事，似非虛也。〔有謂湯殺萬人以上或八千人者則或非實數〕袁世凱稱帝，湯薌銘亦贊助之一。及護國軍興，袁世凱調駐贛之中央第六師師長馬繼增率所部及駐皖安武軍數營入湘西，攻黔。湯薌銘亦編巡防營六營，使李右文統率駐省防守。〔李湘人海軍學生出身〕

七　湘軍之復興　郭人漳因譚延闓離任時，爭湘督不得，頗不樂湯薌銘。而湯則因郭在湘頗有一部勢力，〔會黨〕且為世紳陽敬禮之。及袁世凱叛國，郭人漳乃假名招募鑛場警察，〔時湘省錦鉛等鑛極發達〕成立鑛警數十營。初，黨人之思討袁誅湯者，咸投護國軍，受師旅長委任，入湘舉義。五年二月二十日，黨人以炸彈突攻將軍署，湯薌銘令衛隊以機關槍掃射，老照壁吉祥巷一帶，死者塞衢，街石盡赤。嗣，黨人屢起屢仆，殉者無數。五年夏，鑛警營突然舉事。湯薌銘調兵圍攻鑛警營統部〔蔣園後郭人漳私宅〕戰數小時，鑛警敗走。其未在省之部隊，則為程潛等所收編。護國軍勢盛，廣西獨立，湯薌銘知湘人勢未可侮，乃聯絡比較和緩之湘人曾繼梧、趙恆惕等。四月二十七日，零陵鎮守使望雲亭獨立，湯亦迫於黔、桂夾持之勢，於五月二十九日宣布獨立；〔湘西鎮守使田應詔先已於二十四日獨立宣言討袁攻湯〕乃使曾繼梧編制『湖南第一軍』以陳復初為第一師師長，趙恒惕為第二師師長，咸歸第一軍節制；李右文部編為一箇步兵旅，歸趙師建制。六月杪，湘軍舊軍官程潛陶忠洵鄭衡周則范廖湘芸周偉〔鎮警營之一部〕等相繼起義，所受委任有自滇者，有自桂者，皆標護國軍師旅番號，重復紛歧至不可名狀。但逐湯薌銘討袁世凱之目的則共同一致。七月四日，湯薌銘遁走。護國湘軍紛紛入省。曾繼梧代理湖南都督，未一日，即辭卸。劉人熙乃出任都督，黨人推龍璋任民政長。第一軍所屬之兩師長，原不甚服從第一軍總司令之命令。劉人熙於清季服官廣西，與趙恒惕有舊，且援湘之桂軍已抵省，劉趙皆接近桂軍，故劉人熙得赤手作督，旋即撤第一軍司令部，而編趙恒惕部為第一師，轉以陳復初部為第二師；趙陳間因此乃生芥蒂。龍璋對劉亦不相下。湘局岌岌可危。湘人之親桂者主張迎陸榮廷來省，以資鎮攝；而大多數則主張迎譚延闓復任。適桂軍以全力爭廣東為餉源，無暇顧及紛亂之湖南，湘人迎譚之計遂決。政府任陳宧為湘督，卒為湘人所拒。譚延闓回湘時，即將援湘之桂軍沈鴻英馬濟等部皆犒贈遣回。湘省各軍，則漸次整編。計第一師師長趙恒惕，第二師師長陳復初，第三師師長陶忠洵，第四師師長程潛。〔程原稱護國軍湘軍總司令係護國軍總司令部所任第四師迄未正式編成〕嗣經再四淘汰，始編成兩箇師；其長官如下：

湖南陸軍第一師師長　　趙恒惕

步兵第一旅旅長　李右文

步兵第二旅旅長　林修梅

湖南陸軍第二師師長　陳復初

步兵第三旅旅長　陳嘉祐

步兵第四旅旅長　朱澤黃

後日湘軍著名將領，如宋鶴庚魯滌平等，皆爲團長；唐生智葉開鑫賀耀祖等皆營長，其編成，係以原有之第一第二兩箇師之部隊，雜以陳嘉祐部及劉人熙之衛隊〔唐生智〕混合編制。其餘則皆編爲守備隊，並多設鎮守使鎮守副使。〔如卿衡爲湘西鎮守副使周偉爲第二區守備隊司令駐湘潭〕其原與滇黔接近之部隊，如周則范等，皆赴湘西，劃地以守。

八　湘軍與北軍之循環戰　段祺瑞當國，督軍團稱變，以致釀成復辟。譚延闓時任湖南省長兼署督軍。聞張勳以清帝上諭任之爲湖南巡撫，憤極，卽令第二師師長陳復初率部北上靖難。陳部至岳陽〔卽岳州府治巴陵縣改名〕變已平。段祺瑞復出，卽以其親信傅良佐〔原任陸軍次長湖南乾縣人〕爲湖南督軍，蓋將以之鎮湘而有事於西南也。傅良佐受命，卽率北洋第八師〔平復辟之變後駐京〕第二十師至湘。時第八師師長李長泰已改任步軍統領，師長爲王汝賢，第二十師師長爲范國璋，皆與將成之直系較爲接近，傅良佐殊未能指揮如意。但湘軍中之陳復初，與傅有舊誼，故傅仗之至湘，惟陳復初部之旅長陳嘉祐世爲民黨，頭腦極新，反對頗烈。譚延闓瀕行，任營產處長劉建藩爲零陵鎮守使，劉字崑濤，與廣西接近，且零陵鎮所屬之江道區守備隊，精悍爲各區冠，故譚令劉往並聯絡第二旅旅長林修梅，爲反傅之工作。時陸榮廷雄據兩廣，視湘爲門戶，湘有失，自非其利。傅良佐雖挾北軍二萬以俱來，但南北軍皆非所能用，實不啻一光桿督軍也。及劉建藩林修梅在湘南宣布獨立，加入護法，傅大驚，急謀應付，陳復初告奮勇請戰，傅乃請於段祺瑞，編陳部爲中央陸軍第爲七師以寵之。（湘軍編入國軍僅此一次）但陳嘉祐旅貌合神離。傅良佐於譚延闓行後，即保新任之財政廳長周肇祥代省長，先收財權，而後擬漸去湘軍，趙恒惕因丁艱回衡山原籍，林修梅遣弁強之至衡陽。朱澤黃旅至乃宣戰。湘南各軍迎譚延闓不至，乃推程潛任湘南（非湖南全部）總司令。第一師步兵第一旅第一團長宋鶴庚，第二團團長廖家棟，皆棄旅長李右文而加入護法。朱澤黃與戰不利。王汝賢范國璋皆承馮國璋之旨主和。傅良佐勢益孤。及其親信湖南水上警察廳廳長陳璩章被刺，劉建藩率江道區守備隊，聯絡桂軍，直逼省垣，陸榮廷任譚浩明爲粵桂湘聯軍總司令，率桂軍第一旅黃克昭及沈鴻英馬濟林俊廷（皆稱總司令）等部入湘。傅良佐乃棄湘宵遁。程潛入省，雖盡逐北軍，而桂軍以湘爲外府，前門拒虎，後門引狼，其情形之混亂，較之北軍在湘尤甚。及段祺瑞令曹錕爲四省經略，調第三師吳佩孚並附直隸第一〔王承斌〕第二〔閻相文〕第三〔張福來〕第四〔蕭耀南〕等四個混成旅，第七師張敬堯及馮玉祥部混成旅，會合魯軍張懷芝第十一師李奎元，佐以奉軍第一師，大舉援湘。桂軍大敗，吳佩孚追至衡陽而止，與湘軍言和。張敬堯任湘督時，湘南軍隊有第一師〔以第一旅擴成〕第二縱隊〔司令林修梅由第二旅擴成因不樂陳復初舊第二師之名故名縱隊〕及程潛在湘新成立之湘南游擊隊〔李仲麟〕林支宇所率長沙警察編成之第二游擊隊，劉建藩吳劍學謝國光等守備隊。湘西則有田應詔周則范廖湘芸卿衡等部。北軍方面：張敬堯李奎元駐長沙，以其弟張敬湯爲湖南第一混成旅旅長，並編湖南第一師，以田某爲師長，合北洋第七師吳新田部守湘中，吳佩孚駐衡州，馮玉祥駐常德。旋程潛被桂軍排擠去湘，劉建藩於反攻時陣亡，林修梅亦因與趙恒惕不睦而去。譚延闓受軍政府任爲湖南督軍，收拾燼餘，艱苦撐持，官兵恒不得食，艱苦萬狀。湘西方面，田應詔亦稱湖南督軍，聯鎮筸兵，擴大編制，稱總司令者七八人，而實無實力，不足以去北軍。至吳佩孚迴師北上，直皖戰起，湘軍乘勢南下，張敬堯遁，盡逐北軍，收繳槍械甚夥。第七師退鄂入陝，張敬湯遁走至鄂，被王占元槍斃。李奎元全師覆沒，魯奉軍均敗走江西，馮玉祥雖駐常軍譽極佳，民衆愛戴，亦因勢不能留而北去。湘省乃復歸湘人。譚延闓再任督軍，主張多建諸將而少實力。解散寄跡南縣一帶朱澤黃舊部中央第三十四混成旅。在省之正式陸軍為第一旅宋鶴庚，第二旅廖家棟，第三旅魯滌平，礮兵團瞿維臧，（旋與第四團團長趙鉞對調）其餘各零星部隊，概行改編為守備隊，其次序及長官如下：

湖南第一區守備隊司令　吳劍學

湖南第二區守備隊司令　李韞珩　待查

湖南第三區守備隊司令　謝國光

湖南第四區守備隊司令　張輝瓚

湖南第五區守備隊司令　羅先闓　待查

湖南第六區守備隊司令　李仲麟

湖南第七區守備隊司令　陳嘉祐

湖南第八區守備隊司令　蔡鉅猷

湖南第九區守備隊司令　田鎮藩

湖南第十區守備隊司令　劉敍彝

湖南第十一區守備隊司令　唐榮陽　原長沙警察改編林支宇卸任

湖南第十二區守備隊司令　江道區改編司令劉姓未成即解散

〔附註〕當時之守備司令確爲此十一人但番號是否有誤因著者所存當時改編紀事册已被火焚去故一時無從證確尙待査考故於有疑義之點註待査二字

其時，第三游擊隊司令李國柱，已解散，第四游擊隊何鍵併入第一師。湘西方面，則周則范被廖湘芸所殺，王正雅亦被刺，田應詔去職，遂爲蔡鉅猷所收，湘西全部各軍合編爲三個區。鎭筸鎭之綠營制亦打破，而爲陳渠珍所統，初編爲第十三區，嗣因所吸收之部隊及民軍太多，未能符合編制，遂暫以統領名義統率。

九　湘軍之大整編　譚延闓三次作督，未幾時，程派軍人李仲麟廖家棟瞿維臧等擬排譚迎程。趙恒惕利之，陽示不爲左右袒，譚乃被排去職。李仲麟等復聯結軍政府所派隨同湘軍驅[illegible]之滇軍楊益謙部第三十六團團長魯子才，混成團文砥，贛軍第一梯團司令李明揚，支隊長卓仁機，鄂軍步兵團團長夏斗寅，共謀去趙。第二團團長葉開鑫附趙，與補充團團長朱耀華，共反對旅長廖家棟。〔時湘軍之第一旅爲第一第三兩團第二旅爲第二第四兩團在湘南時因團長陞旅長各攜舊部所互易也」廖家棟雖兼省會戒嚴司令，無能爲力。結果李仲麟瞿維臧被殺，廖家棟被逐。先是，零陵鎮守使蕭□□，爲譚延闓之親信，其部下江道區守備隊之支隊長于某受李仲麟之密令殺蕭投李，譚延闓去後，李部雖在醴陵，而李則隻身在省。故李被殺，所部被併散，絕無抵抗。趙恆惕既殺李瞿，復擒殺李部補充支隊長熊應侯，並盡去反對各部，如江道區守備隊等。客軍之滇贛軍則調之赴湘西。惟鄂軍因與葉開鑫同謀，且於事變時力護趙恆惕，得仍駐省。事定後，以第一旅擴爲第一師，第三旅擴爲第二師，第二團及第四團補充團併爲第一混成旅。礮兵團爲第二混成旅。其餘各守備隊，亦皆改編混成旅。惟所轄三個團二個團不等。故其番號，旅與團並不一致。茲將當時各師旅番號長官列下：

湖南第一師師長	宋鶴庚	長沙	
步兵第一旅旅長	賀耀祖	長沙	第一團陞編
步兵第二旅旅長	唐生智	湘南	第三團陞編
礮兵團團長	黃輝祖	湘陰	
騎兵團團長	何鍵	長沙	

湖南第二師師長	魯滌平	長沙	
步兵第三旅旅長	劉鉶	長沙	第五第六兩團編成
步兵第四旅旅長	王者師	湘西	復併合各部編未完成
湖南第一混成旅旅長	葉開鑫	長沙	原第三團團長並原第二旅編成
湖南第二混成旅旅長	趙鉞	長沙	趙恒惕之姪礮兵團陞編
湖南第三混成旅旅長	謝國光	衡陽	兼衡陽鎮守使
湖南第四混成旅旅長	張輝瓚	湘潭	
湖南第五混成旅旅長	吳劍學	寶慶	兼寶慶鎮守使
湖南第六混成旅旅長	陳嘉祐	郴縣	
湖南第七混成旅旅長	羅先闓	湘桂邊境	
湖南第八混成旅旅長	李韞珩	湘西	
沅陵鎮守使	蔡鉅猷	湘西	轄第九第十兩旅
湖南第九混成旅旅長	田鎮藩	湘西	

湖南第十混成旅旅長	劉叙彝	湘西	
湖南第十一混成旅旅長	唐榮陽	湘西	旋因第二師第四旅遣散以唐旅為第四旅歸第二師建制
湘西巡防統領	陳渠珍	湘黔邊境	
步兵第二十二團團長	蔣鋤歐	長沙	省署衛隊
鄂軍步兵團長	夏斗寅	長沙	

一〇　湘軍再改編

趙恒惕既得全湘，即倡聯省自治民選省長。旋即倡援鄂之議，出師攻鄂，〔見第三編湘鄂之戰〕兵敗回湘，岳陽為直軍所占。第二混成旅撤銷，第四混成旅撤銷，騰步兵第十六團團長王鉞部四个營又一機關槍連歸第一師節制。第七混成旅羅先閩部第八混成旅李韞珩部皆撤銷。唐榮陽部則名義上改為第四旅，歸第二師建制。滇贛軍則已出境，滇軍分赴川粵，贛軍赴粵。陳炯明在粵圍攻大總統府，陳嘉祐率所部譚蒙蔣隆棻兩團及王鉞團〔由湘潭赴郴縣〕會合大元帥大本營派赴湖南之張豈庸文砥各部由湘邊赴粵靖難，失利，退桂。自此，湘省軍隊僅有二箇師〔宋鶴庚魯滌平〕五箇混成旅。〔葉開鑫謝國光吳劍學田鎮藩劉叙彝〕十二年夏譚延闓奉大元帥孫文令赴湘，組織『北伐討賊軍湘軍』，譚即親赴湘邊，下令委任各軍師長。〔大約以原有之師旅改軍團改師〕適趙恒惕不慊於蔡鉅猷，撤其沅陵鎮守使任，調任講武堂堂長。湘西爲特稅收入最旺之地，久起爭端，亦爲此舉之一原因。蔡開令即起兵抗趙。時唐榮陽已於先一年從林支宇起兵抗趙失敗，湘西全爲蔡鉅猷之勢力，麾勢甚盛。譚延闓乃聯蔡進攻。茲將當時譚延闓所任各軍師長番號銜名列下：

湘中第一軍軍長	宋鶴庚	兼前敵總指揮
第一師師長	方鼎英	原第一師參謀長
第二師師長	賀耀祖	未就
第三師師長	唐生智	未就
湘中第二軍軍長	魯滌平	
第一師師長	劉鉶	
湘東第一軍軍長	陳嘉祐	
第一師師長	譚　蒙	未成被殺
第一路司令	張以祥	
第二路司令	歐陽立裴	所部文砥一團

湘東第二軍軍長　唐蟒　未成
湘南第一軍軍長　謝國光　所部二箇團改二箇師
湘南第二軍軍長　吳劍學
第一師師長　張湘砥
第二師師長
湘西第一軍軍長　蔡鉅猷
湘西第二軍軍長　唐榮陽　未成

趙恆惕調葉開鑫部南上迎敵，葉部步兵第二十四團團長朱耀華為張輝瓚之甥，張時在譚延闓幕中，遣人運動朱部反戈。朱部至省，適省城空虛，遂易幟逐趙。趙恆惕遁鄂，求救於吳佩孚，方鼎英率黃輝祖部與朱耀華共維長沙秩序。魯滌平原在株洲，表面倡和議，集所部軍會議，將攻省城，步兵第三旅第六團團長袁植反對，魯斬之，第三旅旅長劉鉶乃率部自由行動。適葉開鑫聯合賀耀祖唐生智迎趙恆惕歸組織『護憲軍』〔擁護湖南省憲法〕乃與劉鉶會合攻衡山。北伐討賊軍湘南第二軍第一師師長張湘砥降趙，編為第五旅，〔旋改第十混成旅事定不足額被遣散〕北伐討賊軍大受影響。適陳炯明反攻，廣州危急，譚延闓乃盡率在湘部隊迴師至粵，靖難大破陳軍，廣州危而復安。大元帥孫文深爲嘉獎，當下令編湘軍全部爲五箇軍。以張輝瓚〔即朱耀華部混合收編之軍爲一箇師〕歸魯滌平，王得慶部〔王蘇人爲桂將馬濟敬堯之前由桂至湘始爲清鄉司令有兵一營後趙恆惕改之爲憲兵司令有兵千人譚入湘迎降〕歸宋鶴庚。五軍之次序如下：

湘軍總司令	譚延闓
第一軍軍長	宋鶴庚
第二軍軍長	魯滌平
第三軍軍長	謝國光
第四軍軍長	吳劍學
第五軍軍長	陳嘉祐

自是湘軍遂在粵爲客軍。〔湘軍爲客軍始此〕趙恒惕回湘後，湘西軍方隔河爲陣，省河交通隔絕約一月，始擊退。蔡鉅猷輾轉入粵，編爲湘軍第六軍，未幾，蔡卽離粵，所部賸餘無幾，併入其他各軍中。趙恒惕再得湖南，卽陞編各旅爲師，各團爲旅，以示酬庸計。

第一師師長　賀耀祖
第二師師長　劉鉶
第三師師長　葉開鑫
第四師師長　唐生智
鄂軍混成旅旅長　夏斗寅
第二十二團團長　蔣鋤歐

其團長如何鍵李品仙劉興劉重威葉琪鄒鵬振等皆陞旅長。湘軍驅張（敬堯）時，各旅實力即溢出編制甚夥，故改編甚易，此次陞編則所收散兵甚多，兵額上尚不生問題。至守備隊，則第二次改編（驅張後）已非巡防營之舊，且每區分設兩支隊（惟第六區無支隊長）已同旅制。但各區多係新成，（陳嘉祐亦去旅長職後另招編護字營成軍）至此守備隊之舊兵除赴粵外，已蕩然無存。惟湘西陳渠珍部號稱數十營，兵額將二萬，然大而無當，士着綠林居多，且不願離鄉土省城，但給以名義，示羈縻而已。

一一　湘軍之歸入革命軍

入粵湘軍轉戰東江，頗著功績。但王得慶部投入陳炯明部下，其餘各軍傷亡亦衆。宋鶴庚等不耐艱苦，與吳劍學率少數部回湘，為趙恒惕所吸收編入各師。宋吳下野，謝國光亦去職。國民政府成立，將整箇湘軍編爲第二軍，以譚延闓爲軍長，魯滌平爲副軍長，張輝瓚譚道源魯滌平陳嘉祐等爲師長。北伐出師時，白崇禧入湘，聯絡唐生智，唐派葉琪（桂人）爲代表，表示願任前驅。國民政府乃任唐爲第八軍軍長，兼前敵總指揮，賀耀祖爲第九軍軍長。唐生智起兵驅趙後，賀耀祖意存觀望，未遽響應，及攻贛之戰，賀始正式加入國民革命軍。時湘西爲黔軍袁祖銘彭漢章王天培所占，彭受任第九軍軍長，王受任第十軍軍長，袁受任第十二軍軍長。賀部在湘西被排，且奉令入贛助戰，編爲獨立第一師。（原獨立第一師賴世璜已陞編第十四軍）贛戰，該師頗盡力，乃陞編爲第四十軍，毛炳文楊永清谷正倫龔憲（教導師）分任師長。葉開鑫部吸收鄒鵬蔣鋤歐部，與國民革命軍戰。所部旅長於唐生智入長沙時，被擒處死，葉部數次敗績，流蕩湘皖，始投降，初委爲獨立師長，繼改爲新編第五軍。二期北伐時，津浦綫作戰有功，始正式改編爲第四十四軍。鄒鵬振部改第四十五軍未成。劉鉶部曾被擊散，旋復集散兵成獨立第五師。（後被何鍵編併）唐生智部則在武漢擴爲五箇軍（見國民革命軍軍史）且一度成立第四集團軍。夏斗寅部原爲第八軍之一師，旋改入第一集團軍，編爲第二十七軍。此湘軍加入國民革命軍之概略也。

一二 **湘軍瑣談** 湘軍爲中國各系軍隊中特殊一系。客軍及另有關繫之部隊，除夏斗寅外，鮮有善終者。滇贛軍於驅張之役頗具戰功，設無此二支軍隊，吳新田未必敗績如此之速。而終被逼出境，一無所獲。葛豪本湘人，吳佩孚介紹至湘軍中，由吳饮以槍械編為第四游擊隊。驅張後改為鐵道警備隊，援鄂時，改為獨立混成旅，所部兩支隊改為第二十九第三十兩團，援鄂失敗，全軍解散。馬濟受吳佩孚命於十二年在湘招練武衞軍一團，鄒禮亦受吳佩孚命在湘募成步兵兩團。馬則被擠離湘，〔時有兵一師〕隨吳北上，輾轉歸張宗昌，身陣亡，兵潰散。鄒則為葉開鑫所併。王得慶投湘軍於湘南。以兵一營，歷湖南清鄉司令，湖南憲兵司令；投北伐討賊軍復任師長，已屬幸運，乃終因客籍〔王江淮人〕投陳軍而失敗。至守備隊亦無一存在者。最後加入國民革命軍之湘軍，皆六年第一第二第三等三旅之舊人。但譚道源為第三區之殘餘，何鍵及李品仙之一部〔張國威部〕為劉鉶游擊隊之舊，改編第一師騎兵團〔名為騎兵實則無一馬〕者。至第八軍擴充時，已混合編併，未能分析來源矣。湘西軍，似另是一系。而實則混雜已極。驅張後，各鎮守使鎮守副使如王正雅周則范田應詔鄉衡及廖湘芸等先後火併失敗，為蔡鉅猷陳渠珍所吸收。蔡失敗後，除繳械外，皆散為綠林，陳亦未能卓立，所部指揮戴斗垣率一部，歸何鍵為一師，餘則仍散為綠林，復經周朝武〔即周鐵鞭〕陳漢章鄧赫績等〔即鄧熙七投第六軍陣亡於贛戰〕收集，投入各軍。其最為害者，則賀龍收集一師，後成一軍；託共產之名，橫行湘贛鄂三省，燒殺無算。

至其他零星部隊，則經數次擴編，已盡吸入各軍矣。湘軍尤有一特點：即湘人狃於太平天國之役，以從軍爲樂，且視爲出身陞官之唯一門徑，每經一次變亂，卽收編之幟徧全省。某某隊，某某路，名目紛紜。先時，僅以游擊補充等名義收編散兵民軍，後竟有騎兵團警備旅，甚至有第幾旅第幾團之名號。唐生智失敗時，且有稱師者。實則多無一槍一兵，卽或偶有所得，亦多被併編。其能成者，不過何鍵劉國光等數入耳。湘省之閒散軍官多如鯽，益以市井無賴，紈袴驕兒，咸視得一符號職銜爲榮；遂有專以領一名義改編軍隊爲業者。當紛亂時，每聞某也有藏械若干，某也有民軍若干，言之鑿鑿，且有甘具切結者。及細按之，則皆屬虛無，千中求一實亦不可得，類皆捕風捉影，輾轉相騙，遇有『軍官迷』則挺身負責，因而受嚴譴者有之。又有一部分黠者，取得一紙委任狀，購二枝槍，作門衛，占一公地，矗幟樹旗，稱某司令部，某團部，誘富家兒納貲爲官，終則悠然而逝。爲斯興訟者尤夥。但此葫蘆藥，屢賣不一賣，愈演愈甚，終無打破之時，亦無無人問津者。大抵一有變亂，各軍官皆欲擴充。姑以名義委仕，使人收槍，以爲擴充之用，既不發一錢，有槍則利，無則害不在我；故皆乘亂爲之，而軍官滿街巷矣。人以民五成軍之衆，取官之易也，〔五年袁世凱死湘軍重興軍隊衆需人多故易於得官〕遂咸視此爲終南捷徑。事平之後，必經多方取締，『收編潮』始得寧定。若輩恃此爲業者，則又竄投在野黨，爲秘密行動，仍以委任狀輾轉相欺。常有爲當蔣政府所破獲而被殺者則至死亦不知其爲僞也。此種現象，惟湘爲甚，他省亂時，雖亦有之，究不若湘省之舉省蜂起，〔長沙爲最甚〕觸目皆是佩有官長符號者，省會市縣，咸爲之騷然也。〔善接洽者常佩至十數符號者本部發委狀之長官亦不知其部下之符號職銜盡授委者任意爲之受其委者亦如之纍纍如是已無可查考所謂副官參謀以千百計〕而結果以不了了之，如斯現狀，亦已多次矣。亦軍史中之奇談也。著者曾親與若輩接近，深窺其內幕，深知其動機，可以『官迷』『騙錢』二項概括之；換言之，即『名』『利』心所促成之不正當的行爲的表現耳。

第九章　桂粵軍史

第一節　廣西軍史

一　**桂軍之始立**　廣西之新軍，始於紀元前十年，初設陸軍幹部學堂，繼始成常備新軍一協。但收編之匪軍龍濟光〔滇人〕陸榮廷，〔桂人〕勢力極張，新軍勢弱，莫之能抗。龍濟光等於黃忠浩〔右江道統忠字營全軍〕卸職時，收得忠字營全軍歸節制。所謂忠字營者，爲黃忠浩所練之綠營，而用新槍械，守舊制舊操者。其中頗多投順之匪，與陸榮廷龍濟光多係舊黨，故能沆瀣一氣。龍濟光以廣西提督率所部濟字營全軍奉調入粵，桂省軍權，幾全爲陸榮廷所握。新軍協統趙恆惕以日本仕官畢業生主幹部學堂而統新軍，與陸周旋，尚能圓活，未受激烈之排擠。紀元前一年，廣西巡撫沈秉堃湖南長沙人，臬司歐陽中鵠湖南瀏陽人，右江道劉人熙亦瀏陽人，藩司王芝祥雖北京大興人，但與劉人熙爲郎舅，〔王妹適劉〕而劉人熙與歐陽中鵠則兒女親家，〔劉女適歐陽之子即戲劇家歐陽予倩之母也〕趙恆惕亦湖南衡山人。故全桂文武官吏之有權者，因鄉誼戚誼頗能聯絡一致。惟提督陸榮廷挾其士着綠林編成之榮字營全軍，屹立於南寧。武漢起義時，劉人熙已回里，王芝祥電劉轉湖南諮議局長譚延闓謀聯合響應。時桂省軍政內幕之主謀者爲歐陽中鵠，主慎重。而陸榮廷因部下多與民黨通聲氣，故亟謀起事，固位攬權。九月十五日，歐陽中鵠以宿疾卒於官。是夜，王芝祥以獨立標語分發桂林全城〔時桂林爲廣西省會〕商店民居。次日全城白旗飄揚，遂告獨立。沈秉堃爲都督，王芝祥陸榮廷副之。二十日夜，陸榮廷嗾使所部第二十四第二十五兩隊兵變，迫沈秉堃離桂，佔領重要機關，劫藩庫存銀。新軍同時被迫。趙恆惕乃以北伐名義率全協走湘，輾轉赴寧。〔見湖南軍史中〕沈秉堃亦知難而退，率親信撫標各營爲北伐軍，繼趙往湘。王芝祥亦率一防營之大部爲北伐第三軍，假道湖南援鄂援寧。邊防軍，則爲張其鍠在湘所招致，編爲南武軍。於是全桂盡入陸榮廷掌握。初，陸離南寧而往桂林時，以所部統領譚浩明留守。及得桂任都督，乃以陳炳焜爲廣西陸軍第一師師長，譚浩明爲第二師師長。其餘部隊則分編爲各路統領。但兩師中，除第一旅貢克昭尚能照制編制外，其餘均虛標其名，缺額侵餉，視同慣常，編制淩亂，一仍昔日綠營之舊。雖全用新式槍礮，但除官兵自由練習打靶以外，無所謂教練典範，令四大教程，更未嘗聞之。一言以蔽之曰，綠林變相之綠營耳。

二　桂軍之外侵　袁世凱逆謀叛國，進步黨人——將成之政學系——聯絡陸榮廷討逆。梁啓超岑春煊等更函電紛馳，使者不絕於途。陸爲權利心所驅使，毅然護國。雲南首義，陸陽向袁世凱告奮勇攻滇，請給款械。袁對陸素以高官羈之。民國三年，即任陸爲耀武上將軍，極崇之銜也。旣稱帝，復封以世襲一等公爵。蓋袁之視陸與張勳等耳。不知陸雄心密計遠非張之鹵莽者所可比擬。袁世凱亦深慮之，乃調其任貴州宣撫使，而以陳炳焜代督廣西軍務。欲械則照給。袁世凱素以陸部下之官使其貪位而逐其長官爲唯一之手段；此次，仍師故智。乃陳炳焜與陸榮廷別有關繫，且陳自量力非陸之敵，遂僞爲承袁之命，實則受陸所指使也。陸以出兵攻滇名義，向袁世凱索得餉械，乃大擴充桂軍。但以陸宥於見識之舊，所增之兵皆爲巡防舊制，分爲數路，以沈鴻英、馬濟、韓彩鳳、林虎（新成）等分統之。及陸榮廷正式表示加入護國軍，陸各路爲軍各軍最高將官皆稱總司令。亦虛有其名，其部下之編制仍非正式陸軍章制也。惟廣西第一第二兩師及第一旅〔旅長賁克昭〕第二旅〔旅長陸裕光榮廷之子〕雖兵額不足〔每班祗十人〕而章制番號尚如部章。次則馬濟所統之武衞軍編制較新，其餘皆不可究詰，各自爲政，紊亂已極。護國軍之名，則全軍皆奉之。後入湘至長沙，賁克昭首先到，軍紀尚佳，湘人頗重視之。後沈〔鴻英〕韓〔彩鳳〕等部至，則公開賭博，挾刃游行，軍紀蕩然，爲湘人所詬病矣。

三　護法時之桂軍　護國軍勝利，桂軍已入粵省。桂本貧瘠，乃視粵如外府。陸榮廷統轄兩廣，以陳炳焜督粵，譚浩明督桂，勢力極形膨脹。一時，編至第七軍，昔日不甚知名之韋昌榮等皆爲上級官矣。惟湘省原非富有，且湘軍分親桂親滇兩派。桂既一時無力鎮湘，而親桂之劉人熙等又不爲湘將所信服，不能立足，桂軍乃去湘而以全力駐粵，且以一部份桂軍〔林虎馬濟林俊廷等〕改稱『粵軍』。湘軍逐傅〔良佐〕事前曾與桂軍有相當之接洽。湘將程潛與陸榮廷聯絡，組織『粵桂湘聯軍』，由陸任譚浩明爲聯軍總司令，率沈鴻英馬濟林俊廷陸裕光〔時已爲第一師師長〕等入湘。湘軍原議逐傅良佐後，湘人治湘。惟湖南黨人素分二派，擁譚〔延闓〕擁程〔潛〕爭持不下。譚浩明乃利用此弱點，以聯軍總司令，稱『兼督湖南軍民兩政事宜』，統治湖南。湘西總司令程潛迫於勢，鬱鬱居其下。因致前綫湘桂兩軍意見橫生，指揮不靈。北洋第三師師長吳佩孚乘勢進攻，粵桂湘聯軍大敗。自岳陽一敗，棄長沙不守，直退湘南郴永一帶。桂軍從茲回桂。至粵省方面，則陳炳焜之後，繼以莫榮新。外交總長伍廷芳海軍總長程璧光，迎大元帥孫文至粵。莫榮新承陸榮廷之旨事事阻撓。孫文為求貫澈護法，欲先去莫，曾命海軍轟擊觀音山。莫勢乃稍戢。後莫逼於大勢，不得已聽憑朱慶瀾〔廣東省長〕以省署親軍二十營交陳炯明統率，使攻閩。〔見下節〕軍政改組，桂軍始終據粵，實力號稱十萬，但內容究竟如何，及編制詳況，因其承綠營之舊，終莫知其詳晰狀況也。

四　桂軍之大分裂　軍政府總裁岑春煊等與北政府勾結，粵軍回粵，陳炯明回粵。護法大總領孫文莅粵就職，桂軍在粵之勢盡失，退保廣西。大總統孫文出師北伐，先攻廣西，桂軍不敵，陸榮廷大敗，桂省全境皆肅清。孫大總統任馬君武〔桂人，文治派〕為省長，廢總司令。舊桂軍之存者，僅有投降之各軍，其編制及長官如下：

桂軍第一路總司令　沈鴻英

第一軍軍長　李易標

第二軍軍長　沈榮光〔沈鴻英之子〕

第三軍軍長　古曰光

第四軍軍長　黃鴻猷

第五軍軍長

中央直轄桂軍第一軍軍長　陳天太

第一師師長　劉炳宇

第二師師長　劉玉山

第三師師長　陳天太〔兼〕

中央直轄廣西陸軍第一師師長劉震寰

此外，林虎已早降陳炯明。林俊廷等則成流寇。及陳炯明叛大總統，廣西乃入混亂時代。林俊廷等咸回桂。除警備隊於省長馬君武行後，歸劉震寰，與滇粵各軍反陳討叛外，各軍皆思攫取地盤，整箇的廣西遂四分五裂，幾成爲無數小國。玆査當時勢力充足較有政治行動之部分如下：

定桂軍總司令　林俊廷　貴縣百色一帶

第一軍軍長　林俊廷〔兼〕　上思

第一旅旅長　劉日福　慶遠

第二旅旅長　陸福祥　橫州

第三旅旅長　陸雲高　潯州

第四旅旅長　蒙仁潛　思恩

第五旅旅長　韓彩鳳　資陽　後歸附沈鴻英

第二軍軍長　林俊廷〔戀〕　武宣桂平一帶

第一旅旅長　劉達慶　象縣平南　後歸附沈鴻英

第二旅旅長　劉統臣　武宣

定桂討賊聯軍總司令　沈鴻英　〔同時被北政府任為陸軍第十七師師長〕

第一師師長　陳春光

第二師師長　鄧瑞徵

第三師師長　鄧右文

第四師師長　李易標

旅長　沈榮光

旅長　何才傑

旅長　沈恩孚

旅長　沈健飛

旅長　謝瑞光

旅長　馮葆初

旅長　張希栻

旅長　陸雲高

旅長　黃日高

此外，零星部隊，則有——

梁華堂〔稱廣西自治軍〕　千餘人

俞作柏〔新式軍人之崛起者〕　一混成旅

蔡振雲　數百人

任銑氏		數百人
譚浩明	〔本人居滬未回桂〕	千餘人
譚浩清		二營
譚浩澄		一團
譚古榮		五營
譚仲連	〔諸譚爲桂系而不統屬〕	一團
陸福祥	〔陸榮廷嫡系〕	四團
黃虎	〔民軍〕	三營
陳恩光		四營
李子勉		一營
黃昭武		一團

上列各部，名目繁多，且多有同時受數處委任，而兼數名稱，隨時隨地應用者。故其名稱記不勝記。至於正式北伐討賊軍方面，除滇粵湘贛各軍因退軍而分布桂境桂林一帶外，尚有討賊桂軍一部，爲與北

北伐討賊軍一致行動者。其主將爲——

北伐討賊軍桂軍總司令　劉震寰

第一師師長　韋冠英

步兵第一旅旅長　王達才

步兵第二旅旅長　曾玉珠

第二師師長　嚴兆瑞

步兵第三旅旅長　熊　鎬

步兵第四旅旅長　覃　德

第三師師長　黎鼎鍇

步兵第五旅旅長　黎鼎鍇（兼）

步兵第六旅旅長　胡迪鏞

第四師師長　伍毓瑞　原稱贛軍

步兵第七旅旅長　伍毓瑞（兼）

步兵第八旅旅長	陳肇英	原稱浙軍
獨立第一旅長	葉楚藩	
獨立第二旅長	陳蘭培	
獨立第三旅長	李衡雲	〔或作第十三獨立旅待攷證〕
獨立礮兵團團長	馮偉勛	
中央直轄第七軍軍長	劉玉山	
第二師師長	劉玉山〔兼〕	
步兵第三旅旅長	徐頌平	
步兵第四旅旅長	龍小鳳	
步兵第九團團長	覃沛霖	
步兵第十團團長	韓鳳球	

上列二部，均駐梧州柳州一帶，

五　新桂軍之崛起

當桂境紛亂之時，有異軍突起之一部，即李宗仁黃紹雄是也。李黃皆學生出身，素昔意氣相投，思想頗清新。當時感於廣西之紛亂，舊桂軍分割廣西，苛斂暴劫，民不堪命，乃毀家起兵於鎮南。初爲民團式，後得胡宗鐸夏威之助，遂正式成軍。對於擾桂之部隊，不問伊誰，概予以攻擊。迭敗韓彩鳳等，聲勢大振，舉國括目。實力大增，黃紹雄聽胡宗鐸之謀，倡爲精練慎戰之旨，以最新軍事學識教練所部，軍容整肅，爲廣西自來所未有。桂省有志之士多率衆歸之。實力乃冠於各部。其名稱及實力如下：

廣西綏靖處督辦	李宗仁	一萬三千餘衆
廣西鎮南各屬善後處處長	胡宗鐸	一旅
廣西綏靖處會辦	黃紹雄	一萬餘衆
師長	鍾明階	
師長	楊愿雄	
旅長	夏威	

六　全桂之統一

陸海軍大元帥孫文重莅廣州，討賊軍之駐桂者及雲南來桂之滇軍楊希閔等皆因攻擊陳〔炯明〕軍而離桂往粵。沈鴻英一度投降，稱『桂軍總司令』〔時劉震寰部改稱『西路討賊軍』〕既而復叛。〔詳見戰史〕重遁入湘。〔桂亂之前沈督入湘以中央第十七師名義流徙各地〕輾轉湘贛，與韋彩鳳部，同為流落軍隊，窮無所歸。直至國民革命軍出師前，始就澌滅。其他各部多為李宗仁黃紹雄所擊破，或編其衆。適譚浩明被家奴刺殺於滬，旋陸榮廷亦病卒，各舊將皆失倚恃，全桂乃為李宗仁黃紹雄所統一。國民政府成立，李宗仁遣其參謀長白崇禧至廣州輸誠，正式服從國民政府，後編為第七軍。桂將之在外者，則有劉志陸馬濟。劉初隨陳炯明於惠州。東江肅清，乃隻身遠遁，依吳佩孚，復召舊部成軍，後與謝文炳同投張宗昌，至國民革命軍克魯，所部乃就編為『第四十九軍』，嗣即散歸膠東軍所吸收。馬濟在桂失敗，即投託吳佩孚宇下。吳重其勇敢精警，使在湘召集武衛軍一團並辦軍官學校一班，後隨直軍轉戰各處。吳大敗之後，馬率殘部走投張宗昌，編為一軍，實力不逮也。國民革命軍攻魯時，馬陣亡，部衆盡散。

第二節　廣東軍史

一　廣東之新軍　言兩廣軍史所以先桂而後粵，蓋因桂軍侵粵甚久，為便於認識計，先讀桂軍軍史，而後讀粵軍軍史，乃能澈底明瞭，而不致茫無頭緒。粵省為民國以來軍事最繁之省，詳記之，非百數萬言不能盡。但中多屬戰史及國家軍史，故僅就粵軍變化沿革，一爲敍述。廣東之有新軍，始於紀元前八年。初，廣東原有巡防營，以郭人漳（湘人）趙聲（蘇人）分統之。後清廷定議廣東練常備新軍兩箇鎮，先成一箇鎮，選防營精銳編成，始定名曰第一第二第三第四等四個標，卽以趙聲統率教練之。繼任張培梅爲協統。新軍之軍官，多爲廣東陸軍速成學堂（紀元前六年粵督岑春煊將廣州陸軍中學堂改組爲速成）及虎門講武堂之學生，多革命分子。故在紀元前二年，卽有廣州新軍之革命舉動。紀元前一年，黃花崗之役，新軍亦通聲氣。（均見拙著『中華民國革命建國史』）惟以陸路軍（舊軍）及水師實力頗厚，故革命失敗，而新軍亦爲當道所忌，匪獨擴充無望，且收其子彈刺刀等武器以防其變。

二　建國後之粵軍　辛亥建國之際，李準知自己殺黨人太多，欲賣好以自全，乃遣代表（爲李之叔父名待宦）至港謁胡漢民，獻廣州。胡許其安全離境，廣州遂定。惟陸路提督秦炳直忠於清室，引兵守惠州。胡漢民使統制陳炯明率新軍編成之第一鎮攻之，不克。既而秦部統領洪兆麟降，乃收編秦部爲第二鎮。是時各屬民軍蜂起，南京中華民國臨時政府成立時，粵軍除北伐軍總司令姚雨平所部一軍及女子北伐隊一標至寧會師外，全省之兵不下五萬。陳炯明助都督胡漢民稍稍整理之，未就緒，而二次革命起。駐粵濟軍龍濟光奉袁世凱命奪粵，盡散粵軍。師長姚雨平等皆因係黨人遠走海外。龍乃以兄龍覲光爲廣東陸軍第一師師長，子龍裕光爲混成旅旅長。擴所部濟軍爲振武軍。〔袁世凱授龍爲振武上將軍，故所部如安武軍定武軍之例稱『振武軍』〕

三　粵軍之被壓　帝制之變，龍濟光爲報袁世凱郡王銜世襲一等公爵之崇封，使龍覲光率第一師攻滇，至桂而全軍覆沒。〔詳見戰史〕滇桂軍入粵驅龍，各屬民軍復起，稱總司令者以數十計。卒以桂軍意在占粵，驅龍於瓊島，而盡散民軍。僅收舊軍改編之粵軍李耀漢〔肇陽羅鎮守使〕莫擎宇〔廣惠鎮守使〕洪兆麟〔潮汕鎮守使〕等使爲己用。鄧本殷申葆藩等，亦皆附桂自重。故終護法時代，粵軍皆在桂軍轄下。至於源出桂軍之號稱粵軍林虎等部更無論矣。後林虎討平瓊崖龍軍時，粵軍番號稱六七軍，實則多非粵軍，而爲桂系之親軍。同時，粵境尚駐有護國滇軍張開儒部一師。惟張頗傾向民黨。

四　粵軍之重興　民國六年，海軍南下護法，朱慶瀾適任廣東省長，黨人商之於朱，以省長所屬之親軍二十營交陳炯明統率北伐。陳炯明初不欲就。〔陳曾任粵督以爲失身分〕國民黨總理孫文督促之，且語以以此爲礎，當盡力扶植之。陳乃就。而桂系多方摧殘之。朱慶瀾去粵，令陳炯明部改組爲海軍陸戰隊，使隸屬於海軍。桂系力阻之，且有解散陳部之計劃。粵人大憤。海軍總長程璧光言於陸榮廷，力主此二十營粵軍非歸陳炯明統率不可。陸榮廷因程璧光握有強有力之海軍，且爲護法主義者勢力人望所歸，未敢過拂其意，乃允之，而以陳部離粵攻閩，實行北伐爲條件，名之曰『援閩粵軍。』以陳烱明爲總司令，鄧鏗（仲光）許崇智（汝爲）佐之。一時粵將如李濟琛張發奎陳銘樞等多歸之。黨人贊助尤力。以久鬱之氣，一朝憤發，銳不可當，未幾即占領漳洲。鄧鏗乃親爲訓練一師之衆，即後日之第一師，亦即國民革命軍之第四軍號稱『鐵軍』者也。

五　粵軍之歸粵　直皖戰起，桂系聯直，藉口攻閩，將消滅駐漳之粵軍。時，黨人之在漳者甚夥。故軍紀治績冠絕一時。桂系既有是謀，粵軍實力已充，且孫文命朱執信廖仲愷至漳，促陳回粵，並允以財彈之助，乃與閩督李厚基約，以閩南還之，而要李接濟，並鞏固後方。李應允，粵軍乃分二軍：第一軍總司令陳烱明，第二軍總司令許崇智，分途進攻，遂克廣州。（見戰史）惟朱執信於是役因運動要塞兵身殉焉。事定後，分編粵軍爲三軍：

第一軍總司令　陳烱明

第二軍總司令　許崇智

第三軍總司令　李福林（福軍統領改編）

以陳烱明爲粵軍總司令。陳乃遣散非己系之民軍，壓抑異己部隊，而一意擴充其實力。第一軍原祇第一師鄧鏗部，第二師洪兆麟部，後竟擴至十餘旅〔謝文炳葉舉練演雄鄭國雄陳炯光尹驥翁式亮熊略鍾景棠楊坤如劉志陸陳修爵等皆於此時編爲旅長司令統領等職〕

六　陳炯明系之粵軍　當陳炯明礮攻大總統府時，粵軍已分裂爲二：一部爲陳炯明系，一部則從大總統孫文，即征桂之討賊粵軍是也。陳系軍力雄厚，且其第七旅謝文炳〔湘人〕等駐湘邊，勾結湖南之趙恒惕，足扼制北伐軍之出路，故陳炯明敢於勾結直系，悍然叛變。大總統孫文蒙難離粵後，陳炯明招亡納叛，擴充所部至十萬，惟所部第一師，原隨討賊軍北伐，不與陳伍。後師長梁鴻楷受陳誘，率部附陳。但將士不願，後終於孫文再至廣洲時，歸降。茲記其退出廣洲負隅惠州時之編制如下：〔時魏邦平已離陳陸戰隊孫祥夫遁走故未列入〕

粵軍總司令	陳炯明
總指揮	林虎
副總指揮	洪兆麟
各路總指揮	葉舉
第一軍軍長	林虎〔約一萬五千人〕

第一師師長　黃任寰　（非鄧鏗之第一師）

第二師師長　林子雲

第三師師長　黃業興

獨立第一旅旅長　羅獻祥

獨立第二旅旅長　楊秉爲

獨立第三旅旅長　王定華

第七旅旅長　陳紹鵬

獨立第一團團長　覃貴一

獨立第二團團長　王倫

第二軍軍長　劉志陸　（原林虎部約七八千人）

第五師師長　黎生

獨立第四旅旅長　蔡振中

獨立第五旅旅長　張化如

警備司令　王偉

第三軍軍長　尹驥（約一萬三千人）

第一師師長　賀瑞廷

第二師師長　李实復

第三師師長　鄧桂生

第十師師長　謝文炳

獨立旅旅長　劉志達（志陸之弟）

獨立團團長　李春芳

第四軍軍長　李易標（約六七千人）

第一師師長　麥勝芳

第二師師長　胡漢卿

第三師師長　洪兆康（兆麟從弟）

第四師師長　紀澤波

第十二師師長　黃福芝

獨立旅旅長　李少如　〔約一萬一千人〕

第五軍軍長　熊略

第一師師長　林烈

第十一師師長　陳修爵

第二旅旅長　林國光

警備司令　吳柏

警備游擊司令　練演碓

第一支隊司令　翁騰輝

第二支隊司令　馬允平

第六軍軍長　楊坤如　〔約七八千人〕

第三旅旅長　駱鳳翔

第四旅旅長　鍾子廷

第五旅旅長　李　祥
第六旅旅長　李克成
第七旅旅長　葉伯質
第八旅旅長　葉子光
第七軍軍長　黃大偉
獨立第二師師長　陳炯光〔約二千餘人〕
獨立第五師師長　翁式亮
贛軍第一師師長　賴世璜

以上七個軍另三個獨立師總數約六萬二千人

此外，有滇軍第一師師長王汝爲，湘軍第一師師長王得慶皆十三年降陳之討賊湘滇軍也。此後改編次數已無可考。但東江蕭清時，則皆已消滅。

七　廣南之軍隊。　鄧本殷於陳炯明失敗時，占廣南八屬。〔廣南卽粵之欽廉高雷瓊崖等地〕後，桂軍殘部林俊廷，與鄧分據。林向孫文表示好感，曾受『欽廉善後督辦』之命。但終爲鄧本殷所逐，而回桂失敗。鄧則受北京政府之命，稱『廣南八屬督辦，』蓋鄧本純粹陳（炯明）系也。在分據廣南時，二部之兵力如下：

甲　林部

黃志桓	五千餘人
劉文華	五千餘人
鄧承蓀	五千餘人

乙　鄧部

申葆藩	千餘人
蘇廷有	千餘人
蒙仁潛	千餘人
陳先覺	千餘人
盧得祥	數百人

鄧本殷負隅數年，其頑強不亞陳炯明。惟戰爭未若東江之激烈耳。國民革命軍出師北伐之前，爲鞏固

後方起見，令黨軍肅淸之。〔詳見戰史〕

八　駐粵之北伐討賊軍　陸海軍大元帥孫文重返廣州時，湘軍旋卽來歸，〔見戰史〕北伐討賊軍之軍容極盛，綜計各軍，爲數十餘萬。其來歸各軍除高鳳桂〔河南民軍直系令其由贛攻粵〕由贛南來附〔授爲直軍總司令〕既而復投直系豫軍常德盛降而未成，桂軍沈鴻英數附數叛，及零星小部之叛變外，皆終隨孫文至孫逝世。茲將駐粵之北伐討賊各軍列下：

陸海軍大元帥	孫　文
參謀總長	李烈鈞
聯軍全軍總指揮	楊希閔
甲　滇軍	
滇軍總司令	楊希閔
第一軍軍長	楊希閔〔兼〕
第一師師長	趙成樑
第一旅旅長	曾萬鐘

第二旅旅長　韋杵〔後歸朱培德〕

第二師師長　廖行超

第三旅旅長　廖行超〔兼〕

第四旅旅長　朱淮

第二軍軍長　范石生

第三師師長　王三珩

第五旅旅長　王三珩〔兼〕

第六旅旅長　楊民

獨立第一旅旅長　李文謹

警衛聯隊司令　華封治

第三軍軍長　胡思舜

第四師第七旅旅長　楊青圃〔第四師師長王汝爲降陳炯明〕

第五師師長　胡思舜

第十旅旅長　羅定標

第六師師長　胡思清

第十一旅旅長　祝鴻基

第七師師長　李根澐

第十三旅旅長　溫繼盛

第十四旅旅長　蔡丙寰

獨立第一旅旅長　何克夫（屬第七師）

第四軍軍長　蔣光亮

乙　湘軍

湘軍總司令　譚延闓

總指揮　宋鶴庚

第一軍軍長　宋鶴庚

第一師師長　方鼎英

第一旅旅長　方鼎英
第二旅旅長　汪　磊
第九師師長　張輝瓚
第一旅旅長　朱耀華
第七師第十三旅旅長　王　鉞
獨立旅旅長　黃輝祖〔缺兵〕
第二軍軍長　魯滌平〔第十二師師長王得慶降陳炯明〕
第二師師長　戴　岳
第三旅旅長　戴　岳
第三軍軍長　謝國光
第三師師長　譚道源
第五旅旅長　譚道源
第六旅旅長　成光耀

第四軍軍長　吳劍學
第四師師長　吳劍學〔兼〕
第七旅旅長　吳家銓
第八旅旅長　楊傳烈
第五軍軍長　陳嘉祐
第八師師長　陳嘉祐
第十五旅旅長　陳　宙
第十六旅旅長　張以祥
第二路司令　歐陽立裴
第一混成團團長　文公直
第六軍軍長　蔡鉅猷
第十師師長　田鎮藩
第十一師師長　劉敍彝

總司令直轄警備隊　岳　森（衛隊）

第一縱隊隊長　廖家棟

第二縱隊隊長　李韞珩

第四路司令　陳方度

第五路司令　蔣隆棻

第六路司令　唐支厦

獨立團長　唐文樂

直轄湘軍司令　程　潛（大元帥直轄後改援鄂軍）

丙　豫軍

豫軍總司令　樊鍾秀

第一混成旅旅長　嚴鳳崗

第二混成旅旅長　任應岐

第三混成旅旅長　陳雲青

丁　山陝軍

山陝軍司令　路孝忱

第一獨立旅旅長　楊伯康

第二獨立旅旅長　王　英

第一路司令　蕭　文

第二路司令　丁衆益

戊　粵軍

東路討賊軍總司令　許崇智

第二軍軍長　許崇智

第一師第二旅旅長　陳得平

第三師第五旅旅長　許　濟

第四師第七旅旅長　莫　雄

第四師第八旅旅長　張民達

第五師第九旅旅長　黄國華
第六師第十二旅旅長　鄧耀
第一路司令　吳鐵城
第二路司令　吳澤理
第三路司令　梁士鋒
江門警備隊司令　鄧剛
第一獨立團團長　馮軼斐
第二獨立團團長　陸瑞榮
第三軍軍長　朱世科
第五師第九旅旅長　余定中
第五師第十旅旅長　陳又山
第六師第十一旅旅長　李搴
獨立旅旅長　李輝

獨立梯隊長　李兆柵
第十一路司令　黃相
第四支隊司令　朱廣勝
第四軍軍長　張國楨
第七師第十三旅旅長　粱若谷
第一獨立旅旅長　楊錦龍
第五軍軍長　李福林
海防司令　陳策
江防司令　林若時

己　桂軍

桂軍總司令　劉震寰
第一師師長　韋冠英
第二師師長　嚴兆豐

第三師師長　黎明鑑

第四師師長　伍毓瑞

庚　中央直轄軍

滇軍總司令　朱培德〔亦稱中央直轄第一軍〕

第一師師長　王　均

第一旅旅長　顧德恒

第二旅旅長　王　均

中央直轄第二軍總司令　黃明堂〔亦稱南路討賊軍〕

中央直轄第三軍總司令　盧師諦

第一旅旅長　饒　勛

第二旅旅長　王天佐

第三旅旅長　明德恒

中央直轄第四軍〔粵軍〕　梁鴻楷〔原粵軍第一師〕

第一師師長 李濟琛
第一旅旅長 卓仁機
第二旅旅長 陳濟棠
獨立第一旅旅長 梁振楷
獨立第四旅旅長 張振武〔非湖北張振武〕
第二師師長 周子貞
第三旅旅長 周子貞
第四旅旅長 陳照和
第三師師長 鄭潤琦
第五旅旅長 李雄偉
第六旅旅長 張祖榮
中央直第第七軍總司令〔桂軍〕劉玉山
第一師第三旅旅長 徐頌平

第四旅旅長　　龍小鳳

中央軍官學校校長兼教導團長　　蔣中正

辛　鄂軍

鄂軍司令　　何成濬（由閩南失敗至粵）

壬　贛軍（盧師諦亦稱贛軍與此不屬賴世璜部附陳炯明）

贛軍司令　　李明揚

九　駐粵各軍之統編　以上所列，爲大本營編制比較清晰時之表列。蓋時當進行革命方法之際，朝委夕撤者有之，受委而未成軍者有之，一部隊而受數軍編制者亦有之。紊亂已極，任以何項方法，皆不能得自始至終之編制沿革的詳晰記述，故凡未正式作戰成軍者皆不計。闕漏雖所不免，惟未能徵實者不濫列入，尚足昭實在也。（大本營檔案已殘闕故云）嗣孫文北上，黃埔黨軍成立，楊希閔劉震寰被肅清。宋鶴庚吳劍學謝國光回湘，湘軍編爲四師，（張輝瓚戴岳譚道源陳嘉祐）方鼎英調任軍官學校教育長。樊鍾秀回豫，餘部歸程潛。東路討賊軍征東江，損失甚鉅，張民達溺斃，後亦爲黨軍所消滅，僅餘李福林部。國民政府成立，乃編爲五個軍：

第一軍　蔣中正　〔原黃埔黨軍及吸收之東路軍〕

第二軍　譚延闓　〔原湘軍〕

第三軍　朱培德　〔原直轄滇軍及吸收楊部滇軍〕

第四軍　李濟琛　〔原直轄第四軍即粵軍第一師舊部〕

第五軍　李福林　〔原東路軍即舊福軍〕

後，程潛吸收各軍餘部，合所部之援鄂軍編為第六軍。此外則僅有范石生一軍因遠去滇桂邊境，未改編。〔此後屬於革命軍範圍詳本編第十一章〕

一〇　陳軍入閩之頻繁　記粵軍軍史畢，尚有一事須記者，即粵軍入閩之頻繁是也。自民國七年，陳炯明入漳州，直至九年，粵軍回粵驅桂，始離閩。十一年，許崇智靖難失利入閩，驅李厚基。洪兆麟復於斯時率李雲復尹驥等入漳，旋退潮汕。十二年七月臧致平攻之不克。八月，洪兆麟林虎反攻。年冬，東江戰事急，洪林回粵援惠，交防地於賴世璜黃大偉。十三年春，臧致平揚化昭占漳州，周蔭人張毅合兵攻之，洪兆麟自潮汕來會，入漳州，旋與張毅約，供粵軍軍餉，洪率軍去，然猶留劉志遂一旅防海澄石碼。十四年三月，陳軍為許崇智蔣中正所敗，紛紛退閩邊，分途由黃崗大埔入永定，由詔安入平和雲霄。

未幾，林虎反攻，陳軍復入粵助戰。三月二十日，洪兆麟部又敗退雲霄平和，林虎退贛邊。洪部再退上杭永定龍岩，周蔭人乃劃平和永定雲霄龍岩爲陳軍防地。五月，粵省有楊希閔劉震寰之變，許崇智回省，粵軍復去閩入潮汕。十一月，蔣中正克東江入汕，大敗陳軍。林虎洪兆麟及陳軍殘部又入閩，分駐武平永定平和雲霄詔安各屬。十一月，黨軍東征軍第三縱隊程潛部蘇士安自大埔攻入永定，肅清陳軍。張毅以粵軍失敗，不復爲助，閩南蕞爾地，迺無陳軍立足之地。而陳軍之擾閩亦甚矣。茲將粵軍最後退閩時人數列下：

林虎部	武平	一千五百人
洪兆麟部	平和	二千人
劉志陸等部	永和	二千二百人
陳炯明部雜軍	詔平	二千八百人
陳炯明部雜軍	雲霄	一千人

第十章　滇黔蜀康軍史

第一節　雲南軍史

一　**雲南新軍之初編**　雲南地處西南。自安南緬甸爲法蘭西英吉利所侵略後，我國南邊全失，藩籬盡撤。粵桂滇一帶沿邊行省國防上極形重要。以英法兩帝國主義者，狼貪蠶食，向我西南邊境積極侵略。滇省有法人掌握之滇越鐵路，由安南直入滇省，扼全滇之咽喉，商業經濟受其箝制，固不待言，〔滇省之交通以滇越鐵路爲唯一出口孔道滇湘滇粵兩路未築成以前滇省實無法脫離法蘭西之卡制較之中東南滿兩路之於東北迨有甚焉誠我國國防上及救拔雲南保障安全兩方面唯一首要之問題急須迅促完成之第一工作也〕卽軍事上亦無法鞏固我疆圉。故雲南新軍之編練，較之南方及西南各省爲早且多。設講武堂以訓練幹部軍官，亦以滇省爲南方之首。自清光緒間頒布各省編練常備新軍，按序進行徵兵制之際，雲南卽開始攷選土著中之優秀壯健青年，編成常備軍一个混成協，按當時全國陸軍共三十六箇師之計劃，雲南軍之次序爲第十九，故初編時之番號爲第三十七協。由留日仕官生歸國之蔡鍔〔湖南寶慶人〕李烈鈞〔江西武籌人〔一〕等主持訓練。於昆明〔省會〕建造營房，並分設軍裝糧餉等局爲經理機關。雖所用之人因滇省留學生之少且遲，而借材異地，但滇軍之精銳雄武則爲當時之第一流軍隊。

二　滇軍之擴充　滇省邊境土司轄地〔如江心坡等〕合計面積較內地一省爲大，幾同於西康。迄今被英法蠶食大半，其病即在未建行政區，致外人得恣行其侵略，而國人因其非省縣而淡視，未能引起積極之注意。今存土地猶有約七十萬方里以上，可據理交涉收回者幾二倍。李經義任雲貴總督時，力倡劃滇邊另建行省之議，實固國防闢富源之無上上策，惜清廷畏外媚外，梗而未行。〔今亟圖之猶未爲晚，關心邊土邊防注意開發建設者其勿忽視，俾免蹙地喪疆貽噬臍之悔恨成萬世之恥辱也〕邊防上頗感艱困。雖沿邊設總兵多員，劃地鎮守，但所部皆綠營，其腐化惡劣與南北各地之舊軍實同一轍。虛兵實餉老弱羸卒之不堪狀態，匪特不能綏靖地方，鞏固邊圉，且示外人以弱劣之點，使知我國防軍之竄敗易攻，無殊裸女召姦，適足以召寇入室。滇人之有識者，引爲深憂，逐積極促練新軍駐邊愼防。於是步隊第三十八協得告成立，駐軍於大理蒙自一帶，任國防重務。又擴編騎礮各營爲馬隊第十九標，礮隊第十九標，工程隊第十九營，輜重隊第十九營，另設機關槍營一个營〔此爲滇軍所特有〕陸軍警隊一个營〔卽憲兵〕預定之陸軍第十九鎮遂完全成立。而滇省陸軍留學生如羅佩金等，及講武堂學生咸受委練軍。

一洗舊軍之惡習。〔滇爲產雅片極盛極佳之省舊軍官兵人手一烟槍無不墮黑籍者新軍以盡絕烟癖爲最難得〕械彈裝具無不精良〔護國之役後滇軍出省雖飽經事變流離轉徙突戰六七省而其軍容之整肅實爲西南各省之冠北洋軍亦有所不及卽種因於此際足徵練兵之初一切均影響後來甚鉅〕法人英人之入滇爲秘密偵探者，咸震於滇軍之精神而對其國家爲注意之報告。

三　雲南舊軍之改革　雲南因地理關繫，綠營經制兵原較中部各省爲多。清季決定立憲，稍滌頑錮之習知綠營之不足應用，乃練新軍爲國軍；同時令各省編練巡防營爲省防軍。各省多就舊軍中汰弱留強，且略爲相當之補充而編成。惟滇省綠營舊軍則一以盡染雅片之毒，二以積弊陋習太深，幾無一人可用，亦且無從滌改。故雲南巡防營多係新編。且成立南防西防等路陸軍練營，〔各設統領一員〕對於舊軍初擬力爲整頓，後以其萬無希望，乃決定逐漸裁撤。從縮減入手。截至辛亥革命時，各鎮總兵及舊制武職猶存立而駐防守護之權責則已盡移轉於駐外之陸軍將領及統率或指揮監督巡防隊之兵備道。時在雲南任重要軍事工作者，多爲後日南洋北洋各軍之主將，戰爭中之有名人物；如蔡鍔李烈鈞盧燾羅佩金唐繼堯劉存厚李根源靳雲鵬曲同豐黃毓成等皆是。卽講武堂學生，與軍中下級幹部亦多特出之士。如朱培德楊益謙張開儒劉祖武張子貞范石生金漢鼎顧品珍等皆此二項出身者亦可謂『濟濟多士』矣。

四　雲南最先起首之革命軍

雲南新軍將領分二派：南將如蔡鍔等皆革命黨人，北將如靳雲鵬〔總參議〕等皆係滇總督李經羲之黨，反抗革命甚力。兩派之暗鬥甚烈。李經義以現時政治權力，屠戮黨人，壓迫特甚，已激起數次革命獨立之舉，但終以孤立而敗。然滇人已激醒矣。當紀元前一年，騰越商人張文光受黨人宣告而謀革命。時楊振鴻因運動革命事不成而死，張文光則棄儒而商，開革命學說，由楊振鴻友介紹入中華革命同盟會。紀元前四年，於騰永諸地創『自治同志會』。紀元前一年三月二十九日，廣州黃花崗革命之役起，張文光亦聚同志謀起事，顧失於檢點，謀洩，清吏大索黨人，事乃寢。張文光潛遁。及武昌首義，始間道歸騰越，集合同志會於寶峰山三寶寺，勾通戍騰陸軍步隊第七十六標第三營及迤西巡防隊第四五兩營，刻期九月初六日舉事。張文光入南校場巡防第四營部，擊殺其管帶曹福祥，同時陸軍步隊第七十六標第三營所屬之排長陳雲龍亦槍斃該營管帶張桐，合兵入城，圍攻總兵衙署及軍械局。彭蓂方涵李學詩和朝選等皆聚兵來會。〔彭方李和皆講武堂畢業生各任巡防營之哨官〕總兵張嘉鈺指揮所部綠營兵士拒戰。綠營窳敗已久，不戰而潰。張嘉鈺吞金自斃。張文光乃率兵轉攻道署。迤西道宋聯奎請降。廳丞溫良彝逃匿民間。城中遂定。始事之初，張文光與各軍約『申紀律，禁標奪違者以軍法從事！」其軍約曰「民軍入人家者，殺毋赦！民軍掠人民財物者，殺毋赦！民軍姦淫民間婦女者殺毋赦！妨害外國人生命財產者，殺毋赦！」初八日，張文光稱「滇西軍都督」，編所部為五標。蓋集民軍陸軍巡防及綠營之降卒混合編成者。以九星為旗幟，以黃帝紀元四千六百零九年為紀年，從鄂制也。雖軍事倥偬之際，而城中安堵如常，匕鬯不驚，其後，雲南省城光復，派李根源至，始統屬於雲南都督。滇西軍分別編入陸軍師旅中。

五　雲南省會陸軍之革命變化　紀元前二年，留學日本之陸軍仕官學生李鴻祥李根源唐繼堯謝汝翼等均自日本歸，設雲南講武堂，招生訓練。李唐等分任教習，並各任軍職。滇省革命因講武堂師生之鼓吹運動，大見發展。紀元前一年，四川鐵路風潮起，時革命健將蔡鍔已至滇任軍職，訓新軍。滇中軍界躍然欲試。十月十日〔陰曆八月十九日〕武昌義軍起，雲南常備新軍各高級幹部或在羅佩金家或集唐繼堯宅積極密議。遂致風聲日緊，消息外傳，滇雲貴總督李經羲〔合肥李鴻章之姪，頑鋼已極，後為復辟罪魁〕秘商於總參議靳雲鵬，統制鍾麟同，協統王振畿，及唐爾錕等，欲出羅佩金李根源於外，並擬懲辦李鴻祥謝汝翼等，又命唐爾錕劉顯治〔劉顯世之弟〕由黔募兵以備解散新軍之用，未及實行，而重陽之獨立旗已高揷於五華山頂。是役定議分為兩路：一路為首領蔡鍔率陸軍步隊第七十四標，礮隊第十九標機關槍第十九營之全部，其幹部軍官爲步隊第七十四標統帶維佩金，第一營管帶唐繼堯，第二營管帶劉存厚，第三營管帶雷飈，礮隊第十九標統帶韓建鐸，第一營管帶謝汝翼，第二營管帶庚恩暘，第三營管帶劉雲峯，機關槍營管帶李鳳樓等。二路爲：李根源，率陸軍步隊第七十三標，其幹部軍爲第一營管帶劉祖武，第二營管帶張開儒，第三營管帶李鴻祥等。分定任務：第二路占領軍械局五華山圓通山藩司署鹽道署財政局提學司署機器局龍元局電報局大清銀行等。第一路蔡鍔所率之第七十四標占領總督署交涉司署提法司署糧道署糧餉局等。礮隊第一營謝汝翼占領南門大東門。第二營庚恩暘占領大小西門。第三營劉雲峯占領小東門，講武堂監督沈汪度與教官顧品珍張子貞等率領該堂學生及陸軍小學堂學生測繪學堂學生體育學堂學生，驟開各城門，居間援助。約定初九日夜間三時起兵。乃北校場之步隊第七十三標第三營管帶李鴻祥是晚八時分發子彈之際，爲素日反對革命之左隊隊官唐元良所覺，該營排長黃毓瑛等開槍擊斃之。槍聲隆隆，事遂不可遏止。適李根源率部趕到，急奏集合號音，第三營全部衝出，第二營管帶齊世傑逃，隊官馬爲麟率其所部兵出，俱集合於練兵場。該標統帶丁錦表示反對，率標部衛兵開槍轟擊，第一營之一部分附之。第三營兵遂被擊傷二十餘人，死二人。排長劉增祜受重創。李根源命王秉鈞搜標本部，丁錦逃。第一營槍聲尚不絕，革命之兵有懼心，避走壕塹中李根源乃命焚標本部以絕其望，誓以必死，率全軍突出，至蓮花池，宣示宗旨。時方九時半，約期未至，講武堂生未來開城，軍官黃毓瑛蔣光亮楊秀林董洪勳盧燾等，迺率五十餘人，搭人梯越城，擊散守城兵，斬關開城，兵遂入。李根源即集合隊伍，分派占領各處兵營，自與李鴻祥劉祖武率隊攻軍械局，至八省會館，收降巡防隊第四營，抵軍械局，說守軍使降。守軍佯諾而暗置機關槍，出李根源軍不意，突然掃射，被擊死十餘人。李根源怒，下令猛攻，焚局門，穿地道。是時提學司署及虹溪試館火起（係約定之信號使駐紮烏家壩各軍知之速拔隊入城者）李根源方至軍械局，而陸軍統制鍾麟同總參議靳雲鵬協統王振畿等，率輜重營陸軍警察隊及機關槍一隊，占領五華山之武侯祠勞公祠，以機關槍由後夾攻。李根源軍部死數十人，積屍枕藉，排長文鴻揆登梯，彈貫腦死，勢極危殆。幸兩級師範學堂，有董鴻勳馬爲麟死守，射擊鍾軍側面。李根源終得扼守軍械局。時已夜十二時矣。蔡鍔一路則於九時集於烏家壩，尚從容計劃攻擊方略。忽接督署及第十九鎮司令部電話，謂『北校場兵變火起，速率隊入援。』蔡鍔等知北校場已開始動作，遂由羅佩金集合步隊，謝汝翼集合礮隊，宣布反正大義，整隊向城進攻。途中提學使署火起，并接報告謂第二路李根源軍入城，軍械局未下，蔡鍔乃急率部下趨入，依原定計劃，布署既定，時已夜二時矣。羅佩金以李根源軍兵力太單，急派步隊第七十四標第三營管帶雷颷，率所部一營迅往援助。並命唐繼堯率所部第一營猛撲督署。署內有機關槍八挺，衛隊五六百人。變方接觸，唐繼堯督隊力戰二小時，計死傷三十餘人，未能前進。時，雷飈已占領江南會館一帶，礮隊第十九標亦占領各城已畢。時將拂曉，礮隊乃認定目標開始轟擊，彈中督轅桅竿，斷爲兩截。又中李經義臥室，梁折屋傾。李經義事先逃匿於督署巡捕蕭某之家。是時，巡防隊第二營據守圓通山，雷飈與之鏖戰數時，死傷甚衆。清軍不支，敗降。雷飈乃集全力會攻軍械局。蔡鍔命謝汝翼率礮隊至，轟牆垣多處，終無效。用地雷爆炸之，破牆一方，謝汝翼率士卒揮刀由缺口入，殺守軍三十餘人。李、謝、雷各部死傷二十餘人。鏖戰至十一時，遂克復軍械局。移攻鍾麟同之鎮司令部。鍾麟同猶頑強抵抗，兩軍死傷甚夥。李鳳樓率機關槍六挺來援，火力增猛。鍾麟同負傷，軍醫局兵負之逃走。武侯祠破，遂占領五華山。鍾麟同逃至南城，被擒，磔死。靳雲鵬於夜間三時，左手負傷，乘鍾麟同隻身潛逃，僞爲輿夫肩空轎出城，至十一日晨，乘滇越火車走越南，間道北旋，入北洋軍依段祺瑞〔後爲第五師師長見山東軍史〕。王振畿左腿受創，欲逃，爲張開儒擒獲，解司令部。時清軍將領楊集祥亦被誘至，二人皆被講武堂生彭肇康、范石生等叢槍擊殺。羅佩金率唐繼堯、劉存厚、庾恩暘、劉雲峯等部圍攻總督署，自九日至十日停午，猶未下，子彈將罄，勢甚危殆。適軍械局破，得補充彈藥，乃督隊猛擊。午後一時半，攻破門牆，入署，李經義之衛隊全降，全城大定。

遂設司令部於江南會館。蔡鍔李根源主持之，下令整理軍隊，查清傷亡官兵。第七十四標仍由羅佩金率領擔任全城警備，第七十三標由李鴻祥率領第一營管帶任張開儒，第二營管帶任馬爲麟，第三營管帶任劉祖武，軍械局由謝汝翼沈汪度守護，糧餉局委黃毓經理。出示安民宣佈獨立，並照會英法駐滇外交官，招降輜重營陸軍警察巡防隊並各種逃散之官兵分派保管各衙署公款案件，邀各界人士集議善後。

六　省會陸軍之統一　是日午後七時，突有軍隊譁變。滿城槍聲，徹夜不息。民衆驚恐，軍隊警戒。至十一日午前八時方止。是時，蔡鍔在總督署懸『正司令部』大旗，就都督任。李根源於五華山兩級師範學堂設司令部。是日馬隊第十九標統帶田書年尚未反正。該標教練官黃毓成，與其部下軍官趙寶賢尹盛德等結合逐去之，卽率隊入城。工程第十九營管帶韓鳳樓亦率隊自乾海子來歸。晚間九時槍聲復起，軍政府彈落如雨，窗櫺俱碎，延四小時之久。十二日，蔡鍔下令正法叛兵及搶刼民財之亂兵十餘人，收繳槍彈。開拔各隊出城歸營。議出兵西南兩路，分攻川黔，城中始得安寧。

七　駐邊陸軍及各雜軍之統一　十三日，組立各機關，辦理軍民各政，漸有頭緒。騰越張文光陸防軍官彭蓂陳雲龍李學詩等，於起義克占騰越後，以兵徇永昌龍陵等郡，電告至省，復電任張文光騰越鎮，兼統領騰永各軍，彭蓂爲永昌督帶。臨安則於十一日有步隊第七十五標教練官趙復祥〔後隨李烈鈞入贛任旅長至二次革命後敗走日本護國時始回滇〕聯合臨紳朱朝瑛，逐標統舉兵響應。蒙自關道龔心湛，令南防督帶孔繁琴，與趙復祥戰。趙禦之，血戰一日夜，擊走其衆，生擒孔繁琴，斬之。龔心湛大懼，急與臨沅鎮總兵孔慶塘逃。蒙自遂爲趙復祥所占領。電至昆明，蔡鍔復電任趙復祥爲南防陸軍統領，朱朝瑛爲臨安鎮總兵，李曰垓爲蒙自關道。駐大理陸軍步隊第三十八協統領曲同豐〔後北歸任軍官學校校長於直皖之役任邊防軍師長失敗被俘見北洋軍史〕接省電，與大理提督李福興、鄉紳前四川按察使趙藩議決反正，電省響應。得覆電，任曲同豐爲迤西陸軍統領，並准招募一標，合原有之第七十六標編成一協，任趙藩爲迤西安撫使，兼騰越關道。總兵夏文炳、知府石鼎熙意存觀望，視龔心湛行動爲轉移。巡防隊管帶余樹松，哨官吳鎮南等，以夏文炳久不樹獨立旗，遂起兵逐夏，圍攻鎮府兩署。石鼎熙自縊死。夏文炳恃同鄉兵勇力戰一日夜。圖與龔心湛會合。余樹松被迫，敗走，吳鎮南死之，士兵死傷二百餘人，居民死傷無算。逾二日，龔心湛逃，夏文炳乃樹白旗，電省反正。蔡鍔以時方新創新政，無暇於省內興戎，不予深究，仍任夏文炳爲開化鎮總兵。至鶴麗鎮總兵張繼良，係李經羲之表弟，靳雲鵬之私黨，方受李靳之命往任事。在鶴麗鋼等處招兵，由省領獲新式槍二千支，擬爲李經羲組親軍反抗革命。械方運至祿豐，昆明光復，次日，蔡鍔派劉法坤率兵一隊，急趨途中截回，電撤張繼良，委新卸總兵周彪署理。張繼良不敢抗，鶴麗一帶遂平。於是昭通鎭總兵蘇掄元，普洱鎭總兵馬文仲，迤南道方宏綸，及各府廳州縣，各屬自治公所，均紛紛電省反正。

八　軍事之結束及改編　初十二十三兩日，西防南防兩邊之情形未悉。蔡鍔既就雲南大都督任，卽命張開儒率一軍急趨楚雄，聽候後命。張開儒兵行二日，曲同豐趙藩等電來。張開儒乃往祿豐撫綏，數日回省。又任羅佩金爲南征總統官率一個混成協，聲討龔心湛。至通海，龔心湛已逃，乃巡閱蒙自箇舊等處。未幾旋師。至省城中官吏首先歸誠者，爲巡警道郭燦，其次爲提法使楊福璋，勸業道袁玉錫，鹽法道毛玉麟，雲南府周沆，審判廳丞王耒，檢察廳長張一鵬，實任大理提督劉銳恆等數十人。迤東道魏家驊，蔡鍔深佩其學行，強之出，不應，乃護送之回籍。交涉司夏偕復，糧道曾廣銓，逃匿駐滇法蘭西領事館。假外力逦往南安。提學司葉爾愷，媚上凌下，摧殘敎育，與地方結怨最深，爲講武堂學生捕獲，羣欲致之死。卒以李根源之緩頰，保全之。李經羲之長子李國筠及李之私黨熊范輿，同爲巡查者於陸宅女牀下搜獲，解至軍政府。次日李經義由諮議局來書，致蔡鍔李根源，蔡李等以不欲多殺，遣之出滇，雲南遂定。蔡鍔乃將全軍改編。

九　民國初元之雲南省軍

民國初元，南北和議告成，各省紛紛裁兵。雲南雖因邊防之重要，但歷來爲協餉省分，光復後協餉之制廢，必須自給，故軍費艱難。雲南大都督蔡鍔雖深知袁世凱將圖不軌，亟謀對付，終以費給不易籌措，乃裁併滇軍爲二個師一個旅。其邊防各鎮綠營則力爲裁整改練陸軍。適二次革命起，袁世凱深疑蔡鍔，將謀去之；蔡鍔乃密爲布置，以備他日之用，以全滇交由唐繼堯統治，己則隻身北上。唐年少虛榮心盛，非袁世凱所畏，乃准蔡鍔之請，唐繼堯由黔督移滇，任爲開武將軍督理雲南軍務。蔡鍔則赴北京任經界局督辦。於是全滇軍隊經積極之縮編，名義上僅有二個師。但邊防上及省有之部隊，未經報部者甚夥，爲數不下萬人。蓋因雲南僻在邊隅，袁政府遠在北京，縱使查察嚴密，亦感耳目難周。故自民國二年至民國五年之間，雲南正式之陸軍，爲雲南陸軍第一師師長張子貞，雲南陸軍第二師師長劉祖武，及礮兵旅，騎兵旅。第一師爲駐昆明一帶防守省會及附近之軍隊，第二師及礮兵旅爲駐大理一帶之國防守邊軍。其他部隊，則至護國軍興時始爲外界所知，其先時之屯兵存械，皆屬蔡鍔之深計，未爲外人所悉，僅知其有警備隊五十營而已。

一〇　護國時代之滇軍

蔡鍔入北京後，貌爲醇酒婦人以自韜晦，而袁世凱猶遺密探，日伺其側。及籌安會起，帝制之陰謀日露，蔡鍔深知袁逆之叛國準備已久，乃嚴密招致同志及素日所知之青年軍官，陸續赴滇。復於北京佯爲驕恣，與夫人故意詬誶離婚，並私收軍用地圖。預備既畢，託冶游而遁至天津，間道往日本，與李烈鈞等籌之既熟，始取道安南而入滇。在日時，託言養病，（實則蔡鍔斯時已遘喉疾，北京政界多知其病，且有以爲花柳病者。）每日必以一電致袁世凱，或續病假，或言病狀。起程赴滇後，猶囑人爲之。故雲南義聲起，袁世凱尚不信蔡鍔在滇也。滇督唐繼堯原以祿位爲重，不願討袁。但以部下皆蔡鍔訓育而成，惟蔡鍔之命是聽，非唐繼堯所能制。故蔡鍔抵滇，全軍歡忭，唐雖不欲，不可得也。會議後，蔡鍔決親自出征。唐繼堯藉口雲南貧瘠，不能負擔軍費，欲以尼蔡鍔之行。蔡鍔毅然謂：「護國軍一離滇境，即不費雲南一文錢。」各將領復紛從蔡鍔之命，整裝厲兵，待命即發。唐繼堯無如之何，始就總司令兼第三軍軍長職。蔡鍔乃使李烈鈞率第二軍攻桂，戴戡以第一軍之一部入黔，己則親率第一軍入蜀。計兵力爲滇省舊有之陸軍二個師，警備隊五十個營。此外則下令招回退伍士兵，合以召致之軍官，編三個混成旅。又集合各縣之保衛團，保商營二萬四千餘名，盡數編成旅團。同時另招新兵二十個團。是爲滇軍大擴充時代。至軍械方面，除第一第二兩師原係完整外，庫存軍械原足四個師又一個混成旅之用。（係民國二三年退伍時積存及逐年經蔡鍔秘密遣購置者，曾設專員以時修理保藏，故皆犀利可用）更由騰越運入步槍二萬四千桿，機關槍一百挺，山礮二百門，子彈稱是。同時令雲南兵工廠加工趕製，日可產步槍五十桿子彈三萬發。適華僑捐款滙來千餘萬圓，黨人接濟之款三百餘萬圓，以之爲餉需糧秣裝具等費。於是滇軍之軍容乃大盛。其械裝之整齊嚴肅，爲西南各軍之冠，且北洋各軍亦多不及。查各軍實力，——第一師三千五百人，第二師三千二百人，（以上兩師係經袁政府嚴令裁減故每一個師之實力不及一個混成旅）礮兵旅一千七百人，騎兵旅一千八百人，警備隊一萬五千六百人，保衛團二萬人，保商營四千人，新兵三萬人。——共計七萬餘人，（約近八萬）共分編爲三個軍。番號既經公布，袁政府秘探報告，袁世凱及其部下咸嗤之以鼻，謂唐繼堯假蔡鍔之名，更虛張聲勢；蓋不信雲南有許多將卒械彈也。茲將護國滇軍全軍編制列下：

護國軍總司令官唐繼堯，總參謀長張子貞，

護國第一軍總司令官蔡鍔，總參謀長羅佩金。第一梯團司令官劉雲峯，參謀長張璧，第一混成支隊長鄧太中，第二混成支隊長楊蓁。第二梯團司令官趙又新，參謀長李伯庚，第三混成支隊長董鴻勳，第四混成支隊長何海淸，第三梯團司令官顧品珍，參謀長王秉鈞，第五混成支隊長祿國藩，第六混成支隊長朱德，第四梯團司令官戴戡（黔軍）參謀長李雁賓，第七混成隊長熊其勳，第八混成支隊長王文華，

將校隊長（總參謀長兼）憲兵司令。（未委）

護國第二軍總司令官李烈鈞，總參謀長何國鈞，第一梯團司令官張開儒，參謀長成桄，第一混成支隊長錢開甲，第二混成支隊長盛榮超，第二梯團司令官方聲濤，參謀長李炳榮，第三混成支隊長黃永社，第四混成支隊長馬爲麟，第三梯團司令官何國鈞，（兼）參謀長馮家驊，第五混成支隊長林開武，第六混成支隊長王錫吉，第四梯團司令官馬文仲，參謀長馬建綱，第七混成支隊長王鴻順，第八混成支隊長任聯奎。

第三軍總司令官唐繼堯，（兼）（第三軍留守）總參謀長庾恩暘，第一梯團司令官趙鍾奇，參謀長徐進，第一混成支隊長華封歌，第二混成支隊長李植生，第二梯團司令官韓鳳樓，參謀長吳震東，第三混成支隊長吳傳聲，第四混成支隊長彭文治，第三梯團司令官黃毓成，參謀長葉成林，第五混成支隊長楊杰（卽後服務國民革命軍中者）第六混成支隊長葉成林，（兼）第四梯團司令官劉祖武，參謀長歐陽沂，第七混成支隊長楊體震，第八混成支隊長李友勳，第五梯團司令官庾恩暘，（兼）參謀長林仲鏞，第九混成支隊長唐繼禹，（唐繼堯之三弟）第十混成支隊長趙世銘，第六梯團司令官葉荃，參謀長吳和宣，第十一混成支隊長馬驄，第十二混成支隊長鄧埴，兵站總監繆嘉壽。

二　護國軍之規律　護國軍之討袁，雖事起倉卒，但蔡鍔早知袁逆不軌之心，撻伐之舉，籌之已久且熟。故護國軍規律之嚴整完備，爲歷來義軍所未有。計頒發於起義之時者，有都督府組織法，各廳組織法，編制及官階表，各處辦事細則，以及行軍駐軍間各種紀律法令內務，勤務各項法規與作戰注意點等總計都凡四十餘種。茲錄其編制及官階表如下：

中華民國護國軍編制及官階表：

甲　幹部編制

軍總司令部	總司令官	上將	一
參議廳	總參議	中將或少將	一
參議（無定額）		（『軍事』股以各員原有官階爲定『政治』『法律』『外交』三股皆准上校）	
參謀廳	總參謀長	中將或少將	一

課長　少將或上校　四

參謀　中校　四　少校　六（第一第四兩課各二員）

副官　上尉　六　第二第三兩課各二員）

秘書廳　秘書長　准少將或上校　一

秘書　准中校　二　准少校　二　書記　准上尉　二　准中尉　二

副官處　副官長　上校　一

副官　中校　六（一等副官二二等副官四級皆中校）　少校　十二（均三等副官）

軍需處　軍需處長　准上校　一

一等軍需官　准中校　一　二等准少校　二　三等准上尉　四

軍法處　軍法處長　上校　一

軍法官　中校　一　少校　一（或二員）

軍醫處　軍醫處長　准中校　一　准少校　二（內獸醫一員）　准上尉　二（內有司藥一員）

將校隊　隊長　中將或少將

憲兵隊　司令　上校　一
司旗　旗官　上尉　一
司號　司號官　中尉

梯團司令部　司令官　少將　一
參謀長　上校　一　參謀　中校　一　少校　二　上尉　二
副官長　中校　一　副官　少校　二　上尉　二　中尉　四
秘書　准中校　一　書記　四（准上尉二准中尉二）
軍需處長　准中校　一　軍需官　准少校　一　准上尉　二　准中尉　二
軍法處長　中校　一　軍法官　上尉　一
軍醫處長　准少校　一　軍醫官　准上尉　二（內獸醫一員）　准中尉　一（內司藥一員）
旗官　上尉　一
司號長　中尉　一

混成支隊隊本部　支隊長　上校　一　副支隊長　中校　一　隊附　少校　一

參謀　少校一　副官　上尉一　編修官　准上尉一　軍需官　准上尉一

軍醫官　准中尉一　旗官　中尉一　司號長　准尉一

營本部　營長　中校或少校一　副營長　少校或上尉一　副官　上尉一

編修官　中尉一　軍需官　中尉一　軍醫官　少尉一　旗官　准尉或上士一

連幹部　連長　少校或上尉一　連附　中尉或少尉一　司務長　少尉或准尉一

司書　准尉或上士　一

乙　部隊編制

每一軍分三個或四個梯團（必要時得增至十個以上）

每一梯團分二個混成支隊（必要時得增編補充支隊二個）

每一混成支隊　步兵二營（或四營）　礮兵一營　騎兵一營（或一連）

機關槍兵一營或一連　工兵一連　炸彈隊一連（不定有）

輸送隊一連

每一支隊　步兵三營

每一營　分四連　每一連分九班　每班士兵十四至三十八名

〔後改秘書爲編修　參議及將校隊裁撤〕

三　滇軍之外展　護國軍分途出發，軍行所至，徧於西南，因軍事上之必要，增變甚夥。第一軍入蜀，即改編爲師旅制。但僅編成七個混成旅。委原任梯團司令及將校隊之士官爲旅團長。〔著者亦於此時由參謀陞混成團長〕後戰事既息，蔡鍔於被任爲益武將軍督理四川軍務未就職時，因病離軍，赴日就醫，終致不起。羅佩金代理，與川軍衝突，全軍轉徙流離，編制紛亂。〔四川軍史〕而唐繼堯又加以歧視，不許回滇，以致激成顧品珍率部回滇逐唐之戰爭。唐繼堯於護法之役，改稱所部爲『靖國軍』〔涵有別種在外滇軍之意非僅因護法之故〕加入軍政府，日惟坐收利益，不發一兵出境，人多惡之。顧品珍回師，唐乃被逐去粵。唐繼堯在粵始遁香港，繼來粵依大元帥。大元帥令其率已出滇之部隊北伐，詎唐見乘大元帥由桂出師北伐之際，不隨節北行，而勾通滇匪吳學顯等回滇。〔陳炯明之叛猖獗此亦其一因蓋少一支攻兵則多一分牽制也〕第一軍之餘部，除改編外，流亡殆盡。第二軍入桂至粵，實力極形擴充。收繳龍覲光之械後，改編爲二個師，稱留粵滇軍第一師第二師，以張開儒方聲濤〔黃花崗烈士方聲洞之弟〕分任師長。方聲濤率部入閩而失敗。張開儒則圖以孤軍擁護大元帥護法，與桂系力抗，受任爲陸軍總長，礮擊觀音山，聲討桂系爲滇軍光榮之一頁。後蜀中第一軍之將校士兵因被川軍壓迫，多間道來投，實力益充。至軍政府時代，李根源受岑春煊命接統留粵滇軍，大部分將士如混成旅長楊益謙第三十六團團長魯子才等，不願受桂系之制，起而反抗，大起鬥爭，終被迫入湘助湘軍逐張敬堯，頗著戰績；復不爲湘所容，輾轉至湘西之會同縣洪江市一帶，擁李烈鈞爲之長。（中尙有贛軍第一梯團李明揚部隨行）又因湘西軍及黔軍壓迫，入蜀謀會合在蜀滇軍，敗於蜀，復受打擊於鄂西，乃間關返桂粵，而魯子才陣亡，（西南政府曾頒令國葬）將士多投入留粵之一部；及大元帥重回廣州，（民國十二年）始返至廣州。此即朱培德部國民革命軍第三軍之所由來也。入黔護國第一軍之一部，則大部分成爲黔軍，（見下節貴州軍史）其小部隨戴戡入蜀，與川軍戰，全軍敗潰，戴戡以身殉，殘部併入在蜀之滇軍中，組『滇黔川聯軍』，旋爲唐繼堯之滇黔川聯軍所敗，流亡邊地，賸一小部分爲袁祖銘所吸收。至在滇之護國第三軍，於護國之役迄未出戰。後顧品珍回滇，全軍除敗潰外，多爲顧品珍所收編。餘殘之零星部隊則流入邊地。唐繼堯回滇時，與唐有宿怨之范石生一部，誓不助唐，仍流徙於粵桂。（卽後日之國民革命軍第十六軍）唐繼堯收拾殘餘，合以滇匪吳學顯之大部，死顧品珍而有雲南。顧品珍之嫡部金漢鼎則入黔，（卽後日之國民革命軍第三十一軍）駐軍於黔湘之邊。會一度被袁祖銘迫編，袁死乃遠至江西與朱培德部會合，而混合編成兩個軍（護國第一第二兩軍之舊合者祇此）唐繼堯二次回滇後，逐吳學顯離滇，（後收散於湘西實力多歸袁祖銘吸收散編入黔部）廢除師旅，以己部及回滇收編之部隊，於十一年七月間分編為一箇礮兵旅，二十箇獨立團，一個大隊。其番號及長官為：第一團團長孟友聞，第二團團長李春，第三團團長李鍾華，第四團團長毛鴻翔，第五團團長唐繼禹，第六團團長張鳳春，第七團團長徐守忠，第八團團長張得勝，第九團團長楊瑞昌，第十團團長徐為珧，第十一團團長孟坤仁，第十二團團長魯瓊，第十三團團長楊思增，第十四團團長許榮芳，第十五團團長歐陽永昌，第十六團團長馬驄，第十七團團長孫渡，第十八團團長羅林昌，第十九團團長李荷生，第二十團團長黃鴻銓，礮兵第一旅旅長莫玉廷，近衛機關槍大隊長曾述禮，兵額共約五萬人。皆不屬於鎮守使，而直隸總司令。直至十五年，唐繼堯將死之前，始仍建師旅，以龍雲、唐繼虞、張汝驥、胡瑛、胡若愚等為之長。（共建五個師）唐繼堯死，龍雲繼之，投歸國民革命軍，分編為第三十八、第三十九兩軍。龍雲任省政府主席兼第三十八軍軍長，張汝驥為第三十九軍軍長。先是唐繼禹欲繼兄業，為龍雲所逐。唐乃與張汝驥聯絡攻龍雲。大戰於昆明。龍曾一度敗出。未幾張部為省軍所攻，敗潰入蜀，僅存番號，實力已消，雲南遂為龍雲所守。

一三　雲南省軍之擴編

滇軍自唐繼堯民國十一年春回滇後，對於軍隊頗事擴充。繼以二十個步兵團，不敷調遣；且為助其弟唐繼虞侵入貴州計，特將全省部隊改編擴充。除吳學顯一部，仍以一個師名義，由雲南迤南調往滇黔邊境，迫令入黔外，所有全滇固有及新招之兵概行整編。其步兵之編制，仍以團為單位，已編就者計有三十二個獨立團。此外尚有工兵二個旅，礮兵一個旅，騎兵一個團。咸直隸於總司令（唐繼堯）。此外，屬於省防之游擊保商警備等隊，尚不在內。其番號及官長為：雲南步兵第一團團長蔡祖德，雲南步兵第二團團長袁昌榮，雲南步兵第三團團長盧漢，雲南步兵第四團團長毛鴻翔，雲南步兵第五團團長何世雄，雲南步兵第六團團長張鳳春，雲南步兵第七團團長楊占元，雲南步兵第八團團長張得勝，雲南步兵第九團團長王開明，雲南步兵第十團團長習自誠，雲南步兵第十一團團長紀學忠，雲南步兵第十二團團長徐守忠，雲南步兵第十三團團長薛之標，雲南步兵第十四團團長郭玉麟，雲南步兵第十五團團長楊濟濱，雲南步兵第十六團團長馬鑒，雲南步兵第十七團團長孫渡，雲南步兵第十八團團長胥肇英，雲南步兵第十九團團長李荷生，雲南步兵第二十團團長林鳳山，雲南步兵第二十一團團長楊友棠，雲南步兵第二十二團團長皮中和，雲南步兵第二十三團團長錢秉百，雲南步兵第二十四團團長景士奎，雲南步兵第二十五團團長李文明，雲南步兵第二十六團團長劉正倫，雲南步兵第二十七團團長田鍾儀，雲南步兵第二十八團團長禹發起，雲南步兵第二十九團團長唐繼麟，雲南步兵第三十團團長鍾德宣，雲南步兵第三十一團團長朱旭，雲南步兵第三十二團團長巴懷耀，雲南工兵第一旅旅長毛蘭階（轄二團）雲南工兵第二旅旅長莫樸（轄二團）雲南礮兵旅旅長黃玉廷，（轄二團）雲南騎兵團團長陳長民。以上步工礮騎四種兵共三十九團，約兵士六萬人；再加游擊警備保商等隊與憲兵水警等營，全省共約八萬人。

一四　**在外滇軍之歸結**　大元帥孫文討陳回粵時，在滇各軍之非唐嫡系者，迫無所歸，乃由楊希閔統率分為三路入粵，並楊如軒楊池生（時人稱為「三楊」）楊廷培蔣光亮各部大加擴充。（見廣東軍史）時東江寇急，致牽制兵力不能北伐，大元帥焦急萬狀，合滇軍肅清東江，嚴命與鼓勵皆不下數百次。而楊希閔養寇自重，終不肯努力作戰；據有廣州等處地盤，恣意搜括挾詐，公開煙賭，惟金是謀，以致陳炯明負隅數載。大元帥之肝癌，未始不因此而增劇。嗣楊廷培死。而楊池生楊如軒亦不為楊希閔所容，被楊希閔壓迫，鬥不勝，率殘部投江西。在贛之北洋軍為所敗，江西督軍方本仁乃收容之，俾駐贛南，以楊池生為贛南鎮守使，楊如軒為滇軍第一師師長，實則兩楊之實力合共不足一個師，特久經戰陣，自非養尊處優未嘗作戰之駐贛北軍所能敵耳。此一部分，直至國民革命軍北伐，始分別編入朱培德金漢鼎兩部，各為一師。至楊希閔則在粵日益跋扈，目無餘子。大元帥北上後，胡漢民代理職務，而命黨軍肅清東江。楊希閔見寇已靖，乃與桂軍劉震寰聯結，暗通北京政府，希圖推翻革命而為廣東督軍。代大元帥譚延闓急命黨軍回師解決之。此滇軍變化之大略也。〔國內軍事以川滇黔之變化為最多而又最複雜詳敘之非數萬言不能盡著者雖身係滇軍軍官頗能知其綜錯遞化之跡但為篇幅所限未能一一詳述致軍卷帙容當另撰川滇黔軍變化史以存信史而貽後人特附誌於此〕

第二節　貴州軍史

一　**貴州之舊軍**　貴州之歸入版圖，改建行省，為舊十八省之最後者。〔明永樂時代〕其地原為苗族所居。雖五百年間，連建州縣，改土歸流，節經和平的開化，苗族之同化者與漢族享有同等權利，而土司轄境之未及改建者猶夥。清代為防苗人為患，駐有重兵。〔但無駐防旗兵〕迄滿清末季，綠營之窳敗，已為舉國一致之現象，貴州自不能例外。紀元前一年至三年〔清宣統元年至三年〕間，清廷欲緩和民氣，宣布君主立憲，頒行新政，各省軍制，多所改革，未練新軍各省，督促編練，已練者按額擴足。貴州時亦練有常備軍步隊二個標，並招練馬礮各一個營，將待擴成一個鎮，而革命已起矣。是時黔中舊軍依然存在，土司之士兵亦猶疇昔。士兵之制，略如徵兵。土司長官〔即宣慰司宣撫司等土官俗稱土知府土知縣為父子世襲制今黔川滇桂康猶存者爲國內封建制僅有之殘餘〕有極大之威權。對彼所轄之人民有隨時點驗之權，監察行動，指揮服役，視同奴隸。〔見西康軍史〕其兵額究有若干，實不可考徵。一旦與綠營衝突，則全族皆兵，而綠營之將弁兵勇，祇以壓迫苗人欺詐劫奪爲能事。是以貴州之綠營，不僅不足以防苗治苗，適足以致苗人抗亂，而阻苗人同化之幸福。歷時以百年計，制終未變。苗族文化之落後，實綠營之使其懷疑漢族，不敢親近，因而阻滯苗族之罪，綠營將士實無所辭。

二　貴州之革命軍　當清季光宣間，各方入黨者日多。若諮議局議長譚西庚，新軍標統趙純誠，巡警道賀國昌，〔江西萍鄉人二次革命時以江西內務司長被推爲民政長失敗後顛頓卒〕，審判廳丞朱興汾，及軍械局守備兵，陸軍小學堂學生，法政學堂學生等，均先後加入同盟會。惟新軍標統袁保義未決，時在黔辦報，且組織「貴州自治會」之同盟會黨人黃澤霖、張百麟〔留日歸國學生〕時促袁保義加入革命組織。至辛亥九月初八日，黃等讌袁於浙江會館，力勸之。袁保義不爲反對之表示，但謂「貴州庫貧兵弱，未可獨立。」適清貴州巡撫沈瑜慶知新軍不穩，下令飭即繳交子彈。黃澤霖聞之，密函詔袁保義曰：「君爲巡所疑，必有不測之禍。若反正，則非僅無禍，且可建非常之功不世之業。」詎袁保義不僅不動，且以黃澤霖寄與之書呈交沈瑜慶，以示無二心。先是貴州政界有「憲政豫備會」之組織，倡君主立憲，係保皇黨之支派，任可澄爲之領袖，日與自治會黨人爲敵。至是任可澄刺探得黨人王玉麟及張百麟黃澤霖之密謀，密告於沈瑜慶。沈知事急，用任可澄謀，招興義縣客籍紳士劉顯世〔湘人〕統率所帶之團練由滇回省，並命胡景棠增募巡防隊兩營，又命郭重光爲總辦，辦理團防，將乘自治會黨人之隙，一舉盡屠之。遂使人日召王玉麟譚西庚等飲讌，將於席間圖之。諸黨人危甚。幸巡警道賀國昌力爲保護，始得免。初十日，黨人會於張百麟私宅，以情勢急迫，不能再事延待，議決定十五日舉義。詎先期二日〔十三日〕午後五時，黃澤霖探知沈瑜慶之密謀，知其即將拘捕諸黨人，並譚西庚亦不免，憤極，即刻號召同志宣言起義。夜半以新軍會合陸軍小學堂學生攻城，並率法政學堂學生四十餘人至張百麟宅，擁張百麟至城內諮議局。賀國昌得訊，急送警察存槍五十桿予法政學生，使守衛諮議局門，即於其內組織臨時軍政府，推黃澤霖任司令官，先攻軍械局。沈瑜慶得報，震驚失色，急命胡景棠率巡防隊二營馳往城外，突攻陸軍小學堂，並派兵分布城內外，固守市街要地。黃澤霖聞之，遣急足出城，命新軍往救。新軍標統趙純誠集占標，方欲發動，而標統袁保義喝斥之，並下令嚴捕主謀者正法。所部步隊某隊之特務長楊樹青大憤，橫槍猛擊袁保義。袁急臥地避彈。該標教練官楊藎誠諭兵士曰：『標統可不殺，奉軍政府令，共舉義可已。』兵士歡呼『大漢獨立萬歲！』一致舉手贊同。當場推舉楊藎誠爲新軍正式代表，趙純誠爲副代表，率兵往解陸軍小學堂之圍。至城外，則巡防隊迎降，斬胡景棠。復至軍械局，亦占得之。臨時軍政府得報，即馳書告沈瑜慶曰『袁保義胡景棠既死，請巡撫自決！』時沈瑜慶方與司道各官集議，得書，即令衛隊親兵出隊禦戰，衛兵統帶彭爾錕答謂：『若係土匪，無論何處，均應出戰；今起義者爲諮議局議員軍人學生，我等如何出戰？』沈瑜慶聞之，知事已不可爲，即挽王玉麟赴諮議局議和停戰。張百麟黃澤霖譚西庚親迎之入，議定將推沈瑜慶爲貴州都督。沈固辭不就。乃推張百麟黃澤霖分任正副都督，張黃亦力辭。至十五日，各界開大會，迺公舉楊藎誠爲貴州大都督，趙紳誠爲貴州副都督，張百麟爲樞密院長，總攬民政，黃澤霖爲統領，總轄巡防綠營練營各兵營，又以黃澤霖原爲習法學者，且起義之功推首，遂推爲司法院長。即發布獨立宣言，並編全黔新軍民軍練營巡防等一個鎮，〔未完成〕五個混成協。〔未完全編妥〕當宣言發表時，即諭知各府州廳縣，全省傳檄而定。惟十八洞苗族未明革命之意義，集苗兵作亂，軍政府派兵彈壓，費時甚久始平。

三　**貴州新軍之散亡**　方武昌事起之後，清雲貴總督李經羲受劉顯治熊範與唐爾錕之荐，招劉顯世至雲南抵抗義師。貴州獨立，憲政豫備會任可澄擬利用劉顯世，勸沈瑜慶招致之。及劉顯世率兵回至安順，貴州已告獨立。軍政府中人有主張殺劉顯世以絕後患者，財政司蔡某與劉顯世私交頗深，力保劉堪以重用，得免死，且與以相當官職。黃澤霖雖極反對，張百麟勸之再三，然後允諾，不持異議。遂遣使召劉入省，與以標統名義，編所部團練鄉勇為一個標，劉顯世意未愜，求為巡防隊統領，又冀得安義鎮總兵，復要求任安順提督，得寸進尺，悉求無厭。有反對者，不之顧。其弟劉顯治在雲南，利用黔人之旅滇者舉之為貴州代表，赴南京臨時政府，圖為己及兄活動。自是劉顯世與軍政府生隙。憲法豫備會機關報之主持人陳稚書，嗾使頭腦簡單之新軍標統陳宗岳用哥老會名義糾合兵士，又遣人至雲南誣稱黃澤霖等非革命黨人，係哥老會頭目假託者，行為極其兇暴，請求借雲南兵力除去之。時，適有東路巡防隊兵丁七人，修怨於舊提督何東山，於其家行劫，何家人以之訴於軍政府，黃澤霖怒，親率衛隊至何家，捕七人殺之。劉顯世乘機煽動東路巡防隊，於中華民國元年二月二日作亂，先襲擊黃澤霖張百麟。張百麟得南路巡防隊急援，得免，隻身走香港。黃澤霖力戰，不支，身殉此役。初，有東路巡隊兵丁二十餘人偽縛一兵，謂『此人挾款潛逃，請見統領面呈詳晰，請求從嚴法辦』。黃澤霖信而不疑，遽自內室出。二十餘人即放射排槍，擊死黃澤霖。是時，正都督楊藎誠辭職，副都督趙德純代任，但都督府衛隊為劉顯世所勾結，趙德純遂入劉顯世掌握中，僅唯唯畫諾而已。繼而雲南遣唐繼堯率兵至黔，劉顯世即利用滇軍，嗾哄使殺趙德純，遂解散素不附己之新軍，而擁唐繼堯為貴州都督。革命黨員盡為劉顯世所驅逼離黔。全黔仍陷入黑暗。唐繼堯因得劉顯世之力始克任黔督，故特殊待遇之。更因劉部原有團勇近萬，邇近復量擴充，已達二萬餘人在黔爲最強之勢力，無敢攖其鋒者，唐繼堯多聽任之。劉顯世之所以擁唐而不敢自爲，一則羽毛未豐，新軍練營未爲巡防綠營亦尚有未就其範者；畏滇軍之威力，且思假托之以鎮懾黔人。故對唐繼堯貌甚和好，實則日圖送滇軍回滇，自攬都督。同時將餘存之新軍，分散編入己部，自此貴州陸軍之系統遂不可尋求。練營巡防隊等則分別收編之。綠營則任其廢弛。

四　黔軍之變化　二次革命失敗，雲南都督蔡鍔被召入京，唐繼堯繼任滇督，乃以黔省軍民兩政付與劉顯世。蓋劉雖湘人，具極頑錮，而彼在黔已久，當前勢力極大，莫之與京，欲不與劉，不可得也。袁世凱以劉顯世非新人物，且一時不能消滅其實力，乃託言逐漸廢督，貴州祇設護軍使。（時福建亦以此理由以李厚基爲護軍使不設將軍）任劉顯世爲貴州護軍使，更使戴戡爲貴州民政長，（旋改任親信龍建章爲貴州巡按使）董理民政，以殺劉之勢。劉顯世雖不懌，亦無可奈何。且究屬目的已達，遂安之。既就任，乃以其所部之團練，改爲步騎礮等五十個營。另編一混成旅，以甥王文華（王伯羣之兄）爲旅長（傳何應欽曾任該旅參謀待考）。駐紮黔湘邊境。及護國軍興，戴戡率護國第一軍右翼軍至貴州。（戴戡時以護國軍參贊兼第一軍第四梯團司令官而領右翼總司令官長驅入黔）所部改編爲師旅，以黃毓成爲右翼軍第一師師長。劉顯世時已與護國軍相結納，借征滇爲名，向袁世凱要求而得械彈餉項。乃擴編一旅，以蘇謙爲旅長。並加入護國軍，爲貴州都督。以弟劉顯潛長民政。蜀中川滇兩軍戰起，黔軍亦捲入旋渦。戴戡身死，而黔軍仍大部就食於蜀。滇軍殘部及黔軍之散歸者頗衆，王文華部擴編爲貴州陸軍第一師，在蜀之黔軍亦擴充甚夥，編制紛更，名實迥別，不可究詰。西南護法，劉顯世稱「黔軍總司令」，後被選補爲軍政府總裁。

五　黔軍之外展

貴州軍向以王文華部爲最強。但王爲普通師範生出身，黔中將領頗多欲取而代之者。終被迫而不安於位，遠走上海，爲反對者刺殺於上海一品香菜館。民國十年，黔軍旅長盧燾逐劉顯世而代之，爲黔軍總司令。擴黔軍爲七個混成旅。但王文華部之旅長谷正倫王天培等，終不直盧燾之所爲，民國十一年四月，逐盧而迎劉顯世回黔。劉乃仍本其聯滇之政策，與唐繼堯相勾結。〔劉之回黔唐繼堯曾助之使吳學顯入黔助戰〕倡聯省自治以圖存，自爲省長。改黔軍爲九個混成旅，並以吳學顯部改稱黔軍，編爲一師。未幾，逐吳去湘西。〔吳部自此敗散〕至八月，旅長袁祖銘爲省長。十二年四月，又逐去之。袁祖銘乃率部走投吳佩孚。吳命其入川，爲川黔邊防督辦。時黔軍因疊經戰爭，轉徙流離。第一旅谷正倫一部已由湘而轉輾至粵，第三旅王天培部則流竄於蜀湘之間。袁祖銘乃挾吳佩孚之威，受吳任爲「黔軍總司令」，於十三年年十月八日自蜀回師，十四年一月克貴陽，占全黔。二月，王天培彭漢章合力逐袁，王任總司令，彭任省長。袁祖銘乃率兵衝湘，據占湘西一帶，甚至駐軍常德桃源，而以洪江爲外部；擴編部隊至四軍之多，以王天培彭漢章金漢鼎分任軍長，而自領一軍。吳佩孚濟以械彈軍實頗充，乃於民國十四年一月入黔，代劉顯世而有貴州。二月王天培復逐袁祖銘，而爲貴州總司令。十五年二月，王部師長周西成又逐王天培而代之。王天培乃復流竄於湘西。彭漢章亦脫離袁祖銘而獨立。故是時湘西之黔軍大部爲袁彭王三部，另有谷正倫一小部託衣於湘軍賀耀祖。

六 黔軍內外兩部分之實力 黔軍在民國十一年間，內外兩部之實力，始分統於劉顯世袁祖銘之下，而分駐黔蜀。在以前，一盤散沙，朝友夕敵，頗難爲系統之記載。茲將黔軍內外兩大部皆在黔境，比較有系統時（民國十一年）之實力，分記如下：——

甲 劉部黔軍

黔軍總司令劉顯世，第三師師長劉顯潛，（貴陽）步兵第五旅旅長易小南，（畢節一帶）步兵第六旅旅長劉如鏡，（興義一帶）礮兵團長，（貴陽）游擊營司令劉顯潛，（貴陽及興義一帶）（一千餘人共四個營）警衛團團長胡壽山，（貴陽）（衛隊）補充隊長。（無定額長官由各旅團調任）

乙　袁部黔軍

省長兼總指揮袁祖銘，（貴陽）第一師師長劉輔卿，（長壽）第二師師長王天培，（四川重慶）第一混成旅旅長彭漢章，（貴陽及安順一帶）第二混成旅旅長吳傳心，（南路）第三混成旅旅長傅覺民，（四川涪陵）第四混成旅旅長李世榮。（四川涪陵一帶）

此外，在外之黔軍，尚有由巡防綠營及民軍蛻化而成之靖黔軍，原係盧燾在黔時之省軍。盧去黔，即退入蜀境。其總司令為周西成，實力約二個旅。（即後日攻入黔境逐袁祖銘等部而據黔歸編為國民革命軍第二十五軍者）其盧燾所部，號稱一個師，則於民國十一年時流轉至桂，僅五千餘人駐桂林一帶，旋為桂軍擊敗，被李宗仁等吸編淨盡。

七　黔軍之歸結

黔軍自蜀亂起，組滇黔川聯軍，擁唐繼堯為聯軍總司令後，好騖虛名，師旅之番號，層出不窮，甚至濫予名義，以收蜀湘之民軍土匪，尤以袁祖銘為甚。自國民革命軍起，袁祖銘迫於勢而降受編為國民軍第十二軍，並兼右翼總指揮名義，使轄王天培（編為國民革命軍第十軍）彭漢章（編為國民革命軍第九軍）兩部。武漢既克，總司令蔣中正調黔軍赴下游，袁祖銘彭漢章兩部不聽令，王天培則順流而下至九江，加入北伐戰陣。袁祖銘彭漢章皆因與吳佩孚有舊誼，往來不絕，且有異圖。唐生智乃先去彭而後殺袁。兩部之殘餘爲李燊所收，整編爲國民革命軍第四十三軍。（後因與周西成爭殺周占黔後爲周部毛光翔所逐全部潰散僅賸一個旅不足編入他師） 又一部分則隨師長周志羣投入金漢鼎部爲金部第三師。王天培部則因攻魯失紀，王被正法，由楊勝治接統編成一旅。其他一部分則隨師長羅啟疆投李宗仁。李敗輾轉入川，在省內之周西成一部則投降國民政府，編爲第二十五軍，且以周兼貴州省政府主席。湘鄂再定時，且任之爲第十三路總指揮。後爲李燊所殺，副軍長毛光翔逐李而繼任第二十五軍軍長兼省主席。

八　貴州省外軍侵入時代

黔省劉顯世回任後，不得不假滇爲後援，以抗在蜀日事窺黔之袁祖銘部黔軍，而自固其位。唐繼堯乃利用此機會，使唐繼虞率滇軍五個團，並吳學顯部一個師，直入貴陽。滇軍勢力侵入後軍權全入唐繼虞之手。統計全省於民國十三年時，所有軍隊僅正式陸軍一項，已有一百四十營之多。惟營有不足額者，（照部章每營五百零四人）故總計不過五萬餘人。然黔省貧瘠人民豈勝重負，亦隱痛忍受耳。茲將其軍隊長官及實力列下：

唐繼虞	有兵十五營	貴陽	（唐繼堯之弟）
劉顯世	有兵二十營	貴陽	

吳學顯　有兵十營，　黔北
胡若愚　有兵十營　黔西大定〔係滇軍之顧系〕
張翼　有兵七營　黔北
向文甲　有兵九營　黔東
莫昌蒲　有兵四營　黔清鎮
廖司令　有兵三營　黔西
陳虛谷　有兵十營　黔東
劉如淵　有兵三營　興義
劉建吾　有兵七營　貴陽
易曉嵐　有兵六團　大定畢節
劉敦吾　有兵十五營　黔西

九　袁祖銘部黔軍之始末　袁祖銘原係黔省之失敗政客，奔走南北，皆不得意。蓋袁在劉顯世轄治時，加入西南軍政府，聲勢奥援俱盛，袁祖銘固無如之何，且亦不能對袁有所舉動及希望。後吳佩孚雄據湖北，注意西南，西南各省之失意政客，相率投吳，効奔走，圖發展。袁祖銘亦其中之一。及吳佩孚利用蜀將以收蜀，更欲逞其雄心，平定滇黔粵桂各省，乃使袁祖銘成立黔軍，助以械款，召集流亡，統之入蜀。民國十二年間，袁祖銘援黔成功後，即積極擴張所部實力，預備回黔。至十三年，計其所部軍隊共分六師十二旅之衆，約四萬餘人。茲為列表如下：

黔軍總指揮	袁祖銘		
中央陸軍第三十四師師長	袁祖銘（兼）	重慶	〔吳佩孚編之為國軍〕
參謀長	井繩慶		
步兵第六十七旅旅長	馬明亮		以上二旅均屬第三十四師
步兵第六十八旅旅長	劉端棠		
黔軍第一師師長	王天培	合江江津	
第三旅旅長	魏金榮		以上二旅均屬黔軍第一師
第四旅旅長	王天錫		
袁部黔軍第二師師長	彭漢章	涪州	

袁部黔軍第三師師長	周西成	赤水	
袁部黔軍第一混成旅旅長	李、燊	涪州	
袁部黔軍第二混成旅旅長	杜　濃	重慶	
袁部黔軍第三混成旅旅長	張　藩	璧山	
袁部黔軍第四混成旅旅長	吳國樑	璧山	
袁部黔軍第五混成旅旅長	穆琅洲	合江	
袁部黔軍第六混成旅旅長	楊其昌	南川	
袁部黔軍第七混成旅旅長	吳傳心	涪州	
袁部黔軍第八混成旅旅長	何璧輝	重慶	
袁部黔軍第九混成旅旅長	毛光翔	赤水	
袁部黔軍第十混成旅旅長	猶國材	赤水	
黔軍第五師師長	呂　鹿	綦江	呂部番號或謂爲黔軍第六師待考
黔軍第四師師長	劉輔卿	璧山	原黔軍第一師

步兵第一旅旅長　王慶芳
步兵第二旅旅長　楊繼湘
（以上二旅均屬黔軍第四師）
黔軍獨立旅旅長　王家烈　赤水

後經川軍數度攻擊，流亡甚多。劉顯世因不堪滇之壓迫，乃聯袁祖銘，而以省長讓袁。袁祖銘乃率領所部還入貴州。分駐黔東及貴陽一帶。旋又與劉顯世不合，十四年被迫逃占湘西一帶。〔其結果見國民革命軍史〕

第三節　四川軍史

一　**蜀軍之革命**　四川之新軍開始編練與各省同時。原定於四川編練陸軍兩個鎮。先成立一個鎮，朱慶瀾為統制。因四川總督趙爾豐為漢軍旗籍，心嚮清廷，對於富有朝氣傾向革命之常備新軍當然不加信任，故趙爾豐在川之時，四川新軍絕無可以擴充之機會，僅有一鎮之形式而已。及清廷將川粵漢鐵路收歸國有，蜀人極力反對，捨命相爭，被趙爾豐屠殺無數。黨人遂乘機鼓盪激成戰亂，竟屋清社。當『四川保路同志會』之組織，黨人實陰主之。及戰發，黨人多在行間，謂『其勢不厚，莫如隱其革命之名，藉名「保路同志會」稱兵，較易與民衆合作，而足以難清吏。』六月，榮縣黨員王子襄於其縣舉義旗，清兵果出攻之，榮縣處萬山叢中，交通不便，人亦鮮知其事者。八月，而武昌起義，全國震動。九月黨人夏之時以客軍排長率兵駐省城附近，防保路同志會。至是遂率兵兩連於行間舉義。趙爾豐令大隊兵勇窮追之。十月十二日，張培爵朱之洪楊庶堪石青陽謝持舉義於重慶，成立『蜀軍軍政府』，以張培爵為都督，迎夏之時為副都督。

二 川軍之編成 時端方方駐軍於資川。端方為滿州旗籍，因四川民衆反抗鐵路國有風潮，奉清廷之命，率湖北新軍第八鎮之步隊第三十二標並募新兵成立一標，稱為第三十一標，合計為二箇標，入蜀平亂。因四面皆有民軍，不敢前進，逗遛資州。而端方所部軍隊，遂大半加入四川保路同志會。十月初四日，端方營中接到武昌及重慶光復之訊。端方擬至成都任蜀督之初志，因道路險阻，而不果遂；進退維谷，迺欲闖逃遁出險，為最後之良策。初六日端方宰猪屠牛，大張燕筵，邀請資州紳士暨其部下之軍官到營讌飲。就席間宣告衆客曰：『現在大漢復權，已得天下。我本性陶，因漢滿人易得高官美祿之故，因而冒入滿籍，〔據傳說端方為陶文毅逐妾之子歸端父而生者，故號曰『陶齋』，觀瑜此言其說或確〕今情願歸宗陶姓，報効軍民。』並擬將髮辮割去，以示無欺。言時，端方雖口若懸河，力為自己辯護，欲結衆人之歡心；奈衆客皆謂其詐，多不信之。至其改姓陶，且有名刺偏發於外矣。其部下之恨端方，因端方秘匿武漢民軍起義消息，迨漢陽被焚，全城變爲焦土之訊傳至營中，仇恨端方益甚。因端方所部，皆籍隸湘楚故也。端方設筵欲結衆心之計既不行，卽命乃弟端競爲說客，懇請其部下保護出險至西安府，願將銀四萬兩爲衆兵將酬。端競向衆說項時，第三十二標立於前，故能聞晰端競之言，第三十一標之兵，立於稍後，未能聞晰。於是第三十二第三十一兩標之兵迭起衝突，互相疑忌。第三十二標兵，向爲端方衛隊，而第三十一標之兵，係新募成軍者，〔端方之衛隊曾勸端方就水道經宜昌而至漢口端方不從〕端方患肝旺病已久，每每開罪他人。〔時有某員願爲端方出死力力任保端方出險端方則疑其爲奸細將賣己欲施殺戮〕時，端方決志就陸路至西安府，然後據甘肅爲都督，或回家。其衛隊皆以陸路多險，不若水道出險甚易。端方力謂『沿水道各城，大半皆在民軍範圍之內，於己不利，不若走陸路之爲愈。』其衛隊信其言，亦卽默許，幾行矣，而第三十一標兵隊要求立卽平分四萬兩之賞銀。端方面許各兵先付二萬兩，餘俟安抵西安府後，再付其半，因現銀祇餘二萬兩之數也。第三十二標似已允許，而第三十一標堅執不從。當夜第三十一標之兵力脅第三十二標之統帥，逼端方將賞銀如數付淸，否則擬將第三十二標標統槍殺。初六夜，端方與其弟知軍心已變，相抱痛哭。是夜其部下共謀殺端方之策。初七晨，端方急預備逃遁，惟其部下全行叛散，祇剩近衛四名未去。端方密備小轎兩乘，將行箱二具纏繫轎後，乘之出險。行未久，突爲第三十一標兵所圍，肩荷快槍預備轟擊。衆兵將端方弟兄所乘之轎，押入神廟。途中衆兵將衣箱用刀斫開，箱內之物，揮取一空。端方見勢不佳，乘間自轎中跳出，擬逃入廟中。一兵持刀迎面向端方猛斫，削去一耳。端方戰兢曰：『你們要殺我嗎？』衆兵大聲疾呼曰：『殺！殺！殺滿奴！』並逼命端方跪下，端方不從。衆持刀向端方亂斫，計六刀，頭始斷。端競見衆兵圍殺其兄，即奔入廟中，擬求第三十二標兵來救援。第三十二標兵閉門不納。於是亂兵命端競跪下，舉刀首落。其屍至初八晨尚橫臥廟前。旋爲善堂所收殮。端方之首爲衆兵割下後，視爲戰利品，裝入鉛箱，和以石灰，擬携至漢口。因漢口懸有巨金也。端方既被殺，資州乃定。第三十一第三十二兩標，擁尹昌衡爲首領，揚白旗，懸漢幟，稱『大漢軍』，由資州直攻成都。時革命黨人方舉義於廣安州，旋合於蜀軍政府。淸吏永寧道劉朝望獨立於瀘州，巡防統領劉俊卿獨立於萬縣。而成都獨立，殺趙爾豐，組織『四川軍政府』，迎因路案被捕禁之四川諮議局議長蒲殿俊爲都督，而以同蒲被禁之保路首領羅倫及新軍統制朱慶瀾副之。旋成都兵變，蒲朱均逃，衆公推尹昌衡任四川大都督，仍以羅倫爲副都，成都遂定。時劉俊卿肆行不義於萬縣，黨人熊克武逐之。民國元年，成都重慶兩軍政府合併，尹昌衡仍任都督，改編川軍，以熊克武爲第一師師長，劉存厚爲第二師師長。

三　北軍之入川　二次革命失敗，尹昌衡既平定西康，〔見西康軍史〕袁世凱誣以尅扣軍餉下獄論死，終以事無佐證，且尹定康有功，判無期徒刑〔黎元洪繼任大總統時赦出〕袁世凱乃命其親信陳宧率北洋軍伍祥禎旅馮玉祥旅入蜀。解散熊克武師，縮減劉存厚部。其他部隊亦均消滅之。以陳宧爲成武將軍督理四川軍務，於四年六月就任，排除異己，不遺餘力。旋，袁世凱更調北洋勁旅之第三師師長曹錕所部駐重慶一帶，扼守四川之咽喉門戶。及護國軍起，袁世凱更命第七師張敬堯全師入蜀攻滇。

四　川軍之再起　蔡鍔率護國第一軍入蜀時，蜀中革命黨人熊克武等均隨之同行，間道分赴各地運動舊部，召集民軍，以謀響應。四川有『棒客』者，游俠之流亞也，類似北地之馬賊。此輩多有器械團結甚固，爲數不下五六萬人。貪官汚吏爲所痛惡。北軍之荼毒劫姦，尤爲棒客所痛恨。熊克武駐軍重慶時，所部第一師多爲革命時之民軍編成，其中大多數分子爲棒客。及熊克武受命爲四川宣慰使，召集棒客，頃刻成軍。北洋第三師爲所窘，其步兵第五旅全旅爲所包圍，逃出者甚少。熊克武遂以集得及繳得之械編爲一軍。同時劉存厚稱『四川護國軍總司令』，擴編所部截擊北軍。北洋軍之入蜀者，幾盡數被繳械。伍祥禎全軍覆沒。僅馮玉祥得全旅退出蜀境，陳宧乃致電袁世凱聲明不得已而改稱「四川都督」。但護國軍卒以陳宧爲袁黨不足信而逐之。（陳爲湘人後黎元洪任之爲湘督湘人亦拒之不許到任遂終未得志）袁世凱死，黎元洪任大總統，六月任蔡鍔爲益武將軍督理四川軍務。但蔡鍔之喉疾已深，不能言語急赴日就醫，而以蜀事任羅佩金代理，編川軍爲四師：第一師師長熊克武，第二師師長劉存厚，第三師師長周駿，第四師師長劉湘，第五師師長周道剛。未幾，蔡鍔卒於日本福岡醫院。各師均不就範，其他各部亦不服縮編整理。川軍第四師師長劉湘會合第二師師長劉存厚攻羅佩金。羅氏敗亡，戴戡來蜀亦死於軍。

五　川軍之分化

四川全省，大於江蘇數倍，出產之富，甲於全國。以故易於取給，能養多兵。抱軍閥野心者，亦因全蜀號稱天府，富庶特甚，咸思獨得；而滇黔貧瘠不能供給多量之軍隊，皆思就食於蜀。坐是之故，乃致四川紛爭惡戰，亙十數年而不止。當羅戴敗亡，適護法之爭方亟，川軍因本身之利害，分爲兩派：一則傾向西南，熊克武等屬之；一則傾向北京政府，劉存厚屬之。自復辟之役川軍曾一致反對後，迄未有統一之意見，率皆南轅北轍，背馳日甚。民國六年十二月，劉存厚逐督軍周道剛，而自爲「川軍總司令」，於是蜀中傾南之將領分爲兩系：一稱「護國軍」，爲保省主義者，劉湘等屬之；一稱

『靖國軍』爲親滇而加入聯軍者，熊克武等屬之。先是周駿去熊克武而得重慶，降北得代督軍，未幾被逐，北政府任爲駿威將軍北上入將軍府，熊克武再組舊部成軍。九年十二月，熊克武勝劉存厚，劉遁往西川，熊爲川軍總司令入成都。

六　川軍之混戰　民國十年，川軍隨湘軍之後，而援鄂驅王占元。重慶鎮守使劉湘命第一師師長但懋辛出兵攻宜昌。五月十一日，四川之滇川兩軍不睦。川人反對唐繼堯熊克武。川軍乃舉劉湘爲『川軍總司令兼省長』。熊克武被迫退出成都。劉存厚入川復聯合熊克武反攻，占成都重慶。劉湘反對北政府及劉存厚熊克武。九月十七日，以但懋辛等攻宜昌克之，武漢大震。吳佩孚移兵西向，川軍退卻，再圖反攻亦不利。退至南沱。十月十一日，退出鄂境。至是吳佩孚與川軍總司令劉湘湘軍總司令趙恒惕議和成功，各守疆土。民國十一年二月，川軍內訌，夔巫軍隊退重慶。五月二十四日，劉湘辭職。七月五日，第一軍總司令但懋辛與第二軍總司令楊森開戰。第三軍總司令蔡成勳及師長鄧錫侯助但攻楊，楊森攻但懋辛於忠州，但懋辛退守梁山綏定。第一第三兩軍推蔡成勳爲總司令，遣師長鄧錫侯賴新輝田頌堯劉斌反攻。二十六日占瀘州。八月六日，鄧錫侯入重慶，但懋辛占萬縣，楊森敗北。二十八日，楊森逃往宜昌。吳佩孚欲乘機統一西南，遂令孫傳芳率盧金山孟昭月張允明趙榮華等旅援助楊森回川。十二年二月，蔡成勳鄧錫侯因爭權而戰。三月吳佩孚聯絡劉湘爲內應，更遣第八師師長王汝勤助楊森回川，遂占萬縣。二十六日進占梁山，但懋辛退重慶。蔡成勳爲鄧錫侯所敗，退出成都。四月六日楊森占重慶。五月一日，滇黔軍助但懋辛反攻又敗。二十日楊森軍占領安岳遂寧資州。六月七日資州失守。九月十七日，黔軍助熊克武攻川。瀘州劉湘自敍州至重慶助楊森。十月，滇軍胡若愚助熊克武攻重慶，楊森等不敵敗退。十二年十月，熊克武得胡若愚之助，得占領重慶長壽，近逼萬縣。楊森聯合黔省援川軍總司令袁祖銘反攻占領忠州。十一月二十八日，劉存厚至萬縣，召集楊森等開軍事會議，分路反攻重慶。十二月十四日，與劉湘袁祖銘擊退熊克武軍，占重慶。節節進攻，至十三年一月九日，克北江渝州。二十九日入成都。以劉存厚督川，袁祖銘爲川黔邊防督辦。五月二十七日，北政府任楊森督川，鄧錫侯爲省長，劉湘爲川滇邊防督辦，劉存厚爲川陝邊防督辦。蔡成勳退守川邊。戰事稍息。十月八日，袁祖銘回黔。十四年一月，熊克武入湖南，攻長沙，占常德，唐繼堯助之。袁祖銘於二十二日入貴陽，接收軍民兩政，以盧燾爲『行政委員長』。二月，袁祖銘與熊克武合作，推唐繼堯爲『川滇黔聯軍總司令』，反對楊森。又聯合駐鄂北軍第八師長兼長江上游警備總司令王汝勤東窺武漢，集兵巫溪。鄂督蕭耀南令旅長寇英傑部駐軍石首戒防。四月三日，熊克武得唐繼虞（唐繼堯之二弟）之助，與湘西趙恆惕軍衝突，嗣因熊克武收編湘西民軍改編川軍之第一第二兩師湯子謨賀龍兩部內訌。與湘西鎮守使蔡鉅猷戰，退於蜀境。四川境內則自三月六日楊森與幫辦軍務劉文輝因爭自流井鹽稅衝突，師長賴心輝鄧錫侯助劉文輝攻楊森。劉湘居間調停，故熊克武袁祖銘約劉湘共取成都重慶。北京臨時執政段祺瑞令劉湘查辦楊森。五月十六日，北政府以劉湘兼川督，鄧錫侯爲清鄉督辦。七月十四日，楊森與反楊派和議決裂。反楊派共推袁祖銘組織聯軍，攻楊森。八月八日，楊森大敗，退至嘉定雅安。蔡成勳鄧錫侯入成都，進攻嘉定。楊森退滇邊。及東南戰起，吳佩孚與聯軍將領商議假道，令楊森率殘部來漢口。議成，楊森到漢。十五年，劉湘排斥劉存厚。吳佩孚令劉存厚入陝。一月二十日，反楊派之師長楊春芳與劉文輝戰於成都。楊春芳敗。二月五日，袁祖銘與鄧錫侯暗襲劉湘，而歡迎楊森回蜀。二十一日，吳佩孚令袁祖銘賴心輝取成都，助楊森回蜀。三月四日，蜀戰復起。劉湘自知不敵，急聯合楊森攻袁祖銘，袁大敗。楊森由宜昌抵萬縣，袁祖銘允由重慶退川南。四月二十日各將領咸欲附吳佩孚助劉存厚入陝，但以缺乏實力，未能成事實。五月十一日，楊森擊退涪陵袁祖銘軍，進佔重慶。吳佩孚出任調停，以袁祖銘爲滇黔邊防督辦，鄧錫侯爲四川軍務督理，楊森爲省長。袁祖銘退出四川後，就國民革命軍第十二軍長職，聯合湘軍賀龍，於七月十日占常德攻鄂。吳佩孚當武漢危急之際，調楊森援助。十月十九日，楊森軍入鄂，聯合駐鄂北軍第十八師盧金山進逼岳陽。嗣楊森見吳軍困守武勝關，不能反攻，孫傳芳防禦軍尚可，決無攻取武漢之可能，遂投黨軍。時，黨軍方整理兩湖，圖攻閩贛，無暇顧及鄂西，遂與楊森接洽，任楊森為國民革命軍第二十軍軍長。和議成功。十二月十四日，楊森軍回蜀。十六年一月三十日，袁祖銘被殺，彭漢章繼之而亡，蜀戰乃無外軍加入。而本省各巨頭間合縱連橫，爾虞我詐，日事併鬥，迄無寧日。其戰爭改編之經過，非本編所能盡，容專書詳之。

七　川軍之投北　在民國十一年間，蜀中各軍，已極混亂。但其首領猶屈指可數，番號亦尚易計認。當時協商編定者為：——

四川第一軍總司令	但懋辛		
四川第二軍總司令	楊森		
四川第三軍總司令	劉湘		
四川第四軍總司令	劉存厚		
四川第一師師長	喻培棣	潼川一帶	原熊克武部歸第一軍但懋辛
四川第二師師長	唐式遵	夔萬	原劉湘歸第二軍楊森

四川第三師師長	鄧錫侯	綿陽	屬第四軍
四川第四師師長	潘文華	順慶	劉湘系歸第二軍楊森
四川第五師師長	何光烈	綏定	原熊克武部歸第一軍但懋辛
四川第六師師長	余際唐	綏定	原熊克武部歸第一軍但懋辛
四川第七師師長	陳國棟	永川	屬第四軍
四川第八師師長	陳洪範	嘉定	中立
四川第九師師長	楊森〔兼〕	瀘永一帶	第二軍之主幹部隊
四川第一混成旅旅長	劉文輝	敍屬	屬第三軍
四川第二混成旅旅長	張冲	開縣大寧一帶	屬第一軍
四川第三混成旅旅長	李樹勳	萬縣	屬第二軍
四川第四混成旅旅長	袁彬	涪陵	屬第二軍
四川第五混成旅旅長	藍世鈺	成都	屬第一軍
四川第六混成旅旅長	王陵基	江北	屬第二軍

四川第七混成旅旅長	張孝成	新津	屬第一軍
四川第八混成旅旅長	田頌堯	巴中	屬第四軍
四川第九混成旅旅長	劉斌	巴中	屬第二軍
四川獨立第一師師長	楊春芳	酉陽	屬第一軍
四川獨立第一旅旅長	湯子模	酉陽	屬第二軍
四川獨立第二旅旅長	鄧英	廣安	屬第一軍
四川獨立第三旅旅長	林峚	宣漢	屬第一軍
四川警衛隊司令	陳道五	潼川	屬第一軍
四川警衛團團長	蕭笙	萬縣	屬第二軍

旋卽各軍火併，競投吳佩孚、受編爲中央軍。是時川軍皆以得中央軍師長名義爲榮。其未得名號者，則仍以『四川陸軍』名義而苟存。軍隊之複雜，眞無可查攷。總計其名目之衆，軍隊之多，甲於全國。以派別言則有劉存厚派，劉湘派，蔡成勛派，袁祖銘派（袁雖黔軍但所部盡駐蜀中）熊克武派，（熊已率所部湯子模等入湘轉輿後被解散）等等；又有以學系別爲『軍官派』『速成派』者。以兵額言，合全省內外各軍共

有二十八個師，又三十七個旅，十餘個團，〔熊克武部下在內袁祖銘部黔軍及邊軍皆因當時在蜀境故亦列入〕無慮二十五萬餘人，亦可驚駭聽聞矣。茲爲便利統計起見，特將蜀軍全投吳佩孚時〔十三年〕之全省軍隊，劃一編制番號，分國軍省軍二項，〔袁軍見貴州軍史邊軍見西康軍史〕列表如左：——

甲 國軍

中央陸軍第十六師師長	楊森	成都
步兵三十一旅旅長	王正鈞	
步兵三十二旅旅長	王纘緒	
陸軍第十六師騎兵團團長	李鎔	
陸軍第十六師礮兵團團長	吳行光	
陸軍第十六師補充旅		
中央陸軍第二十一師師長	田頌堯	潼川
中央陸軍第二十二師師長	唐廷枚	重慶
中央陸軍第三十師師長	鄧錫侯	重慶

中央陸軍第三十一師師長	陳國棟	遂寧
中央陸軍第三十二師師長	唐式遵	萬縣
中央陸軍第三十三師師長	潘文華	萬縣
中央陸軍第三十四師師長	袁祖銘	重慶【黔軍詳貴州軍史】
中央陸軍第二十七混成旅旅長	孫　震	涪江

乙　省軍

暫編四川陸軍第一師師長	李家鈺	安岳樂至
暫編四川陸軍第二師師長	李樹勛	長壽忠州
暫編四川陸軍第三師師長	陳鼎勛	合川
暫編四川陸軍第四師師長	楊春芳	瀘州
暫編四川陸軍第五師師長	何光烈	順慶
暫編四川陸軍第六師師長	魏　楷	梁山
暫編四川陸軍第七師師長	陳能芳	璧山

暫編四川陸軍第八師師長	陳洪範	嘉屬	被劉文輝所併
暫編四川陸軍第九師師長	劉文輝	敍屬	
暫編四川陸軍第十師師長	劉春蕃	綿屬新都	
暫編四川陸軍第十一師師長	段榮琮	遂寧	
暫編四川陸軍第十二師師長	朱召南	重慶	
暫編四川陸軍第一混成旅旅長	郭汝棟	萬縣	
暫編四川陸軍第二混成旅旅長	何金鰲	涪陵	
暫編四川陸軍第三混成旅旅長	白　駒	樂至	
暫編四川陸軍第四混成旅旅長	包曉南	安岳	
暫編四川陸軍第五混成旅旅長	黃毓英	未詳	
暫編四川陸軍第六混成旅旅長	羅澤洲	慶安	
暫編四川陸軍第七混成旅旅長	甘澤震	未詳	
暫編四川陸軍第八混成旅旅長	包治卿	安岳	

暫編四川陸軍第九混成旅旅長	蔣紹會	樂至	
暫編四川陸軍第十混成旅旅長	陳蘭亭	重慶	
四川邊防軍總司令	賴心輝	內江	以下所謂『邊防』『屯墾』等並非川邊隊軍
四川邊防第一師師長	賴心輝（兼）	內江	
四川邊防督辦	劉成勛		率以下所部駐雅安漢源榮徑一帶
邊防第四師師長	藍世鉦		
邊防第十一師師長	張成孝		
邊防第一混成旅旅長	劉國孝		
邊防第七混成旅旅長	藍文彬		原藍文蔚部
邊防第八混成旅旅長	鄭世鈺、		
四川第三軍第二縱隊司令	陳毓嵩	成都	劉成勳部
川東清鄉軍總司令	朱召南（兼）	重慶	即第十二師師長
川南清鄉軍總司令	龔　達	成都	有兵一旅

川西清鄉軍總司令	向康衢	江油綿陽	有兵一旅一團
川北清鄉軍總司令	袁彬	武勝	有兵一團餘
成屬清鄉軍總司令	彭光烈	樂至	有兵一團
全川江防軍總司令	黃隱	重慶	有兵一旅
川南邊防軍總司令	楊銳	成都	有兵一旅
北川警備軍總司令	楊國楨	重慶	有兵一團
川西屯殖軍總司令	張邦本	簡陽	有兵一團
四川第二軍騎兵團團長	楊漢城		劉湘部
四川第二軍警備隊第二團團長	雷忠厚		劉湘部

八 川軍之降南 吳佩孚雄據兩湖時代，川軍始終託吳宇下。但迄無一兵一卒受調離蜀。對外則擁有國軍名義者，咸以首領自居，且競詡爲中央軍，凡吳佩孚之所爲，一電既出，蜀中諸小軍閥爭作應聲蟲。時人謂吳佩孚獨能收川，實則僅得擁護之虛名耳。其省軍各師旅，漸爲所謂國軍者吞併殆盡。於是楊森劉湘劉文輝鄧錫侯劉成勳田頌堯賴心輝等，成爲七個巨頭，割據一角，自爲雄長。直至國

民革命軍誓師北伐，南下長沙，川中各軍因吳佩孚之勢力方盛，不信國民革命軍有出長江之可能，皆存觀望態度。吳佩孚兵敗於武漢，因其昔日庇護川將，乃向蜀求援，力促楊森劉湘等出兵援救。而楊劉均按兵不動，最後屯兵鄂西，以待時變。國民革命軍出江西，楊森乃首先歸降，受編為第二十軍。劉湘劉文輝鄧錫侯田頌堯劉成勳等迺知革命勢力之不可侮，紛紛遣代表投誠受編。當時因長江戰亟，無暇西顧，姑且各與以一個軍名義，使就範。於是蜀中乃徧地皆革命軍。嗣後北伐南征，戰事不息，國民政府迄無暇清理川事。蜀中諸軍亦且苟安日事系派之爭，（所謂速成派軍官派等學系）以致四川省政府因支配不能平均而不能成立。故四川易幟甚早，而省政府成立為最後，且至今猶不健全。在川軍全部易幟之時，全蜀軍隊整個總數，確已達三十萬人以上。兵額之多，番號之雜，為全國任何軍任何省所不及。茲將川軍歸編時各軍之番號及軍官姓名列表如下：（時唐廷牧等已就消亡劉存厚僅賸殘餘流蕩蜀北蜀西一帶）

國民革命軍第二十軍軍長楊森，第一師師長白駒，第三師師長唐莊，第四師師長何金鰲，第六師副師長包曉南，第八師師長王文俊，第九師師長楊森，（兼）第十師師長葉濟，第十二師師長龔達。

國民革命軍第二十軍軍長郭汝棟，（郭部係由楊森部分化）副軍長吳行光，第二師師長吳行光〔兼〕第七師師長兼川邊防軍總司令范紹增，第五師師長劉公篤，第十一師師長穆瀛洲。

國民革命軍第二十一軍軍長劉湘，副軍長向成傑，第一師師長唐式遵，副師長劉光瑞，第二師師長許紹宗，第三師師長王陵基，第四師師長羅緯，第五師師長王纘緒，第六師師長潘文華，副師長郭勳，第七師師長藍文彬，副師長饒國華，獨立旅旅長楊國楨，機礮司令張邦本，獨立師長兼川東邊防總司令王正鈞。

國民革命軍第二十二軍軍長賴心輝，副軍長李宏錕，第一師師長李宏錕〔兼〕第二師師長范世傑，第三師師長張英，獨立師師長周化成。

國民革命軍第二十三軍軍長劉成勛，第一師師長李其相〔?〕第二師師長〔待查〕第三師師長。〔待查〕

國民革命軍第二十四軍軍長劉文輝，第一路司令劉文輝〔兼〕副司令向廷培，第二路司令向傳義，第三路司令夏首勛，第四路司令冷薰南，副司令王靖宇，第一混成旅旅長林澤伯，第二混成旅旅長張志和，第三混成旅旅長唐英，第四混成旅旅長熊次侯，第五混成旅旅長張仲民，第六混成旅旅長覃筱樓，第七混成旅旅長李則民，第八混成旅旅長蔡海珊，第九混成旅旅長徐光普，第十混成旅旅長陳獻周，第十一混成旅旅長陳鳴謙，第十二混成旅旅長劉純成，第十四混成旅旅長楊植亭，第十六混成旅旅長羊仁安，第十七混成旅旅長蘇海澄，特科司令余烈。

國民革命軍第二十八軍軍長鄧錫侯，邊防總司令李家鈺，江防軍總司令黃隱，第三師師長陳鼎勛，第七師師長馬德齋，第十二師師長羅澤洲，第一混成旅旅長楊秀春，第二混成旅旅長陳離，第三混成旅旅長周擘芝，第四混成旅旅長劉乃鑄，第五混成旅旅長謝德堪，第六混成旅旅長鄧國璋，第七混成旅旅長劉丹五，第八混成旅旅長刁世傑，第十一混成旅旅長陳鴻文。

國民革命軍第二十九軍軍長田頌堯，第一路司令孫震，第二路司令董珩，第三路司令王惠安，第一混成旅旅長董珩，（兼）第二混成旅旅長黃正貴，第三混成旅旅長王銘，第四混成旅旅長羅迺瓊，第五混成旅旅長曾憲棟，第六混成旅旅長稅梯青，第七混成旅旅長李偉如，第八混成旅旅長王惠安，（兼）

九 川軍之紛亂狀況 以上各部共計八個軍，三十個師，三十三個混成旅，兵額約三十餘萬。〔其中除李其相一部所屬待考查餘均調查無誤〕但此爲各該軍投歸國民革命軍編制時之實數。而各該軍受編時所報又僅報三個師，四個師，〔見國民革命軍戰史〕迄無據實報告者。至各師旅更時時更益其主，且主將亦任意改編，擴縮無定，番號時易。故川軍之實況的時間性極短。斯僅就其歸編時計之。至其綜錯變化之跡，容當另撰專書詳之。

一〇 外出之川軍 川軍之外出，首爲十三十四年間熊克武召湘西之流軍湯子模等入蜀圖再起，失敗入湘，輾轉至粵，譚延闓收編之，旋坐嫌解散，熊克武被押，經年始釋。然非正式之川軍也。實際川軍之出蜀，當以國民革命軍第二十一軍副軍長向成傑爲始。向成傑因與軍長劉湘不睦，不能和協合作，乃率部下約一萬人脫離劉湘，另求發展。初入鄂，依唐生智，仍稱第二十一軍，但以副軍長名義，維持所部全軍。駐軍鄂之宜昌，就地取給養。旋，漢寧分裂，武漢再戰。向成傑率所部，服從南京國民政府之命，兼程入湘，克長沙。所部略有擴展。全部駐防長沙及沿湘江一帶，嗣以湘軍歧視之，假調防爲名，迫至長沙小吳門外粵漢路湘鄂段之長沙東車站，全部繳械，向成傑遂下野。蜀省自有陸軍以來，官兵之多，爲各省冠。乃迄最近二十餘年間，川軍終未出夔門一步。國內歷次戰役，川將皆利用其遠交近攻之策，左迎右承，依違於各方之間，從未正式參加蜀以外之戰鬥。卽黔滇兩省，亦從無川軍蹤跡。混戰搏殺，咸在省內，實爲國內軍閥之至奇特者。總計川軍之外展，祇援鄂之役，曾至宜昌，後楊森雖亦曾至宜昌，但係託庇於吳佩孚，作鷹鸇之寄，完全率部出川而作戰於異地者，僅向成傑一部分耳。於川軍中實爲特出，因特記之。

第四節　西康軍史

一　康境之土兵　西康古吐番地，爲四川與西藏間之一大高原地，面積大於江蘇六倍以上，較本部十八省中最大之四川，猶爲遼闊。其地原爲藏族土番所居。尙屬封建時代，長官世襲，其制與蜀省西部之土司〔宣慰司宣撫司長官司等〕相若。土司皆有無上之權，幾於出言爲法。且行民兵制，如古代之民卽兵，兵卽民。故土司皆有擁極巨之兵力，對於所轄之人民，隨時有點驗之權，待之如奴，任意驅使。其兵制，不知其始，原首同於徵兵。按戶計丁：三丁抽一，五丁抽一，七丁抽三。所謂『丁』者，不分性別，男女十五歲以上之通稱也。土人之武器，有長刀，〔五尺餘長或單或雙各適其便〕短砍刀，〔長三尺以手持之左右砍殺〕鳥槍，前膛洋槍，矛，鎚子，後膛槍，車車礮，擡礮，〔卽洋槍〕劈山礮，洋擡，毛瑟槍，村田九子槍，〔卽村田式九響〕漏底五子槍，單筒五子槍，手槍。土司及溝寨主〔『溝』地域之稱略如內地之區『寨主』畧如鄉長末俗謂之盜首也〕所在地，以及主要四塞之關隘，均有土兵常年戍守。土兵由該地之『排頭』率領，每日在更番休息時，且須如漢兵之下操習射擊技術，練習時，有小鑼鼓助威，蓋中國古代武備制度之賸遺也。土兵之各種用具，均自備，或本人所在地所公共醵資製備者。各溝寨各排，輪流住役，每三日爲一期。故以『排』爲單位計，則全排三分之二之人民，均於一年內受軍事訓練三個月矣。土司如有徵調點驗或對外作戰時，則傳集各溝主，各溝主又傳知各寨主，各寨主傳知各排，各排傳知各戶，各戶應執役之丁，立即束裝持戰具至排頭處，集合至溝寨，彙聚以至土司之所，聽命行動。由土司以至居戶，通常可於二十四小時內召集其全部。此種組織，爲軍國主義極完善之行爲，不圖於不開化之民族中行之已千百年，惜無文明思想以改進之耳。土兵作戰，無所謂戰術戰略，遇敵卽擊，人自爲戰，不待計劃與指揮，能各自利用地形，進退迅捷，百里山嶺，半日可馳。作戰時，如十人同列，其九人死或傷，餘一人，仍力戰不稍怯，非聞鑼聲不退也。但軍無系統，散漫無力，在前綫之高級官，無指揮之可能，能正而不能奇，能猛攻而不能包抄，且易爲敵所包圍，此其大弊也。又士兵作戰時，勝則合羣猛進，敵當之無不披靡覆沒者。彼亦必待敵力盡消乃已。若敗，則飄忽藏匿，隱現無定，無陣地之可尋，亦無營壘可擊，敵軍搜索不易，無從攻戰。

故歷次外兵與士兵戰，多不能得利者，職此之故。

二　康地有新軍之始　西康原無駐軍，在滿清承平時代，〔清初大將軍年羹堯副將軍岳鍾琪平定西藏以後至英吉利侵藏以前〕西康尚爲「康」「衞」番地，視同西藏，故「康藏衞」並稱。但康人因清吏之壓迫，漢人之欺詐，時起反抗，屢爲邊患。清兵征服之，乃設綠營，分駐要隘，以資鎮懾。久之，防軍成爲「地蠹」之集團，駐防之作用盡失，能力全消，徒爲嚇詐士民之賈怨者。綠營將弁亦視其職如釐差稅缺，祇計其年能獲非法之利若干，渾忘身負邊防之重責。至西康全境新式邊軍之組織，實始於民國紀元前七年，〔滿清光緒三十一年〕先是紀元前八年，〔清光緒三十年〕陰曆六月二十二日，英人侵入西藏首市之拉薩，迫藏人爲城下之盟。清廷時對藏未駐重兵，勢力薄弱，爲英人所窺破，大倡「否認中國對藏主權」論。清廷欲抗無策，輿論沸騰，清廷乃憬然知前之失誤，决計經略藏康，先自康境入手，遂派駐藏幫辦大臣鳳全〔滿洲旗人〕由蜀赴藏，籌辦康藏邊務。鳳全道經康境重鎮之巴塘〔西康之鎮市也，近方議於此建省會其街市之整齊商業交易之及遠均爲內地普通市埠所不及〕見其土地膏腴，宜於農殖，即招蜀民前往開墾。士民迷信，以爲神山不可或動，出而力阻。鳳全不理，加以鳳全之衞隊服裝鼓角皆新設，且日事操練。士民素未經見，疑爲洋兵。〔時英人來侵之謠甚亟士民極恐慌〕鳳部弁兵又有不規則之行動。鳳全復恣其旗人之剛愎驕傲性，淩虐當地之喇嘛。次年，土民從喇嘛之煽惑，脅集全族，鼓噪作亂。殺鳳全，屠其衛隊。清廷震怒，命四川建昌兵備道趙爾豐〔漢軍旗人〕爲『川滇邊務大臣』，率巡防軍入川邊討平番亂。趙爾豐乃帶巡防隊五個營〔分中營前營左營右營後營合稱一路〕入川邊，是爲康境有新式軍之始。趙於夏四月由成都起程。五月初九日，自雅州前進，五月十八日，在打箭鑪〔相傳爲諸葛亮征蠻時造箭之所，即今之康定縣城〕籌備給養，包裹軍火。六月十六日出關，經河口，二十七日，抵裏塘〔康境南市〕。因運輸給養不濟，烏拉〔輸運糧米者之稱〕掣肘，八月初八日，始至巴塘。其時，四川提督軍門馬維騏奉旨偕趙爾豐出征，已於六月十六日克復巴塘。趙爾豐至，接辦善後。馬維騏即回蜀。九日，趙爾豐派兵勦辦倡亂之七村溝，並搜擒各處藉故鬨起之餘匪，巴塘遂平。惟康南之得榮、良藏寺，康北之冷卡石尚未投誠。十月，編查戶口，計糧賦，派道員傅嵩炑綰徵收。十一月，委派委員赴鹽井，設局徵收鹽稅。民國紀元前六年〔清光緒三十二年〕正月，趙爾豐率左營及右營進攻裏塘所屬之鄉城桑披嶺寺。閏四月十八日，克鄉城〔即今元定鄉縣〕，殲巨魁。並攻克同惡之稻壩、貢噶嶺。〔詳均見下段〕三部屬地一律肅清。趙爾豐旋即奉旨陞任『駐藏辦事大臣兼川滇邊務大臣』。八月，趙爾豐由鄉城至裏塘，將裏塘土司改流，設裏化廳，委同知一員司政。而將巡防隊五個營分紮改流之地。十二月，鹽井臘翁寺喇嘛作亂。趙爾豐令左營攻克之。至民國紀元前四年，

〔清光緒三十四年〕左營奉趙爾豐令攻德格更慶亂匪昂翁降白仁青等於贈科，匪竄雜渠卡。紀元前三年，〔清宣統元年〕五日初四日戰於麻木，匪敗逃，六月十二日趙爾豐親率隊追匪。二十一日，進至卡納，匪窮蹙無所竄逃，遂完全投降。紀元前一年，〔清宣統三年〕川邊巡防軍由五個營擴充至八個營。趙爾豐復練新軍十二個營。每年軍費擴至二十五萬六千零三十三兩一錢零三釐，實支二十四萬七千九百六十兩六錢五分一釐。內計：巡防營餉項二萬零一百七十三兩六錢二分三釐，新軍餉項一十八萬五千八百五十九兩四錢八分，轉運糧餉費五萬兩，咸按實支數攤折。嗣後川邊軍隊，共合編爲一個鎮，爲康境正式之陸軍。

三　西康建設之始

西康全境，東西距三千餘里，南北距四千餘里，古爲三苗之地也。唐爲吐蕃。五代時，屬孟蜀，爲碉門，長河，西魚通，寧遠，六軍安撫司等。宋代因之。元置六安撫司等土官，屬轄於吐蕃等處宣撫司。明代自太祖時與天全六安招討司等土職，共隸於四川都指揮司。至清初爲嚕里冷邊沉邊等宣撫司地，共隸於四川。設同知於打箭爐。至清末增設瀘定橋巡檢。民國紀元前六年，〔清光緒三十二年〕清廷特設『川滇邊務大臣』一缺，任平康之趙爾豐爲大臣，辦理邊務，經略康境。當趙爾豐初平亂事時，因圖澈底改造康地起見，即擬建設行省，分畫府縣。即於平定亂民之後，更以『弁髦法令爲害地方」爲辭，進勦定鄉，桑披嶺寺之喇嘛，戰定之後，改流設官。於是，遣兵綏定全境。最後至裏塘，趙爾豐親自督兵前往。裏塘即今之理化縣：南接稻成縣，北接懷柔縣，東抵雅江縣，西抵文敦縣，全面積約十八萬方里。而原來之地，則較大五倍：南接雲南之維西廳及四川鹽源縣所屬土司之地，北接毛丫曲登，東接明正瞻對，西接巴塘。淸設糧員一員，由四川總督委任，管理西康轉運事務；設守備把總二員於火竹卡，〔在四川義敦縣境〕博浪工山兩處，並設外委二員，均由四川綠營遣派弁兵往戍之。文武官兵均以三年爲一任。設官之處，平原百里，惟土人尙不知產生百穀。有喇嘛寺一，額設堪布一，鐵棒一。因巴塘之亂，蜀兵往攻，經過裏塘，僱用烏拉，而裏塘正土司四郎占兌爲巴塘正土司主婦之私生子，故與副土司約，令頭人不支烏拉，以致糧秣不能轉運。趙爾豐乃斬頭人二名，將兩土司管押，糧始運行。以副土司隨大年押往巴塘，正土司交裏塘糧運委員看管，勒令續僱烏拉。乃正土司殺傷看管之守兵，逃往稻壩貢噶嶺，嘯聚土人，起兵抗戰。趙爾豐〔時方以建昌道任川邊善後事務〕方由巴塘移師攻鄉城，而稻壩一路之軍糧被土人截阻，並刦殺官兵。故由鄉城分兵勦之，正土司敗，逃入藏，稻壩乃平。鄉城有首惡喇嘛普中札娃者，強悍知兵，昔年曾叛裏塘土司而獨立。紀元前十八年〔清光緒二十年〕復誘殺裏塘守備李朝富父子，蜀督鹿傳霖派兵討之。管帶官遊擊施文明率兵前往，竟爲土兵所敗，生擒施文明，剝其皮，實以草，以爲歲時逐祟斬殺之具。直至趙爾豐來此，始於紀元前七年十一月，派兵攻之。兩月未克，至次年正月，趙爾豐復親率大兵督攻，該土民猶頑抗。大小數十戰，互有傷亡。最後土兵不安，退守喇嘛寺。碉堅牆厚，礮攻不能拔，乃斷其水道。圍之三月，清兵亦乏糧秣，以包米之牛皮煮水療饑。至閏四月，番人以無水難支，普中札娃自縊。其部下猶作書派人縋出求外援，約於十八日夜間開門殺出。書爲清兵所獲，譯之，知其情，即於十八夜攻之，土兵衝出，爲伏兵截擊，斃數百人，生擒百餘人。趙爾豐戮凶惡者三四人，餘均准其投誠釋放。鄉城乃定，遂改流。秋間，趙爾豐奉旨兼護四川總督，仍任督辦川滇邊務大臣，遂自鄉城赴裏塘。被押於巴塘之副土司陳情請宥釋，趙爾豐命解之回裏塘，陽告之曰：『正土司四郎占兌叛逆，已逃颺，地應改流。汝爲副土司，無大罪過。改流之後，當另爲汝請恩賞世襲官職，厚給養贍，惟汝遷居成都，以免正土司之頭人等與汝爭競拼鬥。』副土司不得已允謝而退。是夜，趙爾豐令人以毒酒飲副土司，並殺其妻。副土司毒發斃命。趙乃以『其妻疑慮不願遠遷，以毒酒飲夫後私遁』入奏。康人因目趙爾豐爲『屠戶』。兩土司均無後。副土司尚有一過寄母存在，趙爾豐恐土民怨其刻毒，乃令由裏塘公款內年撥給養贍，以與副土司之寄母。洎趙爾豐護理蜀督，乃奏改裏塘爲理化縣。紀元前四年秋，趙爾豐復會同其胞兄四川總督趙爾巽（新任時爾豐改兼駐藏辦事大臣）奏請改爲理化廳同知，鄉城設定鄉縣，稻壩設稻成縣，貢噶嶺設貢噶縣丞。〔至紀元前一年始經清廷議准行至今已改縣〕即撥銀二十萬兩，修建由四川雅州以至巴塘之驛站驛路旅店。招蜀地農民七千餘人往康境開墾。又奏派吳嘉謨董辦學務，設學堂以教康民。延聘美利堅鑛技師來康勘測金鑛及其他鑛藏。並在巴塘設製革廠，織物廠，聘西技師驗水性建造橫渡雅江之鋼橋。延日本農林專家，倡導農業測試土宜。並以『督辦川滇邊務大臣』名義，委員赴歐洲德英等國及日本，調查織絨呢及輾麵粉之機械，備採購設廠興利。於各要地及縣鄉等處設立藥局，派內外各科醫生分住各鎮藥局，為康民療疾，以打破康人病則惟求喇嘛，毀家傷生等積弊。一時百端齊舉，康人耳目一新。而所收稅捐之比率，齊於內地，且廉於土司之榨取。康人感利便而又未納多金，咸大樂。清廷極賞趙爾豐之才幹，上諭由部撥發庫帑一百萬兩，交趙爾豐為開發之需。是年趙爾豐建置各廳縣官吏規制已畢，較之內地州縣之積弊淵深者，反覺朝氣蓬勃，優越遠甚。七月，趙爾豐會同蜀督趙爾巽奏請設康安道，隸四川，為將來建省之基。〔清制父子兄弟以至宗族姻親不得同官一地例須迴避惟斯時趙氏同胞兄弟會銜入奏當時傳為佳話〕同時設康定府於打箭鑪，設巴安府於巴塘，增設河口縣鹽井縣三壩廳〔通判缺〕召募新兵編成陸軍三個營。並挑蜀省駐防旗丁成一個營。十一月初六日，趙爾豐出關，經泰寧道塢，章谷，倬倭〔一作卓窩〕，麻書，孔撒，白利，絨壩岔，天華，瀧拉，擴絡琛等土司之地。土民名控瞻對藏官之騷擾不堪。趙爾豐乃檄飭藏官，毋得滋事。二十三日，抵梅興，駐更慶。十二月派兵攻亂匪昂翁。紀元前三年〔清宣統元年〕正月，瞻對藏官集兵將來犯邊。趙爾豐派道員傅嵩炑於十三日率兵趨昌泰扼守制止之。至四月十九日趙爾豐復親自督師攻亂民，戰數十次，歷時兩月，軍無停趾。六月告肅清。德格遂平，改流設官，計賦稅。八月二十二日趙爾豐至登科。九月以春科高日兩土司地，改流爲登科縣；並以靈葱土司轄境之郎吉嶺一村，併入登科縣。奏設收支局，並奏請鑄銅圓，出關行使。未幾，趙爾豐渡金沙江，巡閱春科。十月初八日回駐德格。適因蜀兵入藏，藏人梗阻於察木多以西，劫軍糧，擄軍官。趙爾豐得報，於二十二日，親率邊軍六個營兼程急進，經崗沱，渡金沙江，由柘工同普越雪山。二十八日，抵察木多，派邊軍護送蜀軍入藏。會三十九旗望風來歸，波密來投誠，八宿亦稟請改流設官。趙爾豐均撫循之，使如願而去。並派兵驅勦類五齊碩搬多洛隆宗邊壩等地阻路之藏人與土民。又分兵取江卡貢覺桑昂雜瑜，咸收服之。紀元前二年〔清宣統二年〕正月，邊軍赴丹達山以西，直抵江邊〔今太昭縣〕以爲入藏川軍之聲援。趙爾豐因奏清庭與藏人於江達劃界，設漢藏二官於界上。又奏設邊北道，改登科爲登科府，德格爲德化州，白玉爲白玉州，同普爲同普縣，石渠爲石渠縣，均轄於邊北道。五月，邊軍自江達回察木多，六月初四日，趙爾豐率兵赴乍丫。七月巡閱乍丫煙袋塘，審理民間訟訴。七月二十五日，返乍了，改良各呼圖克圖完糧納賦規則。八月，復巡閱阿足霜災，設乍了委員。適定鄉之防兵叛變，趙爾豐派統領鳳山往追勦之。九月，三岩野番下戰書索戰，趙爾豐於九月二十一日率兵赴貢覺，十月，派傅嵩炑督兵攻三岩，一旬而克。十一月，設三岩委員。十二月，清查貢覺丁糧，設貢覺委員。趙爾豐即東行。

紀元前一年（清宣統三年）正月，趙爾豐試驗巴塘番學生，復奏撥學費。二月，以巴塘得榮之浪川寺倔強不服，派兵往攻克之，因設得榮委員，並收復冷卡石。三月二十三日，趙爾豐奉旨署理四川總督。四月初六日，趙爾豐電奏請以傅嵩炑代理川滇邊務大臣。初七日，電准。初八日，趙爾豐交卸，但仍會同辦理改流土司並收回瞻對事務。傅嵩炑即同趙爾豐於四月初九日，自巴塘起程，經白玉羬壩擦審訊案件。五月初九日，至孔撒，麻書，設甘孜委員，并會撒靈，葱白利，倬倭，東科，單東，魚科，明正各土司，繳出印信，改土歸流。巴達及上羅科，野等野番均來投誠，并派副都統鳳山率兵二千會同駐藏大臣進攻波密。五月二十八日，趙爾豐傅嵩炑二人率兵自甘孜至瞻對。六月，逐去藏官，收回土地，改設瞻對委員，招集百姓，宣諭徵糧之事。十二日由瞻對行。十五日抵道塢。十六日，以道塢設官理由集百姓而告之。二十日至打箭鑪，復會撒魚通，卓斯各土司繳印改流。二十一日召集打箭鑪百姓，剴切開導改流事宜。二十二日趙爾豐始入蜀，沿途收泊里，冷邊，沈邊三土司印。傅嵩炑乃駐鑪辦理明正土司改流與革各事。二十九日，傅嵩炑復出關，經泰寧寺，改流其地。閏六月初三日至道塢，因魚科土司抗不繳印，且結下羅科叛亂，故以兵攻之。並令投誠之上羅科扼其險要，遂擊敗魚科，土司殺之。於是傅嵩炑奏請清廷建新改流地為省，並擬名曰『西康』。二十一日，傅嵩炑由道塢行經八美中谷，過納貢寺、東俄洛、高日寺、臥龍石、八角樓。二十六日至河口，閱橋工。越日行。七月初三日，至裏塘，而崇喜土司之印已繳與裏化廳同知陳廉。惟毛丫、曲登地雖改流，徵收糧稅，尚未繳印。七月十二日，傅嵩炑由裏化西行，經三壩、大朔。十六日，抵巴塘，繳納土司印。八日，繳乍丫、察木多、兩呼圖克圖將印呈驗，遂改流其地。飭由署事官查收糧稅。自此川邊之全局底定。傅嵩炑遂於巴塘修築衙署、學校。至傅嵩炑奏請設西康省，擬以邊地東自打箭鑪（康定）起，西至丹達山頂上，計直綫三千餘里；南抵雲南之維西、中甸，北至甘肅之西寧，計四千餘里。以川滇邊務大臣改為『西康巡撫』，原設邊務收支局改為『度支局』，關外學務局改為『提學司』，康安道改為『提法司』，邊北道改為『民政司』，完成行省制度。未及奉到硃批，而革命事起，遂中止。

四　**國初之川邊特區軍備**　紀元前一年，四川起義，（見四川軍史）適清廷西藏交涉失敗，被英人凌壓。西藏活佛達賴自印度歸，為親英派所包圍。英人復給以『中國革命黨反對神佛、佛教及爾之地位，咸非彼等所能容。爾如親華，必被屠殺，且不保教。』達賴乃宣告西康與中國脫離關係，實行自主。遣藏兵侵康地，連陷巴安理化，直趨康定，將犯四川。四川都督尹昌衡急電南京孫大總統，及北京袁世凱報告，旋奉命爲『征藏總司令』，率川軍一個鎮出發，至康定，以駐康之一鎮〔即趙爾豐所編者〕編爲左右兩鎮，左鎮統制殷承瓛，右鎮統制陳遐齡，晝夜兼程而進，連戰皆捷。〔或謂尹昌衡好色每夜選士民閨女侍寢致招士民恨而遭截擊殊不確〕尹昌衡與統制殷承瓛陳遐齡計，將直攻西藏。適袁世凱不欲攻藏，致英人不悅，令外交當局急與英人開談判，改尹昌衡之『征藏總司令』爲『川邊經略使，』蓋改戰爲撫，所以媚英人，求其諒解而開會議也。袁世凱之所以如此，完全爲其本身稱帝計，竭力諂事外人。甚以莫須有之剋扣軍糧等罪名，捕尹昌衡下北京陸軍監獄，終以事無確證，未處死，判無期徒刑。〔至袁世凱死後始釋出〕北京袁政府乃忝爲讓步，英人得寸進尺，硬指西康青海皆爲藏地，要求無已，全國國民大動公憤，紛電詰問外交當局，各省長官及議會亦皆痛陳利害，嚴厲質問袁世凱。不得已，知衆怒難犯，乃暫行擱置。英人雖懾於我民氣，猶不斷的迫脅袁政府，康境遂劃爲『川邊特別區，』設鎮守使一員治理之。〔此鎮守使係直隸中央兼理行政與其他各地鎮守使職權不同〕當尹昌衡奉令嚴飭停戰退兵時，各統領發生意見，左右兩鎮，有叛亡者。〔袁世凱以此爲尹昌衡罪案之一〕及尹昌衡退回四川，征藏軍潰散更夥。尹昌衡入京，殷承瓛代理，旋改任鎮守使，尚能整頓防守邊隘。乃陳遐齡一因與殷承瓛不睦，二因欲取而代之，擠殷承瓛去職，陳遐齡得任川邊鎮守使，自其家鄉〔湖南陳本湘人〕招來無數流氓，擴充爲兩個混成旅，番號爲川邊第一｜第二｜混成旅。各地駐守之漢軍巡防隊等絕不加以整頓，反削減其餉及兵額而肥私，康地本富〔清時之打箭鑪同知原爲全國同知缺中之第一肥缺〕陳遐齡之目的在金錢，軍事邊防非所注意。收入盡被私飽，軍心乃日益渙散，不二年而所賸僅一個步兵旅〔仍號稱混成旅〕又一個混成團，及礮騎各一個團，各地之漢軍防營存十一營。數員額約一萬五千人。槍械複雜，〔祇混成團爲完成新式槍餘均爲九響甚至前膛後膛亦尙充數〕訓練毫無。以言邊防，誠忽之欲哭。康地之現象如此，毋怪達賴於彼時不欲親中國。

五　陳遐齡城下之盟

民國六年，駐紮類伍齊之藏兵，越界刈艸，爲邊軍所捕。藏官遣弁來交涉，要求引渡，自行懲辦。邊軍統領劉贊廷不允，且即斬該藏兵之首，函送藏營，乃激起藏人之怒，大舉來攻，進衝恩達。邊軍因無事日久，閒散已慣，將士多已於當地置產耕地，或經商開店，娶妻生子，僅挂名於軍籍，幾爲駐防旗營之續矣。藏兵來犯，一則餉乏械窳，二則人散難於聚足，士無鬥志，將有怯心，一經接觸，潰退如決隄防。恩達類伍齊卡撒頂〔一名麻貢即乍雅二呼圖克圖之駐在地〕三地相繼失陷。昌都察雅岌岌可危。川邊鎮守使陳遐齡急調團長蔣國森往援。蔣國森因冒濫軍費，畏察覺時獲罪，率部逕投降藏軍。次年，昌都縣諾那喇嘛寺之二呼圖克圖，〔名曲木加稱參〕素與藏人不睦，尤不直藏兵之所爲，率所屬喇嘛七百餘衆，士民數百人助邊軍統領彭日昇與藏兵戰，不幸敗績。彭日昇亦降藏軍，諾那被藏兵執去。四月，昌都失陷。北路之貢縣，鄧柯，〔卽登科改名〕石渠，同普，德格，武成，懷柔，白玉等縣，南路寧靜一帶九縣，咸告陷落。藏兵勢如破竹，銳不可當。揮兵東犯，全康震動，蜀亦動搖。陳遐齡不思防敵，反先運走所有之銀錢珍物，自己擁精銳，退雅州。丐英吉利流氓臺克邁〔臺自稱爲副領事銜〕居間與藏軍議和停戰。藏軍要求條件：一，撤退藏境華兵，〔時西藏拉薩尙有辦事長官之少數衛隊〕二，藏兵駐守川邊。三，中國賠償兵費五十萬圓。陳遐齡初尙知無權，不敢遽行承認。繼而藏兵大舉急進，戰事重起，邊軍旣無力應付川軍又日事內爭，注全力於自相殘殺之火併，而不肯出一兵一彈，以濟邊急。當時之中央政府其病亦與川軍相同，但知從事內爭，漠視邊圉；抑且外來援軍，川軍亦決不允其通過赴邊。遂令邊軍卒因腐兵窳械，而無力抵抗，不能不再議停戰。邊軍統領劉贊廷遂於是年八月，擅自與西藏之噶布倫，降巴頓達喇嘛，及臺克邁在昌都開和議，締停戰約十三條：劃邊界至巴塘，康定，雅江，鹽井等處，喪地無算；軍隊不得越界；中藏衝突，訴於英領事；限定巴塘，昌都等地駐兵不得逾四百人；訂定他日另開中英藏三國〔注意竟承認藏爲獨立國〕政府會議。並聲明本約以英文爲主，不得擅改，欲更改時須經三國政府之同意。其喪權辱國荒謬絕倫，實屬僅見。陳遐齡劉贊廷之罪，誠萬死不足以蔽其辜。〔劉係奉陳令簽約〕約訂後，甘孜之邊軍仍被藏兵攻擊，劉贊廷復商之降巴頓達仍請臺克邁居間調停。臺克邁乃令駐甘孜邊軍團長朱憲文及川邊鎮守使派出之交涉委員韓國鈞，與西藏統兵首領卻讓帶本土司甲泯齊等締結停戰條約四條，簽名者爲：中華委員韓國鈞，西藏委員康曲洛桑達頓，後藏委員卻讓帶本貞冬，英吉利臺克邁。邊軍乃據此約而退至白利，〔距甘孜三十里舊白利土司地〕藏軍則長駐德格。

六　西康軍之整編

民國十二年，川戰正急，而川邊區域日削，幾全數淪陷。陳遐齡不能如前此之日進多金，乃夢想進占四川。於是遂將川軍老兵〔即民元入邊平康之兵〕組成長矛隊合之邊軍全部，於次年向蜀進攻，直進成都。遇川軍一戰而潰，全軍覆沒，潰敗至榮經縣一帶，爲害地方，行同盜匪。當地人民有『陳軍過境，雞犬不驚，人民安堵。』謂雞犬已殺盡，人民皆死而安於土堵之內也。其慘苦可想見矣。康地自邊軍全潰，陳遐齡潛逃，全康已闢之三十餘縣，相繼爲藏中匪入所陷，僅賸一康定，川邊混成旅旅長孫兆鸞，漢軍統領陳輝耀，收拾殘餘合以留康之餘部，並老兵舊卒綠營巡防概括之編成二個混成旅。後又收編四川各系混戰時散潰流離之部隊散兵以及滇軍之流至者，擴爲六個混成旅。邊軍乃有相當之實力，賸餘之十餘縣賴以未盡失陷。至四川省內所謂『邊防軍』，則徒假此名，概非川邊軍隊也。茲將民國十三年，邊軍整編後之番號長官列表如下：

川邊鎮守使	孫兆鸞	康定
邊軍第一混成旅旅長	孫涵	康定
邊軍第二混成旅旅長	張光典	裏塘
邊軍第三混成旅旅長	羊清泉	巴塘
邊軍第四混成旅旅長	賀次璜	防邊
邊軍第五混成旅旅長	蘇華洲	防邊
邊軍第六混成旅旅長	馬烈	防邊
邊軍騎兵第一團團長	張利琛	以下各團多係漢軍改編
邊軍騎兵第二團團長	饒鳳翔	
邊軍步兵第三團團長	楊芳林	
邊軍步兵第五團團長	劉樹強	
邊軍步兵第六團團長	鄧運富	

邊軍步兵第七團團長　范錫光

邊軍礮兵團團長　朱光彩

邊軍後方警備司令　張本仁

右共計六個混成旅又四個步兵獨立團二個騎兵團一個礮兵團。但軍多缺額，總計不過纔一萬二三千人耳。且槍械窳舊，官兵老腐，戰鬥力等於零。以之當邊防重鎮，毋怪英人嗾使藏中不肖分子時入康地騷擾，名城迭陷也。惟以形式上論，則康地一律爲正式陸軍，所謂漢軍綠營巡防等名稱皆不存在，則當以此際爲最整齊。

七　西康軍之現在

民國十四年，四川大亂。各小軍閥之互相殘殺，變本加厲。劉湘入占成都，劉文輝戰於川中不利，退蜀西，乃率軍入康，收康境，闢作駐軍地。以『川康邊防總司令』名義，統治之。轄所收之十餘縣，設政務處，財政處，處理政務。劉文輝本人仍駐川西，未入康境。康地教育原經趙爾豐竭倡辦，頗有成績，中小學校以百計，至此迺破壞無餘。至民國十七年，國民政府爲整理邊地，將各特區改省時，劃原川邊全境建『西康省』。但各特區均經正式成立省政府，惟西康因蜀亂不息，道途阻滯，失地未復，境界待理。劉文輝於蜀省混戰中討生活，不專心開發西康，仍以『川邊邊防總指揮』名義遂爲節制；另設一『西康政務委員會』董持行政，編制陸軍二個旅負防守之責，其原有邊軍多被劉文輝吸收。防軍仍因循昔制，西康爲我高原地最大之富源，開發西康之門戶，國防之重鎭，願注意建設者，提前整理啟發之，匪獨康民之幸，亦中華民國之福也。

第十一章 國民革命軍軍史

第一節 國民革命軍之編成

一 革命軍之整編 當十三年陸海空軍大元帥北上後，駐粵之討賊軍，仍係名目紛歧，〔見廣東軍史〕胡漢民譚延闓相繼代行大元帥職權時，即擬整編統一，但以楊希閔劉震寰等之滇桂軍尙在，其部下究有若干，無從查考。且一經整編，於彼輩大有不利，遂阻滯而不果行。至東江寇靖，楊劉消滅，〔見戰史編〕國民政府成立，第一步即整頓革命軍隊，取銷粵湘滇豫等以地名軍之稱號，而代以番號，先編爲四個軍：

第一軍軍長蔣中正 〔黨軍改編〕 副軍長何應欽

第二軍軍長譚延闓〔湘軍改編〕副軍長魯滌平

第三軍軍長朱培德〔滇軍改編〕

第四軍軍長李濟琛〔粵軍改編〕

嗣後以李福林之福軍改爲第五軍，仍以李爲軍長，又以援鄂軍豫軍山陝軍贛軍等零星部隊合以吳鐵城部一個師混合編爲第六軍，以援鄂軍總司令程潛爲軍長。國民政府下乃有正式之革命軍隊六個軍，設總監以統率之。〔蔣中正任總監〕十五年春，李宗仁黃紹雄率全桂各旅來歸，編爲第七軍，李任軍長，黃副之。但駐粵各軍，咸依三三制〔每軍三師每師三團每團三營每營三連每連三排每排三班每班士兵十四人〕惟第二軍以實力較充，增編教導師〔陳嘉佑〕一師。在桂省之第七軍則仍爲旅制，計七個旅。〔後擴爲九個旅〕

二　國民革命軍之編成　十五年七月中國國民黨中央執行委員會議決北伐，令國民政府組『國民革命軍』，出師湘鄂。國民政府乃令蔣中正爲『國民革命軍總司令』，率第一軍之第一第二兩師，第二軍之大部，〔教導師留粵〕第三軍全部，第四軍之第十四第十五〔張發奎陳銘樞〕兩師，第六軍之大部，〔第十八師留粵〕第七軍四個旅入湘作戰。湘軍第四師師長唐生智來降，編爲第八軍，以唐爲軍長兼前敵總指揮。復以第九軍名義予湘軍第一師師長賀耀祖，未就職，乃予黔軍彭漢章。而收黔軍王天培爲第十軍，袁祖銘爲第十軍兼右翼總指揮。命方本仁爲江西宣撫使兼第十一軍軍長，收降在贛北軍不果。適任應岐在豫遣代表輸誠，編爲第十二軍，命其待革命軍至武漢時夾擊吳佩孚軍。旋克武漢，張發奎編爲第四軍，陳銘樞部編爲第十一軍。

三　國民革命軍之擴展　江西福建安徽浙江江蘇相繼克復，東路軍已擴充各地駐軍之投降者及事前接洽臨期反戈者極夥。且如湘之賀耀祖贛之賴世璜等均以獨立師名義來歸，而擴編成軍。同時又以袁祖銘彭漢章兩部抗命不肯出戰，據地自固，且有異圖，乃命唐生智解決該二部。第三期北伐，第二第三兩集團軍會師，第四集團軍亦編成。寧漢問題解決，軍權復歸一統，其時第一集團軍已編成五十餘軍（中有重號故番號祇第四十九止）茲爲易於明瞭起見，製表如下：

國民革命軍各軍編制及長官表

軍番號	所轄師個數	軍長姓名	編成之經過	歸結
第一軍	三師	劉峙	由黃埔軍校及黨軍擴成此爲隨蔣中正出發之部擴成	改師
第二軍	四師	魯滌平	由入粵湘軍全軍縮編	改師

第三軍	三師	王均	由駐粵滇軍朱培德部及收降楊如軒部編成	改師
第四軍(一)	四師	繆培南	由粵軍第一師編成此爲北伐之張發奎師擴成	改師
第四軍(二)	三師	陳濟棠	由粵軍第一師及許崇智部編成即留粵之李濟琛部	改師
第五軍	四師	徐景棠	由福軍李福林部改編	改師
第六軍	四師	李明灝	原援鄂軍及留粵豫軍編成即程潛所部擴充而成	散
第七軍	三師	夏威	原桂軍李宗仁之主幹部隊	散入其他各師回桂
第八軍(一)	三師	吳尚	原湘軍唐生智之主幹部隊湘軍第四師	散入湘軍其他各師回湘
第八軍(二)	三師	李品仙	唐部分化	散
第九軍(一)		賀耀祖	黔軍入湘任賀爲第九軍長賀不就	後爲獨立第二師擴爲第四十軍
第九軍(二)		彭漢章	原黔軍	被解散歸李燊爲第四十三軍之一部
第九軍(三)	三師	金漢鼎	見第三十一軍(一)	後改第三十一軍
第九軍(四)	三師	顧祝同	由第一軍第三師擴成	改師
第十軍	五師	楊勝治	原黔軍王天培部	改旅編入第十師

第十一軍（一）		方本仁	蔣中正命方以第十一軍名義收駐贛北軍未成	
第十一軍（二）	五師	陳銘樞	原粤軍即第四軍北伐二個師之一	改師
第十二軍（一）	四師	袁祖銘	黔軍駐湘西	散
第十二軍（二）	三師	任應岐	原樊鍾秀部豫軍之一部在豫遥降	待整頓
第十二軍（三）	三師	葉琪	原湘軍第二師第三旅擴成與任部同時同號	散入其他湘軍中
第十三軍（一）		陳嘉佑	（見下）	
第十三軍（二）	三師	白崇禧	收賴世璜部及東路收降部隊編成內有黔軍羅啓疆師	賴部改師餘散
第十四軍（一）	三師	陳嘉佑	原第二軍教導師留粤隨東路軍出戰擴充爲第十三軍因與白部重號改稱	改師
第十四軍（二）	三師	賴世璜	原江西贛軍第四師擴成賴被李烈鈞槍斃軍歸白崇禧	見第十三軍（二）
第十五軍（一）	三師	劉佐龍	原鄂軍第二師下武漢時降擴編成軍	一部赴寧後改師餘散
第十五軍（二）	五師	黃紹雄	原留桂之第七軍五個旅擴成	在桂
第十六軍	三師	范石生	原在粤滇軍之另一部內有湘軍許克祥部	改師
第十七軍（一）	二師	曹萬順	原在閩北軍編鑑第二師降擴編成	改師

第十七軍(二)	二師	周爛	湘軍書生習部教導師擴成與曹部同時同稱	縮成暫編師後散
第十八軍(一)		夏超	原浙江保安隊在杭起義未成夏死之	
第十八軍(二)	一師	楊杰	第六軍留粵部隊編成	後散編入他部
第十八軍(三)	三師	陶鈞	原李宗仁部第七軍擴分而成	散
第十九軍(一)	二師	陳儀	原浙江第一師編成	因實力不足改獨立師旋分散入他部
第十九軍(二)	三師	胡宗鐸	原李宗仁部第七軍之前敵軍及新兵擴分而成	散
第二十軍(一)	八師	楊森	原川軍未作戰	現在川尚待整頓
第二十軍(二)	四師	郭汝棟	由楊森部分化	將改師
第二十軍(三)	四師	賀龍	原湘西民軍唐生智收編由獨立師改編者	投入共產黨為流寇
第二十一軍	七師	劉湘	原川軍未作戰	現在川待整頓
第二十一軍	二師	向成傑	第二十一軍副軍長分化入湘	被解散
第二十二軍	四師	賴心輝	原川軍未作戰	現在川待整頓
第二十三軍	三師	劉成勛	原川軍未作戰	現在川待整頓

第二十四軍	三師	劉文輝	原川軍未作戰	現在川待整頓
第二十五軍	四師	周西成	原黔軍在黔被李燊擊破副軍長毛光翔整編復成	現在黔待整頓
第二十六軍	二師	陳焯	原浙軍第二師周鳳岐部擴編	改師
第二十七軍	二師	王普	原皖軍第三混成旅擴編	解散
第二十七軍	二師	夏斗寅	原在湘鄂軍混成旅擴編	改師
第二十八軍	四師	鄧錫侯	原川軍未作戰	現在川待整頓
第二十九軍	三師	田頌堯	原川軍未作戰	現在川待整頓
第三十軍	六師	魏益三	原郭松齡部遂軍	改師
第三十一軍	二師	李明揚	原蘇軍白寶山等殘部	未編成即解散
第三十一軍	三師	金漢鼎	原滇軍合黔軍敗兵編成因番號重復改稱	改師
第三十二軍	三師	錢大鈞	由黃埔入伍生及新兵編成	改師
第三十三軍	四師	柏文蔚	由安徽民團及收降魯軍張克瑤部編成	分散編入各師
第三十四軍	三師	阮玄武	方振武部分編	改師

第三十五軍	三師	廖磊	唐生智部湘軍分擴	改師
第三十六軍	三師	何鍵	唐生智部湘軍分擴	改師
第三十 軍	四師	陳調元	原駐皖蘇軍改編	改師
第三十八軍	五師	龍雲	原在滇滇軍	現在滇待整頓
第三十九軍	三師	胡若愚	原在滇滇軍	現在滇待整頓
第四十軍	四師	毛炳文	原湘軍第一師賀耀祖部擴編	改師
第四十一軍(一)		畢庶澄	張宗昌部魯軍投降未成復經一度收拾殘部亦未就	
第四十一軍(二)	四師	鮑剛	方振武部分編	改師
第四十二軍(一)	二師	蘇宗轍	方振武留鄂不歸隊	散
第四十二軍(二)	二師	馬文德	方振武部分編	
第四十三軍	三師	李燊	黔軍袁祖銘彭漢章殘部及他部積成曾一度入黔仍被迫退	被擊散
第四十四軍	四師	葉開鑫	原湘軍第三師殘部合民軍等編成	在湘敗散
第四十五軍		鄒振鵬	原湘省署衛隊及吳佩孚部湘軍	未編成

第四十六軍	三師	方鼎英	原黃埔入伍生及他部新兵等積成	改師
第四十七軍	二師	高桂滋	原豫軍降編	在豫待整頓
第四十八軍(一)	二師	謝文炳	原湘籍粵軍在魯依張宗昌	未編成
第四十八軍(二)	三師	徐源泉	原張宗昌部魯軍殘部之全部	改師
第四十九軍(一)	二師	劉志陸	原湘籍粵軍在魯依張宗昌	未編成
第四十九軍(二)	三師	李寶璋	原孫傳芳殘部之全部	併入徐源泉部
騎兵第一軍	二師	張勵生	由閻錫山部下調來駐徐州整編	縮爲騎兵第二師

附註：(一)本表就各軍編成時列入與初編時不盡相同　(二)有由一個軍之一師或一部分擴充另成一個軍者附詳各該軍編成之經過中　(三)番號重複除當寧漢分裂時各自編列之第十二第十七兩軍外皆非同時存在者

此外尚有以獨立師名義編成者，除賀耀祖賴世璜等部已擴展成軍及中途一度縮軍成師而又恢復成軍〔如熊式輝部等〕與迄未成立者不計外，總計有十九個師。列表如下：

國民革命軍獨立師編制及長官表

師番號	所轄旅團數	師長姓名	編成經過	歸結
獨立第二師	三團	羅啟疆	黔軍王天培及他部散兵編成	歸四集團軍後編轉入蜀投川軍
獨立第三師(一)	四團	陳耀漢	魯軍王金韜部歸誠王陣亡陳接任編成	縮編獨立旅轄三個團
獨立第三師(二)	六團	劉珍年	山東魯軍之潰兵編成	待整頓
獨立第四師	二旅又二團	張貞	閩民軍在粵歸第一軍為獨立團隨東路軍攻閩擴成	仍改師駐閩
獨立第五師(一)	三團	劉鍘	原湘軍第二師改編	散
獨立第五師(二)	四團又二營	劉和鼎	原皖軍第二旅馬祥斌部降為新編第五軍馬陣亡後縮編	改師
獨立第六師	三團	王若周		編入他部
獨立第六師	三團	陳漢章	湘軍	縮旅
獨立第七師	三團	劉士毅	第十四軍分編駐贛南	仍併入熊式輝部第五師
獨立第八師	四團	劉春榮	魯軍	改師
獨立第九師	三團	王古烈		
獨立第十師	三團	喻孟羣		

獨立第十一師	三團	白駒		
獨立第十四師	三旅	盧興邦	國民軍原稱新編獨立第一師	待整編
獨立第十五師	三團	陳儀	原浙軍第一師成第十九軍後縮編	併入他部
獨立第十六師	三團	文鴻恩	第六軍留當部隊改軍後縮編	併爲第二十六軍第二師
獨立第十七師	四團	袁家聲	第三十三軍第一師改編	併入他部
獨立第十八師	五團	張汝驥	第三十八軍在滇失敗後改稱	入西康潰
獨立第十九師	五團	許克祥	原係唐部湘軍之一團首倡反共後擴編曾一度編入第十六軍	改師

第二節　各集團軍

一　**第一集團軍**　自寧漢合併後，第二第三兩集團軍同隸國民政府旗幟下。乃以國民革命軍出征部隊－除在湘鄂豫等處者外－凡在津浦綫隴海綫者編爲『第一集團軍』，任蔣中正兼領『國民革命軍第一集團軍總司令』。其部隊番號爲：－

國民革命軍第一集團軍

總司令　蔣中正
參謀長　楊　杰
第一軍團總指揮　劉　峙
參謀長　王　倫
第一軍軍長　劉　峙(兼)
參謀長　黃　裳
第一師師長　蔣鼎文
副師長　甘麗初
參謀長　蕭恢權
第二師師長　徐庭瑤
副師長　嚴爾艾
第二十二師師長　胡宗南
副師長　唐俊德

參謀長　林　湘
第九軍軍長　顧祝同
副軍長　衛立煌
參謀長　趙啟祿
第三師師長　涂思宗
副師長　韓德勤
參謀長　陳　健
第十四師師長　陳國棟
副師長　劉漢珍
參謀長　陳佑新
第二十一師師長　孫常鈞
副師長　趙錦雯
第十軍軍長　楊勝治

副軍長　何應瑞
參謀長　李伯華
第二十九師師長　陳克遜
副師長　王光漢
第三十三師師長　張錫海
副師長　龔正義
第二軍團總指揮　陳調元
參謀長　阮肇昌
轄十七　二十六　三十七　三軍
第十七軍軍長　曹萬順
副軍長　李明揚
參謀長　林　蔚
第五十三師師長　余仲麟

副師長　陳澤梓
參謀長　譚朗星
第五十四師師長　李明揚
參謀長　趙經世
第五十五師師長　李德銘
第二十六軍軍長　陳　焯
副軍長　方　策
參謀長　郭　懺
第六十二師師長　趙觀濤
副師長　徐　雄
參謀長　宋　澄
第六十三師師長　邢震南
參謀長　章桂麟

第六十四師師長　文鴻恩
副師長　施伯衡
第三十七軍軍長　陳調元〔兼〕
副軍長　范熙績
參謀長　孫　棨
第七十九師師長　岳盛宣
副師長　楊銘芳
參謀長　張重權
第八十師師長　丁翰東
副師長　周　鼎
參謀長　齊　琳
第八十一師師長　談經國
副師長　劉樹栻

參謀長　朱家淦
第三軍團總指揮　賀耀組
參謀長　謝　履
轄二十七　三十三　四十　三軍
第二十七軍軍長　夏斗寅
副軍長　余式毅
參謀長　朱懷冰
第六十五師師長　萬耀煌
第六十六師師長　張　森
第三十三軍軍長　張克瑤
副軍長　袁家聲
參謀長　王鑄人
第七十師師長　袁家聲〔兼〕

副師長　程侃蘇
參謀長　喻銘勛
第七十一師師長　張克瑤〔兼〕
張參謀長　澤民
第七十二師師長　岳相如
副師長　范文星
參謀長　白　堅
第四十軍軍長　賀耀組〔兼〕
副軍長　毛炳文
參謀長　謝　履
教導師師長　龔　憲
副師長　向超中
第八十二師師長　李侖滋

參謀長　鄧煥文
第八十三師師長　楊永清
副師長　曾致遠
參謀長　周希洪
第八十四師師長　陶峙岳
副師長　李公望
參謀長　陳肇瑛
獨立第三師師長　陳耀漢
副師長　張兆盈
參謀長　張兆盈
該師現劃歸第二十七軍指揮
第四軍團總指揮　方振武
參謀長　楊恩熙

轄三十四　四十一　四十二　四十七　四軍

第三十四軍　阮玄武

第八十九師師長　王日新

第八十八師師長　袁秉道

第九十師師長　徐岱東

副師長　黃佩訓

第四十一軍軍長　鮑剛

副軍長　蘇宗轍

參謀長　盛世恒

第九十一師師長　王占林

第九十二師師長　馮華堂

副師長　徐衍昆

第九十三師師長　石斗山

第四十二軍軍長　馬文德

副軍長　何應時

參謀長　韓容

第九十四師師長　傅丹墀

第九十五師師長　全亞農

副師長　秦贏

第九十六師師長　魏光武

第四十七軍軍長　高桂滋

參謀長　劉礽祺

第一百零七師師長　王守義

第一百零八師師長　邢肇棠

第一百零九師師長　劉天祿

總預備隊總指揮　朱培德

參謀長

第三軍軍長　王　均

第七師師長　王　均（兼）

副師長　韋　杵

第八師師長　朱世貴

副師長　楊育涵

第九師師長　楊池生

副師長　顧德恒

第四軍軍長　繆培南

副軍長　薛　岳

參謀長　謝膺白

第十二師師長　吳奇偉

副師長　馬少屏

第二十五師師長　李漢魂

副師長　李　江

第二十六師師長　陳芝馨

教導第一師師長　鄧龍光

副師長　歐　震

教導第二師師長　黃鎮球

副師長　李漢英

第三十七軍軍長　熊式輝

副師長　胡祖玉

礮兵指揮　樊　熙

礮兵第一團團長　姚永安

礮兵第二團團長　楊德良

以上皆總預備隊除上述各部隊外另有後方警

備部隊已指定者計有：——

第三十二軍軍長　錢大鈞

參謀長　曾則民

第二十師師長　蔡忠笏

副師長　朱　棠

第六十九師師長　蔡熙盛

副師長　蔣雄超

第四十六軍軍長　方鼎英

新編第四師師長　唐　星

副師長　劉世濤

新編第五師師長　張春浦

副師長　李亞芬

新編第六師師長　高　霽

警備司令　陳　誠

警備第一團團長　桂永清

第二團團長　張本清

第三團團長　馮聖法

憲兵司令

憲兵第一團團長　陳步雲

第二團團長　伍誠仁

航空司令　張靜愚

鐵甲車司令　屠金聲

兵站總監　黃振興

此第一集團軍部隊中，祇方振武一部係魯軍，投歸西北軍，再由西北軍而至武漢國民政府，編爲直轄第九方面軍。後南下歸編，始列入第一集團軍者。除方部外皆原來國民革命軍之出征部隊及收降部隊。又方鼎英一部係由廣州黃埔軍官學校入伍生隊擴成一個師，出發經閩贛逐漸收編擴展而成者。當北伐渡河時，軍容固極整肅也。

二 第二集團軍 第二集團軍爲西北軍（卽國民軍第一軍亦卽國民聯軍）所蛻化而成。初於攻豫時，與武漢北伐軍會師。時武漢國民政府命令以原有各軍爲第一集團軍，而命馮玉祥爲『國民革命軍第二集團軍總司令』。所部爲第二集團軍。唐生智部爲第四集團軍，唐爲總司令。但馮部收編解散，變更紛紜，其番號遠不及第一集團軍之整齊。寗漢合併後，國民政府仍任馮玉祥以原職。是時之第二集團軍部隊番號如下表：

國民革命軍第二集團軍

總司令	馮玉祥	第二師師長	梁冠英
參謀長	曹浩森	第十八師師長	程心明
第一方面軍總指揮	孫良誠	第十九師師長	吉鴻昌
第三軍軍長	孫良誠（兼）	第五軍軍長	石友三

第九師師長　許長柱
第六師師長　丁漢民
第七十一師師長　孫光前
第四軍軍長　馬鴻逵
第一師師長　馬騰蛟
騎兵師師長　馬鴻逵（兼）
第二方面軍總指揮　孫連仲
獨立第十七師師長　張子厚
獨立第六混成旅旅長　芮寶樹
獨立騎兵第一旅旅長李福順
第十四軍軍長　秦德純
第四師師長　魏鳳樓
第五師師長　韓德光

第十二師師長　高樹勳
第一軍軍長　韓占元
第二十九師師長　杜光明
第三十師師長　耿幼麟
第三十一師師長　安樹德
第二十三軍軍長　馮治安
第三十二師師長　田種玉
第三十六師師長　董振堂
第三方面軍總指揮　韓復榘
第六軍軍長　韓復榘（兼）
第一師師長　張凌雲
第十四師師長　曹復林
第十五師師長　孫桐萱

第三十八師師長　〔改編未定〕

第五方面軍總指揮　岳維峻

〔兼南路總司令所轄共五箇軍軍師之番號等待查考〕

第　軍軍長　岳維峻

第　軍軍長　蔣世傑

第　軍軍長　衞定一

第　軍軍長　李雲龍〔即李虎臣〕

第　軍軍長　鄧寶珊

第八方面軍總指揮　劉鎭華

第二十三軍軍長　劉鎭華〔兼〕

第七十六師師長　徐鵬雲

第八混成旅旅長　賀有德

第九混成旅旅長　李杜青

第十混成旅旅長　姚北辰

第二十八軍軍長　萬選才

第七十三師師長　石振青

第七十四師師長　薛傳峯

補充旅旅長　萬品一

第二十六軍軍長　劉茂恩

第七十五師師長　武振麟

第七十六師師長　劉茂恩〔兼〕

第九方面軍總指揮　鹿鍾麟〔兼北路總司令〕

第十八軍軍長　鹿鍾麟〔兼〕

第六十八師師長　程希賢

第六十九師師長　葛運隆

第八十九師師長　沈　克

第二十軍軍長　龐炳勳
第五十八師師長　譚秉衡
第五十九師師長　馮德五
第二十一軍軍長　呂秀文
第八十五師師長　呂秀文（兼）
第六十四師師長　張興科
第二十七軍軍長　王鴻恩
第五十三師師長　王鴻恩（兼）
第五十七師師長　蕭之楚
第十軍軍長　楊虎城（即楊勵役歸中央）
第五十四師師長　馮欽哉
第五十五師師長　姬滙伯

第二軍軍長　劉汝明
第八師師長　張麟祥
第十師師長　劉汝明（兼）
第三十軍軍長　劉驥
第二十三師師長　童玉振
第六十師師長　張汝奎
第三十五師師長　趙廷選
騎兵第一軍軍長　鄭大章
騎兵第二師師長　席液池
騎兵第一師師長　劉鳳克
鋼甲車集團司令　劉自珍
航空司令

三　第三集團軍　晉軍養精蓄銳十餘年，國內歷次內戰，晉軍皆未嘗正式參加戰爭，故迄無犧牲，實力頗厚。當國民革命軍自武漢北伐，晉省閻錫山即遣代表至武漢接洽投誠，會攻黃河北岸。武漢國民政府即任閻錫山爲『國民革命軍第三集團軍總司令』編全部晉軍爲『第三集團軍。』自寧漢兩政府統一後國民政府仍任閻錫山以原職。所部編成時即不整齊，後因與東北軍戰，實力受影響，編併甚多，更形混雜。玆將該集團軍之番號及各軍長官如下：

國民革命軍第三集團軍

總司令　閻錫山

參謀長　朱綬光

第一軍司令　商　震（兼前敵總指揮）

第一師師長　李培基

第三師師長　楊士元

騎兵第二師師長　郭鳳山

騎兵第十一師師長　張勵生

第二第三聯合軍司令　楊愛源

第二師師長　趙承綬

第六師師長　孫　楚

第十二師師長　楊效歐

第一混成旅旅長　黃守清

第二混成旅旅長　齊用宏

騎兵第七混成旅旅長張會詔

第十師師長　盧豐年

獨立騎兵第二旅旅長郭庶丞

第五軍司令 〔因病出缺現改組第五第七聯合軍由副司令張蔭梧代行職務〕
第五師師長 王靖國
第九師師長 吳藻華
第十四師師長 李服膺
第十五師師長 李生達
騎兵第六師師長 楊兆林
第六軍司令 豐玉璽〔原第十三師擴展未編完成〕
第八軍司令 譚慶林
騎兵第三師師長 孫長勝
獨立騎兵第一旅旅長韋盛勳
第十軍司令 李維新〔騎兵〕
騎兵第四師師長 李維新〔兼〕
騎兵第十師師長 李覺容

第十一軍司令 王茂公〔騎兵〕
騎兵第八師師長 王茂公〔兼〕
騎兵第十二師師長 扈屏藩
第十二軍司令 徐永昌
獨立第一旅旅長 黃興初
獨立第二騎兵旅旅長黃德馨
獨立第四旅旅長 王白祥
獨立第六旅旅長 王鳳飛
獨立第八師師長 關福安
獨立第十一師師長 杜春沂
獨立第十六師師長 高鴻文
獨立第十七師師長 孟興富
直轄礮兵司令 周岱

副司令　馮鵬舉——直轄航空司令

四　第四集團軍　『第四集團軍』之名義，原爲武漢國民政府從唐生智之要求，設此以屬其望者。唐生智失敗後，所有原在湘鄂之部隊，及由武漢北伐之李品仙魏益三葉琪等軍，（駐在北平等處）概歸李宗仁收歸部下，國民政府卽令各該軍皆由李宗仁節制指揮，乃合以李宗仁本部各軍，編爲『國民革命軍第四集團軍』，任李宗仁爲『國民革命軍第四集團軍總司令』，白崇禧爲前敵總指揮，仍令白崇禧率其本部第十三軍加入，（有一師在桂）剋期北上，至平津一帶，指揮在河北境內之第四集團軍部隊，向山海關外前進。白崇禧乃駐在北平，前方推進至灤州。故第四集團軍有在南在北兩部分。茲將其編制長官列後：

國民革命軍第四集團軍

總司令	李宗仁	
參謀長	張華輔	
第二軍軍長	魯滌平	轄三師
第六軍軍長	程潛	轄二師
第七軍軍長	夏威	轄四師
第十四軍軍長	陳嘉佑	轄三師
第十七軍軍長	周斕	轄二師
第十八軍軍長	陶鈞	轄三師

第十八軍軍長　胡宗鐸　轄四師
第二十軍軍長　郭汝棟　轄三師
第二十七軍軍長　夏斗寅　轄二師
第三十五軍軍長　劉興　轄三師
第三十六軍軍長　何鍵　轄三師
第四十二軍軍長　馬文德　轄三師
獨立第五師師長　劉鉶　轄二團
獨立第六師師長　陳漢章　轄三團
湖南第一警備司令陳渠珍　轄三團

湖南第二警備司令周朝武　轄一團
前敵總指揮　白崇禧
參謀長　張定璠王澤民代
第十二路總指揮　李品仙
第八軍軍長　李品仙副軍長吳尚代　轄三師
第十二軍軍長　葉琪　轄二師
第十三軍軍長　白崇禧（兼）　轄三師
第三十軍軍長　魏益三　轄四師，又二旅
獨立第二師師長　羅啟疆　轄二旅

右各軍所轄師長因桂籍各軍（第七第十三第十八第十九）多失查考，其他各軍轄師之番號亦因戰爭變化，時時更易，頗難得確切之稱號，故皆從缺。

五　**集團軍以外之部隊**　當平津收復，遼東効命時，全國之軍隊，除四個集團軍外，尚有：一，東北遼吉江熱各省之東北軍，計遼十五個旅，吉二個師五個旅，江一個師五個旅，熱一個師三個旅，（見東三省軍史〕二，西南之滇黔川康各省軍；〔見滇黔蜀康軍史〕三，粵桂之第八路軍；四，山東散軍。除東北西南各省之軍隊已詳各該省軍隊外。粵桂駐軍原爲李濟琛部第四軍，李福林部第五軍，〔內有第六軍留粵之一個師編入〕及迴師返粵之陳銘樞部第十一軍。〔以上駐粵〕黃紹雄部第十五軍及白崇禧部第十三軍之第二師。〔以上駐桂〕此皆各有其歷史的系統者。至山東散軍皆張宗昌部潰據膠濟綫沿路及膠東一帶，自立名義，互相火併。其後擁張〔宗昌〕部分均被勦滅，僅劉珍年部受編爲獨立第三師。此外尙有方振武一部，雖隸屬於第一集團軍爲『第四軍團』，而該軍團自成一系統。蓋方振武原爲皖籍黨人，亦卽辛亥革命時淮上起義之一分子。當東北軍第一次南下，張宗昌奉臨時執政段祺瑞令，以所部編爲蘇皖宣撫使盧永祥部之第一軍，護盧南下至寧就職。張宗昌既至上海，適據滬之北籍鄂軍張允明及齊燮元部下流散甚衆。張宗昌性好招匪積潰，認此爲擴充部隊塡滿軍閥慾之絕好機會。乃派姚霽爲補充旅長，儘量收編。方振武時方蟄居在滬，因同志高漢聲等慫恿贊助，勸其藉此培植勢力，爲革命之用，乃收得暫託上海閘北保衞團名義之北籍軍七百餘人。姚霽任之爲補充旅第一支隊長。旋因姚霽所派之人多爲因健羨軍官而騙取符號以駭愚夫愚婦之地方軍騙，或客籍流氓。〔近年南北各省皆有此類專以接洽收編爲業之無業無賴滿口槍械人馬指數指地千眞萬確實則盡屬子虛其上者則爲受他人之欺朦或因關取收編軍費其下者則或騙取一方符號爲庇護烟賭或嚇詐取財之用或騙得一名義賣官鬻職誆取紈袴兒之金錢或則誇耀世俗甚至略販姦拐虛榮心盛之婦女又其下者則或騙取數圓旅費或得一證章爲乘車舟免費之用或圖數日哺啜溫飽其內容之齷齪目的之卑鄙誠不堪問從事收編工作之軍事長官或其代表極難避絕此輩之光顧著者嘗因此輩口中槍械之多所言收集之易及其證說之實在（常有具如虛甘坐死刑之狀而結果仍無一槍一逃了事者）名之曰『口頭兵工廠』『腦經製械所』實非過甚著者所經之處幾乎無地無此等人好收編者每踏入其轂中鮮有不爲所害者尤以紈袴少年富虛榮心之學子欲得勢力爲復仇或其他作用之鄉民等更易中若輩之毒害甚至傾家蕩產而結果所得上焉者一場懊悔身敗名裂無顏見人次焉者失敗後尚不得擺脫終致淪爲他鄉身爲游民下焉者或爲若輩所紿對軍事長官負責不能辦到而致受欺誑之懲罰或趨入歧途流爲匪類被通緝緊捕遭刑殺者不知凡幾卽幸而不死亦將因無法謀生迫得以受騙之經驗加入若輩中轉而騙他人於是社會乃多一種生生不已之『軍騙』謠言惑衆鼓盪擾亂通匪欺良嚇詐綁劫若輩實階之厲有治安之責者倘不注意肅清之爲患之烈實不堪設想且靖滅共匪尤宜先行盪盡此輩『軍騙』始能收靖氛廓清安民息謠之功若輩因世平則生機必肆其鼓搏否則社會將永無寧日」結果一無所獲，僅得方振武一部。張宗昌以方振武爲能，極信任之，使儘量擴充。方振武乃招致皖鄂黨人，收編民團，由團而旅，由旅而師，而軍。適國民聯軍長驅攻豫，豫北寇英傑等無力抗戰，求救於魯，吳佩孚亦感身受南北夾擊之苦，向張作霖呼援。張作霖命張宗昌就近派兵入豫援救。張宗昌乃派方振武率所部一師往河南。黨人聞訊，力促方振武乘機反正。方自知不從，則部下之黨人將解體，乃加入國民軍，擴編爲國民第四軍，實力大增。嗣卽隨國民軍轉戰各地，陸續增編達五萬餘人。吳佩孚失敗，收得馬文德一軍，更形膨脹。武漢國民政府派兵北伐，方振武乃與魏益三〔郭松齡遺留之勢力〕投歸武漢，受任爲中央直轄第五方面軍。寧漢統一，乃歸第一集團軍爲第四軍團。祇馬文德部第四十二軍留漢，歸第四集團軍。方振武乃抽調所部各軍之多餘部隊另編一個第四十二軍，以蘇宗轍爲軍長，隨同北上，攻魯。五三慘案發生時駐濟南之警備司令卽蘇宗轍也。

第三節　國軍之縮編

一　國軍縮編之原因　國民革命軍完成北伐，底定薊遼，四個集團軍總司令及海軍總司令會於北平。統計當時全國兵額約一百餘萬人。雖中國人民繁多，幅員遼闊，以與歐洲各國及日本等相較，無論以人口或地積爲比例而比較其兵額，則中國以四萬萬八千萬之人口，四百萬里之面積，及遼闊之海岸綫與邊防綫，有此兵額，原不爲過多，但以經濟落後，戰爭時間太長，產業凋零，民生痛苦，實不堪負荷此巨額軍隊之供給。於是各總司令開會議於北平，決定縮編軍隊，改革軍制，以師爲單位，〔見軍制編」各集團軍同時着手縮編。復經國民政府遵奉中國國民黨中央執行委員會政治會議之決議，召開編遣會議，決定編遣方法，設立「國軍編遣委員會」，派中央委員會同各集團軍總司令分組編遣區，實行編遣。

二　國軍之第一期縮編　國民政府軍事委員會擬定裁兵方案，自八月二十日起實行縮軍爲師，並分別編併。結果：計第一集團軍，除任應岐等部外，並收降之魯軍孫軍，共縮編爲十九個師，裁去軍團部二，軍部十四，官兵人數十萬；第二集團軍除另編新編師十個外，縮編爲十二個師，裁去方面軍部九，軍部十，官兵人數十二萬；第三集團軍縮編爲十二個師，裁去軍團部五，軍部十五，官兵人數七萬；第四集團軍因大部在北方，先就在湘鄂各軍縮編爲九個師，裁去軍部九，獨立師部二，官兵人數二萬。但李宗仁編遣時，懷私見，擴桂軍而裁非桂軍。如第十四軍陳嘉佑部，爲留學出發之國民革命軍基本部隊所擴展而成，全軍二萬餘人，竟勒令縮爲一個獨立旅，桂軍則反增出二個師。因此而引起爭執，經中央編遣委員會秉公處理，乃告平息。茲將第一期編遣之各師列表如下：

中華民國陸軍表

師番號	所轄旅數	師長姓名	原屬集團	備攷

第一師	三旅	劉　峙	第一集團軍	
第二師	三旅	顧祝同	第一集團軍	
第三師	三旅	錢大鈞 旋改毛炳文	第一集團軍	
第四師	三旅	繆培南	第一集團軍	
第五師	三旅	熊式輝	第一集團軍	
第六師	二旅	陳　焯 旋改方策	第一集團軍	
第七師	三旅	王　均	第一集團軍	與金漢鼎部兩軍混合編成兩師
第八師	三旅	朱紹良	第一集團軍	
第九師	三旅	蔣鼎文	第一集團軍	
第十師	三旅	方鼎英	第一集團軍	楊勝治部第十軍編爲本師之一個旅
第十一師	三旅	曹萬順	第一集團軍	曹部第十七軍改編一個旅
第十二師	三旅	金漢鼎	第一集團軍	與王均部兩軍混合編成兩師
第十三師	二旅	夏斗寅	第一集團軍	

第十四師	二旅	張定璠	第四集團軍	原白崇禧部第十三軍改任上海市長未到職
第十五師	三旅	夏威	第四集團軍	
第十六師	三旅	胡宗鐸	第四集團軍	
第十七師	三旅	陶鈞	第四集團軍	
第十八師	三旅	魯滌平	第四集團軍	
第十九師	三旅	何健	第四集團軍	
第二十師	三旅	韓復榘	第二集團軍	
第二十一師	三旅	梁冠英	第二集團軍	
第二十二師	三旅	吉鴻昌	第二集團軍	
第二十三師	三旅	馮治安	第二集團軍	
第二十四師	三旅	石友三	第二集團軍	
第二十五師	三旅	童玉振	第二集團軍	
第二十六師	三旅	程希廣	第二集團軍	

第二十七師	三旅	張維璽	第二集團軍
第二十八師	三旅	宋哲元	第二集團軍
第二十九師	三旅	劉汝明	第二集團軍
第三十師	三旅	佟淩閣	第二集團軍
第三十一師	三旅	孫連仲	第二集團軍
第三十二師	三旅	李培基	第三集團軍
第三十三師	三旅	孫楚	第三集團軍
第三十四師	三旅	徐永昌	第三集團軍
第三十五師	三旅	楊效歐	第三集團軍
第三十六師	三旅	李生達	第三集團軍
第三十七師	三旅	王靖國	第三集團軍
第三十八師	三旅	李服膺	第三集團軍
第三十九師	三旅	趙承綬	第三集團軍

第四十師	三旅	關福安	第三集團軍	
第四十一師	三旅	張會詔	第三集團軍	
第四十二師	三旅	馮鵬翥	第三集團軍	
第四十三師	三旅	傅作義	第三集團軍	
第四十四師	三旅	方振武	第一集團軍第四軍團	
第四十五師	三旅	阮玄武	第一集團軍第四軍團	
第四十六師	三旅	范績熙	第一集團軍	陳調元部第三十七軍分編
第四十七師	三旅	陳調元	第一集團軍	陳調元部第三十七軍分編
第四十八師	三旅	徐源泉	中央直轄	由第三集團軍撥歸第一集團軍
第四十九師	三旅	李寶璋	中央直轄	由第三集團軍撥歸第一集團軍
第五十師	三旅	魏益三	第四集團軍	
第五十一師	三旅	張義純	第四集團軍	桂籍軍擴充
第五十二師	三旅	程汝懷	第四集團軍	桂籍軍擴充

三　此外尙有獨立旅五個

待縮編之部隊　國軍第一期編遣除已縮編之五十二個師，及編餘之軍，臨時暫以獨立旅名義存在待整者五個旅以外，尙有待縮之部隊，或在服緊要任務之時，或爲事實所限，或爲積習所圍，均以「軍」或「師」「旅」等名義存在。計有下列各部：

一　在蜀之川軍八個軍；

二　滇軍一軍及在蜀之張汝驥胡若愚部；

三　黔軍之周西成，及李燊部；

四　閩軍張貞盧興邦兩部；

五　在康之邊軍二個旅；

六　遼吉江熱之東北軍全部；

七　第一集團軍之騎兵軍（張勵生）及任應岐等雜軍；

八　第二集團軍之新編軍十個師；

九　第三集團軍之警衛旅（杜春沂編遣時編成）及保安隊等部；

十　第四集團之第十二路軍〔在河北者〕全部；

十一　第四集團軍之湘境雜軍陳漢章陳渠珍周朝武等部；

十二　山東膠東一帶之雜軍及劉珍年部；

十三　在粵之第八路軍〔第四軍陳濟棠第五軍徐景唐第十一軍陳銘樞〕全部；

十四　在桂之第十五軍黃紹雄部。

以上十四部份除六，七，十，十三，十四，項為訓練有素正式陸軍，亟宜縮編成師外，其他各部祇屬之張貞部，晉之警衛旅，為較有歷史之軍隊。八項多係收降之吳佩孚等部直軍。一，二，三，五項，則為積習已久地方觀念極固之腐化軍隊。此外概為民軍潰卒。按編遣會議議決全國編成六十個師為額，照目前狀況計之，除已編成者外，祇餘八個師未編成。以粵桂及東北兩處軍隊之多，邊防之重要，恐非此八個師兵額所敷支配。而況蜀康滇黔閩皆邊疆重鎮，尤不能不留相當之軍力。竊意倘不於已成之五十二師中，再為縮減，而充以現在未編之南北邊地精銳，則六十個師之額難免不溢出其範。是則在當局負責者之調度得宜耳。

周蓓 主編

『民國專題史』叢書

文公直 著

河南人民出版社

最近三十年中國軍事史

（下册）

敘述中國軍隊向近代化的轉變及其組織與作用。自初練新軍敘起，論述中國陸海軍歷史，重點爲民國建立後的軍事沿革

最近三十年中国教育史

第三編 戰史 目次

第一章 中日戰爭……一

第一節 戰爭之原因……一

第二節 中日陸軍之比較……三

第三節 戰爭之經過……四

第四節 戰爭之結果……九

第二章 辛亥革命戰爭……一二

第一節 武昌起義之役……一二

第二節　民清兩軍之戰鬥……一七
第三節　南京之戰鬥……二一
第三章　二次革命戰爭……二三
第一節　戰爭之原因……二三
第二節　戰時之情形……二五
第三節　各省討袁軍之失敗……二七
第四節　討袁軍致敗之原因……二九
第五節　戰爭之結果……三一
第四章　帝制戰爭……三二
第一節　戰爭之原因……三二
第二節　雲南之護國……三四

第三節　貴州之獨立……三七
第四節　廣西之獨立……四二
第五節　廣東之軍事……四四
第六節　浙江之獨立……四六
第七節　湖南之軍事……四八
第八節　陝西之獨立……五一
第九節　四川之軍事……五三
第十節　護國軍之組織……五五
第十一節　滇桂學之聯軍北伐……五七
第十二節　袁政府之應付……五九
第十三節　四川戰況……六三
第十四節　湘邊戰況……七〇
第十五節　戰爭之結果……七二

第五章　復辟之役……七四
第一節　督軍團釀成之北京政變……七四
第二節　復辟之經過……七九
第六章　護法之役……八三
第一節　護法政府之組織……八三
第二節　護法時期之軍事……八五
第七章　直皖之戰……九五
第一節　戰爭之動因……九五
第二節　兩方之佈置……九六
第三節　戰爭狀況及其結果……九七

第八章　兩粵之役……九九
第一節　粵軍回粵……九九
第二節　定桂之役……一〇一
第九章　湘鄂戰爭……一〇四
第一節　戰爭之動因……一〇四
第二節　湘鄂兩方之佈置……一〇五
第三節　湘鄂戰況……一〇七
第四節　戰爭之結果……一一一
第五節　吳佩孚二次南下之戰……一一三
第十章　奉直第一次戰爭……一一五

第一節 戰爭之原因……一一五
第二節 直奉戰前之佈置……一一六
第三節 奉直兩軍之比較……一一八
第四節 戰爭之狀況……一一九
第五節 戰事之收束……一三一

第十一章 北伐討賊之役……一三二

第一節 陳炯明之變……一三二
第二節 粵軍之入閩……一四四
第三節 討陳之戰……一五〇
第四節 討沈之戰……一五三
第五節 東征之役……一五五
第六節 湖南之役……一五八

第十二章 江浙戰爭……一六〇
第一節 戰事之醞釀……一六〇
第二節 江浙兩方之備戰……一六二
第三節 江浙之攻守方略及海軍調遣……一六三
第四節 兩方之兵力……一六四
第五節 皖閩贛之援蘇……一六八
第六節 各路戰爭……一七〇
第七節 戰事之結束……一七七
第八節 戰後之餘波……一七九
第十三章 奉直第二次戰爭……一八〇
第一節 奉直再戰之動機……一八〇

第二節 兩方之作戰計畫……一八二
第三節 兩方軍隊之調查……一八五
第四節 奉直戰況……一九一
第五節 戰爭之收束……一九六
第六節 直軍致敗之原因……一九七
第十四章 徐州之戰……一九九
第一節 戰爭之動機……一九九
第二節 戰爭之經過……二〇一
第三節 戰事之結果……二〇三
第四節 戰前之張吳行動……二〇五
第十五章 郭松齡反奉之役……二〇六

第一節　戰爭之動機……二〇六
第二節　兩方之作戰計畫……二〇八
第三節　郭松齡之兵力及其聯馮……二〇九
第四節　各路戰况……二一三
第五節　戰爭之影響……二一四
第十六章　國奉之戰……二一六
第一節　戰爭之動因……二一六
第二節　兩方之作戰計畫……二一八
第三節　各路戰況……二一九
第四節　戰事之結束……二二二
第十七章　國民軍西退……二二三

第一節　戰前之經過……………………………………一二三
第二節　兩方之作戰計畫……………………………………一二五
第三節　各路戰況……………………………………一二六
第四節　戰後之餘波……………………………………一二八
第十八章　革命軍之北伐準備……………………………一二九
第一節　北伐之原因……………………………………一二九
第二節　革命根據地之鞏固……………………………………一三三
第十九章　北伐之出師……………………………………一五二
第一節　北伐出師……………………………………一五二
第二節　北伐時之形勢……………………………………一五四

第二十章　北伐初期之戰事……一二五六
第一節　出師攻湘……一二五六
第二節　湖北戰事……一二六〇
第二十一章　東南戰爭之關係及開始……一二六八
第一節　東南戰爭之原始……一二六八
第二節　雙方之實力佈置……一二七一
第二十二章　東南贛閩之戰……一二七四
第一節　江西戰爭……一二七四
第二節　福建戰爭……一二八一

第二十三章　東南浙滬蘇皖之戰……二八七
第一節　江西戰時之江浙戰爭……二八七
第二節　浙江戰爭……二九〇
第三節　淞滬戰事……二九二
第四節　規復皖南南京……二九五
第二十四章　國民聯軍之奮戰……三〇二
第一節　國民聯軍之返旆……三〇二
第二節　陝西戰事……三〇四
第二十五章　第三期北伐……三〇八
第一節　第三期北伐計畫之變遷……三〇八

第二節　三期北伐之進行……三一三

第二十六章　中原會師……三一六

第一節　河南戰事……三一六

第二節　國民聯軍之東征……三二〇

第二十七章　徐州會議後之北進……三二五

第一節　徐州會議之經過……三二五

第二節　北伐之中挫……三二八

第二十八章　寧漢關係改變中之北軍南侵……三三一

第一節　寧漢分裂之影響……三三一

第二節　龍潭之役……三三三

第二十九章　再度北伐……三四一
第一節　二次克復蚌埠海州……三四一
第二節　隴海線蘭封之戰……三四七
第三十章　北方革命軍之戰績……三五〇
第一節　北方革命軍之對奉作戰……三五〇
第二節　涿州之防禦戰……三五三
第三節　北方軍再度進展……三五六
第三十一章　完成北伐之準備……三五八
第一節　第三期戰事開始前之準備……三五八
第二節　北伐戰事之發動……三六二

第三十二章　完成北伐……三七六
第一節　第一集團軍諸戰役及濟南慘案……三七六
第二節　第二集團軍諸戰役……三八〇
第三節　第三集團軍諸戰役……三八五
第四節　第四集團軍諸戰役……三九〇
第五節　東三省之統一……三九二

第三編 戰史

第一章 中日戰爭

第一節 戰爭之原因

一 **戰爭之遠因** 日本欲扶持其勢力於韓國，不可不使其脫離與中國之宗屬關繫，然其唯一計劃則在利用韓國之獨立：此中日戰爭之根本原因也。但就其趨勢言，則遠因有三：一、為天津條約後，中國對韓宗屬問題關繫進步。天津條約之明年，中國遣袁世凱總理韓國交涉通商事宜，欲實行屬邦之待遇。光緒十三年，韓廷為與締盟列國修好，派協辦內務府事朴定陽為美國全權公使；袁世凱以其不請中國政府之命責之，且派領事陳同書往朴定陽旅舍，促其歸京；并電稟李鴻章請示。後韓廷以畏中國故，罷其事。而時日本政府雖命駐韓公使，凡不關於日韓條約上之權利利益，皆不干涉。然妬中國則實甚。二、咸鏡道發布防谷令時，日本曾持日韓貿易規則反對之，且要求賠償，韓廷不應，袁世凱復從中主持之。以故卒使日本撤國旗而歸。三、爲金玉均刺殺事件。先是韓國日本黨金玉均朴泳孝等，以京城叛變失敗，相率入日本。其後韓政府要求日方將金朴諸人歸還本國；日政府藉口日韓無交換罪人條約拒絕之。韓政府既不獲遂意，於是遣李逸植謀暗殺金朴。光緒十八年，李逸植託營商渡日，適遇洪鐘宇自法歸，李以洪有智慧，因深相結，假借助中國而謀獨立爲名，誘金玉均至上海暗殺之。翌日，洪鐘宇亦就縛。上海領事經駐北京公使，請于總理衙門，要求處洪以相當罪；然李鴻章不認洪鐘宇爲非行，遂將洪及金屍以軍艦送之歸國。韓政府以惡金故，乃斷其四肢。日人聞之，不勝憤怒，而不即與韓交涉者，蓋避日中之紛爭也。然自此中日之感情亦日趨惡境矣。

二　**戰爭之近因**　以上所述皆爲中日衝突之遠因。其直接近因，則韓國東學黨之亂是也。東學黨以明人倫誅汚吏匡政府之秕政爲宗旨。光緒二十四年四月，起于全羅道古阜縣，黨魁全琫準率衆擊敗官兵，所過則占領其地。韓政府憂之，因請中國出兵。五月，葉志超奉李鴻章令，率兵六營由海路赴韓，以初七入牙山大本營。先是東學黨之起也，日人派少壯軍人策士一團渡韓相助，意在擾亂朝鮮半島，以啟中日戰端。因極其所能，大得東學黨之歡心，漸且跋扈，爲全琫準所不能制。當軍官正領官洪啟薰於兩軍疲戰時，遣使詣東學黨議和，東學黨亦懷休戰意，而天祐俠團，恐事靖不能竟其謀，乃斬軍使，以激彼此之怒。而是時李鴻章與袁世凱，亦以韓政府向中國請援爲得策，益增兵於韓。於是東學黨之亂，遂爲中日戰爭之直接導火線。

第二節　中日陸軍之比較

一　**中國陸軍**　中國陸軍，平時多分統於各省，轄於疆吏，而要可分爲四種：一曰駐防旗兵，一曰綠營兵，一曰勇丁，一曰綠營練兵。又有李鴻章所練之淮軍，特爲保護京畿而設，即上稱勇、練者是也。其不歸直督統率，而亦駐京師者，稱神機軍。中有旗兵一萬三千人。當一八六四年，法英兵退後，清廷知舊法之不足用，禮延英官爲之教習，故有新械，至一八六五年而練成。惜其後雖沿神機營之名，而視如世襲之兵，不復訓練，三十年來，日以凌替。兵額之存者，旗兵四十七萬二千四百，綠營六十六萬二千，練勇六十九萬八千六百四十，共計一百八十三萬五千二百。又步兵九萬二千三百九十，馬兵二萬三千四百，砲兵七千八百二十，工程一千三百八十，輸送等兵一千一百三十，共計十二萬二千四百人。此中國當時陸軍之數額也。軍中所用車砲，皆購自克虜伯廠，口徑自七生的至八生的，均良於用。所缺者道路不治，運送維艱，及練習不熟耳。步兵所用之槍，非毛瑟，卽林明敦，復羼雜以口徑及寸之槍，兵器既各不同，兼之入伍之期，幷無限定，人皆挾輕行伍薄武備之見。以是武員闒冗，軍紀不修。故及其戰也，恆以數倍之衆，不攻自潰。此當時中國陸軍之情形也。

二　日本陸軍　日本陸師，分六大軍，每一軍中，自成首尾，合之則完全無缺，分之亦應用咸宜。其步兵所用槍，自一八八九年後，悉頒發村田新式來復槍，使之一致。及與中國戰，復改用連珠槍，較來復尤利。砲兵所用之砲，全係後膛鋼質，與德克虜伯廠所鑄絕相似。馬工各兵亦精，能惟上所命。其軍制，自十七歲起至四十歲止，設遇至急之時，皆可召令入伍，名之曰國軍。充兵年限：入伍三年，後備四年，續備五年。此軍每自成一隊，精選材能邁衆，兼熟練諸事者，爲之兵官，全軍聽令焉。考日本兵額，昔僅六萬，後加以留守之兵，亦僅十一萬三千，額多無用。最近三十年來，增練民兵八萬，俱用西法，甚爲精銳。卽舊存兵額，亦加整頓，皆成勁旅。此日本當時之陸軍情形也。

第三節　戰爭之經過

一　牙山之役　日本既不允撤退駐韓軍，且藉口漢城事變，於其通商有礙，又謂韓廷不能自治其國，宜駐軍以資鎮懾，而迫韓政府訂約，合力以驅中國兵之在韓者，於是戰爭乃起。中日軍之衝突，以牙山之役爲始。是役實由於日人之尋釁。初，葉志超駐兵牙山，兵僅六營，旋知日本必挑釁，迭電清廷請援。六月十九日，李鴻章派運送船十艘，分載八千六百名，由大沽發向牙山。日政府偵悉之，及援之未至也，即命混旅成團攻葉志超部，而以海軍邀擊中國運送艦於豐島。在牙山之中國軍隊，其主力駐成歡，堅壁以守。六月二十三日，日將大島攻牙山本營，兵以夜出，與聶士成伏兵遇，擊敗聶軍。即由左翼用榴霰彈炸裂聶營。已而日軍連破諸壘，攻成歡，克之，聲威大壯。成歡牙山之門戶，成歡既失，牙山無可爲守，故聶士成率兵奔洪州。是役葉志超率兵千名守天安，不與戰，致日軍得集力於成歡以拔要隘，亦主將之罪也。

二　平壤之戰　牙山敗訊傳北京，清廷震怒，即於七月一日下宣戰諭。同日日政府亦下詔宣戰，命牙山軍進窺平壤。平壤東臨大同江，後倚絕壁，爲韓國險要地。中國將官左寶貴先據此以守，盛軍六千，衛汝貴率之；毅軍二千，馬玉崑率之；奉天練軍一千五百，豐陞阿率之；奉軍三千五百，左寶貴、聶桂林率之。葉志超聶士成所率有牙山殘兵千餘，各據險以守，足鳴一時之盛。其主力營平壤、三和、慈山、順川等處；支隊屯黃州，三登，長連，成川，相爲犄角。日軍大島少將，攻平壤正面，分旅團爲三；中軍則第二十一聯隊長中佐武田秀山率之，自水灣橋進，少佐一戶兵衞率一大隊在其右；右翼則第十一聯隊長中佐西島助義率之，向船橋里；左翼則第二十一聯隊第三大隊長少佐奧山義章率之，渡大同江。我將葉志超馬玉崑盛毅二軍據船橋里壘拒之。已而日軍砲隊迫船橋里，我軍應戰，砲聲不絕者竟日，日軍之窺平壤也，道險遠來，値時酷暑，疫病大作，又懸師深入，遠絕援應，此固必敗之道也。乃冒死進攻，軍卒奮力，故遇我軍如摧枯拉朽焉。八月十六日，日軍自大同江，砲擊城牆，我軍死傷頗多，日軍乘勝進迫，遂陷牡丹臺。先是左寶貴爲淮軍名將，故淸廷畀以是任，出師之日，自分必死，以骸骨相托。及戰，方登壘指揮，一彈自後來，猝中胸脇，左右勸之退，不許，遂死於陣。敵軍進陷城南堡，縱火焚壘，衞汝貴率兵棄城走。葉志超以大勢既去，懸白旗於玄武門，以示罷戰，固非降也。敵兵復四面合圍，我軍敗績。午後二時，天大雨，約翌日獻城。是夕，葉志超乘機夜遁義山，日軍扼甑山之元山支隊截擊之，死四百餘人，平壤失。是役陣亡日軍五百三十五人，我軍四倍之。惟馬玉崑全師潰退，回守鴨綠江西岸之九連城鳳凰城諸要隘。

三　遼東半島諸役

平壤退後，淸廷以葉志超屢退，革其職，並褫奪李鴻章勳位，而任四川提督宋慶幫辦北洋軍務，黑龍江將軍依克唐阿總遼陽兵站事務，仍受李鴻章節制。李以宋慶諸營營安東，葦子溝，大東溝，大孤山各地；命依克唐阿軍長甸平安江，均以防鴨綠江者；又增加東三省及河南山西兵共五十餘營以厚國防。至於拱衛北京者，則有新集各省大兵九十五營，分駐於天津大沽山海關，營口，通州之間及派駐旅大之大同軍二千與天津徐邦道之拱衛軍五營。時日軍新組第一軍司令官陸軍大將山縣有朋，由義州渡鴨綠江。九月二十七日，進向九連東北之虎山，明日日軍暗渡江，我守兵不知也。虎山鎮守馬金叙者，非能戰之將，甫與日兵接即潰。會馬玉崑向九連來援，以金叙軍已走靉河，失聲援，爲日兵所擊退，仍回原駐地，虎山遂失。九月二十九日，日軍攻九連，安東，皆拔之。分兵進窺鳳凰城及大東溝。時宋慶守鳳凰，所部聞日兵至，多私逃者，故軍心甚渙散。及日兵已至，宋慶決以身殉，卒不敵。十月一日，宋部棄城走，日軍進占之。向大東溝之日軍，亦先後收大孤山及岫巖。岫巖四通之區，爲奉天要隘，聶桂林，豐陞阿擁兵三千守之，敵兵自大孤山來，進迫岫巖，射擊二時，宋慶鼓暮年餘勇，出其萬死不顧之力，究不足以挫敵兵屢勝之盛。而岫巖又敗。十一月十五日，日桂中將轉戰摩天嶺附近，占領析木城，海城各處。已而宋慶，劉盛休，馬玉崑率六十餘營自蓋平向遼陽，逼海城。二十三日，戰於缸瓦寨，日軍死者甚多，終不屈，我軍遂退牛莊，營口，而全勝無戰死者。日軍經此挫，頗有戒心，遂由第二軍撥乃木之軍，與第一軍合。十二月十五日，分三路進攻蓋平，戰甚烈，守將章高元負傷，提督楊壽山，副將李仁黨皆死之。蓋平遂陷。先是日將山縣有朋渡鴨綠時，其第二軍大山巖所部，亦由花園口登陸，十月十九日分三道迫金州，副都統連順，總兵徐邦道合兵禦之，不敵，棄城走。金州遂失。其明日日軍攻大連，不戰而下，蓋時和尚島大藍山之砲兵，已聞金州耗而遁也。二十日，日兵分三路攻旅順，其左翼擊崩我二龍山黃金山諸砲臺；右翼自椅子山，俯射旅順背面諸壘者，亦次第陷之。於是船局總辦龔照嶼逃芝罘，日軍狂歌入城，屠殺四日。敗報至北京，清廷大懼，起恭親王奕訢爲軍機大臣，任兩江總督劉坤一爲欽差大臣，總轄軍務。光緒二十一年正月二十六日，宋慶由營口窺太平山，以五十九營之衆，陳於太平山南北村及東西七里溝爲陣。三十日，姜桂題，宋慶自東七里溝退；馬玉崑亦自西七里溝率兵走，以敵砲猛烈，死傷過衆也。其時湖南巡撫吳大澂之新兵，先後抵牛莊，銳氣方新。二月初七日，日將桂太郎自西北，與保羅自東南，夾擊牛莊，魏光燾，李光久退自海城，與劉樹元之撫標十五營，任城東北防務，忽被日兵所包圍，失其退路，不得已仍入城扼街作戰，日兵多被狙殺。既而日兵縱炮爆裂民房，殘兵失所依據，悉散逃，牛莊遂陷。其後乃木攻下營口，日桂將率步兵三十一大隊，騎兵四中隊，於遼河東岸列炮擊田莊台，未三小時，而宋慶之六十餘營全潰，於是遼東半島，悉爲日軍所占領。

四　威海衛之役

旅順陷後，山東巡撫李秉衡與道臺戴宗騫，營威海衛西北防禦，而疏登州東南之防。日第二軍乘勢攻榮成灣，而圖榮成縣。十二月二十五日天大雪，守兵以敵必不至，急他走。副將閻得勝參將趙同發以爲大敵追迫，亦各望風潰。於是日兵不戰得榮成。光緒二十一年正月初五日，日右縱隊久間由柳家莊進軍，翌日曉抵狐山後，擊摩天嶺守兵而敗之。因據嶺頂砲台俯擊南岸諸壘，悉次第陷落。同日日左縱隊黑木軍亦先後取溫泉湯，鳳林集，虎口村，楊家灘各地。戴宗騫率諸軍遁走。正月八日，日左縱隊窺威海衞城，兵已先逃，日軍從容入城。威海衞失。其後休戰條約成，奉天，山東，直隸之戰事始息。

第四節　戰爭之結束

一　休戰條約之成立　旅順陷後，清廷以前敵屢挫，深慮之，因遣使議和，而數格於日本之拒絕不果。光緒二十一年二月十八日，李鴻章以全權大臣任和議事，自天津出發，二十三日抵馬關。會駐日俄英公使，均忠告日本政府對于中國要求不可過苛，日本政府懼歐美各國之將不利於己，乃急欲恢復與中國之和平，而定馬關爲兩國全權會見地。二十五日日全權伊藤博文，陸奥宗光，提出休戰約如左：

一、大沽天津山海關均歸日軍佔領。

二、右各地中國軍隊之軍器軍需全繳與日本。

三、天津山海關之鐵道，歸日本軍務官管轄。

四、休戰中日本軍隊之軍費，全由中國負担。

李鴻章以提案過苛，請暫置休戰問題，直言媾和事，伊藤博文則謂非先決休戰不可，事遂中止。二十八日，為三次會議，李鴻章仍執前議，被拒絕。其明日，李鴻章被刺傷左頰。訊傳各國，皆驚。斯時有獻策者，謂若以重傷為辭，使事中止歸國，任各日本激動各國，則日本必懼而讓步。李鴻章從之。日政府果懼。於三月三日，由陸奥宗光就李病榻，訂無條件休戰約如左：

一、奉天直隸山東三省，兩國海陸軍休戰。

二、兩國休戰軍隊，各保持原駐地，但休戰期內，不得出入現駐地之外。

三、兩國政府於休戰期限內，不得對於敵方準備進擊及增援兵，然非為現時戰地從事戰鬥之目的，而為新力之配布運送，則為無妨。

四、海上運送兵員軍需及一切戰時禁制品等，仍依戰時公法捕獲之。

五、休戰期間自本約調印之日起以二十一日爲限，卽以明治二十八年四月二十日，光緒二十一年三月二十六日之正午爲止。若期限內議和不成時，本約卽歸無效。

二　**馬關媾和條約之迫訂**　休戰條約既成，卽議和約。陸奥宗光出談判甲乙二案：甲，提出條件之全體，一時協議；乙，分條協議之。招李經芳自擇。〔經芳李鴻章之子〕李經芳請從甲案。三月初七日，日本全權遂致條約全案於李鴻章，以四日答復爲期。三月十一日，李鴻章草長文駁辯書，分朝鮮獨立，割讓土地，賠償軍費，通商利權之四大綱，按段答辯之。明日，清廷改任李經芳爲全權大臣，以李鴻章病不勝任，將礙和議也。然時距休戰期祇十四日。李經芳以割地償款事過重大，請再經兩國全權會商之後，提出回文。伊藤博文嚴拒之，謂「不幸談判破裂，六七十艘之運輸船，不難令載大軍向戰地進展，如此，北京安危，猶未可知？請熟計之！」十三日，李鴻章提出修正案，不獲許可。十九日，日艦三十艘運兵過馬關，向大連。二十日，小松親王等督隊次進。李鴻章準情電北京請示，覆電無所主張。是日兩全權爲六次會議，李鴻章不爭一語，悉如其要求，訂約十一款，其約分見他書，茲不載，而論其影響。案馬關條約之第二條台灣澎湖之割讓，及第四條之擴張商權，自由從事工業，皆非日本戰勝應得之利權，而清廷懾於兵威，悉含辱忍恥而與以文字之承諾，獨不顧其將來利害。蓋澎湖台灣之屬日，是與日本以扼制南海海利之機會，能挾此以制我者也。其通商通航及任意開設工廠三事，尤於後此中國經濟衰落，有所影響；因我國工業尚屬手工時代，不能與機器爭衡；日本既得設工廠之權，則不難使我國手工業完全破產。又我國國貨困於苛税，較進口貨之值百抽五者，價值恒昂，以故日貨得因價廉而暢售，國貨則少顧問者。凡此皆我國商業不振，手工業凌替，國民經濟無由發展之因也。然而當日清廷，又曷嘗念及之！

第二章 辛亥革命戰爭

第一節 武昌起義之役

一 戰爭之原因 我國自中日戰爭失敗，國人益信政府之不可恃，思有以推倒之。而自西曆一九〇八以後，土耳其之青年黨迫土帝去位，波斯之南方民族逐波帝離國，葡萄牙以海陸軍人之不平促成改變，墨西哥以梅特洛之野心，率叛軍而驅逐其大總統；犹愛士革命風潮，迭起環生，益足以引起我國人之奮興。於是孫中山創立興中會於廣東，鼓吹其主義，謀傾覆清廷。未幾而有史堅如謀殺總督德壽被戮之事。又未幾而有漢口唐才常之變，安徽大通之變，廣西鎮南關之變，雲南河口之變，且謀炸端方於天津者有吳樾，鎗斃恩銘于安慶者有徐錫麟：此皆辛亥戰爭之先聲，革命發生之朕兆也。且是時天災人禍，相迫而來，宜乎廣東之變方起于前，川省之事又繼于後。迨武漢事發，各省響應，革命旗幟，遂翹然高舉於國內矣。然此非彼攫此奪之混戰，英雄割據之互爭，而亦列之于戰史者，所以示其于革命史上實占重要地位，及革命必自流血始也。（其詳見拙著民國史及中華民國革命建國史（新光書店大同學會本）等）

二　**武昌發難**　革命黨人，散居南洋各埠，其舉事也，以沿海邊省為利。自一九一一年三月二十九日，在廣東失敗後，於是變計從長江流域入手。清廷亦知蘇皖鄂等省，均有黨人潛伏，密令鄂督瑞澂加意防範。自四月初旬以來，鄂省之防範革命黨者，至為周密。八月初九日，瑞澂接外務部密電，謂革命黨黃興聯絡黨人，約期十五十六兩日聚鄂起事，並與三十標步兵有同時策應之約。於是軍警各界，益密查，居民大恐，及期無恙，咸謂事已洩，戒備始漸疏。詎至十八日之夜，革命黨之形蹤，竟發現多處。督署內亦查出炸彈一箱。時瑞澂以為事不足定，欣欣有喜色；且疑新軍為革命黨，欲嚴行查緝，以鎮攝之。

時武昌有新軍萬三千人，悉隸張彪統轄，聞瑞澂之將不利於己，咸懷怨望。自端方入川，抽調移防外，所餘各營殆皆全體聯合反對官長，後經革命黨暗中運動，益躍躍欲試。十九日下午九時，工程第八營左隊營中忽有炸彈喧噪聲，督隊官阮榮發等出阻，即被擊殺；步隊二十九三十兩標殺斃管帶二人，排長一人，隊官一人。九時半，燬火藥庫，刼取子彈。十五標兵士，已同集大操場，與工兵聯合，悉運子藥於蛇山下關馬廠諮議局旁，即大呼趨督署，與防護馬隊互擊五十分鐘，馬隊不支，亦與工兵聯合，即分兵三處：一駐鳳凰山，一駐楚望台，一駐蛇山，各架砲轟擊督署。二十日總督瑞澂藩司連甲統制張彪，均棄城走。革命軍既起，尚未得一首領，衆議以黎元洪充之。遂改諮議局為軍政府，推黎元洪為鄂軍都督，前諮議局議長湯化龍為民政總長，更派人守藩庫官錢局，儲銀行，度支公所，財政處，於是武昌省城全為革命軍所佔有。旋又遣軍渡江，占領兵工廠，以供軍用。其時漢陽官吏，悉逃匿無踪：至是三鎮悉為革命軍所佔領。二十一日，有土匪焚漢口華界，軍政府立馳救，擒其衆，并申明保護外僑，各領事以革命軍無排外行動，因電詢政府，均得贊成，由是革命又被各國承認其為獨立團體。

三　各省響應　武漢居本部之中樞，扼長江之上游，革命軍得此，有高屋建瓴之勢；而各地黨人又皆以事有可為，宜乘機響應。于是湖南，陝西，江西，山西，雲南，安徽，江蘇，浙江，廣西，福建，廣東，奉天，或獨立，或舉兵，其隸於淸政府之下者，已無幾矣。茲將各省狀況，略舉如下：

先是長沙有新軍六百人，巡撫余誠格慮其爲亂，先分移駐醴陵。九月初一日，該兵攜砲入城，防軍將閉門相扼，不及，遂進圍撫署。余誠格逃。防軍總領黄忠浩領所部往擊，兵士不應命，且殺黄忠浩。事既定，卽舉副總領焦達峰爲都督，陳作新爲副都督，譚延闓爲民政總長，以諮議局爲軍政府。

陝省新軍原多甘陝人，及壽恩撫陝，奏調王毓江充協辦；王皖人也，新軍自是多南人。此種軍士素主張革命，及聞鄂省事起，乃於九月初一日，相率起義，先佔省城，未數日則渭南臨潼潼關皆爲所有。

江西九江府自武昌起事後，風聲日迫，至九月初二夜，果有響應之舉。五十五標一二營管帶與砲台守將徐世德聯合舉事，標統馬毓寶應之，淸吏悉逃。及總鎭楊福田與革命軍戰，不勝，於是湖口亦爲我方所有。未幾，省城南昌府之紳商學各界，于初十日焚萬壽宮，勒令馮汝騤交撫印。劉旣逃，乃舉吳介璋爲都督，治江西事。

山西新軍，久蓄異志，適陝西警報至，巡撫陸鍾琦擬令往陝邊截堵，及子彈餉餔給發後，乃軍隊全變，直趨撫署。時城中雖駐有滿兵，而向無子彈，事起倉猝，咸束手待斃。該軍又分一支由壽陽直奔井陘口，正定鎭守派馬隊往拒，始退守娘子關。旋陸鍾琦被殺，藩司王慶平爲都督。

雲南總督李經羲知軍隊之將變也，持先發制人計，命可疑軍隊於某日晨操，因繳其械。九月初十，標統蔡鍔率所部攻鎗砲局，繼攻督署，酣戰終日，至翌晨始勝。旋又佔蒙自，蔡遂被推爲都督。

江蘇之上海，爲通商大埠，且有製造局，固革命軍之必爭地。九月十三日，閘北巡警局火起，各巡士皆臂纏白布，與革命軍合。是晚道署被焚，其明日製造局亦不守。于是陳其美被舉爲滬軍都督，李平書爲民政廳長。未幾蘇州，松江，鎭江，均宣告獨立。

浙江省城，早思獨立，惟未發表。九月十三日，諮議局副議長沈謁巡撫增韞，請拆滿城營牆，編入漢籍，宣告獨立，增韞不允。次日有敢死隊自滬來，聯合浙軍八十一二兩標新軍，直攻撫署，增韞被擒。臨時督軍童訓出示安民。十五日改諮議局爲軍政府，舉湯壽潛爲都督，旗營被圍。已而旗軍以不敵降，紹興寧波湖州嘉興亦次第傳檄而定。

福州未發難之時，革命黨先草長文一篇，勸滿人釋械，不聽。十九日革命軍起，常備隊及青年會義勇隊等，聯合進擊旗兵滿洲街及將軍衙門，悉焚之，松督仰藥死。孫道仁被舉爲都督。其餘安徽廣東山東奉天，皆于武漢起事後，兵不血刃，而脫離滿政府之羈絆。當是時一夫高呼，應者四起，似其一切奮鬥，皆爲局部而無補於大局。殊不知此正足以張武漢之勢，分清廷之力，且見當日人民之趨向，知非革命不足以救國也。因將其時各省之戰事悉備述之，其不戰而定者，非本書之所載，略之而已。

第二節　民清兩軍之戰鬥

一　清政府之對付　八月二十日午後一時，武昌警報達北京。是日內閣總理聚謀於慶邸，徹夜未決。瑞澂電奏有「速派北兵來鄂，願粉身恢復」等語。二十一日有旨革瑞澂職，仍暫署鄂督，責以恢復省城。同日開內閣特別會議，以革命軍之志非尋常，決派兵前往。卽以陸軍大臣廕昌率近畿兵兩鎮赴鄂勦辦；又令薩鎮冰率海軍程允和率長江水師，卽日赴援。二十二日，廕昌請訓，詔以第六鎮全鎮第一第四鎮各派一混成協歸節制，分五日進發。第六鎮原駐保定，於是日應命赴豫，暫留守黃河鐵橋，以阻革命軍之北上。第一鎮原駐北京，第四鎮原駐永平馬廠，均先後起行。時豫督寶棻令豫軍兩營駐灄口，會同北軍前進。二十三日，廕昌之前哨軍隊，馳抵距漢口二十餘里之劉家廟。是日有旨，湖廣總督着袁世凱補授，並督辦勦撫事宜。廕昌薩鎮冰所統水陸各軍，着由會同調遣。二十四日，統帶官馬繼增率第二十二標抵漢口，駐江岸。二十六日，廕昌行抵信陽州，軍隊分段抵漢。海軍提督薩鎮冰亦乘楚有兵艦至，所統建安、建威、江元、楚豫、楚泰、楚謙各砲船，湖隼、湖鷹、湖鶚及辰宿各雷艇，咸開抵漢口江心下旋。當北軍之南下也有獻計於黎元洪者，請拆毀京漢路以阻其來。黎意以爲來軍必與革命軍聯合，不許。亦不遣隊迎截，故北軍得直抵漢口，而漢口遂爲戰場矣。至若兵事以外，清廷應付此次之變，亦可得而言之：兩方自接觸以來，雖勝負未決，而清廷則已洞知民意之所趨，非可以武力定者，於是有十六日停止進攻之諭，且囑劉承恩致議和書，書中分述清廷意爲四綱：一、下罪己之詔，二、實行立憲，三、赦開黨禁，四、皇族不問國政。其他所以慰民罪己之舉，皆未旬日而數見，然終不足以挽救者，素怨之所積，非一朝一夕之故也。

二　武漢之激戰　北軍既已南趨漢口，于是形勢日益緊張。八月二十六日，張彪殘兵約兩營，在劉家廟附近與民軍開始小戰。二十七日，北來豫軍及張彪陳得龍之殘兵共約一鎮，與民軍復戰，旋北軍避入火車而退。時觀者甚衆，有劉仁祥及鐵廠工人，譁呼拆路，咸應之，不踰刻則毀十餘丈。北軍去已遠，有頃忽又飛馳而來，至路斷處，車即翻倒，革軍伏兵四起，敵死者以千計。下午四時，北軍益以砲隊軍艦取夾攻勢，亦不勝。二十八日，都督黎元洪親督戰，派敢死隊千五百人，拂曉渡江，逕至劉家廟，奪槍甚多，時敵艦之助戰者，亦退駛下游。二十九日，艦隊復西上，乘兩軍戰于七里河，數施砲助戰，因受我兩岸夾攻，即下駛；敵陸軍亦以勢孤敗。三十日，兩軍又相持于三道橋，敵敗退灄口。九月初三，兩軍小觸于朱家河，初四戰于七里河，均互有損傷。初五日，北軍進攻江岸車站，前哨敗于一道橋。初六日灄口駐屯之北軍，向前進發，抵二道橋，民軍拒之，不利。北軍遂進至一道橋，乘勝占江岸及戴家山一帶。時泊于陽邏之兵艦，亦開砲助攻，民軍還射多不中，乃沿鐵道退大智門。下午又戰，北軍以野砲向大智門轟擊，更排列機關槍于鐵道。民軍分兩路應敵：一出跑馬場，一出日本租界後。劇戰有頃，民軍不支，遂失大智門。是役也，兩軍死者各近千人。是日，湖廣總督袁世凱授欽差大臣，職海陸各軍均歸節制；馮國璋領第一軍，段琪瑞總統第二軍，廕昌回京。初七日，北軍由大智門進，民軍據歆生路應敵，各相持不下。初八日，民軍李克果率湖南精兵三千，金長率武昌精兵二千，反攻大智門，北軍大敗，以援至免。是時北軍已有鐵路全線，得迅速進軍，砲馬隊駐灄口以北者，至是進駐劉家廟大智門一帶。時馮國璋亦抵漢。當晚北軍砲毀民房，於是跑馬場附近至街市全部悉爲北軍所有；惟市街內則仍爲民軍所據。初九日，北軍縱火焚華界民房。初十日，北軍之步兵分布于鐵路兩面，砲隊列陣于玉帶門、大智門車站附近，與華界民軍作殊死戰，北軍死三千五百餘人。十一日，北軍仍縱火，民房被焚數千間，革命軍盡入武昌。是日袁世凱拜內閣總理，督師如故。十二日，漢口火未熄，華界悉成焦土。十三日，革命軍黃興受總司令印。十四日，兩軍復戰，薩鎮冰之軍艦，亦在武昌下游助戰；革命軍數自青山發砲，北軍不支，退火車站。是日清廷有旨，令袁世凱所統各軍停止進攻。十五日民軍由鳳凰山砲擊大智門，敵死者甚衆，降四百餘人；旋復設大砲於跑馬塲，爲攻漢陽之用。十六日清廷致議和書，拒之。十八日漢陽武昌漢口三處，均劇戰，北軍漸退，舍大智門而去。十九日北軍千餘人，携大砲數尊由馬路至橋口，民軍自龜山發砲擊之，散其步隊。其後武昌漢陽兩處時砲擊漢口，遂毀其砲台。二十日，北軍圍漢陽，民軍還射，砲聲大作，傍晚始止。二十一日民軍以清軍擊射行人于招商局，因還射，清軍死傷甚衆。是晚，民軍游擊及漢陽黑山與龜山之砲隊，均猛攻清軍。二十二晚，漢口清軍攻武昌。二十三日，又攻漢陽，民軍還擊，毀其一砲。武昌鳳凰山與漢口龍王廟之北軍砲台，亦互相發砲，兩軍俱無所傷。二十四日，民軍偵知北軍內鬨，乘勢分三路渡江，清軍大敗，退歆生路。二十六日，民軍佔橋口。二十七日，民軍分兩隊攻漢口：一由黑山潛渡漢水，一由孝感攻其後。清軍不支，退大智門。其大本營之在劉家廟者，出大隊抵抗，民軍乃返漢陽。二十八日，民軍分三路進，混戰竟日，均無損傷。二十九日，戰頗烈，清軍水陸並進，終爲民軍所敗。三十日，兩軍互相遙擊而已。十月初一日，清軍砲攻漢陽兵工廠，民軍逆之，遂退。初二日，民軍佔梅子山。初三日，清軍持白旗僞作民軍裝束，佔雨淋美娘山，民軍迎之，各死千餘人。初四日清軍一鎮盡赴雨淋山，將以全力爭漢陽。雨淋山遂爲清軍所佔，旋又爲民軍奪回。初五日，兩軍戰甚劇。初六日，清軍佔黑山龜山四平山梅山，民軍退守武昌是役也，民軍軍官張某者受賄爲內應，故黑山龜山之砲隊，皆袖手觀，而地雷火綫亦被斷；又以在漢陽之湘鄂兩軍，微有意見，遂至不守。蓋自起義以來，失利未有勝於此者。至十三日則停戰之約成，兩軍遂各守其地不復相攻矣。

第三節　南京之戰鬥

一　南京之激戰　南京據長江天塹之險要，扼鄂皖蘇滬之交通，民軍之所必爭，而亦清兵所必守者也。清廷常駐兵于其間，且以旗兵協同鎮守。自武漢事起，總督張文駿即調集江防營分守要隘；又以各省新軍不可恃，因疑及駐寧之第九鎮，拒絕其給發子彈之請，且檄令移駐秣陵關，而以扼守南京之權，授之江防統領張勳。新軍固素懷革命者，至是益憤，遂連于十八十九兩日進攻雨花台，因子彈乏，未能獲勝，退據鎮江。適蘇浙滬所派會攻南京之兵先後至鎮，徐軍子彈亦由上海置配完備，遂公舉徐爲聯軍總司令。二十六日，由鎮江趨南京，皖粵桂三省亦派兵來會。初四日，與張軍戰于孝陵衛，占烏龍山砲台。初五日，佔幕府山砲台。初六日，復與張軍戰，敗之；遂進逼神策門，襲獅子山。初七日，佔孝陵衛獅子山。已分三路進攻。初十夜，佔領天保城。十二日，取雨花台，攻入南門太平門。南京遂爲聯軍所有。其隔江之浦口，爲張勳大本營駐紮地，民軍亦乘勝占領之，并分軍駐屯，以禦南下之清軍。

二　戰爭之結果　當兩軍酣戰于武漢時，袁世凱曾以清廷命令，遣員至武昌議和，事爲黎元洪拒絕。十月中旬，駐漢英領出爲介紹，日德美法俄等領事亦極意贊成，遂邀兩方代表會議于英領署，議定雙方停戰，討論和局。於是清廷派唐紹儀等爲代表，民軍亦舉伍廷芳爲國民代表。十月二十八日，兩代表團會議于上海英租界之市政廳，至十一月初一日，復爲第二次會議。伍代表始終堅持改設共和政體，要求清帝退位；唐代表知難磋商，卽據以電達內閣。旋奉決定頒布召集臨時國會議決政體之旨。於是復有初十、十一、十二、十三之會議。及四條之決定。詎十四日，唐紹儀得袁世凱來電：有『唐代表權限所在，祇以切實討論爲範圍……未與本大臣商明，遽行簽定』等語。于是和局爲之一變。至陽曆二月五日，始得袁世凱電告稱：已有權討論此事。適段祺瑞等四十二人，先日請清廷早布共和，以定大局，至是障礙悉去，優待條件既得正式磋商，且易于就範。至十二日而清帝退位之詔下矣。然在和議告成之後，復以勢事之牽制，讓政權於素與民黨爲敵之袁世凱；又借北方秩序正待維持，東北猶未一致之口實，以政府就總統于北京，終以釀後此數十年之軍閥割據，民權莫張，亦當時之失策也。

第三章　二次革命戰爭

第一節　戰爭之原因

一　構戰之遠因　袁世凱就總統職後，一切設施，多由己意，貪握大權，漸與民黨不睦。先是袁依約法提出唐紹儀爲國務總理，參議院通過。民元三月二十五日唐就職於南京。二十九日提出國務員十一人于參議院；討論結果，除梁如浩外，餘均同意。唐固袁氏同系，至是乃與孫文黃興宋教仁汪兆銘等意甚洽，旋加入同盟會，而與袁氏遠矣。其時袁以每發一議，出一令，必經國務院通過，方能有效，且時復駁回，深苦之。又唐與袁爲舊交，恒嚴詞抗辯，袁頗忌之。値唐提王芝祥督直，袁背約不許，而遣往南京解散軍隊；唐不署名命令，袁亦直交王拜領，唐大憤，于六月十五出京，不告而去。蔡元培王寵惠熊希齡宋教仁王正廷亦相率去職。二十九日正式任命陸徵祥爲國務總理，其用人以材而不論黨，大招同盟會之反對。民黨既失其勢力，袁益欲集權于一人，派袁乃寬赴武昌，因饒漢祥之進言，深與黎元洪相結納。旋諷黎主張軍民分治；黎除通電外，并以湖北爲天下倡。惟其時民黨方振武知其陰謀，倡言反對。

袁嫉之，乃授計於黎說方受蒙古調查委員職。誘抵京圖暗殺。於是各地民黨益知袁之不能奉法行公，思起而反對，爭戰之機遂伏于此矣。

二 構戰之近因 自陸徵祥任國務總理後，未幾亦稱疾不視事，政府乃以趙秉鈞代理之。趙秉鈞者袁世凱之心腹，而非民黨中人。時宋教仁首倡政黨內閣之說，及陸徵祥之超然內閣曾現，遂下野游說蘇鄂湘贛皖各省，恆道政府之短，宣傳己見。二年民選議員北上，宋在滬復與聯絡，結爲朋黨，招反對者之忌恨。其時五國銀行之大借款，適當進行，宋反對尤爲激烈。於是袁益恨之，乃謀於趙秉鈞。三月二十日宋在上海被刺，至二十二日而亡。後獲凶犯武士英，連及趙總理與內務部秘書洪述祖等。至是袁之排擠民黨益昭明于人耳目，而民黨亦與之不能兩立矣。

袁世凱將實行其專制政策也，先慮非有巨款，不足以供其一切設置，遂不得不恃借外債爲救急之方。元年九月十七日，財長周學熙提出向英，美，法，德，俄日六國銀行團借款辦法於參議院，因銀行團之條件大苛，未能通過，乃停止。至二年四月二十六日，政府與英、法、德、俄、日五國銀行團，定善後大借款英金二千五百萬鎊條約，僅咨國會查照備案；參衆兩院以未經國會通過，違法訂約，認爲無效，幷質問段祺瑞代總理。是時國會議員分國民黨進步黨兩大系，互相牽掣，不能開會。政府因之乃藉謂此次借款會經周總長學熙出席協商，取得國會同意。七月間又發現政府於四月二十日擅借奧款四百七十萬鎊，不令國會聞知，後經議員再三質問，始承認不諱。於是又提出彈劾政府案。趙秉鈞周學熙雖因是免職，而大借款案則無法挽救矣。當是時國民既怨政府之倒行逆施，弁髦約法，於是反對之聲如潮而起。此二次革命戰爭之所以不能避免也。

第二節 戰時之情形

一 北軍方面 袁世凱既偵知南方各省將起而相抗，於是爲先發制人計，派兵南下：令第六鎭總制李純率兵往江西，爲九江鎭守使，以監視李烈鈞；又以江西陸軍第一師師長歐陽武爲江西護軍使；又命段芝貴爲第一軍軍長，馮國璋爲第二軍軍長，同負南征之責。其時鄭汝成亦率兵赴上海。先是海軍自告奮勇，請宣佈獨立，由海道進攻津沽，及聞鄭師來滬，欲邀擊袁軍於海上，事爲黃克強所阻。不數日海軍遂爲袁氏運動成熟，開往煙台。袁氏既已于軍事佈置就序，乃遣孫寶琦李盛鐸東渡聯日。又利用大借款，購置軍械，補充兵餉，以應付異己者。此其於未戰前之佈置大略也。

二 江西軍方面 民國二年六月九日，江西督軍李烈鈞免職，旋第二軍軍長段芝貴分遣第六師長李純向江西，直至沙河鎮。七月七日，李烈鈞輕裝自滬返南昌。蓋依上海之決議也。先是民黨以袁世凱惡跡彰著，非討伐不可，因決議于上海，興師討伐。至是李即在都督府召集會議，誓師伸討，幷定名爲「討袁軍」。時混成團團長林虎首告奮勇，願任九江前敵指揮事。第一師師長歐陽武，第二師師長劉世均，贛南第四旅旅長蔡森均，電告整軍備戰。中華民國二年七月十二日，江西討袁軍總司令李烈鈞，發佈討逆檄文。時林虎所率，已調遣完善。十一日晚，排長禮文報告：敵軍步兵第二十四團團長張敬堯，已率全團至。十二日拂曉，北軍開始突擊。贛軍以一連應戰，大敗其衆，俘虜百餘人，及北軍援軍十二旅旅長馬繼增至，則贛軍已奏凱旋歸。是役奪獲槍枝四百餘桿，斃敵連長一名，排長五名，士兵二百除人，俘營副一。討袁軍僅傷士兵一人。

三　江西討袁軍之失敗　北軍失利後，仍驅重兵猛進，討袁軍亦不稍却，相持十餘日不決。後湖口要塞司令陳廷訓，暗與北軍通，於七月二十四日晚，令砲兵反擊，贛軍不及備，前後受敵，不得已棄湖口走。二十五日，北軍遂入據湖口縣。烈鈞引兵節節佈防，但要塞已失，無險可守。八月十八日，南昌陷。袁氏遂以李純爲江西護軍使，李廷玉襄辦江西軍務。方北軍之入南昌也，沿途姦虜，無所不爲。南昌富室，輒被指爲民黨，盡刼其財物。張敬堯所部，尤慘無人道，不及一日，贛民之死者以千計。

第三節　各省討袁之失敗

一　湖南方面　江西揭戈後，各省多繼起討袁。六月二十五，湖南都督譚延闓亦宣佈獨立。袁氏鑑於時局之日益緊張也，因命郭人漳赴湘查辦，旋疑郭性反覆，終不爲己用，復派海軍次長湯薌銘往副之。郭未抵湘時，湯薌銘已先至，進駐湘潭。未幾，卽將湘軍完全解散。及湯抵長沙，城中人尚未及知也。不數日，郭所部亦繳械。湖南以不戰定。湯固袁之心腹，素嫉黨人，至是乃竭力嚴緝，凡稍涉嫌疑者皆殺之，計先後坐黨錮死者，以萬計。

二　福建方面　自李烈鈞駐兵湖口，宣布討袁，南方各省，莫不先後響應。七月十八日廣東獨立，福建師長許崇智亦繼之而起。時閩督孫道仁猶存觀望，以未可擅動爲言；許迫之，孫不得已，乃表示加入討袁軍，然固未嘗有所舉動。未幾，袁世凱派岑春煊爲宣撫使，使解決閩事；繼恐非武力則不及，復命海軍總長劉冠雄率艦隊往。許崇智出走，以岑春煊維持暫時秩序。福建定。

三　安徽方面　安徽督軍柏文蔚免職後，鑑於時變之已迫，袁世凱之必去也，乃乘蘇督程德全進兵淮北時，於七月十七日入安徽以響應之。惟時師長胡萬泰爲袁世凱所誘，因反戈相向，深夜調集所部，圍攻督府。柏文蔚不及備，幾死，出走蕪湖。胡萬泰聯合海陸軍，大舉進攻。柏文蔚以力薄，慘遭失敗。後胡萬泰恃功邀賞，與袁系將官倪嗣冲不睦，被解散褫職。

四　南京方面　七月十五日，黃興據南京，組織革命軍，宣佈獨立，進兵淮北。蘇督程德全走上海。至七月二十五日，袁軍得湖口之日，程通電謂「南京獨立，係黃興及第八師師長陳之驥所爲。現已另刊關防，召集水陸軍警，議圖恢復云云。」時上海討袁軍，因受外人干涉，司令部被解散，全部勢力均已消滅。南京之聲援既絕，馮國璋張勳乃各率大軍沿津浦路南下。黃興于袁軍未至時，即已先遁。陳之驥亦取銷獨立，以師長名義，維持南京秩序。時七月十九日也。八月十一日，何海鳴重組討袁軍于南京，與張馮作殊死戰者累十餘日。九月一日，北軍復大進，何兵士疲乏，不能再守。南京遂爲北軍攻破。攻城之先，張勳曾下令：城下之日，許大掠三日，以爲獎賞。至是城內居民，無論貧富，未有倖免者。

五　廣東方面　七月十八日，廣東都督陳炯明與胡漢民宣布獨立，旋即擬出兵援贛。惟時廣西督都陸榮廷及巡防統領龍濟光，均極端擁護袁世凱。陳受其牽制，以故不能出一兵助贛。袁世凱乃乘是時，密令龍濟光率兵圖粵，事成則以粵督爲報酬。值粵軍不服陳炯明，因復遣人從中運動，已而陳軍果譁變。龍濟光乃長驅直入。陳逃香港，龍濟光乃入廣東，旋被任爲都督。

六　上海方面　陳英士在上海計劃討袁時，適蔣中正張羣自日本歸。陳英士大喜，即與蔣中正商議進行。張羣主張先攻海軍，蔣則以兵工廠爲軍隊命脈，宜先取，英士贊成之。時有團長陳姓者，反對獨立，惟該團兵士原係蔣於光復時所練成，後蔣將遊德國，則以張羣率之，旋張羣又赴英考查工業，因移交陳某。至是兵士見舊主歸來，均願受指揮。于是蔣率駐滬陸軍，擁陳英士爲討袁軍總司令。先是袁世凱派遣海軍中將鄭汝成，領警衛軍一千三百名，駐守高昌廟兵工廠；海軍總司令李鼎新率黃浦江軍艦，協同保護。陳英士既已獨立，則屢勸鄭汝成讓兵工廠，鄭拒之。陳乃命蔣中正率所部，及鈕永建之一團分道進攻，相持竟日，「討袁軍」以子彈接濟不及，敗。其後迴兵攻吳淞，亦因衆寡懸殊，不能勝。同時，四川方面之四川陸軍第三師師長熊克武于八月四日，組織討袁軍。袁世凱派兵自鄂進。熊克武勢力薄弱，致被擊敗。

第四節　「討袁軍」致敗之原因

一　戰前之失計　袁世凱之叛行既露，于是民黨諸人悉誓去之，以保民國。因有上海會議。時孫中山發表兩大主張：一，速戰；蓋當時袁世凱手握大權，令由己出，行動極爲自由，欲求勝之，惟出其不意，攻其不備，先發制人之一策；且當時宋案鐵證，已經宣佈，全國人心，激昂達於沸點，正可因時應勢，以億萬人誅一夫。二，聯日；日爲我近隣，助民黨則民黨勝，助袁則袁勝，故聯日以孤袁，實爲上策。惟其時黃克強等，均非其議，妄冀法律解決。後李烈鈞免職令下，袁先遣南征之兵，不近月而事以平，可謂善乎先制者矣。而同時孫寶琦李盛鐸銜袁命赴日結好，亦若明者有不殊之見。惜當時民黨諸人，不能與孫中山同心共濟，終以致于敗也。

二　志意之各殊

當戰事結束後，民黨諸人，悉匿身日本。方其相對噓唏，豈若甚悔其應戰之失策者。其實使袁坐大，得以武斷中原，悉由民黨諸人志意各殊，力量不集中也。孫中山在兩大主張失敗時，曾憤言：「國會口舌之爭，法律又無抵抗力，各省督軍亦多屬袁氏私黨，非訴諸武力，則不能以靖時難。」因電令廣東獨立，起軍討袁。而黃克強等，則通電反對，廣東遂寂然不動。孫中山不得已，又命陳其美先在上海獨立，事又爲黃克強所阻，以爲據數里之地以抗敵，猶執卵投石也。旋海軍自告奮勇，願由海道進攻津沽，孫中山然其策；克強等則堅持須海陸幷起之說以難之。其後李烈鈞據湖口，粵陳不能出一兵以相援，何海鳴再入南京，亦以上海失敗，孤立無援，失守；至於湖南，福建，安徽，四川，非不應聲而起，然皆各自爲謀，不能一致。故以六七省之地，數十萬之衆，俄頃瓦解，良有由也。

第五節 戰爭之結果

一 民黨之失勢 自宋教仁被刺及大借款問題發生後，各省反袁之意，均已成熟。及六月九日，李烈鈞免職令下，民黨諸人尤奮激非常，因取決然手段，先後運動獨立，并組「討袁軍」以反對之。然自七月七日江西獨立起，至九月一日止，歷時僅兩月，而起義各省均次第失守，爲袁世凱所克復，第二次革命遂完全失敗。袁由是借搗亂爲名，宣佈國民黨罪惡，思一洗而盡之。先是國會成立後，即擬先制憲法，後舉總統，乃政府派之進步黨議員，則主張先舉總統，後制憲法，事爲民黨議員所反對。適二次革命失敗，民黨大受打擊，又主張速議憲法，以立共和之基礎，而抑袁氏野心。時袁恐憲法不利于己，遂爭憲法公布權，國會置之不議。袁又派員參加憲法會議，國會拒絕之。至是袁氏通電各省軍民長官，謂民黨議員干犯行政，欲圖國會專制，并取銷國民黨議員資格，追繳其證書及徽章。其時各省，亦以討袁軍失敗，仰承袁意，凡有嫌疑者均誅之。如湖南之湯薌銘，實爲巨擘。由是國民黨遂全失其在政治上之勢力矣。

二 政治獨裁之造端 始袁世凱被舉爲總統時，則爭建設政府于北京，蓋以北方實爲其勢力之所在，易於逞其私意以壟斷一切。其素所蓄固如此者。及既就職，則發一議，出一令，必經國務院通過，方能有效，又時被駁回，殊感不便。遂有促成內閣解組之舉。其後向五國銀行大借款，又屢格于國會不能行，袁至是益不快，亟思去其一切障礙以暢其意。方是時民黨建設於軍事上政治上之勢力，尚未全消，且議員中尤多其份子，在在足以牽制之。故袁之行動，雖常越軌背約，然猶有所畏。俟二次革命失敗，民黨已失其勢力，袁于是肆行不顧，將締造民國之元勳——國民黨，實行解散，旋又命令停止兩院開會，使國會無形消滅。自茲以後，袁氏自信中國可以武力統一，政治可以獨裁，如壓迫投票，免強中選，以中央政治會議代表國會之非法行動，苟可以利己者，莫不毅然行之而不顧。故二次革命失敗之結果，非惟民黨受其摧殘，亦袁於政治獨裁之造端也。

第四章　帝制戰爭

第一節　戰爭之原因

一　**屬于過去事實者**　民黨自二次革命失敗後，益知袁世凱之不可恃，非去之則不足以實澈其以主義治國之主張。故自中華革命黨成立後，孫中山常分遣同志散往內地，宣傳主義，組織民衆，進行再舉。而是時袁氏則恃一勝之威，以爲中國固可以武力統一，專制不難于實現。於是大爲不道：始則暗藉其同系軍閥，解散國民黨，繼則承認各省之非法請求，停止兩院開會。雖謗議充塞全國，毀語起于同派，不顧也。旋又壓迫投票，以武力達其當選目的，民意機關至是摧殘盡矣。原辛亥革命，其意非僅在排滿，實外應潮流，內求平等，廢君主專制，爲共和立憲。今袁世凱所爲，乃大與此初意背，此民黨之不得不聯袂奮興，以去其實行主義之障碍物也。

二　帝制之實現

袁氏既醉心專制，又深信中國之易以武力定，於是由其政治獨裁之思想，進而爲天下家有之奢望。方是時公府顧問美人古德諾氏，忽著共和與君主論，末言中國適用君主制，帝制說遂因之而起。又有楊度孫毓筠者，亦暗受袁世凱意，發起籌安會，討論民主君主之利弊，幷請各省派代表參加。十月參政院議決召集國民代表會議，組織公民請願團。旋籌安會改組爲憲政協進會。梁士詒又發起請願聯合會。段芝貴更聯絡各省長官，呈請早日變更國體。十二月十一日國民代表投團體票，多數贊成君主，衆頌揚袁氏功德，請參政院推舉之，參政院根據國民代表投票結果上表勸進。袁乃達其最後目的。在帝制未實現之前，民黨已深嫉袁世凱，思起而討之，然無可乘，以故隱而不發。自帝制說興，南方輿論，多示反對，於是雲南起義，遂為各省首倡矣。

第二節　雲南之護國

一　雲南獨立前之情形　民國初元蔡鍔任雲南都督時，深得民心。袁世凱知其堅忍卓絕，甚忌之。故于剪除民黨各督後，即電召蔡松坡進京，而許其以貴州都督唐繼堯繼任之請，當蔡松坡去滇時，曾囑唐繼堯韜光隱鋩，靜待時機。後帝制說興，蔡松坡乃自日本遣王伯羣回滇，并遺計畫書于唐。書達，唐即開軍事會議，討論北伐事，僉願效死。十二月十七日，李烈鈞奉孫中山命，偕方聲濤，龔振鵬，秘密抵昆明。次日，唐邀雲南軍官師長張子貞劉祖武及顧品珍羅佩金趙復祥黃毓成楊蓁董鴻勛鄧泰中，與李烈鈞等三人討論進行方法于忠烈祠。議決四項：一增加兵力，二籌劃軍費，三補充軍械，四兵隊調遣。然是時適接北京陸海軍統率辦事處電云「……迭據探報有亂黨重要人入滇煽亂情形頗顯……倘有亂黨赴滇……准唐繼堯以全權便宜處置」等語。唐恐事洩禍生，乃遣劉祖武候蔡松坡于途，已而探知袁世凱果派阿迷縣知事張一鯤暗謀殺蔡，遂置張一鯤於死。此獨立前之大概也。

二　獨立時之情形　先是唐繼堯之不宣佈獨立者，蓋待蔡松坡之回滇。十二月二十日，蔡偕戴戡劉雲峰殷承瓛楊益謙由劉祖武護送抵昆明。次日即會議，蔡松坡報告：「外交緊急，民情興憤，國脈已中斷，首義殊未可緩。」衆人無不感慨激昂，請即日宣布。二十四日復會議于將軍府，與會者五十有二人，議決致電政府，請速取銷帝制，殺楊度等十三人以謝天下。二十六日，唐將軍繼堯正式宣布獨立，被舉爲都督，以中華民國討逆軍名義檄告天下；旋改討逆軍爲護國軍，舉蔡鍔爲護國第一軍總司令，李烈鈞爲護國第二軍總司令，唐繼堯爲護國第三軍總司令。

三　軍備之大概　十二月十八日，忠烈祠會議結果，首重增加兵力。蓋原有之兵，不足應付，非盡力擴充不可。前雖添練警衛軍兩團，并令測繪學生改入講武堂肄業，爲招兵時幹部及下級軍官之用，而仍感不敷。因復召集退伍兵士，并徵募新兵，出示招考投效及賦閒軍官，派人招致陸軍學生，以備編制。至查其兵士數目：即除舊有陸軍二師，警備隊五十營外，加以新募之兵，已足編二十團之數，其招回退伍兵士，亦足編混成三旅，益之各縣保衛團，保商營，總數實爲三萬一千四百人。又軍械方面，其舊有軍械，可足五師人戰時三年之用。反帝制之前，由騰越運入之軍械，足供四師人五年之用；加之雲南兵工廠日夜趕造，每日可出新式槍五十枝，子彈五萬顆。故軍械實無供不應求之虞。然此據當時雲南護國軍軍械部函致香港某報之所述，未必不佔虛稱。編者按忠烈祠會議議決之第四條載：「前曾借秋操及防邊爲名，派軍需正繆嘉壽携八十萬元赴日本購械，仍恐不敷，應加派趙伸再携款赴日，幷電請日本同志就近設法多辦。各縣原存保衞地方之槍械彈藥，應借淸釐修配爲名，撥數解省。省中軍械局存械，即日整頓，兵工廠應即加工趕造。」似此，則當時軍械，頗患不足。

四　**軍隊之調遣**　雲南宣佈獨立後，唐繼堯即撤銷滇巡按使名義，旋命任可澄戴戡爲左右參贊；第一軍總司令蔡鍔率第一梯團長劉雲峯，第二梯團長趙又新，第三梯團長顧品珍，支隊長鄧泰中楊蓁董鴻勛何海淸祿國藩朱德，及參軍長羅佩金，向四川出發，分取瀘州重慶；第二軍總司令李烈鈞率第一梯團長張開儒，第二梯團長方聲濤，軍參謀長兼義勇軍司令何國鈞，支隊長盛超榮錢中開朱培德楊益謙，及軍參謀副長成珖直趨南寧會同桂軍分取湖南廣東；第三軍總司令唐繼堯坐鎭雲南，令先遣隊長徐進，及第一梯團長趙鍾奇，挺進軍司令黃毓成，支隊長華封歌李植生，及軍參謀韓鳳樓隨軍參贊戴戡王伯羣出貴州取湘西；又任由雲龍爲秘書長，庾恩暘爲軍政廳長，張子貞爲參謀廳長，陳廷策爲民政廳長，籍忠寅爲財政廳長，丁兆冠爲司法廳長，唐繼禹爲警務處長；又設禮賢館招待各省志士。此其軍隊調遣之大致，內部布置之概觀也。

第三節 貴州之獨立

一 貴州獨立前之情形 貴州劉護軍使顯世，本滇督舊屬員，雲南未宣布獨立時，則已與黔省聯絡。旋黔以設備未週，擅動必自禍，而北京來電亦謂滇軍若不道出黔省，北軍亦不入黔，劉遂按兵不動，且詐電袁政府，具言督師攻滇，缺乏軍餉，請即撥發，以便進攻。袁恐拒之必激變，又未察其詐也，許之。其實劉止慮軍款支絀，故出此詐策，初非誠意也。始黔人聞北京電訊，曾請于滇，繞道北伐，後探悉討逆軍所過秋毫無犯，遂歡迎之。旋于一月十九日決定宣布獨立，并舉劉顯世爲都督。一月初旬，滇軍抵貴州者，數達二千。二十七日以前，戴戡復與劉議決進行事。二十五日，滇軍第一軍總司令蔡松坡率兵行抵貴陽。而袁氏款亦于是日滙達。至是劉乃無所顧，於二十七日正式宣布獨立。

二 獨立後之形勢及其軍力 貴州地處西南，以其財力言，實較內地各省爲小，又非有交通之便，地勢之險，以故兵家鮮言之。然以其非必爭之地，故官是土者，恆無庸亟亟於軍備。自民國以來，戰事多肇于西南，貴州之地位，始稍形重要。而此次討袁軍之勝利，則獲助于貴州者，尤不少。蓋滇軍之戰略，在一出四川，據長江上游，以制南方各省；一由湖南，進窺鄂境，以與自四川出者取犄角之勢。然皆須假道于黔，使一旦不幸而梗塞，則非特無以言進取，且將陷于欲守不能。故滇軍先與黔聯，袁氏縱威以兵，旋又以金錢餌之。其後袁軍以失黔故至步步失敗，使桂蜀湘等省大受其牽制；而滇軍則不惟易于進退，且獲其兵力之援助終以不敗。一舉足而形勢殊，亦可見其當時所處地位之輕重。貴州兵力原薄，總計一萬二千一百人。——第一師五千五百人各地警備隊六千六百人。此外雖有飛機大都不堪用者，以之助戰或無補於事實。獨立後，劉顯世以都督兼領貴州總司令官，分遣所部，一出湘西，一出四川，均與滇軍取犄角勢。

三　**滇黔軍政府組織及兵力總額**　滇黔出師時之調遣，已詳述于上，茲爲便閱者考查，復將其軍政府之組織及兵力之多少表析於下：

甲　滇省軍政府之組織及軍隊編制

都督唐繼堯。

總參謀長張子貞。

參贊陳榮昌任可澄。

參議趙藩籍忠寅。

護國第一軍總司令官蔡鍔，總參謀長羅佩金。

第一梯團司令官劉雲峰，參謀長張壁。

第一混成支隊長鄧泰中，第二混成支隊長楊蓁。

第二梯團司令官趙又新，參謀長李伯庚。

第三混成支隊長董鴻勳，第四混成支隊長何海清。

第三梯團司令官顧品珍，參謀長王秉鈞。

第五混成支隊長祿國藩，第六混成支隊長朱德祿。

第四梯團司令官戴戡，參謀長李雁賓。

第七混成支隊長熊其勳，第八混成支隊長王文華。

護國第二軍總司令官李烈鈞，總參謀長何國鈞。

第一梯團司令官張開儒，參謀長成珖。

第一混成支隊長盛榮超。

第二梯團司令官方聲濤，參謀長李炳榮。

第三混成支隊長黃永社，第四混成支隊長馬爲麟。

兼第三梯團司令官何國鈞，參謀長馮家驊。

第五混成支隊長林開武，第六混成支隊長王錫吉。

第四梯團司令官馬文仲，參謀長馬建綱。

第七混成支隊長王鴻順，第八混成支隊長任聯奎。

兼領護國第三軍總司令官唐繼堯，總參謀長庾恩暘。

第一梯團司令官趙鍾奇，參謀長徐進。

第一混成支隊長華封歌，第二混成支隊長李植生。

第二梯團司令官韓鳳樓，參謀長吳震東。

第三混成支隊長吳傳聲，第四混成支隊長彭文治。

第三梯團司令官黃毓成，參謀長葉成林。

第五混成支隊長楊杰，第六混成支隊長葉成林兼。

四梯團司令官劉祖武，參謀長歐陽沂。

第七混成支隊長楊體震，第八混成支隊長李友勳。

兼第五梯團司令官庾恩暘，參謀長林仲鏞。

第九混成支隊長唐繼禹，第十混成支隊長趙世銘。

第六梯團司令官葉荃，參謀長吳和宜。

第十一混成支隊長馬驄，第十三混成支隊長鄧壎。

乙 貴州軍政府之組織

都督兼領貴州護國第一軍總司令官劉顯世，參謀長周儒，軍務長周敏時，軍需長姚景崇，軍法長周浚溥，軍醫長吳保祿，軍械長王文華，師長黃毓成，獨立旅蘇謙。

丙 滇省兵力

總計二萬一千四百人：第一師三千五百人，第二師三千二百人，騎兵旅一千八百人，砲兵旅一千七百人，各地警備隊四千二百人，新募軍七千人。

丁 貴省兵力

總計一萬二千一百人：第一師五千五百人，各地警備隊六千六百人。

第四節　廣西之獨立

一　廣西獨立前之情形　陸榮廷自光復時，即領握全桂，袁世凱對之，高官厚爵，以爲羈縻。以爲陸出身草澤，舍富貴外，當無其他思想。詎陸亦不甘後人者，雄據南寧，頗欲乘時而起。滇黔發難，即先後使人往說桂督陸榮廷，陸深納其意，但以財政支絀，請遲以待，幷遣使入滇報命，與謀大計，於是三省幷擧之說，洋溢國內。袁世凱諜知其狀，卽令龍覲光赴桂，藉口相援，俟桂軍離南寧而襲之。先是陸榮廷嘗以獨立事謀於粵，龍沬許可。洎龍覲光假道入滇，知不可拒，乃戒其少率士卒，多携餉械，蓋將圖之也。適時黨人環伺粵省，頗須戒備，故粵軍之入桂者，僅四千人，不能有所爲。袁世凱以計之不成，乃變其謀，令陸榮廷攻滇，而許以百萬元軍費，以羈縻之。時廣西巡按使王祖同，密電北京，謂陸離南寧，桂將生變；龍覲光亦以爲言。故袁僅給以所求之半，而疑陸愈甚。先是陸以子裕勳質于京，充袁氏侍衛武官，至是恐遭不測，因迭電袁政府，請令其子歸，以侍病爲言。旋裕勳被害于漢口，陸憤甚，謀益決。又其時南寧百色之龍軍，亦被先後繳械。時機既迫，陸乃於三月十五日，正式宣布獨立。

二　獨立後之影響　雲南獨立後，袁世凱所擬出征計劃，原分三路：以借道騰越爲最上，取道廣西次之，取道四川又次之；其後假道騰越，既爲法人所拒，于是勢必以廣西爲進兵地；袁氏之使龍軍入桂也，曾遣精銳軍士四千八，派陸軍第二旅第三團團長李文富爲先鋒，虎門要塞司令黃恩錫爲前敵司令，先後率師出發，期在桂邊之百色鎮取齊，再分道入滇。一月三十日，龍覲光至南寧，旋令將新舊各軍八千人分作五路，令先鋒李文富以千五百人出百色攻滇之剝隘；司令黃恩錫以千五百人出廣南，劉洪順統之，令張耀山呂春倌各率二千八，作第三第四隊，爲前敵兩路後援，令長子龍體乾統之；另遣朱朝英率兵千人，直擾黔邊，以阻援滇之黔軍：均於二月二十日出發。當此之時，滇蓋岌岌可危，而不料馬濟之游擊隊，與滇合作，遂使龍軍全潰；而袁氏之第二步計劃，至此亦完全失敗。厥後袁不得已，專從事四川，則已成腹背受敵之勢，而不可爲也。故桂省獨立，實與當時有絕大影響。

三　軍隊之調遣　距獨立一月前二十四日，陸榮廷召集部下將領陳炳焜等二十餘人，開秘密會，決計獨立，幷發動員令，旋以受袁政府貴州宣撫使命，陸遂由南寧移駐柳州，以示攻黔；實欲取道桂林，踰都龐嶺，而進窺湖南永州。及獨立後，龍覲光陳兵封川，力圖拒抗，不可以和平下。而粵之與桂，又利害關繫切近，不能緩視。陸乃統帶三十營東指，下柳川入潯江，於二十二日抵梧州，以廣西第一師第二旅旅長莫榮新爲先行，韋榮昌沈鴻英林甫田諸人均歸陸自指揮，以臨肇慶；遣第二師師長譚浩明，卽日直趨欽廉，命秦步衢率步兵第一師第一旅及礮兵一營由桂林拔隊北上，出湖南永州，與佔領寶慶之黔軍會合，進取衡州；而以陳炳焜護理都督，駐南寧策應；以第五混成旅分駐慶遠泗城百色太平等屬；幷電雲南護國第二軍總司令李烈鈞及方聲濤張開儒東出會師北上。而廣東之欽廉，聞譚浩明率大兵至，卽於二十八日由道尹馮相榮宣布獨立；欽廉鎭守使隆世儲亦于翌日在北海應之，由是陸氏之兵力益厚。

第五節　廣東之軍事

一　潮陽之起義　廣東軍事以潮汕獨立爲先。駐潮陽團長莫擎宇，起義計畫既定，卽於三月二十六日，由潮陽赴潮州，以所部劉陳兩連，直趨潮安縣。時駐汕頭潮梅鎭守使馬存發聞潮報，卽派朱瑞華藍揆芳兩警衛軍率兵駐浮洋；又派其子馬騰驤及營長馬開運率兵赴潮州，至楓溪與莫軍雷邦榮遇，馬軍敗求和，會議于陣前，馬衛隊乘雷不備，擊斃之，雷軍怒，復戰，馬回走汕頭。而朱瑞華藍揆芳，旋亦獨立。未幾警衛軍統領劉國楨亦附莫，馬以勢孤逃。全潮旣統一，于是公推莫擎宇爲護國軍廣東潮梅總司令，民國五年五月三十日宣佈正式獨立。

二　欽廉之獨立　欽廉鎮守使隆世儲，駐廉州，道尹馮相榮，駐欽州，而首議舉事者，則爲馮相榮。自帝制發生，黨人黃明堂，在欽邊屢圖起義，皆未得手。迨桂省獨立，陸榮廷函勸馮贊同，馮慨然許之。欽廉唇齒相依，馮既決計，隆不能獨異。故廉欽於三月二十八日同時宣佈獨立。廉欽爲兩廣接壤要地，兵備不可不充。故獨立後特電商廣西陸督派兵十營防守。蓋以地勢論，欽廉較潮梅關繫尤大，兵備亦視欽廉爲着要也。

三　龍濟光窮蹙之獨立　桂省獨立後，所急欲解決者，爲廣東問題。故陸督榮廷於三月下旬，集其兵力於梧州，迫欽廉潮汕同時響應，各屬亦環謀進討。龍濟光財源已絕，孤立勢成，而其時各方之威迫亦日甚一日，龍不得已，遂一面協商中立，一面密與蔡乃煌電袁政府，速派勁旅赴粵協防。電達，袁世凱即命駐滬第十師馳援，事爲旅滬粵人偵知之，因請龍殺蔡乃煌以謝，并警告招商局勿運北軍禍粵。四月四日，寄碇省河之寶壁江大兩艦，忽爾駛去，軍隊中亦鼓譟，有高懸旗幟，上書「候龍濟光張鳴岐宣告獨立」字樣者。龍濟光知民怒已甚，旦夕待發，因電北京請示辦法，袁以「獨立擁護中央」六字覆。四月六日下午三時，粵省官紳士商會于觀音山，舉龍濟光爲都督，即宣布獨立。

四　民軍繼起之奮鬥　龍濟光雖已獨立，而猜防民黨之心如故，故粵中民黨，如胡鼎男胡漢民，朱執信鄧鏗等，皆先後文佈其要求龍氏去位之主張。其以實力相抗者，則爲護國軍攻城司令魏邦平。先是魏已馳艦抵海珠，適龍濟光宣布獨立，魏亦以保全人民生命財產計，因按兵不動。及獨立後，龍拒絕外軍進城，魏遂迭電勸龍離粵；旋又詢其獨立之眞像，限三十分鐘內回答，否則以武力對待。龍僞辭緩之。數日，賓璧艦與段爾源及陸上濟軍戰於河口；濟軍死數十人，沉沒長龍十餘艘。而朱執信亦攻奪新寧梁城。龍部香山司令袁達亦以與民軍巡船啟釁陣亡。是時江北之起義者，仍日有所聞。四月十二日，龍濟光特會諸將于觀音山，賀文彪趙越李文運潘斯鎧梁金文等與之。結果仍以武力對待民黨。其後迭經陸榮廷梁啟超調和，龍乃承認下列五款：一廣東暫留龍濟光之地位。二設臨時都督府于肇慶，以岑春煊爲都統，三，蔡乃煌處刑，四，實行北伐，五，地方民軍之騷擾，候岑入粵後綏撫之。自是兩廣妥協既成，而奉岑春煊爲都司令之議亦起，粵省至此，始略息戰事。

第六節　浙江之獨立

一　浙江獨立前之形勢　浙江獨立，其情形略與廣東似：蓋半出于一部分軍官之自動，半由于民意之促成，絕未嘗取同意于當時執政者。當辛亥首義時，浙江軍隊，曾轉戰金陵，以勇敢著。及帝制問題發生，此輩即躍躍欲試。而其時朱瑞以志在富貴，屈映光亦欲媚袁求榮，故于籌安事起，則首上稱臣之電，更不惜大違民意以制壓之。惟時浙省高級軍官，如旅長童葆煊，警備隊總司令徐樂堯，外海水上警察廳長王醉卿，皆浙省軍官中之素明大義者，即警察廳長夏超，內河水上警察廳長徐則恂，亦皆矢心皎皎，謀起義之人物，力足以抗朱〔瑞〕屈〔映光〕。朱瑞自知為異己軍民所憎恨，遂盡調其舊部，分駐城內，更從海鹽添募四連，并于四圍深溝高壘，集所有機關鎗以自衛；更電調北兵南下，大有犧牲浙省之意。以此促成一般人之恐慌，軍警兩界謀獨立益切。

二　**浙江獨立時之情形**　桂省獨立後，民黨要人，即相率自滬入浙，運動軍警，慫恿旅長童葆煊，警察廳長夏超，水上警察廳長徐則恂密商，迨粵省獨立，於是童葆煊夏超諸軍官，連日開軍事會議，要求朱瑞獨立。朱瑞不得已，乃聲稱中立。已而，金華林獻計于朱瑞，擬召童葆煊夏超入署殺之，謀洩不成。童以事機益急，即于四月十一日，密派駐南星橋二十四團一營，先占城隍山以攻督署。至夜四更時，被駐屯錢塘門砲兵團長張國威所偵悉，迫令砲兵射擊；而守砲兵士，已表同情于民軍，不應命。時民軍已進迫錢塘門，張國威遂逃，而駐昭慶寺之砲兵亦同時攻將軍署，敢死隊遂乘機直入，朱瑞剃鬚易服踰牆而遁。參謀金華林不知所往。頃之，事大定，童夏即會集各長官及民黨要人於屈映光宅，推屈爲臨時都督，童葆煊爲總司令。十二日，正式宣布獨立，繼之者，有旅長周鳳岐，浙江外海警察廳長王萼宣，嘉湖鎭守使呂公望，台州鎭守使張載揚。旋屈以行動曖昧，激怒軍民，于五月五日自請辭去，於是乃舉呂公望爲都督。

第七節　湖南之軍事

一　望雲亭之獨立　湖南爲三楚屏蔽，護國軍得之，可以驅馳中原；又素爲民黨產地，故黨人謀之最急。黔軍入湘，袁世凱前後遣兵防禦，不下四五萬人，黨人雖欲有所圖，終屈于兵力過厚；即湘西羅劍仇之游民軍五六千人，亦僅免于敗耳。二月中，黨人襲擊將軍署潰敗，死者甚多，愈憤。會袁軍之在湘西者，敗耗日至，而桂粵秦浙相繼獨立，桂陸榮廷總大兵北伐，道出湘，湘西招討使程潛陳強亦合兵進逼，轉戰于鳳綏靜武之間，湯薌銘始大窘，知袁世凱之必敗，遂乘機邀利，攜貳於袁。時湯化龍在滬，以反袁自命，于是湯薌銘因乃兄以介紹于湘中民黨領袖譚延闓等，與俱提携，約以獨立，稍分其權于民黨。然其時北軍之在湘者尚多，不敢遽發，適零陵鎭守使望雲亭者，本湯舊屬，懼桂軍逼迫，迭電請示，湯薌銘因之暗囑其獨立，以聯桂軍，而迫駐衡倪軍。望雲亭亦以保領疆土計，於四月二十六日，宣告獨立，自署湘南護國軍總司令，加派軍隊分赴各要隘駐紮。桂軍由是安然通過永州。

二•••撤退袁軍　桂軍入湘後，湘西鎮守使田應詔據湘西獨立，稱湘西護國軍總司令。桂軍勢益盛，直入郴州。廣西護國軍第一路司令林俊廷，團長賁克昭與望雲亭軍會師，謀分四路進伐：一由祁屬之熊羆嶺雙江白水等處，以窺衡陽；一由祁屬之斗明舖謝家壘繞襲寶慶之左；一由東安攻寶慶之前；一由武岡新寧攻寶慶之後。行至祁屬白水，與調湘安武軍統領倪毓棻軍相遇，敗之，進克祁陽。再與倪軍戰於飛龍嶺，復大敗之。倪軍退衡陽。兩軍仍合進，時值停戰期間，故未大舉。五月六日桂軍團長陳培坤，亦進佔武岡，袁軍退守寶慶。十七日又克新寧。十九日衡陽宣布獨立。翌日桂軍入衡陽。是時湘中各都邑獨立者蠭起，湯薌銘益覺知非對民黨踐約獨立不可。但斯時寄居肘腋之袁軍，仍爲心腹患。湯乃不得已藉口保全治安，緩和桂軍，要求袁政府撤退倪（毓棻）唐（天喜）二軍。袁許之。查湘省所駐袁軍，計岳陽六七千人，湘西則周文炳以贛軍（即駐贛北洋第六師）駐防沅陵，范國璋以豫軍（即北洋第二十師）駐防常德，約共二萬五千人，頗守中立。湘南一帶唐天喜以一旅據湘潭，倪毓棻以二十二營據衡陽，江西劉旅長以一旅駐寶慶。至是均先後奉令回防。

三　獨立後之形勢　倪唐兩軍既退，湯薌銘乃於五月二十八日，正式宣告獨立。旋停泊省河之江犀楚有，駐泊岳陽之楚同等艦一致響應。望雲亭田應詔均撤銷總司令名義而從湯，湯乃以親信特派防營統領李佑文為岳陽防堵司令，以固第一門戶；於湘陰趕築礮臺嚴守第二門戶。繼又任曾繼梧為第一軍司令，設四梯團，以趙恆惕，陳復初，劉建藩，陳嘉佑分任第一至第四梯團長；并組北伐第二軍，以程潛陳強所部編成；北伐第三軍以程子楷所部改編，然皆無一兵，僅召致民軍為聲援而已。湘西方面則有周則范廖湘芸卿衡等民軍紛起。民黨知湯有異志，亟思去之。時陸榮廷駐永州，其先鋒已抵湘潭。湯薌銘擬與桂軍委蛇；既調常澧鎮守軍四營分駐臨湘華容兩岸，以截倪軍後路；復派楚有江犀兩艦，巡弋湖面，以防外艦侵入，如倪軍他調，則暫不轟擊；適桂軍前部計一梯團，由沈鴻英統率自湘陰大荊進撲倪軍南方；復有湘南游擊司令李仲麟所部繞平江，進攻倪軍東方，湯與陸磋商，以入湘桂軍，改以一軍出郴州攻贛南各地，以一軍會同湘軍由株洲進攻萍鄉，而舉陸為湘桂聯軍北伐總司令。袁政府聞之，任倪嗣冲為西南招討使，率安武軍十五營，河南軍一旅，湖北軍步礮兵各一團，及其親兵一旅，合計三十二營，共二萬人攻湘。倪毓棻，唐天喜兩軍亦迴攻岳陽。適黨人起義，占長沙，湯薌銘逃，湘定，桂軍入駐。以湘紳劉人熙代都督。

第八節 陝西之獨立

一 陳樹藩之被迫獨立 帝制發生後，秦省民黨，頗欲糾合起義，以力薄未發。滇南事起，黨人乘機潛赴渭北，號召三輔英雄，與退伍兵士，自三原以北，東至黃河，西抵隴上，北盡胥米，悉為民黨勢力範圍。初發生於王黑李岐山，既而曹俊甫井崧生胡景翼劉廷獻郭滋郭堅焦子靜王飛虎曹士英楊景娃等繼之。四月以來，陝北諸州縣，紛紛陷落。陸建章倚陝北鎮守使陳樹藩當勦匪之任，詎陳部多辛亥革命時有功者，其兵士亦極傾向共和，暗與民黨聯絡一致，往往迫陳宣佈獨立。陳與陸建章交頗密，意欲勸陸獨立，陸姑以待時緩之，而密囑王飛虎準備，令各處部隊漸次集中，移向西安方面。陸偵知陳有異志，亦遣其子陸承武率兵一旅，進駐太原，命參謀長葛光庭率兵五千，駐同州以防之。承武邀功心切，進至富平。五月初旬，與陳部營長胡景翼遇，承武目為土匪，迫令繳械，胡縱兵與戰，兩晝夜，大破其衆，生擒承武。乘勝進抵三原，克之，分兵徇下涇陽高陵。是時陳樹藩駐蒲城，得捷報，知已與陸建章決裂，其勢不容再緩，即召集緊急軍事會議，僉以戰端已開，時機迫切，無庸他慮，乃公舉陳樹藩任護國軍總司令，於五月九日，正式宣布獨立。

二　獨立後之軍事行動

陳既獨立，即檢閱軍隊得二萬餘人，編爲二軍：第一軍總司令郭洤，參謀長郭榮綬，第一團團長王飛虎，第二團團長嚴紀鵬，第三團團長王時敏，第四團團長郗揚，第五團團長楊介；第二軍總司令焦子靜，參謀長曹士英，第一團團長郭堅，第二團團長高進，第三團團長胡景翼，第四團團長嚴子祥。部署既定，議分三道進兵：郭洤率第一軍由三河口渡河，攻取三華渭南；焦子靜由渭橋渡河，攻取臨潼；陳自率所部由草灘渡河，直搗西安；三路兵期會于壩上。於是郭洤領兵東取同州，郭堅亦由耀縣南下，進攻省城。時葛光庭新自韓城敗回，與郭洤軍遇于同州之石家莊，戰兩小時，葛軍不支，入城固守。民軍圍攻，終日不能下，蕭榮綬獻議曰「同州城小而堅，攻之不下，徒勞耳。然彼自韓原敗後，其氣已餒，士無戰志，今若解西南圍，專攻東北，示以生路，彼必乘間逸去，尾而擊之，必獲全勝。」洤從之。葛果乘夜遁去，民軍縱兵擊之，大敗葛軍，虜獲甚多。同州既定，遂渡渭而西。葛所餘兩營退竄河東，而東路護國軍王飛虎亦已襲取潼關，進略華陰。陳總司令已由蒲城駐節三原，距西安不盈百里。陸建章聞之，遣使請和。旋陸去職，陳樹藩爲都督，陸長子承武爲『陝西護國軍總司令』。

三　陝軍之出動

陳樹藩就職後，以晉豫兩省關係切要，先遣一軍侵入蒲州，聯絡李岐山李鳳鳴，以窺太原；繼派張金桂率步兵三營，砲兵一營，騎兵兩中隊，扼守潼關；另派軍隊十四營開駐閿鄉，進攻河南。晉豫兩省將軍聞之，連電告急。初袁政府得秦耗，特派張鳳翽蔡寶善前往宣撫；及陸建章出省，而民軍又進逼，乃益調毅軍五千援陝，繼拔北苑第十師砲步兵各一營，由京漢轉鄭洛路，直趨潼關；再以第一師蔡成勳所部派赴山西，先駐絳州，俟合擬與竄河東之葛光庭軍合攻陝北。及倪毓棻之安武軍四營由湖南退漢口，袁恐秦兵勢盛，復派倪師入汴；詎兵未集，而袁已先殞，師遂能。

第九節　四川之軍事

一　陳宧之遲疑　四川獨立，醞釀于陳（宧）蔡（松坡）之議和，而促成于川人之激迫。滇軍入川，民軍蠭起，成都以外，悉為戰場，陳宧已窮于防禦。及袁世凱撤銷帝制，停戰請和，陳宧乃遣劉一清雷飈赴納谿與蔡鍔接洽。蔡代表陳光勛，劉存厚代表謝家駒，會商於成都。陳宧既與護國軍接近，知蔡鍔對之無他意，而劉存厚亦不與爭，且願推陳為都督，陳於是始具獨立意，乃調伍祥楨馮玉祥率領軍隊回省。至是外間漸知陳意，紛紛敦促之。十五日陳電袁世凱要求退軍，不獲許。五月三日，開會於將軍署。陳以「獨立則曹錕必來」及「不獨立亦未嘗不可」之語告衆。衆聞而大譁，陳俯首退旋。有川紳十數人，晉詢其狀，陳支離其辭。然察大勢已去，知非獨立不足以自解，乃電請于袁，而終非其意也。

二　正式獨立之宣布　陳宧既遲遲不決，于是各屬漸有起而自謀者。四月三十日，蕭德明獨立於大竹，自稱中華護國軍四川東路總司令，檄告全省照會鄰縣。五月一日警備隊長某獨立于安岳，逐走知事，截收稅款。六日川軍獨立團第一營張連長獨立于隆昌，營長知事均被拘禁。十二日川軍第二混成旅旅長鍾體道獨立于南充，組織護國軍四川川北總司令，電告各獨立省，并勸陳宧速示反袁。此外如榮昌達縣之駐防軍，亦紛紛舉事。而省城各界人士，尤望陳及早決策，以免戰事。五月中旬，情勢益迫。十九日，陳召集軍事會議，僉以爲爲今日計，非聯護國軍不可。衆議既符，乃于二十二日正式宣布獨立。

三　劉存厚之獨立　四川第二師長劉存厚，原與蔡松坡相友善，滇省獨立後，陳宧調劉至永寧堵防，劉密與蔡約：滇不猛進，川不猛攻，日惟以小部接戰。蔡可其請，洎攻敘之軍處處得勢，蔡頗欲進兵，期速下川省，日促劉獨立。復與劉部下軍官謀促劉。劉乃決相機而動。而同時卽派將軍署諮議李某回省，密探陳意。陳懼其變，去電優慰，派參謀前往勞軍，并嚴飭北軍第四混成旅旅長伍祥禎防之。至一月杪，該師官佐兵士復促劉，劉乃徇衆請，嚴密布置：派人回省請領槍彈數十萬，并潛移其家屬；對於川軍第一師及邊防各漢軍等，均派心腹前往勸說，又告蔡速北進，令駐敘滇軍合力取瀘。布置既妥，乃於二月初一日，與其部下步兵第五團長劉寶及第八團長陳禮門，宣布獨立。將所有軍隊編爲三支隊，改稱護國軍。劉自任四川護國軍總司令，命二三兩支隊，進攻納溪，自督第一支隊後發，與北軍川軍大戰，節節進逼，至距瀘之龍透關。復遣支隊攻奪忠山對河之要地，以砲轟擊瀘城，血戰半月，僅一次失利，陣亡營長劉防王立本二員；陳支隊雖曾略挫，仍猛進不稍卻，致藍田壩失而復得，此二月之戰情也。

第十節　護國軍之組織

一　都司令設立始末　雲南舉義後，民黨推岑春煊駐日本，主辦外交事宜，時以書勸促桂粵響應。三月初旬，陸榮廷將宣布獨立，速岑回桂，乃公舉黃興繼岑後，而岑即道滬南行。時桂粵已相繼獨立，惟龍濟光與民軍意見未洽，岑於中斡旋，始獲解免。陸龍乃奉戴岑爲兩廣護國聯軍都司令。岑以義無可辭，可其請。民國五年五月一日，兩廣都司令岑春煊就職於肇慶，內部組織十四條，茲不贅。至其軍隊之檢編，則各地獨立軍隊，及各路民軍，計共兵力四師二旅。就潮汕陸軍改編爲第一師，以莫擎宇爲師長。就駐肇慶廣東陸軍第二師長兼鎮守使李耀漢軍改編爲第二師，即以李爲師長。林虎所收廣東軍隊，編爲第四師，以林爲師長。駐紮三水西南肇慶等處之鎮守使莫榮新所部桂軍，編爲第三師，以莫爲師長。另有獨立混成旅一旅，程子楷爲第一旅長；獨立團一團，張有爲團長。尙有濟軍約六七千人，直接由都司令指揮。岑復與副都參謀李根源等籌議，擬分三路進討：先以程子楷之軍入湖南與桂軍之入湘者相策應，以夾擊長沙。此爲入湘一路。其征贛一路，則以李烈鈞之滇軍，李耀漢之肇軍，及莫榮新之桂軍，段爾源之粵軍組織之。留廣西陸軍第二師師長譚浩明守肇慶。征閩之軍，則以粵軍莫擎宇，陳德春，滇軍方聲濤，林仲墉當之。濟軍鄭開義一軍亦加入此路，與浙江軍隊自南北兩端夾攻福建。此爲入閩一路。餘則編幷各路護國軍，分別去留，幷另募新軍二十營爲後援隊。惟其時因龍濟光之牽制，以故各路皆不能早日就道北伐，終且未嘗入贛湘一步。

二　**軍務院之成立**　滇黔桂粵之聯合行動，既已粗具系統，嗣因各方感統一機關有設立之必要，於是軍院務組織之議乃益盛。先是梁啟超以自雲南舉義後，各省先後響應，自非組織最高機關，無以收統一之效，而對外尤感困難，乃具意見書，特派員往滇商諸唐繼堯。唐無所表示，議遂擱置。及兩廣都司令部成立，梁氏力主初議，往復磋商，決定由雲貴兩廣四省都督組織軍政府，即定名曰『軍務院』，而明訂其條例。以唐繼堯爲撫軍長，岑春煊副之，各省都督皆爲撫軍。梁啟超任政務委員長，旋以各派意見各殊，而同時召集國會，改組內閣之說已倡，軍務院撤銷之議遂起。

第十一節　滇桂粵之聯軍北伐

一　各路民軍之調查　自都司令部及軍務院成立後，護國軍始有所統一。而急待籌備者則莫如北伐。惟北伐之前，又以編整民軍爲亟。茲將各路民軍黨派，分述如下：一爲徐勤王和順之護國軍，粵海軍寶璧江大等艦皆屬之。二爲陳炯明之護國軍，陳舊爲廣東都督，部屬頗多，其軍隊雖僅數千人，而軍械甚充足。三爲林虎之護國軍，林游說兩廣軍隊，并招集退伍兵士，以圖進取，其部下近萬人。四爲黃炎之護國軍，擁兵雖近萬人，而以財政困絀，未能整理。五爲朱執信之中華革命軍，朱承孫文之命，主任粵事。都司令岑春煊以其棼亂無緒，因飭各民軍司令將軍隊人數列册呈報，以憑編練。據報計有二十八萬人，月餉不下三百餘萬之鉅。當飭各軍各派代表抵肇會商，詢悉大半缺械，不能成軍，岑乃擬按次編遣之。各軍皆應命，惟陳炯明朱執信以取締民軍條約過苛，另具意見書呈岑核示。故所謂編練者，實未能見諸事實。

二　北伐軍之編制　都司令部於五月一日成立，即電促雲南護國軍第二軍李總司令烈鈞帥師來肇，由粵入贛，而陸榮廷則于五月七日編定各軍，親行督師赴湘，委陸裕光代理第一師師長，仍兼步兵第一旅旅長賓克昭爲第一梯團團長，陳坤培爲第二梯團團長，李祥祿爲第三梯團團長，潘其霑爲第四梯團團長，呂逵廷爲第一營長，陸鑾高爲第二營長，高定楠爲第三營長，鄧國棟爲第四營長，瞿翰華爲第五營長，何其多爲第六營長，陸貴福爲第七營長，盧炎山爲第八營長，梁之芬爲第一團長：以上步砲各團營，概由陸榮廷統轄；委馬濟爲行營武衛軍總司令，兼率武衛第一營，陸福祥爲武衛第二營長，馬鋆爲武衛第三營長，高齡忠爲武衛第四營長：以上武衛軍各營爲陸隨行親軍；委林俊廷爲護國軍第一支隊總司令，資華東爲第一支隊第一正司令，林坳驥爲第一支隊第一營長，賓正兼第二營長，鄧金衛爲第三營長，羅貢貴爲第四營長，蔡振雲爲第五營長，馬秉廉爲第六營長，姚之榕爲第七營長，馬玉成爲第八營長：以上七營歸林〔虎〕總司令統轄；委沈鴻英爲護國軍第二支隊總司令，韓采鳳爲第二支隊第一正司令，第二支隊第一營沈總司令兼率之，沈榮光爲第二營長，蔣登鰲爲第三營長，秦懷榮爲第四營長，黃日高爲第五營長，陳繡屏爲第六營長，韓正司令兼轄第七營，謝祥龍爲第八營長，歸沈總司令統轄之；馬雲青爲第二支隊第二正司令并兼第九營營長，黃鎮英爲第十營長，廖祖楨爲第十一營長，謝椿勝爲第十二營長，黃振源爲第十三營長，以上五營并歸沈節制調遣。十二日，李烈鈞抵肇，擬與龍濟光會師北伐，時粵省民軍編配正自繁難，而停戰期將次屆滿。袁軍陳兵湘邊宜郴以及，贛邊南安與南雄交界處之梅嶺，粵閩交界之詔安饒平等處，大有駸駸侵入之勢。李烈鈞以出征不可刻緩，而唐繼堯蔡鍔電催出發，期卽會師武漢；浙督呂公望，亦請同時興師，先定閩省。於是軍務院卽編定滇桂粵聯軍。一，滇軍爲雲南第二總司令李烈鈞；二，桂軍爲兩廣新編第三軍總司令莫榮新；三肇軍，爲兩廣新編第四軍總司令李耀漢；四，桂軍，爲兩廣新編第五總司令譚浩明；五，林軍，爲兩廣新編第六總司令林虎；七潮軍，爲兩廣新編第一師長莫擎宇；八程軍，爲兩廣新編第一混成旅旅長程子楷；九，張軍爲司令官張習。按期分道，次第出師，命曰『滇桂粵護國聯合軍。』

第十二節　袁政府之應付

一　**袁政府之籌劃**　自袁世凱叛國改元稱帝，蔽屣國憲，藐視約法，於是人心咸憤，羣思誅之。惟時滇中之衆，實蒙大難，首舉義師，救人民於水火，視元凶爲敵仇。及黔省繼起，與滇携挈，總兩省之衆，以誅一人，鼓行而前，莫敢或敵，乃益見智勇輻輳，我武維揚，反掌之間，卽可使天下奠定。然方是時，袁氏尚恃其兵力，倚其爪牙，思逞其無厭之欲，捲中原爲家有，總彼師干以與我西南抗。蓋自信勢可制人，力能勝敵，而不知世潮之所趨也。茲分述其軍旅之調遣，軍實之況狀，作戰之策略，以見勝負之數，不在謀之不臧，力之不足，而在人心之繫去也。

二　作戰之策略

袁世凱應付西南之策略，雖曾分述於上各節，而皆略焉不詳；茲考其前後變遷，總錄如次：當滇軍之勃發也，袁政府效康熙平三藩之遺策，從四川貴州廣東三方面壓迫之。故命第三，第七兩師，從揚子江方面往四川，命三十師之一部及第六師從湖南方面往貴州，命廣東之兵從廣西方面往雲南。先是袁政府開特別軍事會議時，曾提出「是否以全力保川黔？諸臣悉心以對」一時論辯蠭起，有主死守四川者，蓋以巴蜀扼長江上游，滇軍得之，則俯瞰荊襄，左窺秦隴，乘利阻險，其勢不易攻克，而駁之者曰「川中古稱天險，易守難攻，師行不易，設敵軍主力不向蜀而他移，襲我不備，我軍遠道入蜀，回援不易，其危險當更何似？不如幷重湖南四川。」袁世凱決採後說，故有如上述之調遣。其實此尚非袁政府之原意也，袁之初擬計劃，本分三策：以借騰越路爲最上，取道廣西次之，取道四川又次之，初不議及湖南也。俟假道騰越，法人不允，廣西又迭電拒絕，袁乃不得已集兵力於四川，以制東下之師；分精銳於湘西，以防由岳陽入鄂者：此其作戰策略之大概也。及廣東湖南相繼被迫獨立，而四川之師又屢失利，袁乃集其兵於鄂省，縮短戰地，以應西南。適是時護國軍已許袁政府之二次要求停戰，袁遂變其軍略，一面假和議以緩敵軍，一面整軍經武，同時又分命晉豫之師，夾擊秦陳，以除肘腋之患。

然皆勝負未決，身已先殞。此所謂不求結于人心，而獨運其私智，其敗非戰之罪也。

三　軍實狀況　軍權統轄於中央政府固屬正當辦法，而袁世凱則爲擁護個人勢力起見，故多方用計謀集權力於一身。前清時歸軍諮府陸軍部節制者，止有四師。袁執政後，設統率處以爲集權之總匯。茲査北京統率處直接所轄各師不歸各省將軍節制者，計有陸軍十二師，如下所列：

第一師師長蔡成勳，計有步兵二旅四團十二營；每營四連，每連兵士一百二十六人。砲騎兵各一團，工輜兵各一營。統計全師官兵夫役，共約一萬二千五百餘人。

第二師師長王金聲，駐湖北，其編制人數同前。

第三師師長曹錕，其編制人數同前。

第四師師長楊善德，駐松滬，其編制人數同前。

第五師師長張士元，原駐山東，其編制人數同前。

第六師師長馬繼增，原駐江西，其編制人數同前。

第七師師長張敬堯，原駐南苑，其編制人數同前。

第八師師長李長泰，原駐天津，其編制人數同前。

第九師師長黎天才，時駐湖北，其編制人數同前。

第十師師長盧永祥時駐上海，其編制人數同前。

第十一師李奎元第十二師陳光遠兩師，係從新編制，人數無由詳考，然係戰時編制，或較常額爲多。此外尙有拱衞軍一軍，禁衞軍一師，模範隊一旅半，其編制各殊。就其册報約計之，共在二十五萬人以上。

四　調遣軍隊　袁世凱依其所定計劃，調往南方之軍隊甚多，茲分述如下：

甲　開赴川邊者　一爲曹錕之軍，至一月三十一日止，到重慶者，爲北洋第三師之兵，約二千人，至二日二十止，則增至一至師。二爲張敬堯之軍，其人數與曹錕所率同。三爲李長泰之軍隊，入川袁軍，除張曹外，其續進者則爲李長泰第八師第之二千人，及河南混成第九旅之一營，山東新兵八百人；安武軍六百人，又前駐武昌陸軍少將朱廷燦所率第二師步兵一大隊。

乙　開赴湘中者　開赴湘省之袁軍，係繼續調遣者，故甚複雜。茲就其次第，列于下：

江西第六師之一部分，由師長馬繼增，旅長周文炳率之。

北洋軍第七師，係師長張敬堯率之。爲該師第二十七二十八兩團，砲兵二營，輜重兵之一連，又二十五旅一旅。

曹錕所率之第三師向分駐岳陽，旋調往四川。

北洋第二十師之第三十九旅步兵第七十七團抽編二大隊。

北洋第二混成砲隊第一大隊。

駐北京第二十師之步兵第七十八團抽二大隊，及向在漢口之混成第二旅之騎兵隊。及第八師之一半。

丙　調防各處者：其他各地之調防，大都因當時戰事緊張，視其地位之重要而調重兵以鎮守之。如石星川之一師及第八師之一混成旅駐鄂垣是也。然大抵責任僅限於防制當地之變叛，及遙爲前綫聲援，實未嘗衝鋒陷陣，與敵對壘。以其無大關於戰局，故略之。

第十三節　四川戰況

一　各方狀況　雲南義起，舉國騷然。黔桂粵湘川浙及北部之山東陝西皆繼起疏附，示鋤惡之同心。然其時袁世凱實握大權，擁勁旅，故明知天下洶洶，誠爲己故，亦不悛退悍然思逞。於是而有湘中巴蜀之戰。蓋袁氏所取計劃在一堵四川，防南軍之據長江上游；一截湘西，制滇黔之側擊鄂省。而聯軍實力亦實集中于斯二地也，故當時之湘西蜀中，獨為軍事上之重心。其他各省之於舉事時，非未嘗不有接觸，而編者以其非行動不取聯絡，則即戰即平，皆屬其時局部之爭，非有關于大勢，又已略敘於是編前數節中，因不復詳，而敘其重且大者。

二　四川方面兩軍之佈置　護國軍之入川，分為三路：劉雲峰所率一梯團於五年一月二十日占領敘州，蔡鍔所率之主力軍，於一月四日由雲南出發，一月三十一日入永寧。貴州戴戡所率之軍，於一月二十一日入貴陽，二十七日由貴陽出發，經遵義往重慶。更由南川向重慶下游之涪州。用熊克武為四川宣慰使，使率一隊招撫舊部以旁擾之。至於袁軍之分配：以李炳之一旅，分駐瀘州綦江，曹錕主力駐瀘州，張敬堯一旅駐合江。餘分駐江津綦江重慶涪州。馮玉祥一千駐內江。伍祥楨分駐成都資州。第十二旅轉湘，第八師向蜀，其實力達四萬內外。後雖于佈防略有更變，大都不出注意于瀘州重慶榆容一帶。

三　敘州克復之戰　敘州在未戰前，已有駐防之袁軍。一月中旬滇軍分道出發，十七日晨，其第一梯團團長劉雲峯，第一支隊長鄧泰中，第二支隊長楊蓁所部，行次滇川接壤之新場，與北軍交綏，滇軍猛進，所駐黃包耳燕子坡鳳來場捧印村等地之北軍，退據橫江之黃家堡。十八日晨，滇軍進襲之，第一支隊攻其左翼，第二支隊攻其右翼，力戰竟日，至午後四時，北軍漸不支，滇軍乘勝急進，遂獲全勝。是役斃北軍軍官三人，捕獲二人，奪山砲二門，機關槍一挺。至七時復追及於距橫江二里之某地，北軍後衛，以山砲機關鎗死力拒戰。滇軍繞道夾擊，敗之，遂佔橫江。十九日，滇軍仍分兩路，直搗安邊，第一支隊踞金沙江右岸，第二支隊經羅東渡江。夜間由山後猛擊，七時許，北軍屏山援隊突至，死力鬥格。然終不支，軍官營長戴鴻智死之。二十日晨，滇軍渡江，北軍棄伯樹溪，退守敘州，旋又棄城走，分潰自流井及瀘州。敘州遂爲滇軍所佔領。

四　瀘州之役　進攻瀘州之軍隊，分西南兩面：自西面攻瀘者，係佔領敘州後第一梯團之兵；由南面攻瀘者，爲劉存厚響應之兵。先是北軍混成第十六旅旅長馮玉祥所率之部隊，于二月三日，由南溪攻擊民軍，漸次壓迫敘州，適其時劉存厚以所屬加入民軍，形勢遂爲之一變。四日，民軍反攻，馮不支，退走瀘州。而北軍官劉籍以滇軍勢盛，無力抵抗，率兵退出永寧，亦於同日占領納溪，宣言獨立，幷築砲台于瀘州對面之高原。至是護國軍乃進行無阻，紛紛渡江，遂有四五六日夾江之戰。旋北軍旅長李炳之師長張敬堯均先後抵瀘。七日，滇軍由羅漢場登岸，北軍營長隆錫晨率隊截擊，護國軍死者百餘人。八日屈營潛出木巖，未遇敵而返。九日李炳之及熊旅之部隊，據五峯頂砲兵陣地，遙擊對岸，護國軍陳禮門被殲。是時川軍營長王植，率奮勇隊兩連，冒險渡河，向滇軍猛攻，藍田霸遂以失守。十日營長屈得喜追及護國軍於大安場。十一日，李炳之親率閻勝營及川軍王植營協攻之，北軍多所損失。李炳之乃密令屈營任左翼，閻營佈砲援助而已，則自右翼包圍，王營遶右出以攻大安場。至天黑雨急，恐合江援軍到，致生誤會，始能抄襲。十二日護國軍向分水嶺納溪潰退。北軍勢頗振。先是劉存厚反戈攻瀘時，亙兩日一夜，幾下瀘城。迨北軍第一師來援，乘夜攻擊，劉軍始引退。暨滇軍大隊至，復攻克藍田霸。而張敬堯亦以大軍來，遂有棉花山之劇戰。時滇軍共一千五百人，據山守險，袁軍雖極衆，卒不能克。久之，北軍熊祥生亦率陳營長能芳所部，親臨戰地，由三師左翼及三師右翼，向該山猛攻。因地勢不便，虛擲子彈甚多。兼之連日大雨，泥濘淤滯，行動不便，遂大敗。排長劉治一趙國幹二人陣亡，熊祥生傷腿，士兵之死者三百餘人。此二月下旬之戰況也。延至二十三日以後，護國軍始奪獲袁軍第一至第三之各防禦綫，益進肉搏，城下包圍數重，奈守城袁軍，強頑抵抗，不能遽奪，於是熊克武等之圍攻軍欲變作戰計劃，執行長困之策，然蔡鍔恐北方援至，持不可，故于廿四日晨率精銳三千助戰，加之圍攻軍藉砲兵掩護之力，全軍大舉，突貫袁軍之大本營，遂以數小時之激戰大獲全勝。袁軍死者無數，潰走納溪。三月五日，蔡鍔入瀘州計此次戰爭，兩方軍力各逹數萬，戰綫延長百餘里，而死亡亦各至千餘，誠出兵以來之大舉也。

五　叙瀘之失陷　叙州自二月八日至二十九日，兩軍未嘗交綏，蓋此時滇軍側重攻瀘，故於叙州暫取守勢，所留與袁軍抵抗者，惟少數之部隊耳。四川都督陳宧偵悉叙州空虛，因飭馮玉祥旅長，率大隊進攻，數約五千餘人。二月三十日，馮軍馳抵距叙州十六里之地。滇軍雖寡，仍敢出而迎戰，然卒以寡不敵衆，每受挫而返，叙州附多山，守是地者，大都于最著名之五高地築寨以駐砲兵，又于山麓設騎砲兵步兵及機關鎗，以固守之。三月一日，馮軍先與北山之滇軍戰，滇軍不支，退至泯江左岸，以防馮軍渡江。而馮軍既得北山，遂乘勢砲擊城內。滇將劉某偕副官及衛隊等，從容將受傷兵士，及各種軍械，運往他方，然後棄城屯守於附近山上。旋復戰，馮軍稍敗，叙州仍爲滇軍占領。午後四時又戰，歷數小時方罷。三日黎明，馮軍攀城猛進，而據南山之滇軍亦由高地退走，叙州遂失。至瀘州之失守，無確期可考，然大致在三月十日。先是滇軍占領瀘州後，北軍來援益衆，而軍火又不能繼，不得已暫向後退。十日至十二日均有戰爭，十日之戰，袁軍小利。十一日之晨，民軍一支隊由自流井向瀘州進行，猛攻北軍背面，王團長兩面受敵，揮兵而退。十二日駐瀘州下游之民軍，又與袁軍作戰，是時張敬堯大隊蜂擁而來，滇軍見衆寡不敵，遂率隊退向高地，抵死相拒以待援。據此，是滇軍於佔領瀘州後，確因軍火不濟，自行暫退爲無疑，而十日之戰，袁軍又勝。疑此卽瀘州失守之日也。故十一日有民軍向瀘之舉，十二日有瀘州下游民軍與袁軍作戰之事。而當時政府公報載十一日克攻瀘州，殆不確也。

六　瀘叙之收復　叙州自三月初三日陷落後，滇軍左縱隊復于十八日，驅逐在叙袁軍，將叙府完全恢復。同時總司令蔡鍔分兩隊銳進：一趨江安，一再攻納溪。向江安者連戰皆捷，奪獲槍械甚多，俘虜北軍總兵站長陳慶周吉。敵砲隊悉殲。張敬堯憤欲自裁。滇軍遂於十九日完全占領江安，其向納溪進者，由顧品珍指揮，十八猛攻終日未勝，十九夜半復襲擊，大破之，進追二十餘里。二十一日攻克納溪後之光山。袁軍用飛機助戰，經滇軍擊損二架，其一架逃遂下納溪。袁軍向七里溪退走。二十三日以後，攻瀘益急，兵數約一萬五千餘。後路彈藥運行，經三里之遙。援戰數次，袁軍皆大敗，瀘州幾克。是役袁虎威將軍曹錕躬自督師，因地勢不熟，困入重圍，張敬堯聞之，卽派一團往援，囑曹不出毋歸也。該團被命而往，以敵陣嚴密，遲不敢前，張怒欲斬之，乃另派一團往囑如前，已而全團沒焉。張益憤，挾衆親臨，時槍礮交作，張乘馬三斃三易，卒出曹于險，然北軍精銳亦殆盡矣。

七　進攻渝城之戰況　重慶爲四川第一重鎮，然欲得重慶，必先取爲其屏蔽之綦江。始張敬堯以一營駐守該縣，以兩排駐紮距縣下游二十里之白渡場，以兩排駐紮楄牛場，意在扼江津巴縣之水陸要衝。又以兩排駐紮綦江南川接壤處之萬壽場。滇事既發，陳宧以綦江爲黔滇必由之路(7)，因派二百人扼屯該縣之松坎場。二月初旬，滇軍由桐梓縣突出，擊敗北軍，北軍乃退入馬口埡，以及鎮子場一帶，而張敬堯之軍約有一營開往援應。二月十三日，滇軍第二路總司令戴戡率軍抵松坎。十四日拂曉，由團長熊其勳副官李雁賓督隊進攻。北軍左翼山尾火起，礮兵發礮助之，左翼全陷，退大沙溝趕水方面。是日午後二時，完全佔領九子盤。接次攻大沙溝趕水東溪，皆克之。是日黔軍右支隊亦奪青羊寺。寺後有路直通綦江，右可聯絡東溪，左可牽制正安，而東溪之兵又於詰朝佔分水嶺。北軍向扛子壩退駐正安方面。十七日，熊其勳團又進克口堆。是晚復敗敵軍于萬壽場。二十二日北軍退守老場，電促駐綦營長撥派援兵。二十四日，袁軍由江津出三角塘，向龍台寺，意在恢復隘東，以抄黔軍後，不利，退守獅子巖。黔軍進克之。時黔軍占領青羊市已十餘日。先是北軍以該地極關重要，曾以重兵圍困駐守斯市之少數黔軍，使不得進展，且欲悉殲之。至二月二十九日晨，忽濃霧密佈，黔軍因乘勢突圍出，退回黔境，俟援再舉。三月二日，黔軍忽繞越松林崗，至萬壽場距近十餘里之曾家灣，北軍迫之，爲伏兵所敗。比援至，則黔軍已退桐梓矣。然其時滇軍正轉戰于綦江之前方，總之綦江戰事，自二月至三月，時歷數十日，中間雖袁軍數失利，綦江曾于二月十三失守，而滇黔軍亦不無損失。其後北軍李炳之攻克城池，齊燮元掩護左翼，兵力既厚，於是南軍方面益難措手，重慶之所以不陷者以此也。

八 軍事之結點 原滇貴攻川之佈置，實分三路：以趙又新領第二梯團，顧品珍領第三梯團，爲中路主軍，出水寧取瀘州。以劉雲峯領第一梯團，率楊蓁鄧泰中兩支隊爲左翼，取敘府。時黔團長王文華熊其勳吳傳聲三人，主張獨立最力，而苦少械。唐繼堯乃遣縱隊長徐進率兵二連護送機關鎗管退礮，隨同戴戡前往，即由戴爲總司令，統率王文華等進窺綦江，爲右翼。至是護國軍三路規川之計始成。其後敘府瀘州旋得旋失，而窺重慶之右翼，則終轉戰于綦江，而不獲驟展其籌。蓋軍實之缺乏，衆寡之懸殊，地勢之險阻，有以限之也。然屢斬堅直入，破敵精銳，使帝制取銷，而後能師，亦可見有志竟成矣。

第十四節 湘邊戰況

一 兩方之調遣 雲南起義，本以全力攻川，而入湘之一路，不過藉以牽制袁軍之入川者。其後護國軍都司令部及軍務院相繼成立，陸榮廷總大軍北伐，道出湘西，而湘西招討使程潛陳強亦合軍進迫。湘省始爲戰事要衝。初黔軍入湘，所向披靡，袁政府得此戰耗，乃調回前抵宜昌之軍，轉赴湘西；

并急電駐岳六師，兼程前進。此袁世凱於二月中調兵赴湘之情形也，已而，湘西則周文炳以贛軍駐沅陵，范國璋以豫軍駐常德，湘南則唐天喜以一旅據湘潭，倪毓棻以二十二營駐衡陽，江西劉旅長以一旅駐寶慶。時袁家軍之在湘者，實達五六萬人矣。

二　黔湘之戰　晃縣在黔湘接壤處，向僅駐守備隊二隊。黔軍東路司令王文華以一月卅日突攻之，敗其軍。二月二日袁軍復以一混成團由沅江直上，其前衛仍欲窺晃縣，三日拂曉，王揮隊進攻，袁方營長及鄉導林炳華，據城抵抗，激戰三小時，不支，退走二十餘里。晃縣遂為黔軍所佔領。黔軍既得晃縣，稍駐數日，復鼓勇前進，分遣一支前往洪江，又遣一支攻黔陽，黔陽有兵三營，皆不耐戰，又值舊曆元旦，不及準備，黔軍遂蜂擁而入。其時洪江亦破，不數日鳳凰乾縣皆為黔軍所佔領。沅江亦在圍攻中。惟其時袁軍之調湘西者，實已達萬餘，故十一日芷江之戰，黔方反蒙不利。及與當地民軍聯絡後，始以連日劇戰，于十四日佔領沅縣，十六日攻奪麻陽。然考北軍致敗之由，實由當日羣匪蠭起，隔絕其聯絡之勢，以致調遣無由，又不明地勢，嘗自陷于險之所致。其後袁軍司令官周文炳探悉麻陽駐兵數少，部率萬餘人往攻，先後相持一月，始奏克復。及三月二十四日，湖南第三旅旅長胡叔麒，克奪綏寧，於是洪江黔陽之黔軍，乃不戰自退，而改道湘南，以趨寶慶。

三　桂軍入湘後之湘中戰況　桂軍既入湘，林總司令俊廷賀團長克昭即與望雲亭議分四道進伐：一由祁屬之熊羆嶺雙江白水等處，以窺衡陽，一由祁屬之斗明舖謝家壘繞出寶慶之左；一由東安攻寶慶之前；一由武岡新寧攻寶慶之後，行至祁陽白水與倪毓棻軍相遇，敗之，進克祁陽縣。再與倪軍遇于飛龍嶺下，又大敗之，倪軍退守衡陽，兩軍仍合進，時値停戰時期，故未大舉。五月六日，桂軍團長陳坤培亦進佔武岡，袁軍退守寶慶。十七日又克新寧，十九衡州宣言獨立，翌日陸入衡陽。後此雖戰雲日密，時有接觸，而湘省獨立，日就成熟，故戰事亦以此告終。

四　軍事之總結　黔軍入湘，始傾全力於西部，繼以欲直搗長沙，不如道出湘南，故放棄麻陽，轉趨武岡。雖限于衆寡，卒不得展，然當其所向皆克，摧堅如朽，雖曰由敵人之敗有自取，而其舍生取義之概，亦卓然見矣。及望雲亭獨立，陸榮廷入湘合謀協計，據有衡陽，和議乃成，袁軍引退，於是湘中戰事始全告結束。

第十五節　戰爭之結果

一　帝制之取銷　帝制成立，擬五年元旦日登極。旋以護國軍起，展至二月六日，蓋當時形勢，日趨險惡，如桂如黔如粵皆相繼起而反抗，其目的非僅在帝制之取銷，且必迫其退位而後已。又當時所謂名流及袁世凱素日之心腹，亦均鑒於時殊世異，事不可爲，迭電力勸及早引退，以慰人心而弭戰禍。然方是時，袁氏雖知罪惡已彰，爲人共棄，猶困獸未死，強作瀕死之鬥，遣其爪牙，分擾湘蜀，冀僥倖之一逞。乃前敵將士敗耗時傳，沅辰不守，瀘叙繼陷，而各地民軍復蠭起從之，戰雲萬里，羽鏑交集，岌岌之勢，殆未可終日也。且各省宣佈獨立後，稅金皆攔爲己有，以致財政困難，餉饋無出，軍心渙散，日以削薄其戰鬥能力。外交團亦知其必敗，迭次聲明，以意外之變，責袁氏一人負責。於是袁乃大懼，以三月二十一日公府議決取消帝制，翌日宣布，幷廢除洪憲年號，以段祺瑞爲參謀總長，用黎段徐名義通電各省商議善後辦法，及廢除關於帝制各種事項。

二　軍事之收束　袁死，國務卿段祺瑞即通電獨立及未獨立各省：「當此國遭大故，首以地方安寧爲重，無論南軍北軍，凡有統兵之責，均應督率軍隊，各按現時所駐地點，保護當地治安，不得有移紮及侵犯情事。」黎元洪受職後，復電令南北軍一體停戰，待商善後之策。旋又申令，具言軍事收束之不可緩。至是駐湘北軍陸續撤退，曹錕李長泰張敬堯之軍亦相繼離川。而陸榮廷以武力解決已告終止，法治建設急不待緩，亦電告撤兵回桂，晃縣貴軍官王文華特將自戰事開始之日起至湖南宣布獨立實行停戰之日止一切戰事事宜造具結束總表，分送湘黔兩督，領軍還黔。其他自軍務院成立後，所編制北伐諸軍，均已早止進行此軍事收束之大概也。

第五章　復辟之役

第一節　督軍團釀成之北京政變

一　北京政變之原因　袁世凱亡後，黎元洪依法繼任大總統，恢復民國初元舊制，召集袁世凱以武力解散之國會，並組織責任內閣。民國六年六月二十九日特任段祺瑞為國務總理，至八月一日，國會開會，黎元洪補行宣誓典禮；始同時將內閣閣員名單提出，徵參衆兩院之同意，兩院一致通過。閣員名單如下：

國務總理段祺瑞，

內務總長孫洪伊，

財政總長陳錦濤，

陸軍總長段祺瑞，（兼）
海軍總長程璧光，
外交總長唐紹儀，
農商總長谷鍾秀，
司法總長張耀曾，
交通總長許世英，
教育總長范源濂。

唐紹儀與段祺瑞素無好感，堅不就職，乃以伍廷芳繼任。閣員中多屬西南分子，而尤以伍廷芬程璧光爲國民黨重要人物；孫洪伊，陳錦濤，亦皆國民黨中人。而段祺瑞則以軍人主政，不脫武人本色，以爲責任內閣也，遇事擅專，常與大總統以難堪。黎元洪雖心懷不懌，但以政府在北京，處北洋軍包圍之中，段爲北洋領袖，黎固莫如之何。由是府院不睦，勢同冰炭。其主要人物：府方爲孫洪伊，院方爲徐樹錚（袁當國，段任陸長時，徐爲陸次，是時任國務院秘書長）黎段各寵孫徐，孫徐迺皆負氣自矜，各不相下，因而積不相能。院送稿至府，孫常加以指摘削改，徐愈忿，遇府交公事，輒稽留之以爲報。黎段遂交惡，府院衝突日烈。時，袁氏舊臣徐世昌方伏處天津，亟思攬政權，聞訊，以爲己身重出插入政海之良機，急入都，力任調停。結果孫洪伊突被免職，徐樹錚則受暗示而辭職。但孫徐之爭雖表面上告一結束，而黎段之互恨反更進一層矣。適外交有事，遂掀大波。

二　北京政變之導火綫　歐洲大戰初起時，中國公使據國際公法宣告局外中立。六年六月，德意志國不利持久戰，無限制採用潛艇政策，以圖戰勝。駐華德公使以封鎖海面之通牒致外交部。適美利堅因接德意志同樣通牒，宣告與德絕交，並勸中立各國一致行動。二月五日，外交總長伍廷芳接駐華美公使勸告書，閣議議決對德之潛艇政策嚴重抗議，並通告各國。抗議書於九日送出。十日，參衆兩院各開秘密會，國務員全體出席報告對德事項。嗣後德意志置我國抗議不答復，協約各國復紛紛勸誘中國加入協約方面。府院疊經會議未決。三月十日，兩院復開秘密會，段祺瑞出席報告外交經過，並說明對德絕交之必要。兩院皆以大多數決議通過。詎德意志復文適於是時遞至，責中國不能履行局外中立義務，且質詰何以不向協約國抗議。三月十四日，大總統下令與德意志絕交。此舉原係步美利堅之後塵。至四月五日，美利堅對德意志宣戰，我國朝野紛然主宣戰與主穩健兩派議論蠭起。五月一日，國務會議議決對德宣戰案。七日咨送衆議院，徵同意。八日衆議院開秘密會，決付審查。議員中之不滿於段內閣素來之跋扈，及親近府方，或接近民黨者，咸思藉此倒閣，主張不贊成宣戰案。段祺瑞聞訊大怒，集左右密議，決定師袁世凱之故智圍迫國會。十日，衆議院開全院委員會審查對德宣戰案，段祺瑞使其黨徒召混混（京語謂地痞也）及軍警之服便衣者數千人，號稱『公民團』，各持製就之請願旗幟，包圍衆議院，以刊就之傳單分給議員，有不接或接稍遲緩者，皆被辱罵叢毆，秩序大亂。議員之憤激不亞於袁氏迫選。所謂『公民團』者，由其代表趙鴻圖（或謂係段系分子之假名，或謂爲天橋之無業游民）等六人入院謁議長，大呼：『今日必須通過對德宣戰，要不然，議員甭想出院！』議長堅決反對強壓，立將委員會改爲大會，電請國務總理及內務司法兩長出席。段祺瑞偕兼署內務總長范源濂到院。是時，院中紛呶益甚，公民團聲勢洶洶，將執毆議員，議員紛向段范嚴重質問，並責令負責。段始以總理名義下令，命警察總監吳炳湘解散公民團。吳親至院前溫勸無效，乃招警廳騎巡隊至，躍馬衝散，議院竟未能開議。事後，外交總長伍廷芳海軍總長程璧光司法總長張耀曾（滇人與民黨接近）農商總長谷鍾秀均提出辭職。段祺瑞後一再催衆議院解決參戰案，議院以閣員多辭職，不如俟內閣改組後再討論。蓋內閣與衆議院已處於互相反對之地位矣。

三　督軍團之肇亂　五月十九日，突有燕督曹錕省長朱家寶，皖督張勳省長倪嗣沖，遼督兼省長張作霖，江督兼省長畢桂芳幫辦許蘭洲，吉督兼省長孟恩遠，魯督張懷芝，浙督楊善德省長齊耀珊，豫督趙倜省長田文烈，鄂督兼省長王占元，晉督兼省長閻錫山，贛督李純省長戚揚，閩督李厚基省長胡瑞麟，秦督陳樹藩，隴督張廣建，熱河都統姜桂題，察哈爾都統田中玉，署綏遠都統旅長王丕煥，〔原任都統蔣雁行〕第七師師長勦匪司令張敬堯〔駐豫〕第八師師長李長泰〔駐馬廠〕第二十師長范國璋等組織『督軍團』，秘密開會於徐州，聯名電達大總統，請改制憲法〔時國會方制憲〕，國會聞之極震怒，請黎元洪免段祺瑞職以戢武人結團要挾之風。二十三日黎元洪下令：『國務總理段祺瑞着免去本職』〔總理免職爲民國以來第一次〕以伍廷芳代理。段往天津。倪嗣冲等遂昌言反對政府。先是黎元洪無奈，會召集各軍事長來京會議內政外交問題。倪嗣冲，曹錕，李純，趙倜，張懷芝，閻錫山，王占元，孟恩遠，田中玉，蔣雁行，及晉北鎮守使孔庚等均到京，一致主張對德宣戰。國會雖於對德宣戰無可反對，而狃於徇軍人主張之意見，不予通過。督軍團乃謂國會誤國，以一齊辭職要挾黎元洪，同時，紛紛出京，宣布脫離中央政府，獨立。段祺瑞免職，咸謂『大總統命令須國務總理副署，此令無副署，不合法。』遂於六月二日設立『各省軍務總參謀處』於天津，推雷震春爲總參謀。聲稱：『出師各省意在鞏固共和國體，另訂根本大法，設立臨時政府，臨時議會。』黎元洪被迫，不得已下令解散國會。但代國務總理伍廷芳誓守約法，不肯副署。而新任國務總理李經義未到京，黎元洪莫知所可。伍廷芳與海軍總長程璧光宣言護法，聯絡海軍擬南下護法。時，黎元洪方因張勳入京，被迫而下令以步軍統領江朝宗代國務總理〔非閣員而代總理實屬創例且令無副署而督軍團不謂爲非法足見武人之爭法徒藉爲口實耳〕即由江朝宗副署解散國會之命令。十二日令下，中華民國國會遂重被解散。兼代國務總理伍廷芳，海軍總長程璧光即時出京至滬，會同前大總統孫文率海軍第一艦隊各軍艦，直駛廣東宣告護法。閱萬里舳艫討罪，此正義之舉動，壯偉之行爲，爲民國史上所僅有。

第二節 復辟之經過

一 復辟之釀成 督軍團稱變，皖省長倪嗣冲令其姪倪毓棻爲北伐司令，率安武軍〔倪嗣冲受袁世凱任爲安武將軍故所部稱『安武軍』與定武同駐安徽〕直迫豐臺，燕督曹錕亦令第三師步兵第十二旅旅長吳佩孚率步徽兵共四千餘人會師，豫各省亦洶洶下動員令，着着進逼。黎元洪早失統馭中樞之能力，乃從間者之謀，任李經義爲國務總理，電召張勳入京共商國是。實則張勳等陰圖擁清廢帝愛新覺羅溥儀復辟，已定如是之步驟，特逼黎元洪按步就班入其彀中耳。六月七日張勳率所部定武軍

〔張受袁世凱任爲定武上將軍所部皆改稱定武軍〕五千餘人由銅山〔徐州〕乘津浦車北上。八日至天津，當即派兵入京，電陳調停條件，迫黎元洪解散國會。十四日張勳偕李經羲由津入京，倪嗣冲等即通電取銷獨立。先是張勳圖謀復辟，幕中多收清室遺臣與保皇黨魁康有爲勾結甚密，一切計劃皆康主持畫策。曾集各省督軍代表於銅山開會，〔即歷史上的徐州會議〕除西南各省外，皆表贊同。張康乃興高采烈，以爲從茲可圓好夢，擁孺子爲傀儡而總攬國政，是以極力鼓勵此次風潮。而張勳僅以五千兵北上，可見其事前曾與各省督軍約定，以爲可以一電定局，無需多兵致召反對者之藉口。張入京後，其親信幕僚萬繩栻等密電康有爲來京。康即密至寓張宅，共策進行。時黎元洪已若甕中之鼈，不復爲人所重視矣。

六月三十日夜十二時，張勳邀陸軍總長王士珍，步軍統領江朝宗，警察總監吳炳湘，駐京第十二師師長陳光遠等至宅，告以實行復辟，並令江吳開城迎定武軍入城。王等三人皆唯唯敬諾，各易清代冠服，於七月一日午前一時〔即六月三十日夜〕由張勳偕清室舊臣勞乃宣，沈曾植，劉廷琛，及民國高級軍警領袖王士珍，吳炳湘，江朝宗，陳光遠，復辟黨重要分子康有爲，阮忠樞，萬繩栻，顧瑗等數十人同入清宮，挾持愛新覺羅溥儀出御太和殿復辟稱制。清室舊妃嬪〔溥儀庶母〕等知禍將不測，痛哭失聲。康有爲即袖出擬定之詔書及任官上諭，發表以徐世昌爲太傅兼弼德院院長，張勳王士珍等爲議政大臣，康有爲爲弼德院副院長，雷震春等爲各部尙書，以各省原任督軍省長爲總督巡撫等職。時傳直隸朱家寶吉林孟恩遠，易冠服謝恩。西南各省，如湖南譚延闓令第二師師長陳復初出兵岳陽伐叛、雲南唐繼堯令師長顧品珍駐外滇軍混成旅旅長葉謙益，代混成旅旅長文硋，會同黔督劉顯世，師長王文華，蜀將熊克武等討逆。廣西陸榮廷亦下兩廣全軍動員令。

二　復辟之失敗

張勳康有爲挾愛新覺羅溥儀復辟後，即派清室遺孽素以狡僞著稱之徒入大總統府游說黎元洪，許以親王之封，黎嚴詞拒絕、詰來人：『爾爲何人？此舉與淸室有何益處？』意蓋以漢族斥之也，而殃國媚滿斥之也。來人慚而退。黎元洪乃連發三電令各省出兵討逆。次日，又電副總統馮國璋請依約法代行大總統職務。三日，黎元洪出府，入日本公使館。是日，湘滇黔桂粵蜀浙及贛鄂各團體均通電護國，誓討反叛。馮國璋段祺瑞亦聯名發表支〔四日〕電，數張勳八大罪。第十六混成旅旅長馮玉祥首先電告出師北上。浙督楊善德燕督曹錕繼起。公推段祺瑞爲『討逆軍總司令』設總司令部於天津。時第八師駐馬廠，士氣奮激；師長李長泰謁段祺瑞，請爲前驅。段即至馬廠誓師告衆，出兵攻北京，任倪嗣冲爲皖魯豫三省聯軍總司令，率部爲援，以段芝貴爲東路總司令，曹錕爲西路總司令，自率第八師任中路，以李長泰當前敵。五日，討逆軍占領盧溝橋。東路亦於同日占領黃村。七日，東路軍與定武軍激戰於廊房。定武軍驕恣已久，且素無訓練，〔除換用槍礮外餘悉襲綠營舊制〕適西路曹錕聯絡第十二師師長陳光遠第二十混成旅旅長吳長植，自後夾攻定武軍不支，棄械紛遁。西路軍遂占豐臺。定武軍退入北京，李長泰率部急追，俘斬數百，直薄京城，列陣城下。張勳命定武軍列礮於天安門，景山，東華門，西華門，南河沿等處。駐華各國公使聞訊，出與張勳談判，勸令解除武裝。張堅不允，蓋張與各省有成約，猶冀前之曾而允一致者起而響應也。十二日，討逆軍分三路進攻。旅長馮玉祥身先士卒，揮刀大呼，躍入天壇，直薄定武軍戰綫，所部繼之吶喊突陣。定武軍大駭，陣綫立時散亂。第三師步兵第六旅旅長吳佩孚見狀，督部繼攻，定武軍大潰。討逆軍旅長張紀祥自側面抄攻，定武軍無路可逃，遂被繳械，俘獲二千餘人。段祺瑞飭令西路所屬旅長王承斌督兵攻南河沿張勳私宅。張之眷屬倉皇逃走，隨張遁入荷蘭公使館。王承斌縱火焚其窟。同時李長泰突攻破城，天安門景山東華門西華門等處定武軍一律繳械，俘虜全軍無一逃者。復辟分子，除陳光遠先迎降反攻，王士珍以北洋領袖資格，倚老賣老，得以全在，及在天津豐臺被捕者張鎮芳雷震春馮德麟等三人〔後被段祺瑞徇情縱放〕以外，餘均作鳥獸散。愛新覺羅溥儀懼罪，自請取銷優待費。黎元洪感於環境惡劣，堅不肯就職，遂由馮國璋繼代。

第六章　護法之役

第一節　護法政府之組織

一　護法之原始　當黎元洪被迫而解散國會之時，國務總理伍廷芳，海軍總長程璧光率海軍第一艦隊各軍南下護法。蓋以段祺瑞蔑視辛亥革命丙辰護國兩次大流血所得成存之臨時約法，破壞紀綱，武力脅持政府，故有斯舉也。伍廷芳程璧光過滬時，即奉國民黨總理孫文，於七月十七日啟碇赴廣州，貫徹護法討逆之主旨，以維國家法紀。如斯壯舉，寰宇震鑠，嚮義各省，咸望旌旗而輸誠。時，兩廣雖在桂系舊軍人陸榮廷等掌握之中，而廣東督軍陳炳焜迫於正義及海軍堅決之聲威，不敢不表歡迎。省長朱慶瀾原係一極有思想之政治家，對孫文率護法艦隊至粵，極表歡迎。孫文伍廷芳程璧光抵埠時，朱慶瀾偕陳炳焜親至黃埔佇迎。開歡迎大會於黃埔公園。十九日，孫文電請國會議員依法擇地開會。是時，復辟黨方猖獗異常，日假溥儀名義，詔書亂下。國會議員之持正者咸間關赴粵。匝月之間，聚於廣州者得一百三十餘人。八月十八日，孫文與議員開聚餐會於黃埔公園，咸以段祺瑞雖討平復

辟，而任用罪魁，倪嗣沖曹錕等，廢棄約法，實爲軍閥竊政。決定貫徹護法主張，組織政府，並對德宣戰。

二　護法政府之成立　八月十九日，國會議員在廣州發布通電，定二十五日開非常會議，届期，非常會議開幕，討論組織政府事項。三十日，議決『中華民國軍政府組織大綱』十三條。九月一日，依照軍政府組織大綱開選舉會，出席議員九十一人。選舉結果，孫文得八十四票，當選爲中華民國陸海軍大元帥。次日，繼續選出陸榮廷（七十六票）唐繼堯（九十三票）爲元帥。先是，孫文疊電請黎元洪南下，不果，始有此非常之舉。九月十日，孫文就大元帥職。十八日，公布對德宣戰。於是各省黨人紛紛舉義。孫文苦心孤詣，處桂系軍人嫉視滯行之環境，仍不顧艱險，努力奮鬥。依軍政府組織大綱組設內務，財政，外交，交通，陸軍，海軍，等六部。任駐粤滇軍第一師師長張開儒爲陸軍總長，程璧光爲海軍總長。其餘：外長伍廷芳，內長孫洪伊，財長唐紹儀，交長胡漢民等，均經任定，分任職務，積極與北方軍閥奮鬥。惟以桂軍原非誠意護法，不過以要求不遂而藉此抗段；國會本身又因黨派紛爭，異常混亂；以致護法事業無由進展。

第二節 護法時期之軍事

一 湖南獨立 護法時期之軍事，其重大者，爲湘鄂陝三省獨立鏖戰。湖南省長兼署督軍譚延闓於復辟之際，命湖南陸軍第二師長陳復初率兵進駐岳陽，並下全省動員令。段祺瑞復職後，即免譚之督軍職，任素以親段著稱之陸軍次長傅良佐〔湖南乾縣人五年四月任陸次〕爲湖南督軍。陳復初與傅良佐舊有袍澤之誼，傅乃聯陳率北洋第八師師長王汝賢，〔原任師長李長泰陞京師步軍統領旋去職閒居〕第二十師師長范國璋所部入湘。譚延闓即交卸督軍，並棄省長離湘。瀕行時，任命營產經理處處長劉建藩爲零陵鎮守使。傅良佐入湘後，即改陳復初部爲中央第十七師，仍任陳爲師長，分派北軍駐防，擬次第消滅湘軍，進窺兩粵。此段祺瑞之預定計劃也。時，黨人程潛已奉孫文密令至湘運動護法。湖南陸軍第一師步兵第二旅旅長林修梅〔浴凡〕——方駐軍湘南——即聯絡劉建藩，並劉部江道區守備隊，於九月十八日宣布獨立。湖南第一旅旅長趙恆惕方丁艱在衡山原籍，林修梅間道强之至衡陽。傅良佐即令湖南第一師步兵第一旅旅長李右文率部進攻。李部至衡山，團長宋鶴庚等全部投歸護法軍，李右文隻身遁走。湘軍聲勢大震，順流而下，將迫湘潭。傅良佐乃命北洋第八師第十七師〔原湘軍第二師〕

應戰。第八師步兵第十五旅旅長王汝勤（王汝賢之弟）第十七師步兵第三十四旅旅長朱澤黃（原湘軍第二師第四旅旅長）進兵湘鄉，時湖南第一區守備隊司令吳劍學第二區守備隊司令周偉於寶慶獨立，響應護法軍。朱澤黃以湘軍應戰，導北軍繼進，地理較熟。十月十七日，護法軍第二旅第四團團長廖家棟與朱澤黃部戰於永豐（湘鄉縣屬）鏖戰三小時，朱軍不支，廖家棟親自突陣，大破朱軍，進占永豐。十八日，續戰，北軍包抄廖部，朱軍自前面夾攻，廖部不支，退出永豐，復因援絕，直退衡山。陳復初親至前線督戰，護法軍因主將未定，指揮不一，應戰疏忽，連失衡山要隘。王汝勤直攻寶慶。二十一日，朱澤黃戰勝，入寶慶城，吳劍學退永州。廣州護法政府出兵援湘，並任命程潛爲湘南（非湖南）總司令。陸榮廷任譚浩明爲粵桂湘聯軍總司令，率第一軍沈鴻英第一旅黃克昭等部入湘。先是，段祺瑞命倪嗣冲調兵赴湘增援。倪嗣冲即令統領李傳業爲援湘司令，率安軍武十營至湘，於十月十日乘湘軍不備，攻入攸縣。斜出寶慶，將攻永州。粵桂軍至，首與倪軍遇，以散兵各個戰，大破安武軍，湘南各軍亦咸各自爲戰之非計，極力連結。二十日，林修梅率所部步兵三箇營，迫攻寶慶，吳劍學繼之，圍攻竟日，克之，王汝勤敗走，北軍被繳械者以千計。朱澤黃復感於湘人護法，歷令上仇視北軍之觀念，不肯作戰，士兵多携械南降，無法制止。趙恆惕指揮第一旅突攻朱軍，朱軍不戰自退，陳復初下『後退者斬』之令，亦無效。十一月八日，桂軍至寶慶。十一日，湘桂軍聯合克衡陽。十二日，林修梅克衡山。十三日，湘軍急進跟追第八師之敗兵。湘潭醴陵民兵起應包圍王汝勤部於株萍路線。北軍自白關舖退株洲江道嶺守備隊以白刃突陣，攻入北軍陣線，陣形大亂，全軍潰亂。湘軍大勝，遂克湘潭。湘潭距長沙〔省會〕僅百里不足。十四日，第二十師師長范國璋通電主和，蓋是時馮國璋與段祺瑞又釀府院之爭，裂痕又深，馮係直隸人，段係安徽人，各率所親之軍爲後盾，直系皖系於是乎產生。范屬直系，此舉或謂受馮密令，雖未能證實，而其不利於皖系則彰著之事實也。傅良佐及代理湖南省長財政廳長周肇祥相偕出走。十五日，長沙各團體組織『湖南維持軍民兩政辦公處』，公推王汝賢范國璋維持秩序。按湘桂各軍越易家灣，經大托鋪，直至南門外城南書院，將登妙高峯，福王墓，攻城並擬由天鵝塘經社壇街取南門；一面分兵急走西湖橋，截擊由小西門大西門水路逃走之北兵。各團體聞訊，推代表往謁劉建藩，並述王汝賢范國璋願退出湘境之意，乃任令北軍退去。時湖南第二師之步兵第三旅旅長陳嘉祐始終未改編制，〔應編爲中央第十七師步兵第三十三旅〕且與湘軍通聲氣，自常德調省後，即按兵不動，至是乃以第三旅名義〔不稱第二師〕告奮勇順流向下游追擊朱澤黄部殘兵多歸之。

二　北軍南下，旋段祺瑞因主戰失敗，同時，段所派之四川查辦使吳光新失敗，蜀省形成獨立。馮國璋一派之督軍曹錕李純王占元陳光遠〔時繼李純任贛督〕通電主和，段大受打擊，不得已而辭職。是爲馮段交惡之始，亦即北洋軍閥分裂爲『直』『皖』二系之始徵也。馮國璋於段祺瑞辭職之後，任王士珍爲國務總理，竭力聯絡南方，圖敷衍和平，適江蘇留鄂第一師師長黎天才於荊襄一帶獨立。馮之和平主張，大受打擊。十二月三日，倪嗣冲張懷芝與曹錕會於天津，召集天津會議。遼吉江晉豫秦閩浙及熱察綏各省區，上海護軍使咸有代表出席，決議主戰，反對調和，並由各代表認定各該省區出兵數目，逼馮國璋下討伐令。十六日，參謀部陸軍部合組之參陸辦公處密電『奉大元帥諭：「派曹錕爲第一軍司令，張懷芝爲第二軍司令，督率所部向鄂出發」等因，特達。』七年一月二十五日，胡景翼在三原獨立，粵桂湘聯軍復克岳陽，將與黎天才會師。皖系將領迫馮宣戰益急。馮國璋乃於二十六日，隻身秘密南下，將與長江各將領有所商洽，結果爲段系諸將所窘，於二十八日北還。三十日，下令任曹錕爲兩湖宣撫使，張敬堯爲攻鄂前敵總司令，魯軍之一部及奉軍第一師張景惠部與曹張所部咸南下，分攻湘鄂。

三　浙，鄂自主之失敗　六年十一月二十六日，浙軍之在寧波者，宣布獨立，旋即取消。蓋其動機由於被迫圖存，初無具體之計劃與聯絡。故旋師被逼而取銷，僅曇花一現，未有若何之軍事舉動。十二月一日，駐荊州江蘇留鄂第一師師長黎天才，荊襄鎮守使兼湖北第一師師長石星川，組織靖國軍，當卽自主。先是吳光新以長江上游警備總司令兼四川查辦使入蜀助川軍與陳軍戰，旋因川軍內訌：督軍周道剛失敗，吳光新部亦被逐出蜀，辭去查辦使職。十二月二十四日，吳部劉躍龍旅至宜昌。石星川令所部劉佐龍旅及收編之民軍石龍開金華袞等部襲擊之。劉佐龍於正面布散兵綫，與吳部鏖戰。石龍開自左翼包抄，以散兵游擊。吳部北兵艱於山戰，且地理不熟，大敗。荊襄軍聲名大震。七年一月十日參陸兩部電令南下直軍及鄂軍急攻荊襄。鄂軍總司令石星川應戰，鏖戰數日，石部傷亡甚鉅。十九日，石部主力軍與南下北軍第三師互戰不利。是夜，鄂軍失防，被北軍擊破。二十六日，荊州失陷。石星川部多被王占元收編，黎天才部除被第三師及吳光新收編一部外，均潰散。石部李書城旅所屬團長容景芳營長夏斗寅率殘部千餘人走湘西入湘。荊襄自主遂告失敗。

四　北軍再入湘。　當荊襄作戰之際，馮國璋任張懷芝爲湘贛檢閱使，張卽會同張敬堯南下。二月二十四日，經南京晤李純後，卽赴南昌。時，王天縱在豫獨立被擊破，豫軍因籌防，未能抽調大部南下。三月十一日，湘軍總司令程潛率湘南游擊司令李仲麟部拂曉突攻。張敬堯原於是日施行總攻擊。第七師步兵第十三旅旅長吳新田當前敵。李仲麟爲湘軍驍將，身先士卒，大呼而進，所向披靡。桂軍沈鴻英部自平江來會攻，遂克羊樓峒。該處爲湘鄂間第一險要。第七師退出後，擬守通城。適吳佩孚率所部第三師步兵第六旅至，加入前綫。湘南總司令程潛率第三旅陳嘉祐及李仲麟等部，併力抵禦，連戰三晝夜，傷亡枕藉。適粵桂軍生意見，前綫作戰不統一，陳綫漸不支。十六日，被北軍攻破戰綫，羊樓峒失守。十七日，岳陽陷落，湘桂粵各軍直退長沙。由岳至長數百里曾未一戰。聯軍總司令譚浩明但據長沙緊據政權，而不設防，遂一敗塗地。富庶之長沙爲散兵搶掠一空。聯軍直退衡陽。在湘西獨立之湘西鎮守使田應詔等則退出常德，據守湘西。吳佩孚率部跟追至衡山。馮國璋徇段系之意，以張敬堯爲湖南督軍。從此張吳交惡，吳佩孚遂不戰而與南軍和。

五　陝西之軍事

陝西督軍陳樹藩附段，據陝，各軍對之咸有推翻之心。陝軍營長張义安持之最力。陳知張將爲己患，監視極嚴。時，團長嚴錫龍駐三原，受陳樹藩之密令監視張部，每藉事與張义安軍衝突，藉博陳樹藩歡心。張察其微，遂決定發難。且以嚴軍在三原恆有虐民之事，爲民除暴，尤軍隊之天職，遂暗與各方聯絡。陳樹藩知之，忽令張义安移駐富平，並令旅長曾紀賢駐三原，以防張變。因是形勢日急，張义安遂投袂而起。方張义安接陳樹藩調令移駐富平之命令後，自諗一出三原，根據地動搖，必遭解散，故遷延不決。又恐遭陳樹藩藉抗令口實，遽行迫擊，遂一面與三原縣知事要約，一面宣布於七年一月十四日離原；而晤中布置軍隊，預備夜間激戰。十三日夜二時許，（卽十四日晨）張乂安揮淚對各連排長兵士言曰：『陳樹藩旣疑忌吾等，視吾等如仇讎，吾等當有決心自救救國，去此禍陝禍國之徒。』官兵聞之，憤氣塡膺，誓效死戰。張乂安見衆志已固，乃先令各連各具三原縣詳圖一幅，標明曾紀賢嚴錫龍二軍分駐地點，並兵數多少；當日秘下動員令，分頭進攻：第二連連長董振五暗襲南門，第四連連長朱同衢襲北門，教練官鄧寶三襲東門，各率二十餘人任首衞衝鋒。西門張自任之。十五日午前一時，各隊同時出發，依計劃進攻，守城軍士於酣睡中聞槍礮聲，倉皇潰走，張乂安遂集中軍隊，分攻曾紀賢旅部及嚴錫龍團部。並曾嚴及各官長公館。曾嚴軍隊皆於睡夢中驚醒，分途抵禦，人不及衣，馬不及鞍，倉卒夜戰，自難取勝。但人數衆多，亦未能一時撲滅，大戰遂起。十五日午間，山西街爲曾嚴二軍集中地，鹽店街有嚴軍三連，北城有嚴軍二連。張乂安軍占山西街東西二口。鹽店街各要口亦均爲張乂安軍所占。繼復登東門，自城俯射各要口。曾嚴各軍不能禦，竄入兩旁商店，張軍見之，挖牆穿孔，挑壕壘石，以爲掩蔽。曾嚴軍亦頑強抗。至十六早，曹在耀得張乂安起事信，立派黃祥生石象易馬青宛胡得甫馮欽哉等率馬步各軍應援，於是日下午至三原，胡景翼（陝軍團長同盟會黨員）在富平，又派靳伯倫，率馬隊一連先行，自率全團應援，與張乂安軍合，大戰竟夜。十七日早九時，曾嚴軍降殺大半，餘均越城逃竄，折肢壞體者不計其數，曾紀賢僅以身免，嚴錫龍不知下落，其弟某被殺。十二時，戰事告終，奪獲機關槍三挺，大礮兩尊，步槍一千五百餘枝，子彈六萬餘發，馬百餘匹。三原遂為護法軍所有。護法軍既占三原，遂開各部軍事緊急會議，舉定胡景翼曹世英為『中華民國軍政府陝西靖國軍總司令』，將所有軍隊分編為三大支隊，第一支隊曹世英自兼，除原部一旅外，附以耿直劉錫林二人所部，凡三千餘人，由永樂店涇陽塔底渡河，進攻西安之北門；第二支隊胡景翼兼任，除胡部原有軍隊外，並原駐乾州之豫籍民軍樊鍾秀軍隊，約三千人，由涇河咸陽進攻西安之西門；第三支隊以六年十二月二十一日在鳳翔獨立之民軍郭堅高峻所部編成，約二千五百人，由交口渡河至臨渭，進攻西安之東門。其餘以四州方面之楊高等軍隊，牽制陳樹藩部王飛虎，使不能率兵援陳樹藩。以曹部李養初一營，塞寶雞口，截陳軍敗後之歸路。議定，遂於二十日陸續開拔。陳樹藩聞訊，雖分兵嚴守各隘，靖國軍已猛攻而入，陳樹藩軍節節退守。二十二日午前，將東西北三門圍住，陳樹藩勢窘，急將軍力集中於鐘樓附近，亂轟大礮，靖國軍以城牆掩護，未受損，且以陳樹藩頑抗，攻撲愈猛。午後，城市火起者數處，陳樹藩愈恐，命以木槍灌火油噴上鐘樓，以火焚之。先令軍隊分守三門。一時火光大起，全城哭聲震地，鐘樓左右商店，焚劫殆盡。時城中乏食，南城守兵，潛謀作內應，以書告張义安，張急約會左翼前進，然因東路方面司令衆多，號令不一，竟中奸人間謀，退兵河北，陳軍開城反攻，靖國軍功虧一簣，全軍大挫，張义安且因而陣亡。適于右任奉陸海軍大元帥孫文命令入秦，靖國軍復退走三原，咸戴于爲總司令。軍政府大元帥乃特任于右任爲陝西督軍，陝地民軍聞風歸附。七月一日豫境王天縱殘部及民軍皆隨黨人張鈁至秦加入，乃以張鈁爲副司令。重振軍威，令胡景翼曹世英分兵兩翼經略各縣。轉戰數月，陝省版圖半入靖國軍治下，聲勢極盛，爲北方革命留光榮之一頁。直至南方軍政府改組，直皖戰後，吳佩孚命閻相文馮玉祥入秦，于右任時已離陝，胡景翼乃忍辱以全實力，暫託吳佩孚旗幟下，編爲陝軍第一師，以待機會。至十三年，始得行其志，而有國民軍革命之舉。

六　粵軍入閩　桂系之護法，原屬借題圖私。軍政府成立，孫文力持正義，桂系頗心非之，遇事每多掣肘。大元帥府設於士敏士廠，粵督莫榮新竟謀不利於大元帥。孫文乃本大無畏精神，令陸軍總長張開儒率所部滇軍第一師，海軍總長程璧光率所部艦隊，嚴爲戒備。六年十二月歲暮，陳炳焜莫榮新等陰謀益急。孫文乃移文切責，並開導之。桂系不悟，暗中布置，滇軍得密報，積極布防。孫文乃登軍艦，於七年一月三日，令軍艦發礮轟擊督軍署。廣州各團體出而調停，孫文持正不肯屈讓。桂系迫於正義，乃讓步示服從。孫文乃布置援湘援閩之軍事。先是，孫文早知馮國璋段祺瑞決不肯悔禍，計劃由閩出浙，以取南京。顧無可用之兵。適廣東省長朱慶瀾以親軍二十營受陳炯明，數經曲折，卒由陳統帶〔詳見廣東軍史一節中〕孫文乃命陳攻閩，編所部為『援閩粵軍』，以陳炯明為總司令，鄧鏗〔仲元〕許崇智佐之。黨人多入軍中，謀合力向外發展。且明知退則必為桂系所消滅，惟有前進求生，故作戰極猛烈。世人因斯役而謂陳炯明善戰，實則事勢使然，所謂『置之死地而後生』，非主將之智勇為之也。軍隊方出發，而桂系威迫孫文，一切皆被把持，惟私是圖，且護法事業已無成功之望。孫文灼知非以革命方法澈底改造不可，乃一面令援閩粵軍急進，速取根據地，一面向非常國會提出辭職書。〔五月四日〕時適桂軍林虎擊敗據在瓊崖之龍濟光部，〔龍隻身逃往北京〕桂系益橫恣，黨人更急於離粵。九日，援閩粵軍至閩粵邊境。十一日，與李厚基部接觸。鄧鏗任前敵指揮，以持久戰老閩軍，待其疲而突攻，白刃入敵陣，殺傷俘獲甚夥，李軍大敗。二十日，軍政府改組，孫文離粵，國會選唐紹儀，伍廷芳，唐繼堯，孫文，林葆懌，〔程璧光於七年二月二十六日在海珠被桂系軍人暗殺斃命〕陸榮廷，岑春煊，七人為『政務總裁』，而以岑為之長〔孫文唐紹儀未就〕陳炯明等聞訊，益奮勵圖存。分兵兩翼，撲攻漳州。許崇智鄧鏗分左右指揮猛攻，陳炯明任中路，兼程銳進，李厚基猝不及防，在前線之北籍閩軍第一旅大敗。粵軍連克永定，上杭，武平，詔安，雲霄等地，閩軍大潰。粵軍乘勝直攻漳州，擊破閩軍主力二混成旅，遂入漳州。但以廣州無接濟，不能進展。六月北京政府任曹錕爲川粵湘贛四省經略使，張懷芝爲援粵總司令，李厚基爲「閩浙援粵軍總司令」而以調閩援粵之浙軍第一師師長童葆暄副之。二十六日閩軍兵變，浙軍團長陳肇英與粵軍聯絡。浙軍無功後童葆暄病死，浙軍回浙。粵軍駐漳經年，從事市政建設，頗有令譽。

第七章 直皖之戰

第一節 戰爭之動因

一 直皖戰爭之遠因 民國六年，馮國璋繼任總統，段祺瑞爲總理。馮爲直系首領，段則皖系領袖，固積不相能者。及就職後，以旨趣之各異，抵觸時聞，傾軋亦因之愈甚。旋段祺瑞聯絡王揖唐等，迫馮國璋於十一月十日召集臨時參議院，舉王揖唐爲議長，那彥圖副之，修改國會組織法，召集新國會。把持選舉，使同系多被選爲議員，以造成一派專政局面。而其時段系要人徐樹錚復組織安福俱樂部，廣樹羽翼，以厚實力。又恐不足，仍藉口對德宣戰，組織西北邊防軍，以徐樹錚爲西北籌邊使。至是段系勢力乃日趨擴大，而直系之妬嫉亦由是而愈深。七年九月一日，徐世昌以段派力量由新國會舉爲大總統。馮氏下野，直系全失其政治地位。然後此戰爭，已基因於是矣。

二　**直皖戰爭之近因**　當護法軍北伐時，段祺瑞欲以武力統一西南，遣隊南征，以曹錕（直隸督軍）為第一路總司令，由保定南下駐漢口，吳佩孚副之，由湖北入湘。及南北停戰議和，吳佩孚即與南方各總裁通款，迭電指斥北京政府謂其媚外求榮，喪失國體，蓋將啟釁於安福系也。九年三月十八日，直軍自湘撤防。四月九日，曹錕以追悼陣亡將士為名，召集各省代表於保定，組織八省聯盟。五月二十七日，吳佩孚率旅長蕭耀南張福來王承斌閻相文等過長沙，張敬堯陳師以待。三十一日吳佩孚分駐其兵於直豫各要地，以備不虞。時湘內空虛，南軍趙恒惕，乘勢陷衡陽長沙，張敬堯逃。政府以長江上游總司令吳光新為湘督，監視直軍行動。先是曹吳本反對安福系，欲推覆其勢力，至是益不能忍，乃借山東案件，先聯鄂督王占元，反抗當局。段祺瑞知曹吳終不為己用，遂迫徐世昌免其職，并組織定國軍，示武力對待意。直皖之戰，遂爆發而不可遏矣。

第二節　兩方之布置

一　**直軍方面**　吳佩孚駐衡州時，屢思撤防北上，及安福系勢力之末大擴而消滅之，九年三月，吳北上知事之必發，因分駐其軍於直豫各要地，備戰也。六月九日，張作霖入關，以調停爲名，實則與直系聯合。七月三日曹錕李純張作霖宣佈徐樹錚罪惡，調兵攻北京。前隊駐涿縣琉璃河固安楊村一帶。吳佩孚爲直軍前敵總司令，王承斌副之，兼指揮中西兩路，沿京漢線進。曹錕爲東路總指揮，駐京奉路。七月十三日張作霖亦入關備戰。先是政府以吳光新爲湘督，監視直軍行動，曹錕懼其由京漢路進擾後方，因於六日命旅長馮玉祥由湘常德桃源退入鄂境以防之。

二　**皖軍方面**　段祺瑞之組編西北軍也，名雖籌邊，實以對直。及七月三日曹錕李純張作霖合電宣佈徐樹錚罪惡。段祺瑞遂改西北軍爲定國軍，（亦稱皖軍）并於七月八日，通電聲討。而在南苑團河會議，以段芝貴爲前敵總司令，邊防軍第一師師長曲同豐爲前衛司令，兼前敵總指揮，向京漢路出發；陳文運爲中路指揮，往楡垡固安，徐樹錚爲總參謀，兼東路指揮，段自爲總司令。

第三節　戰時狀況及其結果

一　**戰時狀況**　七月十四日，兩軍開始在近畿接觸，戰鬥甚爲猛烈，激戰徹兩晝夜，互有損傷。時駐鄂馮玉祥吳光新亦交戰，十六日吳光新被捕。十五日，東路徐樹錚所率西北軍由張莊蔡村皋后店進攻，擊敗曹瑛所率之直軍，越楊村，佔北滄。旋直軍反攻，悉收回其所失地。西路吳佩孚所率直軍，與邊防第一師曲同豐所部大戰於涿州之北。旋奉軍來援。十八日，西路邊防軍大敗，涿州爲直奉聯軍所佔領。第十五師二十九旅旅長張國溶，三十旅旅長齊寶善，均向直軍投降。曲同豐亦以被擒順敵。邊防第三師師長陳文運，亦棄械潰散。於是三路之師，皆爲直軍所敗。二十三日，奉直聯軍，進駐南苑。其時察哈爾都統王廷楨率師進駐康莊，與邊防軍西北軍，戰于居庸關附近，察軍勝，全部解除邊防及西北軍之武裝。直皖戰爭，至此乃告結束。

三　**戰爭結果**　當戰事未息前，段祺瑞以定國軍屢失利前方，曾於七月十九日，通電引咎自責；呈請罷免督辦邊防軍務管理將軍府事宜各本職，並撤銷定國軍名義，以謝國人，蓋一欲藉此息戰，一不欲及見一敗塗地而後已也。及定國軍完全失敗，徐世昌即明令將督辦邊防事務署及西北軍名義一律撤銷，又嚴令懲辦徐樹錚曾毓雋段芝貴丁士源朱深王郅隆梁鴻志姚震李思浩姚國楨等禍首。又解散安福系，通緝王揖唐，幷令削曲同豐陳文運魏宗瀚（陸軍第九師師長）劉詢（陸軍第十五師長）及謙威將軍張樹元諸人官職勳位。以故皖軍將領段芝貴徐樹錚馬良等，均逃逸青島。直皖之爭，遂全告結束。初，段祺瑞之備戰也，以爲力可制敵。及張作霖入關調和，幾爲徐樹錚所愚陷，因除與直系聯，謀合倒安福，局勢遂爲之大變，而結果皖方終以失敗，亦當時之失計也；然而以雙方無限損失，徒爲私人爭執而犧牲，所謂主張開國民會議，及解決歷年糾紛，卒未嘗發現。蓋野心家原無誠意謀國，其始之如是云云者，特假此以號召國人耳。

第八章 兩粵之役

第一節 粵軍回粵

一 軍政府改組與議和 陸榮廷等之改組軍政府也，其目的專在議和。蓋以之爲對抗北京，要求權利之交換條件的工具耳。時吳佩孚守衡山，湘軍困守湘南，程潛因係民黨，被桂系排去，譚延闓間關至衡永一帶，撫集湘軍，與吳暫時聯絡。鄂西之黎天才則因係滇人隨滇軍退往巴東。于右任在秦，道梗不通，孤軍獨拄。孫文乃主張移護法政府於滇，以圖貫澈主張。守正之議員頗贊成之，乃廣州軍政府大倡和議，以唐紹儀爲總代表至上海議和。復因南北各有內容，和議遷延不決。軍政府於此時期，僅平一退據瓊崖之龍濟光，其他方面幾無軍事之可言。段祺瑞是時已復職，屢促吳佩孚進攻，吳按兵不動，極口言和。終無戰事發生。及北方議和代表朱啟鈐辭職，段命王揖唐繼，南方代表拒絕之，和議乃告停頓。至直皖戰爭起，和議遂無形消滅。南方軍政府遂於此奄奄無生氣之狀態中，度其苟延殘喘之生活，直至粵軍回粵，始告消滅。

二 粵軍之攻粵

桂系原與直系勾結，直皖戰起，莫榮新即藉口攻閩，派兵入閩，欲消滅粵軍。陽則任陳炯明為援閩第一軍總司令，陰則勾結閩軍，約會夾攻，並以福建地盤餌海軍。先是，孫文屢遣廖仲凱，朱執信促陳炯明出師攻廣東，且許以經濟上之助力。陳猶豫不決。及莫榮新相迫甚急，乃於九年九月十六日在漳州公園誓師，回師討桂。先是，九月六日，黨人朱執信吳禮和運動廣州虎門礮臺臺兵宣布獨立。因臺兵內訌，朱執信身殉。廣州因此戒備甚嚴。粵軍回師，勢須急進，否則難操勝算。乃與李厚基約，以閩南交李收回，不得與任何方面相約而襲粵軍之後。李承認，且接濟粵軍軍費。粵軍乃分三路出發。第二軍許崇智担任右翼，由永定上杭進攻大埔松口等地，肅清韓江上游，以梅縣（即嘉應）與寧為目的；第一軍葉舉一部任中路，由小溪攻饒平平原而出高陂。第一軍之另一部由鄧鏗指揮（此部後為粵軍第一師）任左翼，與中路會合，肅清韓江下游，以汕頭為目的。黨人鄒魯姚爾平等以『義勇軍』名義，派蔣光鼐譚啟秀林肯等去潮梅一帶，聯絡劉志陸之部隊為內應。十九日，克大埔。二十二日，至韓江上游。十月六日連克潮梅。乃以第二軍加入一支隊，爲右翼，由興寧攻惠州，以淸東江兩岸之敵。桂軍莫榮新急調沈鴻英林虎等部往東江堵截。粵軍連敗桂軍精銳莫正聰盧炎山江永隆劉遠慶沈鴻英馬濟林虎等部。滇軍奉李根源指揮，至前綫而不肯力戰。連克東江各要隘。二十二日，大戰於河源。粵軍歸心與恨心交崇，勇氣百倍，不待官長指揮，咸鼓噪匍匐而進。桂軍大潰。粵省內民軍黃明堂陳繼堯周之貞等紛起響應，共數十起。廿四日，省會警察廳廳長魏邦平，及福軍總司令李福林在省城對岸之河南〔非豫省〕獨立。凡內河及廣三鐵路皆經據守。粵軍前鋒直撲廣州。桂軍被困於危城之中。岑春煊知事不可爲，乃於十月二十四日，以軍政府總裁岑春煊陸榮廷林葆懌溫宗堯〔孫伍及二唐辭不就乃選溫及劉顯世補缺湊數劉亦未就過名義〕通電解除軍政府職務，紛紛逃走。二十六夜，莫榮新率殘兵退出廣州，繞道往桂。粵軍入城，全省次第底定。時孫文等所組織準備移滇之軍政府駐滬辦事處，委陳炯明爲廣東省長及督軍，而以陳兼粵軍總司令。軍政府移雲南之議遂中止。孫文伍廷芳唐紹儀各總裁回廣州，恢復軍政府，否認岑陸非法撤銷之通電。當卽組織政府各部。除外交部長伍廷芳，司法部長徐謙，參謀部長李烈鈞，卽行復職外，任孫文爲內政部長，唐繼堯爲交通部長，陳炯明爲陸軍部長，唐紹儀爲財政部長。唐繼堯未到任以前，由王伯羣署理。李烈鈞出差，以次長蔣尊簋代理。以馬君武爲軍政府秘書廳廳長。

第二節　定桂之役

一　**正式政府之組織與出師攻桂**　時，北方已組新國會，選清室太傅袁世凱第一親臣徐世昌爲大總統，對外借款，締約賣國，惟所欲爲孫文以爲正式政府之組織名正言順，刻不容緩。識時之士，多贊成之。惟聯省自治派，如雲南唐繼堯湖南趙恒惕浙江盧永祥及一小部分議員如褚輔成等表示反對。陳炯明時亦倡聯治，欲圖據地自雄，故亦不贊同此項主張。其部下葉舉洪兆麟且有不穩消息。卒以第二軍許崇智及第一師鄧鏗等部鎮攝維持，陳部乃未敢動。四月七日，國會正式開會選舉大總統。孫文得票過半數當選。十日，國會通告中外。五月五日孫文宣誓就中華民國大總統職於廣州，市民開會歡祝，到數十萬人，爲空前之盛舉。政府組織，除任湯廷光爲海軍部長陳炯明兼內務部長伍廷芳兼財政部長外無變動。馬君武改任大總統府秘書長。正式政府既組成，乃謀貫澈主張出師北伐。惟以粵軍回粵以後，北京之徐世昌無時不夢想消滅南方政府，廣西之陸廷榮尤無時不思再攫廣東爲其『殖民地』。因而互相勾結，亟圖廣東。桂將劉震寰抱志向義，密報於政府。孫文乃決計先平桂以除內顧之憂。乃陳炯明不欲，意擬聯桂而敷衍北方，圖爲地方之雄長，故視政府爲贅疣，對北伐大計，多所阻撓。孫文為救國事急，強忍而與之商定：但接濟餉彈，由大總統親征，勝則除患，且即北伐，敗則決不退回，與陳無與。陳陽應諾，而中心另有所謀。

二 平定廣西 時，桂軍已分數路大舉侵粵，楊永泰且在高州運動軍隊變叛，其勢甚銳。北江南路均被迫甚急。西江中路則幸有劉震寰當其衝，未被侵入。孫文以大總統兼陸海軍大元帥，率粵滇黔各軍親征入桂。命陳炯明出駐肇慶為聲援，李烈鈞統滇軍贛軍，谷正倫率黔軍，撲攻桂林，並約湘軍會攻。（湘趙恆惕未應）陸榮廷使韋榮昌林虎以重兵堅守梧州。蓋梧為桂省咽喉門戶，且財富之源，故特別重視，並以之為攻粵之根據，擬建瓴而下，直取廣州。六月二十六日，劉震寰聞大總統已出師，即分所部一旅，輕裝疾走，由雙木襲取梧州，一面親自用電話偽報軍情，謂粵軍分若干路襲圍梧州。使韋等四出迎敵，而獨不及自己所派由雙木前往之一路。韋林等果中計，傾衆而出，四面迎敵。劉震寰乃疾趨突擊，直入梧州。林虎等大驚，輜重盡失，倉皇逃遁，全軍盡散。陳炳焜聞訊，率重兵來援，遇劉震寰導許崇智軍至，迎頭痛擊，陳炳焜大敗。桂將沈鴻英秦步微等見梧州已失，大勢已去，皆投降自保。六月底，滇軍克柳州。陸榮廷之勢益危。七月初連戰皆敗，退守南寧。粵軍直薄城下。陸榮廷於十四日逃走，十五日，克南寧，大總統任命馬君武（桂人）為廣西省長，劉震寰為桂軍第一師師長。八月二十一日，粵軍滇軍程潛部新編湘軍李烈鈞所部贛軍會攻桂林，占領之。遂經略各縣。陸榮廷隻身走安南。桂軍非降卽散。至九月三十日克龍州，而全桂底定。

第九章　湘鄂戰爭

第一節　戰爭之動因

一　鄂人驅王之影響

鄂省自武宜刼後，人民深恨王占元之縱兵殃民，曾由旅京津鄂人在虎坊橋湖廣會館開救亡大會，推定李繼膺甘鵬雲等十一人向政府請願，乞罷王占元職不獲許。旋湖北十一府州代表李善謙王文錦等，復由殷鴻壽偕往國務院，向總理靳雲鵬陳述意見。靳以易督不易，繼任亦難其人爲答。大失請願者望。鄂省人士，知事之解決不能求助於政府也，於是不惜破壞、出其最後手段，乞援於鄰。

湘鄂爲接壤之鄰省，關係密切，而趙恆惕部屬宋鶴庚魯滌平，對於湖北，素抱雄心，久欲據而有之。鄂人既恨王刺骨，又不得政府之具體解決，乃以鄰省名義，派代表赴湘，請兵平亂。由是夏斗寅有編師回鄂之舉，而魯宋以有利于己亦助之。然其時湘承禍亂之餘，又桂事猶懸未解，自顧不暇，遑及其他，故於援鄂請求，尙無絕對應允。

二　環境之迫成　援鄂消息傳後，王占元恐釀成變亂，極意交歡於鄰封各省；并以種種利益，許給川湘，以冀暗泯攻鄂擬議；而川湘攻鄂之說，遂漸沈寂無聞。王乃更進一步倡爲川湘滇黔桂鄂贛七省大聯防開統一會議於武昌。協商南北重要問題。果得各省贊同。而貴州前督軍劉顯世亦由湘來鄂，共協大舉。乃未及開幕，忽傳桂林失守。桂代表林虎匆遽離鄂。湘趙因是大變方針，召回其代表王斌。蓋將出師援鄂也。先是鄂人雖屢乞於湘，又得湘中將領同意。而趙恒惕以格於感情，又隱懼桂系，故猶不敢輕舉。至是兩廣形勢旣迥非前比，則湘省萬難模稜，且出師不惟有擴大勢力希望，更可免粵來攻。而其時鄂人孔庚將作賓適聯袂入湘，極力慫恿。湘趙鑒於形勢之已然，知難坐視，乃假開歡迎蔣作賓大會爲名，召集湘軍營長以上軍官赴總部會議。結果，多數贊成援鄂。

第二節　湘鄂兩方之佈置

一　湘軍之進行計劃　此次湘軍援鄂，其出發軍隊業經派定者，爲第一第二兩師，及第一第八兩混成旅，亦分三路進攻：正面由岳陽臨湘，以攻蒲圻等屬，以鄂軍團為先鋒隊，鄂司令夏斗寅為先鋒司令官率隊先進。第一二師繼之；右由平江以攻通城，由第一混成旅担任，即以旅長葉開鑫為指揮；左路由澧縣以攻公安松滋，以第八混成旅担任，即以旅長唐榮陽為指揮。至三路總指揮則為第二師師長魯滌平，援鄂總司令則為第一師師長宋鶴庚。惟時內部空虛，且湘西匪氛甚熾；李烈鈞所部，又未完全退出，以故南路之衡陽，以第三旅開赴桂邊，決由第四旅塡駐；西路之常德，以一師及八旅各軍已編為援鄂軍，亦概由沅陵鎮守使蔡鉅猷派兵塡駐。此當時軍隊調遣之大概也。

二　鄂軍之佈防

湘軍援鄂軍隊，先以一旅集中於路口舖，距離鄂境羊樓司僅一五里牌車站，并派人在五里牌察看駐軍地點。其大批軍隊則由岳州出發，即以五里牌為大本營。王占元聞此警耗，亟召集緊急會議。決一面電知中央及各省，聲明湘省違約經過，一面派軍前往防堵。散議後，除即電蒲通鎮守使劉躍龍，將所屬蒲圻通城監利石首嘉魚劃為警備區域，派軍嚴堵，勿令湘軍侵入外，又派孫傳芳所部第十八師步兵一團，礮隊一營，寇英傑所部第二旅步兵第四團全部，礮兵一營，機關槍一連，開往蒲圻羊樓司一帶禦敵；又以水路防務，亦形重要，特令停泊鮎魚套之礮艦魚雷艇各二艘，馳往白螺磯上游協同防堵；又自楚王台起出山礮槍彈甚多，運往前敵各方應用。而湘鄂兩方之戰機，於是發動矣。

第三節 湘鄂戰況

一 羊樓司之役 民國十年七月二十九日午前三時，鄂自治軍司令官夏斗寅所部，由路口舖五里牌出發進攻鄂境羊樓司。即與鄂軍在羊樓司以北約六華里某地接觸。約兩小時，夏軍進前三里，誤觸地雷轟斃百餘人，而仍奮勇前進，激戰甚久，鄂軍力漸不支，紛紛後退。夏軍即進拔羊樓司要隘，該站站長魏伯衡及鄂軍兵站，當移駐羊樓司後方。是役鄂軍死傷約五六百人，損失軍用品亦夥。而夏軍死亡者，亦頗不少。時在七月卅一日。

二 趙李橋之役 夏斗寅於攻拔羊樓司之明日，即又向前猛進。惟時鄂軍團長潘守楨實勇敢善戰，故湘軍連擊不得逞。後潘守楨以天氣炎熱，不便作戰，又南風勢勁，每發彈非難于命中，則不能及遠，因定計深夜襲攻，意在一舉蕩平。不料事爲鄂人所知，以恨王占元故，洩其事於夏斗寅，夏遂嚴陣以待。潘軍至，湘軍佯敗十里，及至朱鶴鎮，左右伏兵齊出，潘中流彈斃命，兵士死三百餘人，其餘繳械投降。鄂軍受此大挫，遂退走八十里。羊樓司險要已失，趙李橋亦不能守，鄂軍大本營遂麕集於蒲圻縣城矣。原此次湘軍致勝，其因有三：一諸軍芒鞋斗笠取廣西軍裝束，頗得輕便利益；二連日南風大作，湘軍每發彈，中敵者頗多；三，湘軍敢於猛進，雖手臂斷折，銳氣不稍餒。然湘軍之死亡者，亦共達千餘名。

三 進行中之雙方軍事變化

鄂軍第一防綫被衝動後，孫傳芳電省，略謂「天氣酷暑，我軍水土不服，死亡枕藉，兼以南風過大，禦敵愈感困難，特令退出羊樓司待命，請速派隊前來助戰……」王占元得此警耗，大爲憤怒，即欲將孫傳芳調回，護理督篆，親赴蒲圻前綫。嗣以人多阻勸乃止。比晚，即電令第十八師師長孫傳芳爲新嘉蒲通警備總司令，蒲通鎮守使劉躍龍爲左路司令，第二十一混成旅旅長王都慶爲右路司令，第二師第四旅長張俊峯爲後路司令，第二師第八團團長穆恩棠爲游擊總司令，并令前綫各軍一律改取攻勢。

湘軍援鄂，原定自岳臨進攻蒲圻爲中路，以駐湘鄂軍團爲先鋒，並湘軍一二兩師之各一部分担任之；自平江進攻通城爲右翼，以第一混成旅率同鐵道警備擔任之；自澧縣進攻荊沙爲左翼，以一師騎團及第八混成旅擔任之。自八月三十日後，於三路略有變更，除右翼仍舊外，左翼則令其暫取守勢，而將中路分爲二支：一出臨湘沿鐵路進行者爲中路，以劉鉶及鄒序彬兩旅擔任之；一出臨湘沿江而下者爲左翼，以唐生智賀耀祖兩旅擔任之。

四　趙李橋之失守與克復　湘鄂軍隊，自七月二十九日在羊樓司接觸後，激戰四晝夜，雙方兵力，均疲頓萬狀。二月，即行休息。三日午，鄂軍方面加入近畿二師三旅六團全部生力軍；湘軍前方亦增加兵力，故續行接戰。是時湘軍槍枝缺乏，每五人僅有鎗二枝，加以大雨之後，北風頗勁，作戰不易，而孫傳芳則督隊猛進，幷斬退後營長郭某一人徇于三軍。以故激戰數小時，卒敗湘軍，收回趙李橋霸王山等要隘。而湘軍則退扼羊樓司待援。五日，雙方復行開火，湘軍由總指揮宋鶴庚親在羊樓司督隊進攻；夏斗寅亦親冒矢石，在前指揮，士氣百倍。近畿第十八師殘部，此時均成強弩之末，雖有趙李橋高山險隘，與精利鎗礮，亦不耐攻擊，即行退走。是役湘軍進追數十里，前所失地，均被恢復。鄂軍退至茶庵嶺，扼險死守。因該處駐有靳雲鶚所部第八混成旅全部，故湘軍未敢即進。然其頭道防綫已迫近蒲圻矣。

五　進攻蒲圻之役　鄂軍既退茶庵嶺，湘軍復乘戰勝之威，率隊攻之。適大雨滂沱，路滑泥濕，北軍步履殊不便，又不諳地勢，以故大挫，棄茶庵嶺而走。是日宋鶴庚所部之第一團團長鄭鴻海，率領全部，亦向北軍第一旅孟昭月掘壕；孟旅長當命第二團團長陳煊愷，以砲兵一連，在茶庵嶺附近荆港舖韓家山等處迎戰，約二小時，北軍不支，團附顧學志死焉。孟聞該團失利，又加派第一團二營前往協助；湘方鄭團亦猛力抵禦。已而，夏司令斗寅所部第二梯團之第三營營長杜啓榮，率隊向北軍東路要塞音峯嶺，繞道金錢腦，奔攻陳團之根據地，戰二小時，北軍砲兵連長翟連輝先遁，所有砲兵亦棄械逃。南軍乘勝追擊，多所俘獲。時陳團所部見砲兵敗退，亦無鬥志，節節反却。荆港舖韓家山遂爲湘軍所占領。是時蒲圻北軍前敵西路要塞紫金山亦爲宋鶴庚所部關健仁營所攻奪。駐守該地之劉躍龍之補充三營，悉遠潰，死者亦過半數，七日下午三時，夏斗寅入蒲圻。

六　汀泗橋之役　蒲圻失後，湘軍中路左翼，又連陷沔陽嘉魚。北軍守將，第二十一混成旅王都慶所部，退至離省六十里之金口。至是中路鄂軍，已成不可收拾之勢。而夏斗寅率師迫之，又勝于中伙舖。北軍退守汀泗橋。時是地已爲鄂軍之第一防綫，由靳雲鶚所部駐守，待援集後，再改攻勢。當南軍渡江時，値水漲溢；而北岸軍隊麕集，槍砲林立，極難得手。因繞道上游，分金華袞所部，各持白刃浮河而渡。北軍望見，開砲轟擊。夏斗寅復率敢死隊隨後助戰，前仆後繼，卒登彼岸。是役計奪機關砲四尊，而軍隊之死者亦甚多。北軍以勢不支，退駐離該橋五里，以待援兵。計汀泗橋距武昌僅五十餘英里，且平坦無險，實無再戰之餘地。惟是時湘軍既已疲憊，援鄂之直軍又源源而來，以故不能一鼓而蕩平武漢。且由湘鄂戰爭忽變而爲湘直之對壘。

七　右翼及左翼之戰況　先是湘軍左翼，原取三路並舉計劃，旋於三十日後，忽變方針，暫取守勢。以故八月初，尚無激烈戰事。未幾孔庚唐榮陽等以中路節節勝利，亦由牛浪湖進攻公安；時公安駐有重兵，戰輒不利，乃改由華容縣屬焦山，以迫石首縣屬之調弦口，轉戰二日，下之。旋又退據塔市驛，扼河而守。北軍第八師長王汝賢聞之，即派兵一團，助防石首。久之，王軍漸不支，而時駐宜昌之趙榮華部，以被川軍牽制，亦不能下駛救應，故王汝賢於此時，惟有乞援之一途。乃南軍乘其戰勝之威，復進擊公安石首二縣，連陷之，益進窺沙市。及直軍雲集鄂渚，倡和議，左翼之兵，乃暫守不攻矣。右路崇通方面，湘軍以金華袞作前鋒，葉開鑫爲後應。蒲通鎮守使劉躍龍，初尚竭力抵抗，嗣因士卒畏戰，漸形不敵，通城要隘之新店，忽被湘軍佔領。八月四日，葉開鑫率所部親冒矢石，揮軍猛進，劇戰竟日，乃將通城完全佔領。未幾通山崇陽二縣，亦悉被湘軍攻陷。崇通鎮守使劉躍龍所部之第二混成旅，死傷潰散殆盡。八日，劉携殘部百餘人返武昌，王占元即令其仍回咸寧，收拾殘部，然已難再振矣。

第四節　戰爭之結果

一　**王占元之免職**　此次之戰，始由鄂人乞援於湘，繼以環境之影響，迫趙非出兵不可，而卒演成此勞民傷財之軍閥互鬥。於鄂人方面，雖達到驅王目的，然王去蕭來，猶是以暴易暴，所謂奪政權于軍閥而還諸人民者，亦一時之空想耳。始湘趙以八萬兵力進窺鄂境，王占元固知不敵，因請援於直系之曹錕吳佩孚。曹初頗欲予以援應，乃繼見其節節失利，知其必爲湘軍所敗也，於是遽變其援鄂初衷爲取而代之之私意。方是時，直系之蕭耀南亦鄂人也，因受利己心之衝動，復從而慫恿之。故曹吳雖遣軍赴鄂，陽言共濟，實則伺隙鄂渚，以觀其敗。而鄂軍之終不克自振者，亦由此也。王占元既以前敵失敗，知大勢已去，且深悉蕭耀南南下之意，乃於歌漁兩日迭電辭職，政府許之。八月十一日，王占元離漢。湘鄂戰爭，雖暫告結果，而湘直之戰又開始矣。

二　吳佩孚之南下

吳佩孚自戰勝皖軍後，即分駐其兵於京漢綫，意蓋有所圖也。始王占元以上年省長問題，曾與湯薌銘諸人奔走保定，乞助於曹錕。曹遂迭電王，勸其允許鄂人治鄂。自是而王於直軍之在鄂者，如芒刺在背，對于曹吳，直視爲敵性。故此次戰起，王致政府電，謂政府派遣援軍，宜從豫奉兩省指撥，不必派吳佩孚赴援。是王之反對直系，已形諸黑楮，不待儘謂爲暗潮矣。此吳佩孚南下之間接一因也。及政府鑒于豫無能戰之兵，奉又鞭長莫及，不得已商請於直曹，而直隸之保定會議，又以司令人物屬之蕭耀南，於是吳佩孚之南下，乃有名可藉，而由此更釀成吳氏平湘征川之戰。一波未平，一波又起，亦可見軍閥時代之變局離奇也。

第五節　吳佩孚二次南下之戰

一　湘直之戰　自湘鄂戰事發生，保定方面即連開會議，僉謂此次鄂省變動，與北洋全局有絕大關繫，決定救援。共分五路出兵：靳雲鶚所部一混成旅為第一路，蕭耀南之二十五師為二路，第三路則為宏威軍趙傑之一混成旅，第四路為魯軍之張克瑤一旅，第五路為吳佩孚所統之第三師全部。至前方統轄四路之總司令，仍先以蕭耀南充任，藉一事權。並檄調直隸方面之董政國旅王承斌旅，駐守洛鄭兩方，以固後壘。又先以靳雲鶚之第八混成旅赴漢口，以覘勝負。再派蕭耀南率隊入鄂，即以軍務幫辦名義代王占元。八月四日前第八混成旅已有一部開向中路；二十五師分駐武漢，西上水行者，亦至金口。及鄂軍總退潰後，則其第一防綫（汀泗橋）為靳雲鶚所代守，第二防綫（咸甯縣）為趙傑所部一旅駐防之，第三防綫（賀勝橋）為蕭耀南所部之九十，九十七八九，三團所分駐。至此前方形勢，已一變而為湘直軍之對峙矣。至八月十二日，吳佩孚以兩湖巡閱使之使命，節鉞蒞漢，是日京漢路共到兵車十八次，所運軍隊，幾達三萬。蓋即第三師之九十兩團，礮兵一團，輜重一營，又第二十四師及魯軍一混成旅等隊。由橋口至劉家廟，駐屯達二十里，大有會師漢武，直搗長沙之概。先是八月十日，湘直軍曾小接觸于汀泗橋。是役中伙舖湘軍分三路進攻：左右兩路，涉水而進，以大隊衝敵中壘，靳旅勢不支，紛紛卻退，輜重爲湘軍所得。旋經雙方軍官制止，戰乃罷。自吳佩孚抵武昌後，陽稱和平解決，實則積極備戰。于是衝突乃大作。約自二十前一二日起，兩方即有戰事。惟是時湘軍之在前敵者人數雖逵四萬，而槍枝則甚缺乏；又以強弩之末，與生力軍敵，終非易事：以故節節失利。至二十七日，岳州遂失陷。九月一日，南北和議成，戰事乃告結果。

二　蜀直之戰　十年五月十一日，四川之川滇兩不睦，川人反對唐繼堯及熊克武，舉劉湘爲川軍總司令，兼省長。熊以不敵，退出成都。於是政府以平川亂爲名，遣劉存厚入川，聯絡熊克武，進佔成都重慶。劉湘反對政府及劉熊，九月七日，以但懋辛等攻宜昌。是時吳佩孚以湘事既平，川局亦應解決，遂移師西上。初與川軍戰於宜昌，川軍敗，再返攻，亦失利，退走南沱。十月十一日，川軍全部退出鄂境。至是吳與川軍總司令劉湘，湘軍總司令趙恒惕，議和成功，吳佩孚二次征南，斯告結束。

第十章 奉直第一次戰爭

第一節 戰爭之原因

一 戰爭之遠因 始吳佩孚駐湖南時，即已不安偏裨之任，嘗結納趙恒惕，牽制張敬堯；又輒假事電斥中央，或指國會爲敗類，其頭角嶄露，固有由也。及安福專政，紊亂國紀，假以討伐之名，一戰果克，聲名事業，遂定。後此吳佩孚虎視鷹瞵之概，武力統一之謀，故奉直之戰，原於直吳者在其武力政策下，初不欲有第二人與之并立，而於奉張有撻伐之必要也。今更析言其故：一，保定會議之主張各殊，保定會議，直主激烈，奉主和平，然其結果安福系終至解散，徐樹錚王揖唐均下令免職，此皆張作霖之不快於心者。而吳佩孚以列席下位者，力爭而必行之。二，北倉戰時，奉軍雖擁兩師之衆，然皆作壁上觀，及皖軍敗退，乃從容席捲其輜重，滿載出關，人勞我得，幾啟當時轉爲反門之舉。三，當十年王占元以運動四省聯盟入京時，張作霖已與王結納，欲因之伸其勢力於東南，而湘鄂之戰，鄂省竟爲直系不勞而得，中斷奉張之豪想。凡此皆忌之所由積，怨之所由深也。其破裂固亦宜矣。

二　戰爭之近因　初張作霖雖忌吳佩孚，而猶以後起者不足爲，頗易視之，故僅使曹錕羈制其行動，及審其所懷叵測，誠吾敵也，乃結好南方，互訂密約，以共擊吳佩孚爲謀。風聲所傳，南北政局因之大變，卒北伐未成，直奉先已決裂，此其因一也。且時奉張驟於長江黃河流域間，直系勢力爲多，亦思分遣部屬，割據中原，故交好張勳，三次電保，薦任蘇皖贛巡閱使，事雖爲直系所撓，而奉固益不自安。此其因二也。安福之交惡于直系，誠有不解之怨，而梁士詒組閣後，忽於十一年元旦下令赦段芝貴曲同豐諸人罪，張作霖復悉收而用之，以爲軍事顧問。此所謂用人之仇，以與其人抗，直雖不欲戰，亦不能自已，此其因三也。梁士詒帝制餘孽，素爲洛吳所反對，奉張以抑制直軍餉糈爲謀，擁爲內閣，不惜增怨仇讎，卒使吳佩孚歌漁電發，莫可遏抑，奉張亦假名吳佩孚抗命中央，稱師關內，至是鋒鏑待觸，雖調和派極力斡旋，亦無及矣，此其因四也。其他如舊交通系葉恭綽張弧輩之離間其間，亦未嘗非媾戰之由要之，奉直之戰，原不待激而後成，其不兩立者，慾之未厭，所爭者同。

第二節　直奉戰前之佈置

一　雙方之準備　初奉軍沿京津津浦兩路駐兵，南北延長及千餘里。蓋將聯結張文生以使河南。故直軍亟佈防隴海路，以備不虞。旋奉張以兵力散漫，於戰略最爲不利，乃縮短防綫，專厚實力於馬廠等地。於是直軍之佈置，亦隨之而變。今試分述之。

二　**直方之佈置**　直軍之大本營駐保定，分左右兩翼及中路以應奉軍。右翼指揮者爲王承斌張國鎔，駐軍於任邱大城之間，以禦奉軍東路。張國鎔之二十六師，閻治堂二十師之一部，王承斌師之一部，及張克瑤之數混成旅屬之。左翼爲孫岳彭壽莘，駐軍於琉璃河良鄉之間，以禦奉軍西路。馮玉祥之十一師，二十三師之一部，第三師之一部，及孫岳等之兩混成旅屬之。中路總司令則吳佩孚自任之，駐涿縣。其軍隊則集中于固安霸州，張福來之二十四師，吳佩孚三師之一部，及董政國等之三混成旅屬之。此直方佈置之大概也。

三　**奉方之佈置**　奉軍之大本營駐天津之東軍糧城，總司令張作霖即停節於此，以火車爲行轅。其編制方法分二路六梯隊。東路（即京奉津浦兩綫）共三梯隊，第一梯隊長張作相，（即二十七師師長本隊由二十七師全部組織之；第二梯隊長張學良（暫編奉天第三旅旅長）本隊由第三第四混成旅合併組織之；第三梯隊長李景林，（即奉天第七師師長）本隊由第七第八兩師合併組織之。西路（即京漢綫共三梯隊：第一隊長張景惠（熱河都統暫編奉天陸軍第一師師長）本隊由一師全部組織之；第二隊長鄒芬，木隊由十六師之一部，與奉天第六混成旅組織之；第三隊長鄭殿陞（奉天第二混成旅旅長）本隊由奉天第二混成旅與第九混成旅組織之。至於兩路副司令則爲孫烈臣，參謀長由屬之楊宇霆。其第一路前鋒總司令則以東路第一隊長張作相充之，駐次安縣，分守永清固安一帶；第二路總司令則以東路第二隊長張學良充之，駐楊柳青一帶；第三路司令則以東路第三隊長李景林充之，駐靜海；統歸張作霖直接指揮。

第三節　奉直兩軍之比較

一　軍實地位之比較　奉天在軍事上有較直方略占優勢者：以軍實言，餉糈則有奉吉黑三省之接濟，而熱綏察之三特別區域，亦可應其需求，不致缺乏；至若軍械則奉富而有歷年之積蓄，僅就購自日本者論，已爲數不少。直軍則不然，其軍餉之所自取給，惟限于豫直兩省及京漢路之收入；又以戰事頻仍，財竭力盡，更無素蓄，略濟萬一；雖漢陽鞏縣所製槍砲，及購自義國與俄黨者，強能支持數月，而餉糈不給，未嘗不使軍心渙散，以至於敗。此當時奉張之所以利緩，而洛吳利速也。以地勢言：張之奉吉黑熱河綏遠察哈爾千里相接，聲氣易通，又遙隔內部，人所不爭，卽不幸而敗，猶能據山海關以守，保其舊有，非似曹吳之中處直豫湖北，進雖可戰，而退不可守者。故以當時之地位軍實較，奉張實立不敗之地。而不然者，以人才差遜耳。

二　將士之比較　奉方兵多而不可用，將怯而不可使，張作霖常形之言詞，引以爲憂，蓋當時奉系軍隊，雖數達三十萬以上，而能戰者則不過三五師。舍張作相之二十七師，汲金純之二十八師，吳俊陞之二十九師，張景惠之暫編第一師，及張學良之衛隊混成旅之數部外，餘如鮑德山，宋子揚，牛永福，齊占九，趙思臻所統率，均非能戰之軍。直系之得力者則有吳佩孚之第三師，王承斌之第二十三師，張福來之第二十四師，馮玉祥之第十一師，閻治堂之第二十師，蕭耀南之第二十五師，及靳雲鶚之第八混成旅，張克瑤之魯軍第一旅。此皆轉戰於湘鄂川陝，訓練有素，戰陣曾經者。又其上級官佐，於戰術軍略，亦遠勝於奉系。故以十萬之衆，對十二萬足食足械之兵，亦若摧朽也。

第四節　戰爭之狀況

一　東路之戰　此次戰爭，總直奉兵額實達二十二萬，戰綫亦極延長。十一年四月二十一日，奉軍闞朝璽〔東路司令〕之一部，由馬廠將沿津浦路至徐州直軍二十六師〔張國鎔師〕逆之，經一時，均路有損傷，旋奉軍退去。直軍遂毀滄州唐官屯間鐵路十七英里。二十六日，直主將吳佩孚，以奉軍累次挑戰，下攻擊令，王承斌命張國鎔與奉軍第七旅一二兩團，及第一旅騎炮各營，戰于姚馬渡，歷三時之久，互有傷亡。二十七日黎明，兩軍續作戰，相持至日中，國鎔調二十三師之一部，冒死衝鋒，自率大隊繼之，奉軍敗退十餘里，直軍奪大礟一，快槍數百，傍晚復進攻靜海之西南，激戰終夜，旋直軍陣綫，爲馬隊衝破，退大城，死亡頗多。二十八日晨，奉軍迫大城，以團長穆某中彈，另調三四兩梯隊環攻之，直軍二十六師援兵亦至，戰甚劇。至二十九日午刻，奉軍張作相統率衞隊旅四營及第四混成旅一團，攻直二十六師之後；復調第三混成旅助戰，及至運河，復用衝鋒前進，直軍不敵，紛紛向任邱退，李景林率隊至，未見直軍，恐有他故，遂退。及騎兵繼至，地雷大發，死傷幾盡。張作霖聞之，遂下令以後與直軍戰，宜半追半守，以避意外。三十日上午，奉軍得李景林生力軍萬餘人，以機關槍爲前導，馬隊次之，步隊又次之，進攻任休；直軍馬隊怯戰，始小挫。嗣王承斌援軍至，猛力抵禦，大敗奉軍，乘勝追擊，于下午四時，佔領大城白洋橋。五月一日上午，王承斌自將精銳，與奉軍對戰于姚馬渡白洋橋等處，激戰凡九次，至下午三時，始擊破奉軍，進克大城縣。是役奉軍被俘者兩連，死傷三百餘人。直軍乘勝攻馬廠。二日，奉軍既失大城，即電中路告急，張學良率步兵萬人許，蘭洲率馬隊一旅，炮兵一團，于下午四時抵馬廠，與直軍鏖戰終夜，兩軍遞相進退，凡四次，勝負不決。黎明，有三師之一部趨至，加入戰綫，彈折許蘭洲左臂，張學良援之亦受創。奉軍遂大敗，向楊柳青潰退。直軍進攻馬廠，繳敵械無算。三日，直軍攻馬廠，奉調靜海楊柳青之生力軍援之，直軍先小挫，沿子牙河退十里，有連長一人、兵士三十人為奉軍所俘。旋得任邱援軍，復反攻，大戰於姚馬渡、白洋橋、王家口一帶，奉軍衝鋒者凡五次，均不利。嗣直軍忽得中路戰勝訊，士氣百倍，奉軍始不支，向唐官屯、靜海引退。司令李景林遏之，殺數人，終不止，率其部走獨流。直軍遂克馬廠、青縣。奉軍紛紛後退敗走。四日，奉軍既失馬廠，敗軍悉集中於靜海，尚有四旅之衆，力圖編制反攻。午後一時，聞西路大敗，營長以上之軍官有擅離營次逃天津租界者，張作霖大怒，殺一人以徇，調潰軍至天津，由京奉路送回關外。而李景林之殘部，獨嚴整有紀律，扼守楊柳青以南，不肯去；迨下午直軍佔靜海，進迫梁王莊，奉軍繳械者七千餘人，有勸景林撤軍者，景林慨然曰：「此地一失，則直軍將長趨北下，以斷京奉之交通，縱不危及大帥，其如中西兩路敗兵之歸路何？景林而一日能戰者，必遮此路，以招我遼東子弟歸也。」張作霖聞之，大為慨嘆，不懌久之。六日，李景林聞張作霖率敗兵走灤州，即棄楊柳青，移軍至北倉，將進駐軍糧城，為灤州後蔽。晚九時，有直軍四列軍開至北倉，遇之，勒令繳械，不允，因互相放射。歷一時，奉軍不敵，棄砲退却，直軍逼之，一部潰散，一部降，直軍大索李景林，終不得。七日，直軍二萬人分裝十四列車，開向軍糧城。奉軍殘部拒之，苦戰殊力，死傷甚多。吳佩孚在天津聞之，駛往督戰；奉軍不支，始允全部繳械，直軍前線，遂擴張至盧台，而東路之戰事以終。

二　中路之戰　四月二十四日，奉軍開始向固安進攻，以機關槍爲前導。直軍禦之，受傷甚多。旋由直軍第二支隊長彭剛從左右分兵抄襲，始將奉軍擊退，亦用汽車駕機關鎗相追擊，斃奉軍甚夥。是役也雖非大戰，而雙方死亡實不下五百人。二十七日上午八時，固安方面之奉軍，突向直軍攻擊，直軍應之，至十時許，奉軍忽紛紛退去。直至是日下午一時，奉軍司令官張作相率軍渡永定河，駐永清縣，與直軍相距七里。晚九時，有直軍一排，密獲奉軍渡船二隻，爲奉軍步哨窺見，歸以告，即出隊，遂暗向直軍射擊。互戰一時許，直軍退。二十八日下午六時，直軍向奉軍挑戰，接觸移時，忽退，奉軍追之，觸地雷，死百餘人。二十九日，中路奉軍第二梯隊，于正午十二時渡永定河，與王承斌所部之十三，十四，十六，十七，四混成旅大戰，至下午六時，奉軍稍敗，退至固安縣西北三十里，與援軍馬隊二團，步兵一營遇，遂會合反攻，由小道趨直軍後，直軍不敵，遂佔固安。鮑德山即由固安攻永清。時駐琉璃河之直軍第九師聞警，即馳往，奉軍戰不利，退至半途，王承斌部將，復整軍襲擊，將大潰。奉軍師長許蘭洲忽率第三梯隊及大砲四架馳來助戰，歷數小時，勝負不決。時奉軍砲火甚烈，許蘭洲所部者，射擊力可及八千米達之遙，直軍知其猛，悉臥於來回線下，以步槍還射，許蘭州微傷。旋吉林二十八師之騎兵兩營突衝直軍戰綫，直軍稍敗，奉軍追之，渡永定河數里，誤觸地雷，死傷數百人，始回軍固安。三十日上午四時，張作相佔領永清固安間之牛頭鎮；直軍十四旅敗，退四十里。奉軍追之，爲張福來部所擊走。夜十二時，張學良軍復進攻霸縣。是日上午，中路奉軍自師長以下會銜，在落垡宣佈吳佩孚十大罪惡。五月一日上午六時，吳佩孚自涿州出發，親督師渡永定河，占南許，克固安，留軍守之而返。奉軍退，中途遇豐台落垡援兵，復返攻，以大礮爲掩護向敵轟擊，自午至申，彈丸數千發，民居樹木多毀，守軍不能禦，退走新城。奉軍復佔固安，遂分軍助攻霸縣，破之。張學良調駐通州騎兵大隊，赴固安增防。二日天微明，直軍第六及第四十五旅，向固安霸縣間之奉軍進攻，張學良郭松齡指揮衛隊暨三旅之一部應戰。旋經直軍擊退，進佔慈茶埠一帶陣地。張學良復調生力軍兩混成旅，以礮火掩護，猛烈反攻。自晨至日中，兩方死傷相繼，仍不決。直軍有至涿請援者，吳佩孚曰：「援之不如牽制之爲益也。」飛調十二旅及四十六旅急攻永清；更命王占元之第四旅及李鳴鐘二十一旅，馳赴後方策應。張學良聞永清有警，知將前後受敵，以敢死隊千二百人突前進至二百米達；直軍以排槍及機關槍擊之，死傷殆盡，郭松齡受重傷，奉軍氣餒，紛紛向後敗退。直軍乘勝追擊，進佔距津五十餘里之勝芳橋，獲奉軍重炮五尊，機關槍五架，俘千餘人。是役奉軍雖敗，而殊苦戰，一營之中，有陣亡連長至四人之多者。三日晨，直軍仍乘勝追擊，張學良創潰，先離軍奔落垈，奉軍益潰亂不堪，復棄大礮五尊，機關槍九架，及槍械等。直軍中路右翼，聞勝芳方面得手，即分兵攻固安，克之。復合軍猛攻田家鎮附近之奉軍，歷二時許，奉軍不支，向新安后奕敗退。直軍分兩路跟踪追擊，進佔后奕鎮，廊坊落垈間大震。張作相親率二十七及二十八師來援，直軍奮鬥四五小時，無暇進食，不勝饑疲，將退走。會吳佩孚率三師之一部在後策應，即以所部臨前敵，親自臨陣，奉軍瞭望者識之，發重炮遙轟，吳與副官某同下馬避，副官被擊死，吳亦帽落，著兩彈，反前趨，雜裨卒中，揚刀大呼曰：「佩孚在此！」士皆奮起猛進。奉軍被迫，陣綫移動，旅長張某忽中彈死，遂大敗，退走二十餘里。第三師遂與勝芳信安間之張軍會合，攻永清縣，吳佩孚始換馬，率兵兩營馳赴西路督戰。經此一役，奉軍司令部即傳播消息，謂吳佩孚已爲礮擊死。張作霖以五十萬圓犒軍，中外人士聞之大震。第二十七師、第二十八師，爲奉天步兵之精銳，與直之第三師相似，然自轉應東西，已多夷傷，至是又爲吳佩孚所敗，奉之中路，始不復振，而西路亦遂孤立。四日，直軍三面包攻永清，上午八時，得總攻擊令，即猛烈前進，歷九小時，至下午五時，始克之，進佔次安。奉軍敗走，直軍追至楊村以南，會西路奉軍亦敗，紛紛遁逃落垈，直旅長張錫元追之，進迫落垈。永清直軍聞訊，復攻楊村以應之，兩處炮火猛烈，聲震數十里，奉軍膽落，皆不戰，向廊坊潰退。張作相逃天津。直軍攻克楊村落垡。先是下午一時，張作霖聞直軍三路齊進，知勝負關鍵，在此一舉，因宣言至落垡督陣，及下午七時抵天津，落垡已失，張怒甚，頓足大罵，仍匆匆回軍糧城。五日，直軍圍廊坊，擊潰奉軍二八兩旅。旅長某憤戰敗，自殺死，直軍遂佔廊坊。奉軍委棄子彈八百箱，繳械者千餘人。張作霖聞一日夜中西兩路敗訊，知大勢已去，遂帶六車頭連殘部萬餘，離軍糧城奔灤州。中路之軍事遂止。

三 西路之戰 四月二十六日，長辛店奉軍於夜午向南放哨，抵竇店，與直軍斥候隊遇，彼此口號不符，遂互擊，自二時起至四時止，各有死傷，而流彈飛入民房，復誤殺鄉民二十餘人。兩方始各下令回隊。然此非以命令相接觸。至二十七日，奉軍馬隊突衝直軍陣綫，直軍指揮孫岳令一二三四補充團及第十三混成旅擊退之。是日曹錕在保定聞三路均已開火，死傷甚多，不禁惻然，因電張景惠，言其息事寧人之旨。張得電，徬徨終日，不能即覆，旋赴軍糧城。二十八日，張景惠至自軍糧城，命所部之第一師及鄒芬之十六師在長辛店一帶掘壕築塹，列礮而守。直軍張福來所部二十四師、董政國所率之十三混成旅攻之，奉軍以巨礮迎戰，自午至申，彈凡萬餘發，直軍死傷甚衆。會日暮，直將孫岳出奇兵攻其旁，奉軍傷斃千餘人，遂棄長辛店，向東北敗退。旋得汲金純援軍三千五百人，併力反攻，復據長辛店，直軍不支，退六十餘里。二十九日，黎明直軍既敗退，奉軍併力追擊至琉璃河附近之小橋，直得援軍，兩軍復戰，約半時許，奉軍忽驟退，直軍躡之，中伏。奉軍進據良鄉，向竇店進攻，甫至竇店前方，直軍已向琉璃河却退。其時大灰場一帶，突有直軍出沒；奉軍正備攻擊琉璃河敗軍，忽極力反攻，奉軍恐有伏，遽後退。直軍復據良鄉。下午五時，直軍復進逼南崗窪，頗得利。至十時進至長辛店附近四里小土坡，奉軍當盧溝橋安置大砲，向直軍肆擊，阻其前進，並急調二十八師及第九旅第二旅，合力進擊。未幾，察哈爾騎兵旅齊占九率兵至，猛力衝鋒；張景惠亦親冒矢石，督飭所部前進。卒以馬隊過猛，直軍不支，至晨七時，仍回良鄉以南。是役直方傷九十八人，失機關槍四架，野戰砲兩尊，被俘者百餘人，死亡甚夥。三十日拂曉，直軍旅長董政國孫禹行，由良鄉進攻長辛店；奉軍抵禦者，爲暫編第一師，十六師，及第九混成旅，師長鄒芬旅長梁朝棟等皆親臨前敵。于長辛店前方之土山，設榴霰彈砲位七座，每座架六寸口徑之砲三尊，向直軍繼續發射，彈如雨下，直軍亦開轟砲答之。在長辛店北之十九師及二十八師之奉軍，同時出發助戰。竇店黃村一帶，兩軍機關槍之發射，更無休止。至午後，奉軍一部份忽紛趨齊村。齊村者，埋有地雷百餘枚，蓋欲誘直軍至其地，一舉而殲之也。直軍將追之，會得總司令命，以全力撲南窪崗，遂得免。自午至申，直軍猛撲南窪崗，奉軍防線，幾爲所破者屢矣。終以奉軍礮火猛烈，死傷枕藉，然猶苦戰。忽董政國中流彈，軍心大震，勢不支；吳佩孚自率隊援之，殘軍復反攻，奉軍大敗，紛紛向後方退走。直軍由良鄉西追擊至蘆溝橋，斃奉軍旅長梁朝棟。時已晡，梁之部下，極力扼守橋之一端，終不退，互戰兩小時，而張景惠率廊坊生力軍至，奉軍第五旅全部復從側而夾攻之，直軍知不敵，急退向竇店，鄒芬以馬步各隊逐之。奉軍騎兵馬皆一色，爲關外之駿，而所用軍械又均係無煙銳利非尋常比。直軍雖善戰，終以激射力弱，被摧潰，死傷頗多，有二營長及散兵百餘人爲奉軍所俘。旋直軍復返隊迎戰于琉璃河之北，鄒芬被創，將退，而長辛店之奉軍復烈炬助之，直軍又敗。至夜半，奉軍分兩路力迫直軍入齊村，而轟發地雷，會天大風雨，火綫爲急流衝斷，僅燃一枚，所傷甚微。而奉軍仍窮追不已。先是直軍由蘆溝橋退却，分軍襲長辛店附近之三家店，該處存有子彈槍械，係鄒芬之第十六師一旅扼守；直軍意在奪取子彈，遂將該庫包圍。未幾，奉軍第二十七師一部，馳往援助，互戰約兩小時，以衆寡不敵，直軍漸却。至是奉軍得三家店警訊，懼長辛店有失，忽遽停退。天微明，直軍始得集隊返良鄉。是役也，兩軍各死大將一，兵士千餘。自是直軍遂改攻爲守，集重兵於涿州，以備策應各方。五月一日，天黎明，奉軍進攻，機關槍來復彈紛下如雨。六時，直軍逼近奉方第一防綫，該處有山坡形勢險要，直軍冒險進奪，頗有傷亡，而士氣轉奮。至午刻，奉軍子彈不濟，節節退向蘆溝橋；將敗北，忽豐台調生力軍至，氣大振，相持至三時許，直軍不支，退琉璃河。至薄暮，孫岳分直軍爲三路，復進攻；以一路攻長辛店正面，左右兩路用穿心計黑夜襲擊奉軍兩翼，將得手，忽有南苑騎兵開到，不期而遇，將奉軍右路衝散，計遂破。其左路抄攻妙峯山之後者，亦爲奉軍齊占九二十五旅所截，苦戰不得脫，有步兵二連，機關槍一連，竟投降。正面直軍探悉左右兩路皆失敗，奮勇猛撲，或進或退，彼此短兵相接者四次。夜將午，終不得志，遂退守琉璃河，與奉軍對峙。二日，奉軍屢次擊退直軍，而連日作戰，眠食俱廢，疲憊不堪，張景惠憂之。乃另調奉軍精銳二十八師之一部，及毅軍若干，加入前綫。并暫改攻爲守。而是日直軍礮兵陣地，忽爾發展，西至房山縣，及南崗窪，列野戰礮十餘門；東則蜿蜒甚遠，在距長辛店東南約三千米達之處，有野礮六門，又南方在良鄉，有大礮二門。下午二時，突發礮向長辛店轟擊，所發皆榴霰彈，瞄射甚準，均炸裂於長辛店附近，傷人馬極夥，奉軍連日紛射，礮彈垂盡，士卒氣阻，僅濫發機關槍以維持其陣地，逮日暮，落墜彈藥解到，而直軍礮聲忽止。蓋是日中路正大戰，因以礮火懾之，使不暇分兵馳援也。是日晨，有直飛機二架，沿京漢線飛至陣地，在一千米突以上之高度，投炸彈於長辛店奉軍機械庫上，傷損甚微，又投炸彈于蘆溝橋車站所停之彈藥車，亦未命中。三日，奉軍馬隊利于日戰，直軍則步隊獨勝，利於夜攻。故二日夜十二時，直軍分兩路進攻長辛店：一路前進，伏于長辛店南七里坎頭山，俟其他一路進攻得手，則突起從旁襲之；一路則向竇店進攻。三日晨，出竇店之直軍，與奉軍戰，勇猛剽悍，所向無前；奉軍夜中昧于地勢，節節退後，直軍目的注在長辛店蘆家橋，進迫不遺餘力。會天明，南宛騎兵馳至，奉軍因反攻、以來福槍機關槍大礮猛轟，直掃平原，至長辛店以外，直軍敗，被俘甚多。先是天甫明，有直軍飛機一架，在長辛店天空抛擲炸彈，落車站附近，斃奉兵十餘名，於是難民紛擁出鎮，守兵亦驚奔竄，幾成空墟。而是時直軍適爲馬隊所逼，不暇他顧。否則，長辛店爲直軍所拔矣。次頭山之伏軍，候至九時，以無所聞，將濟回良鄉，奉軍覺之，擊以大礮，死傷頗衆，紛退南崗窪。奉軍亦退守長辛店。十時，奉軍礮隊列於長辛店南跨路綫之高阜，以步兵伏于高阜之前坡，及南面之平原，向直軍陣綫轟擊，彈如雨下，步隊復節節爲營前進。是時直軍戰綫破裂，無險可據，齊向後却。奉軍乘勝迫之。至十二時，直軍勁旅來援，奉軍不敵而止。是役直軍之被虜者，百餘人，然皆河南之劣軍，實不能任戰者。四日，直軍主將吳佩孚，自知兵數軍械皆不及奉，故甚惜其兵力及藥彈，每戰必先以少數弱軍嘗試，勝則長驅，敗則以主力軍繼之。用是自開戰以來，兩軍雖互有勝負，大率直必先敗而後勝，損傷惟奉軍實多。三日之戰，直軍中路大勝，而西路仍係豫軍及毅軍，用以牽制及探敵者。雖屢遭挫折，而長辛店亦幾爲所拔。於是吳知奉軍礮彈將盡，無能爲力，始決以全力撲之。即于三日傍晚，命飛機兩架，在長辛店總司令部，抛擲炸彈。張景惠大懼，輕騎避豐台。吳佩孚遂下三路總攻擊令，而集精兵于西路，親自督戰，先遣一營黑夜向長辛方面誘敵，奉軍以其爲日中敗軍，易之，直軍且戰且走，未數里，直軍故作被包圍，奉軍大喜，勒令繳械，忽後軍自亂，乃大驚引回，則吳已派生力軍一混成旅，佔領長辛店西鳳凰山，向奉軍兩翼迂迴攻擊。奉軍知不免，乃作殊死戰，終不能突圍出，悉死之。四日拂曉，馮玉祥軍由馬鞍山進攻側背，奉軍子彈不濟，鄒芬十六師在西門溝先降，張景惠第一師及第二第九兩混成旅，亦向蘆溝橋豐台潰退，直軍遂克長辛店。初直軍偵悉奉軍中路戰綫主力軍將西援長辛店，即從西部側面，攻下渝伐龐各莊，以阻奉軍。又從三日起，至永淸安次一帶，猛烈作戰，先聲敗奉軍。故三日夜，長辛店奉軍，尙極力拒戰，以望中路之援。迨四日晨，中路敗訊至，士氣沮喪，始敗北。是役奉參謀長周子新，旅長田獻章，鮑德山傷，鄒芬降。其餘中級軍官，傷亡百餘名，目兵十倍之，被擊散者，有兩師之衆，更失糧食器械七十餘列車，重砲數十尊，機關槍三十餘架，于是奉軍之精華盡矣。奉軍既敗，直張錫元旅向豐台，李鳴鍾旅向蘆溝橋追之。張景惠在豐台聞三日夜長辛店大戰，將率兵援之。黎明聞敗訊，即下令撤兵：一部乘車退天津，一部退通州。及西敵敗兵至車站，所剩者僅八列車，鵠立以待，形極狼狽，忽西南槍聲如連珠，直軍萬人，持西路司令部旗幟，追至，奉軍情迫，爭先上車，擠踏及跌入軌道死者，百數計。直軍遂佔豐台。下午二時，吳佩孚至豐台，撫綏降軍，命張錫元向黃村廊房進擊。五日，敗退西苑之奉軍十六師，及第二十五師第二混成旅，由京畿陸軍第十三師勒令繳械。退南苑之奉軍第一師及第二十八師一部并各混成旅由京畿第一第九兩軍勒令繳械。黃村豐台之奉軍由直軍繳械。總計約三萬人。西路之奉軍肅清。

第五節　戰事之收束

一　奉系之末路　張作霖自助直擊敗安福系，即已伸其勢力于關內，又不自已，復整軍經武，欲長驅中原，席捲華夏；故始則以武力爭蘇督，漸窺江南；繼則挾兵威以薦內閣，希握政柄，用是釀成紛擾，啓釁吳曹。率十二萬之衆，入關稱戈，而曾不數日，經直軍三路猛擊，驟遭大挫，一蹶不振。政府遂特頒命令，息兵懲辦首禍。四月五日，政府以直隸奉天等處軍隊，移調近畿，因申令奉天軍隊，即日出關，直軍亦各回防。又褫奪葉恭綽梁士詒張弧等之勳位徽章。五月十日，仍令免張作霖本兼各職，並撤銷蒙疆經略使銜。六月三日，張作霖宣布東三省自治，直軍以王承斌爲總司令，攻灤州佔領長河。八日奉張派張學良至秦皇島與直軍司令彭壽莘議和，未果。十七日英教士勸雙方息戰。奉以張學良孫烈臣爲代表，直以王承斌楊清臣爲代表。和議撤兵。而其時曹錕亦通電卸甲歸田，吳佩孚亦自請罷撤。于是直奉戰爭，始告結束。

二　奉軍之損失　奉天以數載積蓄於軍隊之組編，餉糈之預儲，軍械之籌備，皆可謂密圖靡遺，足供一戰。故計其入關時人數則以十二萬對直軍十萬；軍械則以野炮一百五十尊，機關槍二百架，對直軍之大礮一百尊，機關槍百架；軍餉之富，戰馬之多，更無論矣。果使寡為衆制，直誠立於必敗之地而無疑。乃自作戰以來，奉軍東中西三路，均連日失利，或轉勝為敗，卒以未及一月，屈於敵而莫克自振。論其士兵之死於槍彈炮火下者，則約有二萬餘人；戰傷及逃亡者，約一萬以上；總上中下級官佐，傷與死亦不減百數；其被圍繳械者，竟達四萬餘人；軍費損失尤超越三千萬元。及張作霖遁至灤州，招集殘部，雖尙有二萬以上，而潰兵敗卒無可編制，竟不能集合成師矣。論其軍械，則自灤州總潰退後，除一部苟全軍隊，尙略有保存外，餘皆為直軍所繳奪。歷久積聚，一戰盡之，雖不當為軍閥惜，然奈民脂民膏何？

第十一章　北伐討賊之役

第一節　陳炯明之變

一　陳炯明變叛之原因　陳炯明於大總統孫文征桂之時，卽懷二志，故已經承認之接濟亦靳而不應，以致入桂之師，困苦萬狀。但孫文仍極力優容，冀貫徹北伐主張，對陳擬付以廣東，不加究詰。因提出北伐案於國會非常會議，得通過，乃與陳炯明籌商北伐大計，囑其先返廣州，專任後方接濟。民國十年十一月十五日，非常大總統孫文於桂林組織陸海軍大元帥大本營。十一年四月，奉直戰起，孫文親自督率各軍北伐曹錕吳佩孚，將使其腹背受敵而就殲滅。諸將咸以陳炯明居心叵測，不足恃，恐師行斷接濟，議決改道北伐，移兵韶關，將入贛境。湘軍第七混成旅旅長陳嘉祐，（駐湘粵邊境之郴州）及湖南第一師附屬之步兵第十六團團長王鉞（原湘軍第四混成旅旅長張輝瓚部縮編有步兵四個營又一個機關鎗連駐湘潭）首先表示歡迎。孫文乃任陳嘉祐爲湘軍第一路司令，譚蒙爲第一旅長，蔣隆棻爲第二旅旅長，（譚蔣皆陳部團長）王鉞爲副司令兼第三旅旅長，另任邵中柱爲湘軍第四獨立縱隊司令，王海江爲直轄湘軍第五旅旅長，文砥爲直轄湘軍第六旅旅長兼獨立混成團團長。（邵王文皆黨人之有舊部在湘者）十六日，大軍抵梧州。陳炯明時已與北方軍閥勾結，曹錕餌以兩廣巡閱使，陳心內疚，雖北伐改道，爲剪滅彼之勢力而取廣州，但北伐軍由北江出發，直指江西，凡可調之兵，均赴前方，除湘中各軍因環境關係，尚未顯示態度，各軍皆已集合於韶關。陳炯明乃命所部親信葉舉等將在廣西之粵軍悉行撤回廣州，亟謀應北方吳佩孚之約。時，陳光遠任贛督，方本仁爲贛南鎮守使，爲吳陳轉介訊息，一般政客，盛倡聯治，高倡「南北兩秀才攜手定國」之口號〔吳佩孚陳炯明皆清季之秀才〕陳炯明已承認襲北伐軍之後，使全軍滅亡。廣州一夕數驚。

二　北伐之戰　四月一日，北伐各軍一齊出動。滇軍首由韶關進兵，直攻大庾嶺。北籍豫軍之江西步兵第二旅應戰，大敗，北伐軍遂渡大庾嶺。是夜，進攻大庾縣〔舊南安府治〕占領之。贛軍紛逃。七日，東路討賊軍總司令兼粵軍第二軍軍長許崇智部撲攻南康縣。其第五旅旅長許濟當前敵，贛軍第九混成旅旅長陳光逵〔陳光遠之弟〕所部步兵一團迎戰，粵軍第八旅旅長張民達自側面截擊，贛軍被包圍繳械。桂軍總司令劉震寰部第一師袁冠英部間關攻新城鎮〔在南康之後〕乘虛占領之。十一日，各軍直撲贛縣〔即贛州〕李烈鈞率滇軍朱培德部第二旅旅長王均等，於十二日攻克贛縣。時北政府令第一師師長蔡成勳及毅軍常德盛，豫軍樊鐘秀，高鳳梧〔均民軍改編〕均入贛助戰。蔡等按兵不動，乘隙奪督。贛中各軍望風而降，北伐軍聲勢大振，前鋒直指萬安縣，並由側面繞道攻吉安。贛督陳光遠潛逃離贛。北伐軍復進克萬安，泰和。距吉安僅二十餘里。南昌總商會等團體，公推代表溯江而上，表示歡迎。

三　陳炯明之變

陳炯明既心懷異志，經大總統孫文數次電召，汪精衞數度磋商，陳暫居惠州，不肯見大總統。而令葉舉率兵五十營入廣州。時黨人吳敬恆〔稚暉〕等力主陳不叛向大總統孫文跪請，但陳炯明日益跋扈，一意阻撓北伐，勾結北政府，嗾其所豢養之政客大倡『南北兩總統同時下野』之口號，謂徐世昌已下野，北方已有恢復舊國會之意，護法任務已終。孫文乃發表宣言聲明護法正義，陳炯明竟公然反對。孫文忍無可忍，乃免陳炯明之粵軍總司令內務總長廣東省長等職，仍留陸軍總長任以策後效；並任伍廷芳繼任廣東省長。廣州之陳軍葉舉等藉辭索欠餉及餉既發，又嗾士兵持鈔票赴商店兌現，致全市陷入恐慌時代。葉部更爲所欲爲，秩序大亂，且搜刮無厭，商民大震。孫文乃不得不返廣州坐鎮。一方連衞隊大部亦調赴前方，隻身至廣州，以示坦白，更遣人赴惠州勸導陳炯明；又遣人至白雲山〔廣州城內〕開導葉舉：使者絡繹於途。乃陳炯明叛志已定，前方得勝，反僞傳敗訊，謂所部曰『若不速圖自拔，則無所別於北伐粵軍，必與北伐軍同歸於盡。』六月十五日陳炯明促廖仲愷赴惠州，廖至即扣留之。夜十時，公府接電話，有人告密，謂『陳軍有不軌行動，請大總統速離府。』孫文未之信，以爲陳炯明苟有人性，當不致此。午夜十二時，大總統參軍林樹巍，秘書林直勉，後先奔回公府報告，謂『今夜消息險惡異常，請大總統急速離府，暫避兇鋒！』孫文答謂『競存〔陳炯明字〕惡劣，當不致如此之甚；即使其本人果有此心，其部下皆與我方共患難，素有感情；且其中不乏明理之人，未必肯助紂爲虐，受其愚弄。諸君不必猜疑，以免驚擾。』林樹巍等謂：『陳軍橫野，不可以常情測度；如其果有不利於大總統時，將奈之何？』孫文曰：『我不帶衞隊，即示以坦白無對敵意；倘彼等果欲不利於我，亦必不出此用兵之拙計。如果彼等竟敢明目張膽作亂，謀叛以兵加我，則其罪等於逆倫悖常，叛徒賊子，人人得而誅之。況我身當其衝，豈可不重職守，臨時退縮，屈服於暴力之下，貽笑中外，汚辱民國，輕棄人民付託之重任？我嘗爲國除暴討平叛亂，以正國典，生死成敗，非所計也！』林直勉不敢再勸，退出。孫文即入私室就寢。十六日零時二十分，電話紛至，皆請大總統迅速離府。孫文仍堅決不動。迨至二時，有軍官自陳軍中出，喘息奔告言：『陳軍已飽餐，約定二時出發；並懸賞二十萬元，謀害大總統，事成之後，許官兵大放假（即搶劫之代名）三日。總統務請速行。』孫文猶表示必盡職守，至死不離。方爭論間，突聞四方號音亂起，漸趨漸近。孫文乃命衞隊迎戰，親自整裝將出督戰。林樹巍等再請行。孫文毅然曰：『競存果叛，我自當戡亂平逆，以盡責任，豈可輕離？公府萬一力不如志，惟有一死謝國，以殉國民！』公府幕僚見不可以言動，乃擎上前強擁挽之出府。時已三時矣。陳軍步哨四布，斷絕交通。湘籍粵軍第二師師長洪兆麟奉陳炯明命，拂曉撲攻公府，吶喊衝鋒，如臨大敵。公府衞士五十餘人，於府旁觀音山粵秀樓附近防禦，與洪部鏖戰。洪部衝鋒十數次，皆被衛士手用機關槍擊退，死傷枕藉，伏屍三百餘具。守衛公府之警衛團亦與洪部抗鬥。葉舉部步兵千數百人來援，亦不得逞。相持至正午十二時，洪部第四旅旅長李雲復見步兵衝鋒無效，乃發令以速射礮猛轟公府。洪兆麟以爲孫文未出險，下令以煤油焚燬粵秀樓至公府之棧橋，並杜絕四面出路。孫文畢生之著述，如三民主義等，咸被燬於斯時，誠民國之大損失，至堪痛惜之事。午後二時，衛士彈盡援絕，不得已，被陳軍繳械。詎陳軍於繳衛士之後，復用機關槍猛射，致衛士死亡殆盡。大總統夫人宋慶齡女士於是時得黃馬二副官之護衛，冒險突出。先夜十時，陳軍即伏於公府四週民房中，將待孫文汽車出府時狙擊。至公府被攻破，乃入府大搜，不得，始知孫文早已脫險。

四 **粵江討叛之軍** 非常大總統孫文被幕僚數人強力掖出公府，步行經市街，各處均有步哨，連接被盤問數次，皆未被識出。旋葉舉援兵來，孫文與幕僚被衝散，乃單身至永漢馬路出口，經長隄，而至海珠海軍總司令部。海軍司令溫樹德急迎登楚豫軍艦，當即宣布討叛。十七日午前八時，外交總長兼廣東省長伍廷芳偕廣州衛戍總司令魏邦平登艦謁大總統，商招討事宜。孫文即命魏邦平所部集中大沙頭，策應海軍攻討陳軍，且責成魏迅速收復廣州防地。又向伍廷芳表示必親率艦隊盡職討叛，決不畏葸。伍廷芳深韙之，即登陸照會駐粵各國領事嚴守中立。孫文於伍廷芳離艦後，即令程潛韓恢，謝良牧等就魚雷局組行營，討賊（後因械款兩缺無成績）一面立即親率永豐，永翔，楚豫，豫章，同安，廣玉，各艦出發。由黃埔經車灣礮臺，駛入白鵝潭，命各艦以大沙頭，白雲山，沙河，觀音山五處為目標，發主力礮轟擊。陳軍聞聲膽落，棄械逃散甚夥。各艦乃沿長隄向東前進，繼續向目標轟擊。陳軍死傷數百人。但因陸上不及準時發動，魏邦平亦未援應，陳軍散而復集，各艦不能制服陸軍，乃相率突過中流砥柱礮臺而回至黃埔碇泊。十八日，陳炯明以二十萬賄海軍內變，為海軍將士所拒絕。伍廷芳是日得陳炯明電，請其轉請大總統下野，伍廷芳憤惱異常，至於昏厥。

五　海軍將領之變　十九日，孫文手書密令，遣人間道齎往江西前敵，調李烈鈞許崇智等部北伐軍回師靖難。自是相持數日，至二十三日，伍廷芳竟因憤恨致疾而死。孫文時已遷至永豐艦，（後該艦更名「中山」以為紀念）聞訊大痛。適陳炯明使海軍投降將校吳禮和劉大同何子奇等勾結溫樹德，重賄收買海圻海琛肇和三艦，（此三艦為中國海軍僅存之巨艦）後收買海軍士兵，以魚雷向孫文坐艦轟擊。孫文乃一面令設障礙，以制魚雷之浮近，一面剴切訓導海軍討賊。陳軍時加轟擊，黨人夏重民被擊死。旋海圻等三艦遽引去，各艦失掩護，將被魚珠礮臺擊沉。孫文乃親率艦隊突過礮臺，移泊新造村，以就長洲要塞之掩護。但行程須經海心岡，該處水深僅六尺，礮艦喫水深不能駛過，陳軍以爲各艦決不能越此天險。孫文使人往測海心岡水量時，忽突漲至十五尺，各艦乃安然越過而達新造村江面。

六　北伐軍之回師　北伐各軍接得粵變消息，即於二十三日夜八時開秘密軍事會議。當時各將領之主張，分爲二派：一主張繼續前進，取得南昌九江再應付粵事；同時，設法迎大總統來軍中；二主張立即回粵靖難。李烈鈞等主一說，許崇智等主二說。卒從許議，一律回師。二十五日，胡漢民至軍前，復決定粵軍第二軍，滇軍，福軍〔李福林部〕之全部及粵軍第一師〔原鄧鏗部，鄧被陳炯明暗殺後，該師直轄於大元帥爲北伐軍〕回粵平亂。二十六日，各軍返旆，分由大庾信豐向粵境南雄前進。其他各軍暫留贛邊作後援。第一師師長梁鴻楷至信豐後即連夜分由虔南，定南，龍南退入連平，向惠州投陳軍。七月二日，各軍已至粵境，即決定戰略：

一，滇軍朱培德部，由江口經仁化，向韶州突攻。

二，福軍全部由主將李福林指揮，沿河左岸經週田大橋，長壩，黃浪水，向韶關突攻。

三，粵軍第二軍許濟，孫本戎，謝宣威等三個旅，由火山大塘方面向韶關攻擊前進。

四，其他部隊爲演講隊另以第九旅黃國華，由虔南龍南方面撲攻翁源。

出發之前，全部共同宣誓云：

『三軍一致，誓同生死，擁護孫大總統，平定粵省之亂；如有異心，天誅地滅！』

部署既定，即分向目的地前進。

七　海軍省河之堅持戰　七月一日，陳軍司令鍾景棠率所部渡河，襲攻長洲礮臺。長洲要塞司令馬伯麟下令發礮拒敵，詎礮門先期被溫樹德取去。海軍陸戰隊又挾其隊長孫祥夫樹白旗降陳軍，自後夾攻礮臺。長洲要塞遂失。孫祥夫復率海軍陸戰隊，逼攻孫文之坐艦永豐號楚豫同安等艦奮勇協力密射鏖戰，始將海軍陸戰隊擊退。各艦乃列陣警戒，籌議善後。因長洲礮台已失，無險可持，各艦不能停泊，決計突往省河，一則避險，一則進攻省城。孫文乃親立艦首，率各艦魚貫出發，駛過車歪礮台時，陳軍以重礮兵二個營會同要塞礮兵於兩岸向各艦夾擊。豫章軍艦艦長歐陽格奮勇大呼，軍艦迅駛向前直衝；孫文指揮坐艦永豐以最快速率當先衝鋒。廣玉，廣璧，楚豫三艦繼進，餘艦隨之突攻，官兵中彈死傷甚衆，卒奮勇衝過車歪礮台，而至省河白鵝潭駐泊。泊椗後，有永翔同安兩礮艦來歸。

八　北伐討賊各軍之猛戰及其失敗　北伐討賊各軍部署既定，返攻廣東。七月十日，三方面均與陳軍接觸。時陳軍進占韶關，前鋒扼守大橋。利用韶城及帽子峯芙蓉山河東蓮花山一帶之高山險隘形勢，建築極堅固的防禦工事，布鐵絲網及各種副防禦具。雙方接觸後，討賊軍右翼滇軍冒彈衝鋒突破陳軍陣綫，而占領白虎坳、黃岡嶺、鷄公崙等陣地，直迫帽子峯下。（韶城外）中路福軍乘陳軍懈防之際，迫進至流塘、下長壩一帶，向高地之敵施行猛烈之攻擊。左翼粵軍許濟旅孫本戎部兩部急趨東錫窟前背一帶，向據守高隘之陳軍迫攻。各路鏖戰數日，均因陳軍陣地防禦工事之堅固，無法擊破，連續數晝夜，均在相持狀態之中。至十六日，粵軍後方部隊陸端榮部、黃大偉部趕至大塘集中，向韶城馬壩方面側攻；何梓林部連占魯溪、壩子墟等處。十八日，乃進占獅子嶺及翁源城。陳軍之援軍由粵漢鐵路南段紛紛遞至。除原在前綫之翁式亮、楊坤如兩部外，陳炯光、蘇世安、黃業興、黃任寰、李雲復（李保洪光麟部旅長）均紛至加入韶關方面；熊略、尹驥、李炳榮等部加入翁源方面。討賊粵軍許濟旅於十七日在大塘馬壩方面，被大部陳軍（三箇步兵旅又一箇礮兵團）壓迫，援斷不支，敗退至火山前之高地據守。許崇智急令張民遠旅應援，乃得堵截。各路相持又一星期。在此期間，有一足以注意而引起將來討賊粵軍入閩之事，即許崇智出發時，在週田接延平王永泉（駐閩旅長漳廈駐軍首領）冬電稱：陳炯明請閩出兵，排除貴部及李部滇軍，李厚基擬先派王獻臣（閩軍團長）部出上杭、武平，繼派臧致平旅及敝旅助陳競存，請注意。贛南及粵中近況，尚乞示知，並希賜以機宜等語：許崇智復電致謝，並告以返粵靖難情形，並請其隨時電示一切。王永泉與許崇智間之連結遂漸濃密，方以為有援可用，忽傳蔡成勳〔時陳光遠已免職，蔡繼任贛督〕率部自贛南會攻吳佩孚，亦調桂軍殘部之留湘者〔沈鴻英部〕由湘南經贛之上猶崇義襲攻。留贛各軍乃受重大之壓迫。十七日，許旅方敗，而湘軍第七混成旅旅長陳嘉祐聞粵變而大怒，棄其固有之地盤權利，毅然不顧一切而宣布就孫文任命之『討賊湘軍第一路司令』職，率所部譚蒙、蔣隆棻及由湘潭間道來附之第十六團王鉞與邵中柱文砥〔均大本營直轄第十四路在湘編成之部隊邵係湘南民軍，文為舊滇軍第三十六混成團餘部〕，各部誓師討賊，急攻沈鴻英之後，間道進韶關，謀會師靖難。十八日，陳嘉祐率第一混成旅譚蒙部進攻樂昌。因朱培德電請先滅樂昌陳軍第七旅謝文炳旅也。十九日，雙方接觸，第六混成旅文砥部步兵第一團許健部繞攻陳軍側面，謝軍機關槍連被繳械。王鉞、蔣隆棻自正面猛攻，謝軍大敗，死傷枕藉。至夜，陳軍反攻，討賊湘軍已有備，但因昏暗夜戰，第六旅團長許健陣亡，第一路之譚團亦受損傷，而陳軍卒被圍攻，死亡數百人，退出樂昌。時翁源城已被增援之陳軍襲得，及湘軍捷報至，士氣大振，粵軍張民達部奮勇反攻，重奪翁源。陳軍尹驥旅大敗。二十二日、二十三日，火山方面兩軍戰鬥激烈，血肉相搏，徹夜不息。許崇智於二十三日親至火山前綫督戰，以勵士氣。適孫文遣吳利堅齎密函至，軍心大固。竟夜衝鋒，殺陳軍以千計。二十四日，戰鬥益急，粵軍雖被挫，未肯稍却。陳軍雖數度增援，未能得絲毫進境。堅持至二十五日午後，陳軍銳氣已挫。是日，粵軍反攻，各路並進。二十六日拂曉，粵軍白刃衝鋒，至十時，陳軍死傷太多，勢漸不支，後經粵軍兩翼包抄，遂大敗，全綫向大塘韶關總退却。二十七日，許濟占領連花山陣地，向韶關車站轟攻。許崇智自率軍隊進攻占大塘尧在街前綫，遂克陳軍之主要防禦綫，而向韶州城附近之陳軍防禦陣地進攻。二十八日，粵軍第一師之一部〔即隨梁鴻楷投陳軍者〕來援陳軍，至馬壩下車，向討賊粵軍猛攻。粵軍已連戰一星期，未得休息，不能當此生力軍，遂被擊破。陸學文旅首先退卻，全軍牽動，是日黃昏，遂仍退至火山陣地。時，黃大偉所部已於二十四日破陳軍而到達翁源，翁源又失而復得也。湘軍陳嘉祐率譚旅到達火山，王蔣二旅到週田仁化，文部二旅在樂昌附近。二十九日，陳軍以全力齊出，為破釜沉舟之計，向討賊軍各路突攻。護士第三營不支，首被陳軍繳械，全綫訛傳被困，遂大潰。是夜，總退却至週田宿營，各軍淩亂已極，湘軍未加入前綫亦被衝動。三十日，退至始興縣之江口，整頓部隊。八月二日，初就緒，擬反攻，忽傳翁源敗訊，第一路王懋功部全軍覆沒，王隻身至始興。陳軍進至湳化司。（始興屬）江口非能作戰之陣地，各軍遂星夜退却，三日，退至南雄。滇軍朱部及湘軍陳部因河川阻隔，向湘桂邊境退卻。贛軍失贛州，李明揚部退大庾，賴世璜部退信豐。李烈鈞主張全軍入桂，許崇智則因與王永泉之約及本人原與福建有歷史關係〔見福建軍史」主張入閩。結果遂分道揚鑣。惟湘軍則因謝文炳之夾攻，全軍失敗。孫文困守省河，各路援軍不能至，在廣西梧州之桂軍劉鎮寰部，柳州之滇軍張開儒部，咸被阻不得前，海軍軍心亦懈。孫文不得已而離粵，以便主持各方討賊軍事。乘英艦廣僕號至港，換乘俄羅斯皇后號赴滬，即發表宣言，聲明經過。

第二節　粵軍之入閩

一　**討賊之準備**　民國十一年八月十三日，大總統孫文因討賊軍失敗而離廣州，陳炯明遂占廣東，自稱總司令。孫文至滬，即派古應芬留港辦理善後及進行討賊。時向有聯絡之浙江盧永祥，東三省之張作霖，向與爲敵之吳佩孚，均向孫文表示好意，孫文乃派張繼入河南，汪精衞赴奉天，浙江則信使尤頻。北京內閣總理王寵惠，財政總長羅文幹，復與謝持鄒魯磋商，使吳佩孚信服三民主義。但其意不誠，終無成效。

二　**許崇智之入閩之準備**　由贛回師之許崇智部北伐軍，時正聯王永泉攻閩。北伐軍自敗退後，許崇智即派俞子厚金維繫等赴汀州與王永泉部王永彝楊化昭接洽。抵會昌之翌日，接俞金等由汀來電，略謂：『……到汀後甚蒙優待，王楊詢驅李後對於善後如何辦理。』許崇智覆電云：『贛東現無敵人，我軍擬暫駐會昌瑞金石城等處，整理部隊，籌備軍實。至我軍此次主張純為開創東南新局面，實行孫段攜手閩浙聯防，因李（厚基）作梗，故不能不去李。去李以後，閩局自應請伯川（王永泉）主持。』十一年八月二十日接俞子厚等覆電略謂：『彼方欲請展堂先生（胡漢民）親往一行，以便商決一切。』二十一日，胡漢民遂由會昌先行起程赴汀，轉赴延平。二十四日，許崇智由會昌出發。二十五日，抵瑞金城。二十六日接汀州轉來延平王永泉電云：『對於主張，完全贊同。』又轉來孫文自上海發電云：『已抵滬。』並對入閩計畫有所指示。又轉來徐樹錚電，亦主張雙方聯合，訊定閩局。未幾胡漢民到達延平，與王永泉面晤，商訂合作條件，大致與前電相同，即：彼此合力驅李，實行孫段攜手，閩浙聯防，開創東南新局面；閩局定後，公推伯川主持之。胡漢民當即以此項條件，派員齎交許崇智本人，旋即秘密由延平經福州赴上海，向孫文報告在閩接洽經過之情形。當時粵中陳炯明踞於韶州翁源方面幸獲勝利，而北伐軍大部，尤其是許崇智大部退往閩贛邊境，仍如芒刺在背，不去不快。乃電閩督李厚基，贛督蔡成勳，商定三省會師計畫。粵派洪兆麟部第二師，閩派王獻臣部一個旅，贛派周蔭人部第十二師，希圖包圍北伐軍，一鼓撲滅之。除江西之周蔭人部斯時尚未接近外，陳軍洪部部隊已由粵邊入尋鄔，閩軍王部部隊已由武平入桂坑，共向閩贛邊境之筠門嶺前進。八月二十九日，接汀州王永彝楊化昭儉電稱，：『淮王獻臣宥電「奉令開進尋鄔協勦，現旅部及第二團擬進駐筠門嶺，第一團駐尋鄔城，韓營駐桂坑」等語：又同日電稱接上杭李營長電「武平有兵一營，上杭祗病兵百餘，龍巖無兵，王獻臣全部開進贛境」請速妥籌進行。』蓋是時王永泉方面關於進兵計畫，力主粵軍進展龍巖上杭，彼則暫將汀州讓開，退守連城，俟粵軍進展至相當時期，彼部即由延平逕取福州。惟許崇智以杭岩與廣東接近，占杭岩後，陳軍洪兆麟部與王獻臣部必隨後跟蹤而至，粵軍彈餉缺乏，殊難作持久戰，不如以全軍與王永泉部逕由上游建寧古田方面合力進攻水口福州。福州已得，則根本上業已解決，其他皆不成問題。且一方與浙境接近，接濟亦易收到，實較進攻杭岩之計畫爲善。關於此點，電報往返，幾費磋商，猶未同意。而筠門嶺方面洪王等敵業已向會昌粵軍迫近，勢難再待。乃決定由瑞金入寧化，經建寧泰寧建陽以入建甌。九月六日致電上海報告會昌瑞金洪王迫近情形，及決定沿閩贛邊境入閩省上游情形。又致電王永泉告以與其進佔杭岩，不如合力進攻水口福州爲有利之種種理由。

三　**粵軍入閩之始與制置府之設立**　十月七日，粵軍由瑞金動員出發，十日，抵寧化縣城。十三日，抵建寧縣城。駐軍王連，王永泉所部也，整隊歡迎許崇智入城。翌日，來要求送給槍礮若干，許崇智甚詫，後始知爲偽電告李厚基報功地步，當經選給舊式大礮四門，六五口徑步槍三十支，毛瑟十八支，三十八式機關槍一支，另送王永泉輕便手機關槍一支，派參議許濟鄭荃孫帶赴延平，並接洽一切。許崇智旋由建寧泰寧入建陽。時，建寧府屬警備司令徐鏡清係許崇智舊部。抵建陽時，徐已派員前來歡迎。旋卽進駐建甌縣城。時，徐樹錚已由滬經浙抵延平。初王永泉態度尙猶豫，徐樹錚至始決心隨調外圍部隊限期集中，並擬定作戰計畫，全部任右路，准於十月三日由延平出發，以第二十四旅之一部進占樟湖坂，一部進攻水口，另令盧興邦部進占尤溪閩清永泰等處，而以左路古田方面任務付諸粵軍。二十九三十日，王永泉電催粵軍出發進占古田。十月一日，粵軍黃李兩部由建甌出發，經東遊向古田前進。又第二軍各部，經玉山街向古田前進。另派一部經迪口向谷口方面警戒。許崇智於二日由建甌出發，三日抵玉山街，接徐樹錚冬通電，卽日設立『建國軍改制置府。』白任總領，並尊奉孫文段祺瑞爲領導，俟擁戴孫段二老踐尊位後，卽奉身以退。

四　閩軍之應付及白沙之戰

李厚基派駐水口部隊，爲第十旅唐國謨全部。三日，曾開一個步兵團至古田扼守，迨接延平王旅與粵軍合作進攻之報，於四日復調回水口。時右路王旅第一支隊之一營，已於四日由樟湖坂進占黃田。其餘兩營同時到達谷口，向水口攻擊前進。因衆寡懸殊，五日仍退守黃田，加調劉團增援。左路粵軍，五日已迫近古田城。敵約一營，退守城內。是夜，閩軍棄城退往水口，粵軍即於六日清晨占領古田城。當時決定進攻水口，福州計畫如下：

一　以黃司令大偉李司令福林所部，由古田經大湖，向福州前進；

二　以第九旅黃部，及第七旅陸部，由古田向水口前進，與友軍王部協合動作，攻擊水口之敵；

三　以孫本戎部由大湖向白沙前進，斷水口敵人之後路，與水口福州之交通；

四　其他部隊爲預備隊。

令下後各軍分途前進。九日，李厚基接王永泉旅與粵軍合攻水口之報，乃悉索福州所有防軍，分裝民船二十餘艘，用小火輪五艘拖帶，派史廷颺統率，開赴水口增援。適遇孫部開到白沙，攔江截擊，當即擊沉民船二艘，其餘均泊對岸。十日，對岸之敵用小火輪渡至白沙，與孫部鏖戰半日，孫部因衆寡不敵，乃退至大井。對該敵取監視手段，使其不能增援。

五　水口之戰

十二日，水口之戰起，粵軍任務分配如下：

一　以第九旅步兵第十七團，由將坪對敵取佯攻；

二　以步兵第十八團由四堡迂迴主攻，期避去敵之堅固陣地，攻入水口，佔領敵陣地；

三　陸旅駐四堡，爲總預備隊，相機策應；

四　何部由上洋接近盧亓亭，向該處之敵施行攻擊。

以上各部，均於十二日晨拂曉行攻擊，次第將閩軍之東南，東北，北方，高地占領，俯瞰猛射。何部占駐之高山，並可遮斷閩江交通，王永泉旅張圖同時與粵軍進占朝天橋，迫近水口。是時閩軍已處三面包圍中。激戰至上午十時，羊角嶺方面閩軍之主力軍不支，紛紛崩潰，遂被粵軍包圍繳械，旋即完全占嶺水口，是役閩軍幾於全滅。

六　**福州之占領**　李厚基前應陳炯明之要求，派王獻臣旅開赴上杭武平邀擊粵軍；陸將汝師原駐泉州省城部隊，僅有唐國謨史廷颺等部，唐部既已開赴水口，史部復受截擊於白沙，是時福州除督署衛隊外實已無兵。十二日，粵軍李福林黃大偉兩部，由甘源裏進迫洪山橋，恍如飛將軍從天而降。李厚基遣衛隊倉卒應戰，軍心慌亂，卒致不支。粵軍遂攻入福州城，李率少數軍隊，退往南臺倉前山，海軍開礮攔截，遂被繳械。翌日，由白沙退回之史廷颺部復向城內粵軍反攻，李福林黃大偉等部亦倉卒退出城外。是時，粵軍在白沙之孫本戎部已由甘源裏跟蹤追至洪山橋，遂與李福林黃大偉合力將史廷颺餘部擊潰，重占福州城，時中華民國十一年十月十三日也。

七　東路討賊軍之編制　十七日，許崇智偕徐樹錚王永泉抵福州，乃踐前言，勸黃大偉李福林將督軍公署及其他重要機關讓出交與王永泉主持。各首領先後抵福州後許崇智乃首先電請孫文派汪精衛居正蔣中正等來閩商辦一切。未幾奉孫文令入閩各軍改編爲『東路討賊軍，』任許崇智爲『東路討賊軍總司令，』黃大偉爲第一軍軍長許崇智兼第二軍軍長，李福林爲第三軍軍長。每軍編四旅，三軍共編成十二個旅。旅由許崇智委蔣中正爲東路討賊軍總司令部參謀長，襄辦部隊整理改編事宜，所有部隊概加以嚴格整頓。十二月，東路討賊軍與王永泉部，厦門臧致平部，三方會師攻克泉州，粵軍改編陸清汝部投降部隊爲一旅，委張毅爲東路討賊軍第十三旅旅長，自是閩省下游漸次底定。

第三節　討陳之戰

一　復粵之準備　粵軍入閩之後，孫文即決計先取廣東。時，適東三省新敗於直系（見前奉直之戰）遣使向孫文要求以在桂之師會合在閩之師，收湘贛，出長江，取武漢；東北方面當負擔北部之攻討。孫文答以『諸葛孔明昔日出中原，必先擒孟獲，蓋以免後顧之憂也。今日吾黨欲北出長江，非先南滅陳炯明而取廣東不可。因爲必先得廣東，乃能有力進圖長江，否則腹背受敵矣。」遂派黨人鄧鏗往粵，主持討陳軍事。又遣鄧澤如林直勉等商議籌款之策。旅僑民因義憤，咸紛紛匯款爲討陳之需。黨人李烈鈞魏邦平〔時被陳炯明逐離廣州〕廖湘芸謝良牧吳鐵城古應芬譚啓秀等，遂分頭進行。

二 討陳軍事之發動 在討陳軍事動作之先，陳炯明兵力方盛，號稱十萬，密布全粵。故在粵有實力之黨人，皆因所有武力太小，不足以抗陳，不敢遽發。是以討陳之主力發動，乃不得不賴在桂之滇桂軍。時在桂之滇軍，爲劉震寰之第一師及劉玉山部。滇軍之在桂者則有二部：一爲向隨孫文北伐韶關戰敗，退入廣西之朱培德部；一爲顧品珍在滇失敗時，所遣離滇北伐之部隊，有楊希閔楊如軒楊池生范石生蔣光亮各路。此外，退至肇慶梧州間之粵軍莫雄陳濟棠等部，亦與劉震寰聯絡，約定與滇桂軍一致。政學系首領岑春煊亦命沈鴻英相助。及孫科楊泰等在港籌款運動成熟，滇軍各部乃公推楊希閔爲總指揮。十二月六日，開軍事會議於白馬，決定十日發動。各部担任戰線如下：

一、滇軍全部，由大河北岸，經入和直出梧州，入粵。

二、桂軍，由江南岸，驅逐藤縣之敵，直取都城。

三、沈〔鴻英〕部，以兩旅擔任攻擊府河縣一綫。

三　廣州之收復　是時，鄒魯已用大總統孫文名義，委任楊希閔爲桂軍總司令，劉震寰爲滇軍總司令。劉即與駐梧沿江粵軍鄧演達莫雄陳濟棠卓仁機呂春榮等聯絡一致。十二月九日夜，桂軍劉震寰部移藤縣。十日，與滇軍取得聯絡。同時，樹『討賊軍』旗幟，誓師東下。十一日各軍至容潭。十二日晨，范石生劉震寰親率滇桂軍到梧。駐梧粵軍即依約退卻，以便在封川下游內應。因謀指揮上之便利，桂軍劉玉山部歸楊希閔指揮，故楊改任爲『滇桂聯軍總司令』；粵軍各部則受劉震寰指揮，劉亦改任『粵桂聯軍總司令』。十三日，沈鴻英至梧。十四日，滇桂聯軍沿西江東路，粵桂聯軍沿西江西路，急行軍攻擊陳軍。都城六步肇慶皆不戰而定。陳軍林虎葉舉熊略等，以精銳堅抗，被滇桂兩軍夾攻擊破。師至河口，將陳軍楊坤如全部繳械〔陸蘭清內應〕。楊坤如僅以身免。各屬民軍及討賊軍之勢蹙而暫託陳軍旗下者，如魏邦平朱卓文周之貞林樹巍方瑞麟等部，紛紛響應。陳軍到處受敵，全陣綫入恐慌狀態中，甚至無從分別敵我，不知誰爲服從之部隊。陳炯明見大勢已去，倉皇離廣州，率所部主力軍，退守惠州。其他鄧本殷等則退守粵南。十五日，討賊陳軍首先入廣州市，商民表示歡迎。旋各軍俱到。當即分撥部隊，跟追陳軍。瓊崖討賊軍陳繼虞，王鳴亞欽廉討賊軍黃明堂，皆次第收復南路。北江一帶，亦爲討賊各軍所占克。大總統孫文乃任命胡漢民爲廣東省長。

第四節　討沈之戰

一　江防會議之變　沈鴻英部桂軍，自定桂之役陸榮廷失敗後，卽輾轉湖南鄂邊一帶，自由行動，幾同流寇。但政學系認該軍爲可用之實力，多方保護，故未爲湘省趙恒惕所滅。及岑春煊電隨討賊各軍東下，實爲政學家之一種策略，陽爲討陳，陰則與北政府相勾結，謀取廣東。故討賊軍克廣州，北政府卽有『特任沈鴻英督理廣東軍務』之令。沈到廣州，卽占據官署，自收稅捐。十二年一月二十三日午後，各領袖會於大沙頭參謀部長李烈鈞處，爲治安軍事等問題，特開會議。沈鴻英乘機突派部隊襲擊譚啓秀梅蓴等討賊軍於觀音山；更利用陳炯明所倡之『客軍入粵粵人亡省』之言，以煽滇軍，謂魏邦平將聯絡粵籍各軍，解決滇桂各軍，非誘擒之不可。楊希閔劉震寰一時失察，誤聽其言，約胡漢民鄒魯魏邦平陳策會於江防司令滇軍楊如軒之旅部。屆時，楊希閔託病不至，沈鴻英率所部將領李易標陳天太劉達慶黃鴻猷等及衞隊，荷駁殼槍蒞會。並於江防司令部四週密布步哨。開會時，沈鴻英故與魏邦平爭，劉達慶卽陰至魏身後，突執魏雙手。陳天太拔槍向魏轟擊。同時，沈鴻英等咸出槍直向胡漢民劉震寰鄒魯等猛射。蓋沈之密謀，擬並楊希閔劉震寰亦殲之，俾獨占廣州。胡漢民急越樓下避免，鄒魯遁入楊如軒臥房，劉震寰避入後室，陳策躍樓墮地受傷。楊如軒等見沈之舉動，始恍然沈並將不利於滇軍，遂親護胡漢民鄒魯等脫險，且救魏邦平至楊希閔處。時，劉玉山聞變來援，乃以所乘汽車載胡等回大沙頭。沈偵悉，急令長隄伏兵見桂軍標幟之汽車即狙擊之。（劉玉山亦桂軍與沈部標幟相同）令至長隄，劉車已過去，適有一桂幟之車儀從甚盛，急馳至，伏兵傾全力狙擊之。車中人盡死，視之則沈部軍長劉達慶，參謀長黃鴻猷，因同幟而誤死。至是滇桂各軍咸起攻沈。許崇智由閩回師已至粵境，朱培德部（時陳嘉祐部湘軍已散）亦將至廣州。海軍亦反沈。沈鴻英四面受敵，乃退出廣州。

二　討伐沈鴻英　旋，大總統孫文於二月二十一日回粵，以大元帥名義指揮各軍。至粵之後，即下令命沈鴻英部移防肇慶一帶，滇軍移防北江一帶，西路討賊軍總司令劉震寰部移防石龍東莞虎門一帶。三月二日大本營組成，而沈鴻英反抗移防之令。適大元帥下令實踐裁兵宣言，沈部乃於四月十六日起變。是日拂曉，沈軍李易標部步兵數營由白雲山向農林試驗場之滇軍總司令部撲攻。滇軍事先得訊，已預爲之備，即出隊抗戰。大元帥孫文親偕楊希閔督戰，擊敗沈軍。沈鴻英乃自任中路，沿粵漢路兩段向韶關方面退却，以其子旅長沈榮光出英德四會直攻三水西江一帶之沈軍亦同時自由行動。大元帥大本營乃發令褫革沈鴻英桂軍總司令本職，令各軍圍剿。沈部不支，乃退入湘贛邊境。

第五節 東征之役

一 東征之始 吳佩孚屢嗾贛南鎮守使方本仁以所部擾粵，更接濟東江陳炯明南路鄧本殷潮汕洪兆麟等部械彈等項，使擾粵阻討賊軍出發。十二年秋，大元帥孫文乃決計親征東江，以除後患。以石龍爲大本營駐地。於八月二十三日，乘南洋輪船出發。是時滇桂各軍已與陳軍激戰數月，迄未得大勝。二十五日，博羅方面陳軍勝。林虎即率部直向石龍進攻。二十六日，博羅被圍，飛鵝嶺失守，陳軍占銅鼓嶺北嶺一帶高地。大元帥命乘機出發博羅，並親函許崇智堅守，一面命差艦載糧冒彈前進，以資接濟。又檄廣州滇軍出發，但滇軍須餉乃行，博羅之圍終不得解。乃檄福軍應援，李福林即率所部偕朱培德赴前方。同時，吳鐵城部開抵增城。但古應芬奉令往調之蔣光亮部，始則託言無事，繼則得事亦不至。

二 博羅之解圍 二十九日，大元帥由石龍向博羅移動，止於禮村。三十日，由禮村至蘇村。船阻風雨。李福林部吳鐵城部及負偵察任務之騎兵均不得進。三十一日，大元帥由鐵崗泊地抵松村。時，博羅被圍已久，守將劉震寰拚死堅持。城下水漲，陳軍不得近，僅遙擊而已。適內務部長譚延闓奉命入湘，在湘南大捷，捷電傳來，大元帥乃令各軍攻擊前進。一日，座船至第七碉，令福軍及滇軍祿國藩、田鍾毅部登山警戒。並飭副官於山巔架烽火，使城內得知主帥親自來援。次日，大元帥孫文親登北嶺，凡偵察敵情查察地勢，均親爲之。但因滇軍大部未至，且驕不受命，孫文親至石龍督促，並許祿國藩以重賞亦無效。三日，東路軍所屬師長張民達與陳軍戰於淡水，大破之。四日，張親至石龍報捷請訓。大元帥令福軍滇軍分左右翼進攻。滇軍第四師要挾索餉未得，全部引退，止之無效。五日，得南路鄧本殷攻陷北海訊，大本營令永豐艦往援。至七日，許崇智決沖圍，但以援單不克。八時許，福軍與陳軍大部接觸。滇軍田鍾毅、粵軍卓仁機、張弛圍登雄雞拍翼。大元帥親自督戰，左翼福軍初猶小勝，陳軍大部衝進，福軍被迫退。陳軍乃乘機大進，沿義和墟，向蘇村進，欲斷討賊軍歸路，是夜退至石龍。八日，重進至蘇村，卓旅會同福軍攻破義和墟之陳軍，攻擊前進。九日，大元帥由雄雞拍翼至譚公廟，率僚屬登山督戰，各軍奮攻，分途追擊，鏖戰甚烈，自朝至午後，進退數次，死傷甚夥。十日，博羅守軍楊廷培部衝圍占銅鼓嶺。陳軍死傷枕藉，向派尾響水退却，博羅之圍遂解。大元帥進城親自撫慰，並分令福軍及卓旅分途向派尾響水追擊。楊廷培師死傷太重，令樊萬元調回廣州休息。以次各軍皆有獎。大元帥旋即乘第一師〔時粵軍第一師已來歸〕蟠龍艦赴梅湖，察看重礮兵陣地。

三　惠州城之攻禦戰　十一日，克平山。十二日，飛機隊奉令向惠州城實彈拋擊。十三日，大元帥親至梅湖，手發重礮五轟擊陳炯明之巢窟。十四日，大元帥返廣州一行，增城方面報捷。十八日，大元帥復至前方。二十日，親至飛鵝嶺，籌攻惠州。午十一時，至礮兵陣地，惠州陳軍瞰得，發礮遙射，彈落大元帥身旁不及丈。計劃既定，留程潛（陸軍部長）督攻，而返梅湖。是日，白沙輪遇炸，飛機隊長楊仙逸、長洲要塞司令蘇從山、魚雷局長謝鐵良皆遇難。二十一日，復親發六彈攻惠城，自是連攻數日未克，且因謝鐵良死，魚雷盡燬，重運魚雷攻城。至二十三日午，始衝鋒，各軍並進，作拂曉戰，以魚雷炸城基，飛機擲炸彈。戰至二十四日拂曉，魚雷失效，各軍撲城，死傷徧地，卒不能克。午後，陳軍反攻，各軍死亡過鉅，不支而退。至十月三十一日，其間互有勝負。劉震寰於是日退出飛鵝嶺。十一月六日，大元帥恐博羅有失，重出發親征。連日奮攻激戰，皆未得大勝。六日，許崇智部大勝，陳軍退回惠城。七日，大元帥返廣州。八日，各軍被陳軍擊攻，大敗退卻。九日，大元帥急至石龍，懸重賞，嚴督反攻。至十二日，分三路攻陳軍。粵軍第一師師長李濟琛增援增城。

四　石龍之敗　十二日拂曉，陳軍迫近石灘，被滇軍擊退。旋棠蘭鐵牆方面戰急，討賊軍不支。大元帥即令新到之李根源部前進，不移時前線大敗。潰兵沿鐵路紛奔，全陣線牽動，訛言紛起，各軍咸急退。陳軍超程追趕。大元帥乘機關車回廣州。范石生聞敗，不待炊爨而奔赴救援。陳軍不意有此生力軍，范石生遂大破陳軍洪逃麟部於石龍，乃得稍戢陳軍之勢。散兵至大沙頭被收械者以萬計。陳軍乘勝，直攻廣州。時，廣州已無可調之兵，其危迫情形，不堪言狀。大元帥孫文仍本大無畏精神，堅持擀一兵一槍亦奮鬥到底之宗旨，整頓前方退回各部，爲應付陳軍之計。奈各軍皆無鬥志。廣州已岌岌可危。幸湘軍於是時達到，得以擊破陳軍而保全廣州。

第六節　湖南之役

一　湘軍之歸附　先是，趙恒惕在湖南制省憲自治，對北伐大計，始終反對，且與吳佩孚相勾結。孫文爲貫澈主張計，必先取湖南。適湘西鎮守使蔡鉅猷不容於趙。趙調蔡爲講武堂堂長。蔡部原有第八，第九，第十三個混成旅，乃起兵抗趙。湖南第一師師長宋鶴庚，第二師師長魯滌平，亦因趙有去之之意而傾向討賊軍。孫文乃任內務部長譚延闓爲『北伐討賊軍湘軍總司令，』間道至湘南。宋魯及寶慶鎮守使第五混成旅旅長吳劍學，衡陽鎮守使並兼三混成旅旅長謝國光皆歸附。譚延闓乃任命宋鶴庚等爲軍長〔見湖南軍史〕分途進攻。

二　長沙之得而復失　時，湘西戰事已爆發，魯滌平駐兵潭衡間，適所部團長袁植反對歸討賊軍，魯乃殺袁。至是，前此魯滌平所託名之調和已無復敷衍之可能。湘南戰事遂亦爆發。八月二十八日，謝國光部大破趙軍第一混成旅旅長葉開鑫部於衡山。時葉開鑫第一師之第一旅旅長賀耀祖，第二旅旅長唐生智，第二師第三旅旅長劉鉶皆附趙。第一師之礮兵團團長黃輝祖，第一混成旅所屬之步兵第二十五團團長朱耀華皆附討賊軍。適該兩團奉調過省，乃於湖蹟渡迴師，反攻長沙，城破，趙恆惕狼狽遁走。湘東第一軍陳嘉祐部繼進，遂克長沙。趙恆惕至漢口求援於吳佩孚，引北軍駐岳陽。適討賊軍湖南第二軍吳劍學部第二旅旅長張湘砥（原湘軍第五旅第十團團長）倒戈附趙，賀耀祖復自西路反攻，長沙兵單不能守，朱耀華等乃退往湘南。湘西之蔡鉅猷部則已攻至長沙對河之瀠灣市，與趙軍夾河而陣，河面交通斷絕十餘日。

三　討賊湘軍之入粵　趙恆惕部向討賊軍着着壓迫，而東江方面之敗耗頻傳，湘西討賊軍又不克堅持渡河，吳劍學部遂敗退。九月五日，謝國光部亦敗。幸方鼎英（宋鶴庚之參謀長，時任湘中第一軍第一師師長）率黃輝祖部趕至，得未覆滅，而在長沙湘東第一軍之第二路歐陽立袁部文砥團均被圍散走，自是賀耀祖擊破湘西軍，唐生智葉開鑫擊破湘南軍。譚延闓乃決定率領歸附之湘軍回粵，以急東江之難。衡陽一戰以後，即下令退卻。將全部編爲五個軍：宋鶴庚爲第一軍軍長，魯滌平爲第二軍軍長，謝國光爲第三軍軍長，吳劍學爲第四軍軍長，陳嘉祐爲第五軍軍長。全部由韶關入粵。十一月初旬，甫至廣州附近，適值石龍失守，湘軍即邁前近敵。十二日到達前線。十三日，擊破李易標部。十四日，大敗陳軍之主力。旋即克石龍。連戰皆捷，陳軍退困惠城。自是湘滇粵各軍與陳軍相持於東江，迄未得解決。

第十二章　江浙戰爭

第一節　戰事之醞釀

一　肇戰之遠因　此次戰爭，自發難者言，似爲江蘇之齊燮元與浙江盧永祥之局部爭執，而實則爲直系與反對之者之最後一決。蓋自直皖直奉戰後，直系軍人獨據北方政局之中心，始則迫徐世昌去職，挾黎元洪以復位，已而去之，而擁同系首領曹錕爲總統。權位愈隆，招忌亦愈甚。浙督盧永祥者，實皖系要人，自十一年廢督令下後，即已自任軍務善後督辦，不受北政府羈縻，明示反直之意。洎十二年國會遷地制憲之說起，盧乃於六月二十七日，通電反對，並招待七月十四日因被迫開會南下議員二百餘人於滬上，深爲直系所嫉。而是時曹吳方欲以武力統一東南：最初之三月三日洛陽會議，則決以沈鴻英督粵；孫傳芳援閩，旋以臨城案件，知田中玉將不自保，又命王承斌聯齊燮元以圖之，旣而果皆遂意，於是益思擴其勢力，而有八月初旬保定會議通過對浙用兵之舉。凡此皆懷之有素，非一朝一夕而然。故曰江浙之戰，則直系與其反對者之戰也。

二 戰爭之近因

孫傳芳自入閩後，漸就發展。已而果逐臧致平楊化昭而之於浙。孫之入閩也，意在閩，而亦在浙。欲啟釁於浙，因以蘇皖閩贛名義，迫盧永祥解散臧楊軍隊，知其不能，而固強之。乃臧楊入浙，盧竟收其殘部，甚且袒護之，不受議員何雯之調停，以激怒直系。於是戰雲益密，風潮愈不可息矣。方是時，上海警察廳長梁國樑，爲李達生所刺，縣缺待補，爭薦心腹：淞滬護軍使何豐林舉陸榮錢，齊燮元舉申振綱，無效。又滬海道縣知事換人問題，皆使齊以難堪。至是齊之將加兵于浙也，自其私忿引起之心，較系派關係爲尤甚。乃假向浙收回淞滬地域管理權爲名，於十三年九月三日，進兵昆山松江宜興等處。先是淞滬本屬蘇境，袁項城時，爲防範河間，特設護軍使以分其勢。嗣後李齊相繼，俱感臥榻容人，屢思收回而莫獲，初不意終以此爲兵戎相見之導火線也。

第二節　江浙兩方之備戰

一．浙方之軍事計劃　自四省聯合攻浙之說起，浙督盧永祥乃由沉寂而變爲積極備戰態度。其軍事會議結果，則以全浙分爲兩路：一爲北路備蘇皖者也，盧自爲總司令；北路之中，又分三路：上海松江方面爲右路，以楊化昭之軍當之；長興合溪方面爲中路，陳樂山之軍當之；泗安方面爲左路，王賓之軍當之；一爲邊防軍，卽南路備贛閩者也，以張載揚爲總司令，潘國綱副之。此其最初計劃也。後雖略有更變，要亦無大異。至二十四日，則任務編定，始大定。委任第一師長潘國綱爲左路司令，淞滬護軍使何豐林爲右路司令，郝國璽爲衢防司令，盧自爲總司令。至其軍隊，則除原有四師外，加以邊防及滬方各軍，實有十萬之衆。

二．蘇方之派定各師旅長任務　蘇軍全部，編爲八支隊：吳恆瓚爲先鋒隊，宮邦鐸盧鳳書李殿臣黃振魁朱熙楊春普白寶山馬玉仁爲各路支隊司令；齊自爲總司令，駐節蘇州；陳調元留南京，備作各路接應；吳鴻昌爲徐州守備司令，兼代徐海鎮守使；齊寶善爲揚州守備司令，王健飛暫代江寧鎮守使，王桂林爲衞戍司令，維持省城治安；席鎌爲總執法處長，李鳳鳴秦錫鍔爲隨營執法處長；而以劉玉珂爲總參謀長，王文桂爲參謀處長；又設總兵站部於下關，劉同春爲總兵站司令，內分三股：軍需股長張樹生，軍械股長南中文，軍輸股長聶鈞魁。其餘鎭江無錫常州蘇州崑山分設五兵站，均由總兵站司令指揮。關於軍事上一切應用，俱由各兵站直接負責，以免臨事倉遑。此其職務分担之大概也。

第三節　江浙之攻守方略及海軍調遣

一　蘇方攻守方略　蘇軍分四路：第一路向上海取攻勢，由宮邦鐸馬玉仁等任之，其進取方略又分三路：一，中路——由崑山安亭，直趨黃渡南翔，沿滬寧綫而達滬；二，左路——由瀏河太倉以拊吳淞之背，而以海軍攻其腹；三，右路——由安亭分兵攻朱家角青浦，橫趨松江，以斷浙滬連絡。第二路駐宜興取守勢，由陳調元等任之，亦分張渚蜀山烏溪三路防守；第三路向廣德取攻勢，由皖省旅長王普等任之，由泗安直趨吳興，北斷長興歸路，南達杭州。以上三路總司令，則齊燮元自任之；第四路向仙霞關取攻勢，由閩省孫傳芳軍及贛軍之一部任之，以攻浙江之後，司令官則爲孫傳芳。

二　浙方攻守方略　浙軍共分三路，而駐界牌關之一旅，則附屬於第二路；總司令一職，盧永祥自任之。其攻守計畫如下：第一路駐上海取守勢，司令爲何豐林，朱廣聲臧致平楊化昭等部屬之，防綫極長，凡黃渡南翔劉河青浦嘉定等處，均在範圍；第二路向長興取攻勢，司令爲陳樂山，第四第十兩師各有一部加入之，擬以全力攻宜興常州，以斷蘇省鐵路，直趨南京；其駐守湖州王賓之一旅，則令開赴泗安，以拒廣德方面之皖軍；第三路駐江山取守勢，司令爲潘國綱。浙江省軍第一師及少數之第二師軍屬之。

三　海軍調遣　南京海軍司令杜錫珪，謀聯閩海軍會師上海，以分浙江之勢，故密令楊樹莊率艦隊由閩來滬，而先令司令李景曦，率楚泰楚有楚謙江貞湖鷹利通六艦停駐鎮江。已而楊樹莊督各艦至。因會謀攻吳淞砲台，以直趨龍華，斷浙滬連絡。

滬海軍領袖林建章聞楊樹莊將與寧聯也，因致電勸之，楊拒不納，且于二十八日續派普安楚觀江元三艦出發赴滬。於是聯浙之駐滬獨立艦隊，海籌巡洋艦與永績建康等艦，均升火，幷將宿辰兩魚雷艇，一律裝置，以備出發；又調回永績張宇兩艦，入駐黃浦，以保護地方治安，而吳淞口要塞防務守禦一切，則均歸砲台司令部主辦之。

第四節　兩方之兵力

一　兩方最初布防之兵力

甲　蘇方

第一路　上海（崑山青陽港一帶）　約一師三旅

第二路　宜興　約二旅

第三路　廣德　約一旅兩營

第四路　仙霞嶺　約一師三旅

乙　浙方

第一路　上海南翔瀏河吳淞龍華　約一師一旅

第二路　長興　約二師

第三路　江山　約一師二營

按上列表中所記者，爲各方最初布防之兵力。迨接觸後，則彼此調動，增遣不定，無從稽考。惟蘇方則以聯省友軍先後加入戰綫，爲數之多，當數倍於浙。至仙霞嶺閩浙兩軍比較，數實相當。

二　浙滬蘇軍力之調查

甲　浙軍

名稱	兵數
陸軍第四師	八、〇〇〇人
陸軍第十師	一〇、〇〇〇人
浙軍第一師	八、〇〇〇人
浙軍第二師	六、〇〇〇人
第一混成旅	二、〇〇〇人
第二混成旅	二、〇〇〇人
臧楊邊防軍	二五、〇〇〇人
各地防軍	一三、〇〇〇人
總計	七四、〇〇〇人

乙　滬軍

名稱	兵數

第十八混成旅	二、〇〇〇人
第六混成旅	三、〇〇〇人
要塞防軍	一二、〇〇〇人
總計	一七、〇〇〇人

丙 蘇軍

名稱	員數
陸軍第六師	八、〇〇〇人
蘇軍第一師	四、〇〇〇人
蘇軍第二師	四、〇〇〇人
第十九師	三、〇〇〇人
第一混成旅	四、〇〇〇人
第二混成旅	三、〇〇〇人
第三混成旅	三、〇〇〇人

第四混成旅	三、〇〇〇人
實五混成旅	三、〇〇〇人
第六七混成旅	四、〇〇〇人
各處要塞軍	四二、〇〇〇人
總　計	八一、〇〇〇人

第五節　皖閩贛之援蘇

一　**四省聯絡之由來**　洛吳於臧楊入浙，初甚注視。既悉其非有他故，遂不欲積極干涉。蓋恐東南釁起，奉張必乘虛而入也。及江浙形勢日趨緊張，盧（盧永祥）奉（奉張）聯絡漸形寂寞，乃決助蘇齊，並令閩贛皖亦取一致行動，而環攻浙江。此四省聯絡之所由起也。茲總其援蘇情形，收述一節，而存其梗概。

二　**皖方**　自蘇皖閩贛四省聯軍攻浙之說起，馬聯甲遂連日召集會議，討論所以對浙者。旋卽決定分兵兩路：一出廣德，一出徽州。出廣德者由第三旅任之，先集駐徽之楊營於蕪湖，取道宣城，爲先行隊，餘繼之。出徽州者，以第五旅任之，先行者爲第一團長賈永清所率之馬俊山一營，閻統貫一營，及二團沈仲一營，馬懷香一營。其後以徽州與浙江接壤，地多屬峻嶺崇山，以言進，則勞兵曠日，苦其難；以言守，則馬金嶺、鏞嶺、濟嶺等要隘，一夫可防，遂不加意，而偏重廣德。所調軍隊，除三旅全部外，更益以五旅一團，馬炮各一營，機關槍二連，而取攻勢。此當時調遣之大概也。

三　贛方　自東南形勢發生變化以來，其關係各省之行動，日趨重於軍事計畫，而贛省之蔡成勳，尤對于防務籌備不遺餘力。其時贛東一帶，原駐軍隊有暫編第三旅與第二十二混成旅及近畿第一師第一旅。以言防範，實非不足。乃蔡以援蘇故，復調贛南長寧等處近畿第一師第二旅移駐撫州，第一師第一旅駐南城，暫編第三旅駐資溪，並由省至玉山間設兵站數處，以接運軍械，而大舉攻浙。

四　閩方　自洛吳電令蔡成勳出兵一師歸孫傳芳節制，孫即組編閩贛聯軍，大舉入浙。始孫分所部爲六混成旅，繼又改爲六支隊，每隊設司令一。其六支隊司令，則以閩北鎮守使兼第十混成旅旅長孟昭月充之，而兼第一支隊司令，第二十四混成旅長張俊峯爲第二支隊司令，二師三旅旅長盧香亭爲第三支隊司令，二師四旅旅長謝鴻勳爲第四支隊司令，第一混成旅旅長彭德銓旅爲五支隊司令，十一混成旅長王麒爲第六支隊司令，各支隊隊長，均由本旅團長兼任。以一，五，六，三支隊爲右翼，

二、三、四三支隊爲左翼其二師之騎兵炮兵兩團及王永昌降將崔錦淮一團暨二師工兵輜重各營均在中路。八月三十一日孫抵福鼎縣時軍隊已集即令盧香亭爲前敵指揮進攻浙之永陽直趨溫台並令第三支隊謝鴻勳率所部二師四旅及騎炮兵各一團由政和入浙慶元皆集中永嘉。其浦城及後方防務即責令第十旅孟昭月第二十四旅張俊峯擔任之而自爲總司令。緣孫之舍衢嚴不攻而逕取溫台者蓋取水陸並進之意。先是海軍警備司令楊樹莊於二十七日率領應瑞海容等六艦附以陸戰隊二團二十八日抵三都澳三十日向浙屬溫州進行俟陸軍過平陽即令同攻永嘉然後及寧波。至是孫傳芳以海軍既前發即驅兵直向溫台來攻。

第六節　各路戰爭

一　黃渡之戰　東南之役雖戰地延數百里兵力至數十萬自事起至終兵刃相接者累百十次無由稽其變化詳誌靡遺然必爭之地要亦不出黃渡瀏河及其他數區。黃渡爲蘇軍第一路中路軍必爭之地。九月三日齊燮元命宮邦鐸進兵崑山以窺上海軍次黃渡與臧致平前哨遇戰遂作。時蘇方兵力實較厚於浙居以衆制寡之勢；然自接觸至十月十三歷日四十終轉戰於安亭黃渡間雖肉搏數次，死傷千餘，終不得一逞。蓋黃渡固爲蘇軍之所必爭，而亦浙軍之必不可失者，故浙軍終死守之。十三月十三日，聯軍總司令盧永祥通電下野，結束戰事。先是聯軍失松江後，相繼失守新橋青浦嘉定。盧乃於十二日夜一時，召集臧致平楊化昭陳樂山朱聲廣夏兆麟等各司令，密議最後應付。陳樂山略謂：今彈餉已不足，將士又苦戰累月，雖欲再戰，勢成不可，不如主帥急流湧退，以全大局。語畢，列座爲之愕然。臧楊且起而辯斥其非，以爲兵尙三萬，一旦放棄，殊屬大愚。而卒以第四師不願再戰，遂通電解除兵柄，放棄淞滬所有龍華軍隊，由上海防守司令暫維現狀。斯時何豐林尙在莘莊督戰，聞訊急返龍華，與盧子嘉面商機密，結果何亦以大勢已去，遂與盧氏于十三日晨，乘上海丸東渡。是時安亭蘇軍，尙未審龍華突生變化，故十三日下午一時，猶向聯軍猛攻。及浙軍前線悉南翔司令部他遷，知大事已去，懸白旗示敵，戰乃罷。十四日，黃渡聯軍退眞茹及上海。

二　劉河之戰　九月四日，駐太倉蘇軍馬玉仁部，爲黃渡浙軍擊退，旋集其所部約六七千人，轉攻劉河，浙軍不敵，退羅店。已而龍華援至，併力反攻，復佔劉河。六日晨，浙軍一路總司令何豐林，來自龍華，下令總攻擊。臧致平親臨戰，馬玉仁迎之，幾敗。幸吳恆瓚率所部至，蘇軍威遂復振。是役也，雖激戰十八時，而略無勝負，惟成對峙之局而已。茲後兩方兵力時有增加，戰則無間晝夜，終以一河之險，資其憑藉，故得久保均勢，然士卒之死傷者，則累千數。十月十三晨，聯軍前綫得悉龍華何廬出走訊，不敢復戰，退出瀏河。蘇軍乘之，追擊數十里，聯軍死傷甚衆；及羅店，亦得龍華訊，戰始息。十四日，蘇軍朱熙部自嘉定會合瀏河，夾攻羅店，聯軍被圍者數日，乃悉降。自戰起至今，時逾月又十日，浙軍雖寡而未嘗稍挫，乃以牽於大勢，不克免諸敗北，事同黃渡，非戰之罪也。

三　嘉定之戰　自九月三日，蘇浙兩軍接觸後，浙軍即扼守南翔，以拒崑山之敵。顧全羅店，以聯上海瀏河，並保障吳淞。嘉定在羅店之西十八里，南翔之北二十四里，關係甚重，不幸而失，則蘇軍可以側攻南翔，正窺羅店，橫斷上海瀏河，直拊吳淞之背。四日，蘇軍馬玉仁部於攻瀏河時，同由太倉之陸渡橋，往襲嘉定，與浙軍前哨遇戰於朱家橋，浙軍以衆寡不敵，退守離城三里之竹篠弄，以待後援。未幾，南翔羅店澄橋唐行均遣兵至，分途應敵。戰遂復作，飛彈所集，盡成焦土，民居之燬損者無數。嘉定幾危，駐滬司令何豐林得悉前方危殆，即令楊化昭自南翔馳援，楊以精銳三千往，與蘇軍對壘于高升橋，屢進肉搏，蘇軍始退。此五日戰況也。明日，浙分三路反攻，北出阜慶（離城三里）以規婁塘，西出朱家橋以攻陸渡橋陸渡橋爲嘉定太倉交界處，蘇軍之至瀏河與嘉定，皆由此出發，西至外岡，自外岡而西，則在在可與滬寧綫軍隊相呼應，若駐重兵，足使蘇軍不能東越安定黃渡。此浙軍在六日擊退蘇軍後所劃守嘉定之策略也。時，蘇軍既每戰不利，乃間分軍他襲，以弛嘉定之備，而守兵終不懈，故兵臨城下，無恙也。至十月十二日，蘇軍彈藥猝增，即向石崗門聯軍進攻。聯軍由第二軍前敵總指揮夏兆麟親督戰，歷五時，蘇軍稍退。入夜，蘇軍司令朱熙率隊復至，聯軍第四師及楊化昭部並力卻之，均敗退入城中。時蘇軍敢死隊已乘轟擊之際，梯城而入，自內夾攻，聯軍知不可守，即自東門退出。十三日蘇軍入嘉定。

四　青浦之戰　九月五日，蘇軍始攻青浦。　青浦之白鶴港，離安亭十二里，北通嘉定，南達青浦，西臨崑山，東接黃渡，水陸均便，浙軍先以八百人駐防之。離安亭八里之杜村，二十四里之重固，皆駐浙軍，以其為青浦屏蔽也。五日晨，蘇軍第十九師之一部，由泗港經趙屯橋，向白鶴港總攻擊。浙軍不支，退守重固；蘇軍追之，及城下，擊以大礮，全市幾盡成焦土。而浙軍仍掘壕固守。六日楊化昭援重固，戰于杜村。八日蘇軍楊普春部敗走陸家浜。二十一日，重固青浦失守，旋陳樂山率兩團至，力戰竟日，復所失地。二十四日兩軍援至，均由三千人增至一萬以上。十月一日，聯軍司令以黃渡甚急，即下令向重固蘇軍猛攻，以分其勢。二日晨，聯軍前線忽聞松江戰事發生，因改守勢。九日松江及天馬山均為蘇軍奪領，青浦益危。十一日，蘇軍大舉攻青浦，聯軍以子彈不敷，退北簳山及陳坊橋。其明日蘇軍入青浦。聯軍亦向莘莊南翔上海分退。查青浦之戰，多在白鶴港杜村及重固間，旋得旋失，轉戰無休日，雙死傷甚巨，而陣線略無進退，蓋蘇軍雖衆，不如聯軍善守也。

五　宜興之戰　宜興爲江浙戰爭中重要地，在臧楊事未發時，浙方即設防要隘。蓋浙之長興，與宜接境，半臨太湖，半依崇山，苟蘇軍攻浙，出楊店長興，即可直趨滬杭甬路；浙攻蘇，得越懸脚嶺，亦可横截滬寧。故蘇齊於八月杪令十九師楊春普率所部七三七四兩團，第五混成旅旅長陳調元率所部步兵一團，礮馬工程各一營，駐蜀山白寶山率二團駐張渚，合計一萬餘人防守宜興；仍駐第二混成旅於常州策應。九月七日陳樂山令浙軍攻蘇，警備隊，乘豫軍張福來及白寶山之被調他遣也，是役浙軍雖死傷相望，而卒占父子山靑石山諸要隘湖汶蓮花蕩及楊梅山，亦次第攻奪之。九日浙軍團長鍾士秀攻闌山，轉戰二日，蘇軍漸不支，陳調元幾中彈死，闌山烏溪關蜀山鎭同時皆失，遂退守蜀山。十二日浙軍三路合攻蜀山，陳調元楊春普等親臨前線，誓死力拒。十三日晨，宜興之援由崑山南京猝至，數達二萬餘。蘇司令陳調元遂下令反攻浙軍，陳樂山亦親蒞戰地，明日復有鄂軍豫軍數營增援宜興，勢益振。浙軍連戰不利，退守烏溪關。十七日烏溪失守，聯軍竄闌山。十八日，聯軍司令陳樂山奉命撤退二路軍，改調淞滬，與上海聯軍合，以禦崑山之敵。于是聯軍第二路戰事，遂告結束。

六　泗安之戰　九月十五日，駐廣德皖軍第五旅之一部，由界牌關進攻泗安；聯軍湖嘉鎭守使王賓，命第二十八團團長李廷美率所部迎之，戰於半邊塘，稍接卽退。十六日皖軍團長張洪德，復挾隊至，總司令旅長王普自率砲兵一營爲後應。浙軍戰不利，退大環橋。十七日，皖軍分兵渡河攻擊，大勝。十八日盧總司令以四路軍危急，令撤泗安兵悉回吳興，於是皖軍不戰而有泗安。方張廷美團之抵吳興也，適第四師長陳樂山以全部至，蓋將由嘉興以赴龍華也。至是張團及楊化昭所部，隨同長興撤退之軍，由嘉興分乘火車，轉加淞滬前線矣。

七　仙霞嶺之失　九月四日，閩軍孟昭月之第一支隊，進攻仙霞嶺，守兵應之，歷數小時，均無死傷。旋浙軍以人數較少，自退數里。閩軍乘勝前進，浙軍復據險以守。時有隊長某，與閩通聲氣，潛將設於仙霞關扼險處砲上之重要機器卸下，迨孫軍至，守兵遽失其利器，無所憑藉，閩軍韓團遂佔仙霞嶺。而第三路駐衢副司令潘國綱，尚不知前方天險之已失也。至十日孫軍次第集浙境，乘勝連克慶元龍山。而贛軍之自玉山出者，亦于十二日佔常山。于是江衢大震。先是浙副司令伍文淵以江山爲衢州屏蔽，不守將撼，後防因令七團增援，已而不至，且走大陳，蓋已暗受閩孫意也。及閩軍至，伍文淵果以寡不敵衆，潰退衢州，江山遂失。不二日，衢州蘭州亦相繼失陷。至是潘以前敵壓境，後援又絕，不得已退駐桐廬。而已不能制敵人之長驅直入矣。十八日，盧永祥以三路頻失敗，疑浙軍將變，乃以政權還浙人，而自偕省長張載揚赴滬。於是所謂江浙戰爭者，一變而爲寗滬之戰爭矣。

八　南翔之敗　九月十九日，蘇軍由黃渡馬陸襲南翔。南翔在黃渡之東，西北通嘉定瀏河，東南則密邇上海爲嘉定黃渡後援軍之駐屯地。始蘇軍注意黃渡，以爲拔此，可進攻南翔，乃戰輒不利；又側擊瀏河，亦被創，於是改變戰略，謀襲南翔，而對于黃渡作前後夾攻之勢。十九日拂曉，蘇軍之攻黃渡者，分遣皖豫軍約兩營由馬陸鎮抵鶴頸灣，聯軍副司令臧致平派兵逆之，戰經日，蘇軍始勝而終敗。退馬陸。二十五日，聯軍總司令盧永祥偕何豐林陳樂山臧致平由滬抵南翔，劃作戰計，旋聯軍第一司令何豐林副司令臧致平親臨陣，分左右翼，謀襲馬陸，不果。而是時蘇軍官吳恆瓚以南翔不可急下，不如他圖，於是而有方泰之役，意在斷截浙軍之聯絡也。然方泰爲嘉定南翔間要道，聯軍已固守之，故激戰激一日夜，仍無進展。十月十三日，盧永祥臧致平出走，南翔車站司令及第一第二軍軍官亦先後赴滬。聯軍大亂，悉退眞茹，繼又竄上海。至是以轉戰彌月莫克之南翔，爲蘇軍不戰而佔領矣。時十月十五日也。

九　松江之失　自仙霞嶺衢州相繼失陷後，閩孫前部益所向皆攜。旋于九月二十六日與湖州調來之蘇皖軍，會攻楓涇，佔領之。即分兵三路攻松江，以白寶山部爲中路，皖軍史俊玉部爲右翼，孟昭月盧香亭爲左翼，孫自任總指揮，進迫石湖蕩。分攻金山縣及烏沙（離松江九里）皆拔之。十月七日，蘇閩軍以木筏先後暗渡黃浦，而伏於明星橋，謀襲淞滬軍之松江後路。而於石湖蕩仍取攻勢，又以全力由南浦趨松江車站，以分聯軍勢。已而明星橋伏兵盡發，直搗後方，而時蘇閩軍之自金山出者，亦分兩隊猛擊。聯軍四面皆敵，乃據城以守。八日附城砲聲大作，民房震動，閩軍攀牆入，守城司令王賓携眷逃上海。松江遂陷。九日，聯軍總司令盧永祥，以何豐林爲松江司令，第十師第十九旅鄭旅長爲前敵總指揮，責以恢復松江，而駐軍莘莊。十日，何豐林親督戰，傳令前敵後退者斬，與閩軍戰于明星橋，敗其衆。十二日閩軍突由顓橋至，聯軍禦之，彈盡繼以肉搏，終不敵，遂退新橋。龍華大震。十三日，停戰令下，何盧東渡日本。於是蘇閩軍進駐淞滬，戰事乃告終。

第七節　戰事之結束

一　**各路聯軍之退滬**　江浙戰事自九月三日起至十月十三日止，曆一月又十日，何盧出走，戰事乃終止。惟時除松江青浦嘉定已爲蘇軍佔領外，若黃渡南翔瀏河吳淞則猶有聯軍第四師第十師第六混成旅及臧楊之軍隊，與臨時集合之別動隊北伐軍游擊隊將校義勇團等合計尚不下三萬餘人；雖逼處滬隅，已無發展餘地，而大部彈械猶足，尚堪負隅一戰。徒以盧何背其戰至一卒一槍之宣言，遽棄其背岌脫危先竄，遂令挈龍失首之軍隊，不得不遠引他避而集中於上海。十四日後，聯軍之退回龍華高昌廟者，惟多數四師及第十師之一部而已。其由南翔黃渡退回閘北者，則以第十師及臧楊之部為大部份。合計約達二萬餘人。此等軍士，皆以無所依歸，靜候改編或遣散者也。

二　**收束辦法**　十七日，閩浙巡閱使孫傳芳與蘇軍第一師師長白寶山合同蘇皖贛巡閱使齊燮元之代表議改編及散遣條件。決以所有軍隊，悉數改編，不願者給餉遣歸。於是聯軍殘部，悉分隸于蘇齊浙孫矣。茲分列于下：

甲　由蘇齊改編者

一、聯軍第十師三十七，三十八，三十九，四十各團，及砲四，砲十，工程，輜重等隊。

二、楊化昭及臧致平部之留駐閘北者。

三、聯軍游擊隊由松江退駐閘北者。

四、將校義勇團及國民北伐軍等，由蘇軍第二師師長馬玉仁改編。

乙　由閩孫改編者

一、第四師殘部合計十二營，師長夏兆麟仍之。

二、聯軍第六混成旅殘部，旅長仍由劉永勝充之。

第八節　戰後之餘波

一　**徐樹錚之謀變**　自直皖戰後，安福系要人常思有以恢復其已失權位，而徐樹錚實其尤者。故徐對於何盧出走，深致不滿，謂尚有精兵三萬，大可抗敵，奈何先事倉皇棄將士而他遁，以危與人，己就其安?因謀于臧楊舊部，授意中級官佐之主戰者，擁己出而維持，以租界爲城社，抗拒蘇軍，徐圖東北變化。先是臧楊甚不欲盧永祥息戰，而格於衆議，莫之能挽；至是聞徐說，心益動，乃召集會議。結果由徐下令，令三十七三十九團等及臧楊部，復駐麥根路。卽在潭子灣佈置作戰方略：以距眞茹不四里地，爲第一防綫，距閘北約三里地，爲第二防綫，第三防線卽在閘北，派駐聯軍三千餘人。潭子灣太陽橋等處均架炮，而設司令部于滬寧路貨棧旁，以拒西來蘇軍。佈置匆匆，一若戰事之捷于眉睫者。

二　**主戰派之失敗**　徐樹錚既被推爲首領，于是本其主張，悉力佈防，以爲東北戰事可坐而待，吾謀適可成也。因復散佈謠言，謂援蘇鄂軍張允明旅，與己同謀，共拒蘇齊，以張其勢力。西報記者聞而惑之，往詢諸張，知其虛而白於報章，以故徐之勢力僅能及滬北一隅。又以揑言動衆，混亂秩序，爲西人所悉，於十五日被捕。陳樂山亦繫獄總捕房。而麥根路聯軍之戰備，乃未及一日而撤消。已而陳樂山得免監視，知事不可爲，即與憲兵司令馬葆，赴日本門司，轉達奉天。楊化昭亦以持戰匝月，寢食俱廢，且憤怒已極，肝胆皆病，暫就醫租界。徐既被監禁，蘇齊浙孫，復向租界領事團乞引渡，領團拒之，日以告徐，而令其赴英。至是禍機乃息，而滬民亦倖免于難。自民國成立以來，大戰十數，小戰頻年，大抵皆屬派別之爭執，未嘗有利于國與民。盧氏既敗，徐樹錚乃欲燃其死灰，再續戰事，抑又不憐民之甚者也。「後此齊之失敗，因係地方軍事，列入浙蘇軍史中」

第十三章　奉直第二次戰爭

第一節　奉直再戰之動機

一　戰爭之遠因　奉張自十一年五月敗，即以東三省自治總司令名義，收拾餘燼，整兵修武，統一財政。又以前此致敗，半由缺少飛機，乃聘請專家，成立航空學校，注意空中戰爭。其亟亟不懈者，蓋未嘗一日忘報也。而是時洛吳以一戰之勝，益信武力統一，不難現諸事實，乘東北無故，致力東南，兵威所加，未幾而鄂省平，未幾而川湘定，又未幾攻粵而勝，攻閩而克，聲威益樹，懼禍及者亦益嫉之，由是而有粵奉浙之三角同盟。禍機既伏，待觸而發矣。且吳亦固知臥薪嘗膽者大有人在，故雖從事東南，而於東北實未嘗稍疏其防，測其意，必也於南方底定之後，再整旗鼓，會師關外，作一勞永逸犂庭掃穴之舉。兩雄互猜，積不相容者，非止一日，識者固知其戰之必再作也。

二　戰爭之近因　奉張之坐待時機者，實垂茲兩年，其於大選告成，曹錕就職，東南諸省，認為非法，猶無表示，報聘之使，不絕於京洛者，蓋事雖可乘，時猶未至也。及吳佩孚以戰勝之餘，排除異己，促成三角同盟，於是戰機乃迫。吳嘗語人曰：解決江浙後，當從事關外，粵孫不足定也。浙盧粵孫津段及曾毓雋等，亦相繼入奉，以堅守向日反直攻守同盟為言，謂浙危則奉粵亦將不安。故一旦事發，當同時並舉，無任其蠶食。是吳佩孚之於奉張，未嘗須臾忘，而奉張以同盟關繫，必聚關外之衆，以對洛吳者，亦為必然之勢。及江浙戰事將發，張作霖屢電曹錕，勸其勿深信吳佩孚，輕啟戰端，而曹卒行洛吳之政，不之答。迨九月十五日，張作霖復以類似通牒致曹，叩直軍所以扣留山海關列車，杜絕交通之由。時吳佩孚亦銜恨奉軍擅越奉直休戰後所定駐防地界，又以建國軍集中韶關，將圖北伐，奉軍亦進兵熱河朝陽，於是由鄭州專車北上，謁曹錕於四照堂，議對奉作戰計劃。至是東北戰事，乃繼東南而起矣。

第二節　兩方之作戰計劃

一　**奉方之計劃**　江浙戰事發生時，奉張已召集軍事會議，議所以對直吳者；其時主綏進者，雖不欲即出兵，而終屈於主急進者，於是對直作戰之計始定。其應戰之策，係分軍六路，名其軍曰鎮威軍，總司令張作霖自任之。第一軍駐喜峰口，約有一師一旅，司令爲姜登選，齊恩銘副之。姜字超宇，明治四十一年卒業於日本陸軍士官學校，爲奉系新派中之優秀者。第二軍任朝陽，約有一師一旅，司令李景林，張宗昌副之。第三軍任山海關，約有一師二旅，司令爲張學良，郭松齡副之。第四軍任葫蘆島防務，約兵力三混成旅，司令張作相，丁超副之。第五軍任熱河，約兩混成旅，吳俊陞爲司令，湯玉麟副之。第六軍約四混成旅，司令許蘭洲，吳光新副之。又有騎兵兩旅，野戰砲三營，砲兵三旅，爲各路後援。共三省兵力約十萬之衆。其飛行機即分二隊：第一隊駐山海關，隊長張學良，第二隊駐喜峰口，隊長趙玉中，第三隊駐葫蘆島，隊長袁列坡，以分應六路。此其作戰計畫之大略也。

二　**直方之計劃**　洛吳對奉之戰鬥計劃，計分前綫三路，後援十路。討伐總司令吳佩孚自任之；而以王承斌爲討伐副司令，兼直省後方籌備總司令。特派彭壽莘爲一軍總司令，設總司令部於山海關，由山海關向綏中攻擊，絕奉軍入關之路。王懷慶爲第二軍總司令，設司令部於朝陽，據此以攻義州及北鎮，爲直軍之最先行者。馮玉祥爲第三軍總司令，先設總司令部於喜峯口北之單泉縣，徐向熱河遷移，一據熱河邊境以進窺錦西及興城等縣，斷綏中及山海關之奉軍後援，一攻義州奉軍後路。此其前綫分配之大略也。茲更詳列如下：

討伐總司令吳佩孚。

討伐副司令兼後方籌備總司令王承斌。

第一軍總司令彭壽莘兼第一路司令。

第一軍副司令王維城兼第二路司令。

第一軍副司令董國政兼第三路司令。

第二軍總司令王懷慶。

第二軍前敵總指揮劉富有。

第二軍前敵副指揮龔漢治。

第三軍總司令馮玉祥。

第三軍第一路司令張之江。

第三軍第二路司令李鳴鐘。

援軍總司令張福來。

援軍第一路司令曹瑛。

援軍第二路司令胡景翼。

援軍第三路司令張席珍。

援軍第四路司令楊清臣。

援軍第五路司令靳雲鶚。

援軍第六路司令田維勤。

援軍第七路司令張治公。

援軍第八路司令李治雲。

援軍第九路司令潘鴻鈞。

援軍第十路司令譚慶林。

海軍總司令杜錫圭。

海軍副司令溫樹德。

第三節 兩方軍隊之調查

一 奉方之戰鬥部隊 奉張自奉直戰後，將三省軍隊改編為二十六步兵混成旅，五旗兵旅，每旅以五千人計之，數亦達十五萬。茲將實數詳列于下：

甲 在奉天省者

軍隊	旅長	駐在地
步兵第一旅	闞朝璽	鄭家屯
步兵第二旅	張學良	奉天
步兵第四旅	張作濤	興城
步兵第九旅	李振聲	錦州

步兵第六旅	郭松齡	奉天
步兵第七旅	湯玉麟	鳳凰城
步兵第十二旅	趙恩臻	新民
步兵第十四旅	楊德生	彰武
步兵第十六旅	齊恩銘	綏中
步兵第十九旅	張維斌	錦州
步兵第二十三旅	邢士廉	北鎮
步兵第二十五旅	蔡木	梨樹
騎兵第一旅	穆春	康平
騎兵第三旅	蘇錫麟	奉天

乙　在吉林省者

軍隊	旅長	駐在地
步兵第三旅	張宗昌	綏芬

步兵第八旅	陳玉崑	農安
步兵第九旅	劉香九	依蘭
步兵第十旅	于深澂	吉林
步兵第十五旅	丁超	局子街
步兵第十八旅	張煥相	哈爾濱
步兵第二十旅	胡永奎	和龍
步兵第二十一旅	蔡冰鎮	寧古塔
步兵第二十六旅	李桂林	雙城堡

丙　在龍江省者

軍隊	旅長	駐在地
步兵第十一旅	巴英額	黑河
步兵第十五旅	萬福麟	滿洲里
步兵第十七旅	張明九	海拉爾

步兵第二十二旅	石得山	呼倫
騎兵第二旅	彭金山	泰來
騎兵第五旅	陳輔陞	海倫

二　直方之戰鬥部隊　直軍此次出兵，約達二十萬。係分隸於直軍領袖吳佩孚王承斌馮玉祥三人。其分配如下：

甲　吳佩孚所指揮者

吳佩孚之第三師	一〇、〇〇〇人
吳佩孚之青年軍	一二、〇〇〇人
楊清臣之二十四師	一〇、〇〇〇人
胡景翼之陝軍	二〇、〇〇〇人
靳雲鶚之十四師	一〇、〇〇〇人
張治公之陝軍	八、〇〇〇人
田維勤之二十六旅	四、〇〇〇人

齊陳之陝軍第一旅	四、〇〇〇人
曹世英之陝軍第二旅	二、〇〇〇人
陶治棠之二十師	一〇、〇〇〇人
陳嘉謨之二十五師	八、〇〇〇人
憨玉昆之三十五師	八、〇〇〇人
孫建業之鄂軍第一旅	四、〇〇〇人
曹士奎之鄂軍補充旅	三、〇〇〇人
馬志敏之一團	一、〇〇〇人
丁香玲之一團	一、〇〇〇人
李治雲之一旅	二、〇〇〇人
馬燦林之一旅	二、〇〇〇人
郭振才之一團	一、〇〇〇人
總　計	一二〇、〇〇〇人

乙　王承斌所指揮者

王維城之二十三師	一〇、〇〇〇人
彭壽莘之十五師	一〇、〇〇〇人
曹瑛之二十六師	一〇、〇〇〇人
馮玉榮之十三旅	五、〇〇〇人
葛樹屏之十四旅	五、〇〇〇人
孫岳之十五旅	五、〇〇〇人
邵汝康之一旅	五、〇〇〇人
總　計	五五、〇〇〇人

丙　馮玉祥所指揮者

馮玉祥之第十一師	一二、〇〇〇人
張之江之第七旅	七、〇〇〇人
宋哲元之二十五旅	七、〇〇〇人

總計　　二六〇〇〇人

第四節　奉直戰況

直軍此次戰略，側重山海關，而於熱河僅取守勢，意俟山海關戰勝，而後會合熱河之衆，以夾攻奉軍。奉軍則不然，惟於熱河取攻勢，而固守山海關。以一方先勝，而後長驅並進也。其後以彼此作戰之方殊，於是於原定計劃，均因牽制而更變。觀其作戰可知也。

一　**山海關之役**　奉軍於十一年敗後，即經營綏中，就各村民房內，掘成戰溝，裝置地雷電網，爲大規模之預備。其於山海關，僅取守勢之意，已積劃有年矣。而直方則不然，則舉全力以圖之，蓋欲突破關外奉軍前線，直迫錦州，斷朝陽奉軍要路，而潰亂之也。故自九月十七至二十八日，直軍雖常猛攻，而奉軍僅還擊不進。其時直軍之在前線者，除十五師及第九師外，王維城之二十三師及曹鍈之二十六師，亦已開到。奉方則以主力軍駐防綏中，計第十六，第四，第二，第六，第三各旅，及二十七師之工兵一營，第二旅之砲兵一營，又第六旅之砲兵二營，并由金家屯葫蘆島派來飛機十架，積極備戰。二十八日，直軍以長城前之舊俄國砲台爲中心，右至海岸，左抵覺山，設防禦陣地。奉軍攻之，延三晝夜，始佔敦台而復退。至是戰爭乃入激烈狀態。十月二日，奉軍驟增，戰線至萬家屯及登台黃家場龍王廟姚家莊孟姜女廟等處。戰益烈。七日，奉軍左翼佔領舊俄兵營及姚家山等處，右翼亦攻克黃土嶺。乃由長城以西，進迫城內。八日，山海關失守。先是奉軍官以直軍精銳，咸集於此，深不欲輕用其鋒以自挫，故於攻擊令遲遲不下。而其時李景林之二路軍，捷電紛來，犒賞日有加。一三軍聞之，均憤激請戰，不欲論功居人後。至是張學良姜登選知士氣已可用，乃下令曰：敵方盛，不可下，必欲戰，是自置於死也，不畏死乃生！諸將士皆大呼曰「可！」令遂下。全軍皆猛進，進迫戰壕，觸地雷死者，屍相積。有稍退者，督隊官輒斃之，因益進肉薄。時城上直軍，密布重重，槍下如雨，以敵人趨近，兼擲炸彈，互戰久之，城不下，傷者益衆。奉軍乃以重炮轟城，傾其一角，石屑四散，若霧彌空，直軍無所睹，大亂。墜城死者，比奉軍亡數。遂退灤州，山海關失。是役與戰之奉軍為二六兩旅，各八千餘人，戰後計之，僅存六七百人。所謂置之死地而後生者，豈虛言哉？

二　九門口之役　山海關九門口，同為直軍要隘，均置重兵以守之。而九門口尤險，惟一道可通，狹六七尺，旁山壁立不可攀。直軍於要處，置地雷電網以防敵。以勢論非可力取者。先是張學良下令攻山海關時，曾分軍進襲九門，以牽制直軍。故兩地戰事，同時并發。始接，直軍稍却，奉軍追之，觸犯地雷，死傷甚衆。將退，督隊官斬其怯戰者，於是士卒不敢不前。然益進，死者益多，不能越敵防地一步。適直軍不和，釁自內作，秩序大亂，守口軍不知其故，以爲奉軍繞道入將由後方兜擊也，心動搖，遂形淩亂。奉軍乘之，猛加攻擊，直軍紛竄，九門遂不守。然奉軍之死傷者已及四五千人。

三　建平淩源赤峯之役　先是奉軍李景林攻朝陽，與直軍譚慶林遇，戰於尖山子，敗之，於九月二十三日，克朝陽。其時奉軍第六軍之穆旅亦于二十二佔領開魯。奉軍既克朝陽，即分兩路：一直攻建平，一暗襲淩源。建平之軍李景林率之。二十五日平明，直方毅軍約三千人由建平潛行東進，意在反攻朝陽。奉軍偵悉之，邀擊於中途，直軍退靑山。已而援至，復戰，又不敵，退大靑山。奉軍迫之。廿九日，奉軍第六軍副司令吳光新，梯隊長李爽塏，攻克建平。是役直軍死傷二千餘人，被奪軍械無算，元氣大傷。二十五日，張宗昌率軍攻淩源，與董國政戰于葉柏壽，敗其軍。董國政退官營子，復增援兵圖抵抗。奉軍第二軍旅長邢士廉率所部猛攻之，俘虜甚多，幾全覆其衆，遂與張宗昌會師薄淩源。時直軍之在淩源者凡四旅，因殘敗之餘，不堪再戰，故一觸則潰。三十日奉軍佔領淩源，董國政退喜峯口。吳光新克建平後，仍率騎兵向赤峯追擊，師次漠里河，與直援軍遇，乃電李景林派兵夾攻。李以精銳一團往，襲直軍而敗之，佔漠里河。時第二第六兩軍亦皆拔隊，因會師更進。先是直軍知追兵之將至也，曾於赤峯口左，預伏騎步兵各一隊，俟奉軍已過而尾擊之。奉軍至，不知其有伏也，猛進如故，遂被包圍，正危迫，而許蘭州之兵突至，擊退直軍。因復分三路進。七日拂曉，直軍王承斌部乘奉軍之遠來疲憊也，突擊之，激戰四小時，雙方死傷甚衆，而均無進退。已而奉軍炸彈隊，冒鋒直入，衝破直軍陣線，直軍遂不支，退出赤峰。時七日下午三時也。是役奉軍俘虜毅軍統領一名，營長二名，兵士千餘名，爲自攻朝陽來未有之大戰也。奉軍既克赤峰，熱河要地已得八九，而直軍之二十六旅及劉富有旅已全散，又第一旅及毅軍全部與龔漢治之先鋒隊亦皆潰不成軍，在凌源敗後之董國政所部，更無論矣。前軍既盡挫，後援又困於交通，不能即至，故熱河戰事，至此遂暫息。

四　沙河寨石門寨之役　奉軍已得九門，即進攻王岡子。王岡子去九門三十里，無險可守。奉軍直湧而入，於十日佔領王岡子，進迫沙河寨。沙河之東爲奉軍陣地，西爲直軍陣地。吳佩孚親臨前敵，以第三師一部任左翼，不僅左翼砲隊被奉軍重砲轟擊，一營全陷，砲陣既失，步隊亦後却；沙河寨遂爲奉軍所奪。於是戰爭焦點，漸迫石門寨，而中間之二郎廟，尤爲兩軍勝負之所繫焉。沙河寨既於十二日爲奉軍所佔，直軍左翼益受迫。十五日拂曉，吳佩孚增兵左翼，謀復沙河，不果。而正面奇兵亦爲韓麟春所偵悉，邀擊於山中而敗之。且益迫石門，直軍雖奮勇抵抗，卒不支，棄其重砲而去，石門遂失。

五　角山寺二郎廟之戰　角山寺二郎廟之戰爭，始於十七日晚，至十八日晚，益形激烈。直軍自夜至晨，步兵砲兵機關槍等，不絕向北增援。奉軍由海岸方面，向車站市街，極力轟擊，以妨害之。兩軍旋進旋退者，累四五次。結果奉軍除佔領二郎廟外，且攻陷瘂疸嶺，進至五泉寺山南側，而奪取其西北面。至旁晚更前進而佔毛家溝。奉軍已下二郎廟，角山寺之直軍亦被擊退。於是吳佩孚大懼，乃下總攻擊令：以第二十師及陝軍一部任中路，第二十三師及豫軍任右翼，第二十四師及鄂軍一部任左翼；向奉軍猛攻。而以楊清臣另率一部協助第三師為接應。總計前後部隊，有五師八旅之衆。蓋二郎廟之克復，為吳之所必要也。然自十九至二十四，中間雖連日激戰，仍未克復。乃馮玉祥又於其時班師北京，謀斷直軍歸路，以故軍心渙散，無復再戰之志矣。

六　秦皇島昌黎灤州之戰　二十四日之戰，吳佩孚已知馮玉祥反戈確息，因存破釜沉舟之心；而奉軍以成功在旦夕，亦極奮發。然其時直方後路軍隊，恐為馮玉祥截斷，心旌搖搖，戰鬥力銳減，不復前進；奉方知直軍必退，乃遽行展開陣線，圍繳直軍第二十三師械。時張宗昌亦向冷口進擊，迎戰皆捷。至是山海關及沿海岸之直軍，皆危迫異常，不得不暫投秦皇島。二十七日，奉軍下總攻擊令，以大隊圍秦皇島，與彭壽莘激戰。二十八日下午，彭退昌黎，旋因後方胡景翼將逼近唐山，乃先退唐山。而其時，張宗昌部隊，已抵灤州北面高地。直軍不戰散竄。張遂完全佔領灤州。旋又由蘆台攻唐沽，陷之。戰事遂告結束。

第五節　戰爭之收束

一　曹錕之退位　馮玉祥抵京之第一日，曹錕於當時局勢，尚未深悉，故仍遲疑不定；乃令顏惠慶訪馮玉祥於北苑，叩其所以，並詢吳佩孚免職後之解決方法，前敵軍隊之處置，及其他善後策。馮因遣薛篤弼謁曹於公府。請下停戰令，幷免吳佩孚各職。顏亦以是為言，謂「熟計利害，惟許煥章之請」。時曹雖迫處危城，然以對奉作戰，己實負責，今事由我成，復由我敗，實懷不安，故於顏惠慶之言，頗加拒絕。已而孫岳亦至，具言「今事已迫，苟可以保障和平，於負一人何謂？且公身安全，某等均能担保，願毋更慮」。曹不得已，乃顧謂顏惠慶曰：「責任內閣，好自為之，予更何求！」顏乃召集閣員會議于私宅，決下停戰令，而以青海墾務督辦與吳佩孚。令遂下。二日，吳軍全退，曹乃宣布退職，以印璽交國務院。自就職以來，時僅一載，即被逐而去。以武力取者以武力失，固其宜也。

二　吳佩孚之敗走鄭州　馮玉祥胡景翼孫岳聯名通電後，即組織國民軍。馮任總司令，胡孫任副總司令，邀請段祺瑞爲國民軍大元帥，胡軍出防唐山，以遏吳歸路，孫軍進攻保定，以斷其後援，馮則駐紮豐台以備天津。時吳尙督戰山海關，不知亂之自內作也。比接馮玉祥通電，知大事已去，又停戰免職諸令繼下，乃以前線諸事委諸彭壽莘、張福來，急率所部，乘軍艦返津，由塘沽集師于七里海、楊村、北倉、軍糧城等處。幷電蘇鄂諸省乞援，擬先滅馮，再討張。而時山西、山東幷告中立，鄭士琦駐兵德州，閻錫山派兵守石家莊，以絕吳援。長江諸督雖結七省聯盟，而仍存觀望之心。

吳勢既孤，而天津各領事及駐軍司令又根據辛丑條約，不許離津二十里內駐兵，吳益頹喪。十一月二日晨，馮玉祥、胡景翼各軍攻楊村，奉軍亦由唐山至，吳軍腹背受敵，遂棄楊村，退守天津。三日國民軍佔北倉，吳佩孚率三千餘人離津南行，東路退德州，西路退鄭州。至是戰事乃全息。

第六節　直軍致敗之原因

一　**關於軍械及軍心方面**　直軍自十一年奉直戰後，雖於軍械多所奪獲，而皆損破不堪用；又轉戰湘鄂，助沈鴻英攻粵，孫傳芳入閩，遣靳雲鶚援蘇，於是軍械益缺，難於接濟。且連年用兵，財政支絀，不能補購軍火，徒坐待漢陽廠之劣製品，以供前敵耳。査此次山海關、角山寺、二郎廟之戰，直軍皆猛勇直前，又八數倍於奉，然均以敵械精利，輒致於敗。及石門寨不守，吳佩孚益大創，蓋直軍除二十三師及二十五師各有重砲一尊外，餘僅第三師有之，此次敗後，則一洗無餘矣。其後直軍復爭山角寺，以五師八旅之衆作背城之舉，而左翼砲隊不轉瞬則為奉方擊損無遺，致影響全局，一蹶不能復振，是亦奉軍器械精于直之故也。且奉軍飛機數達三隊，每乘不備拋擲炸彈，以擾直軍陣綫，彭壽莘王懷慶之司令部幾因是遷移，而直軍無以禦之。至山海關之戰，奉軍尤借助於飛機以成其僥倖之功，故軍械不精，實為直軍致敗之一因。九門之險，甚于山海關，重要等也，據此以攻，居高臨下，據此以守，我俯擊而人仰攻，又交通便利，輸運不難，故吳佩孚極重視之，駐重兵於此以取攻勢，而牽制熱河，其得其失，實勝敗之樞紐也。及張學良選勁旅以臨之，欲出絕大犧牲，以克天險，卻死傷山積，莫獲也。乃守軍不睦，遂為奉軍所乘，不幸失守。駭傳震北京，於是有吳佩孚親臨陣地之舉。然地利與人，善戰者亦束手，此蓋駕御失方，軍心渙散之故也。至於馮玉祥以直軍失敗，倒戈向奉，陷直軍於前敵壓境，後方受攻，致兵無鬥志，不戰自退，又其尤者也。故軍心渙散，亦為直軍致敗之一因。

二　關於馮玉祥之叛變　始馮玉祥以第三軍總司令，負攻熱河重任，轄兵至五萬之衆，亦奉軍之勁敵也。乃李景林已克赤峯，馮軍之在前敵者遂與之通款，使奉軍得分兵南趨，直向灤州，而增益其勢力。及二十三日，馮又竟率所部馳抵北苑，挾曹錕下停戰免職令；出兵唐山，以遏吳歸路，進攻保定，而斷其後援，直搗楊村，欲殲其全部；果陷吳於一蹶不振。先是李景林既下赤峯，雖進佔熱河，而兵士疲憊不堪再接，又以輸運不易，故全改其原定計劃，於熱河暫取守勢，而未敢分兵他襲也。及與陝軍司令胡景翼熱河都統米振標直軍第三路總司令馮玉祥妥議後，乃以張宗昌所部攻灤州，於直軍取弧線圍攻勢。然是時直軍之在角山寺二郎廟者，固未嘗大挫，使後援不絕，未必即敗。不料馮玉祥之國民軍，竟變生不測，乘其無備而攻之，又斷其後援。至是直軍之在前敵也，遂益陷危迫。不數日，而全體瓦解。故馮玉祥之中變，實與吳佩孚以重創。

第十四章　徐州之戰

第一節　戰爭之動機

一　戰爭遠因　十三年榆關戰後，奉張益思伸其勢力於東南。適安徽王普聯合倪系軍隊，反對皖督馬聯甲，馬奔上海。政府以王揖唐爲皖長兼督。而江蘇陳調元等亦密謀倒齊，〔燮元〕政府又以韓省長代兼。且是時駐淞滬師長陳樂山與孫傳芳衝突。於是政府以盧永祥爲蘇皖宣撫使。奉系因之，則藉擁護盧永祥爲名，派兵侵入長江。使張宗昌驅走齊燮元，以邢士廉所部佔淞滬，鄭謙爲江蘇省長，姜登選爲蘇皖魯勦匪司令，駐兵徐州。復要求段祺瑞去鄭士琦而任張宗昌督魯，以連絡南北，而控制東南。十四年八月二十九日，段祺瑞依奉系之要求，而任楊宇霆督蘇，姜登選督皖。至是奉張向長江下游發展之計劃，完全如願以償。甚且更進步而欲解決浙江問題。於是直系乃躍躍欲試，以去其心腹之患，張弩待發者久矣。

二　戰爭近因　自吳佩孚戰敗南下，其嫡系如蕭耀南與孫傳芳者，均銜恨刺骨，暗圖團結，以保長江勢力。及奉張伸其兵力於長江下游，益不自安。嗣因楊宇霆南下，以羈縻手段佯示和平；吳光新又極力調停，乃有二月三日上海會議，雙方撤兵，而停止上海兵工廠，改上海爲特別市，取消軍使，不許駐兵。至是形勢乃漸趨安謐。及孫傳芳暗提上海兵工廠已查封之大砲及子彈，張學良借滬案爲名，駐兵上海，兩背舊約，互啟戰端，形勢乃由安穩變趨破裂。十月十日，杭州有皖贛蘇浙閩五省代表會議，咸主排奉。十六日孫傳芳夏超周蔭人藉口奉軍駐兵淞滬，破壞和平，宣言伸討，進兵淞江。楊宇霆姜登選，以力莫敵，棄職撤兵。反奉戰爭，因之而不可再遏。然此爭彼奪，固割據時代之數見事，索其意義，舍自私自利外，更無有也。而或假事正名，通電全國，一若可以欺人者，其又何能？

第二節　戰爭之經過

一　**最初之混戰**　前盧軍第四師師長陳樂山，於十三年戰敗後，蟄居上海，所部悉為孫傳芳編制之。及段祺瑞執政，以系派關係，又欲擴充兵力，而制浙孫蘇齊，乃效袁世凱牽制河間故智，恢復陳師長職，使駐淞滬。孫傳芳知奉系之聯安福以謀倒直也，因乘其勢未大擴，借端啟釁，戰于淞滬間。十四年元日，陳敗，由楓涇退守松江。二日，孫軍克松江，陳逃上海。先是江浙戰爭時，鄂軍以張允明部援蘇。及盧永祥既敗，各路聯軍均退，而張允明獨駐兵上海，不肯回防；至是張乘陳樂山之敗，盡繳其械。已而奉軍第一軍長張宗昌率師偕蘇皖宣撫使盧永祥南下。王揖唐令皖軍李傳業助盧入南京，與張宗昌取聯絡。時奉軍又分兵進龍華，援助陳樂山。當奉軍南下，孫傳芳已得蕭耀南援助，與淞滬鎮守使宮邦鐸海州護軍使白寶山、淮揚護軍使馬玉仁，遙通聲氣，以抗奉軍。及陳樂山復結好張允明與蘇常鎮守使秦洸，集兵崐山，而齊燮元、馬聯甲、孫傳芳組織蘇浙聯軍，向張允明進襲，連捷，佔領上海。於是奉軍之駐龍華者，始與聯軍開始接觸。十四年一月十四日，張允明、秦洸所部既退，盧永祥以張宗昌為總司令，兼第一路總指揮，參謀長臧致平兼第二路總指揮，軍務幫辦陳調元兼第三路總指揮，與聯軍戰於蘇寧間。前鋒俄軍在鎮江與齊軍激戰，齊軍退常州。十八日又退無錫。孫派隊援助作戰。而直魯奉軍，亦繼續南下。二十三日吳光新赴寧，出任調停責。孫傳芳調回援軍，上海盧香亭部亦退松江。齊逃日本。戰事暫息。

二　戰事之續演

和議成後，孫傳芳知事之未已，仍積極備戰。三月十九日，張宗昌撤兵駐徐州。六月十三日奉軍增兵上海，掘地作戰壕，設置電網，孫調浙閩軍布防，而戰未作也。八月二十九日，政府以奉軍總參謀楊宇霆爲江蘇軍務督辦，率隊就職。蓋欲從事浙江也。十月十日，五省會議，決以先發制人策略，以秋操爲名，調動浙江全省軍隊，集主力軍於長興，進攻松江，連克蘇州，鎮江。白寶山馬玉仁陳調元朱熙紛起響應。楊宇霆知事不可爲，即離南京。先是楊抵蘇時，即宣言主張和平，以暫緩衝突，蓋知佈置未週，不可以抗敵也，而適爲孫傳芳所乘，故不得不讓步引退，以圖再舉。而時自上海退抵蘇常之邢士廉軍及丁喜春師，亦先後失利，渡江北走。綜計自孫軍發動以來，不及旬日，而驅盡奉軍，集師南京。可謂知機而動者也。然奉軍亦略無損失。

三　徐州之戰

孫傳芳既克南京，乃變其速進計劃，爲緩攻之策，組織蘇皖閩贛浙五省聯軍，自爲總司令兼浙軍總司令，周蔭人爲閩軍總司令，陳調元爲蘇軍總司令，馬聯甲爲皖軍總司令，方本仁爲贛軍總司令。河南國民第二軍亦由隴海路東下，直趨徐州。總計兵力達七萬以上。時奉軍之北退者，並駐徐張宗昌之第一軍，實力尚充足，兵數猶達八萬，任總指揮者爲張宗昌。至二十四日，孫傳芳進兵蚌埠，皖軍以姜登選既退，亦得集兵於此。聯軍以三路攻徐：中路浙軍任之，沿津浦綫與奉軍轉戰于徐南夾溝地方，以兩軍皆作殊死戰，故初無勝負。而東路海州方面，奉軍邢士廉乘白寶山不備，連絡海軍擊敗之，佔領海州，聲勢大振。十一月三日，孫傳芳親臨陣，以陳文釗田維勤王爲蔚攻徐州奉軍之右翼，激戰于固鎮徐州之間，聯軍佔宿州。時豫軍李紀才亦由北路攻徐州後，逼近西側。魯軍又以第五師倒戈爲後顧憂，遂大敗，退守臨城。聯軍佔徐州，時十一月七日也。而豫軍亦於是日克曹州武城定陶，白寶山奪回海州，奉守將孫鉢傳逃。戰事告息。

第三節　戰事之結果

一　孫傳芳之戰後勢力　孫傳芳佔領徐州後，即於十五日召集徐州會議，議決聯軍以徐州爲止，由豫軍担任攻魯，而孫留陳儀白寶山守前綫，自回南京，以總司令名義處置後方。蓋孫自戰勝奉軍，即意滿志足，不欲更進，而內部爭執又起，急待解決，無暇他顧；故以攻魯之責委之他人，而自取旁觀也。始孫以奉張勢力自京畿漸達魯省，且侵及東南，知蘇齊不保，浙必隨之。因於浙軍攻蘇常時而與齊以援助。及齊燮元敗走日本，益知事迫眉端，非自衞不可；又覬覦蘇省，思起而代，乃於名譽和平會議後，仍乘奉軍之佈置未週而攻之。是孫之計劃，一在固浙，一在圖蘇。至是果以五省兵力驅奉軍北遁。而二十四日之任命，孫竟督蘇。且以己意委第二師師長盧香亭為浙江總司令，孟昭月為浙江軍務幫辦，又周蔭人為閩省總司令。雖經鄧如琢之反對，擱未發表，然其勢力固已及於三省矣。故此次戰爭之結果，實為孫傳芳崛起之始基。

二　安徽問題之解決

當曹錕任總統時，馬聯甲以同派關繫，被任督皖。十三年檢閱戰後，安徽王普，聯合倪系軍隊，謀逐之。十一月二十八日，執政免馬職，以王揖唐代，並兼督軍省長，助盧入寧，以啓釁直系。故此次皖省易督，實為戰事上之一動因。三月三日，王揖唐請政府免李傳業本兼各職，而安徽第一旅長倪朝榮，憲兵司令程文沅，阻其回任，與附和王氏之王普及高世讀抗。於是政府以鄭士琦督皖，使姜登選駐重兵於徐州以遙助之。而倪朝榮仍以武力拒。自是皖省政局，益形淆亂。及聯軍北伐，姜撤隊北上，安徽遂不為奉系所有。而是時贛軍司令方本仁，以鄧如琢為己親信，因藉戰績為言，令往督皖。孫傳芳以非己系，使王普擊敗之於蕪湖，鄧退九江。王普爲省長，陳調元就皖軍總司令職，安徽定。孫傳芳之勢力又膨及一省矣。

第四節　戰前之張吳行動

一　奉張之聯馮　自第一次直奉戰後，張作霖已與馮玉祥不協，甲子之役，馮反戈向直者，非附張，而實報舊嫌也。及事既定，奉系勢力不惟漸蔓東南，且藉拱衛京師之名，於十三年九月中旬，駐兵京畿，逼令國民軍讓通州北苑及南苑防地；又不自足，以結束蘇皖務奉軍事宜爲名，率師入關，思乘機驅段去馮，排除異己。時馮玉祥雖以力不足與抗，佯示退讓，而心未嘗不恨之。及東南戰事日形緊急，奉張乃恐爲馮所乘，於是派員赴包頭結好，馮表示和平，亦派人赴奉報聘，且依政府所請，電張作霖孫傳芳調停戰事。然實非馮玉祥之誠意也。故於徐州激戰時，河南國民第二軍，竟由隴海東下，直搗武城曹州，以中斷奉軍歸路；及徐州會議，岳維峻又列席其間，而允獨負攻魯之責。凡此皆可窺破馮之用心，而亦知其舉足之間，固有關于大局——附奉則奉勝，附浙則浙勝也。

二　吳佩孚組織討奉軍之失敗　吳佩孚自甲子敗後，思起蟄者久矣。其於戰事未發以前，則巳與孫傳芳信使不絕，共圖大舉。及擁吳之電，紛至沓來，吳遂由岳州於十二月二十一日赴漢口，受十四省推戴，就討逆聯軍總司令職，召集軍事會議，並任寇英傑為討賊鄂軍第一路司令，陳嘉謨為第二路司令，盧金山為第三路司令，馬濟為桂軍第一路司令，袁祖銘為川黔聯軍總司令，鄧錫侯為副司令兼四川聯軍二路司令，楊森為四川聯軍第一路總司令，賴心輝為四川聯軍第三路總司令，劉湘為川黔聯軍後方籌備總司令，劉存厚為四川游擊後援總司令，王天培為貴州聯軍第一路總司令，彭煥章為第二路司令，周西天為第三路司令：大張聲勢，聞之駭然。然終以岳維峻拒絕假道，又軍餉莫能籌，踞保漢口。所謂討逆者，殆成一時虛擬耳。

第十五章　郭松齡反奉之役

第一節　戰爭之動機

一　郭部反奉之遠因　奉張自十一年敗後，始漸親信新派，凡軍事編制及訓練，製械及學習，皆由新派主持之。故姜登選郭松齡韓麟春李景林等悉居要職，而郭松齡以張學良之推重，恆言其才堪大用，益爲張作霖所倚重。其時奉軍之精銳，第二第六兩旅，表面雖由郭與張學良分統之，而實際則郭兼有二旅也。握權愈大，妬之者愈多，楊宇霆姜登選尤恨之。且楊姜非惟妬其寵，亦以同派異系而歧視之。蜀洛殊趨，積不相容者，自此始矣。又十三年榆關之戰，郭與姜曾發生意見，楊宇霆更欲於戰時調換其團長，以分其心腹。凡此皆互謀傾軋，預萌禍機者也。然終以事屬私嫌，故久蓄而不發。及李景林張宗昌楊宇霆姜登選先後以功居要職，郭獨求一熱河都統，尚爲楊宇霆所扼，郭乃知非預蓄勢力，不足謀發展，遂於十四年奉軍改編之際，增其軍隊爲數師，假擁護張學良爲名，以遏忌者之口。此郭松林之以黨派軋轢進而爲擴張勢力之初步也。

二　**郭部反奉之近因**　先是張作霖欲擴張其勢力於東南，先後以楊宇霆督蘇，姜登選督皖。及浙軍進迫，漸壓蚌埠，姜楊以實力薄而退却。奉張計乃大敗。而是時國民軍亦漸起釁於奉。故奉張以李景林張宗昌專對聯軍，而以郭松齡闞朝璽汲金純張作相所部當國民軍。惟時郭以歷史關係，不無怨於張作霖，又欲牽制奉軍南下，以減薄姜楊勢力。雖奉命入關，而始終主和。因於十一月二十二日，在灤州電請張作霖息戰下野，以政權交張學良，並通電攻擊楊宇霆，聲明班師入關，倡導和平。已且密赴包頭，向馮玉祥披陳所見，示合作意。二十四日，又由灤發電，伸言致討，以誅攘權弄兵之楊宇霆爲詞；且時前軍之進抵山海關者，已爲張作相所阻。至是郭張之戰，遂不能免。

第二節　兩方之作戰計劃

一　郭方之計劃　郭松齡既反戈逐奉張，其軍事計劃：以其主力之第一軍長驅入奉，第二軍與山海關附近之張作相及汲金純部先謀妥議，不成則決用武力；第三軍開赴熱河，首勸闞朝璽部與己合作，否則決與一戰；至第四軍則以作總預備隊，策應各方。郭松齡此次對奉宣告獨立，先謀於李景林，李深與贊助，其後以老母在奉，恐遭不測，乃不允加入，僅允持中立，不爲左右袒，故於郭部所發反奉通電，均拒絕署名。至是郭松齡以謀既決，未可中止，又懼李景林之變中立爲反攻，乃急走灤州，將鐵路破壞一段，免被李景林所乘，以便長驅入奉。然而郭軍之敗，則基於此矣。蓋郭松齡雖銜怨奉張，久蓄異謀，而此次獨立，謀則因李景林而成，故敢長驅直入。及李景林反攻，郭軍爲鞏固後防計，調魏益三部回駐山海關，而前敵力薄，遼河一敗，乃不可收拾矣。此所謂成敗係於一人也。

二　奉方之計劃　奉天始以郭松齡倒戈，爲無關大局，果楊宇霆出走，定可因之解決，及接閱郭電，審其眞意非僅於去楊宇霆爲假口，則所謂擁護張學良者、亦云云已耳，自是奉張始俄然傾向討郭士義。時在齊齊哈爾之吳俊陞，已召集屬員，決議作戰計劃，於中東路一切準備就緒，赴奉助戰。奉張因之令召全部衛兵於留守司令部，慟言郭松齡反戈相向之非，及己之決戰意。其計劃預定設第一防綫於山海關，第二防綫於石山坦，第三防綫於遼河，并即遣張學良率領衛隊旅，及二十七師之一部，并湯玉麟之第十師，向西開拔，截止郭軍進行；軍次綏中，則駐防綏錦軍隊，因被郭軍煽惑，已與張作相部相持於萬家屯，及派員解釋，而山海關之第一防線，先爲郭軍佔領矣；張學良乃就綏中爲大本營，將所部分駐綏西，横斷京奉鐵路，并同時由錦州調來飛機，分二路應敵。此其作戰計劃之大略也。

第三節　郭松齡之兵力及其聯馮

一　郭松齡之兵力

張作相敗退後，駐山海關之郭軍約八萬，完全集中秦皇島附近。其主力軍似有與前歲奉直戰爭時之直軍敷設同一計劃。但中止越關而東，其用意則以作戰關外，非特於結束不便，而又恐兵士生變，無以制之也。其軍隊統編爲東北國民軍四軍，即就原有之東北陸軍張學良所部之第四師趙思嶽所部之第五師，郭直接管轄之第六師，高維嶽之第七師，齊恩銘之第十師，裴春生之第十二師，及砲兵部作華之第一旅，魏益三之第二旅，并柏桂所編之工兵團（共五營）所編成。茲分列如下：

東北國民軍第一軍
軍長劉振東
步兵第六旅
步兵第二十七旅
步兵第三十七旅
砲兵第三團
工兵第二營
東北國民軍第二軍
軍長劉偉
步兵第二旅
步兵第十九旅
步兵第三十四旅

砲兵第四團

工兵第三營

東北國民軍第三軍

軍長蒲江

步兵第十二旅

步兵第三十三旅

步兵第十四旅

李楊所部補充團

砲兵第五團

工兵第四營

東北國民軍第四軍

軍長霽雲

步兵第四旅

步兵第五旅

步兵第十六旅

徐英所部之騎兵團

砲兵第七八九三團

工兵第五營

二　**郭松齡之聯馮**　先是郭松齡雖決意反奉，而深慮李景林之叛己，爲其後顧憂；又孤軍懸入，接濟無由，均非所以保萬全者；因謀與馮玉祥聯，一以於不得已時可使牽制李景林，一便出兵熱河，而分奉軍之力。此其聯馮之用意也。十四年十一月郭松齡密赴包頭，披陳所見于馮玉祥，且密約六條：一，因收拾時局得令張作霖下野外，并各發通電勸告；一，如有他軍抄襲後路，馮軍得逕入天津，以牽制之；一，李景林獨立，即將熱河讓與之；一，讓與熱河之代價爲京漢綫讓渡與國民軍；一，如郭軍不利，馮軍以全力爲之聲援；一，事平之後，聯合南北軍界領袖共定國是。前項協約簽字後，馮玉祥決定調兵五路援助郭松齡合力攻奉。以鹿鍾麟爲第一路司令，張之江爲第二路司令，高雲龍爲第三路司令，張樹聲爲第四路司令，李鳴鐘爲第五路司令，以壯聲勢。

第四節 各路戰況

一 郭奉兩軍之初步戰況 十四年十一月二十三日，郭松齡分軍四路攻奉，號稱東北國民軍。先是郭既拍電反奉，欲先發制人，即於灤州召集各路軍候令出發，而直趨山海關，事爲張作霖所預悉，令張作相堵截之。是因駐關邊之郭軍，遂與張部接觸。已而張學良率衛隊旅及二十七師之一部駐防綏中，湯玉麟、韓麟春亦奉命至，戰遂大作。時奉軍分佈綏西，橫斷京奉鐵路，分兩翼向郭軍取攻勢。二十五日郭軍宋九齡部進抵綏中，奉軍不支，悉引退。同日駐魯二十四師長張培榮以魯軍總司令名義，響應之。馮玉祥亦於是日電請張作霖下野，均遙爲郭之聲援。二十七日國民一軍方面由多倫向熱河攻承德，以分奉軍之勢。是日姜登選槍決，陳屍於河。三十日一軍第十一師長宋哲元由京奉路出師援郭。而李景林以二三軍迫近，漸懷不安，又因老母在奉，故於十二月三日聯合張宗昌組織直魯聯軍，拒絕一軍假道援郭，且出師攻郭軍後。五日，郭松齡所部第二師師長劉振東由興城進攻連山，張作相不敵，退守高橋。張作霖急命汲金純於大凌河與石山站間佈防，并增兵錦州。六日攻錦州，陷之。八日郭軍別動隊佔領營口，瀋陽大震。十五日，郭軍猛攻新民村，奉軍幾不支。

二　戰事之結果　先是郭張戰起，日本懼張作霖敗後，失其在東三省已得權利，及妨碍將來發展，即欲出兵制郭軍進行；及張作霖連失要隘，益朝野震驚，咸主張援奉。十一月二十七日，日本增兵南滿，佈防及於營口瀋陽等處，兵額達八營以上。二十一日，張學良被任爲前敵總指揮，張作相爲左翼總司令，吳俊陞爲右翼總司令兼全軍總指揮：分道攻郭軍。二十二日，新民村陷，張學良敗退遼河扼要以守。二十五日兩軍大激戰。吳俊陞部騎兵由後方襲擊郭軍。時郭軍之在營口者回援不及，內部又變，以致大敗。二十四日，郭松齡夫婦被擒於新民白旗。張學良慘殺之暴屍于市，其殘敗軍隊約三萬人，均由奉方收編。先是郭松齡於激戰遼河時，已令魏益三等部，調據山海關，以固後防，至是魏益三則改東北國民軍第五軍爲國民第四軍，自任總司令。張郭戰爭，遂告結束。

第五節　戰爭之影響

一　關係於東南者　始張作霖遣兵南下，意在消滅直系之長江勢力而取而代之。後雖以兵力過薄，佈置未週，爲浙孫所乘，一戰而失南京，再戰而失徐州，遂使已入割據之江蘇安徽，復拱手而讓諸他人，未免有不快于心者。然而鄭士琦之魯督，固已爲張宗昌所取代，猶不失其在津浦路之勢力。且徐州之戰，非力不足以制人，實受豫軍之側擊，爲其所牽掣，至於敗耳。故張作霖於楊宇霆姜登選北退後，猶命李景林張宗昌以當聯軍，蓋逆知孫傳芳必困于內部糾紛，無暇更進，而我則力足以制之也。乃有出其所料者，則郭松齡之遽變。先是張以國民軍逼處京畿，恐乘其有事南方而起釁，因命郭松齡出關預防不測。郭兵力達數師，奉軍中之勁旅也，非國民軍所可敵。是使郭而不變，奉張無東北之憂，則東南戰事殊未了，勝負猶未可必也。及郭松齡猝改其態度，戰局乃爲之大變，不惟使張不能遠征東南，且亦禍生肘腋。故郭松齡之變，實與孫傳芳以坐定五省之機，而東南人民亦暫免兵燹之禍矣。

二　關係於國民軍與奉張者　自十三年國奉協謀，擊敗直系後，雖馮張以權利衝突，積不相容，欲以一切解決訴諸武力；然因局勢牽制，倘可弭戰於暫時。蓋馮自信其方承戰事之餘，未堪更勞將卒，故於李景林迭要讓防，均甘放棄，且請奉軍入京，以示無他。而張作霖亦以有事東南，不欲更圖他舉，則對于天津會議，以熱河歸馮，京漢路由國軍接防之最退步條件，且將頷允。是國奉之爭，誠有因時暫止之勢。及郭松齡挾嫌猝變，興師出關，如是而魯省孤懸，與豫軍以東趨之機；熱河亦慮啓國軍襲擊之謀。兵戎既興，戰斯作矣。故國奉之爭，郭松齡實有以促成之。至於奉張已敗，驚及強鄰，使日本爲權利計，藉口保護，佈防南滿，雖帝國主義者之素行，藐不足怪，而明張旗鼓，以兵力助其倚賴者，則又始見于此矣。

第十六章　國奉之戰

第一節　戰爭之動因

一　**戰爭之遠因**　十三年國民軍班師，直督王承斌，本亦與議，故得回津仍任督辦，招集舊部二十三師。而奉軍於十一月五日抵津，突將王部繳械，以楊以德代省長，繼又以盧永祥督辦直隸軍務。時李景林者，實奉系嫡派，於兩次奉直戰爭，均卓著勞績，妬盧永祥之非以同系握權，因威以兵力，盧知難而退，李遂繼為直督。李督直時，保定大名宣化等地，均為國民軍佔領，以連絡南北。李景林以職權關係，促孫岳移防，且率師西上，欲以武力解決。十四年二月二十三日，孫岳率隊入豫，保大為奉軍所有。五月，李景林以統一直隸計，復向國民軍索宣化北京張家口防地。奉軍以張學良韓麟春為司令，率兵駐近畿，蓋啟釁於兩軍也。二十九日，吳光新接防通州，國民一軍退南口及張家口，而請奉軍入京，示無他意。原國民軍之始讓保大，繼讓京畿，實由逼處一隅，未易作戰，又總三軍之額，不過五六萬人，且餉械均缺無以應敵，故暫退南口，以徐圖甘陝，而謀再舉。然兩度移防，遂遙爲此次戰爭之動因。

二　戰爭之近因　十月聯軍攻奉，奉軍棄蘇皖，以魯張〔宗昌〕守徐州，李景林移防保大，姜登選駐滄州天津間，張學良駐天津，郭松齡駐灤州。蓋恐國民軍之乘虛襲後也。在奉方之意，對于聯軍不妨退讓，以保其全力，而淸肘腋之患。而國軍雖施其離間手段，又汲汲備戰，亦未嘗甘作戎首。故天津會議之結果，似馮〔玉祥〕張〔作霖〕間已完全諒解，無作戰之必要。實則馮既握京漢路權，南北得以連絡；又部隊繁多，急思駐兵地，未嘗不覓隙待動也。會南方戰事日激，郭松齡挾嫌反張，相與輸誠密約告成，遂決策倒奉。先是國軍代表張樹聲在津與李景林議和，雙方撤退京畿兵，京漢路歸國軍接防。而李景林以地盤關係，有吝而不與之意。致國民第二軍鄧寶珊部，與馬瑞雲接觸。而時郭松齡亦舉戈反奉。至是戰爭乃不能避免。

第二節　兩方之作戰計劃

一　與各方之影響　此次戰爭以局勢時變，故彼此作戰計劃，亦因時而殊。然其大要有三：一徐州戰事之影響——徐州戰作，岳維峻乘勢東趨，魯省大震。於是奉張於援魯外，且須注意國民軍，而有出兵熱河遣師灤州之舉。然其勢尚可進可退也。二，郭松齡之遽變，——郭軍之變，實與奉張以莫大創，不惟陷魯軍於孤懸，且求守幾不得；又馮玉祥乘之，猝易守爲政，直趨東北。三，李景林之叛奉而復附，——李終援郭天津滄州之戰可免，而國軍之助郭者得取連絡，未必即敗，惟其不然，遂使國軍計劃中變，受所牽制，卒致郭敗而國軍亦受創。茲分述其作戰計劃如下：

二　奉方作戰計劃　始奉張以直隸爲自東三省出入內地之咽喉，有必爭之要，因遣隊入關，駐防近畿，張學良韓麟春實爲司令。及東南戰作，徐州失守，張乃注意國民軍；李景林移防保大，拒國民二三軍北上；姜登選駐滄州，張學良駐天津，郭松齡駐灤州，防國民軍由落垡趨天津，斷津浦連絡，陷魯省於孤立無援；更命張作相進兵熱河，援助闞朝璽以遏國一軍之出承德，而魯張則以臨城爲第一防線，兗州爲第二防線，濟南爲第三防線，專備國二軍之西擊。總其兵額達十萬以上。此郭松齡未變前之奉張作戰計畫也。郭松齡變後，奉張即悉集其部隊於關內，以備郭；而天津滄州戰事，則純由直督聯軍負責。熱河仍以闞朝璽守之。郭軍既敗，張學良反攻山海關而克之，奉軍乃反守爲攻。十五年二月十四日奉天會議，議決四路進攻：張學良爲指揮，韓麟春攻灤州安山，張學成攻永平，穆春攻建昌，此入關一路也；于勳攻朝陽，此熱河一路也，兵數達八萬。二十二日天津日界潛伏之李景林軍突起，於是而有三十日張作霖張宗昌李景林之秦皇島會議，分三路攻京師，李景林任中路，張宗昌任左路，張學良任右路，此直魯奉軍取得連絡後之作戰計劃也。

三　國方作戰計劃　徐州戰事緊急時，國民軍僅以二軍李紀才等部分攻臨城兗州，以牽制魯張，而遙助東南。及京漢接防問題發生，河南國民二軍鄧寶珊，始於十一月十二日攻直隸大名。蓋欲沿京漢而側趨天津，謀與一軍合也。此國軍最初之作戰計劃。郭軍變後，國軍以一軍第十一師宋哲元部由多倫向熱河，一由京奉出師援郭。旋李景林拒絕假道，乃以張之江為總司令攻楊村，以第九師由玉田攻唐山。未幾一師回防，以二三軍當直魯聯軍。此國民軍於郭變後之作戰策略也。總之國軍初未嘗有作戰意，及郭叛奉而後計乃決；要其始終策略未經大變，蓋即一援郭出關，一出熱河是也。及李景林中變，乃以二三軍當直魯而一軍則全負山海關熱河之責矣。

第三節　各路戰況

一　滄州之役　天津和議結果，奉軍讓保大由國民軍接防，而李景林吝而不與，於是國民二軍鄧瑜，於十一月十二日，進兵邯鄲大名。十六日鄧軍過順德。次日在保定南與奉軍接觸，樊鍾秀北上援鄧。奉軍不敵，退天津。二十二日鄧軍由保定東下，將直趨天津。旋李景林獨立，戰暫息。十二月三日李景林因二三軍逼近，懷不安，乃與張宗昌組織直魯聯軍，拒絕一軍假道。張憲部與鄧瑜軍戰于大城任邱，鄧稍却。馮玉祥乃以張之江爲總司令，六日由張家口過京赴落垡，進攻楊村。李景林則自爲總司令而以李爽塏爲南路總指揮，馬瑞雲爲北路總指揮，張憲爲別動隊指揮以禦之。時張莊靜海大城均同時接觸，作戰甚烈。已而聯軍不支，國民軍幷佔張莊楊村子牙河。會李鳴鐘抵楊村助戰，軍威益振。二十日鹿鍾麟宋哲元亦先後至，遂下總攻擊令。李景林以十萬之衆，又得日法援助，略無退怯意，且於北滄設堅壘電網地雷以相頑抗。激戰連數晝夜，死傷互重。滄州卒不下。二十一日夜，鹿鍾麟親臨陣，張之江督催前進，且不令開槍，所至以旗火爲號。一時流星滿天，敵心大駭。及至兩軍相搏，覺聲析江河，屋瓦皆震。而李景林終以彈盡援絕，率軍他遁。次日晨李鳴鐘韓復渠佔北滄天津，進攻馬廠。一軍撤返原防。十五年一月九日鄧瑜弓富魁徐永昌與魯軍褚玉璞戰於吳橋東光間。一月十六日，魯軍第二十師師長方振武於肥城反張，爲張所敗，投國民軍。時李景林乘張學良攻克山海關，自爲前敵總司令，反攻國軍，佔安陵。二三軍退連鎮。二月二日，聯軍佔東光泊頭，復滄州。十八日佔交河。時二三軍紀律散漫，不能再戰，故前敵各軍，統歸鹿鍾麟節制。以韓復渠率一軍接援，孫岳主持後方，與聯軍相持於陳官屯及馬廠間，初無勝負。旋一軍騎兵旅長王鎮淮，繞河間攻滄州後路，聯軍不及防，大敗。三月六日，聯軍失馬廠，而退滄州。國軍進迫之。七日，畢庶澄率艦隊由塘沽登陸，與一軍戰不敵。九日畢敗退，聯軍亦不守滄州。而當國軍勝於滄州時，晉閻錫山適出大同，斷其後路，又灤州亦爲張學良所克，前後受敵，不能再戰。適王士珍電倡和議，國民軍乘之南北兩部均退守京津。至是滄州一帶戰事始告終結。

二　灤州及熱河方面　始奉張以郭松齡駐灤州，而備國民軍。及郭反奉，張軍悉退關外，灤州遂不爲奉軍所有。十四年十二月二十四日，郭敗，奉軍乘勝反攻，連復舊失地。十五年元月十七日，張學良猛攻山海關，十九日克之。魏益三退昌黎，改編國民第四軍。國民一軍令唐之道門致中援魏，以鹿鍾麟爲前敵總指揮，鄭金聲佟麟閣亦赴灤州。奉以四萬人由昌黎西進，爲唐之道所阻。二月十四日，奉天會議，議以四路進攻：張學良爲指揮，韓麟春攻灤州，安山張學成攻永平，穆春攻建昌，魏益三部多欲降奉，故於三月十八日調赴保定。而灤州失守。二十一日，國軍南北兩路均退。先是孫傳芳攻奉，張作霖以戰線過長，必致退，因放棄東南，移精銳入關，以防國民軍。令張作相進兵熱河，助闞朝璽任防守責。十四年十一月，國軍乘郭松齡之變，以一軍第十一師長宋哲元攻承德。三十日，闞朝璽回奉，國軍佔熱河。十五年一月，張學良反攻山海關，以于勳攻朝陽，進窺承德。已而奉方湯玉麟軍擊敗國軍，宋哲元走多倫。

戰事暫息。

第四節　戰事之結束

一　國一三兩軍之潰退　李景林自天津敗後，則潛伏日界；及聞奉軍已得灤州，遂率隊突起，佔天津。二十六日李令褚玉璞督直，李爽塏爲省長。國民軍則以韓復榘守廊坊，石友三守高碑店，鄭金聲守順義，以衞京師；各路仍紛紛後退。三十日聯軍及奉軍分三路攻京師：李景林攻通州爲中路，張宗昌攻黃村爲左路，張學良攻順義爲右路。自四月二日，奉飛機在北京連擲炸彈十餘日，人心惶懼，而黃村通州亦甚危，國軍不得已，乃將北京讓與田維勤接管。而率所部分退南口及張家口。

二　在豫國二軍之潰退　民國十四年浙孫攻奉，豫督孫岳派隊東下擊魯。十一日佔泰安。二十三日李紀才部近逼濟南。十二月十三日，張宗昌反攻泰安。靳雲鶚由南京至兗州。直系豫軍陳文釗田維勤亦歸統靳制。國二軍以勢孤敗。孫岳調田玉潔援之，與魯軍戰于泰安之南。旋吳佩孚以陳聯奎寇英傑陳嘉謨分三路攻豫。豫西張治公劉鎮華亦於十五年一月十三日揭戈靈寶，連陷南陽鄧縣；李雲龍西上防之，相持於沙基。二十三日吳下動員令，陳寇與馬濟等由武勝關進信陽。而將靳雲鶚與魯張妥議於泰安，謀西擊河南。晉閻復增兵娘子關，斷國軍聯絡。於是李紀才由魯退開封。二十七日，國二軍蔣士傑與寇軍激戰於信陽明港間。鄂軍佔確山馬店。二月五日寇軍退李家寨，吳令孫建業楊清臣援之，以陳嘉謨為後援司令。十七日，豫東歸德失守，信陽告急。同時王維蔚攻下蘭封。國二軍潰亂，勢幾不支。三月本省紅槍會起米振標在開封聯靳迎吳，共逐國民軍。且南路寇部越信陽直趨鄭州。郾城樊鍾秀亦響應鄂軍。於是二軍軍心大亂，向河北洛陽兩方撤退。二十一日，張治公佔洛陽，國軍全部回陝。吳佩孚既據中州，乃遣田維勤北上，適鹿鍾麟聯直攻奉之謀不成，乃率部退西北。至此則中原戰事稍息。

第十七章　國民軍西退

第一節　戰前之經過

一　和直之失敗

吳佩孚與馮玉祥，初原合作。十一年奉直戰後，直系實握政權，論勞授賞，吳當於馮有以酬庸之。乃吳樹黨自私，奪馮豫督以與其心腹張福來，旋又任王懷慶為熱綏察巡閱使，不顧於馮爲已許，致馮擁數萬衆，坐困京師。故十三年奉直再戰，馮遂藉口平和，班師入都；繼且聯奉倒直，以洩其恨。此吳馮惡感之所由種也。其後國直戰起，李景林敗遁天津，國民軍奄有直隸京兆，聲威赫然，將進擊漢口，吳乃大怒，使靳雲鶚東連直魯會師北上，遽易討賊名義，以討國軍。及奉軍再入關，連克天津灤州，吳部田維勤亦北上，河南國二軍直隸之一三軍，漸不能支，而驅段釋曹，乞援於吳靳，以抗奉，諸將多願息兵，惟吳懷私見，拒而不納，於是和議失敗，戰再作矣。蓋吳馮和，則與奉而爲均勢，奉新創亦不欲困鬥，而爭端易息也。

二　直魯晉奉之連絡　直與奉宿仇也，故吳佩孚首稱討賊，而卒以連賊。先是吳佩孚蟄居漢上者久矣，當東南戰事將發時，吳以各省推戴，曾領十四省總司令銜，率師北上討奉，以洩十三年之恨，而困於餉械，不果，是吳未嘗忘怨於張，明矣。其後西北戰作，段祺瑞徇馮玉祥之請，令盧金山劉佐龍爲湖北軍民兩長，並下討吳佩孚令。吳乃以恨於奉者移之於馮，會鄂軍寇英傑部師久無功，吳於是令靳雲鵬入魯，收納其舊部，并通好於張宗昌。十五年一月，魯張與靳雲鶚會議於泰安，以靳雲鶚駐臨城，以南，歸吳佩孚指揮，而張靳對河南爲合作，餉糈自張出。蓋其時李景林新敗，張以直魯唇齒，非援之不可。故以河南事盡屬於靳。此直魯之所以相輔也。且吳亦于是時，遣使於奉，因張宗昌而修同盟之好。晉固已啟釁於國民軍者，勢必附於奉直。此直魯晉奉聯絡之所由也。

第二節 兩方之作戰計劃

一 國民軍方面 國民軍自戰勝直魯聯軍，雖聲勢頗振，而實力反損；故於灤州既失，即退兵京畿，而以韓復榘守廊房，石友三守高碑店，鄭金聲守順義，以衛京師，徐圖再舉。及和直不成，知勢之已去，乃退出北京，固守南口。熱河宋哲元亦走多倫。馮赴俄，而以鹿鍾麟爲東路司令，守南口懷來；宋哲元爲北路司令，守多倫；韓復榘爲西路司令，守平地泉豐鎮一帶，以防晉：而皆取守勢。又西聯晉閻，極修和好，調曾駐晉北軍隊於察綏。蓋國民軍於聯奉倒直後，深慮無由發展；奉張且日迫之，不得不更爲他謀，遠圖西北。此次之作戰計劃，則本其素所主張者。其利有三：一南口等地險由天成，守易攻難，聯軍不易克之。二，察綏交通梗塞，退者可預爲計，進者不易追及，故先聯晉，以防其斷絕歸途。三甘陝皆貧瘠區域，爭之者寡，退亦不失立足地也。其後出師甘陝，再據中州，與國民革命軍相聲援，謀蓋伏於此矣。

二 聯軍方面 直魯奉晉之作戰方針，始終以衆制寡，取分攻合進式。其初以殊派軍閥之所聯結，原暫時苟合，故雖有具體計劃，未能實行。至其大概，則以進攻南口爲正面，傍擊多倫爲側面，而以閻錫山部出豐鎮，以斷其歸路。總計兵力，幾達五十萬，實數倍于國軍，可謂盛矣。今試分述之：奉軍湯玉麟入承德後，則據熱河，以攻察哈爾，此爲入多倫一路；晉閻以商震部出大同，此爲對國軍之駐平地泉者一路；直魯聯軍與靳雲鶚田維勤等越懷來而進，此爲攻南口者一路；吳佩孚指揮之。此四月二十九日北京會議所定之計劃也。其後以進攻南口不下，遂有直魯吳奉七月二日之議，決會攻南口，由張宗昌完全主持。魏益三田維勤王維蔚部，駐京西至紫荊關，與晉軍聯絡；譚慶林部加入奉軍攻懷來，吳俊陞出多倫。五路繞擊，以牽制國軍。此又其最後之戰略也。

第三節　各路戰況

一　**大同方面**　十五年五月二十一日，閻錫山電告國民軍八萬人於十八日開始六路攻山西，在豐鎮柴溝堡相持，並請聯軍速攻南口以牽制國民軍。先是國民軍退出南口時，曾對晉修好，致詞甚卑敬，並移調駐晉北軍隊。而閻錫山謂國民軍已戰敗，應由晉方繳械收編，無措商可言。韓復渠石友三方振武徐永昌弓富魁，遂乘南口無事，進攻柴溝堡及豐鎮。晉軍張培梅禦之。二十五日，陽高失守。宋哲元又加西路，大戰於孤山，晉軍損失甚鉅，退出大同車站。三十日，國民軍包圍大同，雁門關以北要地，相繼失陷。當大同危急時，閻請靳雲鶚協助進兵南口以牽制之；而靳按兵不動，致大同失守。吳佩孚聞而怒之，因免靳職。六月初旬，吳〔佩孚〕張〔作霖〕先後抵北京。七月二日，北京會議以五路進攻國民軍兵不踰十萬，無以應敵。各路俱退。於是韓復渠鄭金聲投誠於晉，易名晉軍，其他各軍麕集綏遠包頭及五原，漸移甘陝。晉閻以商震為綏遠都統，戰事平。

二．南口多倫方面 先是吳佩孚親率田維勤部由京漢北至保定，與奉魯軍會攻南口，而第一軍總司令靳雲鶚按兵不動，故南口初無激戰。張〔作霖〕吳〔佩孚〕抵京後，戰況始烈，然相持數月，以國軍防禦工事極其堅固，奉軍雖以利器猛擊，亦未獲利。一月初旬，譚慶林部助奉軍攻懷來。國軍鹿鍾麟以劉汝明守南口，佟麟閣守懷來，二三軍防魏〔益三〕田〔維勤〕。吳軍戰不利。十二日，田部陳鼎甲旅謀變，違抗節制，投北。一部繳械。二十六日，國民軍旅長席耶池與王鎮淮不睦，降奉，多倫失守；宋哲元率軍自西路馳歸，圖反攻。八月一日，南口多倫同時激戰。奉魯直晉各軍益以吳部不下四五十萬，五路圍擊。國民軍勉強應敵，而暗聯吳晉各將領牽制敵人。四日，田部兩營譁變，三家店失守。而奉軍韓麟春高維嶽，由永寧過延安，攻懷來，湯玉麟攻沽源。十三日，直魯聯軍由桃園攻東園，繞襲居庸關。國民軍無兵應敵，又後路空虛，子彈缺乏，接濟斷絕，遂於十四日，總退卻。多倫南口均失守。

第四節　戰後餘波

二　奉軍之追擊　九月十六日，馮玉祥自俄回五原，復國民軍總司令職。其宣言中有「中山主義，驅我而歸」之語，即表示與南方黨軍合作也。因決棄西北入甘陝出兵河南。十九日令劉郁芬自甘入陝。二十四日，令李鳴鍾劉驥赴粵接洽進行事。十月初，國民軍至陝西扶風三原，近迫西安。二十五日韓復榘石友三各部，秘密西上，分入甘陝。十一月二日，劉鎮華軍敗，一部倒戈，劉遂退守潼關。而陝西復爲馮玉祥所有。先是張作霖於西北軍敗後，慮其再舉，思悉殲之。至是馮軍果復振，且連佔甘陝，與南方革命軍通聲援，希圖北伐，因決計追擊，故于十三日復入關，在天津召集奉直魯各將領，討論援助吳孫，及蕭清西北問題；旋令騎兵由張家口西進，商震表示歡迎，察哈爾都統高維嶽，熱河都統湯玉麟，組織援晉西北隊，向綏包進兵。十二月九日，至平泉地，令萬福麟進佔包頭。馮玉祥入陝。十六年一月四日，奉軍抵五原，國民軍悉被驅，至是西北戰事始息。

二　敗後西北軍之情形　南口張垣失守後，西北軍即急切西退，以包頭平泉爲集中地，秩序凌亂，有五六萬人完全喪散，流亡於綏遠察哈爾之間。其投誠於商震者，蓋戰略作用，以此掩護其餘部之徐退，免奉軍之窮追也。至於合一二三軍之衆，除喪失外，尚有五六萬人，惟是新敗之餘，復困於飢寒，又無主帥，精神頹喪，希望斷絕，未免軍心搖動，能力全消，形成惡劣光景。及馮玉祥自俄歸，將抵平泉，有其親信者數人往迎之，謂：「大事已去，再舉殊難，不如亟去毋歸也！」而馮玉祥深有自信力，竟赴包頭。時留晉北之五師軍隊，聞舊主復來，全軍歡躍，願仍歸節制。則已散之五六萬人，雖無將官，亦先後携槍來。由是十五六萬之殘敗大軍，不移時復集中綏遠西陲，計此時全軍損失者，僅惟物質，而實力損失，則尚不及萬人。十餘年辛苦訓練，於此乃見其效，故善結軍心者，終不餒也。

第十八章　革命軍之北伐準備

第一節　北伐之原因

一　**北伐之遠因**　我國自辛亥革命，垂至民十五年，中間軍閥割據，有同戰國諸侯，禍亂相仍，擾攘不止。帝國主義者乘之，復挾其與我國所訂不平等條約，妨害我司法，壟斷我金融，破壞我工業，摧殘我農商，職此之故使我商業不振，民生維艱。其尤甚者，則在利用我國此仆彼繼之軍閥，延長我國內亂，因時擾利，以發展其一切侵略計劃。處此萬惡環境下之我國，追比前清，病尤深中膏肓，若不急起謀救，其禍寧可言哉！故負完全革命責任之中國國民黨，感於情勢日非，國是當定，乃不得不繼起奮鬥，以貫澈其以主義救國治國之主張。觀其前此之義舉可知也：一曰二次革命，——自袁世凱就職後，一切設施多出己意，思以四百兆中國人民悉歸宰制，已則以總統名義實行帝王政策，於是而有二年六月九日之江西獨立；二曰反帝制革命——袁世凱既已銷滅民黨在政治上一切勢力，益無所憚，由政治獨裁，進而變更國體，於是而有五年十二月之雲南起義；三曰護法革命——六年六月十二日，張勳解散國會，南方人士，羣起反對，另組非常國會，成立軍政府，出師北伐。其他如力爭山東問題，而有八年五四運動；因日本紗廠殺顧正洪事，而有十四年五卅事變。凡此，雖或成或敗，要皆所以反對國外帝國主義及國內軍閥則無疑。故革命軍之北伐，實已具有經過歷史，素願使然，不自十五年始也。

二　北伐之近因　帝國主義之壓迫我國，其斑斑歷史，雖村愚鄉婦，且能知之，固不待言。而我國民之反帝國運動，亦漸由文字之表示，迭現諸事實。蓋兩不相立，趨勢然也。洎乎距北伐之三月前，日本竟挾砲艦政策，干我大沽口戰事；而英美法日荷意西比八國，更以最後通牒，限時答覆，以致演成北京之「三一八」大屠殺事件。外禍如此，其誰不興？此北伐軍根于帝國主義之強迫，不能更緩其師者一。軍閥之大者，藉口武力統一，把持中央；次者假名聯省自治，隱圖割據。所謂討賊，護憲，護法，則又其互相傾軋，大小相併，所資以欺人眩世號召天下之美名。自國體更易以來，其最爲我國患者，莫甚於此。而蔓草滋原，爲禍尤烈，又莫甚於十三十四年之際。吳佩孚敗後，復擁兵二十萬，重據河南，兼有鄂省，雄心未弭，揭戈思逞，此其一也。孫傳芳自十四年戰勝奉張，收蘇浙皖閩贛五省而有之，整理財政，訓練士卒，以備作戰，陽尊吳佩孚，而不與段政府決裂，徐與奉系釋嫌和恰，四鄰保境獨治，迴眸觀變，陰圖莫測，此其二也。張作霖於倒閣戰後，重加整理，元氣新復，驅西北國民軍而代之，進佔京畿，兼領察哈爾，方地數千里，擁兵二十萬，陰事操縱，顯仇直系，爲東北戰爭之戎首，此其三也。段祺瑞自十三年再起，日思爲其嫡系軍人謀擴充，以造成中堅勢力，然屢不果。至其能事，則在挑撥各方，使之不安，以圖乘機有所獲取。故段祺瑞者，實當時但謀握政，徐圖暗舉之一人。此其四也。其餘西南各督，如趙恆惕，劉湘，袁祖銘之輩，非附屬于吳，則周旋於段，惟唐繼堯能特樹一幟耳。總之，上述各人，莫非延長內亂之首罪，禍國殃民之元惡。其不能容於領導全民革命之國民黨，實爲無疑；又適其時軍閥內爭方殷，無暇西南，而西北國民軍已驅奉軍回奉，且爲吳佩孚之後患，以牽制其南下。卽在湘南之唐生智亦危急待援。凡此皆所以催促革命軍之北伐，而竟其最後之功者。

第二節　革命根據地之鞏固

一　黨軍基礎之樹立

總理孫中山鑑於致力國民革命四十年，尚未成功，而革命後起之蘇俄反成功若彼之速，於是發生本黨兩大缺點：一為本黨之組織未能嚴密，一為無實行黨義之軍隊。民國十三年，孫總理回粵後，便着手從事此兩點之準備：為求組織之嚴密，始有十三年本黨在廣州之改組；為求實行黨義之軍隊，始有黃埔軍官學校之設立。蓋欲有實行黨義之黨軍，必須先有明瞭主義之幹部將校。然環顧當時國內外軍官教育制度，無可取法者，乃於十二年秋命蔣中正赴俄考察。同年十二月，蔣中正由莫斯科返國，報告其時假革命之跋扈軍人，——廣東之滇桂軍——楊希閔劉震寰等——陽奉陰違，養寇自重。陳逆烱明，險據惠州，屢攻不克。孫中山見無紀律軍隊之不足恃以革命，亦知黨軍之組織萬不能緩，乃組織『中國國民黨陸軍軍官學校』於廣州之黃埔，命蔣中正為校長，為養成黨軍幹部之機關。先揀選精明有為之軍官，充學校下級幹部，施以主義之訓練，俾明瞭革命之使命；然後招考優秀勇敢之學生而訓練之。中華民國十三年六月十六日正式開學，孫總理至是遂一意經營此革命根本之軍官學校。楊希閔等恐軍校發達，彼等無立足之地，竟多方破壞，且使經費常告竭乏，總理絕不因之而稍餒，仍毅力撐持，熱心訓練，始終不懈，於是軍校之名乃大振；革命之始基，於是乎具。

二　第一次東征

廣東自陳炯明叛變後，遂呈分裂自民國十一年冬至十三年秋，三年之久，大元帥孫文統率粵湘滇桂豫及中央直轄各部，頻年征伐陳炯明占據東江南路，外連閩贛，內收土匪，據險以抗，卒未能將其撲滅。十三年冬，大元帥孫文因北方政局之變，段祺瑞遣使來迎，遂離粵北上，以謀和平統一。陳炯明因見總理離粵，以為有機可乘，乃自稱『救粵軍總司令』，圖謀廣州。蓋廣州政府所有之軍隊，為許崇智之粵軍，楊希閔之滇軍，譚延闓之湘軍，劉震寰之桂軍，朱培德之建國第一軍，及其餘之贛鄂豫與中央直轄各建國軍，統共不下十餘萬，稱為『聯軍』，以楊希閔為『聯軍總司令』，而惟湘粵滇桂及建國第一軍，具有戰鬥力，黃埔陸軍軍官學校成立伊始，僅有教導團兩營及第一第二期之學生耳。聯軍聞陳炯明有西侵之耗，亦謀抵禦之策，此所以有第一次之東征。十四年一月十五日，聯軍頒佈東征之命令。其計畫初以粵軍為左翼軍，滇軍為右翼軍，桂軍為惠州攻城軍。迄二月一日出師之後，復變更計劃，以滇軍為左翼，由河源老隆以赴興寧五華，適當陳軍中林虎防地；粵軍為右翼，將由海陸豐以趨潮汕，以當陳軍洪兆麟之防地；仍以桂軍任圍攻惠州之責。黃埔兩教導團，初不屬於聯軍戰鬥序列內，蓋此校為總理孫文所手創，直接於國民黨者；其出征東江，亦奉總理孫文之命令而行。當時粵軍與黃埔最接近，故黃埔兩教導團即加入右翼軍作戰。此為黃埔軍出征東江之原因。十四年二月一日，黃埔軍校學生開始由黃埔向虎門出發、粵軍第二師及第七旅由廣九路向石龍前進。其時，教導團之第一團團長何應欽同志第二團團長王柏齡同志所部之軍隊，祇有三千人之多。陳逆基本軍隊與附和軍隊總額不下八九萬之衆。在教導團出發之時，廣州民衆雖熱烈歡迎，然見此數少之軍隊，與多逾二十倍以上之叛軍戰爭，不無懷疑；但當時之士氣，都懷抱為主義而奮鬥之決心，以為能殺敵，雖死亦不足計。故是日由廣州出發後，一路風餐露宿，曾不動民間一草一木，實行『愛民不惜苦』之訓條，是以民衆皆贊嘆不置。四日，粵軍占領石龍，校軍及粵軍之一部，占領東莞。敵軍沿廣九路退却，右翼軍（即校粵兩軍）乘勝追擊，至二月十日，廣九路完全肅清。蓋此時敵軍大部尚未趕到守廣九路者，多收編之土匪民軍，殊無戰鬥力，故不敢抗戰也。右翼軍既前進，左翼軍（即滇軍）仍未完全集中攻城軍（即桂軍）雖經運動，亦未作積極之進，滇桂觀望之態度，自此已見其端倪矣。然右翼軍并不因其觀望遲疑，仍急追猛進，跟蹤敵人，由廣九路轉向淡水平山。右翼軍分三路向淡水前進。二月十三日，廣九路之敵人退至淡水，平山之敵軍，亦向淡水增援，曾向粵軍第二師方面反攻一次，被第二師擊敗，退回淡水。十四日，右翼軍繼續逼近淡水城，先將敵城外守兵驅逐，四面包圍之；敵閉城固守，以待後援。此時洪逆兆麟所部軍隊萬餘人已抵惠州博羅等處，蓋敵人原來計劃，將所部軍隊，集中惠州附近後，再向廣州進展，不意右軍長驅突進，不待其集中而已抵淡水。淡水距廣州不滿百里，朝發而夕可至，洪逆聞淡水將被圍之警，急由惠州博羅等處移師以援淡水，滇桂軍與陳逆炯明勾結，屯兵不進，蔣中正知非迅速成功，必墮奸計，遂令右翼軍（時中正兼粵軍參謀長故粵軍均受指揮）務於敵援未至以前，攻破淡水；該城係屬土築，設有三層槍眼，前進不易，故十四日攻擊至夜未能下。十五日拂曉，蔣中正由黃埔兩教導團內各選奮勇官兵一百零五名，編成奮勇攻城隊，限令於最短期間，攻破此城。官兵聞令，異常踴躍，教導第一團第一營營長沈應時亦請加入奮勇隊，其餘官兵多以額滿不得加入為恨。十五日早六時，蔣中正親指揮砲兵開始射擊，各奮勇隊遂踴躍前進，教導第一團團長何應欽至距城百餘米達處，督促奮勇隊前進。該團黨代表繆斌團附王俊教官劉堯宸均隨同奮勇隊衝鋒攻擊；不過四十分鐘，教導第一團有掌旗兵首達城腳，於是各奮勇隊相率進前，用人梯以登城，教導第二團亦繼之，粵軍第二師及第七旅均乘以入城，遂克守城敵均被俘。計是役自開始攻擊至完全佔領，時間不過半點鐘耳。黃埔兩教導團能戰之名自此始。十五日上午，淡水城甫克，敵之援軍大至，粵軍第七旅首與之接觸，敵軍向我左翼積極迂迴，希圖包圍粵軍第二師，由左翼以禦之，苦戰四時，至午後四時，左翼第二師已將敵擊退，而右翼第七旅以子彈不繼，不能支，遂退。此時黃埔兩教導團，以第二團守城，第一團在左翼後為總預備隊；至是何團長應欽知右翼失利，敵人復迫城，乃急率部由左翼向右翼敵人反攻，而粵軍第二師亦同時勇猛前進，時已夜，敵遂宵遁，此為右翼軍東征第一次與敵作激烈之戰鬥也。二月二十日，右翼軍補充已畢，繼續向平山前進，洪逆等亦於是日由平山向淡水反攻，敵我遭遇於淡水北方之羊塘附近，黃埔教導第一團首先與敵接觸，何團長應欽用迅速之攻擊，先將敵之右軍擊敗，教導第二團與粵軍復將其中左兩路擊退，激戰不過兩小時，洪逆等復狼狽逃竄。右翼軍乘勝追至平山白芒花。至此敵人洪兆麟之一股精銳已喪戰鬥之能力矣。右翼軍進至平山白芒花之後，桂軍攻惠州，依然未下，滇軍已徘徊於增城博羅間，敵人林虎部則在河源一帶兩相對峙，似已有約，蓋滇桂軍在使黨軍失敗，而林虎亦慮洪兆麟之滅亡也。右翼軍處此環境之下，敵人尚未消滅，友軍又有二心，不能不以革命之精神，振起孤軍奮鬥之勇氣，於是乘勝向洪兆麟之一股追擊，以備取得潮汕後，再作計劃。二月二十四日，右翼軍分兩路向海陸豐前進，粵軍第二師敗敵於三多祝附近；二月二十七，粵軍占領海豐城，黃埔兩教導團，亦於是日驅逐赤石圩之敵，會師海豐城，於是右翼軍復分三路以取潮汕：左路為黃埔校軍與粵軍第七旅，右路為粵軍第二師，其餘一路，由海道以趨汕頭，第一軍之一部及海軍任之。三月三日，粵軍第七旅遇敵於鯉湖附近，洪兆麟由汕頭調來之援軍也。戰數小時，復敗之。自此右翼軍長驅直進，三月七日，粵軍第一師及第六旅會攻潮安，克之。洪兆麟返粵閩邊界，而潮汕完全占領矣。當右翼軍向潮汕前進之時，滇軍〔楊希閔〕桂軍〔劉震寰〕暗與陳逆勾結，按兵不動，意欲陷黨軍於絕境，以逞其詭謀，獨占廣東，盤據一切。同時孫總理卒於北京鐵獅子衚衕之行轅。楊劉等南聯滇唐〔繼堯〕北結段氏〔祺瑞〕反抗政府，謀占廣東，希達其大軍閥之迷夢。廖仲凱同志迭向疏通，迄無結果。四月下旬，滇軍之范石生一部，乃由廣江撤兵入廣西，以禦唐回滇，至於中左兩路之態度益復顯明矣。

右滇軍占領潮汕之後，林虎與滇軍之密約亦成，於是由河源老隆撤兵回師，以襲右翼軍。林之兵力約萬餘，敵軍中之頗具戰鬥力者。至是右翼軍前有洪兆麟之殘餘，後有林虎新來之敵軍，遂陷於前後受敵之境矣。幸已預爲之計，業調江西粵軍第一師陳銘樞旅及第十一旅，與廣東之警衛隊吳鐵城部來東江增援。三月十日，林虎所部已到河婆，右翼軍後方之聯絡線，被其截斷。此時右翼軍正擬以粵軍第二師及第七旅肅清洪兆麟等殘敵，聞林來襲之耗，乃變更計劃，以粵軍之第二師守潮汕，以防洪逆，以黃埔兩教導團及粵軍第七旅回師迎擊林逆，而陳銘樞警衛軍亦已到河田，令其擊敵之背。此時之形勢，敵我兩軍均處於勝敗存亡之境矣。三月十二日，敵人分兩路約共萬人，由河婆向棉湖鯉湖之線前進，蔣中正率領兩教導團及粤軍第七旅，亦由揭陽分兩路以趨棉湖，教導團第一團先將棉湖占領，敵人乃止於鯉湖及棉湖西方和順之線。蔣中正偵知敵情之後，擬定攻擊計劃以教導團第一團由棉湖前進攻正面和順之敵，教導團第二團由棉湖前進攻擊鯉湖之敵，粤軍第七旅由搭頭埠繞攻和順敵人之右側背，預定三月十三日早各部開始前進攻擊。三月十三日早，各部向敵人前進時鯉湖之敵人已轉至和順前面，兩路敵人已合併一處矣。午前八時，教導第一團何團長應欽率部進至距和順四五里之處，將敵人陣地偵察明瞭後，即以第一營由正面進攻，第三營由右方進攻，其餘爲總預備隊。但敵人陣地得瞰制之利，而兵力有十倍之多，教導第一團以數次戰鬥之後，總共不過千人，故甫與敵接觸，敵即用大部兵力來包圍，第一營損失已有三分之一，官兵傷亡亦衆，幾失戰鬥力，何團長急令總預備隊長劉峙，率兵一連，向敵人反衝，并命砲兵向敵兵射擊，始將敵擊退；自後敵數次向我左翼包圍，何團長均由總預備隊以少數之兵力增加而擊退敵之大部，苦戰至十二時，總預備隊增加已盡，左翼之戰況，仍在危險，此時幸粤軍第七旅已趕到加右翼第三營方面，右翼已不足慮，何應欽乃親至左翼督戰，官兵亦奮勇格鬥，始達與敵軍對峙之狀態，戰至午後三時，右翼第三營與粤軍第七旅方面業將敵擊退，乘勝追至和順村落，不意敵軍之總預備隊施行反攻，第七旅一部退却，教導第一團第一二營死亡殆盡，敵人乘機突進，直攻團部；此時左翼第三營及學兵連正與敵激戰，而正面及右翼已無一兵，至此何團長乃收拾殘兵及團部官兵共數十人，與敵作最後之戰鬥，而施以猛烈之射擊，敵遂躊躇而不敢進，至午後五時，教導第二團已向敵之司令部攻擊。蓋第二團至鯉湖後，已無敵人，故由鯉湖以擊和順，適當敵之司令部也。時將夜，敵受此打擊，乃宵退，棉湖苦戰，於是結局。棉湖之戰，以教導第一團千餘之衆，禦萬餘新銳之敵，其危險實甚，而關於本黨之存亡者亦大。此役若敗，不惟孫總理手創之黨軍消滅，而革命策源地之廣州，亦不可保。此戰適當總理逝世之翌日，蓋總理在天之靈，有以默助其成也。林虎所部大敗後，仍向興寧五華逃竄，蔣中正率領校粵兩軍乘勝追擊；此時粵軍第一旅與警備軍抵河婆，遂協同由河婆向興寧而進。而第七旅則由五雲富趨湯坑，擬截敵逃梅縣之退路。三月十七日，追橫流渡，敵尚有數千，不敢抗，繼續向興華退却。林虎原在興寧，將收拾敗軍，於此作困獸之鬥也。我軍乃攻虛蹈隙，不攻正面之湯坑，先以主力進取五華，後擊興寧。三月十八日二時，蔣中正親率所部繞越崇領蹊徑，嶇崎奇異，以最急之行軍，竟行一百二十餘里，以教導第一團爲前衛，限當夜克五華城。是日午後七時，教導第一團抵五華城下，敵猶不知也。何團長遂密行佈置，先將敵包圍，而後用一小部攻之，敵大亂，守城之敵均被擒，城遂克。十九日早，蔣中正率領教導第二團及粵軍第一旅，即趨興寧。五華距興不過三十里，午後四時已將興寧城外之敵驅逐，立將該城包圍，林虎乃閉以守，敵人由横流渡退却，時其主力由横波水口以退興寧，蔣中正令警衛軍跟踪追擊以牽制之。至於林虎一部尚在水口守興寧者，不過少數耳。蔣中正乃命教導第二團攻城，而以粵軍第一旅位置於城外之神光山，將防水口之援軍也。二十日天甫明，敵之援軍主力果向神光山第一旅陣地攻擊，第一旅乃痛擊之，敵之一團完全被俘，而敵之援軍仍有增無已，激戰至暮，粵軍第一旅將敵之援軍完全擊潰，俘獲甚衆，教導第二團亦猛烈攻城，遂由南門乘隙而入，林逆乃由東門逃竄，僅以身免，城遂克。當攻興寧之際，蔣中正復命教導第一團以一部守五華，主力協同警衛軍攻水口，水口敵人尚留千餘，因興寧已失，不敢戀戰，向江西方面逃去；洪兆麟亦曾乘機反攻潮安，被粵軍第二師（黃埔學生隊擊退。至是林部逃江西，洪部逃閩邊，第一次東征之戰局，於是告終。

三　驅滅楊劉　第一次出征東江之時，中路桂軍——劉震寰——右翼滇軍——楊希閔——以爲黨軍無能，別具險心，當黨軍克復淡水，準備向海陸豐進攻之時，楊劉暗中勾結陳炯明，按兵不動，欲陷黨軍於絶境。黨軍軍士得此消息，則更加鼓勵，以爲處此絶境，無有歸路；若不克復潮汕，則淡水之死傷，是無代價之犧牲；不將陳軍部隊完全消滅，則淡水之戰績，是毫無實用，因此人懷必死之心，士無反顧之念，具大無畏之精神，竟能以孤軍克復潮梅，使陳劉之希望，不得實現。第一次東征甫完，而楊劉之逆跡復著，南聯唐繼堯，北結段祺瑞，以謀割據廣州，所有與敵往來之密電，均被右翼軍搜獲，其陰謀大露。在此時期，國民黨爲鞏固革命之根據地，知非加以討伐不可，於是黃埔全體將士，乃不得不忍痛離開潮梅，回師廣州。楊劉知之，亦謀抵禦，將滇桂軍集中廣州，而危迫政府。政府乃以蔣中正爲總指揮，而將黃埔兩教導團改爲黨軍第一旅，令率領黨粵兩軍，以討楊劉，允許陳炯明殘部之投誠，准其回駐潮梅。五月二十一日，蔣中正率領黨軍第一旅何應欽部、粵軍第一旅陳銘樞部、粵軍第四師（即第七旅擴充）許濟部，警衛隊吳鐵城部（歐陽駒指揮）由潮梅回師，六月十日抵石灘，偵知惠州之滇軍正向省城運動中，蔣中正乃令第四師繞道增城附近，以迎擊惠州之滇軍，以主力直趨廣州之龍眼洞，以一小部沿廣九路前進，一則牽制該方之敵，一則與黃埔軍官學校學生聯絡作戰。楊希閔劉震寰自四月下旬，叛背之跡已經昭著，政府亦即從事討伐之設備，除令東江軍隊回師外，并將北江之湘軍與建國第一軍，令由粵漢路南下，河南之李福林軍，隔江以攻廣州市，江西之粵軍，除留防南路者外，抽調一部沿廣三路東進，以攻廣州；同時并令粵漢各路工人罷工，斷絕滇桂軍之聯絡，爲黨軍應援，使其遠近不能相顧。至六月六日，蔣中正所率各部，已抵龍眼洞，於是各路同時總攻擊。此時桂滇軍注重廣州東郊之防禦，設重兵於龍眼洞及廣九路，因粵漢廣三方面黨軍尚未到也。十二日午前十一時，我軍開始向龍眼洞攻擊，以黨軍第一旅任右翼，粵軍第一旅任左翼，警衞隊爲總預備隊。當日卽將龍眼洞占領，滇桂軍退據龍眼洞高山頑抗，是日黃埔軍官學校學生，亦協同海軍由魚珠砲臺等處，向廣九路之石牌車站進攻。十三日拂曉，黨軍再施猛烈之攻擊，龍眼洞南端高山，遂被黨軍占領，滇桂軍退白雲山。而滇桂之主力軍，則仍在瘦狗嶺一帶占領強固之陣地；粵軍第一旅與警衞軍猛勇衝鋒，同時黃埔學生隊之野砲與海軍之大砲，亦向廣九路及瘦狗嶺一帶之滇桂軍轟擊，黃埔學生藉砲火之掩護，乘機由臘德渡河，以攻廣九路。斯時戰鬥之激烈，達於極點，戰至午前十時許，廣九路之滇軍約一師，其士兵因見其師長趙成樑被砲火擊斃，遂動搖；瘦狗嶺之桂軍，亦被黨軍擊退。於是黨軍各路齊進，滇桂軍則向廣州市內逃竄，黨軍乘勝追擊，殺傷甚多，滇桂軍之官長多逃往沙面租界內，其士兵則退至廣州西方之兵工廠附近；適湘軍（朱培德）之建國第一軍，已至該處，遂盡將滇桂軍繳械，號稱五六萬之滇桂軍，不過二十四小時完全消滅。其留惠州之一部，至十五日復至廣州市北郊，蔣中正親率黨軍第一旅以擊之，不過兩小時，四五千之滇桂軍，又完全被擒，楊希閔劉震寰潛逃赴滬。盤據粵東數年之悍將驕兵，至是乃一鼓而殲之。

四　二次東征　阻撓國民革命之軍閥（楊希閔劉震寰）既倒，唐繼堯亦被范石生與廣西黃紹雄擊敗於滇桂邊境，再無東侵之患，廣州乃得完全為革命之根據地。革命政府方從事整理，而帝國主義者見我革命勢力之澎漲，又開始向我進攻；上海『五卅』沙基『六二三』之慘案相繼發生，引起全國反對帝國主義者之大運動，廣州實行省港大罷工，同志之死難者甚衆，外交因之緊迫。北京政府，賣國媚外，不足以言國際；乃革命政府為禦侮計，極力整理內部，一面謀軍政財政之統一，一面組織強有力之國民政府。七月一日，國民政府正式成立於廣州，改大元帥為委員制，選汪兆銘（精衛）譚延闓胡漢民張人傑于右任廖仲愷等十六人為委員，互選汪兆銘為主席，主持對內對外一切政務，并分置各部，實行整理地方，依革命步驟，謀全中國之解放，及一切建設工作。無何外患未平，內亂又起，一般反革命派之軍人政客，為霸占軍政財政，不惜勾結帝國主義者陳炯明之餘黨，謀倒政府。八月二十四日，廖案（廖黨代表仲凱被刺）因之以發生。九月一日，在汕頭之軍隊劉志陸等（原為陳炯明部）見廖案發生，以為有機可乘，遂驅逐官吏，宣稱獨立，洪兆麟謝文炳等起而和之，廣州頓形危急。於是國民政府命蔣中正二次東征。同時組編國民革命軍，以黨軍改為第一軍，蔣中正任軍長，湘軍改為第二軍，譚延闓任軍長，建國第一軍改為第三軍，朱培德任軍長，粵軍改為第四軍，（時粵軍總司令許崇智已辭職）以李濟璟任軍長，建國粵軍第三軍改爲第五軍，李福林任軍長；其餘贛鄂豫各小部，則仍其舊；軍政於以統一，財政亦因之而收歸政府，至是國民政府之根基稍固。而陳炯明之餘黨，又來擾亂東江。據潮汕以叛，留守該處之粵軍不能禦，撤回淡水，陳軍節節西逼，政府亦積極再組東征軍。十月上旬，東征軍編成，以蔣中正任東征軍總指揮，茲將改編之兵力及集中計劃，列表如左：

區分					
總指揮蔣中正					
第一縱隊長何應欽					
第三師					
部隊號	出發經過路線及地點		出發月日	集中地	到達月日
第七團及第一補充團	北塘	新塘-石灘-增城	十月一日	增城	十月一日
第八團	市背底	火車至石灘-增城	十月一日	增城	十月一日
第九團	石灘		十月一日	正果	十月一日
第一師	增城	石灘-增城-正果	十月二日	石灘	十月二日
警衛軍	省城	火車	十月三日	鐵東	十月三日
鄂軍	省城	火車至石龍-鐵塲	十月五日	石灘	十月五日

總參謀長胡謙					
第二縱隊長李濟琛	第二師之第四團	省城 火車至石灘	十月一日	茶山	十月一日
	第十一師張獨立旅第三十四團黃獨立團	東莞 東莞-石灘-茶山 省城—火車	十月四日	石龍 常山	十月四日
	潮梅守部隊余張等部	潮汕		淡水	十月九日
第三縱隊長程潛	攻鄂軍	省城 火車	十月七日	石灘	十月七日
	豫軍	省城 火車	十月八日	石龍	十月八日
	贛軍	省城 火車至石灘·增城	十月六日	增城	十月六日
	潮梅軍	河源		河源	十月十日

十月一日，蔣中正總指揮率東征軍開始出發，至十八日，各部已遵照命令，到達集中地，乃按照原定方針，計劃再進。初陳軍嫡系楊坤如，於第一次東征之時，原守惠州，後以陳軍失敗，知不能久存，遂降於滇軍楊希閔部。滇軍敗，復入據惠州，陽示服從政府，陰則嚴密備防，至是蔣總司令令其退出惠州城，駐白芒花一帶，楊抗命閉城以守。於是東征軍遂以解決惠州為第一之任務，乃令各軍向惠州城進逼。惠州憑着東江左岸，三面臨水，一面當山，城之西北，有潼湖東江之環境，南則有飛鵝嶺之屏障，素稱天險；傳

閩自唐以來，未嘗一破。而扼東江要害，要肅清東江，不能不將此一天險首先攻下，以開門戶。蔣中正自任攻城指揮官，令第一縱隊長何應欽擔任攻城事宜，以第一縱隊之第三師〔缺第九團〕第二師之第四團東征警備隊。〔無甚戰鬥力〕及第一軍之野砲山砲獨立第一師〔即警衛隊〕，之砲兵第一師之機關槍組織攻城軍。十月十二日，攻城軍部署完畢。十三日午前十時，飛機與野砲開始攻擊，午後三時，施行總攻擊：第二師攻南門西門，第三師第四團攻北門，砲火亦多集中於北門附近。蓋惟北門有陸地，容易近城脚也。惠州城之東有惠陽縣，城與州縣毗連，由東江警衛隊攻之。十三日，蔣中正指揮砲兵，何縱隊長督率攻城隊，自下午二時激戰至夜，卒未能下。第四團劉團長〔堯宸〕，因傷而亡，官兵死傷甚衆。蓋因楊軍防禦週密，工事堅固之使然。十四日，東征軍又計議再行攻擊，第三師第八團增加北門，砲火亦集中北門，何縱隊長將攻城奮勇隊從新布置，預定待砲火呈極大之效力時，則同時冒彈前進。計劃定，乃於十四日午後二時，再施總攻擊。蔣中正指揮砲兵，北門城垣爲之破壞，何縱隊長督率奮勇隊乘機進，至三時五十分，第四團之奮勇隊一隊乃已登城，餘衆附蟻而上，一時吶喊之聲，天崩地裂，海沸山搖，北城守敵遂逃，楊坤如率殘餘向東遁去，惠州城乃下，惠陽縣城亦繼之。於是素稱天然險要之惠州，從古不克之惠州，不過三十小時，竟被東征軍占領。青天白日之黨徽，就臨風招展在惠州之城頭上。東征軍占領惠州後，陳軍破膽，東征軍即乘勝迎擊陳炯明所部之洪兆麟李易標（卽林虎舊部此時林已去職）；等部，并將東征軍各縱隊之路線兵力從新分配：以第一縱隊爲右路出海豐，第二縱隊爲中路出三多祝，第三縱隊爲左路出河源。十月十七日，各路開始出動，向東進展。當時各路之兵力爲：右路第一縱隊長何應欽，第二師（師長何應欽）第三師（缺第九團　第二補充團）師長譚曙卿，鄂軍中路第十一師（師長陳濟棠）第十二師第三十二團張獨立團雲獨立團馮軼裴所指揮之各部；（卽以前留守潮梅之粵軍）左路攻鄂軍豫贛軍潮梅軍。（附記：獨立第二師留駐惠州，第二師第四團調回虎門整頓軍官學校入伍生隊，第八團調駐惠州）十月二十日，總司令蔣中正率師進駐平山，總合各方敵情，知陳之主力軍李易標等在紫金蘇塘方面，非增加中路兵力不可，乃調第一縱隊之第三師增加中路，（右路惟餘一師）蔣總司令亦隨中路前進。二十一日，驅逐陳軍一部於新庵圩，二十二日張獨立旅又破陳軍之主力八九千人於熱湯。陳之主力軍將麕集龍窩，蔣總司令乃急調第三師由埔心協同第二縱隊圍擊之。因第三師遲到一日，陳軍乃引退。是時，廣東南路仍爲陳軍鄧本殷部占據，乘機竊發，來攻廣州，蔣總司令乃於二十六日抵龍窩，與李縱隊長濟琛商決南路事急，將第四軍回援。翌日李縱隊長率張獨立旅及雲周兩團回南路，留第十一師在紫金待命。右路第一縱隊何縱隊長率領第一師於二十二日進占海豐。二十三日，以第三團錢大鈞部守海豐。第一第二兩團進駐公平。洪兆麟部三四千人，乘夜襲海豐，第二團與洪部夜戰於海豐城，至拂曉卒將洪部擊退，洪部將士，死傷甚多。此時後方情形，東征軍頗不明瞭；但知洪軍受重創後，決不敢再來。而右路軍爲顧慮與中路聯絡起見，仍按程向新田河田前進，二十五日進至河田，與洪之小部遇，該部不抗，乘夜退去，二十六日，乃進至河婆。洪兆麟部敗後，東征軍揮師進前，留第一師第一團在河婆取攻勢禦防，旋洪兆麟謝文炳陳修爵等各部約五六千人，由揭陽來犯，第一團嚴陣奮擊，大破之；當時陳軍又由興寧方面來犯，第一師第二團團長沈應時率部與之戰於黃塘附近，亦大破之。先是左路第三縱隊隊長程潛於十月二十三日，攻克河源，後以一部警戒南湖，主力從東江南岸向藍口前進。詎南湖爲陳之大部在所，第三縱隊因衆寡之故，竟被挫而失河源，程縱隊長乃轉向老隆挺進，於二十五日到達藍口，二十六日到老隆，雖後方之聯絡線被陳軍遮斷而不顧，將按原定計劃以取五華。蔣中正以各路陳軍，均遭敗衄，料已無鬥志，第四軍之班師似無若何問題，不意陳軍之主力，仍麕集華陽附近之塘湖，計圖反攻，何縱隊長率第三師馳往華陽，二十七日，即向塘湖之陳軍擊攻；無如陳軍之將士，超過東征軍四倍，第二師苦戰過午，官兵傷亡過多，前線動搖。蔣中正總司令得報，親赴華陽督戰，士氣稍振。無如衆寡懸殊，戰至午後五時，東征軍不支，乃退至華陽十餘里之羊高橄，調第十一師及右翼隊（卽馮指揮所部赴華陽增援，而收容第三師，敵亦不敢多進，蓋東征軍右路第一師已抵河婆，左路第三縱隊將及五華，亦處陷于重圍，而被東征軍絕其路。後陳軍以東征軍第三師退至羊高後，即轉向河婆方面以攻右路軍之第一師，二月二十七日，與第一師之第二團遇於河婆北方之横崗附近，該團以一部與敵軍激戰數小時，傷敵甚衆，沈團長應時復以主力迂迴，以擊陳軍之後，卒將大部之陳軍擊退，陳軍復受重創，不得不向安流雙頭方面退却。二月二十八日何縱隊長以陳軍退却，率領第二第三兩團，乘勝由羅甘壩向安流跟踪追擊，留第一團守河婆。中路之第十一師陳濟棠部及馮軼裴接到增援之命，亦於是日馳至華陽，決定分兵合擊之策：第十一師出羅甘壩，馮部出安流，至是一二兩縱隊已聯絡，第一師亦經磐頓已出梅林，對陳軍作包圍之勢。各路追擊至雙頭，陳軍處此重圍之中，豕突狼奔，無能爲役，被東征軍繳械者五千餘，向湯坑逃竄者，殘麟破甲不過二三千人，至是陳之主力消滅，再無對抗之能力。當第一團留守河婆之際，洪兆麟親率四五千人來襲河婆，二十八日午前九時，向第一團陣地攻擊，團長劉峙從容指揮，用機關掃射，復以擊洪軍之預備隊，洪軍死傷遍野，戰至午後四時，洪部完全被擊退，洪軍一股至是又失其戰鬥力。陳軍自雙頭河婆各役之後，精鋭喪失殆盡，東征軍長驅突進，第一縱隊於十月四日收復潮汕，第二縱隊於十一月七日克饒平，第三縱隊於十月二十八日占五華，三十一日克興寧，乘勝蔚清梅縣大埔粵之東無復有陳炯明之餘孽，東征軍更追擊至閩邊永定一帶，復將陳軍之一部繳械，至是陳炯明在東江之餘孽流離於閩贛，不復再爲祟於廣東。〔按陳炯明原爲孫總理一手提拔纔得執掌軍權不料中途叛變謀害總理阻止革命事業之進展其心狠毒其肉豈足食〕

五　平定南路統一廣東　當陳軍來侵東江之際，廣東南路陳軍餘黨鄧本殷亦同時來犯，政府乃以陳銘樞爲南路各軍指揮，俞作柏副之。其初之計劃，分兵爲三縱隊，茲述兵力如左：

南路各軍指揮陳銘樞，副指揮俞作柏，第一縱隊〔指揮官俞作柏〕廣西軍約七千人，第二縱隊〔指揮官陳章甫〕新編第三師，第三縱隊〔指揮官陳銘樞〕〔第十師缺一團〕第十二師〔缺一團〕約一千五百人；第四軍第三獨立團，後方預備隊，呂光奎所部廣西軍，江門警備隊，海軍陸戰隊，第四軍第二獨立團之一營。

此時陳軍亦分中左右三路來犯，兵力倍於東征軍，將先奪肇慶，因第三縱隊第十師之主力集中該地之故。旋收編之十二師等，又復倒戈，而第一縱隊之廣西軍又不能集中，東征軍益處危境，陳指揮銘樞乃預將主力移江門，陳軍與倒戈之十師聯合四面圍攻江門，東征軍應付困難，已達極點，陳指揮又移主力於單水口，將與陳軍作殊死戰，二十六日開始接觸，二十七日，陳軍數次衝突，均不得逞，戰至二十九午後，東征軍援軍已至，遂大破之，陳軍完全卻退。單水口破鄧軍之後，南路形勢，稍有轉機，東征軍所駐東江部隊亦調回一部來援，國民政府遂令第三軍軍長朱培德爲總指揮，而令第一第二兩軍加入，大舉兩軍。朱培德將各部分四路：以陳銘樞所指揮之各部爲第一路，王均部爲第二路，戴岳部爲第三路，俞作柏部爲第四路，陳章甫部爲右側支路。先令各路驅逐當面之陳軍，預期與陳軍會戰於南陽，將一舉而殲滅之。十一月七日，陳銘樞占領陽江，其餘各路，亦將各處之鄧軍分途擊退。十月十日，朱總指揮培德進抵陽江城，再令各路跟踪追擊，會攻高州。第四路俞作柏部首先將高州城圍困，攻擊數日，至十月二十日，卒將高州占領，陳軍除投降外，多向欽廉方面遁走，於是朱總指揮令各部再向廉州攻擊。二十三日，俞作柏部進佔廉江城，陳軍已無鬥志，鄧本殷退回瓊州島，其餘竄廉州。俞〔作柏陳銘樞〕兩部復進攻廉州，第三路進攻雷州。十月二十九日，鄧軍退出廉州，三十日，占領之，再計攻擊欽州。十一月七日，桂軍胡宗鐸部，由廣西截擊，將欽州占領，雷州不久亦已克復，於是陳軍殘部越海而南，僅保瓊州一彈丸地。海岸上之陳軍既經肅清，餘惟瓊州孤島，鄧本殷之老巢未破。國民政府乃令第四軍負肅清之責。十二月二十一日，第十一師已由東江返省，於是加入南路，由廣州出發，協同其餘各師直向南征，至十二月二十日克瓊州城。自是鄧本殷部無能再抗南征軍，窮搜冥捕，鄧部四散奔逃，府城與瓊西均不能守，鄧本殷泛海而遁，其軍隊均經收編繳械，餘者無幾，至十五年二月，瓊州大定，土匪散軍大都肅淸。南路肅淸後，廣東完全統一，廣西亦已聯絡國民政府之根基鞏固，至是內部肅淸，乃從事北伐計劃。

第十九章　北伐之出師

第一節　北伐出師

一　北伐之必要　民國十五年一月，中國國民黨舉行第二次全國代表大會於廣州。在大會中接受蔣中正之軍事報告，認爲滿意，對於『鞏固廣州之革命根據地，肅淸一切反革命份子，掃除東江南路一切叛軍，建立與人民合作之政府，及與人民合作之軍隊』宣言中特別提示，斷爲最後之勝利，終屬革命軍，而於打倒帝國主義之工具——軍閥，『深望仍以繼續不斷之努力，完成其未竟之工作』。蓋已有繼承孫中山遺志，實行北伐之動機，準備工作，自以充實黨軍基幹爲第一義，於是以原在廣東之各軍，分編六軍：何應欽譚延闓朱培德李濟琛李福林程潛分領之，而以廣西之李宗仁部爲第七軍，積極整理軍實。未幾，有三月二十日中山艦事件，共黨陰謀暴露，蔣中正亟起鎮壓，〔至五月十五日〕第二屆中央執行委員會第二次全體會議開會，通過整理黨務案，以限制共產黨；同時發布對於時局之宣言，接受海內外迅速出師北伐之請願。蓋自國民黨統一兩粵，建立國民政府，聲威所播，使接壤之軍閥，驚心動魄，孫傳芳吳佩孚各增兵遣將，以謀害革命政府，而吳佩孚尤亟思攫湖南為己有，以便由湘寇粵。此時湘人及唐生智爭來呼籲求援，時北方之國民軍，經長期之奮鬥，獨力難支，適於是時退出北京，固守南口；於是全國人民，及海外僑胞，皆渴望國民黨早日出師北伐，代表請願，絡繹不絕。國民黨明知軍閥之兵數，過革命軍四五倍，武器財力，尤勝甚遠，然鑑於全國人心之嚮向，革命戰略之有進無退，因合全黨之力，積極準備；至六月五日，國民政府中央執行委員會復召集臨時全體會議，通過迅速出師北伐案，命蔣中正督師北伐。

二　北伐之始出師

中國國民黨之熱望解放全民，統一全國，實行三民主義，以當時事實證之，則第二次全國代表大會所議決之「對北方時局宣傳大綱」第三條，謂「國民黨須導國民軍及反奉之各種勢力，暨各種實業團體，以組織統一全國的國民政府，此政府須負召集國民會議之責任。」語意固極明顯。乃北方聯合反奉之各軍閥，忽轉其鋒，聯合以擊向國民政府表示善意之國民軍，吳佩

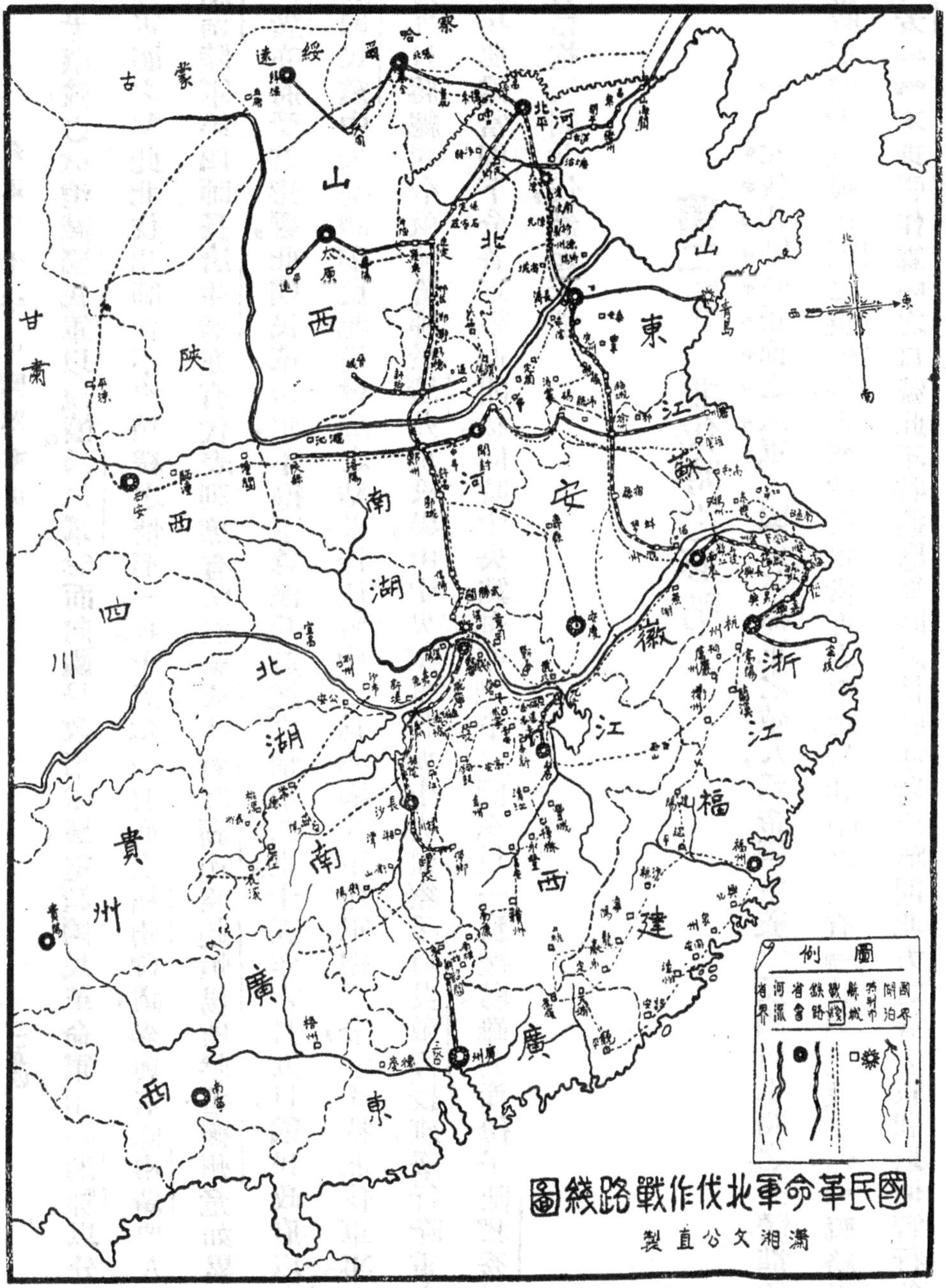
國民革命軍北伐作戰路線圖
瀟湘文公直製
圖例
國界
湖泊
特別市
縣城
戰綫
鐵路
省會
河流
省界
蒙古
綏遠
察哈爾
山西
河北
山東
河南
江蘇
安徽
浙江
江西
福建
湖北
湖南
陝西
甘肅
四川
貴州
廣西
廣東
北平
天津
太原
濟南
青島
開封
鄭州
西安
南京
上海
杭州
安慶
武漢
長沙
南昌
福州
廣州
梧州
南寧
貴陽
北
南
東
西

孚尤頑強，必欲消滅國民軍以洩憤。國民軍急而向國民政府求援，電請國民革命軍出師湘鄂，以分北方軍閥之勢。此北伐出師決不容稍緩之情形一也。十五年一月底之梧州會議，參與者除兩廣要人外，湖南陸軍第四師長唐生智亦有代表列席，有所討論。唐生智在湖南爲趙恒惕所壓迫，衡州危如累卵，兩廣亦將受其影響，此國民革命軍不得不急派兵赴援之情形二也。十五年六月五日，國民政府以中國國民黨中央全體委員北伐會議之結果，特任蔣中正爲「國民革命軍總司令」，主持北伐軍事。七月九日，蔣總司令就職誓師於廣州東校場。由中央黨部特派中央監察委員吳敬恆授旗，舉行隆重之閱兵典禮。當即下令各軍限期開拔。同時中央黨部亦訓令全國黨員，一致援助。雖共產份子陳獨秀別有懷抱，反對北伐，然迄未能。

第二節　北伐時之形勢

一　**北伐出師時正面之敵軍**　國民革命軍之敵人，爲帝國主義者及國內軍閥之全體。惟依當時形勢，則雄據兩湖之吳佩孚，實爲革命軍當面之勁敵。於出師之時，有「打倒吳佩孚」「聯絡孫傳芳」「不理張作霖」之口號。此不特適應彼時之情勢，亦所以離開北方之各大軍閥，以便實行各個解決之手段」茲將彼時吳佩孚在兩湖之兵力紀之如下：

一、葉開鑫等所部湖南軍兵力兩師以上，

二、馬濟所部廣西軍兵力約一師，

三、劉志陸所部粵軍謝文炳等軍兵力一師以上，

四、唐福山所部贛軍兵力一師，〔援湘第三路軍〕

五、李倬章〔援湘總司令〕之湘鄂邊防軍數千人，

六、宋大霈師及余蔭森孫建業兩旅合編之援湘第一路軍

七、王都慶之援湘第二路軍兵力一師，

八、董政國〔援湘副司令〕由唐之道舊部編成之援湘第四路軍兩旅，

九、陳嘉謨第二十五師之陸澧李炳煦兩旅〔屬第四路〕

十、海軍第二艦隊，在汨羅江助陸軍封鎖湖南，會前進至湘潭。

以上兵力合計約在十萬左右，惟號令不一，訓練不精，有地盤之觀念，無奮勇之氣概，具此缺點，其遇敵即潰，不足當國民革命軍之一擊，亦固所宜，而吳佩孚猶不知藐視革命軍，輕離其根據地之武漢，率其

比較能戰之直系舊軍北上而攻南口舍已耘人，其愚孰甚？

二　北伐出師時旁面之敵人　當時革命軍之敵人，除此十萬人外，尚有湘西方面觀望中立意存兩可之袁祖銘賀龍軍數萬人，贛西南方面孫傳芳系乘機而動之鄧如琢軍數萬人，閩南方面欲乘虛襲革命根據地之周蔭人軍數萬人。凡此雖非國民革命軍當時之正面大敵，而其一舉一動，殊足以與國民革命軍之前途以重大之影響，而牽制國民革命軍一部之兵力。

第二十章　北伐之初期戰爭

第一節　出師攻湘

一　誓師出發　嶺南逆氛戡定後，革命之策源地，無復內顧之憂，兩廣團結，聲勢益壯，即將國民黨主義之師，分編七軍，中央黨部暨國民政府接受第二次全國代表大會之決議案，簡練精銳，準備北伐。適唐生智聞風來歸，復續編爲第八軍，各地響應者，亦相率踵至；國民政府乃於六月五日特任蔣中正爲國民革命軍總司令，專命北伐，并以軍事委員會參謀部長李濟琛爲國民革命軍總參謀長，總部直屬各部處，先後組織成立。九日，蔣中正就國民革命軍總司令職於廣州市東校場，誓師北伐，中央黨部特派中央監察委員吳敬恒（稚暉）代表授旗，舉行隆重閱兵儀節，軍威嚴整。旋軍事委員會頒動員令，其集中計畫及戰鬥序列，亦同時頒發。部署既定，蔣中正乃令兩粵各軍，酌留必要兵力，綏靖後方，命李總參謀長（濟琛）留守廣州，居中鎮攝；而任白崇禧為行營參謀長，隨軍贊佐；又因福建方面尚多顧慮，遂留第一軍軍長何應欽鎮守潮梅，警戒福建。時湘亂孔亟，即以第七軍鍾旅第四軍第十師提前出動，急趨應援。餘部於七月一日陸續向湖南（永豐衡山攸縣茶陵之線）集中，第七軍第一第二兩路，自廣西出發；在粵部隊，則按第四軍第十二師第三軍第一軍第二軍第六軍第五軍第四十六團之次序，由粵漢鐵路廣韶段開始輸送，七月十五日始輸送完畢，至八月五日，均到集中地點集中完竣。此次溽暑出師，困苦異常，而沿途紀律，仍極嚴肅，故民衆熱烈歡迎，有簞食壺漿之盛。

二 湖南戰事之開始。 國民革命軍在廣州出師以前，湖南已發生劇烈之戰爭，故記北伐軍事，至此不能不倒叙湘戰，以清眉目。湖南自治省長趙恒惕素善投機，假『聯省自治』為名，以固一己之地盤，為其部將第四師師長唐生智所反對，不能安於其位，不得已以位讓唐，而逃往漢口，電請吳佩孚求援，幷使其湘軍第一師賀耀祖第二師劉鉶第三師葉開鑫等謀倒唐，為唐所敗。葉等即附吳佩孚引北軍入湖南，迫唐退衡陽。初吳佩孚遣李濟臣等協同趙恆惕大舉進犯，深入湘境，僞江西總司令鄧如琢，亦派唐福山自贛西來侵，勢甚猖獗，國民政府乃任唐生智爲國民革命軍前敵總指揮。當時革命軍正面敵人爲吳佩孚，而吳與孫傳芳爲同系，孫所據五省中之江西，由萍鄉出兵，足以襲革命軍之後路，而爲湖南北軍之臂助；且由福建可以直趨廣東，危害革命根據地，爲國民革命軍背側之大敵。故蔣中正於出師時，即令第四軍長李濟琛坐鎮廣州，何應欽率第一軍之一部及張貞之獨立師，坐鎮潮汕，以防福建，第二軍之一部扼守韶關，遣熊式輝密往贛南，聯絡駐贛南之有革命歷史之賴世璜師以護北江；第三第六兩軍，警戒湘西，以防鄧如琢全力出擊；第一軍之第一第二兩師，則爲總預備隊，以第四第七兩軍之北伐部隊及唐生智部第八軍，直接當湖南正面之戰事，而與吳佩孚之十萬軍隊相搏擊。

三　衡長間之戰事　唐生智自五月初旬爲湘軍第三師葉開鑫所迫，退守衡陽，苦戰多日，堅守待援，形勢危急，國民革命軍第四第七兩軍乃冒暑馳援，第七軍自桂林進展，七月六日以前到達永豐附近；第四軍自廣州進展，十日到達安仁，至是稍挽頹勢；唐與粵桂援軍先頭部隊隔漣水與湘軍相持於湘鄉湘潭者幾及一月，恰是時湘省大水，葉軍及北軍將領以爲漣水陡泛，唐軍無艦隊不能飛渡，相率逍遙於長沙漢口，不赴前敵；國民革命軍乘湘軍之疏忽與北軍援隊大部及大本營尚未全入湖南，突下令分四路大舉反攻：以李品仙（唐部師長）任第一路攻湘潭，第四軍之張發奎師葉挺團助之；何健劉興（均唐部師長）任第二路渡漣水而前；第七軍胡宗鐸鍾祖培部任第三路突攻寧鄉益陽，以包抄長沙；周斕及第四軍之陳銘樞師任第四路，出湘東茶陵直攻醴陵，帶擊贛西之唐軍。此役在戰術上，似以第三路爲最重要，其結果則以第一路渡易俗河，猛掃湘軍之主力，第二路渡漣水奮勇前撲，湘軍見革命軍之機關巨砲連擊掃射，其海軍艦隊之威勢，防禦工程之鞏固，均失其效力，紛紛敗潰。第八軍遂占湘潭。北軍余蔭森部號稱勁旅，以善戰稱，至是亦遭張發奎之猛擊，掩旗卻走；醴陵孫傳芳部之唐福山軍，更退回江西。於是四路軍以迅雷不及掩耳之勢，直迫長沙，葉開鑫退守岳州，唐生智乃於七月十一日占領長沙，擒葉軍旅長劉鋼斬之。

四　長岳間之戰事　長沙下後，蔣中正率北伐全軍至時，葉開鑫等之湘軍既退岳州，受趙恒惕之指揮，北軍大隊亦由吳佩孚任援湘軍總司令李倬章（濟臣）調遣入湘作戰。彼時兩方軍隊遙相對峙：中路隔汨羅而陣，東路在平江方面，西路則各活動於湘西。當時均用全力以爭東路，蓋國民革命軍如得平江，即可抄過汨羅後方，既能避海軍之鋒，不戰而下岳州，又可由通城入湖北以攻武漢。北軍計劃，則在由平江進瀏陽與贛軍聯絡以迫長沙。國民革命軍總司令蔣中正於八月十二日入長沙，即召集各軍長官開重要軍事會議，其結果決以第二第三第六三軍陳兵贛邊，監視江西，且促孫傳芳之降順；又恐孫強頑，即以此項軍隊防孫軍之擾亂後方，且爲武漢下後，乘勝入贛，直取東西之備；以第七軍李宗仁部攻平江，第八軍唐生智部之一部助之；第八軍全軍除一部外，均會同第四軍攻汨羅，十八日下總攻擊令。彼時北軍麕集平江金井一帶者三萬餘，內中董政國部兩旅及陸澐一旅，均稱能戰。李宗仁乃借農民協會之助，組織農民敢死隊，乘機襲北軍，又由農民任偵探嚮導，乘孫軍之虛而襲擊之，率引北軍東路之本隊輕進，張左右以包抄之；幷偵知北軍中堅部隊陸澐一旅之所在，則以數倍之兵力包圍而繳其械；又悉北軍中東兩路聯絡地長樂街兵力之單薄，則以精兵猛攻而占領其地；北軍於平岳山間小道未設防，爲第七軍所知，乃乘虛急進，致使北軍於東路陣地動搖，後各方牽動，陣勢紛亂，正面軍乘勢突進，猛烈衝過汨羅上下游，北軍防禦工程失其效，海軍艦隊失其用，放棄岳州，退向湖北邊境，岳州遂爲革命命占領。

第二節　湖北戰事

一湖北戰事之開始 七月二十六日，蔣中正率北伐軍出發廣州，八月二十日抵長沙，召集各將領決定戰略，提早攻擊，使吳佩孚無整頓增援之餘暇，十五日頒發作戰計劃，編組第四第七第八各軍為中央軍，直趨武漢，封鎖武勝關，第二（缺一師）第三兩軍為右翼軍，集中攸醴，監視江西，而以南雄之第二軍第五師，汝城之第五軍第四十六團，會同瑞金之獨立第一師（由贛軍編成嗣改第十四軍）屬之；第九第十兩軍（由黔軍編成）為左翼軍，集中津澧，進出荊沙；第一第六兩軍，總預備隊，隨中央軍推進，并命唐生智兼中央軍總指揮，朱培德為右翼軍總指揮；部署既定，遂令中央軍第四第七兩軍為右縱隊，李宗仁領之，第八軍為左縱隊，唐生智兼領之，於十八日開始攻擊，向岳州羊樓司蒲圻之綫攻擊前進，主力出平江通城，迅速截斷吳軍退路，殲之於黃蓋湖以南地區，以便攻取武漢。各軍受命，勇邁異常，十九日右縱隊猛撲平江，陸澐憑險困鬥，激戰甚久，卒將陸部第九十七第九十九兩團消滅，陸澐自殺，餘衆悉潰，即於是日占領平江；左縱隊亦自長樂街繼至，擊破塘口吳軍，燃橋據河固守，革命軍由文明橋強迫渡河，將吳軍摧破，遂於二十二日進克岳陽，趙恒惕、李濟臣各部，狼狽北竄，革命軍隨向雲溪追擊前進；時右縱隊第四軍克復通城，第七軍進占羊樓司。吳佩孚得軍事緊急報告，離辛店南下，在保定鄭州召集軍事會議，磋商抽調援軍南來。二十五日，吳率劉玉春師趕抵漢口，吳恃其威力，以為親臨前敵，不難振作士氣，待大隊援軍馳至，必可恢復其失地。不料汀泗橋一敗，竟使革命軍得造成衝出長江之局勢。（吳佩孚於民國九年援湘以汀泗橋不惜潰決隄淹民之大慘劇而取得湖北立數年來控制兩湖之局勢今以汀泗橋之戰爲其一蹶不振之原因兩戰相去僅七年耳）

二　**汀泗橋之劇戰**　國民革命軍自七月初旬反攻湘潭以來，未及兩月，長沙岳州先後占領，前鋒深入湖北境內，進行之速，出於意外；至汀泗橋一戰，吳佩孚既出死力以爭，革命軍亦抱非勝不可之心，兩軍乃發生極劇烈之戰事。革命軍克復通城羊樓司後，爲策應友軍作戰容易及截斷敵之歸路起見，決定速向汀泗橋前進。八月二十五日革命軍軍部到達石坑渡，十二師之一部領占中伙舖車站，此時兩軍戰鬥之情況如左：

甲　戰鬥地之狀態：汀泗橋之形勢天成，素稱險要，其南西北三面皆環以水，東面高山聳立，僅西南端有一綫鐵路可以通行，爲粵漢鐵路湘鄂綫上著名之要塞。而鐵路橋稍東，亦有深河，攻擊進展，殊感困難，且吳軍早經佈防，地占優勢，易守難攻，爲軍事上最關緊要之防禦地。

乙　吳佩孚在汀泗橋之防禦：吳佩孚於八月二十六日率劉玉春師抵漢口，即於次日至前敵，據汀泗橋之險，於橋上設鐵絲網，附近山水要道，悉築鞏固之防禦工程。宋大霈率由平江通城岳州一帶退却各軍及後方之生力援軍陳嘉謨部第一百團，合計兵力二萬餘人據險堅守。旋吳佩孚亦親率劉玉春及彭祖佑之軍官團馬濟婁雲鶴部之游擊隊等主力勁旅，參加戰爭。然吳佩孚之堅守汀泗橋，欲恃此天險堅守旬日，一面調到北方精粹援軍三師九混成旅以全力反攻，一面待孫傳芳軍事佈置完成，由江西分襲平江長沙以斷革命軍之後路。汀泗橋之戰甫完北方高汝桐吳俊卿諸師即抵漢口；未旬日，孫傳芳即全軍出動，可知此戰迅速了結之關繫，何等重大！

丙　革命軍之進攻：國民革命軍於岳州下後，原有乘吳氏新敗不及整理時急取武漢使吳佩孚措手不及之計劃，故當時蔣總司令有限期攻下武漢之傳聞。二十三日，唐生智李宗仁於羊樓司會議決定以全軍最勇之各部為四路合攻之計劃：一，以中央軍第四軍陳銘樞張發奎兩師由崇陽通山抄攻汀泗橋；二，以第七軍迅取蒲圻，會攻汀泗橋；三，以第八軍之一部助第七軍由蒲圻會攻汀泗橋；四，第八軍何健劉興兩師渡江下嘉魚，抄攻汀泗橋。部署既定，蔣介石親臨前敵指揮進攻汀泗橋。

丁　兩軍之劇戰：吳佩孚鬪黨軍以全力作殊死戰，即親臨前敵督戰，設司令部於賀勝關。及吳氏抵汀泗橋時，汀泗橋已初次入革命軍之手，吳大怒，就地斬退縮不前之旅團營長等將校九人，并下令退却者殺無赦，以大刀隊分八路監督各軍嚴行執法，所部震懾，莫敢不前；又以劉玉春全師精銳生力軍，加入戰爭，乘夜猛攻，奪回汀泗橋。革命軍乘其陣脚未穩，再行猛攻，激戰四小時，吳軍巨砲機槍彈如雨下，革命軍前仆後繼，奮勇直前，以白刃冒彈衝鋒，遂於二十八日再奪汀泗橋。未幾，吳軍因馬濟之武衞軍趕至，再行猛烈之反攻，佔優勢，又奪回中央軍唐生智陳銘樞張發奎諸精銳部隊已盡支配於戰地，乃以總預備隊之第一軍王柏齡部兼程加入，再猛進搏戰。兩軍苦鬥於汀泗橋賀勝關間，彈雨彌天，屍骸遍野，積尸成層，彈孔穿地如蜂窠，偶有陣地一角為對方所衝破，援軍即不顧生死向前填撲，或有一部戰士不支稍却，督部戰隊即擁上助之。革命軍為主義而犧牲，有連坐法以繩其後，吳軍亦懾於主將之威，鑑於退後之必被殺，故皆置生死於度外，出死力以相搏，苦戰至三十日，革命軍卒以戰術之優勝，獲最後之勝利。吳佩孚之威力與嚴令，不能止其全軍之退却；吳氏乃乘車後退，官兵之攀車被驅殺及潰卒被車輒斃者，不計其數。是役革命軍損失極大，而吳軍亦戰死官兵以千計，劉玉春部第三師為其舊主（吳任第三師旅團長十餘年）死者尤多。革命軍由是威名大震，第四軍「鐵軍」之嘉名，亦由此役而得。

三　**武漢三鎮之戰事**　吳佩孚軍自汀泗橋敗後，退據賀勝橋一帶，扼險頑抗，親率劉玉春陳德麟各部督戰，作堅守武漢為最後困戰之準備。并電催孫傳芳鄧如琢諸部，迅由贛邊進犯，以擾革命軍之後。革命軍乘勝猛衝，兼程躍進，以期迅速解決武漢，乃以中央軍第四第七兩軍；在駕城鋪袁家舖鍾家村王本立之線，實施猛烈之攻擊，第四軍攻奪鐵橋，尤爲奮勇，衝鋒肉搏，前仆後繼，不顧犧牲。方吳軍陣地動搖時，吳屢手刃退將，冀挽危局，卒莫能禦，被革命軍完全突破，吳乃乘車遁竄至武昌附近，猶復抽閘決堤，企圖淹灌革命軍，幸革命軍調第一軍之第二師及第四軍之第十師集結掌握，專任追擊，故吳軍潰後，革命軍以生力躡擊，吳無所措。北軍劉玉春張占鰲馬濟三部雖力鬥而苦戰已久，疲勞不堪，餘部則早已旁觀股慄，見青天白日旗幟，卽不戰而退。趙榮華之執法隊大殺潰兵，欲以威力遏止前線之潰退，潰兵前後無路，乃反向執法隊圍攻，奪路而逃。吳佩孚不得已於九月一日退守武昌城，憑洪山之形勢，城垣之堅固，海軍之利用，作最後之掙扎，以期重燃。革命軍對武漢三鎭之戰略，分三路進行：中路由李宗仁督隊攻武昌，左翼以第八軍之夏斗寅師由上游渡江攻漢陽，右翼以第一軍之一部繞道抄攻漢口。吳佩孚注全力於守備，起用靳雲鶚爲武漢警備司令，旋卽改任爲全軍副司令，以靳部高汝桐之鄂軍會同鄂軍劉佐龍師守漢陽，以劉玉春部及前綫收集之步卒與豫軍一旅守武昌。吳佩孚晝則坐鎭漢口調度，由北南下之援軍，夜間率新到援軍入武昌助劉，晝夜奔波，直至退孝感後始止。

綜觀三路之戰事，以武昌城下之戰爲最劇者。革命軍於夜間三次猛攻，架梯築壘，集死士分路衝城。吳軍集中火力俯瞰掃射，革命軍犧牲極大，未能奏功，然士氣不稍頓挫，益加憤激，嗣革命軍左縱隊連克夏陽，吳軍已陷四面包圍中。先是革命軍進迫武昌時，吳佩孚突令所部放棄洪山之險，待革命軍進占之以攻城，劉由城內蛇山砲台及城上布置之槍砲突然猛烈射擊，革命軍將士死者極多，然後以別隊猛奪洪山，則革命軍死守不退，卒為革命軍攻城之根據地。及九月五日之第三次總攻擊武昌城九門，被環攻者六。革命軍總司令蔣中正，參謀長白崇禧，往來洪山南湖間，親自督戰，進攻此退彼上，東衝西突，守城者應接不暇。吳佩孚方以武昌三次被攻不破，防務已固，乃移其心力於漢陽，革命軍第八軍之夏斗寅部追擊蔡甸之吳軍，主力則由黃石磯十里舖進取漢陽，時高汝桐部配置於仙女山扁擔山十里舖之線，蔡家嶺沌口亦有重兵。革命軍分道攻擊，節節苦戰，迫至龜山時，吳軍以砲火及炸彈向革命軍猛擊，革命軍傷亡達七百餘，然仍沉着應戰，卒不反顧，卒於六日拂曉占領龜山，因克漢陽，吳軍精銳殆盡，退保夏口，旋因劉佐龍部（編為獨立第三師，旋改第十五軍）於是日夜間起而響應革命軍，在後壓迫，高師無心應戰，退往漢口。吳佩孚猶欲撥隊反攻，靳雲鶚則氣已餒，於七日強吳退駐孝感，讓漢口於劉佐龍，只剩劉玉春率三萬餘人孤守武昌城。

兩漢既下，革命軍第七軍亦發展於下游，始能站定地位。惟孫傳芳已開始軍事行動，欲襲取湖；南江西問題頓形緊急，軍事重心隨而轉移。革命軍爲應付此時局，令李宗仁率第七軍分防下游及平江一帶；蔣中正率第一軍編成之總預備隊，回湖南轉入江西指揮各軍作戰，留第四軍陳銘樞師會同第八軍唐生智部第三獨立旅劉佐龍部任圍攻武昌及維持湖北全省之責。〔江西戰事見後〕吳佩孚潰退孝感，令鄂西盧金山鄂北張聯陞諸部分攻武漢，盧張因顧地盤，不願出兵；吳憤極，又命四川楊森出兵相助，而四川劉湘等將領已通電討吳，楊受牽制，自顧不暇，不能出援；吳仍不甘伏，盡力整理北軍來援〔田維勤率部自豫南來援〕以事反攻，并以鐵甲車任衝鋒，無何各軍皆非親信，不肯效死力，以爲猛攻，革命軍復繼續北進，必欲驅之出武勝關，吳左右無策，萬不能敵，乃於九月十日退至信陽。未旬日，武勝關即爲革命軍會合樊鍾秀部得吳部龐炳勳師〔係孫岳部受編者〕之內應而占領之。從此吳軍內部問題驟起，田維勳寇英傑爭奪河南，靳雲鶚暗行倒吳運動，奉軍亦乘勢奪取保大，着着進行，吳佩孚坐困信陽，一籌莫展。劉玉春陳嘉謨守武昌孤城三十餘日，待援未至，數次假託獻城以和緩攻勢，卒因能力已盡，於十月十日城破被虜，人馬械彈全數被革命軍俘虜，武昌城內人民之餓死者無算，尸首滿城，胔遺蔽巷，慘不忍觀。當革命軍中央軍進攻武漢之際，鄂西尚有盧金山王都慶于學忠楊森等部，恐與武漢之吳軍聯絡，蔣總司令乃以第九第十兩軍擊攘之；黔軍原駐在辰州洪江一帶，既奉進出鄂西之令，乃漸次向津澧集中相繼前進，惟因行軍困難，進展殊緩。九月二十三日，革命軍第九軍在黃金口斗湖堤與盧金山于學忠王都慶等激戰，革命軍旅長賀敦武陣亡，士氣遂奮，卒擊破之，于王等部向沙市宜昌方面撤退，楊森乃表示參加革命，以保其實力及地盤，張聯陞盧金山亦不敢稍動，卒被驅滅，湖北之戰事，于此告終。

第二十一章　東南戰爭之關繫及開始

第一節　東南戰爭之原始

一　東南戰爭之原因　雄據東南五省自稱蘇浙皖閩贛五省聯軍總司令之孫傳芳，爲北洋後起軍閥之最狡詐且有機警縱橫之才者。但孫奄有五省，未及一年，地盤未鞏固，勢力未充實，五省軍閥各抱野心，不能悉聽指揮，不足以與人爭霸中原；故陽揭保境安民之職，播和平空氣以欺人，實則積極練兵斂財，以擴充實力。國民革命軍自廣州出師北伐時，孫傳芳曾力主調和；及見革命軍決心誓死，非調和所能了事，孫卽佯與國民政府相周旋，陰則密電吳佩孚迅速南下，應付禦戰，并擔任令所屬之贛軍，進擾湖南，為吳之助。及革命軍第八軍攻下岳州後，孫傳芳忽起野心，欲乘革命軍初出之際，以重兵由萍鄉出醴陵，以截斷革命軍之後側，阻禦革命軍回粵擊破唐生智，而囊括全湘，迺即假保境之名，增兵江西。時吳佩孚之求援，北洋團體之催促出兵反國民黨政客之勸誘征南均甚急迫，孫乃集廬香亭等開軍事會議，決定分路大舉參加戰事。東南五省人民——尤其是江浙——見孫作露骨之軍事行動，竭力阻之，進行大模規之和平運動，孫傳芳亦表示願於相當條件下停止軍事。故東南軍事始終與和平聲浪相呼應。但終因孫之野心勃勃，求逐大欲，戰爭遂終不可避免。國民革命軍對於孫傳芳，初頗希望其參加革命運動，一致倒吳，故有『聯絡孫傳芳』之口號，及見孫部北籍贛軍唐福山師（號稱贛軍實為操有江西之北方軍隊）之入湖南，知孫之不可恃，遂決定分兵應付之戰略。汀泗橋激戰時，孫軍謝鴻勳師開拔入江西，周蔭人則本在福建，同時取積極行動，擬乘機為攻前襲後之舉，而奪取湘粵。革命軍總司令得訊，即定計討孫：於九月三日令第二第三第六各軍攻擊江西，同時命何應欽為東路總司令，率第一軍第三師譚曙卿部，新編獨立第十四師張貞部及軍校學生隊攻福建。孫傳芳於七日亦以類似哀的美敦書之電報致革命軍總司令蔣中正，限二十四小時內盡撤攻贛軍隊，及放棄湖南，退回粵桂。至此，實則雙方戰機已迫，此不過形式之破裂而已。孫氏之自取滅亡，至此無可避免。

二、東南戰爭與革命關繫　東南戰爭與北伐前途之重大關繫有四：

一，東南五省範圍內之贛閩兩省，均與革命根據地之廣東相毗連，倘其領袖不加入革命運動，則惟有拚全力以取之；否則，革命軍之後方策源地，隨時有被攻破之虞。革命軍抵武漢後，此危險之程度益增。蓋湘鄂均與江西犬牙交錯，界綫綦長，在在受敵，故東南戰役，實所以除革命軍後方重大之危險。

二，北伐軍占領武漢，即須出長江；但長江要塞之九江湖口，爲反對者所扼守，實足以制武漢之死命，而阻東下之師，故非拚死一戰，打通此關，則革命軍在長江之地位，萬難穩固。

三，孫傳芳爲北洋軍閥之健者，才具優長，頗有作爲，整理東南，其志匪小，既不願投入靑天白日旗幟之下，參加革命，倘容其據有東南財賦之區，且首尾皆可以出海，實爲革命軍最大之勁敵。此戰蓋乘其勢力未充而擊之，爲先發制人之計，除心腹之大患。

四，革命軍出師北伐，銳不可當，未及兩月，即占全湘兩漢，使吳佩孚十餘萬軍隊，潰退北奔；但論者或謂吳之敗，由於部隊之糅雜，應戰之忽促，故非與號稱善戰之軍閥作一次『打倒軍閥』之中心戰爭，不能立國民革命軍之聲威，而樹堅強之基礎。

第二節　雙方之實力布置

一　**孫軍之戰鬥序列及作戰布置**　孫傳芳既抱併吞西南之野心，其慾不可遏抑，遂積極備戰；以五省軍隊分別編制為五個方面軍，（後又加組第六方面軍）其將領及兵力如下：

第一方面軍總司令鄧如琢，統率鄧本部一師及一補充團，暨在贛之唐福山一師，蔣鎮臣一師，楊如軒楊生池各一師（兩楊為在粵被逐之滇軍共僅七千人）張鳳岐一旅，劉寶題一旅，共約四萬五千餘人；

第二方面軍總司令鄭俊彥，統率李彥青一旅，王良田兩團，鄭自率礮工輜三大隊及騎兵一團，共約一萬二千餘人；

第三方面軍總司令盧香亭，統率盧本部一師，及在贛浙之謝鴻勳一師，周鳳岐一師。

李俊義一混成旅，（江浙戰役時楊化昭舊部以善戰稱）楊震東一旅，共約五萬餘人；

第四方面軍總司令周蔭人，統率周本部一旅及騎兵一團暨在閩之張毅一師，李鳳翔一師，共約三萬五千人；

第五方面軍總司令陳調元，統率陳本部一師及在皖之王普一混成旅，馬祥斌一混成旅，劉鳳圖一混成旅一團，畢化東一旅一砲兵團，共約三萬餘人；

第六方面軍總司令顏景崇，（後加編）統率顏本部一混成旅，馬登瀛一旅，共約一萬餘人。

以上兵力在十八萬以上，槍械稱是；其未編入戰鬥序列之預備續派後援軍尚不在內。其作戰佈置以第一方面在贛之部隊任贛南大庾及贛西萍鄉兩路，第二方面軍爲總攻擊部隊，以第五方面軍由武穴沿江向西進攻解武昌之圍，而其主要點，則以盧香亭率第三方面軍（此一部爲孫傳芳之親信子弟兵爲其基本主力之精銳勁旅）由江西之修水銅鼓出湘鄂邊境，自側面襲擊革命軍；第四方面軍則由福建乘虛攻廣東，以襲革命軍之根據地；但至開戰後事實變化，完全未能依其原定計劃而行。

二　革命軍進攻之計劃　革命軍對江西之計劃，注重在襲取南昌，斜出鄱陽，避去長江天險，而擊九江之背，使孫軍應付不及。對於孫軍進攻各地，則以重兵迅擊，使孫軍不能駐足。戰略分為四路進取，其分配為：

一，李宗仁部第七軍扼守沿江，兼顧湘鄂邊境交界之平江通城；

二，以程潛部第六軍由平江攻江西之修水銅鼓，以當孫軍第三方面之勁旅；第一軍王柏齡師由瀏陽攻江西之萬載，為之聲援，以收夾攻并進互相呼應之效；

三，朱培德部第三軍自醴陵進江西以攻袁州，第二軍之張輝瓚戴岳兩師助之；

四，以第二軍陳嘉祐譚道源兩師協同新附之賴世璜部（原係在粵贛軍暫託足贛南者至是全部來歸先編為獨立第一師繼編為第十四軍）攻贛州。其作用在由二三兩路直入贛南，抄攻贛東，奪取南昌；革命軍總司令蔣中正率第一軍第二師及學生軍在萍鄉助第三路。

此為戰事將起時之計劃，實際作戰時，略有變更。至福建方面，以何應欽率留守各師進攻，雖有福建省內之民軍，蠭起為助，兵力終覺太薄，且民軍情形太複雜。惟以何應欽之堅毅，張貞之熟於福建情勢，閩省民軍又與北軍誓不同生，極力援助；適孫軍李鳳翔部曹萬順杜起榮兩旅暗約降順革命軍，以此東路防綫，應付周蔭人綽有餘裕，毋庸深長顧慮。

第三十二章　東南贛閩之戰

第一節　江西戰爭

一　江西戰事之開始　江西戰爭，爲北伐出師以來最激烈之戰鬥，占革命史光榮之一頁，雙方皆以全力誓死相搏，奮勇猛拚，進退周旋，絕不崩潰，兩方主將猶鈎心鬥角，運用靈活，極其指揮之能事。綜觀此役，南昌德安之初失，孫軍能力戰以奪回之；南昌建昌之初被包圍，孫軍能堅守以保全之；其孫軍之部卒，非不能戰，惟行動之敏捷，不及革命軍。至於軍略，則孫傳芳之計劃，無不失敗，孫欲以第三路軍爲主軍，出江西之修水銅鼓，以迫湖北之崇陽通城，而該軍既受別方牽制，不能銳進，又以分援他軍，致兵力單薄，陷於潰敗；贛南告急，孫令鄧如琢出據樟樹，而革命軍第六軍程潛部，疾趨以包抄攻入南昌，南昌奪回，孫又擬沿江長驅西上，解武昌之圍，襲革命軍之後，而革命軍第七軍李宗仁部，以沿江退却之軍，猛襲武寧，擊破謝鴻勳，猛撲以取德安。及孫軍以主力軍奪回德安，而南昌又在包圍之聲中，」孫軍又調兵解南昌之圍。及贛防稍穩，孫軍已疲於奔命。乃孫傳芳惟貪利是圖，不諒士勞，不度力疲，又進行沿江長驅西進之計劃，而革命軍突又兩路猛進，雙管齊下，直迫南昌德安；及革命軍賀耀祖師〔賀部本湘軍第一師唐生智討趙時國民政府任爲第九軍軍長不就據湘西從趙湖北既下賀乃受國民革命軍蔣中正總司令委爲獨立第二師師長入贛戰鬥甚勇在贛改編第四十軍〕乘兩路劇戰襲取馬迴嶺之計劃成功，截斷孫軍九江根據地，使之與前綫各路不克聯絡，被攻陷於危險，守九江之周鳳岐師敗走，孫之司令艦〔孫居艦中以艦爲司令部〕遂不得不遁走。綜之革命軍處處得民衆之助，消息靈敏，得占機先以取勝；孫傳芳之計劃，不特無一能實現，即其抵禦動作，亦無不處處落後，此其所以致敗之因。孫於敗回南京後，向各將領演說，謂致敗之由，在於主將之無謀，其言亦頗近眞相。江西迭次戰事之經過如下：

二　**第一次贛北之戰**　當革命軍自汨羅平江總攻擊時，孫傳芳輒思利用時機，伸張勢力於湘鄂，紛紛調兵入贛，以謀襲革命軍之後。蔣總司令乃以革命軍第二第三兩軍，集結醴陵攸縣等處，嚴爲之備。後革命軍進逼武昌，孫傳芳圖謀益亟，命所部謝鴻勳師抵修水，楊震東旅抵銅鼓，大股則由九江德安一帶推進，擬由此斜出通城平江，鄧如琢部亦分佈樟樹至萍鄉及吉安至蓮花之綫，同時唐福山蔣鎮臣等師，均在贛作軍事行動。革命軍乃決心乘孫軍集中未竣，輸送未畢之時，採取攻勢，予以各個擊破，令程潛任北路，朱培德任中路，魯滌平任南路，分別進攻。九月二日，盧香亭代孫傳芳赴九江，指揮全軍，兩軍接觸，日益猛烈，及八日，程潛軍於修水方面得當地人民之助，擊退謝鴻勳，進攻武寧，迫謝退守建昌，南潯路北段震動。盧香亭指揮援軍助謝反攻，費旬日之力，始奪回武寧、修水，雙方死亡枕藉：此爲第一次贛北之戰鬥。

三　第一次南昌之戰

同時朱培德由萍鄉攻取袁州，賴世璜會同魯滌平由贛州北攻，西南風雲驟緊，孫軍第一方面司令官鄧如琢率所部赴樟樹應戰，兩路相持至十八日之久，革命軍程潛、朱培德二部，約一萬餘人，密集高安，乘虛窺南昌，南昌工人學生與警備隊聯絡互助，在南昌起事響應革命軍。孫軍留守諸人，因變起倉卒，無法應付，奔避不遑，南昌遂於十九日爲革命軍第六軍程潛部所有。盧香亭在九江聞訊，急令第二方面司令鄭俊彥部與新調到之在蘇北軍，由南潯鐵路攻南昌；鄧如琢亦奉孫傳芳『限日奪回省城，否則軍法從事』之電，自南路回師北攻。南昌城內雖有萬餘革命軍，拚命迎敵，但因外援被截斷，加以孫軍礮火之猛烈，兵力之雄厚，革命軍苦守三日，兵疲彈盡，始於二十一日受極大之損失而退出。次日復會合新到之王柏齡師，猛力併進，攻入南昌，孫軍則由孫傳芳親自趕至九江，嚴督各軍進攻，盧香亭復親至前敵率援軍奮戰，由是兩軍再起劇烈之戰鬥。程潛所部於此役，七次猛烈衝鋒，肉搏冒彈前進，犧牲過半，仍不稍怯，孫軍以全力應戰，主將親督，不得退却，不得已再行退出，是為第一次南昌之戰，為江西戰事中最猛烈之一役。

四　第一次德安之戰　程軍退出南昌，撤至奉新安義之線，與安義第三軍聯絡，徐圖進取。當是時，孫軍各部集結南潯鐵路一帶，約五萬衆，孫軍鄧如琢蔣鎮臣等猶與革命軍第三軍相持於樟樹吉安，蔣中正乃令第三第六兩軍及第一軍之一師暫駐原防，取攻勢防禦，命第一軍之第二師至清江警戒三湖峽江之線，而以第二軍轉向吉安，協同第十四軍，解決蔣鎮臣部，沿贛江東岸進攻樟樹，直上南昌，一面電調第七軍及獨立第二師，分道入贛。二十四日革命軍攻克吉安，第十六團亦自永安來會，與第五師均歸還第二軍建制，第三軍乃以第五師協同第十四軍，向永豐撫州方面追擊，第四第六兩師則向樟樹攻擊前進。洎革命軍第二師壓迫樟樹，第二師亦由三湖渡河，襲敵側後，至十月五日，遂克樟樹，孫軍分竄南昌撫州。第七軍既奉入贛之令，乃自陽新出動，向德安進發，九月二十七日，次王家舖，聞孫部謝鴻恩引兵箬溪，已深入革命軍之腹地，決計先殲滅之，三十日拂曉，揮兵縱擊，經長時間之激戰，包圍謝部於箬溪，將其全部繳械，旅長龐廣蔭謝負傷遁走。同日孫軍復犯革命軍第三軍招山白仙嶺陣地，革命軍辭師出擊，十月二三兩日，大破孫軍於萬壽宮火廟上，孫軍退守牛行。蔣總司令以孫軍迭被重創，急宜乘時合擊，乃以第三軍攻牛行，第六軍及第一師攻建昌涂家埠，第七軍攻德安，第二軍及第二師團攻南昌，第十四軍出撫州，堵截孫軍東竄，於六日開始總攻擊。未開始會攻以前，第七軍已於三日向德安攻擊前進，至距城約十里，與孫部盧香亭顏景琮李俊彥等接戰，自晨至午，孫軍向革命軍左翼包圍，革命軍預備隊使用已盡，勢殊危急，幸官兵衝鋒肉搏鬪數小時，始將悍敵擊潰，斃孫軍千餘，俘虜無算，革命軍團長陸受祺陣亡，官兵傷亡亦達千餘人，卒佔德安，截斷孫軍九江南昌之交通。但以交通阻滯，通訊不易，第三第六各軍未及同時并進，孫軍得集中兵力作猛烈之反攻，而孫軍劉鳳圖畢化東等部復由瑞昌躡革命軍之後，第七軍遂引還箬溪。然李軍於此役不特得「飛軍」之名，破孫軍之膽，更迫孫不得不撤其大冶陽新之軍；未圍魏救趙之妙用。是爲第一次德安之戰，爲江西戰事中最驚人之一戰。

五　南昌之圍　李宗仁部自德安退回箬溪後，第六軍及第一師適於七日占領修水建昌，聞報轉至白槎林馬附近，與第七軍確實聯絡。未幾，孫軍劉畢等部，由瑞昌襲白林，革命軍迎擊之于王家鋪，將其撲滅，第六軍團長呂演新陣亡。初革命軍進攻南潯鐵路部隊，既因適應時機，轉移陣地，第三軍仍向牛行猛力進擊，促革命軍第二軍及第十軍之一部，協同向南昌逼圍。

孫軍岳思榮吳福山張鳳岐等閉城固守，第二軍以第四師向撫州方面警戒，而以主力及第二師圍攻之。十一日拂曉，強冒敵火緣梯登城，死傷枕藉，鏖戰益力；十二晚孫軍乘革命軍酣戰之際，遣敢死隊數百人潛出狙擊，盡殲之於城下，革命軍連日亦陣歿團長廖新甲文志文張漢章等三員，陣亡官兵數百人，孫軍圍困城中，縱火洩忿，延燒數日，城且盡燼，蔣中正徇民衆之請，圍攻五日，乃下令撤圍，以第二軍第六師於豐城監視南昌之孫軍，以主力向撫州轉進，協同第十四軍消滅撫州之孫軍，第二師則由鄧家鋪渡河，至奉新與第一師會合。

六　革命軍之總攻擊

革命軍撤圍後，外傳蔣中正於此受重傷，且有殞命之謠。革命軍利用此謠傳兩路暫行停戰，急徵調後方援軍，準備最後一戰；孫傳芳亦因謠言，認革命軍已無力再攻，一面派代表持條件赴高安議和（時蔣中正在高安整頓部隊）并藉此探蔣是否重傷殞命；一面復進行對贛主守對鄂主攻之計劃，親赴武穴南昌查防，以備下令總攻。不意其查防甫畢，革命軍武昌方面之張發奎陳銘樞兩師，（時武昌已攻下半月）及由湘調來之賀耀祖師已各達到目的地，於十月一日兩地再起猛攻。革命軍於此役，南路蔣中正指揮，由高安猛攻南昌，北路白崇禧指揮，由武寧再襲德安，孫傳芳在南潯路已佈成常山蛇之陣勢，自謂擊首則尾應，擊尾則首應，萬無一失；今革命軍於南昌擊其尾，於德安扼其喉，使孫軍無術動彈。

先是革命軍殲佈肅清江西之計劃，電調第四軍自鄂入贛。時，第十四軍已占崇仁宜黃等縣，逼圍撫州，孫軍憑城抵抗，革命軍師長易簡領衆仰擊中彈身殞，革命軍士氣因之愈憤，搏戰愈激，二十日遂克撫州城，乘勝追至進賢，封鎖撫河東岸。二十八日第四軍及獨立第二師，亦先後集中武寧，於時頒總攻擊令，以第四第七兩軍及獨立第二師攻德安涂家埠；第六軍攻樂化，奏功後，向涂家埠施行夾擊，第三軍以一部牽制牛行之孫軍，主力由蛟橋攻其右後；第二第十四兩軍以一部向東鄉追擊孫軍，主力向謝埠市鄧家埠之線進迫南昌；第一軍爲總預備隊。二十九日各部咸遵命發動，驅逐當面之孫軍，到達準備位置，遂於十一月二日開始總攻擊。

七 江西之平定

是日革命軍第七軍猛力攻下德安，第四軍則破孫軍於葛家壠孤山附近，孫軍自馬迴嶺來援，又擊破之。三日，第四軍及獨立第二師合攻馬迴嶺，亦於是晨占領。由是第四第七兩軍轉向涂家埠攻擊前進，在九仙嶺附近，與敵血戰，至四日，卒將孫軍擊潰，第一第六兩軍，亦破孫軍于盧坑，追過樂化，獨立第二師原奉命在馬迴嶺監視九江之周鳳岐師，賀師長以九江爲孫軍之策源地，恐其增援，乃乘勝進取九江，血戰於賽湖橋，經一晝夜破之，自是九江德安馬迴嶺悉行占領。孫軍歸路已斷，盡被繳械。五日，第六軍占領現家埠，孫軍盧香亭退走吳城，第七軍自德安來會，筲銳猛擊，孫軍全覆。盧香亭僅以身免。至牛行瀛上之孫軍，憑藉堅固陣地與革命軍第三軍抗戰，異常激烈，嗣革命軍第六師及警衛團補充第四團陸續加入戰鬥，分翼出擊，孫軍始搖動，又以革命軍白參謀長崇禧，率軍由涂家埠南下增援，乃乘夜渡河，向餘干方面退去。六日晨白參謀長即率第七軍陶旅及第六師幷第三軍第二十六團為追擊隊，跟踪追勦，至滁槎廠附近，將孫軍完全消滅，俘官兵一萬五千人，執軍長李彥青王良田楊賡和等以歸。孫軍蔣鎮臣部，逼困南昌附近，亦被革命軍第一軍繳械，岳思寅唐福山張鳳岐，棄城竄七里鋪，革命軍悉數圍繳，擒獲師旅長唐福山張鳳岐等。蔣總司令遂於七日入駐南昌。是為江西最後之一戰。自此孫軍喪失殆盡，除武穴之陳調元軍得全退外，其親信軍隊，僅盧香亭鄭俊彥率領退去一部，餘悉被截繳械，江西全省，亦次第在青天白日旗幟之下。

第二節 福建戰爭

一、閩戰之原因 福建地處邊隅，初無形勝可言，故談軍事者，類多忽之。惟毗連粵疆，實於革命策源地大感妨碍，亟宜迅予收復，以除隱憂，而圖革命軍之進展；且是時福建督辦周蔭人，為五省聯軍主將之一，其行動惟孫傳芳之馬首是瞻。當武漢戰事緊急之時，孫傳芳一面令江西出兵，一面令周蔭人襲攻廣東之潮梅。周懼省厦海軍之變動，南北兩路民軍之起事，除播五路進攻之空氣及張毅攻潮汕外，其本人坐守省城，不敢稍動。及民國十五年九月間，江西戰事起，孫傳芳率兵赴潯，抗革命軍；周蔭人得孫嚴令之迫促，巨砲及子彈之補助，不得已傾師東移，思犯潮梅。潮梅為粤東重鎮，苟有動搖，不特危及廣州革命軍之根據，抑且影響前敵作戰，關繫之鉅，非可勝言。故革命軍誓師北伐時，蔣中正總司令面授第一軍何軍長應欽以對閩之方略，命率潮汕各部，嚴密佈防，藉作粤東之屏障，而期根據之鞏固。

二　**周蔭人之布置**　雙方未實接觸時，周蔭人方面之軍事布置，頗為堅固。九月十九日，周蔭人設總司令部於龍巖，決定五路會師饒平之計劃：以第二師李鳳翔部曹萬順杜起雲兩旅合衛隊旅孫雲峯部任一二兩路為右翼，由峯市太寶墟（永定屬）攻大埔，得大埔後分兵會攻饒平；以第十二師劉俊旅任第三路為中路，由永安直攻饒平；第一師張毅部李芳池田寶琴兩旅任第四五兩路為左翼，由雲霄平和分兩路攻詔安後由黃崗會師饒平。其主要點在衝斷韓江，下窺潮汕，惟以曹杜兩旅早有參加革命運動之意，不敢遽下總攻擊令。

三　革命軍之布置　革命軍東路總指揮何應欽於九月下旬抵高坡督師，將所部分三路進攻：一第一軍第三師任左翼，譚曙卿指揮之，合曹萬順杜起雲由大埔攻永定；二第一軍第十四師任中路，馮軼裴指揮之，由饒平攻永定；三第四獨立師張貞合錢大鈞之第二十師一部任右翼，張貞指揮之，出於柏嵩攻和平；四另以賴世璜之第十四軍迫汀州，胡謙之第六軍一師守梅縣，而令福建民軍所組織之「閩軍參謀團」指揮福建國民軍在周蔭人軍後方起事。

四　雙方之戰略　其時革命軍留據潮梅之部隊，僅有第一軍第三師第十四師及獨立第四師之兩團與第五十八團，不過步槍六千枝大砲六門而已；孫軍之部隊如劉俊之第十二師一箇旅，張毅李鳳翔各一箇師，李寶珩孫震峯各一箇混成混周之衛隊團兩箇團，共計步槍將近三萬枝砲二十餘門。彼此兵力之比較，革命軍遠不若孫軍。革命軍總司令蔣中正嘗電何應欽以主力穩固，務取攻勢禦防，未可急切進取；蓋實力懸殊，勝算之操，殊難預料，貿然進攻，徒使犧牲。乃孫軍之企圖，則在急進，良以垂涎潮梅之富饒，並乘此間之空虛，勝則長驅入粵，擣革命軍之根據地；敗則堅守閩南，亦可以牽制贛南各部隊，不能參加南昌之進攻，俱為革命軍之不利。九月下旬，革命軍前敵各部，與孫軍相持於江西之銅鼓修水間，孫軍劉俊李寶珩等部，即由永定經峯市向松口猛進，張毅部由平和向饒平進迫，李鳳翔部由象洞向焦嶺前進，孫雲峯部在峯市爲各方之策應，周蔭人則親率衞隊團工兵營等，由龍岩進駐永定，督率各軍大舉攻粵，思以雄厚兵力一戰而下潮汕，掠惠梅以迫廣州。其來勢之兇猛，似不可以忽視。是時何應欽以廣東兵單之可慮，徒事防禦之無補，雖各方相當佈防，孫軍難以遽入，然曠日持久，終老我師，且察孫軍勢力雖大，而革命軍士氣亦正甚盛，遂本革命之精神，下攻擊之決心，電請總司令蔣中正下令入閩。何應欽奉令後，即令獨立第四師師長張貞率所部及第五十八團在饒平暫取守勢，以禦張毅；命中央軍校潮州分校教育長王繩祖率領學生，協同代潮梅警備司令何輯五擔任潮汕之後防，以免海面孫軍艦隊之襲擊；并以第三師之第九團於松口之右岸嚴密布防後，即由三河壩進駐大埔，於十月八日，何應欽親率各部，直趨永定，先發制人，擬將周蔭人之大本營首先擊破，再行將孫軍各部分別殲滅，而使一鼓盪平，使孫軍無術恢復。

五　**福建戰事之開始**　九日，何應欽命第三師長譚曙卿率所部進攻永定城，命第十四師師長馮軼裴進攻石下壩，以斷峯市孫部之來援。是日，永定之孫軍頑抗，雖極激烈，終不敵革命軍之猛撲，僅歷一晝夜，遂將永定完全占領，俘獲無算。據報周蔭人僅率十餘人化裝越城而逃。峯市之孫雲峯部，聞永定被攻，大驚失色，率部趨援，甫抵石下壩，即被革命軍第十四師迎擊，時正夜午，彼此肉搏，勢甚激烈，至拂曉後，革命軍將孫雲峯所部，完全擊潰，繳獲槍枝一千餘桿，大砲多門，至此孫軍之根據已失。其餘各部，自易殲滅十二十三等日何應欽令各部回師於峯市松口間，圍擊孫軍之李劉兩部，結果劉俊重傷而死李寶珩被擒，劉李所部，盡爲俘虜，右翼之張毅部，復於茂芝前爲革命軍所擊退，竄回漳州左翼之李鳳翔部，雖未與革命軍接觸，亦即聞而氣餒，不戰而退周之主力，喪失殆盡，侵粵之圖，遂成泡影。初何軍長進攻永定時，劉俊已深入松口之左岸張毅亦既進迫於饒平之附近，且劉俊所部之第十二師，頗強悍槍械既精訓練又久自袁世凱敗亡時編成，南下由贛而閩經戰多次，未嘗敗績，此役革命軍一舉而滅之。

六　革命軍所得之旁援　其時有與此戰略相輔而成其功者三事，亦不可不述之：

甲，周蔭人初率吳大洪等部圍集龍岩，兼顧峯市永定，并防曹杜發動．曹萬順乃於發動前，以電向周僞報右路勝利，所進部攻已占領大埔中路緊急，請周援永定。周在赴永定途中始聞前敵之變，同時峯市龍岩，均爲曹杜占有，不得不速北退，以免被截；

乙，革命軍攻永定時，曾先暗襲周軍之一小部隊而占領之，即假其軍用電話，向其他各部散布前綫勝利及革命軍急退之消息，使不爲備，卽分路乘其不備而繳其械；

丙，閩南民間均因防匪置有槍械，周蔭人退時，民間齊起放槍，東嚮西應，遍地槍聲，周誤爲革命軍追及，北退益急，反攻之意卽因一嚇而拋入九霄雲外。此外第十四軍之一部，由贛南出攻汀州，使李鳳翔之殘部，竟隨周而俱潰，亦爲收復閩南之一助。

七 福建之平定 革命軍於永定松口兩戰之效力，既解決周蔭人軍中右兩路，俘獲其旅團營長及兵卒共四千餘人，得軍械無算，又使周軍左翼攻近饒平之張毅師不得不退保漳州。周蔭人敗後，初猶計劃斜出江西，與孫傳芳在江西之大軍聯絡，令孔昭同張毅固守泉漳，以圖反攻；惟時孫傳芳始解德安南昌之圍，無力他顧，浙江夏超已樹反孫之幟，福建省內各路民軍紛紛活動，馬江海軍參加革命運動之消息傳播，終成退守延平之局面。革命軍於閩西防務佈置完竣後，乘蔣中正總司令江西大勝之勢，漸次迫張毅去漳州，驅孔昭同離泉永，長驅直入。又因馬江海軍與周蔭人之留守司令李生春聯合解決張毅退至福州之軍隊，正式表示復從革命軍，於十二月二日不煩一兵一將而收復福建省城於掌握；同時因閩北民軍盧興邦等攻延平，江西第二軍王均師斜出玉山進攻浙邊，脅周蔭人棄延平急逃入浙。福建全省平定之易，有非局外人意想所能及者，何應欽總指揮沿路辦理收編軍隊安轄地方事宜，於十二月十八日入福州，略事佈置，即出發進攻浙江，而以留守福州之事，委之於松口戰役有功之譚曙卿，總計奠定全閩，閱時不過三個月，革命軍之進展不可謂不速。

第二十三章　東南浙滬蘇皖之戰

第一節　江西鏖戰時之江浙戰爭

一　東南和平運動及夏超之失敗

江浙人民對於孫傳芳之出兵江西，始終持反對之態度。此態度於消極方面見諸呼籲和平之文電，及和平運動之進行，於積極方面則有十月中旬，魯軍假道聲中之江浙戰事為積極之反對。十月中旬之江浙戰事雖一瞬即了，惟其醞釀則極久；且浙江民軍與行政長官，聯合反孫，尤足使孫氏知意之所在。戰事發動之前，浙江自治同志會全浙公會等團體，先後乘江西戰事正急，張宗昌軍準備南下謠傳盛播之機會，通電主張停止江西戰事，且提出贛之土地政權應交贛人，浙軍全體回浙……要求。同時在南京常州之浙軍周鳳岐部，亦準備有所動作，以與浙江省長夏超掩護上海之軍隊相呼應。不幸事機不密，周部準備有所動作之消息為孫傳芳所派留守南京之劉宗紀孟昭月所得，即一面以敏捷手段制止南京周部之活動，一面即準備應付夏超之掩襲上海。及十月十六日夏超就國民革命軍第十八軍軍長職，令派所部警察保安隊向松江進展時，宣布攻滬。但因內應者已失敗，孫軍軍事準備已完成，旁觀者不待一戰而知其無成功之望。孫傳芳佈置既定，即由九江發電免夏超之浙江省長職，任駐防徐州之浙軍第一師長陳儀繼任，以收浙人之心；並派其心腹李寶章防守上海，令孟昭月師朱梅村旅會同上海王雅之團進攻嘉興，一戰而使夏超兵敗身亡，浙江亦復暫爲孫軍所占領，由孟昭月據守。

二　**孫傳芳之聯奉及組織安國軍**　孫傳芳於十一月七日敗回南京，江西福建已失，張宗昌又集中重兵準備乘機南下，四面楚歌，應付爲難。最後決定聯絡奉方與革命軍繼續作戰之計劃。先派楊文愷北上磋商聯絡辦法，復於張作霖入關抵天津時，親往投於轅下。張孫聯合之結果，十二月一日張作霖就『安國軍總司令』於天津，孫傳芳張宗昌均爲副司令，楊宇霆爲總參謀長，集中兩派之勢力，並疏通坐困鄭州之吳佩孚，作北洋大聯合，以與革命軍爲敵。其進攻革命軍第一步之計劃，係促吳佩孚由河南反攻湖北，孫傳芳由浙江反攻江西，另以張學良之奉軍入河南援吳，張宗昌之直魯軍接防蘇皖北部，並由皖分兩路攻湖北江西，此實爲北方軍閥聯合與革命軍作戰之最初計劃。惟計劃雖定，吳佩孚方面因部下諸將恐奉軍侵奪其河南地盤，始終持反對態度；張宗昌必欲得江南及全皖，延不出兵；獨孫則不惜讓蘇皖北部，爲直奉匪軍殖兵之地，以浙江爲其進攻革命軍之戰場。覘三省土地人民爲其個人與革命軍賭一勝負之孤注。

三 浙江參加革命及孫軍之壓迫

孫傳芳親赴天津聯奉之時，浙軍陳儀之第一師，周鳳岐之第三師，先後自徐州江西回浙。時革命軍已知孫軍聯奉後之作戰計劃，派魯滌平部一師爲先鋒，自江西進駐浙邊，周鳳岐在杭州，即以防止革命軍入浙爲名，部率開赴衢州，幷在沿江布防。十二月十一日，周師與革命軍先鋒隊在衢州會合，周即在衢州就國民革命軍第二十六軍軍長職，回師向杭州。杭州總商會等團體，會爲欲免浙境戰事，向孫傳芳提議浙江自治，孫即以不使革命軍入浙爲條件表示可以允許；蓋明知革命軍已入浙而不能退，以此爲難浙人。周師沿江而下之時，孫傳芳已派孟昭月駐松江，前鋒至杭州附近之長安，另以白寶山馮紹閔兩師移防宜興，威脅杭州。杭州之自治派人物方忙於調解兩軍，運動自治，而孫軍孟昭月部突於二十二日兩路入杭州，迫省長陳儀赴南京，浙省第一師在南京者悉被繳械，平和運動自治運動悉因此而成泡影。第一師退紹興後，一面夾錢塘江列陣與孫軍作戰，一面正式改編爲國民革命軍第十九軍。孟昭月奉孫傳芳令繼盧香亭任第三方面總司令後率四師一旅之衆，決意消滅浙軍，其軍隊以一部在錢塘江與第十九軍相持，另以重兵壓迫在富陽之第二十六軍。十六年一月第一次富陽之戰，第十六軍以寡不敵衆，團長錢駿陣亡，受極大之損失而退，孟軍直迫嚴州，堅守錢塘江岸之第十九軍因此不得不放棄其礮兵陣地，一退於紹興，再退於百官，方在寧波被迫作第三次退卻，向溫台進行，而前面在奉化適與孫軍周蔭人由福建入浙大軍相遇，兩面被攻，乃受極重大之損失。於是浙軍在衢州待援再戰，孟昭月周蔭人會師蘭谿，而北軍在占領各地對浙民實行其『對待殖民地』之手段，竭力搜括民財。

第二節　浙江戰事

一　雙方之計畫　浙江南連贛閩，北接皖滬，在軍事上固為東南重鎮，而民豐物阜，尤屬財賦之區，故孫傳芳於南潯間大受鉅創，主力毀滅之餘，猶欲收拾餘燼，負隅其間，甘以滬寧拱讓魯張者，蓋不僅因浙西之足以防贛，實圖藉此悉索民脂，飽其私慾，初不計其殘局之未能久存。革命軍新定全贛，本應略事整頓，然為亟圖取得江浙，以清巨患，且當時漢上國民政府對蔣已生問題，故從蔣出征之部隊尤非迅速取得南京不可；是以鼓其餘勇，由贛東出常山，擣蘭谿，一鼓而下杭州，以擣孫傳芳之根據地。蔣中正對於攻浙江之事，原委之於東路軍總指揮何應欽。何在福建因後方布置未就緒，不能即行，乃派總司令部參謀長白崇禧任『東路前敵總指揮』統歸附之浙軍作戰，並以李明揚等先遣軍秘密響應。白乃急行入浙應援浙軍。時革命軍之軍事計劃：將馮軼裴賴世璜曹萬順戴岳等所部第一第十四第十七各軍及獨立第四師獨立第一旅第二軍之第六師等，編為第四第五第六三個縱隊，以馮軼裴賴世璜曹萬順為指揮官，由何總指揮率領入浙；復以薛岳劉峙嚴重陳繼承各師編為第一第三兩縱隊，以王俊及白崇禧為指揮官，由白前敵總指揮率領由贛東先後進駐衢州。又將陳儀周鳳岐兩軍合編為第二縱隊，以周鳳岐為指揮官歸東路軍何應欽指揮，由陽富桐廬集中衢州。當孫軍孟昭月周蔭人會師蘭谿之時，白崇禧已趕至衢州，派兵反攻，與孫軍相持於衢嚴間。未幾，何應欽以東路軍大隊分五路由海陸兩道兼程前進，孫傳芳時已決定其由浙攻贛之軍事計劃：孟昭月之第三方面軍任中路白寶山之第四方面軍任右翼，迂迴淳安開化以攻衢常，周蔭人部改編為第五方面軍任左翼，鄭俊彥率第二方面軍駐常州宜興，以為聲援。

二　浙戰之經過　兩軍中堅部隊於十六年二月初旬一戰於嚴州，再戰於桐廬，革命軍勇往前進，不減其在湖北江西兩戰之精神，孫軍則以孟昭月親往督戰，以雄厚之兵力居便利之地位，無乃軍心散亂，見革命軍中堅之部隊，即不免生畏懼之心。嚴州之役，孫軍占游埠高地，以猛烈之砲火下擊，革命軍以嚴重之十二師，以一衝而動搖其陣地；桐廬之役，兩軍激戰方烈，孫軍見革命軍『白』字之大旗，認爲己方白寶山部已附革命軍而反戈相向，則大呼：『反了！』『反了！』而向後奔潰，同相踐踏，而死實則此時白寶山方盡力迂迴以迫近衢州，圖截斷前敵革命軍之歸路，反爲中路一敗，而不得不退。孫軍退守杭州後，革命軍漸次推進，最後孫軍扼據富陽，憑險堅抗，斷作困鬥，卒由革命軍迭次肉搏，血戰多時，將孫軍完全擊潰。於是孟昭月急令所部由杭州退集嘉興，在寧波者由海道退至吳淞，右翼各軍由吳興退蘇常，周蔭人亦繼而紛退，（此爲二月十七日事）麕集蘇滬。

三　浙江之平定

富陽東臨桐江，西多崗巒，實爲杭州重要之門戶，孫軍之死守於此固宜，使非革命軍勇敢，斷難速將擊破。富陽不克，則滬杭得資屏蔽，故是役所關極鉅。富陽下後，白崇禧於十九日率中路軍入杭州，周鳳岐之二十六軍入紹興，將不及退走之孫軍衛隊旅繳械。未幾，孫軍中路更退松江，浙江境內即告肅清，所受損失，較之鄂贛輕微遠甚。即湘閩之戰爭影響，亦甚浙多多也。

第三節　淞滬戰事

一　革命軍攻滬之佈置　革命軍平定浙江後，即進攻淞滬。時淞滬已爲直魯軍張宗昌褚玉璞部之直魯軍畢庶澄所率部隊占據，革命軍東路總指揮何應欽乃令東路前敵總指揮白崇禧率第一第二第三各縱隊，及李明揚之先遣隊進攻，並通電海軍，協同動作。白崇禧當即率薛岳劉峙二師，由嘉興沿滬寧鐵路北進；周鳳岐部編成之第二十六軍則經平湖松隱向金山衛前進；第一軍之嚴重師則經平湖出淞江，占領蘇州，曹萬順軍出長興，企圖截斷滬寧路，圍攻淞滬。

二　松滬之戰　三日下旬，沿黃浦江扼守之孫軍周蔭人部，經革軍周鳳岐師之偸渡猛攻，棄險而走，江蘇內河水警統領何嘉祿受特派員鈕永建之密令，就革命軍獨立第十六師師長職，以所部及緝私隊響應助戰陣亡，各軍遂會攻松江。直魯軍以其精銳之白俄兵駕鐵甲車猛力抗戰，經革命軍兩晝夜之激戰，卒將松城攻破，至此江南之直魯軍，知不能抗，向北潰退，松江上海相繼克復。海軍總司令楊樹莊於革命軍未入浙之前，即與革命軍聯絡，有取淞滬之企圖；及東路軍入浙後，繼攻淞滬，海軍亦協同由海面向孫軍進攻。至上海克復後，海軍總司令楊樹莊遂正式就「國民革命軍海軍總司令」職。所有海軍軍艦，編爲四個艦隊：以陳季良爲第一艦隊司令，陳紹寬爲第二艦隊司令，陳訓詠爲練習艦隊司令，曾以鼎爲魚雷游擊艦隊司令。革命軍海軍實力，益以大振，孫軍遂一敗而不復振。

三　北伐進展中之英國增兵與上海民衆戰

國民革命軍之北伐，固不僅以打倒國內軍閥爲止，對於運用此軍閥之帝國主義者，亦必打倒之。十六年二月三日英帝國主義者在漢口上陸之水兵，不許革命軍宣傳隊在英租界附近演講，竟至施用武器，死傷民衆數人，激動全市公憤。國民黨當局卽運用民氣，施展外交手段，將漢口英租界收回，對英帝國主義者下一當頭棒喝。七日，九江英租界亦以同樣之原因而收回。英帝國主義者無法以應付滬瀆之局勢，則思以全力助其所卵翼之軍閥，並保持上海之租界，以免商業根據地之喪失。英倫海陸軍當局派艦隊，調重兵，馳赴上海，各國繼之；而中國在上海之領土主權被侵，更激動全國公憤，以增進其與帝國主義者相周旋之決心，而打倒帝國主義之聲浪，乃益高張。是時之上海特別市黨部，遂主持民衆之對外靖內大運動。上海二月十九日開始之全市大罷工，卽兼有：一，向增兵上海之帝國主義者示威，與二，反對孫傳芳，影響革命軍之兩種作用者。吾人觀其揭櫫：反對帝國主義，消滅軍閥黑暗政治，肅淸一切反動勢力，建立眞正保護人民利益之政府……諸端，可以知之。時李寶章任上海防守司令，與租界當局協力壓制罷工運動，旣於人衆往來之通衢，慘殺宣講之學生工人，復利用偵探，搜捕有關繫之人民，造成路絕人行，座懼偶語之恐怖世界；卒釀成二十二日海軍建威建康兩艦礮擊製造局之事件，因流彈紛墜租界，更引起帝國主義者之聯令發表威嚇宣言。民衆方面益形憤慨。旋上海之全市大罷工，雖因松江方面軍事無進展而失敗，（於二十四日復工）但復工後仍於北軍勢力下暗中進行，密開市民代表會選出受國民政府節制之『上海特別市委員會委員』；而服務於軍事命脈所關之鐵路之員役，復繼起罷工，以防礙北軍之軍事運輸，其援革命之功，較之湘贛各地之民兵農團偉甚。工人所組織之民兵，向上海北車站之直魯軍赤手猛攻，死亡枕藉，未肯稍卻；卒將直魯軍全部擊潰，爲民衆戰勝駐軍之最大的光榮史。革命軍之得安然入上海，民衆之戰鬥實爲主因。否則畢庶澄雖受革命軍第四十一軍長之委任，而逡巡不敢動，戰鬥之結果，上海必受大損失，故保滬驅畢之功，非工人莫屬。（畢返魯後爲張宗昌所槍斃）

第四節　規復皖南南京

一　革命軍攻取長江下游之計劃　革命軍於十五年十月克復南京，卽於十六年二月定規復安徽及南京之計劃，以主力略取南京，肅清長江下游；一部進窺平漢路，一部向津浦路壓迫。任唐生智爲西路軍總指揮，何應欽爲東路軍總指揮，白崇禧爲東路軍前敵總指揮，中央軍總指揮則由總司令蔣中正兼任，分爲江左軍江右軍，李宗仁爲江左軍總指揮，程潛爲江右軍總指揮，西路軍集中黃陂孝感一帶東路軍集中嚴衢一帶中央軍之江左軍集中英山霍山一帶江右軍集中九江祁門一帶統限二月二十日以前集中完畢。迨集中後，西路軍由黃陂孝感沿平漢路進窺武勝關河南，東路軍由閩贛分道入浙，進窺松滬，並協助江右軍略取南京，中央軍之江左軍由英山霍山進取安慶，協助江右軍攻取南京後，進窺津浦路，江右軍由九江東下，略取蕪湖南京，此爲作戰計劃之大要。

二　攻皖之經過　當時江右軍分爲三縱隊，第一縱隊第六軍第十七第十九兩師，在九江附近集合後，於二月二十二日沿馬當東下，留第九師鎮搜口馬當一帶；第二縱隊爲第二第四第五第六各師，由贛東協助東路軍入浙，第三縱隊獨立第二師第一二三各旅，在祁門黟縣附近集結。時安徽陳調元王普尚未加入革命，而總指揮程潛以進取蕪湖之目的，率部向秋蒲一帶前進；旋陳調元王普於三月上旬加入革命軍，將所部編爲北路軍，任陳調元爲總指揮，（兼任第三十七軍軍長）王普任第二十七軍軍長，安慶遂不血刃而定。程潛以安慶既下，命第一縱隊於三月五日出貴池，經大通向蕪湖前進，三月四日第三縱隊到達靑陽，七日繼續向蕪湖前進，時當塗有魯軍數千人，與蕪湖相逼處，第十七師師長楊杰於三月六日派團長胡文斗率混成一支隊先至蕪湖，楊亦率部隨至，復由陳調元部之協助，蕪湖乃完全爲革命軍克復。自此以後，長江下游軍事日益進展。蔣中正爲淸理安徽政務與巡視前方各軍，於三月中旬，命總部先後推進九江安徽，江右軍又進而略取當塗。三月十一日以前，其第一縱隊在東梁山塲橋鍾山之綫，第三縱隊經青陽到達淸水河黃池鎭烏溪鎭之綫，第二縱隊經廣德寧國於三月十二日到達高淳東部地區。是時孫軍沿當塗護駕墩望博溧水之綫拒守，程潛乃命所部於三月十五日開始攻擊，第七師由護駕墩向當塗，第十九師向博望，第三縱隊獨立第二師已攻陷薛鎭新市鎭，並協攻當塗；第三縱隊第二軍攻洪藍埠及溧水，苦戰惡門，遂於三月十六日完全占領當塗溧水之綫，乘勝追擊，其先頭部隊於十七日到達慈湖鎭震里鎭小丹陽鎭曹村鎭烏山鎭之綫，程總指揮乃規定與東路軍略攻南京會戰計劃。其作戰方針：先擊破秣陵關東西地區之孫軍，威脅北軍之後路，以一部在淳化鎭龍都鎭之綫警戒句容方面，掩護革命軍之右側背，原定三月二十一日按此方針開始向秣陵關江寧鎭之綫攻擊，因北軍以五六千人從朱門鎭向濮塘鎭反攻，遂於先一日（二十日）全綫開始攻擊，左側支隊第十七師於當日晚占領銅井鎭；二十一日，中央軍江右軍全綫，有非常之進展，左側支隊第十七師得左翼隊第三旅之協助，占領江寧鎭，預備隊第十九師及左翼一二兩旅，占領陶吳鎭，右翼隊亦於是日曉將祿口之北軍擊破，猛力追擊，於正午遂占領秣陵關。右側支隊第四師同日驅逐湖熟方面之孫軍，進占龍都鎭。二十二日，繼續苦戰，左側支隊第十七師與左翼隊第三旅，協力攻破板橋鎮附近之孫軍，左翼隊主力在牛首山之西部與孫軍激戰，總預備隊第十九師亦在上石馬觀音山一帶激戰，右翼隊及左側支隊前達殷巷鎮淳化鎮之綫。

三　**東路軍之戰鬥經過**　先是革命軍東路軍區分爲六個縱隊，自克復杭州後，於十六年二月下旬，何應欽白崇禧會商於富陽，決定以前敵總指揮部之第一第二第三各縱隊攻略上海，以直屬之第四第五第六各縱隊及第二軍，經宜興溧陽向常州丹陽前進；占領常州丹陽後，以一部右旋，向蕪湖蘇州協同前敵部隊，殲滅上海附近之孫軍；以主力左旋，向南京前進，與江右軍協同略取南京。方略既定，何應欽即率所部於三月七日推進至湖州長興四安廣德安吉之綫，北軍退守溧水溧陽，企圖反攻，宜興附近由鄭俊彥躬親防禦，南京方面則直魯軍出師來援，梁鴻恩部則集中主力於蜀山張渚間，其前方部隊，在二十三灣襄王嶺分岡嶺即皖浙北境之高山一帶佈防，而以主力攻溧陽，俟溧陽克復後，即轉向拊張渚蜀山之背，以收環攻之效。佈置就緒，即於十三日開始攻擊，激戰終日，迄無進展。孫軍白寶山鄭俊彥以戰鬥劇烈，分率所部至張渚蜀山以厚其兵力。革命軍亦調第六縱隊之一部協助第五縱隊進攻。十四日，革命軍振作精神，奮勇前進，因魯軍憑藉高山頑強抵抗，苦戰半日，始將襄王嶺分岡嶺占據。第四縱隊亦在田舍附近與孫軍接觸，無大勝負。十五日，革命軍第四縱隊大破戴埠之孫軍，第五隊亦克張渚蜀山，孫軍無鬥志，往宜興常州退去。十六日第四縱隊占領溧陽，孫軍退常州鎮江，第五縱隊占領宜興，第二軍占領溧水，自此寧滬震撼，革命軍乘勝直追，決心占領常州丹陽，以突破滬寧北軍戰綫，孫軍聞風膽寒，紛紛退却。何應欽乃命第五縱隊經和橋映雪橋進攻常州橫林，迨常州克復，即轉攻無錫，第六縱隊經官林鎮進攻常州丹陽，第四縱隊先肅清金壇孫軍殘部，再分兵出奔牛呂城以取丹陽。常州以東魯軍，於十七十八兩日全部退往南京，常州白寶山部，以猝不及避，經革命軍擊潰奔牛，白部則仍抗頑，經革命軍調隊增援，始殲滅之。常州丹陽先後克復。但與江右軍失聯絡，不明南京情形，何總指揮乃令第五縱隊自松滬前進，第六第四兩縱隊，積極向南京進前，二十二日到達鎮江。第二十三師抵蜀山句容附近。時江右軍正向南京攻擊，激戰於觀音山尖山幕府山一帶，卒將北軍擊退於雨花台方面，北軍因收容不及，未能在該處占領陣地，狼狽竄遁，總預備隊第十九師遂於二十三日下午六時進入南京，東路軍亦進駐棲霞街東流鎮之線。知南京已爲江右軍占領，何總指揮隨即令第六縱隊在湯山鎮附近待命，親率第四縱隊入駐南京。直魯軍退走時，曾侵擾外僑領館，外艦遽開砲轟擊。遂成南京事件。程潛入城，擒斬搶劫者數人，秩序乃定。外交方面，經年乃交涉解決。

四　清黨事件與國民政府定都南京　國民黨內所包容之共產黨份子，反對黨軍急行北伐，於北伐軍占領武漢，蔣中正赴江西以後，即挑起武漢江西兩方面之意見，因而分裂。中央黨部及國民政府自廣州北遷後，亦因此而生派別。三月中旬，第三次中央全體會議在漢口集會後，武漢之反蔣風潮，日益擴大，不贊成反蔣之軍政官吏悉遭排擠，蔣中正肅清東南後，即謀有以應付之。四月二日，中央監察委員會在上海開會，提出檢舉共產黨連結容納於國民黨內之共產黨員謀叛國民黨之議案，經議決，令各地軍事當局將其首要各人，以非常緊急處置，分別看押監視。同時除武漢方面以外之革命軍領袖，亦集於上海，討論應付時局之方針。汪精衛因共產黨之危害國民黨，而黨內之腐化分子又藉此而擾亂，圖竊政權，乃急自海外趕回，謀和緩此風潮，而維眞正之黨脈，與共產黨首領陳獨秀發表聯合宣言，勸告兩黨黨員『立卽拋棄相互間的懷疑。』旋，汪精衛親赴漢口，漢口之反蔣風潮愈烈。上海方面之護黨救國反對武漢聯合會議之舉動之聲浪，亦日益高張，分裂益甚。汪精衛赴武漢前，曾約上海各中央委員約定四月十五日開第四次中央全體會議於南京，己則勸導武漢委員東下協議合作方法。及期，上海委員於北軍反攻之砲聲中集南京，而汪及武漢委員不能至，乃開預備會，決定在南京組織國民政府。四月十八日，國民政府開始在南京辦公，中央政治會議發表建都南京宣言，幷電請在武漢之汪精衛譚延闓等來南京行使職權，此後，黨內糾紛雖烈，而中央根基已立，第三期北伐之事業，

得以開始。〔關於黨事非本書範圍除清黨與軍事有關係外概不叙錄〕

五　奠都南京後之軍事狀況　國民政府於十六年四月十八日奠都南京，維時政樞甫定，元氣未足，益以防共清黨，未遑渡江追擊，致孫張各部竟敢走而復返，列兵大江北岸，與革命軍隔江對峙，於浦口砲擊下關，使國民政府初定之首都不寧。當時大江南岸革命軍之配備，及海軍之游弋，實力支配，爲；上海吳淞一帶之駐軍爲第二十六軍，常熟爲獨立第二師，江陰爲第十四軍第一師，鎮江高資爲第十七軍，下蜀龍潭爲第四十二第五十八兩獨立團，南京爲第一軍之第二第三第十四各師，并第四十軍，南京采石磯間爲第三十七軍，當塗蕪湖間爲第七軍。革命軍長江艦隊分四區警戒江面：吳淞江陰間派海容海籌應瑞三艦遊弋，江陰鎮江間派楚有通濟兩艦遊弋，鎮江浦口間爲楚同聯鯨兩艦遊弋。時江北部天廟砲臺爲孫軍占領，革命軍楚有艦曾與之砲戰，當江右軍占領南京以前，即計劃以江左軍經略皖北，進攻蚌埠，以期一舉而肅清淮南，鞏固首都。嗣因武漢方面不發餉彈，與東進遲滯，而失事機。迄四月上旬，李總指揮乃率第七第十第十五各軍，集結於安慶蕪湖一帶，整頓部隊，以備續行北伐。

第二十四章　國民聯軍之奮戰

第一節　國民聯軍之返旆

一　國民聯軍之組織　自馮玉祥於民國十五年八月二十五日在游俄歸國途中發表率國民軍全軍正式加入國民黨，（時距國民軍退出南口十餘日正值國民革命軍攻克岳陽之候）於是西北革命軍與國民革命北伐軍隊成南北呼應之局。九月十五日馮玉祥抵五原。十七日就『國民革命軍聯軍總司令』職，授旗誓師，令全軍繞道甘肅，援助陝軍，解西安之圍，并預定衝出潼關，與占領武漢之國民革命軍會師河南之計劃。是時該軍之兵力及位置如下：

隊號	駐在地
韓復榘軍	歸化附近
陳希聖軍	武川附近
石友三軍	包頭

張萬慶騎兵師	固陽附近
趙守鈺騎兵師	甘邊
方振武師	五原
弓富魁師	五原
馮治安師	五原
劉如明師	臨河
孫連仲師	平羅寧夏一帶

合計各部除原駐甘肅者外，數不滿十萬人，械彈缺乏，給養艱窘；兼以漠北寒苦，冬衣無着，將士凍餓，殊爲困難。經馮玉祥慘淡經營，歷月始安。是時甘肅未靖，西安被圍，北伐大軍方與敵鏖戰於鄂贛，馮玉祥乃決定以全軍入陝出潼關，以期與北伐大軍會師中原。

二　國民聯軍之恢復甘肅及援陝布置　國民聯軍在南口劇戰時，吳佩孚嗾使甘軍張兆鉀孔繁錦各率部萬餘人進犯皋蘭，（甘肅省長）甘肅總司令劉郁芬當令師長孫良誠督率梁冠英旅，布防皋蘭城東響子水，張維璽旅據城南冠山一帶，安樹德旅據城西溝窪山等處，取攻勢防禦。七月上旬敵軍來犯，被國民聯軍沉着破擊，敵分向平涼天水潰退。國民聯軍派隊追擊，八月下旬，先後占領天水平涼，孔張逃散，甘亂乃戡定，即進兵援陝。當決定以孫良誠爲援陝總指揮，方振武爲援陝副總指揮，由第一路方振武部，第二路劉郁芬部，第三路孫良誠部，第四路馬鴻逵部，第五路石友三部，第六路韓復榘部，第七路陳希聖部，及劉汝明孫連仲韓占元韓德元各師，騎兵鄭大章張萬慶等旅，銜尾向長安進發。孫良誠率前方各軍，由邠州大道，迅向西安攻擊前進。另以駐天水之張維璽師進攻隴縣汧陽，以掩護大軍之右翼。

第二節　陝西戰事

一　收復寧夏　十月初，方振武部出五原，孫連仲師出寧夏，馬鴻逵部出固始；綏包方面敵軍見國民聯軍勢力復興，遂派大軍西襲。國民聯軍急令鄭金聲爲東路總指揮，督率石友三部陳希聖部第二路及騎兵游擊師，騎兵第三第四師，第五師之第二旅各部，在包頭五原一帶，步步防禦，漸次西撤。馮玉祥則督飭韓復榘軍韓德元師馮治安師韓占元師趙守鈺騎兵師之一旅，移駐寧夏。十一月二十八日，馮玉祥在磴口得孫良誠報告：『我軍於二十三日進至興平醴泉之線，圍攻咸陽，敵聞風撤退，遂於是日占領咸陽。隨令各軍進取西安；以第十一路方振武部及陝軍一部爲右路，向涇陽攻西安城北附近之敵；馬鴻逵部爲右路，向鄠縣攻西安城南附近之敵；孫良誠任中路，由咸陽直攻西安正面。

二　解西安之圍　西安自四月中旬爲劉鎮華所率之鎮嵩軍所圍困。時劉受吳佩孚委任爲「討賊聯軍甘陝軍總司令。」被圍之初，城內人民即進行和平運動，後守將李虎臣楊虎臣表示願堅守以待國民軍，對劉堅不退讓，和平遂絕望。劉鎮華既無力攻下堅城，則在環城造長衞，掘深壕，使城內外隔絕，以待守軍久困食盡而自斃。人民於五六月時，常得國民軍援陝部隊不久可至之消息，尙認爲城圍易解，食糧得以支持；及懸望四五閱月，未見援軍踪跡，始起恐慌。十月以後，城內民間所藏食糧，已盡爲軍隊搜盡，軍有糧而民無食，斗麥之價由十餘元增至百元以上，貧者坐以待斃，富者雖出巨價購買，尙因軍隊搜查，不得携回家中，因是每月餓斃人民數百，道路之上，屍骸狼藉，苟得生活者，亦日不得一粥，困坐愁苦，以待與餓鬼爲伍，如此浩刼，固亙古所稀見，如此慘劇，亦出常人意料之外。其時國民軍先頭部隊，轉戰甘陝邊境，與北系諸軍相周旋，後路大隊則行軍冰天雪地沙漠不毛之地，察綏之奉軍躡之於後，無情風雪阻之於前，行軍數十里，僅得稀粥一碗，棉衣未備，駝馬殊少，或凍死於道路，或殘廢而難行者，爲數頗多，其所身受，與西安圍城內人民比較，無甚差別，卒因官兵勇撲前進，氣不稍衰，軍事勝利。吳新田軍屢戰必敗國民聯軍於十一月中旬，次第占領三原咸陽諸要隘，解決北系各軍。劉鎮華即集中兵力向中路來衝。國民聯軍各將領沉着抵禦，劉軍未得逞。國民聯軍之劉汝明師趕至，即由左翼十里舖進攻，拊敵之背。孫連仲師由右翼向藍田臨潼繞攻。十一月二十六日拂曉，開始總攻擊。激戰一晝夜，劉汝明已抄繞至十里舖。敵軍鎮嵩軍劉鎮華部以後路被抄，全綫動搖，分向潼關同州武關一帶潰退。遂於二十七日午前十二時，解西安之圍。劉汝明師乘勝追過潼關，其先頭部隊，進至豫境閿鄉。方振武部進至同州，即將敵軍麻振武部圍困城內。右路方面馬鴻逵部亦抵藍田一帶，孫連仲進達商雒。孫良誠乃率部進駐渭南。是役斃敵無算，奪獲大砲械彈甚多。

三　援豫之進行　十六年一月下旬，馮玉祥進駐西安，積極整頓軍隊，準備援鄂攻豫，會師中原。決定計劃，分兵三路，向鄂豫晉綏四省進展。中央軍由馮玉祥自兼，集中河南之閿鄉一帶，沿隴海路直向陝洛進展；並令孫連仲率所部馮治安第四師韓德元第五師第十六路張耀樞師為右路軍，出紫荊關，向老河口南陽一帶進展；徐永昌率所部為左路軍，假道山西，直趨石家莊；岳維峻〔時由太原來歸〕為南路總司令，督率舊國民軍第二軍留豫各部隊，由盩厔鄠縣富平柞水一帶集中商雒；岳哲元為北路軍總司令，集中所部於寧夏，擬東連在綏遠之北方軍商震所部，進攻察熱。其軍隊之編組為：

一　中央軍總司令馮玉祥，兼第一路第一路全部，第三路全部，第四路全部，第六路全部，第十一師，騎兵第一旅，騎兵第二旅，屬之；

二　南路軍總指揮岳維峻，第八路全部，第十二路之一部，第一師康保傑旅，何全昇旅，張德樞旅，丑彥傑旅，胡景銓旅，屬之；

三　右路軍總指揮孫連仲，第十四路全部，第五師，第十六路之一部，屬之；

四　左路軍總指揮徐永昌，第十五路全部，及第九路全部，屬之；

五　北路軍總指揮宋哲元，第七路全部，暫編第一第二師，第二十二師，騎兵第五師，屬之。

左路軍因須進出晉境，行軍不便，南路軍則因所轄各部隊懷土戀鄉，未能依時動作，故直接作戰者，惟中右兩路而已。時，馮玉祥奉國民政府特任為『國民革命軍第二集團軍總司令』，遂於十六年五月一日在西安新城誓宣就職，所部一律改稱為『第二集團軍』，與北伐軍編成之『第一集團軍』，閻錫山所部之『第三集團軍』，同為國民革命戰鬥部隊。六日，馮玉祥移駐潼關，督師東下。

第二十五章　第三期北伐

第一節　第三期北伐計劃之變遷

一　三期北伐之價值　國民革命軍第三期北伐戰事之進行，雖因日本帝國主義者出兵山東及寧漢互防陳兵湖口之關緊，受不少之影響，使孫傳芳得苟延殘喘，且能乘機一度南下，以致龍潭激戰之役震動東南，幽燕直搗之期遲誤半載。此與一二兩期驚震全國之戰績相較，未免稍有遜色。但就北伐軍事之全程觀察，其價值有可得而言者：

一　在一二兩期戰事中，革命軍對於其敵人——軍閥——固取各個解決之策略，即其自身——革命軍隊之全體——亦不免進行未能一致之缺點；及第三期而革命軍隊全體動員，豫軍與蘇皖軍既取得適當之聯絡，晉軍突起更成南北呼應之形勢。同時孫傳芳及北方反革命之各軍，亦齊集於安國軍旗幟之下，作步伐一致之掙扎；故此一時期，實革命各軍與反革命各軍中堅戰爭開始之時期。

二 北伐戰爭開始之時，各大軍閥部下贊成革命運動之軍隊，除前所述浙皖各軍及鄂贛軍之一部外，尙多因與其首領舊有之關繫，不遽易幟響應革命者與反革命者尙是涇渭未分，及革命軍打到黃河流域，兩大勢力之中堅戰鬥開始於是河南軍隊首因吳佩孚之入蜀而相繼樹青天白日之旗，對南下之奉軍施行攻擊；津浦路上張宗昌孫傳芳部之王金韜張克瑤陳以燊各師，亦先後轉戈助革命軍向軍閥作戰；其足引人注意者，如葉開鑫任革命軍第四十四軍軍長後在津浦路之奮鬥，劉鎭華在馮玉祥任第八方面軍團長後，在豫東之努力，亦頗多可述之功績。故此一時期，亦可謂爲革命者與反革命者分淸界限之時期。

第三期北伐進行之形勢，就積極方面言之，略如上述，若更就消極方面而言：則孫傳芳偸渡龍潭，而津浦路直魯軍大隊因防豫軍東來，未能南下應援，致孫軍爲革命軍第一第七兩軍所殲，終歸失敗；馮玉祥初敗於舊京漢路，而奉軍精粹，因懼晉軍截其後路，不敢乘勝直追，凡此互相牽制，使反革命各軍受革命軍之攻擊，應付未遑，不能回擊者，迫於形勢，結果應爾也。吾人觀第三期戰事完畢之時，南京之革命軍屢敗屢進，卒能占領徐州，馮玉祥部之前進，雖受挫折，終在鄭州以北，與奉張相持；晉軍縮短戰綫後，卒能力守雁門娘子兩關之險則第三期戰爭之最後目的必能達到，已無待蓍龜矣。

二　**三期北伐之最初計劃**　自上海武漢有裂痕，軍事上已大受影響，幾趨於完全停頓。即政潮方面，亦紊亂已極。武漢國民政府雖亟謀定豫，亦因牽制而不克調軍出動。自四月一日至五日之數日間國民政府諸要人尙力謀免除武漢上海兩方面之破裂，蔣中正亦擬定統籌全局之四路北伐計劃，其計劃爲：

一，以已渡江北上在津浦路作戰之江右軍程潛魯滌平等數軍爲第一路軍，沿鐵路北上；

二，以已在皖北之原有江左軍李宗仁陳調元等數軍爲第二路軍，由皖北直衝隴海路，攻徐州之西；

三，以武漢唐生智所部三軍及劉佐龍部爲第三路軍，由舊京漢路北上；

四，以何應欽率所部之東路各軍爲第四路軍，由鎭江渡江攻淮揚，直出海州，脅隴海路之東。

此項計劃，終未實現，而上海武漢兩方〔以後稱甯漢兩方〕即實行破裂，預定之第三路軍既成同舟之敵岡；第一路軍之程魯兩部，亦放棄前綫遝返武漢；第二路軍李陳諸軍受其影響，不得不退保蕪大；第四路軍已占揚州之第十七軍。亦退回江南，孫傳芳張宗昌乘之兩路進迫，蔣中正於四月九日赴南京坐鎮，一時亦無術以制孫軍，此時戰局之形勢爲：

一　南京正面，張宗昌褚玉璞之直魯軍已以白俄兵駛鐵甲車爲前鋒，衝至浦口，屢以飛機巨礮攻擊南京；

二　沿江方面，孫傳芳部分路齊來，自鎮江至常熟，與革命軍隔江相持，欲伺機渡江，南侵海軍艦隊攻吳淞，圖衝入長江，掩護其陸軍渡江；

三　皖北方面，未退各軍馬祥斌王金韜在合肥，張克瑤及三十三軍之一部在六安，被孫軍圍困，奮力苦鬥，僅得保持各城，以牽制孫軍。

以上三路孫張兩部兵力張宗昌十六萬人以上，孫傳芳部約五萬，其勢力亦不可謂不足。

三　第三期作戰計劃之再決　南京國民政府既成立於此危難之局勢中，四月二十四日，於孫軍隔江開礮飛機威脅之下，召集革命軍海陸軍領袖開重大軍事會議，通電表示關於黨國大計之六項議決案：『海陸軍一致完成北伐』即其一。一時敵軍方面，孫傳芳不受招撫，所部在隔江攻擊鎮江之軍隊與浦口直魯軍相呼應，日夜向江南開砲，南侵之勢頗急；奉軍得河南後，張學良親至蚌埠晤張宗昌，協商以奉軍由豫東入皖北助直魯軍南攻，形勢之危，間不容髮。革命軍總司令部於五月九日新定三路反攻之計劃，其計劃爲：

一，何應欽任第一路軍總指揮，率第十四第十七兩軍及第一第二十六兩軍之一部由鎮江常熟渡江北進，肅淸江北，依前所定第四路路線北伐；

二，總司令蔣中正自任第二路總指揮，由白崇禧代理，以陳調元爲前敵總指揮，率第一軍之一部及第四十第三十七各軍幷前第六軍楊杰之一師，由浦口渡江北上，任津浦路正面作戰；

三，李宗仁任第三路總指揮，將第七第十第二十七第四十四及第十九軍之一部與原在皖北之第三十三軍馬祥斌王金韜之獨立師，分組五縱隊，由蕪湖分路進行：甲，斜截津浦路攻浦口直魯軍之側背；乙，北上解六安合肥之圍，聯合進攻隴海路，截斷孫軍與河南奉軍之聯絡。

第二節　三期北伐之進行

一　蚌埠之克復　三路大軍之渡江計劃定後，於五月十三日準備完畢，下三路總攻擊令。戰前，革命軍第一第二兩路軍與孫張隔江對峙，第三路軍因阻孫張進攻蕪湖及援救合肥，乃先行發動，以第七軍及第十五軍已東下之一部，集結於蕪湖，第十軍集結於安慶，新編第五第二十七軍在大通秋浦，第三十三軍在六安待命進攻。先是褚玉璞部將王金韜於革命軍克復南京時，舉義滁州，努力奮鬥，因革命軍清黨北伐稽延，乃退合肥，與已加入革命之馬祥斌軍合力固守。旋因援軍已至，與張宗昌部許琨孫百萬馬濟各軍激戰，張軍披靡，馬濟因梁園之奇襲失敗，兵潰身死。總攻擊令下後，第三路軍第一縱隊已與采石渡江之第二路軍陳調元部聯絡，斜出浦口，掩護第二路軍渡江。十五日與直魯軍在浦口之張繼善杜鳳舉兩軍接觸，白崇禧親率第二路主力在海軍砲火掩護之下，舉行強渡，占領浦口。而張褚兩軍白俄隊，猶以豬頭山為掩蔽，匿蘆洲中，發猛烈之砲火，第二路軍冒險猛勇進前，大破直魯軍於柘皋，遂解合肥之圍。張宗昌知不能支，乃於十八日下總退却令，集中直魯軍十餘萬人於蚌埠臨淮。時革命軍第一路軍猶與孫傳芳在鎮江常熟間隔江相持，第二路軍於肅清浦口後，即以第四十軍及第一軍之第一師向右發展，進攻孫傳芳軍右翼軍所在之六合，占領六合後，追躡孫軍以攻儀徵，迫孫傳芳攻鎭江之軍隊向後退却，第一路之第十七第十四第二十六各軍遂得於二十二日乘勢在鎭江江陰常熟渡過長江北岸，此革命軍三路大舉渡江之經過，亦其作戰計劃第一步之成功。第一路軍既得渡江，孫軍沿瓜泗至南通各部分兩路退却：一路自南通如臯經東台鹽城灌雲海州撤退，一路沿揚州運河向淸江浦退卻。第一路軍亦分兩路追之，孫軍猶在東台邵伯及鹽城興化高郵之線，嚴密佈防，節節抵抗，經革命軍第一路軍奮勇擊破之，遂乘勝追擊克復淸江浦，軍威大振。孫軍倉皇退走，不敢斜窺津浦路。在津浦路正面之第二第三兩路軍，既無左側及後方之顧慮，乃以全力從事於由津浦路北進之工作。時由鐵路直進之第二第三兩路聯軍葉開鑫賀耀祖陳調元三軍已占領臨淮，第三路之二三兩縱隊由合肥定遠側攻蚌埠，亦於二十一日占領其地。先是五月十四日，蔣中正命令第二第三兩路，謂『時局嚴重，須於二十一日以前克復蚌埠，方有挽救……』至此乃完全達其目的，第三期軍事計劃，大半得告成功。

二　徐州之克復　蚌埠克復後，更進行迅速攻取徐州之工作。三路軍隊之配置，略有變更：第一路須肅淸淮陰宿遷之孫軍，較爲費力，且進行時無鐵路以供運輸，尤難期其迅速，正面各軍突進，頗有右顧之憂，乃以第二軍之一部及第三路軍第一縱隊向東北斜進，擔任右翼，以防孫傳芳部援徐；第三路軍以第四縱隊指揮官第十軍軍長王天培爲前敵總指揮聯合第二路軍之一部任鐵路正面作戰，由固鎮宿縣直迫徐州；第三路軍第五縱隊之第三十三軍及馬祥斌王金韜兩師任左翼攻下壽州鳳台後，由蒙城永城攻隴海路脅徐東，幷阻河南奉軍東援徐州。新作戰計劃既定，革命軍總司令蔣中正往來各地，親行檢閱，幷爲指揮全軍進攻，於二十八日渡江北上，赴津浦鐵路方面督師。各路軍隊中，中路進行最速，三十日第三路軍第四縱隊已迫近符離集，成突出之勢，與敵方新到援軍（奉軍）激戰，孫軍退後，三路軍仍冒險前進，幷撥第七軍之一部聯絡固鎮宿縣之線，令左翼急進，期奪碭山，以阻河南奉軍繼續東來，各路不惜犧牲，迅速猛進，擊退沿路頑抗之直魯軍。六月一日，正面王天培之第十軍夾溝一戰，擊退張軍，復隨後緊追，於二日占領徐州，完畢鐵路正面之工作。同時左翼亦擊潰孫軍，迫亳縣，更急進而占領碭山單縣，右翼第二路軍亦於九日占領海州，復成齊頭幷進之勢。第一路軍更自淮陰宿遷急進，在海州迫孫傳芳部之白寶山軍歸降，（與李明揚部合編爲三十一軍旋調浙解散）孫部各軍時已遁入山東境內，堅守要地，以圖休息，第一路軍出其不意，乘勝長驅前進，直追入山東，於六月十二日迫郯城，前線乃轉成右翼突進之形勢。

第二十六章　中原會師

第一節　河南戰事

一　**豫戰之原因及奉軍入豫**　當津浦路革命軍占領徐州之日，唐生智所指揮之武漢軍與馮玉祥之西北軍，亦已與奉軍在河南經過劇戰，會師於鄭州。此時之形勢，以隴海路作鴻溝，反革命之奉直魯孫各軍處隴海鐵路以北，據浦津及舊京漢兩鐵路之北段；革命軍南京武漢西北三大軍在隴海鐵路以南，由津浦及舊京漢兩鐵路之南段北攻。同時山西已懸青天白日旗，閻錫山改編晉軍十二萬人，為『北方革命軍』由大同娘子關兩路發動，反革命各軍實不啻受革命各軍之大包圍。河南戰事實由於東北軍入河南與吳佩孚部之反奉。蓋由鄂退守河南之吳佩孚與武漢之革命軍自武勝關戰役後，即成各不相犯之情勢。斯時吳佩孚既號令不行，坐困鄭州，無力使部反攻；革命軍在武漢者僅舊第四第八兩軍，休養擴充，亦須時日，兩方均無急戰之意，局勢遂形寬緩。惟另一方面，張作霖自成立安國軍後，堅欲以奉軍自京漢路南下，藉助吳反攻之名，以實行攘奪河南地盤之計劃。初尚密派代派向吳疏通聯絡，並與吳部將接洽繼竟大軍南開，實行壓迫。時吳佩孚部下亦有聯奉反奉兩派，自相衝突。聯奉之寇英傑等以引奉軍入河南爲得計，反奉靳雲鶚等乃不得不南聯武漢革命軍，以靳達其反奉之目的。二月初旬，靳雲鶚已在信陽團結反奉各軍，樹保衞軍之幟；惟與武漢方面雖妥協，尚冀革命軍不入河南。及二月中旬，奉軍繳吳佩孚黃河北岸軍隊槍械，以重兵渡黃河南開，靳雲鶚自信陽率軍北援，兩軍開始接觸，中經數次大戰，互有勝負，卒以奉方兵精勢大，至四月底，鄭州開封相繼爲所占領，豫南吳部漸次分化，奉軍自鄭州開封更形南侵。靳雲鶚部久戰疲敝，許昌之役後，能戰之將如高汝桐劉培緒輩或陣亡或被虜，已無力支持，乃發急電，派代表，請革命軍開往河南援救，此爲四月間奉吳兩軍內部之衝突，雖屬第三期北伐戰爭中所發生之事，然實以後河南北伐戰事之肇端。

二　襄宛之役　中華民國十六年五月初，馮玉祥率第二集團軍出潼關之時，正湘鄂各軍與敵鏖戰於許偃之際，吳佩孚率其殘軍竄走南陽，會合于學忠部，號召襄樊駐軍，及徐壽椿馬文德各部，占領襄宛，擬分由鍾沙隨棗兩路襲擊武漢。革命軍右路出紫荊關，克淅川，復遣支隊於十七日占領內鄉，時于學忠張聯陞所部兩倍於革命軍，孫連仲恐敵進犯武漢，乃先攻鄧縣，以爲牽制，敵軍果全部來援。於是北伐軍得從事許偃，而無後顧之憂。迫許偃既克，黃河南岸業告肅淸，乃於六月四日令孫連仲所部，進攻鄧縣，岳維峻由內鄉出南陽，方振武由襄陽向南陽，六月二十五日，占領南陽；吳佩孚率其殘軍竄鄧縣，餘悉繳械，已而吳部閻得勝向孫連仲輸誠，秦建斌于學忠亦乞降於張聯陞，毛思部則徘徊觀望不復聽命，吳佩孚知大勢已去，渡漢入川。襄宛遂定。

三　武漢軍之北伐出動　武漢方面，初欲以吳佩孚部反奉各軍為屏障，暫免與奉軍直接衝突，以便培植實力；繼因與南京方面衝突，無暇北進，任靳雲鶚負阻止奉軍之責，另任馮玉祥為第二集團軍總司令，由潼關東征，向鄭州作側面攻擊。及南京四月二十四日海陸會議宣告一致完成北伐，長江方面內部之衝突和緩，乃決定派唐生智張發奎所部之第八第三十五第三十六（三軍皆舊第八軍擴成）第四第十一（兩軍皆舊四軍出征部隊擴成）等五軍及兩獨立師實行入河南。四月二十九日各軍輸送完畢，盡達目的地，唐張由漢口北行，視察舊京漢鐵路南段靳雲鶚軍，令以一部在原防維持地方，以一部由豫東北進攻開封歸德，而由唐張本部能戰之軍對付奉軍，任正面作戰。

四　北伐軍與奉軍之狠戰　五月一日之戰，奉軍猶未知北伐大軍入豫，依原來計劃行軍，自郾城派隊南下，包圍靳雲鶚部於駐馬店以北之一小站，而圖繳其槍械，不知北伐軍更在奉軍陣線外作一大包圍，而舉行突擊，奉軍不備，內外受攻，反損失巨數之槍械及軍用品，不得已退守漯河北岸，此爲武漢軍入河南後之第一戰。此後奉軍更定計劃，中路堅守漯河北岸，自西平伸其右翼，利用騎兵之活動，向南包抄，謀繞至駐馬店，與確山附近田維勤軍聯絡，截遂平北伐軍後路。唐生智亦以主力軍斜出鐵路東面，側攻西平，兼襲郾城，兩軍於五月五日開始在西平東側之上蔡縣作主力之戰鬥。時奉軍在戰綫者有六旅之衆，與北伐軍作繼續十餘日之激戰，確山以東之汝南所駐田維勤軍之一部，助奉之行動漸形顯著，北伐軍所處地位頗險，奉軍戰報，時傳北伐軍受損失而退，包抄計劃將成功，並非無因。但其結果北伐軍雖受重大之犧牲，終得最後之勝利，至二十一日奉軍因陳琛部在周家口附近全軍沒覆，勢頗不支，更作第二次退却，在鐵路以東者，退過西華周家口，在鐵路綫者退郾城。戰後北伐軍傷兵繼續運到漢口者，每日二三千人，戰事之劇烈，犧牲之重大，不難想見。惟北伐軍以新奇之戰略，包圍奉軍而繳其械，幷於白刃肉搏時多所擊殺，不特使之受同樣之犧牲，亦足以破其膽而奪其魄。

五　開封之占領　北伐軍上蔡戰後，重定二次作戰計劃，以張發奎部第四第十一軍及賀龍之獨立師攻周家口，即由周家口分三路：一路聯靳雲鶚部迫開封，一路直趨臨穎，一路經西華攻許昌；於鐵路正面則以唐生智部第三十六軍迫郾城。彼時馮玉祥軍在豫西已分六路東行，聲勢極盛。奉軍兩面受敵，且不得不抽調其南路軍隊赴西路助張治公拒馮，故第二次戰事奉軍聲勢已較爲減殺。奉軍曾謀以一戰挽回已失之形勢，於二十六日舉行西南兩路總攻擊，其主將韓麟春親赴許昌指揮。惟軍心已亂，鬥志全失，卒歸於失敗。唐生智部鐵路正面之第三十六軍由軍長劉興指揮，於二十七日全日激戰之後，強渡漯河，斃奉軍數千，俘獲數千，連下郾城臨潁二城；東路張發奎部於二十九日占許昌，兩路聯合北進，於三十日攻下新鄭。時馮軍由洛陽東進甚速，山西軍在娘子關之軍行動亦完成，河南紅槍會與馮軍秘密聯絡，更處處與奉軍爲難，韓麟春親行飛機視察前綫，見馬隊不戰而退，知事無可爲，遂下總退却令，鄭州乃於六月一日爲劉興軍完全占領，西路馮軍亦趕至，會同肅清奉軍殘部，正面戰事遂告一段落，同時，靳張賀亦入開封，向東北進展，黃河南岸完全入革命軍之掌握。

第二節　國民聯軍之東征

一　**國民聯軍之計劃**　國民聯軍馮玉祥部各軍，自援陝勝利，進至潼關後，因地方之整理，後防之佈置，暫未進行。五月一日馮在陝改就國民革命軍聯軍總司令職，決定六路進軍之計劃：

一，馮自率中央軍方振武韓復榘石友三各部，以孫良誠爲前敵總指揮，由隴海鐵路東進；

二，劉鎮華率東路軍（由鎮嵩軍歸降各部編成）爲中央軍之先鋒；

三，岳維峻率南路軍（由陝軍即國民軍第二軍舊部之復歸者編成）出荆紫關，繞豫鄂邊境進軍；

四，宋哲元率五原駐軍爲北路軍，合同山西商震軍攻奪京綏路；

五，孫連仲率右路軍由荆紫關趨南陽，攻吳佩孚系之于學忠軍；

六，徐永昌率左路軍（其一師原受山西收容）由陝境渡河入晉會合晉軍出娘子關東襲石家莊。

二　洛陽之戰

馮玉祥率中央軍於五月五日由河南閿鄉東進，迭克靈陝洛甯澠池等縣，豫軍張治公（領劉華鎮嵩軍已多降第二集團軍惟張據洛陽與奉軍聯絡以冀保其地盤）退守鐵門新安，并於鐵門附近，構築堅固陣地。十五日二集團軍得紅槍會之助進圍洛陽。張治公退偃師以東之鞏縣，乞援於奉軍。二十一日，革命軍第二集團軍進至澠池之東二十里，即以第一路全部攻敵之正面，以第三路一部攻敵軍之右翼，以第三路餘一部繞攻敵軍之左側，騎兵第二師向磁澗方面活動，截擊敵軍之後路。二十二日，施行總攻擊，鏖戰數時，敵軍大部退入新安城。時國軍沿鐵道進者已占領鐵門高地，將新安包圍；已而敵勢不支開城降，沿鐵道退卻者，亦在磁澗被擊散。馮玉祥聞新安捷報，即令各軍迅速尾追，使敵無整頓之暇。二十三日第十一路總指揮方振武進攻磁澗，敵軍五旅之衆，合張治公部四萬餘人，占領娘娘廟楊塚溝疊設堅固防綫以守。二十四日進擊，以敵軍砲射激烈，急切未下。二十五日第三路總指揮孫良誠分兵兩路，以石友三率第一路第三師，第三路王利民旅，及第五路之一部，爲右翼；方振武率第一路第一第二師爲左翼。二十六日拂曉實行攻擊，仰攻凡四小時，始將敵軍之第一道綫突破，復猛進，又十時，拔敵二道防綫，敵驚惶潰退。適革命軍第二集團軍第一師由龐屯鎮繞洛北邙山擊敵右側，第二師襲敵後路，鄭大章所部之騎兵抄攻洛陽之東，偃師一帶；敵以不暇分顧，悉散竄，革命軍遂佔洛陽，是役俘敵四千餘人，奪獲槍砲糧秣輜重無算。時，奉軍南路戰事正緊急，但鑑於鞏縣離鄭州不足二百里，側面之防護亦關重要，而洛陽一失，鞏縣即難保全，乃於前線二次退卻後，撥萬福麟富雙英等軍西開援張。二十六日奉軍下兩路總攻擊令時，第二集團軍騎兵鄭大章部已繞出張軍之後，與方振武夾攻奉張兩軍，故一戰之後，即下洛陽，俘奉軍二萬人，迫奉軍大隊向東急退。奉軍總退卻令下後，方鄭即躡奉軍之後，直迫鄭州，

三　**鄭州之戰**　右路軍孫連仲部五月初旬出荊紫關後，即向南陽進展，牽制奉軍于學忠，使

不敢東行爲奉軍右翼之助，以免南路北伐軍唐生智等有左顧之憂，更與南路軍岳維峻部聯絡阻于學忠乘虛進窺武漢。第二集團軍既復洛陽，即進取鄭州：以第三路由黑石關鞏縣沿隴海路向鄭州，第一路由登封向禹縣分途進展，協同第一集團北伐各軍聯絡作戰，以收夾攻之效；第四路獨任洛陽警備，第五路由洛陽經孟津偃師向鄭州直進；騎兵集團由鞏縣向河陰滎陽，斷絕敵之後方交通。計劃已定，即於二十七日開始總攻擊，進占孟津。二十八日，過偃師。二十九日，敵在黑石關頑抗，激戰終日，殊難下，已而革命軍以白刃進敵，軍大驚，向孝義逃竄。第三第五兩路，乃會合向敵掃盪；三十日，占領孝義。同日騎兵集團鄭大章已逐鞏縣，東向汜水鄭州進擊；時革命軍第一路由登封小道亦抄至密縣，敵軍前後受牽制，紛紛潰退。方振武鄭大章躡奉軍之後，直迫鄭州，三十日，進至鄭州附近。六月一日克鄭州，與唐生智部北伐軍會師。

四　第二集團軍入開封　當鄭州克復後，馮玉祥即派騎兵第一旅進向滎澤，第三旅向開封方面追擊。五月三十日，第五路全部抵鄭州。同日騎兵旅追達黃河南岸警戒。第三旅長張華堂跟追敵人。時南京北伐軍已克徐州，聲勢大振，遂入開封會師。鄭州攻下時，于學忠軍陷於四面包圍中，吳佩孚自鄭州爲奉軍所得，即依于學忠於南陽，至此不得不潛行奔往四川，于學忠亦離其軍他去，此第二集團軍在河南西部最劇之戰績。

五　鄭州會議　鄭州開封下後，武漢長沙發生反共軍事，形勢頗為緊急，馮玉祥唐生智遂有鄭州會議之發起。此會議舉行於六月十日，武漢之黨政要人汪精衛等及北伐軍將領全列席，議決武漢軍全部回師鎮壓長江上游，河南北伐東進之軍事完全由第二集團軍担任。十三日會畢，唐生智張發奎即實踐此決議案率部南回。

六　馮軍之討靳　靳雲鶚本吳佩孚屬將，自勢促歸誠後，仍懷異志，屢抗命不聽；又暗與吳(佩孚)孫(傳芳)及兩張(作霖宗昌)相勾結，陰圖煽亂。馮玉祥為銷滅隱患，於十六年九月五日暗集兵力密謀佈置。至九月七日，乃開始攻擊，命孫良誠由北向南進攻，十一日占領郾城克復漯河，靳部向上蔡項城分竄，孫連仲由南向北進攻，十二日占領西平。時新編閻得勝之部內自楊毛馬三師叛變，自信陽進犯確山駐馬店，幸漯河已解決，孫良誠派師迎擊，叛兵遂星夜兼程東遁皖境，韓復榘部於八日占領登封，克復白河進圍禹城。二十四日，靳雲鶚至艾城，收容殘兵，希圖再舉。革命軍石友三部追至，靳雲鶚親自督戰，而兵無鬥志，漸不支，遂遁去。二十日韓復榘克復禹城。靳雲鶚羽黨李振亞率殘部他走，革命軍分途截擊，奪獲槍械甚多。至是心腹之患除，而無內顧之憂矣。

第二十七章　徐州會議後之北進

第一節　徐州會議之經過

一　**徐州會議**　鄭州會議以後，馮玉祥即令其代表李鳴鐘在南京與蔣中正有所接洽，六月十六日，蔣中正偕李鳴鐘由南京抵徐州與前敵將領李宗仁白崇禧等會議兩軍北進事宜，時孫傳芳張作霖連失徐鄭，又受山西軍側背攻擊，頗有崩潰之勢，亟謀作最後掙扎。張作霖於十八日就「陸海軍大元帥」職，組織軍政府，急調東三省軍隊入關，以全力應付革命軍，時局愈爲嚴重。於是國民革命軍總司令蔣中正與國民革命軍第二集團軍總司令馮玉祥於六月十九日開始在徐州作繼續三日之會議。國民政府中委胡漢民等八人亦自南京趕往列席會議。會議結果，除蔣馮聯合通電聲明「兩部數十萬將士，爲三民主義信徒，……必盡掃帝國主義之工具，以完成國民革命之使命」外，蔣中正放棄其所豫定「暫守徐州停止北進回師鎭壓長江中部」之計劃，決定與馮共同北伐，并同意於馮所定之對付武漢之方針。

二　徐州會解決定之軍事計劃

徐州會議所決定之共同北伐計劃中，關於兩軍進軍路線之分配為：

一，國民革命軍第一二兩路軍聯合任東路，由贛榆郯城兩線北進，攻略魯東各地，與第三路軍會師泰安，並分兵襲膠濟鐵路，白崇禧指揮之（第一路軍總指揮何應欽回鎮南京）

二，國民革命軍第三路軍任津浦鐵路正面作戰，李宗仁指揮之，

三，國民革命軍第三軍之馬祥斌王金韜王普諸部與國民革命軍聯軍劉鎮華鄭大章聯合進攻濟寧；

四，國民革命軍第二集團軍中路軍任舊京漢路正面作戰，孫良誠指揮之。

三　攻魯之戰

國民革命軍担任一二三線各軍於二十三日開始總攻擊，期以兩星期迅速攻下濟南，然後抽調重兵南旋，鎮壓長江中部。總攻擊令下後各線軍隊努力前進：

一，鐵路正面李宗仁軍先以第一縱隊攻台兒莊，并側脅韓莊，第二第三兩縱隊由花山渡運河，向韓莊東南壓迫，第四縱隊攻韓莊正面。三處直魯軍等均凴險作

猛烈之抵抗，惟與革命軍激戰一日後，即行潰退。李宗仁於二十四日占領韓莊後，各縱隊互相聯絡，奮勇作戰，二十六日克臨城，俘魯軍馬玉仁部萬餘人，更得紅槍會之助，於二十七日克滕縣，迫直魯軍狼狽退向兗州；

二、東路由贛榆郯城分道北進，謀與李宗仁會攻泰安；第一路軍以降軍白寶山馮紹閎為前驅，占日照，攻諸城，直迫膠濟鐵路。及七月三日，因孫傳芳軍周蔭人部陳以燊等三師二旅在膠濟路一帶宣布受馮玉祥委任加入革命軍，遂中止前進；

三、馬祥斌王金韜等由碭山北進，深入山東境內，於二十九日克單縣金鄉，進攻濟寧，惟王金韜部突起內變，擅自退卻，馮玉祥所派鄭大章騎兵又未能應時赴援，遂受迫一退於金鄉，再退於碭山。

第二集團軍總司令馮玉祥既派鄭大章自豫東攻曹州，與國民革命軍相呼應，又於七月一日向各軍下渡河命令，限十五日全部抵河北。四日孫良誠指揮各軍自鄭州正面及西路鞏縣孟津北渡，石友三自開封北渡。時奉軍因受山西軍在娘子關活動之影響，漸次向後移動，以主力集中石家莊，而令直魯軍褚玉璞孫殿英王棟等部在大名與曹州張宗昌軍聯絡，抵抗北伐軍，故國民軍聯軍正面孫良誠部渡河後，數日間迭克新鄉衛輝，十四日占領彰德，前鋒入舊直隸省境，攻磁州，與在娘子關活動之山西軍，遙相呼應。惟東路則為大名直魯軍所阻，兼受國民革命軍馬王兩部在魯西失敗之影響，未能有所進展。

第二節　北伐之中挫

一　日兵侵魯暗助直魯軍　國民革命軍北伐以後，帝國主義者因欲助其工具保持原有勢力，並懼革命成功，彼等控制中國之勢力將失墜，嘗百計對革命軍之進行加以阻撓。英吉利帝國主義者之增兵上海，南京事件發生時長江外國兵艦之開礮猛轟，皆其實例；然尚未致如日本之敢冒不韙，派大隊陸軍侵入中國內地，以顯明之行動，壓迫革命軍，及以其兵員加入張宗昌軍作戰也。日本出兵山東之侵害中國領土主權，與破壞中日親善，防礙革命軍進行之事實，誠為我國不磨之恥。當時日本田中義一內閣之決定出兵山東，為五月二十八日，正北伐軍在津浦路迫近徐州，在隴海路及舊京漢路協攻鄭州，在大同娘子關開始活動之時。其出兵之畏懼革命勢力之伸張，與欲援助北方軍閥保持殘勢力，已為昭然之事實。故日本內閣與其在中國之使領雖聲明：『出兵除保護僑民財產外無目的，對南北作戰不干涉，不妨碍將來南軍占濟南後更北進，亦不阻碍。』而中國人民終不之信。未幾，日少將鄉田兼安於五月三十一日率其在滿駐屯兵二千名（實際不祇此數）抵青島，六月中旬即盛傳有日本便衣兵入濟南加入張宗昌軍對革命軍作戰之事。其後白崇禧於魯東所俘張軍中查出着直魯軍服裝之日本兵屍，上海後方，此事愈益引起在華外人之注意。七月初旬，日軍司令部欲洗刷其參加中國內戰之嫌疑，請革命軍總司令部派員駐日兵營監視；但革命軍所派人員一抵青島，即為直魯軍所拘，其為詭計，更不待言。此日兵直接加入張宗昌軍作戰之事實。陳以粲之參加革命軍，據膠濟鐵路中段之形勢，隔斷張宗昌軍青島與濟南之聯絡，更有東路革命軍與之呼應，其成功本頗有把握，乃日軍於七月十日派大隊以開赴濟南為名，強迫陳軍恢復膠濟鐵路交通，既突破陳軍之勢力範圍，又沿路駐軍，妨礙陳軍之進行，卒致孫傳芳張宗昌得以壓迫陳軍，而陳軍因此終陷於失敗。此日兵間接以軍事行動妨礙革命軍進行之事實。孫張兩軍既因日兵直接易服加入作戰，增加其戰鬥力，又因日兵破壞陳以粲軍之獨立，得免其濟南東側之危險。於是國民革命軍迅速攻下濟南之計劃，遂受障礙，而日軍在革命軍各路退敗後，即於十月間撤兵回國，亦顯見其出兵作用之所在。

二　寧漢分裂之影響　革命軍寧漢之爭，實爲北伐軍事進行之大障礙，觀第三期北伐戰事開始時之形勢，已可瞭然。鄭州會議後唐生智張發奎兩部五軍之衆，陸續退出河南，回駐武漢。未幾，武漢方面忽有東征之舉，盡其力向下游前進，六月二十七日李宗仁率北伐軍攻克滕縣時，武漢東征軍由長江直下之張發奎賀龍諸部已達九江，由江左東行之程潛唐生智部已抵黃梅，更由江西出兵，向浙江邊境進行，長江中部及江浙之形勢，頓形嚴重。於是國民革命軍總司令部爲應付此嚴重之局勢，不得不急令北伐前敵各軍班師，以鞏固首都。初次班師計劃：津浦鐵路正面留第三路軍之第四第五兩縱隊由王天培統率守臨城，第二路軍鄭振銓顧祝同兩師守棗莊，以爲犄角，暫行據險固守。東路方面因陳以粲之加入革命軍，亦令各軍停止進行，斟酌抽調南歸。計劃定後，第七軍由李宗仁統率，於七月三日開始由臨城向徐州撤退，即開蕪湖布防，其餘賀耀祖之第四十軍，葉開鑫之第四十四軍及第一軍第十五軍之一部，并第一路所屬各軍，以次調回南京。七月中旬，本爲國民革命軍由徐州動員時所豫定攻下濟南後班師之期，至此因環境變遷，濟南未下，前敵重兵已不得不急行南旋，紛集長江，以爲另一戰事之準備。

第二十八章　寧漢關繫改變中之北軍南侵

第一節　寧漢分裂之影響

一　寧漢關繫之改變　武漢南京間由黨務政治不同而起之衝突，終於八月初旬由和緩而漸趨於解決，其原因：

一、武漢中央黨部於七月十五日議決取締共產黨後，共產黨陰謀抵抗，有八月一日東征軍賀龍葉挺在南昌之變亂，此一事變頗足以供武漢方面之覺悟；

二、馮玉祥孔祥熙等於七月十四日電雙方陳述自相備戰之三不可，提議召集開封會議，（後經接洽之結果改爲安慶會議）和平討論，得雙方之贊同；

三、武漢方面同意於南京爲首都，南京方面同意於第四次中央全體會議之召集，雙方成立諒解；

四、雙方同認北伐進行爲重要，有合作對付北方軍閥之決心。

八月十三日國民革命軍總司令蔣中正既宣言下野，及二十二日，武漢代表汪精衞譚延闓孫科唐生智等，與南京代表李宗仁等在九江商議合作辦法，譚孫李卽赴南京。經此變動，黨政兩問題雖未完全解決，而寧漢兩部集中長江中部互相備戰之形勢，則爲之一變，惟內部之爭，甫因和解得告一段落，而北軍之南侵，則竟成星火燎原之勢。

二　**北軍之南侵**　初津浦路正面張宗昌部，於革命軍李宗仁率第七軍回師時，卽試行反攻，適革命軍擔任防守臨城之王天培部第十軍於五日發生內亂，乃受重大之損失，退守運河南岸，幸其時賀耀祖整其將行回師之軍隊，從右翼向敵側擊，孫張兩軍乃未敢南攻。及陳以燊在膠東失敗，山東無內顧之憂，孫傳芳整頓所部，與張宗昌聯合南下，於七月二十五日迫徐州。時革命軍南歸部隊，已開拔淨盡，豫定留前線作主力軍之王天培部第十軍又作戰不力，總司令蔣中正乃回南京，與何應欽白崇禧李宗仁三總指揮協商抵禦孫張兩軍之方法。孫傳芳既占領徐州，卽分兩軍南下：一由津浦路攻蚌埠，一由宿遷侵淮陰。革命軍各將領彼時忙於寧漢合作之協商，總司令之挽留，對於軍事未能以全力應付。孫傳芳則視此時爲其最後掙扎之良機，不顧張作霖之電阻，不計及張宗昌在濟寧及徐州東面爲馮玉祥軍所牽制，難以南下援助，而惟一意行險，急急南下。初時進行雖極順利，而龍潭一戰，終歸覆沒，軍閥最後努力之結果，如是而已。

第二節　龍潭之戰

一　孫軍之渡江來侵　龍潭之戰，就黨國全局言之，則關繫首都之安危，表示革命軍隊之精神，為國民革命史中重要之一頁；就軍事之劇烈言之，則以龍潭附近數十里之地，集兩方軍隊十餘萬之衆，激戰七日，死傷數萬，其在國民革命軍北伐戰史上之地位，蓋可與汀泗橋武昌南昌諸劇戰相等，或且過之。十六年八月十七日，孫傳芳軍迫近浦口。革命軍第七軍及第十五軍又奉調回南京，分駐地——東由烏龍山起，西至江寧鎮北，扼守防禦。二十六早，孫軍約六七千人，由划子口潛向南岸烏龍山笆斗山燕子磯等處強行渡江，七時八時之間，且乘革命軍第一軍之二十三團防兵虛薄，攻進三砲臺一帶高地，復進占新花營等處，乃急令此方預備隊第十四軍由賣糕橋向前增加，立時將新花營之孫軍，消滅大半而克復之。隨向已失砲臺猛攻，均第次克復，將孫軍多半壓迫沉沒江中，餘向烏龍山聯合登岸之孫軍反抗，旋被革命軍猛勇摧破，孫軍乃向棲霞山奔退；其時革命軍防守棲霞及南北象山軍隊，係第一軍之二十二師，衆寡不敵，遂為孫軍所占領，滬寧鐵路因之中斷。革命軍第七軍因時入黃昏，即在原地澈夜防堵。此時由燕子磯登岸之孫軍，亦被革命軍壓迫，入張家六段，盡殲滅於蘆葦中。當二十六早李總指揮得警報時，立調第一師長率三團士兵自堯化門進發第三第五獨立團增新花營烏龍山方面，均於是日下午到達前線兵力既厚，棲霞山方面雖有少數官兵退回南京邊境，然秩序一如平時。占領棲霞山之孫軍，尙在掩護其後方部隊渡江，數近兩萬，革命軍乃定二十七拂曉攻擊，令第七軍副軍長夏威前往指揮，乃使第一師沿鐵道，第二師由鐵道右側，第三師沿江岸，同向棲霞山攻擊前進。

二　**龍潭之激戰**　二十七日，革命軍砲兵占領南北象山迤西一帶高地，擊兩山之孫軍，掩護各師同時進攻，節節勝利，第一軍之第一師第二十團，是日上午九時占領北象山，十九團隨由甘家港轉出鐵路右側高地，占領南象山。此時第三師楊副師長騰輝率第三第五兩獨立團擊退小西村高地之孫軍，向棲霞山圍擊。至破門崗邊，適遇由南北象山潰退之孫軍，即將其全行繳械，第三團由丁山直出棲霞街，接近棲霞山，占領該山腹部，盡將附近之孫軍驅逐繳械，孫軍餘部退上山巔二芳宮頑抗，而時第二師第二團由楊家橋經上中下眉目，衝出棲霞山東鐵道，截孫軍退路，砲兵第一營亦占領上眉目南方高地，擊山頂之孫軍，第四團之一營協同第三團猛撲山頂之孫軍，第十九第二十兩團，隨由南北象山，進占棲霞山，連占協同山，後革命軍節節仰攻，死傷相繼，然而勇氣曾不稍懈，攀撲不已，礮兵亦及時命中山巔，歷戰四小時，至下午三時始將孫軍屈服繳械，其餘一部，退向江邊，適與第一軍之第三師在破門崗繳孫軍由南北象山潰退之械時，所派自四圩江岸一帶搜索之第三獨立團相遇，正欲撲滅，忽有外國商船，前來掩護，防革命軍之射擊，故有少數逃去。一部向龍潭退潰，革命軍第一師之十九團，及第二師之第二團跟追，第一軍部隊由龍潭兜擊孫軍之先頭部隊，被其繳械二千餘；是時已旁晚，而棲霞山爲第一軍防地，方決定交還防守，第七軍則於二十八日歸還原防。是夜，革命軍克復棲霞山後，又有孫軍數十船，約數千人，復由划子口登八卦洲，迫近內河，猛向下關強渡，此時革命軍在棲霞山部隊未回，祇第七軍守江岸之第十六團，勇猛防禦，劇戰至十二時，孫軍卒不得逞，乃自行退去，據俘虜旅長姚國英稱：『此次首先渡河之孫軍，分三路：第一路李寶章由龍潭，第二路段承澤由烏龍山，第三路鄭俊彥由燕子磯笆斗山。原定二十四日舉行，因進備不及，乃改二十六日早。』如此，則孫軍之中右兩路，已被殲滅。是日共繳孫軍槍械四千餘，俘虜五千餘，孫軍死傷二千，革命軍亦死傷五六百。二十八早，革命軍奉軍事委員會轉第一軍報稱：『龍潭緊急，令第七軍赴援……』李宗仁乃令在棲霞山之第一師緩歸南京，立即往援，李師長即率第二軍及第三團向龍潭前進，但昨日第二團由林家壩郭家村追向江岸，孫軍退至樊家村宿營，於上午五時，正欲回京，忽聞第一軍在龍潭與孫軍激戰，旋向該軍攻擊。下午六時占領後江新圩。李團長獨斷互助友軍，乃令第二營攻擊該軍，因戰地係田與堤，不能展開多數兵力，且該軍又係多用短槍衝擊、第二營不能取勝、李團長復命第一營劉差遣率帶全團短槍及手機關猛衝，該軍始動搖，第二營乘勢搏擊，該軍乃不支，劉差遣即占領仁莊。同時第三營及機關槍連亦在左由藍洲圩外堤攻擊，第二營於十二時占領河上圩、第一營亦到達二三兩營之間村落警戒。惟孫軍尚據石莊前大圩至江岸一帶頑抗，第三營數次衝鋒，不能奏功，營長陣亡，此時第七軍之第一師長率第二十第十九及第三各團至，仍令第三及第十九團由石埠橋及沿鐵道向龍潭前進，援助第一軍及第二團與第十九團。到達龍潭附近時，孫軍正與革命軍第一軍激戰，乃令第一第二兩營向新盛圩北攻擊，孫軍憑依圩堤林屋，十分頑抗，復令第三營向右增加掃射，孫軍勢稍挫，正擬乘機殲滅該軍，適第一軍將軍站失守，孫軍且占領黃龍山高地，向革命軍瞰射，革命軍幾入包圍之中，團長李明灝當令特務連機關槍連守死鐵道橋梁及右側堤岸。前線部隊乃向林家橋撤退，回棲霞山以待增援，是役革命軍死傷三百餘，孫軍則六百餘，革命軍以二團兵力鏖戰大敵，使孫軍不敢向棲霞山蔓延，殲滅龍潭之機，由茲造成。

三、孫軍之敗潰　二十九日李宗仁派其副官長夏某率第二師共三團，及第十四團第三第五獨立團，前往棲霞山援助第一軍，恢復龍潭，撲滅孫軍。其計劃：定李師長明瑞率第一師三團，沿鐵路向龍潭攻擊前進；師長陶鈞率第二師共[illegible]團，由棲霞山經眉目山西溝古鎮向龍潭攻擊前進，右與第一軍聯絡；楊師長騰輝率第十四團及第三第五兩獨立團，沿江岸向龍潭攻擊孫軍側背。部署既定，於二十九日早，各路同時動作，革命軍中路第一師第三團，六時到西溝渡，先與孫軍接觸，十九團亦繞出盤橋，向黃龍山攻擊，到達東陽鎮西北高地時，右翼第二師已追孫軍至李開老墳附近，即令二十二團，接第四團左翼，向黃青兩龍山之孫軍攻擊，砲兵第二團位置於青陽鎮西北高地掩護，而二十團增加右翼，協同第二師攻擊前進，第三團沿鐵道左側堤岸，攻擊黃龍山之孫軍。七時楊副師長率第五獨立團到達郭家巷，與孫軍接觸，以一營由林家橋抄擊孫軍側背，彼此衝擊甚烈，斃孫軍甚衆，孫軍向太平洲潰退，乃令第三獨立團派一營增加追擊。上午十時，革命軍數次肉搏，第四團得占領青龍山「859高地」高處，第二十二團占領黃龍山「854高地」高處，第一團亦向青龍山增加，而第十九第二十兩團同時猛攻黃龍山，惟孫軍陣地異常堅固，憑險死守，革命軍節節仰攻，死傷相繼，進展極難！夏指揮於十二時親率預備隊到東陽鎮西北高地—第一師砲兵陣地—督促各部猛進，及下午一時，第一團將青龍山「1588碼」高處占領，革命軍始有立足地。但黃龍山爲天然據守點，孫軍又有五團以上之兵力，頑強死抗，革命軍仰攻，處處受其瞰制，欲行繞道，又爲水田溝渠所限，全線地位，實爲危險。惟黃龍山爲此役生死關鍵，革命軍將士，均明此中利害，俱皆奮勇不顧，迭次衝鋒，槍彈如雨，血肉橫飛，前仆後繼，雖死傷至二千人，曾不稍卻，而吶喊之聲，掀天動地。革軍命進奪山嶺，復退鞍部者凡五次，及至下午三時，白兵交加於山嶺之際，革命軍第七軍之第一第二兩師山砲齊發，海軍砲亦同時射擊，忽於孫軍陣地，連中五砲，煙火瀰漫，塵土飛揚，第一師之第十九第二十兩團，得此助力，遂奮躍而登，孫軍潰亂，棄械乞生，黃龍山遂完全爲革命軍占領。——時在下午三時十五分鐘之間。自是孫軍勇氣阻喪，革命軍第三第二十二團及獨立營，隨將龍潭鎮雷彭臺龍潭車站水泥廠占領，而虎頭山之孫軍，失卻黃龍山之策應，頓呈擾亂之象，經革命軍第一第四兩團猛攻，即紛紛向江岸東西老洲一帶潰退，第二團追擊至周圩陳圩田，天晚停止。革命軍第一師在車站沿鐵路一帶停止，第一師在龍潭鎮青黃龍山一帶停止，楊副師長所部因地形限制，仍與孫軍對峙於太平洲堤岸一帶。八月三十一日上午五時，李總指揮令第二師向東西老洲一帶攻擊前進，令第一師向新盛圩一帶攻擊前進，令楊副師長所部猛殲當面之孫軍，迅占太平洲，向江岸一帶，截孫軍退路。上午九時夏指揮率獨立營到黃龍山——第一師砲兵陣地——

時，據報東西老洲新盛圩太平洲一帶之孫軍，拂曉向革命軍反攻，但此時革命軍第二團已占領周圩一帶村落堤岸，第十九第二十兩團占領寧新庄，第三團占領王庄一帶，第三第五兩獨立團占領趙家村周家營曹庄一帶，與孫軍激戰，槍砲交加，勢極猛烈。同時何總指揮已由水泥廠向常天子之孫軍攻擊，白總指揮之衛士隊，亦到水泥廠，於是東西部隊，已經聯絡。十二時，革命軍第十九第二十兩團，向七塊八塊數次衝鋒，孫軍利用堤岸民房林木掩護，向革命軍猛射，致革命軍死傷甚衆，前進不易，適第二十一團增加，第三團攻新盛圩之孫軍，獨立營李營長亦率手機關槍駁壳增加，第十九第二十兩團，搶奪七塊八塊，砲兵亦由黃龍山雷彭臺用最強火力壓迫，至午下一時，七塊八塊民房被砲火焚燬，孫軍失依據，被革命軍突破占領，遂向龍周圩周家橋一帶潰退，第三第十九第二十各團尾追東西老洲之孫軍，被第七軍第二師擊破，向江岸潰逃，該師追至江邊，盡將械圍繳。同時，第三第五兩獨立團，衝破太平洲之孫軍，追至蕉洲圩一帶，繳孫軍兩師之械，俘虜六七千人，第十四團沿大江堤岸，到達龍袍州一帶，亦繳孫軍槍械二千餘。第三第五兩獨立團旋亦趕到，遂與第一第二兩師，將孫軍殘餘數萬，合圍繳械、至是孫傳芳所部之軍隊，在江南者，後路斷絕，退却無從，遂全部繳械降伏。

四　龍潭戰役中之各方面　此次戰役，孫傳芳七次偸渡，過江者有五個師又三混成旅之衆，不下七萬人，革命軍與之作戰者除第一第七兩軍幾全部加入激戰成驚人之戰績外，第十四第十七第四十第四十四軍亦分兵馳援總計將十萬人。雙方主力以次，均視此戰爲生死關頭，奮身於此不足百里之戰場中革命軍方面，夏威（時爲第七軍縱隊指揮）之親督攻擊黃龍山，劉峙之師部受傷後猶親臨前線，衞立煌之落水不顧，指揮作戰，尤能顯其革命軍人之精神。結果孫軍死傷近萬，被俘萬餘，損失精利軍械無數，終歸失敗；革命軍雖受重大之犧牲，終告成功。惟此次戰役，有極重要極堪注意之數事，即戰事進行中烏龍山有日本商輪故意停泊江心，屏蔽孫軍之舉；江面英吉利軍艦有砲擊獅子山砲臺彈中何應欽所乘鐵甲車之舉；渤海艦隊乘機襲吳淞，英艦有泊近砲臺，妨礙砲台發砲之舉，此爲龍潭戰役中帝國主義者之活動。事後，白寶山舊部第三十一軍，發現勾結孫軍之證據，被繳械遣散；蘇州松江迭次發覺軍隊被勾結之事實，此爲龍潭戰役內幕中之關繫。吾人就此戰局以外之兩事觀之，益可了然於龍潭一役重大之意義。

第二十九章　再度北伐

第一節　二次克復蚌埠海州

一　**渡江北伐之始**　龍潭戰後，南京雖稍呈安穩之象，顧孫傳芳整飭所部，堅守長江北岸，張宗昌褚玉璞聯合十五萬衆進據徐州，窺伺隴海，奉軍更以全力圍困北方軍於雁門娘子兩關，國勢仍復危亟；國民政府軍事委員會爲欲鞏固首都，及紓馮閻之急，乃決定方略，繼續北伐，以肅清江北及克復徐州以南諸地，由何應欽指揮第一路任之，會攻徐州，則由第一路軍與西北軍共任之，何應欽奉令後，以一部沿運河北上，肅清江北，以主力由津浦線進，直擣徐州，十六年十二月四日，何應欽渡江督師，再行北伐。

二　**蚌埠之役**　魯境孫軍，聞革命軍繼續北伐，即以其主力據守蚌埠，於明光馬家崗紅心鋪沙澗鋪卸甲店一帶，布置陣地，管店三河集黃練鋪石門線龍頭壩一帶，設置警戒線，考試上窰各處，均滿布兵力，復於各重地區，構築堅固工事，孫軍全部兵力約達十餘萬人，何總指揮以蚌埠爲北進第一重門戶，非早日克復不足使北伐勢力推進，乃命劉峙率第一軍位置滁州南京，顧祝同率第九軍及第一軍之第二師位置三界及集河鎮附近，夏斗寅率新編第十軍位置桑家澗定遠一帶，賀耀祖率第四十軍位置定遠附近，張克瑤率第三十三軍位置於壽州鳳臺一帶；部署既定，即於八月拂曉開始攻擊，激戰竟日，占領周家崗紅心鋪沙澗鋪山頭店馬崗之線；九日，革命軍進展至崗子集明光西凹子燃燈寺黃泥鋪之線；第四十軍與孫軍相持於卸甲店，新編第十軍因昨夜孫軍反攻激戰至本日午前八時，方將孫軍擊潰；十日，革命軍右翼受孫軍鐵甲車猛射，稍受損失，然革命軍奮勇前進，卒占領太通橋林子橋張八嶺等處；十一日革命軍猛勇進攻，占領鳳陽及獨山九華山馬鞍山老山廟等處。臨淮方面孫軍異常頑抗，以鐵甲車二列擁護兵車四列向馬鞍山猛攻，革命軍死傷甚衆，本日僅進至謝瓦旁附近；十二日革命軍全線出擊，初頗勝利，嗣因孫軍增加生力軍，佐以鐵甲車以極密砲火向革命軍射擊，革命軍苦戰竟日，以彈藥告罄，馬鞍山遂陷於孫軍之手，所幸右翼第二師師長徐庭瑤占領臨淮，使孫軍不敢猛進；十三日，革命軍繼續進攻，占領蔣家壩大王莊懷遠之線；十四十五兩日逼近蚌埠各地要隘，如馬鞍山九華山陳山鳳山黃山錐子山東魯山一帶均次第占領；十六日，全力圍攻蚌埠，奮勇努力，初破曹山西爐山沈家山之孫軍，更進入蚌埠與孫軍巷戰，孫軍以鐵甲車掩護，且戰且却，革命軍遂完全占領蚌埠，孫軍紛向固鎮逃竄，革命軍當派隊跟踪追擊；十八日占領固鎮，孫軍殘部向後退却，與直魯軍張宗昌褚玉璞合力固守徐州。

三　第一路軍及第二集團軍會師徐州

當革命軍第一路軍在津浦線上與孫傳芳劇戰時，直魯軍張宗昌褚玉璞等部十五萬人進駐徐州。徐州羣山重圍，形勢險要，張褚等部，一面於各要處屯駐重兵，建築保壘，挖掘戰壕；一面分兵進窺隴海，經第二集團軍大破之於開封，直魯乃節節潰退，回守徐州。第二集團軍亦即派兵跟踪追擊。十二月一日，韓復渠軍占領碭山，二日占領黃口，直魯潰軍正在九里山一帶整頓，聯軍鄭大章騎兵軍自右翼突出其後，進擊臥牛山，第二集團軍石友三軍聞訊，由鐵道南於四日趕至，直魯軍大潰。當日幷得聯軍鹿鍾麟於三日克蕭縣捷訊，韓復渠軍乃向徐州挺進，直搏城下。直魯即調部應戰，雖聯軍龐炳勳軍亦於七日趕至，卒以衆寡不敵，未能直下徐州。時後方土匪騷擾，交通阻滯，國民聯軍乃退李莊黃口之線，靜候何總指揮由津浦線北上時，再行出戰。是時因黨內發生糾紛，何總指揮於上月蚌埠克復時，即返滬出席四次中央全體會議，及聞西北軍苦戰情形，復趕往徐州督師，於是徐州之大戰開始。是時北軍除張褚兩部外，益以孫傳芳殘部，計達二十餘萬，其主力集中徐州，其警戒線在七怪廟潘家樓玉泉寺蕭縣一帶。革命軍布置：第一路軍方面，計第一軍主力在張家集後泉井警戒隊在褚蘭，第九軍主力在閣疃欄杆集，警戒隊在楊莊，新編第十軍在楊橋，警戒隊在孟津，第四十軍與第三十三軍之袁師主力在新大五柳集，警戒隊在趙樓韓莊朔村店，何應欽部駐固鎮；西北軍方面韓復渠軍由隴海路正面東進，石友三軍由隴海路以北東進，均以徐州北方毛村為目標，以期包圍徐州。鹿鍾麟部向蕭縣前進，與革命軍津浦路上第一路軍相策應。初，第一路軍原訂十二月十四日協同第二集團軍開始攻擊，嗣因十二晚得偵張宗昌將於次日來犯，何應欽亦命令各軍於次日開始攻擊；十三日，革命軍各部將當面之張軍擊退，進占寶光寺楊莊舍尚山趙樓朔村店之線，趙樓方面張軍頗頑強，革命軍前仆後繼，死傷甚衆，然因將士一心，卒能達到任務；十四日革命軍第九軍將張部梁段兩師擊潰，進占薛家莊徐三村萬家窩女媧山之線，楊山頭附近之孫軍，恃險頑抗，革命軍衝鋒數次，卒未得手，第一軍主力進至韓山附近與張軍激戰，竟日未決，孫軍陸殿臣李二師三旅三團往援，革命軍更形危險，第一軍之第五十六團團長程式，遂以身殉，賴將士一心，孫軍未得逞。新編第十軍進至王山三堡附近，第四十軍進至兩瓣山青龍橋附近，蕭程縣方面革命軍第三十三軍亦將正方之孫軍擊潰，何應欽以革命軍威脅成功，乃計以第九軍向徐城東端，第十軍向徐城西端，第四十軍向徐城南端，協同進取徐州。十四日革命軍第一軍占領豬頭山南樓後羅家之線，第九軍逼近良山顏山高地，新編第十軍占領三堡，并接替萬家窩女媧山陣地，第四十軍占領銀山猴山狐山集。時與西北軍尚未能聯絡，第三十三軍之一師仍在原防與孫軍激戰，十六日拂曉，革命軍第九軍擊破良山顏山之堅固陣地，新編第十軍由三堡向城南猛攻，第四十軍向秦山鳳凰山猛攻，第一軍亦擊破陸殿臣殘部，及其步騎聯合之增援部隊，占領天山鳳凰山一帶，至是孫張全線動搖，革命軍各軍復奮勇猛進，遂於午時占領徐州城。孫張等狼狽向韓莊奔逃，革命軍當派隊跟蹤猛追，國民聯軍主力是夜亦到達徐州城西九里山附近，是役革命軍死傷三千餘人，孫張各部死傷八千餘人，俘虜一萬五千餘名，并虜獲鐵甲車一列，車頭十餘個，車卡二百餘輛，槍砲輜重無算，至西北軍方面俘虜敵將士及虜獲品無算。

四　肅清江北　革命軍除以主力沿津浦北進外，并以一部肅清江北。是時海州有魯軍張宗輔部，宿遷沭陽有魯軍杜鳳舉部，順河集仰化集陸集洋河集均有魯軍之警戒部隊，又窰灣皂河有孫軍梁鴻恩部，三叉河附近有魯軍許焜部，各地均設防禦工作。革命軍決定出師後，何總指揮令第二十六軍陳焯所部為中央軍，獨立第十七師文鴻恩〔原第六軍之留甯部隊〕部屬之，集中淮陰附近，以一部進占漣水；第十七軍曹萬順部為右翼軍，會同獨立第一師李明揚〔第三十一軍改編〕集中阜寧附近，俟集中完畢，即由中央軍進攻宿遷，右翼軍進攻海州。十一日下旬中央軍第一次進宿遷，以第十七師為於二十七日至前線，二十八九兩日，乘杞縣方面運動，佈置既妥，於三十日拂曉，即與石友三軍及梁冠英師併力出擊，進至呂屯田康岩楊堌集之線，直魯軍大潰，石友三軍向朱壩集急追，韓復渠軍向柳河急追，十一月一日孫良誠軍占領蘭封，鐵路正面之直魯軍亦潰退，鹿總司令鍾麟所部即向榆康堡睢縣前進，騎兵軍即從右翼軍包擊直魯軍，二日孫良誠軍占領內黃，石友三軍占領李壩集，韓復渠軍占領柳河，三日孫良誠軍分途向歸德考城石樓賀集追擊，時劉鎮華軍爲魯軍劉潘等部圍於考城，劉潘等聞正面友軍已敗退，遂於是日遁去。五日韓復渠軍龐炳勳軍占領歸德，俘袁家驥軍全部，六日，石友三軍追過馬牧集，騎兵軍追至碭山以西，鹿鍾麟軍屯駐歸德。綜計是役革命軍俘直魯軍將士三萬，擄獲輜重無算。時津浦方面，何總指揮應欽正率大軍謀取蚌埠，與西北軍尚未銜接，遂未便猛進，令前線軍隊引退蘭封附近之線，幷借此誘直魯軍深入，以牽制徐州孫軍之兵力，俾津浦方面第一路軍作戰容易。

二　**蘭封附近第二次大戰**　當第二集團軍各軍遵令退後正轉進間，直魯軍見西北軍忽然撤退，疑西北軍內部有變，復分三路西犯：右翼爲劉志陸等部約五萬餘人，由單縣考城撲開封；中路爲褚玉璞等部，約五萬餘人，由隴海正面西犯；左翼爲張敬堯等部，約三萬人，由夏邑經商邱向杞縣太康前進。十六日，直魯軍之右翼軍與西北軍孫良誠部戰於考城，激戰三日，考城遂陷。時津浦方面何總指揮應欽率大軍攻蚌埠，隴海津浦兩方面之軍事動作已漸能協同，直魯軍除中左兩路迭受懲創進兵遲滯外，右路則甚勇銳，二十二日與劉鎮華軍激戰於爪營之線，惟隴海正面直魯軍之先頭部隊，尚未至野雞崗，直魯軍之左翼部隊，尚未至睢縣，乃取各個擊破直魯之計劃，於二十四日拂曉轉取攻勢。二十四日上午三時，開始動作，將考城之魯軍劉潘等部全軍包圍，擊斃魯軍軍長潘鴻鈞，俘虜甚衆，魯軍向東星散，西北軍遂乘勝攻荷澤單縣，并圍姜明玉於曹縣，至翌年一月二十九日克之。中路於二十四日早與左路同時動作，韓復榘軍當將在野雞崗之直魯軍擊破，二十五日進至柳河附近，石友三軍進至李壩集，破敵王棟所部，二十五日，直魯軍復行抵抗，石友三軍遂陣於李老家莊至李莊及伯網集之線，褚玉璞率衛隊兩千餘名親臨前線督戰，奮鬥徹夜，二十六日早韓石兩軍，乘霧猛攻，大破直軍，餘向東奔潰，西北軍乘勝追擊至十一月一日，至碭山之線，二十三日由杞縣攻擊進前，擊破蓼堤嶺馬頭集之魯軍，二十四日破榆廂鋪之線，二十六日占領睢縣，二十七日龐炳勳軍收復歸德，十二月一日收復夏邑。隴海路上之戰事，至此告一段落。

第三十章　北方革命軍之戰績

第一節　北方革命軍之對奉作戰

一　**北方革命軍對奉作戰前之活動**　民國十六年六月初旬，革命軍在津浦路占領徐州，在舊京漢鐵路占領鄭州，山西省內開始懸青天白日旗，太原於五日開國民會議，推閻錫山任『北方革命軍總司令』閻得國民政府加委後，即於六日通電就職，改編山西軍十二萬餘人爲『北方國民革命軍』向大同娘子關兩路出動。世人至此方對閻錫山與國民革命軍合作之事，加以重大之注意，張作霖尤手足無措，急籌應付方針，派代表赴太原活動，然爲時已晚，無效於事。初四月間國民革命軍在長江發展，閻錫山即電令所部，服從三民主義，改編所部爲晉綏軍，其活動已漸趨積極。吾人觀馮玉祥潼關六路出師時，即定大同娘子關爲兩路，即可見其間之關繫；此關繫之作用，對於奉軍加以側背之威脅，促其迅速退出鄭州，尤爲顯然之事實。自閻錫山宣布就『北方革命軍總司令』職至其實行對奉作戰，經時四月。其間奉軍方面，用其大半之心思力量以對閻，張作霖代表之足跡，不絕於太原；舊京綏京漢兩鐵路線重兵之駐防，而盡其威迫利誘之能事。必欲閻氏與革命軍斷絕關繫，轉其戈而助奉軍攻擊馮玉祥，閻氏虛與委蛇，而暗圖進展；蓋當南方兵力未能大舉北進以前，閻氏之處境，固至艱難。

二 北方革命軍與奉軍之激戰

九月中旬，奉軍方面，欲乘南方專力解決內部問題，不能以全力北攻之機會，以重兵迅速解決山西，并藉張宗昌在徐州魯東之兵力分別侵略蘇浙皖三省。閻錫山鑒於時機緊急，非一戰不能解此危險，乃乘奉軍佈置未成，戒備未嚴之時，突然實行對奉作戰。北方革命軍對奉作戰之根本計劃，係分三路進軍：一，北路軍由商震指揮自大同出兵，斷舊京綏鐵路奉軍東西兩段之聯絡，并攻取張家口，拊北京之背；二，南路軍由徐永昌指揮，自井陘（時石家莊山西軍因作戰方略退守井陘）取石家莊，並分兵自鐵路西面進行，會師保定；三，中路軍由傅存懷指揮，自山西西北部山嶺地帶分路潛行出發於舊北京西南各地方，聯絡豫先派出之別動隊，分別動作；并在涿州襲南路奉軍之後方，使奉軍因根據地及後方被擾，不能作戰，或乘虛竟取舊北京。戰事於九月二十七日在北路先行發動，商震乘奉軍不備，突起毀壞鐵路，捕奉軍北路檢閱使于珍。于為奉軍戰將，張作霖恃其藉檢閱舊京綏路之名，潛整各軍，統率之以壓迫山西北部者。于既被捕，北路奉軍失其統御，在鐵路西段者多被解決，在鐵路東段者，亦不得不節節退却。商震乘機急進，連占要地，十月五日已得張家口，進攻宣化。於十月四日，已越正定。七日閻錫山親至石家莊督師，前鋒過新樂定縣，與奉軍激戰於保定附近之望都。中路因踰越山嶺，行軍困難，達到目的地稍遲，十月十日，始在北京西部之門頭溝等處及舊京漢路線之涿州活動，使奉軍感根據地被襲之危，不能盡力籌劃前線進行之事；惜其已在奉軍幹部會議決定作戰計劃及布置軍隊就緒以後，未免稍失其活動之功用。北方革命軍對奉作戰初期之進行，迅速非常。惟奉軍自楊宇霆韓麟春於五日由奉天被召抵北京後，已決定五路作戰之計劃：張作相率吉黑援軍赴宣化指揮，以津浦路北段軍隊陸續增援；韓麟春赴保定助張學良指揮戰事，另派戢翼翹軍迂迴襲定縣，斷北方國民革命軍南路徐永昌軍石家莊與保定前線之聯絡。兩軍中堅戰事開始後，北方國民革命軍因定縣於十日爲奉軍戢翼翹襲取，攻保定軍隊不得不退，激戰一星期，集中石家莊，與奉軍韓麟春相持。北路商震所部，受奉軍大力壓迫，亦逐次後退，於十月三十一日失永嘉堡，退守天鎮。中路傳存懷軍在門頭溝齋堂長辛店通州良鄉各地紛起活動，再聯絡學生工人民軍在北京城內及天津密雲有所動作，使奉軍根據地之舊北京，一時有被動搖之勢。但其時前線形勢已轉變，奉軍有能力派其豫備軍分頭應付，使各地之活動不能聯絡，難於發展，城內學生工人亦被鎮壓，而失却活動能力。十一月六日，北方國民革命軍總司令閻錫山因無力獨當奉軍全部勢力之壓迫，為保全實力計，乃下三路總退却令：北路退雁門，中路退蔚州，南路退井陘；此後南北兩路在井陘雁門憑險堅守，奉軍以死力攻之而不能下，中路傅作義之一部突入涿州，堅守三月，扼舊北京咽喉，牽制奉軍大部兵力，并阻奉軍在舊京漢路上之運兵；其一部則不堪奉軍重兵之攻擊，由蔚州退山西省內之五台繁峙，與雁門北路軍遙相聯絡，由商震指揮，堅守以待時機。

第二節　涿州之防禦戰

一　**傅作義堅守涿州**　傅作義以輕兵八千，當奉軍五萬之衆，守涿州八十餘日，彈罄援絕，力竭而屈服，不特為北方國民革命軍對奉作戰之奇蹟，亦全部革命戰爭中最有歷史價值之一事。涿州在舊北京之南百餘里，處長辛店高碑店之間，西與連綿之山地相接，可通晉北，東與固安相連，可襲廊房南苑，為舊京漢鐵路極北之要地。民國以來，舊京漢路極北段迭次戰役，多係南北相搏，間與津浦路發生關繫；故軍事多注意長辛店琉璃河高碑店固安各地，涿州居次要地位，未為國人所熟識。北方國民革命軍總司令閻錫山既決定三路進攻奉軍之計劃，即豫定以此與晉直邊山嶺地帶相接之涿州城，爲中路軍之重要目的地，先派便衣隊有所佈置，而令第四師師長傅作義將所部編爲挺前軍，由晉北向涿州急進。傅爲年僅三十餘歲之青年將領，在保定軍官學校肄業時，以研究防守戰術著名，在十五年晉北之役守天鎭著戰功者。傅奉令後率部攜鋼砲十六門，機關槍四十架，手溜彈多箱，幷齎三月之糧彈，中華民國十六年九月十九日自天鎭出發，於十月四日占領蔚縣，越五日入九龍口。北方國民革命進總司令電令其急速前進，而所部携帶軍用品過多，進行極爲困難；且自九龍口前進道路僅容單行隊伍通行，有時且漫無道路，傅率部攀越山嶺，徒涉河溝，計自天鎭出發，急行將千里，於十月十日抵張坊鎭，集中全軍，幷即派先鋒隊入涿城，後即爲經過奉軍所覺，加以重大壓迫，傅率大隊援之，於十三日完全占領涿州。奉軍當即集大隊應付，圍攻此周圍十餘里之城，於十七日舉行第一次總攻擊，開始以巨砲轟城，此後萬福麟率其全軍兼督各部奉軍以全力進攻，張學良亦率衞隊旅及威力素著之鄒作華礮兵集團，於二十四日二十七日兩度作二三次總攻擊，砲火彌天，槍聲澈耳，毒彈之氣味，籠罩全城，敢死隊之進攻冒死前進，飛機擲炸彈於上，工兵掘地道於下，蓋不惜以重大代價爭此一城，以去其根據地之危險，而活動其軍力，以圖攻入山西。傅作義督率所部，從事堅守，迅築完固之防禦戰壕，禦天空之炸彈，重大之轟攻，分布砲兵及手溜彈隊，阻奉軍步兵及敢死隊之猛撲，工兵四處靜候，聞地下掘道之聲，即另掘一道，埋置地雷，待奉兵之至而轟炸之。傅作義長於戰略，被圍以後，迭次設法使被截於城外之挺進軍，以計奪取奉軍砲械糧需，由地道入城集合。其部下戰術之訓練尤精，遇奉軍猛撲，不輕發槍砲，待其近，然後密發步槍手溜彈斃之，砲兵尤必描準發彈，不輕動作，故以八千之兵，被圍三月，受總攻擊五次，終能保此孤城，兵力損傷有限，奉軍陸續集五萬以上兵力，傷亡數千，重砲發彈二萬數千丸，甚至使用坦克車之利器，毒氣彈之禁物，城垣民房雖被壞，而卒不能勝。及十一月十五日最後之總攻擊，張學良因各路山西軍已總退却，涿州孤城，外援全斷，必欲一舉而蹴破之，其進攻尤極猛烈，天空飛機之擲炸彈，地下工兵之掘隧道，在重砲密發中，同時并進，敢死隊以坦克車為前驅，撲城尤急，步兵列陣四面，待機衝入城內。時涿城東南自受奉軍全師衝鋒之壓迫，守軍稍却，奉軍先鋒已登城，然卒為守軍之手溜彈所擊退，後隊不敢前進。其西北角地道中工兵亦以炸藥壞城垣之一角，地上敢死隊乘機衝入，亦墮入守卒豫設之陷阱中，死傷近半而退，守軍乃以土袋補缺口而更守之。奉軍經此一役之猛攻，尚不能成功，其將領部卒乃望涿城而生畏，張學良亦遂改其計劃，從事軟困。

二　涿城之開放　十二月初旬，慈善團體代表以救濟城內被困婦孺，得允許入城，乘間開始和平運動，傅作義尚表示不屈。月終，傅與閻錫山所約堅守三月之期將屆，糧儲將盡，人民受戰禍之痛苦，尤不忍卒視，而外無援兵開至之望，傅乃允為有條件之讓城，十七年一月六日，傅作義出城與奉軍攻城主將萬福麟會晤，并赴保定北京一行，此震驚一時之涿州守城戰事乃告結束。城內損失極重大，人民痛苦尤甚，而事後無非傅作義者，可見傅氏不特能作戰，亦善治民。

第三節　北方軍再度進展

一　北方軍扼守井陘雁門　北方軍原分兩路沿京漢京綏向東北進展，以奉軍大強，未能達到目的地，南路軍自望都定縣間戰役之後，則退入山地，十六年十月十日，閻總司令令第十及第十七師在正定附近掩護退却，第六第八兩軍退曲陽，以保龍泉關曲陽關門戶，第四軍守行唐，第二第三兩軍退平山獲鹿之線，第十軍集靈壽待命，奉軍以久戰疲憊，亦未敢追。十五日閻總司令錫山規定防守：計劃以獲鹿為第一線，由前敵總指揮孫楚及第八第十二兩師砲兵第六第八兩團擔任之；井陘西方一帶高地為第二線，左翼為出擊地區，由第三軍擔任之；餘由楊愛源軍長及第二第十二兩師佈置陣地，石家莊以第八師之一營及鐵甲車擔任警戒，俟必要時撤回第十軍駐平山附近；後因靈壽一帶已為奉軍所占，為防其繞攻娘子關之後，由軍長楊愛源以一部守塔崖十八盤軍輪等處，此為南路軍阨守井陘以北之情形。北路因南路變更計劃，亦即後退。

二　北方軍之退守　十月十五日各軍陸續退至永嘉堡以西扣兒嶺大高崖西洋河一帶，暫行防禦，其第四第九第十四各師由張前敵總指揮率領騎兵第二師及獨立騎兵第二旅馳赴湯源收容之，是為北路第一次扼守陣地之情形。迄後柴溝堡附近發生劇烈戰事，而湯源附近之西河營亦有奉軍大隊擬截擊北路軍第四師之歸路，於是北方革命軍收容隊及第八軍與奉軍一再交綏，第四師遂陷入涿州內，第九第十九兩師幸已退出。但奉軍亦被創東去，不敢追擊，乃戰事甫經得手，而台懷以東忽報奉軍已抵龍王莊，奉軍騎兵一部將到神堂堡，又報奉軍將以大部由紫荊關斷北方軍歸路，於是山西東北門戶，在在有可危之勢，閻總司令錫山乃變更計劃，縮短戰線，以張蔭梧部退繁峙，柴溝堡之部隊退雁門以東，師長楊士元部守廣武，豐玉璽部守龍泉關，是為北路第二次扼守雁門以南之情形。

第三十一章　完成北伐之準備

第一節　第三期戰事開始前之準備

一　完成北伐前之形勢　第一路軍何應欽與國民聯軍鹿鍾麟自徐州會師後，遂下令各路停止進行，自後兩方相持之形勢略述如下：

一、東路　國民革命軍陳焯曹萬順李明揚各部，與魯軍張宗輔等相持於海州日照間；

二、津浦線　國民革命軍劉峙顧祝同夏斗寅各部與魯軍主力相持於台莊韓莊一帶；

三、曹州方面　國民革命軍聯軍孫良誠劉鎮華各部，與孫傳芳姜明玉軍相持於曹州濟寧間；

四、大名方面　國民革命軍聯軍劉鎮華之一部及韓復渠韓占元各軍，與孫殿英于學忠，相持於大名；

五，舊京漢線　國民革命軍聯軍孫連仲部，與南下魯軍戢翼翹等，相持於衞耀彰德間；

六，娘子關方面　北方國民革命軍徐永昌部，與奉軍主力，相持於井陘；

七，晉西北方面　北方國民革命軍，商震所指揮各軍，與奉軍張作相所指揮之各軍，激戰於龍泉關雁門關偏關三處。

二　**北伐開始前兩湖之戰**　寧漢合作以後，武漢在皖所駐之兵未撤退，第三十六軍及賀對廷師逼近蘇境，其主力駐於蕪湖，一部在黃池鎮烏溪鎮二十里鋪等處，構築工事，第三十五軍及第三十軍等部，分駐安慶合肥巢縣和縣各處；而第八軍又中集漢口岳州等處，更在湘鄂兩省新編軍隊，計有三軍之衆，政府為統一內部，繼續北伐起見，首應鞏固長江上游，遂組織西征軍，共分三路：第三路軍總指揮李宗仁，第七軍第十九軍第三十七軍（本屬二路）屬之；第四路軍總指揮程潛，第六軍第十三軍第四十四軍屬之；第五路軍總指揮朱培德，第三第九軍屬之。長江第二艦隊司令陳紹寬，第二艦隊楚有楚同永績永健江貞等各艦屬之。十六年十月十九日，開始攻擊，占領蕪湖，二十五日攻下安慶，十一月七日，攻克武穴，各軍跟踪追擊，武漢軍屢經潰散，已不能成軍，復恐後路截擊，遂放棄武漢，退守長沙。唐生智於十一月十一日乘日輪去國，西征軍遂於十一月十五日完全克復武漢，國民政府軍事委員會卽令三十七軍速回皖北，參加北伐，同時命各軍停止軍事行動，各就現駐地址，擬對湘中爲和平之解決，以期迅速回師北伐，乃因種種關係，卒未如願，於是白總指揮崇禧率第七軍第十九軍由通城等處，進攻平江，程總指揮率第六軍第十三軍第四十四軍沿長岳鐵路前進，進攻岳州；陳司令紹寬率第二艦隊各軍艦，由嘉魚金口新堤向城陵磯進迫，協同陸軍會攻岳州，朱總指揮培德以其所屬集中萍鄉一帶，預定向株州前進，十七年一月十八日，全線開始總攻，岳州平江相繼占領，二月二十五日進克長沙，而海軍亦同時攻下蘆林潭，進克湘陰。長沙既克，湘中各部，紛向湘西湘南潰退，二月二十三日，通電服從中央，願受改編，三湘悉平。

四　北伐開始前廣東之事變　十六年淸黨之後，共產黨在兩湖失敗，思轉求根據於廣東，由海道與海參崴連絡，藉得第三國際之接濟，乃乘蔣總司令下野之時，假道江西，而有南昌之變。葉挺賀龍兩部，號稱二萬餘衆，直趨閩粵邊境，廣州政治分會主席李濟琛，奉中央命組織第八路軍防堵殲滅之，總指揮爲李濟琛，而以黃紹雄代之。中央軍以第七軍第四第六兩師組成之，總指揮爲黃紹雄，而以黃旭初代。左翼軍以新編第一師第二十師及第十八師之兩團并新編第四師組成之，總指揮錢大鈞。右翼軍以第十六軍兩師組成之，總指揮爲范石生，預備軍以第四軍第十一師並十三師之兩團組成之。闘以共黨大部，已侵入瑞金會昌，同時潮梅各屬土匪蠭起，占據縣城，爲賀葉等軍聲援，乃又組織東路軍，由第一第二兩縱隊編成之，第二縱隊以新編第二師編成之，料預共產軍急欲出海，待俄接濟，并聯絡東江土匪，將由汀杭出梅松，犯東江，占潮汕爲根據。革命軍乃集中松梅間，俟共產軍深入，一舉而殲滅之。賀葉軍以松梅間革命軍勢力雄厚，難以侵入，乘虛出大浦三河壩，沿韓江而下潮汕，水陸并進。占潮汕後，先頭由揭陽向普寧棉湖方面迅進，一部進占潮安，圖竄東江。革命軍乘其急遽間，極力截擊，則以中央軍向據潮安之共產軍進攻，東路軍向侵入揭陽之共產軍進攻，右翼向占據三河之共產軍進攻，均占勝利，跟縱追擊，共產軍損失甚鉅，殘部由賀龍率領，向陸豐逃竄。東路軍在後跟縱，到達陸豐附近，將賀部包圍，完全解決，尙有賀部師長賀錦齋殘部，向海豐逃竄，一小部向大安及揭石逃竄，均經東路跟踪追勦。至是而侵入潮汕圖擾粵局之葉賀兩軍，遂告肅清，時爲十一月中旬。當葉賀由鄂入贛時，張發奎黃琪翔同行，中經南昌之變，張黃追擊賀葉，至撫州分途，賀葉趨潮汕，張黃轉趨韶關，而入廣州，粵方國民黨員歡迎之。迨李總指揮濟深於十一月十五日出發，參加第四次中央全體會議，張黃調集部所移駐江西駐省軍隊，極為單薄，僅留第四軍教導團及第五軍與警察保衛隊等維持廣州治安，共黨乘機煽惑各工會，并結集當地附近農匪，於十二月十一日夜起事，發表蘇維埃政府宣言，焚太平沙一帶及中央銀行總行，以攻第四軍部，焚南關高第街仰忠街一帶，以攻第十二師部。一時廣州繁盛之區，均變為瓦礫之場，而第四軍部及第十二師部，卒未能攻入，張黃部隊聞報，急由三水回部戡亂，新編第二師先至廣州，而駐在省河南岸之第五軍，亦於同時渡河分途截擊，共黨擊斃者頗衆，餘部分向花縣清遠方面遠颺，廣州秩序遂得恢復。張黃以事前疏於防範，引咎離職，所部隊伍交由繆師長培南統率，全部離廣州，向東江進發，旋經中央令調參加北伐。

第二節　北伐戰事之發動

一　**四箇集團軍之編成**　第四期北伐戰事之發動，在革命軍方面，為依國民黨第二屆中央執行委員會第四次全體會議『限期完成北伐』之議案所生之效果，及革命各軍一致進行之計之實現。在奉孫直魯各軍方面，則為其迭次幹部會議商定新作戰方略之實際活動。兩方在第四期戰事開始前之活動，皆有相當之計劃。在革命軍方面：蔣中正自十六年十一月由日本抵上海，竭其心力從事於解決黨內糾紛之工作，十二月十日國民黨第二屆中央執行委員會第四次全體會議在上海所開之預備會中通過汪精衛所提『請蔣中正繼續執行國民革命軍總司令職權』之議案。十七年一月二日，蔣中正又接國民政府電促其旋都復職，以竟革命全功。革命軍海陸各軍重要將領楊樹莊馮玉祥閻錫山何應欽以次，更先後紛紛自所駐地方電蔣表示推崇，請即復職。李宗仁李濟深則在上海就近促之。蔣既受全國各方挽留，即於四日抵南京，九日通電宣布繼續行使國民革命軍總司令職權，二月六日第四次中央全體會議大會中議決『集中革命勢力限期完成北伐案』交國民政府責成軍事委員會，北伐全軍總司令統籌全局，從速遵辦。蔣既復總司令職，又於中央全體會議中被推為軍事委員會主席，是則籌備繼續北伐之全責，蔣中正以一身負之。中央全體會議於二月七日開幕，蔣即於九日親赴徐州，檢閱各軍，召集重要軍事會議。改編第一路軍為第一集團軍。十六日又赴開封，與馮玉祥會晤，商量北伐全部計劃，決定將國民革命軍聯軍為『第二集團軍』，北方國民革命軍改組為『第三集團軍』。後又續定將西征軍各軍及兩湖原有軍隊改組為『第四集團軍』。開封會議後，蔣回南京籌畫全部作戰計畫之進行，布置後方防務，并調遣後路各軍開赴徐州加入作戰。此革命軍方面籌劃第四期北伐戰事之經過。

二　奉直魯孫軍方面之計劃　孫奉直魯各軍方面，內則自覺各軍步驟不一致，軍令不統一，未能收聯合活動之效，非澈底改革不足以鞏固其勢力；外則見革命軍方面由互相呼應之局，漸成聯合進行之勢，而前敵各路相持，毫無進展，非決定新作戰方略，不足以取勝利。十七年一月開始後，迭次召集會議，以謀解決對內對外各問題。其前敵將領張學良張宗昌孫傳芳褚玉璞張作相等均被召至北京，與幹部人物楊宇霆等作長時間之討論。吾人試觀：北京第一次會議決定方針各將領回防以後，即舉行第二次會議，使張學良楊宇霆甫到保定，即又趕回，而張宗昌孫傳芳等更急舉行濟南會議；濟南會議後張作霖因革命軍有聯合進行之勢，又召前敵將領赴北京會議；奉孫直魯各軍幹部舉止失措不遑寧處之情可以概見。其計劃之悉成畫餅，會議之等於徒勞，亦意計中事耳！此為奉孫直魯各軍在第四期作戰前急急活動之經過。

三　雙方兵力之比較　第四期北伐戰事，革命軍自四月十日開始進攻，至五月下旬保定之戰，為時不及五十日，即能收完成北伐之功者，是作戰方略之優良，聯合進行之便利為之。其間戰事，如第一集團軍魯南之戰，第二集團軍奇襲濟寧德州之戰，第三集團軍保定之戰，雖有相當劇烈之攻擊戰鬥，然未足以比於汀泗橋武昌南昌諸役也。在第四期北伐戰事中，雙方兵力之分配及其根本計劃如下：

甲　革命軍在前敵之兵力　革命軍在第四期北伐戰事中，在前敵作戰之軍隊，有四十餘軍之衆，其兵數雖不能詳知，約計總在七十萬左右，除各路原在前線軍隊外，後方軍隊之應徵赴前線者有廣東開來之繆培南第四軍，方鼎英第四十六軍，自江西開來之金漢鼎五十一軍，自信陽開來之方振武部阮玄武鮑剛馬文德高桂滋四軍，自上海開來者有熊式輝之一師，自武漢北上者有白崇禧所率之夏威李品仙魏益三廖磊及白部第十三軍等軍并羅啟疆劉春榮等師，可謂竭全力以作戰。茲記錄四個集團軍前線作戰軍隊如下：

第一集團軍總司令由全軍總司令蔣中正兼任

第一軍團總指揮劉峙〔由津浦鐵路正面進軍〕

第一軍軍長劉峙

第四軍軍長繆培南

第九軍軍長顧祝同

第十軍軍長楊勝治

第二軍團總指揮陳調元（由海州攻山東東部會師泰安）

第十七軍軍長曹萬順

第二十六軍軍長陳焯

第三十七軍軍長陳調元

第三軍團總指揮初爲賀耀祖後改方鼎英（由徐州西面豐沛兩縣攻濟甯）

第二十七軍軍長夏斗長

第三十三軍軍長張克瑶

第四十軍軍長賀耀祖

第四十六軍軍長方鼎英

第四軍團總指揮方振武（由歸德碭山北進）

第三十四軍軍長阮玄武

第四十一軍軍長鮑剛

第四十二軍軍長馬文德（後歸第四集團軍）

第四十七軍軍長高桂滋

總預備隊總指揮朱培德（濟南攻下後任前敵總指揮）

第三十一軍軍長金漢鼎

第三軍軍長王均（未到前線）

第二集團總司令馮玉祥

第一方面軍總指揮孫良誠（豫東攻曹州濟甯與第一集團軍取聯絡）

第三軍軍長孫良誠

第四軍軍長馬鴻逵

第五軍軍長石友三

第二方面軍總指揮孫連仲（由舊京漢鐵路北進）

第一軍軍長韓占元

第十四軍軍長秦德純

第二十二軍軍長馮治安

第三方面軍總指揮韓復榘〔進軍路線與第一方面軍同後移石家莊向河間南皮前進〕

第六軍軍長韓復榘

第八方面軍總指揮劉鎮華〔攻大名趨德州〕

第二十三軍軍長劉鎮華

第二十六軍軍長劉恩茂

第二十八軍軍長萬選才

第九方面軍總指揮鹿鍾麟〔爲北路總司令〕

第二軍軍長劉汝明

第十八軍軍長鹿鍾麟

第二十軍軍長龐炳勳

第二十七軍軍長王鴻恩

第三十軍軍長劉驥〔未赴前線〕

騎兵第一軍軍長鄭大章

第三集團軍總司令閻錫山

第一軍司令商震〔後第一路軍前敵總指揮〕

第二三聯合軍司令楊愛源〔後任第三軍團總指揮〕

第四軍司令傅存懷

第五七聯合軍司令張蔭梧

第八軍司令譚慶林

第十二軍司令徐永昌〔後任第二軍團總指揮〕

礮兵隊司令周岱

本集團軍第一軍團任北路，出舊京綏路線，第二軍團任南路，出石家莊，第三軍團任中路，出廣靈靈邱。

第四集團總司令李宗仁〔未赴前敵參戰，前線各軍由前敵總指揮白崇禧統率〕

第七軍軍長夏威

第八軍軍長李品仙〔後改吳尚〕

第十二軍軍長葉琪

第十三軍軍長白崇禧（熊式輝李明揚兩師參加第一集團軍）

第十九軍軍長胡宗鐸（未赴前線）

第三十軍軍長魏益三

第三十六軍軍長廖磊

第三十七軍軍長周斕

獨立第一師師長羅啓疆

獨立第八師師長劉春榮

以上第八第三十六第三十七三軍歸第十二路總指揮李品仙指揮。

乙　奉孫直魯之兵力　此次戰事，奉孫直魯各軍，除吳俊陞之黑龍江軍有一部在關外外，幾於全部加入作戰，人數約四十萬左右。蓋此戰爲北方軍閥最後之掙扎，亦罄其全力以從事。其作戰部隊如下：

孫傳芳軍（安國軍第一方面軍團）總司令孫傳芳副司令鄭俊彥作戰中任由濟寧攻徐州西面截斷革命隊第一二集團軍聯絡之責。

第一軍軍長孫傳芳自兼〔轄四師兩混成旅〕

第二軍軍長鄭後彥〔轄四師兩混成旅〕

第三軍軍長李寶章〔轄三師兩混成旅〕

另直隸補充團兩旅

直魯軍〔安國軍第二七方面聯合軍團〕

第二方面軍團總司令張宗昌作戰中任魯南方面

第七方面軍團總司令褚玉璞作戰中任大名方面

第一軍軍長張宗昌

第二軍軍長張敬堯

第三軍軍長程國瑞

第四軍軍長方永昌

第五軍軍長王　棟

第六軍軍長徐源泉

第七軍軍長許　琨
第八軍軍長柴雲陞
第九軍軍長朱泮藻
第十軍軍長吳奠卿
第十一軍軍長張宗輔
第十二軍軍長寇英傑
第十三軍軍長劉志陸
第十四軍軍長孫殿英
第十五軍軍長褚玉璞
第十六軍軍長袁振青
第十七軍軍長曲同豐
第二十軍軍長李藻麟
第二十一軍軍長王振

第二十三軍軍長楊清臣

第二十八軍軍長紀元林

第三十軍軍長毛思義

第三十一軍軍長武衍周

奉軍〔安國軍第三四方面聯合軍團爲本系之中堅軍隊〕

第三方面軍團總司令張學良
第四方面軍團總司令楊宇霆
作戰中任娘子關平型關及由舊京漢路南下之責

第八軍軍長萬福麟

第九軍軍長高維嶽

第十軍軍長王樹常

第十三軍軍長王瑞華

第十四軍軍長富占魁

第十五軍軍長汲金純

第十六軍軍長胡毓坤

第十七軍軍長榮臻

第二十軍軍長于學忠

第二十八軍軍長岳兆麟

第二十九軍軍長戢翼翹

礮兵司令鄭作華

騎兵司令竇聯芳

吉林軍〔安國軍第五方面軍團〕總司令張作相作戰中任晉北方面

第十一軍軍長富雙英

第十二軍軍長湯玉麟

第三十軍軍長于燕山

第三十一軍軍長鄭澤生

黑龍江軍〔安國軍第六方面軍團〕總司令吳俊陞兼援軍總司令

後備軍軍長齊恩銘

四　雙方作戰上根本計劃之觀察　此次戰事中雙方之作戰計劃，雖事經數月，尚未聞有關繫者之宣露。惟吾人就事實加以觀測，亦不難得其大概。革命軍方面四個集團軍之兵力，既超過奉孫直魯各軍，就前述七個陣地同時總攻，即能將奉孫直魯各軍加以包圍。此時奉孫直魯各軍欲同時應付各路，則東起海州，西至偏關，戰綫延長二千數百里，既感兵力之不敷分配，欲集中重兵專攻一路，則別路兵力單薄，有被革命軍攻破之慮；故革命軍第一步取各路合攻之方略，使奉孫直魯各軍陷於內線作戰之困難，實兵之衆多與陣綫之便利使然。復次革命軍在曹州濟甯及大名同時發展，可以截舊津浦鐵路綫前敵直魯軍為三段而分別解決之；第三集團軍中路之發展，不難再演涿州之舊戲，截舊京漢鐵路線奉軍與其根據地之聯絡。此諸路之突進，其作用小則可以迫前線奉直魯各軍退却而縮小包圍之範圍，大則可以占領奉孫直魯各軍後方重地而使奉魯各軍前線有全軍覆沒之危。故革命軍第二步集重兵作突破一方之攻勢，亦作戰上必有之事實。奉魯各軍方面取各個解決之策略；其於津浦路前線韓莊一帶建築鞏固之防禦工程，使張宗昌所部依憑險固，從事堅守；於山西方面藉偏關及雁門娘子兩關之攻擊，加以封鎖其得力部隊，則自曹州大名及舊京漢路聯合向革命軍第二集團軍，加以嚴重之壓迫，先行解決河南，然後西可以脅山西，東可以攻江蘇安徽，破革命軍聯合作戰之勢，而實行其分別應付之力。楊宇霆之計劃，就奉軍之本身利害計，固未嘗誤；孫傳芳之攻襲徐西，就此計劃加以觀察，亦未得爲行險。惟其兵力運用不活動，防務佈置欠周密，如孫傳芳軍已達徐西，而張宗昌軍不能分兵增防濟甯；保定激戰正烈，而定縣滿城方面，未能加以重大之注意，革命軍伺隙而攻之，遂無往而不利。

第三十二章　完成北伐

第一節　第一集團軍諸戰役及濟南慘案

一　攻魯之戰　革命軍第一集團克復徐州後，分駐於隴海路綫，與魯軍對峙，十七年四月一日，革命軍總司令蔣中正抵徐州，通令第二第三集團，期以四月七日開始攻擊運動。二日召第一集團各軍參謀長到徐面授作戰命令，指示方略，四月七日各軍團遵令攻擊，第四軍於運河西北渡河，協同第九軍進攻台莊；十日第九軍之十四師占領台兒莊。十一日，孫良誠部克鄆城，十二日，劉峙部克韓莊，第四軍克棗莊，惟嶧縣不下，命第十軍楊勝治部圍攻之。十三日，第一軍克臨城，第三師第二團團長潘國聰陣亡。十五日第三軍圍攻艾亭魚台失利，第四十軍之龔師長憲陣亡，豐縣被孫傳芳占領，革命軍夏斗寅部堅守沛縣待援。十六日革命軍第二集團軍石友三部由蘭封東進增援第二軍團克復豐縣，同時孫良誠部乘虛進搗濟甯城。十七日，第九軍第四軍克滕縣界河。十八日石友三部克魚台，席液池騎兵抄克汶上，孫傳芳回竄濟甯，與孫良誠部方振武部鏖戰甚烈。十九日顧祝同克鄒縣。二十日顧祝同克曲阜，繆培南部克兗州，席液池騎兵克甯陽，方振武部克金城。二十一日各軍會克濟甯，俘虜甚衆。二十二日肅淸汶河以南之孫軍，孫軍退泰安濟南。四月二十七日，第一軍占領泰安城。五月一日晨，第一集團軍之第九第二十六第三十七各軍占領濟南，總司令蔣中正亦於是日午後進駐濟南。

二　**濟南慘案**　先是當革命軍攻克泰安，日本卽藉護僑爲名，出兵占據膠濟路，以及濟南商埠。迨革命軍下濟南後，於五月三十日上午十時許，因有一兵卒由日軍自行劃定之防區附近經過，日軍卽用槍將該兵擊斃，旋派大隊至交涉公署蠭擁入內，將戰地政務委員會交涉員蔡公時等十餘人慘殺。事後又轉向外交部長辦公處行兇，黃部長聞耗避去，後竟以機關槍向我國軍民射擊，一面派大隊大部軍隊至我國革命軍駐紮地點，勒令繳械。當晚我革命軍高級軍事長官與日本高級軍事長官會商救濟辦法，正磋商間，日兵又向我革命軍用大礮轟擊，幷將我無綫電炸毁，一面幷調駐靑島之日兵第六師團部隊兩列車，由福田率領增防濟南，補足實力，屠殺我軍民。革命軍第四十軍陶師之第七團全部被繳械，傷亡甚衆。幷俘虜我徒手軍民千餘名，拘禁於正金銀行樓上，不准坐臥，且絕飲食，又占據電報局郵政局、斷絕交通，及利用直魯殘部之便衣隊，從中擾亂，意圖破壞革命軍後方。四日，在普利門外我國之商店，多被日軍搶掠。五日，福田向我提出無理條件之哀的美敦書，忽欲脅我方自認爲慘案禍首，幷藉此爲其再次屠殺之導火線。其條件：一，懲辦最高軍事長官；二，濟南城二十里以內，不准革命軍駐兵；三，辛莊大營房許其駐兵；四，賠賞損失；五，中國軍隊見日本軍時，須解除武裝。以上各項，統限十二小時完滿答覆，否則自由行動，不負其咎。右五項於七月下午四時遞至暫代濟南交涉員趙世瑄處，時蔣總司令已離濟南赴黨家莊，濟南交通斷絕，傳達困難，革命軍接到此項哀的美敦書後，曾由戰委會蔣作賓派員要求日方延長答覆時期，交涉卒無效果。迨蔣中正得悉此事，即派熊式輝羅家倫遄往日司令部談判，抵月的地已在八日上午了，福田竟不待答覆，於八日淸晨下令實行轟擊濟南城日軍並破壞我黃河鐵橋新城兵工廠、炸藥毁火庫，強占辛莊營房，掠奪革命軍糧食輜重，八日占領白馬山，向黨家莊前進，襲擊革命軍第三軍，該軍奉命不准迎擊，損傷甚大。日軍騎兵又襲擊雒名齊河長淸一帶，妨礙革命軍渡河，並截毀電柱若干。濟南城革命軍留守兵力僅一團，日軍日夜用炮轟擊及投擲炸彈，城內居屋燒毀死傷枕藉，日軍節節進逼，并派隊占據馬鞍山，其一部進占東西十六里河，向革命軍第一軍團部隊射擊，濟南至黨家莊之鐵橋亦被破壞，留守濟南城之一團兵士，奉命於十日衝出重圍，日軍遂入城大加屠殺，革命軍後方病院有傷兵七百餘人，全數殺死，此外商人居民死傷不計其數，據最近濟南市黨部報告，死傷約計一萬一千零六十二名，此外物質金錢上之損失，尚不能統計，革命軍因日軍之阻礙，不能即行追擊，至使直魯殘部全退德州。

三　**渡河之追擊**　五月九日，第一集團軍總司令蔣中正命劉峙統率第一軍第九軍及第二十三軍編成五個支隊，控制於泰安萊蕪肥城一帶，鞏固後方。命陳調元賀耀祖方振武孫良誠諸部，迅速渡河，向德州方面繼續前進，各軍在日軍炮火下，強行渡河，於十二日全數渡完，蔣中正即遄赴京漢線，指揮主力軍第二第三第四集團軍作戰，津浦路方面第一集團軍，即由前敵總指揮朱培德主持。各軍渡河後，進展甚速，孫良誠部騎兵十二日占領高唐恩縣，轉向平原德州挺進，方振武部十五日占領禹城，十八日占領平原，十七日第一集團軍各部，先後占領德州，召集各總指揮面授會攻滄州計畫。六月二日，第二集團遂占滄州，直魯敗不成軍，向馬廠方面奔潰，五日革命軍占領馬廠，魯軍殘部無幾，退京津後，經革命軍第二第三集團軍消滅之。

第二節　第一集團軍諸戰役

一．．．．作戰之計畫　北伐開始前第二集團軍與直魯軍相持之形勢：魯西方面，孫良誠席液池呂秀文各軍與直魯軍相持於荷澤定陶曹縣單縣之線；大名方面鹿鍾麟劉鎮華各軍與直魯軍相持於南樂觀城濮縣之線；彰德方面，孫連仲韓占元各軍，與直魯軍相持於漳河以北臨漳一帶。北伐開始後擬定之作戰計畫如左：

一、作戰第一步，以孫總指揮良誠督率第三軍第四軍第五軍第二十軍騎兵第二軍諸部，攻取濟寧并迅速繞抄兗州，使津浦路上大軍展進容易；河北方面由鹿總指揮鍾麟督率第一方面軍第三方面軍第八方面軍第九方面軍第一第二軍第十三軍第三十軍騎兵第一軍，在彰德內黃清豐觀城濮縣之綫構築陣地，攻勢防禦，以騎兵軍由臨漳繞抄京漢路方面之魯軍，以步兵之一部由楚望繞抄大名之直魯軍；

二、作戰第二步，以孫總指揮良誠率督魯西作戰部隊，向黃河以東津浦路以西之地區進展，協助各友軍攻占濟南；劉總指揮鎮華督率第八方面軍及第一軍第十三軍，迅速向德州繞抄津浦路之直魯軍；鹿總指揮鍾麟督率京漢路作戰各軍，沿京漢路展進，迅速占領石家莊；

三、作戰第三步，以孫總指揮良誠督率魯西作戰部隊，協助第一集團軍進攻天津，騎兵向小站進展，截斷京奉路線。

二 京漢綫之戰 第二集團除孫良誠等部隊參加津浦路線作戰已詳於第一集團內不重敘外，茲述關於豫境及平漢路線者：四月六日以山西方面勢甚危急，遂令豫北各軍向磁州大名之直魯軍進攻，以分敵勢，期解山西之圍。五日直魯軍由彰德方面先行對二集團進攻，來勢頗猛，二集團軍以整備未完，前哨部隊略有損失，兩軍相持，激戰甚烈，自九日起，濮縣觀城南樂內黃引起劇烈戰事，劉驥各部，陸續均調至豫北，革命軍陣線原在安陽城垣以北二十里韓陵山柳園洪河屯之線，作一外弧形，經連日戰鬥，兩翼後引，成一以彰德城垣爲頂點之銳角形，戰至四月十七日，自拂曉激戰至夜，韓復榘軍師長三員旅長二員均負重傷，魯軍復于大名東昌兩方面增兵來攻，遂陷觀城，革命軍以魯軍勢甚銳，乃決定計劃，先以深溝爲壘固守，一面集結精銳，於相當地點，相機反攻。時劉鎮華韓占元復放棄南樂濮縣，在內黃清豐以北及濮縣以西地帶，選用村堡構築陣地，與直魯軍苦戰，張維璽軍開至道口策應各方，改取守勢後，魯軍連日猛攻，國民聯軍所守村堡房屋，均爲魯軍礮火所擊平，而國民聯軍工事甚堅，官兵沉着發槍，雖魯軍一日猛撲數十次，終爲聯軍擊退，至二十八日，魯軍氣勢稍衰，聯軍乃於彰德方面全線反攻，戰至五月一日夜，魯軍始完全潰退，聯軍乘勝追擊，濮縣觀城相繼恢復，三日克順德，五日克大名，各路均向直魯軍跟蹤猛進。樊鍾秀當第二集團軍在彰德戰事激烈，各軍調離洛陽時，來襲洛陽，四月二十二日，隴海鐵路及洛陽鄭州間電線，均爲毀斷，二十八日進至龍門，兵力約二萬餘卒被擊潰，五月一日克復偃師，此後樊部逐漸潰敗，遁入魯山襄城方城一帶。時大軍正在挺進，陝西李虎臣乘東出勦樊西安空虛之際，亦來攻西安，後亦被擊潰而消滅之。五月六日馮總司令於黨家莊與蔣中正會商繼續北進後，即返至鄭州，十日轉赴新鄉，蔣中正移赴鄭州，旋至京，第一集團軍作戰事，囑歸馮總司令指揮，時京漢線上韓總指揮復渠率第六第十八軍第二十三軍騎兵第一軍猛追直魯軍，於五月十六日到達石家莊，因鐵路電綫均爲魯軍破壞，未及報告，山東既起事變，又因魯軍在京漢方面潰走者，未蒙巨大之損失，慮直魯軍乘變反攻，乃令韓復渠軍到石家莊，不得前進，及電令已發，韓復渠已過望都，接令請示進止，當復令其在原地停暫，韓總指揮以通訊不便，恐誤軍令，未及待接第二次電令，即至石家莊，其時津浦路上部隊，渡河尙未完竣，而河間高楊均駐魯軍之重兵，京漢路上未可急進，而進則陷於孤立，將爲直魯軍各個擊破，爲戰略所忌。時第二集團軍相持於保定新樂間，令鋼甲車兩列，在正面助戰，以鄭大章騎兵向安國蠡縣出動，鞏固右翼，並令韓復渠軍負策應之責。迄津浦路第一集團軍大部已經渡河，因地狹人衆，糧食極缺，後方輸送，暫改由道口從衛河水路輸送至臨清分發，一時未能達到前敵，官兵極爲困難，進戰則生，退守則死，乃命積極進攻。迄席液池騎兵軍於十三日占領德州後，即令部署如次：陳總指揮調元所部，由吳橋南皮滄縣之線以東地區前進，線上屬之；方總指揮振武所部，由吳橋南皮滄縣線以西景縣交河杜生堡之線以東地區前進；孫總指揮良誠所部，由景縣交河杜生堡之線以西地區前進，線上歸其擔任；方總指揮鼎英所部，沿鐵路隨第四軍團後方跟進。此時最可慮者，沿津浦京漢兩鐵路進展之部隊，已逼近滄州保定，而兩鐵路中間四五百里間，革命軍尙未進展，直魯軍於河間高陽均配置重兵，饒陽武強各處之魯軍，尙未肅清，京漢路以東饒陽以西地區，尙無部擔任，故決定俟第四集團軍先遣軍到達定縣新樂石家莊各地，即以總指揮鹿鍾麟之北路軍，全部移至京漢線以東地區，與孫良誠方面軍銜接，然後全線同時進攻，遂於十五日電令津浦線各軍團，以一部在前方監視，主力均在後方集結待機進攻。

三　總攻擊之布置　總司令蔣中正於十九日抵鄭州，決定部署如次：京漢津浦各軍，於二十五日以前務須在慶雲南皮交河武強晉縣正定之線，將主力集結準備進攻，津浦各軍作戰部署如前，京漢線上第三集團軍應維持現狀，總指揮白崇禧率第四集團軍作戰部隊卽到正面附近集結，總指揮韓復榘所率各部隊卽在晉縣附近集結。至二十五日卽下令前進，規定攻擊部署如次：津浦路第一集團軍各軍團及第二集團軍第一方面軍由衛水饒陽南寧雒縣之線迤東地區向滄州河間之線攻擊前進，限於二十八日以前攻擊開始，關於作戰部署，統由朱總指揮培德主持辦理。京漢線上之第二集團軍北路軍全部（劉總指揮鎮華部在內）由衡水饒陽南寗雒縣之線以西地區，驅逐博野蠡縣肅寗之魯軍，向高陽方面攻擊前進，限於二十八日前進肅寗望都之線，左翼力求與京漢路第三集團確實聯絡，關於作戰部署，由鹿總司令鍾麟主持辦理，衡水饒陽肅寗雒縣線上屬第二集團軍北路軍。

四　各軍之進展　各軍正進展間，總司令蔣中正於二十九日至柳衛，爲軍事進展避免外交上糾紛起見，遂會發命令，其旨要如次：前方各軍破魯軍之後，卽進至靜海勝芳永清固安長辛店之線，停止待命，北路軍於二十九日擊破小旺董壯之魯軍，克攻蠡縣，三十日占領雒縣，三十一日攻克高陽，第三集團軍同日克保定，孫良誠於六月一日克河間，浦津綫上魯軍於二十九日反攻，與陳總指聯調元劇戰，擊退之，二日攻下滄州，韓復渠軍於六日下午占領南苑，遵照命令不令一兵入北京城。天津殘敵負隅，革命軍皆紮在二十里外監視，一面以武力壓迫，一面勸諭，受編者遵令退出，頑抗不服者，均遁踞京津迤東一帶，大軍遂定京津。

第三節　第三集團軍諸戰役

一　作戰之計劃　當北方革命軍右路自望都定縣間轉進，而後即陣於晉陽井陘塔崖之線；左路由他方面轉進，陣於馬家莊龍泉關平型關雁門關偏關之線，依山作戰，待機反攻。自民國十六年十月下旬起至十七年四月奉軍屢次來犯攻擊頗猛，其間雖略有進退，北方革命軍卒以強大之毅力與決心維持原有陣線。十七年五月，北方革命軍總司令閻錫山奉命爲『第三集團軍總司令』，同時，全軍總司令蔣中正發佈北伐總方略。閻錫山當即積極準備出師，并改訂第三集團軍戰鬥序列如次：國民革命軍第三集團軍總司令閻錫山，參謀長朱綬光，左路軍總指揮商震，副總指揮傅存懷，前敵總指揮張蔭梧，第一軍商震，第四軍傅存懷部，第五七聯合軍張蔭梧部及第十五軍王英部屬之；右路總指揮徐永昌，副總指揮楊愛源，前敵總指揮孫楚，中央第十一路總指揮徐永昌部，第二第三聯合軍楊愛源部及第十軍李維新部屬之；又置總預備軍以第六軍豐玉璽部第八軍譚慶林部第八第十一第十六第十七各師及各特種兵團組成之。其初蔣中正於北伐總方略中規定上期第一步，第三集團軍向奉軍佯攻，第二步第二集團軍合攻石家莊；後期出京西一帶及京綏路，於四月下旬，彰德失守，蔣中正遂變更作戰計劃，集結兵力反攻正太路，策應第二集團軍。閻錫山決定先攻平山，預計第一期消滅温塘集洪子店之奉軍而占領之，第二期占領獲鹿東天門，包抄右路當面之奉軍而殲滅之；第三期占領石莊，斷奉軍後路，并援助左路軍之出擊。閻錫山並親出陽泉督師進攻，迨平山克復，即出京漢，會師平津，歷經各役，分誌如左：

二　石家莊之占領　國民革命軍第三集團軍決定進攻平山縣，尚有一事足述者，即左翼軍之兩次出擊，第一次為西北地區李指揮培基攻溯縣之役，當李指揮走偏關利民後，接馮總司令河南來電：『謂奉軍集中兵力與西北軍交綏，晉北難免空虛，望即乘機反攻。』閻總司令即令李總指揮進攻溯縣，十七年二月二十七日開始動作，當將沿途奉軍驅逐，直搏溯縣城下，詎意奉軍據城死守，憑高瞰射，李軍屢攻不下，乃退原防；第二次左翼地區楊師長士元，於二月上旬，全部乘夜進攻當面之奉軍，大獲勝利，方擬盡力發展，詎奉軍增兵側面，頑強抵抗，楊師乃復撤回。以上兩役，雖未奏功，然實全軍出擊之動機也。及決定進攻後，遂將兵力分為三路，以第八師關福安部為第一路，由滹沱河兩岸地區直搗洪子店；以第二師趙承綬部為第二路，由六嶺關管道峪及洪子店以北地區向洪子店進擊；第三軍徐永昌部以兩團為第三路，由甘泉關向溫塘出擊，十二軍於一二兩路出洪子店以南地區牽制奉軍，十六師為預備隊。五月三日開始攻擊平山方面，進占黑山關木家莊觀音堂曹莊灤家莊蘆家口等處，四日進占滹沱河小覺鎮南盤石北賈會黑水坪等處；五日進占公東村東盤石十里亭貓石村石板山史家山等處，六日占領常山村洪子店郭蘇鎮西溝西諸山頭六三九高地板山等處；七日占領溫塘，八日各部圍攻平山，激戰半日，奉軍向東潰退，下午五時，占領該縣，平山既克，隨令第八師追擊，九日占領靈壽，行唐，第二第十六兩師進攻石莊，第三軍騎兵亦抵正定。其第一路抵靈壽破兵團駐平山至井陘方面，五月三日各部分頭出擊，四日占領石門東之高地及賈莊橫澗東西王舍青石嶺羅峪脊吳家墻媛泉溝色錦溝等地，第五第六第七三師與奉軍激戰甚烈，奉軍不支，始漸撤退，西北軍亦即壓迫前進，八日占領南井溝周家坑鳳山獲鹿測魚楊莊耿莊南障城等地，九日奮勇前進，遂占領石家莊。至是，右路奉軍悉被摧殘，國民革命軍第三集團軍遂進據平漢鐵路。

三　平漢路上之追擊

第三集團軍占領平漢路後，奉軍退守望都高陽河間之綫，閻總司令乃調令各部準備追擊前進，第八第十聯合軍集結藁城，十三日進占安國楊家莊狠尾莊等地，十五日推進至段家莊溫仁北馬莊一帶，與奉軍對峙，第十六師由石家莊向劉家村歪頭之綫推進，十三日向大羊青莊幸街之綫前進，十四日向十五計大辛莊之綫前進，即於該綫展開控置有力預備隊於趙家莊。第三軍自平山靈泰前進，十日抵徽同東正村，十一日抵定州白壁高壘行唐，十二日抵望都東西堡白龐村蘇泉南北高門燕趙鎮，十三日抵三堤韓莊寺莊西連向莊，即將該軍各部配備於各該地。第八師〔附第四十六圖〕九日抵石家莊後，以威脅龍泉關奉軍之目的，令其於十日進占曲陽，十一日向唐縣完縣至保定滿城之綫，追擊前進，即日占領唐縣，十三日向方順橋前進，十四日占領北城村右之綫，十五日，向大王莊子城村屯頭之奉軍攻擊，第六師於十二日由石莊至王家營集營，十五日占領孔氏村，及南北高嶺之村，即在各該地及七寶村陽城村方面嚴密警戒，并建築工事，此右路軍沿京漢綫追奉軍之大略情形。至龍泉關出擊之部隊，由豐軍長指揮，分兩路向奉軍追擊前進，九日占領阜平栗園舖不老村，十日占領王快，十一日進占曲陽唐縣，十二日奉軍在完縣至望都之綫占領陣地，西北軍即當前進驅逐，十三日占領北莊壩子口，并克復完縣，此龍泉關出擊軍隊向京漢路追奉軍之情形也。

四　方順橋之激戰　十七年五月十五日以前，國民革命軍第三集團軍追擊部隊，先後達到方順橋附近，右翼幷與友軍連接。十七日因友軍背進，奉軍遂將左右包圍，幷向滿城經康關之綫出擊，革命軍勢狠危急，第三軍第二路陶團原由左翼繞攻奉軍側背，抵康關後，先後被奉軍壓迫，二十七日，退至黃龍庵東安瀾之綫，康關被奉軍占領，適革命軍第一第三兩師進至唐縣，乃令馳往增援，幷疾調第七軍出滿城奉軍側背，康關前綫奉軍大爲驚潰，二十八日馬村之奉軍向城猛撲，經革命軍擊退，志不得逞，城南辛莊順民村一帶有奉軍一師，與革命軍接觸，張總指揮蔭梧乃令第十五師由武山繞擊奉軍之背，第九師擊一畝泉之奉軍，二十九日激戰未決，三十日奉軍反攻，將一畝泉包圍，戰爭尤烈，至午後三時，李師長望達親率執法隊側擊東南奉軍，始向後退，三十一日第十五師遂同第三師向城南之大固店追擊，左翼之奉軍完全潰退。至右翼清風店定州一帶，奉軍調大軍前來壓迫正面戰綫，尤爲薄弱，將士焦急，閻總司令乃急令趙承綬部孟興富部由定州東擊奉軍側背，次日革命軍第二第十七兩師協同向奉軍猛攻，進展至大興莊齊堡之綫，奉軍紛向高龍方面退卻，於是右翼之奉軍完全潰退，同時正面亦將奉軍擊潰，奉軍乃施行總退卻，革命軍西北軍遂占領方順橋。

五　占領保定天津北平　自方順龍激戰之後，奉軍已破膽，加以革命軍第一軍迂迴康關，第七軍襲擊滿城奉軍後側，着着失利，而保定西北之一畝泉要隘，又爲革命軍占領，故奉軍雖賴在一畝泉大固附近增加生力軍，然已無心作戰，三十日奉軍動搖，三十一日午前，第三集團軍左路軍，遂克保定，奉軍殘部千人不及退走，遂即收編，餘則退據琉璃河天津及馬廠之線。奉軍退據天津馬廠等地後，一面欲集中主力以圖頑抗，一面則欲利用平津一帶在國際上特殊情形，俾得負隅，形勢岌岌，羣情惶懼，幸閻總司令善能措置未雨綢繆，事前即派代表南桂馨等，分赴平津接洽，奉軍以勢甚孤，無可挽救，全線退却，天津北平，革命軍遂和平接收。

第四節　第四集團軍諸戰役

一　右路軍之組織　十七年四月下旬，湘中戰事敉平，西征任務告一段落。中央乃命第四集團軍，向平漢路北進，參加北伐。初集中兵力於新鄭郾城，以備在隴海路上東西策應，迨七月下旬革命軍第三集團軍攻克保定，第四集團軍即向北平前進。時直魯軍張褚殘部，盤據津東，蔣中正與馮閻兩總指揮在平協商，決定白崇禧組織各集團混成軍，名爲右路軍，擔任函楡關以西之責，率部先集結三河通縣間，以待一二三集團軍各部集中，此乃八月上旬之事。組織如下：

第四集團軍總司令李宗仁未赴前敵，由前敵總指揮白崇禧統率。

第十二路總指揮李品仙（轄第八第十七第三十六各軍）

第七軍軍長夏威

第八軍軍長李品仙後改吳尙

第十二軍軍長葉祺

第十三軍軍長白崇禧（熊式輝李明揚兩師參加第一集團軍）

第十九軍軍長胡宗鐸未赴前敵

第三十軍軍長魏益三

第三十六軍軍長廖磊

第十七軍軍長周爛

獨立第二師師長羅啟疆

獨立第八師師長劉春榮

二 **右路軍之戰績** 右路軍之戰鬥序列，以徐永昌爲左翼軍沿平奉鐵路進發，李品仙統右翼軍，由平榆大道前進；范熙績率中央軍在左翼後跟進，協力猛攻，迭克豐潤蘆台北平唐山諸地，張褚殘部，望風潰退。厥後負固灤州，猶冀頑固，適關外諸將張學良等，通電謀和，夾攻張褚，右翼軍騎兵旅先於九月十二日占領灤州，張褚僅以身免，乞降繳械者甚衆，俘虜無算。直魯殘軍，至此完全解決，祇以東省旣表示和平，遂成隔河對峙各不相侵之局，冀北軍事，遂告一段落。

第五節　東三省之統一

一　**張作霖之被炸**、十七年五月下旬，第三集團軍攻克保定，第二集團軍攻克河間，第一集團軍攻克滄州以後，平津形勢一變，奉軍將領外審天津列國駐兵濟南慘案，內審冀北輿情及張褚孫部之不振，容納各方勸告，自動撤兵，革命軍一二三四各集團軍，鑑於奉軍撤兵之誠意，勒兵平津以南，俟奉軍撤盡，始和平接收平津。當時兩方將領，顧慮國難，和平合作，東三省之統一遂成。張作霖自動撤兵之計旣決，偕吳俊陞等出關，於六月四日在皇姑屯站，猝遇猛烈爆作，均罹慘死，張學良聞報出關，召集將領會議，愼密佈防，三省治安，益臻鞏固。

二　**東北各省省政府之成立**　奉軍將領旣與革命軍將領默契，實行撤兵，東三省亦卽準備易幟服從國府，中國之統一將近完成。初自六月以迄今，中央與遼寧之間信使往還，協謀所以收編張褚殘部之策，顧張宗昌野心難馴，不肯服從，於是有灤州附近協力解決張褚殘部之事，九月二十三日灤河以東完全底定。十七年十二月二十九日，張學良張作相萬福麟等實行易幟，通電服從國民政府；中央以張學良等有保守疆土之功，先任張學良爲國府委員，繼任張學良爲東北邊防司令長官，幷任張作相萬福麟爲東北邊防副司令，成立三省省政府，中國統一之功，於是告成。北方艦隊本分爲二部：一名渤海艦隊，屬張宗昌，一名東北艦隊，屬張作霖。十六年七月，渤海艦隊司令吳志馨密謀加入革命，事洩，被害於張宗昌，其後渤海艦隊遂入東北艦隊，以沈鴻烈爲司令，迄最近編遣會議議決，全國海軍重行編組後，海軍之統一，亦告完成。

敬啟

『民國專題史』叢書，乃民國時期出版的著名學者、專家在某一專題領域的學術成果。所收圖書絕大部分著作權已進入公有領域，但仍有極少圖書著作權還在保護期內，需按相關要求支付著作權人或繼承人報酬。因未能全部聯系到相關著作權人，請見到此説明者及時與河南人民出版社聯系。

聯系人 楊光

聯系電話 0371–65788063

2016年3月28日